대종경 풀이(上)

류성태 지음

원불교출판사

머리말

원불교 예비교무들을 대상으로 『대종경 교의론』 강의를 해온지 수년 만에 대종경 관련 저술이 필요함을 느끼게 되었다. 『대종경』의 내용을 보편적이고도 쉽게 풀이함으로써, 누구나 쉽게 접근할 수 있는 참고 도서가 요구되었기 때문이다. 이에 부응하기 위해 필자는 감히 『대종경 풀이』라는 저술을 선보인 바, 다소 미흡하다고 해도 출가는 물론 재가 교도들에게도 一面 도움이 되리라 본다.

주지하듯이 대산종사의 『정전대의』를 기반으로 신도형 교무의 『교전공부』가 『정전』을 연마하는데 많은 도움이 되고 있고, 박광전 교무의 『대종경 강의』, 한정석 교무의 『원불교 대종경 해의』는 『대종경』을 연마하는데 참고 교재로 애용되고 있다. 아울러 손정윤 교무의 『원불교 용어사전』, 송인걸 교무의 『대종경속의 인물들』, 월간 원광사의 『원광』 「대종경 강의」도 많은 참고가 되었다.

이에 필자는 그간의 선행 연구를 섭렵함으로써 본 『대종경 풀이』에서 관련 자료의 이해와 경전 풀이의 보편성을 기하고자 시도하였다. 또 『대종경』을 문자 풀이에 그치지 않고 원불교인의 신앙 수행에 보감이 될 수 있는 시각에서 조망해 보고자 하였다. 본 저술이 각 교당에서 교화활동에 여념이 없는 일선교무와 교도, 수학중인 예비교무들에게 유익한 도서가 되었으면 하는 희망도 이 때문이다.

교단 100주년을 전후하여 소태산 대종사의 창립정신과 교단 발전이라는 교운을 기대하면서, 우리는 신앙인이자 수행인으로서 부단한 적공을 해야 하리라 본다. 미력하지만 필자는 소태산 여래를 흠모하는 마음으로 『대종경 풀이』를 간행하였다. 본 발간에 도움이 된 가족과 스승님, 법신불님께 심심한 감사의 글을 올린다.

20015년 4월 신룡벌 서재에서
류성태 합장

목 차

총설-『대종경』 연구 방법론

Ⅰ. 서 론

『대종경』이란 『정전』과 더불어 원불교의 기본 교서에 해당한다. 이는 원불교의 신앙인으로서 교조 소태산의 포부와 경륜을 이해하는 핵심 교서라는 뜻이다. 따라서 교조와 교리, 교단의 이해를 심화시키는 뜻에서 이와 관련하여 다양한 연구의 시도가 많을수록 좋은 것이다. 필자의 본 『대종경』 관련 연구도 이러한 시도의 하나로 볼 수 있다.

그 같은 시도의 하나로써 『대종경 풀이』라는 교재의 연구 배경에는 원불교 예비교무들의 교과목 「대종경 교의론」을 강의하고 있는 필자의 현 상황[1]과 연결된다. 주지하듯이 원불교학과의 『대종경』과 관련한 강의에는 「대종경 인물론」, 「대종경 교의론」, 「대종경 수행론」이 있다. 이중에서 필자는 현재 「대종경 교의론」을 담당하고 있으며, 강의의 범주로는 서품-변의품까지이다. 그리고 「대종경 수행론」은 성리품-부촉품까지이며, 「대종경 인물론」은 『대종경』 전반에 나오는 인물에 대한 교과목으로 한정되어 있다.

따라서 필자는 「대종경 교의론」을 1999년부터 수년 동안 강의해 오면서 본 교과목의 참고 교재가 절실함을 느끼게 되었으며, 이에 『대종경 풀이』라는 제목으로 교재를 발간하게 되었다. 물론 본 교재 개발은 『대종경』의 교의론이나 수행론의 어느 한 과목만을 목표로 한 것은 아니며 『대종경』 전반을 풀이했음을 밝힌다. 이 『대종경』을 포괄함에는 내용 분량이 다소 많아질 것에 대비하여 上·下로 분권하였다. 교재의 범주에 있어 上 부분은 「대종경 교의론」의 범주, 下 부분은 「대종경 수행론」의 범주가 적용될 것이다.

---

1) 필자는 1999년 1학기부터 원광대 원불교학과 2학년을 대상으로 전공교과목 『대종경 교의론』(3학점)을 강의해 왔다.

이 교재를 연구, 발간하는 패러다임에는 여러 가지가 거론될 수 있다. 각품 각장에 대해 필자 나름의 몇 가지 측면에서 연구 방향과 방법론을 채택하였다. 이러한 연구 방법론의 패러다임을 모색하는 과정에서, 범주상『대종경』15품 각장을 두루 포함해야 하는 상황을 배려하지 않을 수 없다. 소태산의 언행록인『대종경』을 통틀어 각품 각장에 등장하는 인물, 각 장의 난해한 문구 등에 있어서 하나하나 세심한 이해와 강령화가 필요하기 때문이다.

그러면 연구 패러다임을 적용함에 있어 우선적으로『대종경』의 의의가 연구될 것이다. 원불교 교서에서『정전』과 더불어『대종경』은 주요 경전이라는 점에서『대종경』이란 어떠한 경전인가의 정체성 파악이 중요하기 때문이다.『대종경』의 의의가 분명이 정의될 때『대종경』연구의 방향도 본질적으로 같은 맥락에서 가늠할 수가 있다는 사실을 주목해 보자는 것이다.

본 연구의 전체적인 틀에서 서설 격으로『대종경』의 의의가 파악될 때 '대종경 연구의 방향' 도 자연스럽게 거론될 수 있다. 그 방향은 또『대종경』연구 방법론을 모색하는데 도움을 줄 것이다. 곧 의미론적 측면에서의 의의 및 방향의 단계적 접근을 통해, 본 연구가 추구한 패러다임은『대종경』연구의 구체적 방법론 정립에 도움이 될 것이다.

여기에서『대종경 풀이』의 저술에는『대종경』과 관련한 선행연구가 비중 있게 섭렵되었다. 이를테면 박광전 교무의『대종경 강의』와 한정석 교무의『원불교 대종경 해의』, 신도형 교무의『교전공부』(서품-인도품)가 그것이다.[2] 그리고 인물 이해에 있어 송인걸 교무의『대종경 속의 사람들』, 어구 및 용어 이해에 있어 손정윤 교무의『원불교 용어사전』도 참고 되었다. 그리고 여타의 자료로는 원광이나 개인 저술에서 散見된『대종경』관련 언급도 참고 되었음을 밝힌다.

---

2) 박길진 저술의『대종경강의』(원대출판국, 1980), 한종만 저술의『원불교 대종경 해의』上下(도서출판 동아시아, 2001), 신도형 저술의『교전공부』(1992년판) 등이 주로 참고된 선행 저술 자료이다.

Ⅱ. 『대종경』의 의의

어떠한 교서 과목이든 참고 교재의 연구에 있어 우선적으로 관련 교과목의 의의를 파악하는 것이 중요하다. 그것은 연구 방향이나 방법론 접근에 있어 하나의 기준이 되기 때문이다. 교서의 본의가 충실히 살아나야 한다는 사실에서 더욱 그렇다. 이에 『대종경』의 의의 파악이 중요한 것이며, 여기에는 『대종경』 형성의 과정도 이해할 필요가 있다. 교서의 의의가 노정되는 것에는 교서의 형성과정과 같은 교사적 접근이 필요하기 때문이다.

그러면 먼저 교사적 접근을 통해 『대종경』의 형성과정을 살펴보자. 우선 『대종경』의 출현에 앞서 이의 최초 명은 무엇인가? 『宗化大綱』이라고 볼 수 있다. 『종화대강』은 소태산 입멸 5주년 기념일(戊子年 6월)을 기해, 소태산 교조의 법어를 영구히 보존코자 하는 의지에서 당시 제자들에 의해 초기교서 등에 기록된 자료를 수집하는 과정[3]에서 출발한다. 『종화대강』의 출현 후에 『대종경』이라는 공식 명칭으로 이어졌다. 『宗化大綱』과 『大宗經』의 명칭에는 '大'와 '宗'의 용어가 겹치고 있는 것도 이목을 끈다.

그렇다면 소태산의 친제 『정전』과 달리 초기제자들이 법어 자료를 통해 간행한 『대종경』은 언제부터 편수가 시작되었을까? 1948년 『종화대강』의 착수에 이어, 1951년 5월 원불교의 수위단회에서 「교서편집위원회」를 구성하여 동년 11월 20일에 개칭된 『대종경』의 발간을 위해, 「대종경 편집자료모집요항」에 대한 교무부 公翰을 발송하여 자료를 수집한 것에서 비롯된다.

뒤이어 1956년 4월 수위단회의 의결로써 「대종경편수위원회」가 구성되어 발족하게 되었으며, 여기에서 「대종경편수 자료모집에 관하여 드리는 말씀」이라는 공문을 통해 관련 자료를 모으게 되었다. 이에는

3) 이공전, 『凡凡錄』, 원불교출판사, 1987, p.41 參照.

크게 다음 4가지로 분류할 수 있다. 1) 소태산이 親勘하여 기관지를 통해 발표된 법설, 2) 소태산의 제자들이 수필한 법설, 3) 취재자료, 4) 기고자료[4]가 그것이다.

그로부터 2년 뒤인 1958년 5월 5일, 교서 발행부서인 정화사가 발족된다. 정화사가 발족됨으로 인해 그간 역할을 해 온 「대종경편수위원회」는 발전적 해체를 하였다. 정화사의 구성은 종법사를 최고의 지위 즉 총재로 하였고, 남녀 수위단 중앙단원은 지도위원으로서 역할하게 하였으며, 자문위원으로 남녀 수위단 전원이 구성되었다. 이는 1958년부터 1961년까지의 편집과정, 재편집 수정과정 등을 통해 첨삭 보완, 공람의 과정을 거친다. 마침내 1962년 현행본 『대종경』은 『정전』과 더불어 『원불교교전』이라는 이름으로 발간되어 세상에 선을 보였다.

이렇게 교단사적 과정에서 탄생한 『대종경』은 원불교의 기본 교서로서 신앙 수행에 宗經이 되고 있는 바, 이 『대종경』의 의의를 몇 가지로 살펴보고자 한다. 특히 그 의의를 파악하는 것은 『대종경』 연구의 기본방향을 가늠하는데 도움을 준다. 전술한 것처럼 『대종경』의 의의가 충분히 살아나는 측면에서 연구 방향을 정립해야 하기 때문이다.

첫째, 『대종경』은 『정전』과 더불어 편수과정에 나타나듯이 원불교의 '기본 경전' 이라는 것이다. 사실 원불교의 중심 사상이 여기에서 추출된다고 해도 과언이 아니다. 이에 원불교의 모든 사상은 『정전』과 『대종경』에 근거해야 한다[5]는 주장이 그것이며, 『정전』과 『대종경』의 양대 교서의 내용이 1차 자료로서 소태산 대종사의 법문을 가능한 사실 그대로 추출한 것이기 때문이다.

물론 『정전』과 『대종경』에서도 소태산의 친제는 『정전』이며, 후래 제자들이 법설을 모아 편집한 것이 『대종경』이라는 면에서 전자가 보

---

4) 박도광, 「주산 송도성 종사의 '대종사법설·법문수필집' 2에 대한 연구」, 第18회 원불교사상연구 학술대회《少太山 大宗師와 鼎山宗師》, 원광대 원불교사상연구원, 1999년 2월 2일, p.109.

5) 한종만, 「교전에서 본 삼동윤리의 근거」, 第21회 원불교사상연구 학술대회《21세기와 원불교》, 원불교사상연구원, 2002.1, p.29.

다 元經이라 할 수 있다. 하지만 두 교서에는 원불교의 '經典' 이라는 용어가 들어가는 바, 모두가 기본 경전임에 틀림없다. 『정전』은 강령적인 문어체가 동원되어 교리의 원리 및 대체를 밝힌 경전이라면, 『대종경』은 자유스런 대화체로 쓰인 것으로 교조의 포부와 교단 창립의 혼이 스며있는 경전이기도 하다. 이에 『대종경』 연구의 기본 방향도 『대종경』의 의의를 살려 그 기본이 충분히 드러나는 방향이어야 한다.

둘째, 『대종경』은 교조 소태산의 '언행록' 이라는 의의를 지닌다. 소태산의 초기 제자들이 수필한 직간접의 법설 자료로는, 편수과정에서 수합한 바 있는 『월말통신』 『월보』 『회보』 등에 산견되는 주산 송도성의 법문수필, 구타원 이공주의 법문수필과 『법설초』(1941), 원산 서대원의 『우당수기』, 묵산 박창기의 『법설집』, 경산 조송광의 『조옥정백년사』, 훈산 이춘풍의 『산중풍경』 등이 있다. 이 저술들은 소태산 생전의 언행록 성격의 법어가 산견되는 기초 자료들이다. 초기 제자들이 당시 교조로부터 들은 법설을 그들 자신의 저술 및 수필한 법설에 기록을 남기고 있기 때문이다.

이 같은 언행록의 성격에 있어 『대종경』과 『논어』의 편제가 유사하다는 것은 주지의 사실이다. 사실 『논어』는 유교의 교조인 공자 사상을 연구하는데 가장 믿을만한 자료인 바, 『논어』는 일종의 대화집으로서 공자와 그의 제자들, 공자와 당시 사람들, 제자와 제자, 그리고 제자와 당시 사람들과의 대화들이 수록되어 있다.[6] 『대종경』의 탄생도 초기제자들 중에 유학자들도 포함되어 있어 『논어』의 편제 배경을 참고하였을 것으로 본다.

이에 『대종경』의 의의로서 논어의 편제를 참고, 공자의 대화체 곧 언행록의 형식을 취하는 것과 비슷하다는 점이 지적될 수 있다. 『대종경』의 이 같은 언행록적 의의를 살펴봄으로써 『대종경 풀이』의 연구 방향도 오늘날 주요 경서로 애용되는 『논어』의 주석서들처럼 친근한 대화체에서 느낄 수 있는 구전심수적 의미라든가 강령화에 도움을 줄

---

6) 이강수, 『중국 고대철학의 이해』, 지식산업사, 2000, p.25.

것이다.

셋째, 『대종경』의 의의는 만법을 두루 통하는 '通經' 이라는 점이다. 정산종사는 경의편 2장에서 이에 대해 언급하고 있다. 곧 『정전』은 교리의 원강을 밝혀주신 '元' 의 경전이라고 하면서 언급한 말이다. 정산종사에 의하면 '대종경은 그 교리로 만법을 두루 통달케 하여주신 通의 경전' 이라고 밝히고 있다.

만법을 두루 총섭하는 통경으로서의 『대종경』은 「교의품」 1장에서도 이미 밝히고 있듯이 유불도 3교사상을 통합 활용하고 있음은 주지의 사실이다. 이는 소태산의 제자인 서대원의 '대종사 찬송가' 작사를 보아도 알 수 있다. 제3절을 보면 '좌우통달 제도문을 계한 없이 열었으니' [7]라는 가사가 그것이다. 사실 통경으로서 『대종경』의 의의를 살펴보는 것은 『대종경』 연구의 방향이 만법 총섭에 도움이 되는 주석 및 주해가 필요하다는 뜻이다. 이제 『대종경』의 형성과 의의를 충분히 살려 『대종경』 연구의 기본방향을 구체적으로 언급해 보자.

Ⅲ. 『대종경』 연구의 기본 방향

여기에서 말하는 연구의 방향이란 『대종경 풀이』의 연구에 대한 기본 방향을 말한다. 이같은 연구의 기본 방향으로 『대종경』 각품의 대체를 풀이하였고, 다음으로 각장 하나하나를 풀이 및 정리하였다.

우선 각 품의 경우, 서두에서 그 품의 대체를 중심으로 연구하였다. 이를테면 서품의 연구에 있어 서품 전반에 대한 풀이를 시도하였다는 점이다. 곧 서품이 등장한 것은 『불교정전』 권1 제1편 개선론이 『대종경』 서품에 수록된 것이며, 권2와 권3은 『불조요경』으로 따로 간행되었다[8]는 식의 풀이이다. 쉽게 말해서 『대종경』 서품 내용의 전반이 「조선불교혁신론」의 일부가 삽입됨과 동시에 『불교정전』 개선론이 용

---

7) 원산문집간행위원회 편, 원산 서대원 대봉도 문집 『천상락과 인간락』, 원불교출판사, 2000, p.8.

8) 박용덕, 『천하농판』, 도서출판 동남풍, 1999, p.172.

해되어 있다는 뜻이기도 하다.

또 구체적으로 서품에서는 소태산의 대각 소식과 더불어 교단의 경륜, 원불교 창립의 교사적 접근에도 도움을 주고 있다. 류기현 교무도 서품 1, 2, 3장을 통하여 장차 교화가 어떠한 방향으로 이루어져야 마땅한가를 기본적으로 틀잡아주고 있다[9]고 하여 서품의 전반적 이해에 도움을 주고 있다. 논문의 서론과도 같이 서품은 교단 창립과정 및 교조 법어의 서설적 의미까지도 포함하고 있다. 이처럼『대종경』연구의 방향은 15품 하나하나의 전반적 이해를 전제하는 것이 필요하다.

아울러 전망품의 경우를 보자. 전망품 각 장을 거론하기에 앞서 전망품의 대체에 대해 풀이하였다. 곧 전망품은 원불교의 미래적 전망에 대한 언급이 대부분으로, 소태산의 개교동기에 따른 낙원세계의 예시에 대한 실상이다. 또 일제 치하의 숨 막히는 질곡 속에서 민족과 국가의 긍지를 심어주는 바,「금강이 현세계하니 조선이 갱조선」(전망품 5),「정신적 지도국과 어변성룡」(전망품23),「미륵불의 출세와 용화회상」(전망품16-18) 등은 서구의 무력적이고 경제적 외세에 대한 정신의 자주력을 강조한 내용[10]이 포함되어 있다.

따라서 전망품의 대체에 대한 연구 방향은 원불교와 인류의 장래를 전망하는 것과 관련되어 있다. 소태산이 강조한 후천개벽이라는 현 상황에서 원불교는 선천시대와 달리 미래사회의 정신개벽을 부르짖고, 미륵불의 용화회상을 기대하는 것도 같은 맥락이다. 전망품 연구의 방향은 이러한 국가 세계 및 교단 미래, 교조의 낙원관, 미륵불 회상 등을 중심으로 풀이하였다.

다음으로 각 15품의 대체적이고 강령적인 풀이에 이어 15품의 각 장별 연구에 대해서는 어떻게 풀이하였는가를 알아보자. 서품으로부터 부촉품까지 총 500여장을 빠짐없이 주석하였으며, 이러한 각 장의 세

---

9) 류병덕,「불교와의 관련」,《院報》제46호, 원광대 원불교사상연구원, 1999년 12월, pp.12-13.

10) 이성택,「민족주의와 원불교사상」,『원불교사상』12집, 원불교사상연구원, 1988, p.54.

밀한 연구는 어느 하나 소홀히 할 수 없기 때문이다. 그것은 또 소태산 교조의 말씀 하나하나가 삶의 법칙으로 다가오기 때문이기도 하다.

이제 『대종경 풀이』의 연구에 있어 각장의 연구 방향을 다음과 같이 접근해 보고자 한다. 먼저 교리이해 및 교단창립 정신을 새기는 방향에서 분석하는 것이 필요하다. 이미 언급한 『대종경』 편수과정에 나타나 있듯이 『대종경』 발간이 소태산 열반 5주기를 기해 교조를 기리고, 교단 창립과 교조 정신을 체받기 위한 것임을 생각해 보자는 뜻이다. 대종사의 正傳 心法과 선배제위의 창립정신을 오롯이 이어 받드는 마음을 추워잡는 뜻에서 『대종경』 편수사업을 기려보자[11]는 것이다.

또한 『대종경』을 『정전』과 연계하여 연구하는 방향을 모색하는 것이 요구된다. 『정전』과 『대종경』의 편수작업은 서로 떼어서 이해하기보다는 원불교의 양대 경전으로서 밀접한 연관 속에 있다. 실제 『대종경』 편수에 관여한 당시 정화사 이공전 교무(사무장)는 1958년 5월 11일부터 박정훈 교무와 자문판 『대종경』 초안을 유인물로서 7월에 각 위원의 교열에 회부하였다. 이어서 1960년 1월에는 「정전의 자구 수정과 그 재간 사업추진에 관한 건」을 수위단회에 상정하여 정식 의견을 받들어 '兩大 경전 편수의 업무' 를 병진하였다.[12] 이를 보아 알 수 있듯이 『정전』과 『대종경』의 연구는 상호 연계 속에서 접근한다면 주요 교서를 중층적으로 이해할 수 있을 것이다.

다음으로 『대종경』에 나오는 구인선진 및 초기선진들을 이해하는 방향에서 연구해야 할 것이다. 소태산 대종사를 비롯하여 9인선진 및 초창기 인물들을 망라하여 『대종경』에 나오는 인물들을 가능한 모두 소개하는 것이 필요하다. 이에 대한 선행연구는 이미 송인걸 교무의 『대종경 속의 사람들』이라는 저술이 있으며, 여기에 인물 하나하나가 구체적으로 설명되어 있다. 『대종경 풀이』에서는 이에 대해 상당 부분

---

11) 원기 35년 6월 『원광』 6호에 나온 언급을 참조(이공전, 『凡凡錄』, 원불교출판사, 1987, p.72).

12) 고시용, 「정전의 결집과 교리의 체계화」, 『원불교학』 제9집, 한국원불교학회, 2003.6, p.255.

을 참고하였다.

이어서『대종경』속의 법어가 출현한 원전이 무엇인가를 밝히는 것도 본 연구의 방향이다. 다시 말해서 가능한 방법에서 '出典' 근거를 찾아봄으로써 법어가 설해진 상황성을 찾고자 하는 것이다. 이를테면『대종경』편수에 사용된 기초 자료로는『월말통신』『월보』『회보』등인 바,『대종경』의 각 장이 이들의 어느 부분에서 추출되었는가를 찾는 것이 필요하다.『대종경』법어 자료와 관련하여『월말통신』에 30편의 법설자료,『월보』에 12편의 법설자료,『회보』에 81편의 법설자료가 있다[13]는 사실을 보아도 출전 근거를 파악하는데 도움이 되리라 본다.

곁들여『대종경』법어의 시대 상황성을 고려해 보자는 것이 본 연구의 한 방향이다. 예컨대『대종경』마다 '대종사 말씀하시기를' 로 시작하는 바, 이의 전후 사정이 많이 생략되어 있다는 점을 연구의 방향에서 보완 검토해 보자는 것이다. 가능하다면 앞으로 당시 법어성립의 상황성을 신중하게 검토, 연구하는 방향을 취하는 것이 바람직하다.

『대종경 풀이』의 연구 방향에서 또 거론할 수 있는 것은『대종경』에 나오는 어려운 단어 이해를 빼놓을 수 없다는 점이다. 이를테면 서품 15장의 화피초목 뇌급만방이라든가 16장의 어육주초, 호풍환우, 이산도수 등이 어려운 문구로 거론된다. 그리고 변의품 4장의 소천소지 및 변의품 5장의 삼천대천세계, 변의품 18장의 삼명육통의 각 항목[14] 등 난해한 어구는 상당히 많다. 그리고『대종경』에 나오는 한시들로서 전망품 2장의 경우는 특히 이해하기 어려운 바, 이에 대한 해석을 쉬운 방향에서 접근코자 하였다.

덧붙여『대종경 풀이』의 교재연구 방향으로는 지묵의 경전이 아닌 살아있는 법어의 분위기를 드러내고자 하였다. 그것은『대종경』경구

13) 박도광,「주산 송도성 종사의 '대종사법설·법문수필집' 2에 대한 연구」, 第18회 원불교사상연구 학술대회《少太山 大宗師와 鼎山宗師》, 원광대 원불교사상연구원, 1999년 2월 2일, p.110.

14) 天眼, 天耳, 他心, 宿命, 神足, 漏盡明, 漏盡通 등의 용어를 이해하기란 쉽지 않다.

하나하나를 그저 글자로만 읽거나 암기하는 것이 아니라 소태산을 곁에 모시는 심경을 드러내고자 한 것이다. 『정산종사법어』에 이와 관련한 언급이 나온다. 병상에서 시자에게 『대종경』 초안을 읽게 하고는 반드시 일어나 앉아서 듣고 피로를 느끼면 읽기를 그치게 한 후 누운 것[15]이 이것이다. 이처럼 본 연구의 방향도 단순한 지식전달이 아니라 교조의 숨결을 느끼는 방향에서 시도하고자 하였다.

또 『대종경 풀이』는 교서 이해의 참고서인 만큼 출가자들에게 접근할 수 있는 방향에서 연구하고자 하였다. 그것은 교조에 대한 기본정신 및 원불교사 이해, 교리이해 수준의 정도 등을 감안하였다는 뜻이다. 교역자는 물론 예비성직자 교육에 대한 다양한 검토는 매우 흥미로운 일이며, 교육의 객관화 및 종교문화 형성과 발전에 도움을 준다[16]는 차원에서 본 교재 연구의 방향은 이를 고려하지 않을 수 없다.

그리고 본 연구의 기본 방향에 있어 간과할 수 없는 것으로, 반드시 출가자의 교재 개발에만 목적을 둔 것이 아니라 재가 신앙인도 참고할 수 있는 차원에서 접근하였다. 다시 말해 출가자의 교리 이해를 염두에 두면서도 어구해석이나 주제파악 등에 있어 재가의 『대종경』 이해에 세심한 배려를 한 것이다. 경전의 이해는 재가 · 출가가 따로 있을 수 없지만 이해의 정도에 있어 심천을 고려하지 않을 수 없다. 즉 출가로서는 출전 근거나 주석 주해, 재가로서는 주제 파악이나 어구해석 등에 세심한 배려를 하였다는 뜻이다.

본 교재의 연구 방향에 있어 하나 더 언급하고자 하는 것은 소태산 교조의 법어가 신앙과 수행에서 실천 가능한 법어로 새기는 방향을 유도하였다는 것이다. 대산종사는 교전 해의의 주체강령으로 1) 실생활에 활용하도록 할 것, 2) 평이 간명하게 밝힐 것, 3) 사통오달로 밝힐 것이라고 하였다. 이처럼 실생활에 활용하도록 하는 것이 교전 해의에 있어 우선적으로 생각해야 할 일이라 본다.

---

15) 『정산종사법어』 유촉편 35장.

16) 차광신, 「이웃종교의 예비성직자 교육에 관한 고찰」, 제4회 실천교학학술발표회 ≪발표요지≫, 원불교대학원대학교, 2004.11, p.25 참조.

아무튼 위에 언급한 연구의 방향은 곧 『대종경 풀이』의 연구 방법론을 보다 정형화하는데 초점이 모아졌다는 것이다. 다시 말해서 연구 방법론이라는 구체적 틀은 위의 연구 방향을 검토하면서 정초되었다는 뜻이다. 이들 정형으로는 총 10가지 방법론이 등장하였다. 이에 대한 언급은 다음 장에서 구체적으로 언급하고자 한다.

Ⅳ. 『대종경 풀이』의 연구 방법론

『대종경 풀이』의 연구 방법론으로는 총 10가지가 거론되고 있는 바, 이를 하나하나 소개해 보면 다음과 같다. 1) 핵심주제, 2) 대의강령, 3) 출전근거, 4) 어구해석, 5) 관련법문, 6) 보충해설, 7) 인물탐구, 8) 주석주해, 9) 문제제기, 이와 같은 10가지 방법의 정초는 『대종경 풀이』의 교재개발 과정에서 설정한 필자의 연구 방법론 틀이다.[17] 이 방법론은 참고 도서의 일상적 방법론 같아 보이지만, 책명에 나타나듯이 『대종경 풀이』라는 측면에서 항목별로 구성된 정형이며, 전장에서 언급한 연구 방향을 구체적이고 충실히 하고자 하는 측면에서 정립된 것이다.

첫째, 「핵심주제」에 대한 연구 방법론을 취하였다. 핵심주제란 각품 각장 주제의 핵심이란 무엇인가에 대한 연구이다. 후술할 대의강령은 대의와 대체적 강령을 항목별로 언급할 수 있다면, 본 핵심 주제란 『대종경』 각 장의 줄거리를 핵심적으로 무어라고 한 마디로 요약할 수 있는 것을 말한다. 이를테면 법어의 줄거리이다. 그것은 미시적 분해가 아니라 통합적 요해로서 부제가 아닌 主題에서 접근될 수 있기 때문이다.

이에 법어의 이해에 있어 부제로 다가서기보다는 주제로 다가서는 『대종경』 각장의 핵심 주제에 대해 서대원 선진의 예를 인용해 보자.

17) 필자는 1999년에 「대종경 교의론」 강의를 맡았던 바, 수업을 하면서 교재가 필요함을 느끼게 되어 7년 계획으로 1999년부터 본 연구에 착수하였다.

변의품 4장은 괴겁의 소천소지, 5장은 삼천대천세계, 6장은 천지의 진강급, 7장은 천지의 성주괴공, 천도품 31장은 천도받는 영혼, 신성품 17장은 손을 끊어 신을 표함, 교단품 15장은 전무출신 제도[18]라는 언급이 이와 관련된다. 이처럼 서대원 선진은 각품 각장의 부분을 一言으로 핵심화하여 주제 파악을 시도하였음을 알 수 있다. 『대종경 풀이』에서도 각장의 요해를 이와 유사한 방법론으로 시도하였다.

둘째, 「대의강령」의 연구 방법론에 대해서 알아보도록 하자. 예컨대 『대종경』 서품 3장에서 풀이한 대의강령을 소개해 보자. 불법은 천하의 큰 도가 되는 이유에 대한 『대종경』의 언급을 다음과 같이 대의강령화 하였다. 1) 참된 성품의 원리를 밝히었다. 2) 생사의 큰 일을 해결하였다. 3) 인과의 이치를 드러내었다. 4) 수행길을 갖추어 능히 다른 교법에 뛰어나다. 이처럼 서품 3장의 대의강령이 분명히 드러나도록 네 가지로 정리하였으니 교서의 내용에 충실히 하면서도 간이한 분류를 통해 예비교무, 출가 및 재가교도들도 쉽게 풀이할 수 있도록 배려했다.

그 같은 각품의 각장에 대한 대의강령에 앞서 『대종경』 15품 하나하나의 대의강령도 풀이하지 않을 수 없다. 이미 언급한 바 있듯이, 서품은 『조선불교혁신론』과 『불교정전』 개선론을 용해하였다는 점이라든가, 교단 창립에 대한 역사적 법어가 주로 설해져 있다는 점, 교조의 포부와 경륜, 원불교와 불교의 관계 등이 조명된 것이다. 『대종경 해의』에서 서품이란 『정전』의 총서편과 같이 총체적인 성격을 밝힌 것으로, 원불교 교사적인 내용이 들어있어 저축조합, 방언공사, 법인성사의 기초적인 일을 전개한 품[19]이라 하였다. 그리고 「대의강령」의 참고도서로는 『원불교 대종경 해의』(한종만), 교전공부(신도형) 등이 활용되었다.

셋째, 가능한 선에서 각장의 「출전근거」를 모색하는 방법론이다. 예

---

18) 원불교사상연구원 編, 『원불교 인물과 사상』(Ⅰ), 원불교사상연구원, 2000, p.136.

19) 한종만, 『원불교 대종경 해의』(上), 도서출판 동아시아, 2001, p.16.

를 들면 교의품 1장의 出典 근거는 무엇이며, 수행품 38장, 불지품 16장, 신성품 2장, 실시품 13장, 교단품 2장과 4장, 전망품 18장 등의 출전 근거가 무엇이냐는 것이다. 이에 대한 서대원 선진의 『대종경』 수록 수필법문 내용을 살펴보자. 이를테면 서대원의 『대종경』 수록 수필법문[20]에 나타난 출전 근거를 다음과 같이 도표화한 내용을 소개해 본다.

品章	受筆 게재지	게재년월	요지
교의품 1	회보 4	1933(원기18).11	교리체계의 차이
수행품 38	2	9	공부사업의 위태한 곳
60	21	1935(원기20).12	심전계발
불지품 16	월보 41	1932(원기17).10	천상락과 인간락
신성품 2	회보 2	1933(원기18).9	상하근기 공부
실시품 13	6	1929(원기 14).11	위를 얻는 사업
교단품 2	3	1933(원기18).10	선후진 공덕
4	3	10	특성이해
20	월말통신 35	1932(원기 17).4	공부인의 대병처
23	회보 7	1933(원기18).2	가련한 맹인
36	5	12	공도주인
전망품 18	32	1937(원기 22).2	미륵불 세계

위의 도표처럼 일목요연하게 각품의 출전 근거를 파악할 수 있다.

아울러 『대종경』 각장의 출전 근거에 있어, 한종만의 『원불교 대종경 해의』에서도 상당부분 밝히고 있다. 즉 수행품 38장에 대한 출전 근거를 보면, 『회보』 2호(원기 18년)에 수록된 법설이며, 제목이 「공부와 사업할 때 위태한 곳」으로 되어 있다.[21] 또한 『원각성존 소태산 대종사 수필 법문집』(이승원 엮음, 원불교대학원 교화정책연구회)에서는 대종경 원문을 그대로 실어 출전 근거를 자세히 소개하였으므로 많은 도움이 되었다. 앞으로 자료 한계로 인해 각품의 각장에 대한 출전 근거를 모두 밝힐 수는 없을 것이다. 하지만 『교고총간』의 전산화 작업

20) 원불교사상연구원 編, 『원불교 인물과 사상』(Ⅰ), 원불교사상연구원, 2000, p.135.
21) 한종만, 『원불교 대종경 해의』(上), 도서출판 동아시아, 2001, p.262.

으로 자료 색인이 가능해져 출전 근거를 찾는데 용이해지고 있다.

넷째, 「어구해석」이라는 연구 방법론이다. 어구라는 것은 우리가 사용하는 문장에서 발견되는 숙어나 단어 등을 말한다. 우리의 대화와 글에는 여러 어구들이 합해져 하나의 문장으로 구성되는 바, 종교의 경전 내용에는 독특한 어구들이 동원되고 있다. 선종에서는 구상적인 관념의 내용을 강력하게 인상짓기 위해 몹시 자극적인 어구를 사용한다. 이를테면 '신체' 라는 점잖은 말을 쓰지 않고 '냄새나는 가죽 주머니(臭身袋)' [22]라고 한다. 이처럼 종교의 단어는 전문 용어가 많아 난해한 어구의 성향을 지니기 때문에 이에 대한 해석이 필수적이다.

원불교에서도 『정전』이나 『대종경』에 어려운 어구들이 많이 등장하기 때문에 초보자나 국외인들이 이해하기 쉽지 않다. 따라서 난해한 어구들을 용이하게 이해하기 위한 연구 방법론은 지속적으로 연구되어 왔다. 『정전』 해석에 있어서도 일반적인 전후의 문맥 관계 보다는 단어 하나의 뜻이나 토시 하나에도 크게 의미를 부여하고 있으며[23] 차이는 있지만 『대종경』에도 어려운 어구들이 자주 등장하여 이의 의미파악에 세심함이 요구된다. 종교 탄생의 시대상황이나 교조의 인지력, 각 종교 특유의 교리 표현 양식으로 인해 용어가 다양하게 쓰이는 것은 부득이하며, 이에 난해한 어구를 해석하는 일은 쉽지 않다. 각 어구들을 알기 쉽게 접근할 때 주제 파악이나 교리 이해도 한층 수월해질 것이다.

다섯째, 『대종경』 각 장의 풀이와 연계되는 「관련법문」을 소개함으로써 이를 중층적으로 이해할 수 있으며, 상호 연관성을 가지고 다가설 수 있다. 필자가 주로 관련 법어를 등장시키는 자료로는 교단의 초기교서, 『정전』, 『대종경』의 다른 품, 『대종경 선외록』, 『정산종사법어』, 『한울안 한이치에』, 『대산종사법어』(1-5권) 등이다. 이중에서 소태

22) 中村元 著, 金知見 譯, 『中國人의 사유방법』, 까치, 1990, p.31.
23) 김성훈, 「원불교마음공부개념에 대한 연구」, 원불교 마음공부 세미나 《마음공부의 정체성 연구》, 원불교교화연구소,원불교사상연구원 주최, 2004.10.15, pp.22-23.

산 대종사와 직결되는 관련법문은 『정전』이나 『대종경 선외록』, 회보, 초기제자 수필 등이 있으며, 따라서 소태산 법어를 정산종사 및 대산종사의 법어와 연결지울 때 구전심수의 교단관이나 교조 신봉의 자세, 敎義 해석학적 전개 등을 비교적 굴절 없이 시도할 수가 있다.

이러한 법어의 관련성을 고려할 때 단어 및 법어가 설해진 배경, 등장인물의 관련성 등 다양한 시각에서 상호 유기적으로 접근해 볼 수 있다. 이를테면 법어가 설해진 시공간적 배경의 관련성 하나를 언급해 보자. 『대종경』 교의품 15장의 노부부에 대한 산불공 법문, 인도품 32장의 안타까운 올챙이 법문, 성리품 10장의 봉래산 성리법문 등이 거의 실상사 초당(원기 5년 봉래산 실상초당)에서 이뤄진 법문이라는 사실[24]을 상기해보자는 것이다. 이들 각장의 성립 배경을 상관적으로 연구할 때 좀 더 중층적인 경전 이해의 묘미가 있다.

여섯째, 「보충해설」이라는 연구 방법론을 언급해 보자. 말 그대로 보충적으로 해석하는 것이며, 필자가 여타 보충할만한 해석이나 참고로 언급할 사항을 여기에서 거론하였다. 전장의 주석 주해는 다른 논문이나 저술 내용의 일정 부분을 소개한 것이지만, 이 코너에는 필자 나름의 보완적 관점이 제시되고 있으며 흥미를 유도하면서도 일반 상식적 이해의 성격이라면 좋을 것이다.

이를테면 서품 18장의 경우, 불교혁신에 대한 언급이 있는데 필자는 보충적으로 「조선불교혁신론」의 대체를 언급하고 있으며, 조선 후반기의 불교 승려 및 소태산의 불교 혁신의 흐름을 파악한 것이 이와 관련된다. 아울러 변의품 소천소지에 대한 언급에 있어 별의 운석이 1년에 7만8천 톤이 떨어진다는 흥미로운 연구 결과를 소개함으로써 우주가 소천소지로 변화하고 있다는 확신을 심어주는 것이다. 보충 해설의 방법론은 각장의 내용 성격상 보완적 이해가 필요한 부분에 적절하게 활용하였다.

---

24) 李空田, 「蓬萊制法과 益山總部 建設」, 『圓佛教七十年精神史』, 聖業奉贊會, 1989, p.169.

일곱째, 「인물탐구」에 대한 연구 방법론이다. 『대종경』에 등장하는 인물들은 교조 소태산과 관련한 초기제자들이며, 원불교 창립에 기여한 구인선진 등이 자주 거론된다. 따라서 『대종경』의 등장 인물들을 조명함으로써 사제 간의 구전심수 및 정의, 교조관, 법문의 부연적 이해가 한층 수월해진다. 이를테면 팔산 김광선은 소태산의 대각 이전부터 상호 각별한 인연이었고, 소태산의 대각 후에도 동행하는 일이 잦았으며 신성으로 일관했던 만큼 『대종경』에 7회, 『대종경 선외록』에 6회 등장하고 있다.[25] 서대원 선진이나 정산종사, 주산종사 등도 『대종경』에 자주 등장하고 있어 인물탐구는 소태산 대종사와의 師弟 관계, 선진이해, 교단창립 인물사라 해도 좋을 것이다.

이러한 인물탐구의 선행 연구로는 송인걸의 『대종경속의 사람들』(월간원광 편, 1996), 원광사편의 『선진유고집』, 박혜명의 『한교당 한교당이 열릴 때마다』(원불교출판사, 1991), 이공주 편 『원불교 제1대 유공인 역사』(성업봉찬회, 1986) 등이 거론될 수 있으며, 박용덕의 『천하농판』(도서출판 동남풍, 1999)도 참고 자료라고 할 수 있다. 아울러 최근 전산화된 『원불교 교고총간』도 인물탐구에 많은 도움이 된다. 앞으로 이러한 인물탐구 관련 저술은 소태산 대종사뿐만 아니라 정산종사와 대산종사 및 9인선진, 근래 열반한 선진들도 조명해야 할 것이다.

여덟째, 「주석주해」라는 연구 방법론을 거론할 수 있다. 주석주해의 방법론을 거론하는 것은 『대종경』 각장의 내용을 자세히 해석하는 일, 그리고 해석해 놓은 관련 논문이나 저술의 내용을 소개할 필요성이 있기 때문이다. 이를테면 중국불교에 있어서 經名이나 경전내용에 대한 중국인들의 의미부여는 구체적으로는 경전 '주석 작업'에 반영되어 나타난다[26]는 것을 보아도 『대종경』 내용의 주석 작업이 중요함을 알게 해준다. 이러한 『대종경』의 각장 내용을 주석 주해하는 것은 원

25) 원불교사상연구원 編, 『원불교 인물과 사상』(Ⅰ), 원불교사상연구원, 2000, pp.17-18.

26) 정순일, 「화엄경의 성립과 구조적 특징」, 『범한철학』 제24집, 범한철학회, 2001년 가을, p.253 참조.

불교 해석학적 지평을 다양하게 확대하는 일이기도 하다.

더욱이 원불교는 교리정신에서 볼 때 유불도 3교를 통합 활용하는 종교라는 점에서 유불도의 관점에서 주석할 수도 있다. 특히 유불선 3교는 많은 경전을 보유하고 있으므로 경전의 분류나 주석 주해가 더욱 절실한 과제로 제기될 수밖에 없다.[27] 유불도 사상이 용해된 『대종경』은 원불교의 기본 경전이므로 주석 주해가 더욱 필요한 이상 교학 연구자들의 해석학적 과제의 하나이기도 하다. 필자가 『대종경 풀이』에서 자주 인용하고 있는 바, 『대종경 강의』를 저술한 박광전 교무나 『대종경 해의』를 저술한 한정석 교무의 주석주해는 앞으로 원불교 해석학의 한 지평이 될 것이다.

아홉째, 「문제제기」라는 연구 방법론을 언급해 보자. 이를테면 각품의 각장 법어를 통해 숙고해 볼 수 있는 문제점은 무엇인가를 살펴보자는 것이다. 이를테면 성리품 11장의 '石立聽水聲' 과 관련한 법어에서 필자가 제기한 문제를 예로 들어보자. 「정말 돌이 서서 물소리를 들을 수 있는가?」, 또한 성리품 18장의 경우 다음과 같이 몇 개의 문제를 제기하였다. 첫째, 선객이 "도가 뭐냐" 고 물을 때 선승들은 몽둥이로 두드려 패거나, 똥 막대기를 가져오라는 등의 법을 설하는 이유는? 둘째, 소태산의 견성인가 방식은 무엇인가에 대한 것들이다. 이처럼 각장에서 제기된 문제는 관련 법어를 의미 있게 접근하려는 것이며, 그 핵심은 신앙인에게 비판적인 안목과 문제의식을 심어주자는 의도이다.

아울러 『대종경 풀이』에 제기된 문제의 범주에 있어서 『대종경』 법문의 편집과정상 나타날 수 있는 사실성의 여부도 포함될 수 있다. 이를테면 서품 1장 '大覺一聲' 이라는 법어가 그것이다. 이는 대각일성이라 하기 어려운 바, 교리가 완정된 이후의 것이라 판단될 수 있으며, 후일 『대종경』 편수과정에서 균형과 형식을 위하여 삽입되어진 가

27) 김낙필, 「원불교학의 동양해석학적 접근」, 『원불교사상』 12집, 원불교사상연구원, 1988, pp.87-88.

능성도 있다[28])는 것이다. 이러한 문제의식은 교학정립의 과정에서 객관적이고 사실적인 측면에서 고려해 볼 가치가 있다고 본다.

요컨대 위에서 언급한 바, 필자의 처음 시도로서 정초한 9가지 연구 방법론은 또 정형화 내지 고착화될 수 있는 연구 방법론이라 할 수 있다. 하지만 본 방법론은 『대종경』 관련 교재개발의 징검다리가 될 수 있다고 본다. 앞으로 『대종경』 저술들이 선을 보일 때에는 이보다 새롭고 구체적인 방법론이 등장할 것이라는 의미이며, 그러한 방법론을 기대하는 것은 이 같은 방법론의 정형화가 징검다리 역할을 할 수 있기 때문이라고 본다.

사실 지면에 거론되는 연구 방법론은 교학의 새로운 해석을 추구하는 방안들이며, 이러한 해석학적 방법론은 교학 발전을 위해서 시도가 빈번할수록 좋은 것이다. 특히 원불교학은 광의로 보면 원불교가 지향하는 범위만큼이나 넓은 대상이어서 다양하게 전개될 수 있지만, 학문으로 성립되기 위해서는 방법적 성찰을 통해서 연구되어야 한다[29])는 것을 상기해야 한다. 따라서 『대종경』의 다양한 이해를 위해서는 이 같은 연구 방법론의 성찰적 시도 및 실제의 응용이 중요하다고 본다.

Ⅴ. 결 론

『대종경 풀이』의 발간은 경전 이해에 있어 체계적으로 정리할 수 있는 가능성을 열었다는 점에서 그 의의가 있다고 본다. 특히 『대종경』 관련 필자 나름의 정형화된 연구 방법론을 모색한 것은 경전 해석에 일관성을 갖고 일정한 틀 속에서 교리를 이해하려는 의지가 반영된 것이다.

아울러 본 연구에서 강조된 연구 방법론의 정형화로서 위에 언급한 열 가지 방법론은 논리의 일관성과 범주의 전체성을 생각하게 했으며,

---

28) 정순일, 「일원상 신앙 성립사의 제문제」, 제21회 원불교사상연구 학술대회 《21세기와 원불교》, 원불교사상연구원, 2002.1, pp.90-91 注 2.
29) 류병덕, 「원불교학 연구의 현황과 과제」, 『원불교학』 창간호, 1996, p.7.

그것이 바로 필자가 지금까지 『대종경』 강의를 통해 저술을 준비해온 과정이기도 하다. 물론 이는 완성된 연구 방법론이라고 할 수 없지만 이러한 시도는 다양한 방법론 개발의 하나가 될 것이다. 방법론의 10가지가 다소 번다할 수 있으나, 이는 해석서인 만큼 부득이한 일이다. 참고 해설서는 다양한 범주의 해석학적 접근이 필요하기 때문이다.

돌이켜 보면 『대종경 풀이』의 연구 방법론은 필자가 이미 「원불교학 연구방법론」과 관련한 논문을 쓰면서부터 고심하기 시작하였으며, 당시에도 원불교학 연구방법론의 여섯 가지 기본 틀을 제시하였다.[30) 물론 이는 원불교학이라는 총체적 방법론의 제시였다면, 본 연구는 『대종경』에 한정되어 있으며 그 기저에는 연구 방향이 제시되어 있다. 어떻든 앞으로 원불교학은 다양한 측면에서 방법론이 개발돼야 한다.

그리고 본 『대종경 풀이』 교재 연구를 통해서 앞으로 시급히 보완해야 할 과제는 이미 언급한 바 있듯이 『대종경』 각장에 등장하는 법문의 상황성이다. 이 법어는 왜 등장했으며 언제 등장한 것인가에 대한 연구는 지속되어야 하리라 본다. 예컨대 이공전 교무는 서품 1장의 근거로, 대종사는 대각 후 동학교인들이 '弓弓乙乙' 을 하는 소리를 듣고 '궁궁을을을 하나로 이으면 일원상이 아닌가' 하는 것에 근거를 두고 '한 두렷한 기틀을 지었도다' 고 한 것[31) 등도 상황성 보완에 중요한 자료라 본다. 따라서 법어 형성의 상황성 및 배경과 관련한 연구는 앞으로 교사적 자료 확보 차원에서도 절실하다고 본다.

한걸음 나아가 보완해야 할 『대종경』의 교학적 정립의 과제는 『정전』과의 유기적 관계 속에서 총체적 안목으로 접근해야 하리라 본다. 이를테면 『정전』에 신앙편은 없고 수행편만 있으며 『대종경』에는 신앙품은 없고 신성품만 있다든가[32) 『정전』 교의편과 『대종경』의 교의

30) 졸저, 『성직과 원불교학』, 서울학고방, 1997, pp.277-355. 1) 의미론적 연구방법론, 2) 분야별 연구방법론, 3) 목적론적 연구방법론, 4) 학제간 연구방법론, 5) 주관·객관의 연구 기준상의 방법론, 6) 教義 심화의 방법론).

31) 원불교사상연구원 주최 제 100차 월례발표회, 「원로교무 초청 교리형성사」(5월 28일, 중앙총부 법은관), 《圓佛教新聞》, 1997년 6월 6일, 1면.

32) 鄭舜日, 제93차 원불교사상연구원 월례발표회 발표요지 「圓佛學 探究方向

품은 중첩된 내용이 아닌지 등도 교학정립의 차원에서 보완 검토해야 할 내용들이라 본다.

또한『대종경』편집이 소태산 사후 후래 제자들에 의해 이루어지다 보니 인위성이 가미된 점이 전혀 없다고 볼 수 없기 때문에 그 인위성 극복이 연구의 과제라 본다. 자료를 모으는 과정에서 첨삭된 부분이라든가, 긴 문장의 법어들을 나누어 편제한 부분이라든가 상황성이 불분명한 부분, 심지어 법어의 眞僞(서품1장)의 여부 등의 문제도 앞으로『대종경』교재 개발에 있어서 빠뜨릴 수 없는 부분이라고 본다.

에 관한 一提言」, 원불교사상연구원, 1996년 3월 28일, p.2.

제 1 서 품

핵심 주제

대종사의 깨달음 및 불교와의 관계

대의 강령

1) 대종경의 첫 품으로 총 19장으로 구성되어 있다.

2) 『불교정전』의 「개선론」 법문들을 중심으로 소태산 대종사의 대각 및 대각 후의 심경이다.

3) 서가모니불을 연원불로 삼고 불법을 주체 삼아 새 회상을 건설하려는 포부가 드러나 있다.

4) 불교혁신을 통한 교리전개, 경륜 등에 대한 서설적 법문들이다.

문제 제기

1) 서품의 대의를 밝혀라.

2) 본교는 과연 어떠한 사명을 가졌으며 (2) 시대는 과연 어떠한 시대이며 (3) 대종사는 과연 어떠한 성인이시며 (4) 법은 과연 어떠한 법인가?

3) 서품에 나타난 소태산의 불교혁신 내용을 약술하고 원불교 교리와 제도의 혁신방향은?

4) 원불교가 불교의 종파적 범위를 넘어 새불교로서 갖는 정체성에 대하여 논하시오.

[서품 1장] 대각일성

핵심 주제

대각 일성

「만유가 한 체성, 만법이 한 근원」(원광 177호, 이광정).

「대각한 진리」(원불교 대종경 해의 上, 한종만).
「대각하신 진리의 내용」(교전공부, 신도형).

대의 강령

원기 1년 4월 28일 대각 후, 대종사의 대각일성이다.
1) 만유가 한 체성이요 만법이 한 근원이로다.
2) 이 가운데 생멸 없는 도와 인과보응의 이치가 바탕하여,
3) 한 두렷한 기틀을 지었도다.

어구 해석

만유 : 우주의 유정 · 무정, 삼라만상 모두를 萬有라 한다.

체성 : 진리를 체·용으로 구분해 볼 경우, 체를 體性이라고 하며, 용을 작용이라고 한다. 진리 불변의 본체적 성질을 말한다.

만법 : 우주 전반에 작용하는 법칙을 萬法이라 한다. 종교적으로 보면 유불도 및 기독교 등 종교 전반 교법을 지칭한다.

보응 : 불교에서는 보편적으로 응보라고 하며, 인과의 응보를 報應이라는 말로 대신 표현함으로써 어감을 다소 순화시키고 있다.

두렷한 기틀 : 상징적인 의미에서 두렷한(圓) 기틀(相)이며, 실제 소태산이 대각 후 신앙의 대상으로 삼은 일원상을 암시하는 말이다.

관련 법문

「불제자는 또한 생멸 없는 이치를 깨달아 생사에 해탈을 얻어야 할 것이니, 생사라 하는 것은 사시 순환과 같은 것이며, 주야 변천과 같은 것이며, 일월 왕래와 같은 것이며, 호흡과 같은 것이며, 눈 깜짝이는 것과 같은 것이다. … 불제자는 또한 인과 보응되는 이치를 알아서 오직 악업은 짓지 아니하고 선업을 계속 지어야 할 것이니, 선악간 인을 지으면 지은대로 과를 받게 되어 육도와 사생으로 변화하게 되는 것이다」(대종경 선외록, 선원수훈장 10장).

「한 제자가 여쭈었다. "대종사께서는 병진 3월 26일부터 바로 대각여래위이셨습니까?" "그렇다. 대종사께서는 다생 겁래에 많이 닦으신 어른으로 돈오돈수하시고 생이지지하신 어른이시다"」(한울안 한이치에, 제5장 지혜단련 2장).

보충 해설

대각일성이 사실이 아니라는 일부의 주장이 있다. 전거가 뚜렷하지 않다는 사실 때문이다. 하지만 대각일성의 전거가 있고 없는 것이 중요한 문제가 아니다. 소태산의 깨달음이 대각일성을 벗어나 있지 않다는 사실을 새겨보아야 한다. 그리고 다음의 주장을 예로 들어본다. 곧 범산 이공전 교무는 서품 1장의 근거로 "대종사는 대각 후 동학교인들이 '弓弓乙乙' 을 하는 소리를 듣고 '궁궁을을을 하나로 이으면 일원상이 아닌가' 하는 것에 근거를 두고 '한 두렷한 기틀을 지었도다' 고 한 것이다" (원불교사상연구원 주최 제 100차 월례발표회, 원로교무 초청 교리형성사). 소태산 대종사가 깨달은 본의를 생각하면서 대각일성이 갖는 의미를 새겨보는 것이 중요하다.

주석 주해

「이 법문의 내용을 분석해 보면, 하나는 대종사께서 대각과 동시에 솟은 혜광으로 가장 인상 깊게 부각된 내용을 천명하시고 천지가 형형색색으로 전개되었지만 하나의 진리로 전개되었다는 내용을 밝히신 것이며, 또 하나는 불생불멸과 인과보응 하는 두 가지 진리를 천명하셨는데 이는 변 불변과 영원 생멸의 원리를 천명할 뿐만 아니라 이 두 가지 속성이 서로 물고 물리는 바탕이 되는 관계를 천명하시고, 또 서로 물고 물릴 뿐 아니라 서로 바탕이 됨으로 해서 이 두 가지 원리가 하나의 기틀을 형성했음을 밝히신 것이다」(이광정, 「만유가 한 체성 만법이 한 근원」, 『원광 자료모음집』-대종경편 1, 월간원광사, 1990, p.254).

「일원의 진리에 대하여 밝히고 있으므로 성리품에 넣어도 좋으나 대종사님이 대각하신 후 처음으로 행한 법설이며, 또한 본교 교리의 근원을 밝힌 내용이니 맨 처음에 넣었다」(박길진, 『대종경강의』, 원광대출판국, 1980, p.7).

문제 제기

1) 대각 일성이 담고 있는 뜻은?
2) 소태산과 석가모니의 대각 내용에 동이점이 있다면?

[서품 2장] 교법 연원과 회상창립

핵심 주제

교법 연원과 회상창립

「나의 연원을 부처님께 정하노라」(원광 178호, 이광정).

「교법의 연원」(원불교 대종경 해의 上, 한종만).

「교법의 연원」(교전공부, 신도형).

대의 강령

대종사, 대각을 이룬 후 모든 종교의 경전을 열람한 후 『금강경』을 보고 한 말씀이다.

1) 서가모니 불은 성인중의 성인이다.

2) 道 얻은 경로를 보면 부처님과 부합되는 바 많으므로 연원을 부처님에게 정하였다.

3) 장차 회상을 열 때 불법을 주체삼아 큰 회상을 열리라.

출전 근거

『회보』 40호에 실린 「불법연구회창건사」이다. 그리고 『대종사약전』(송도성 찬)의 내용을 2장과 3장으로 나눈 것이다.

어구 해석

모든 경전 : 여기에서 모든 경전이란 논어, 대학, 중용, 맹자, 소학(유교), 금강경, 선요, 불교대전, 팔상록(불교), 음부경, 옥추경(도교), 동경대전, 가사(동학), 구약, 신약(기독교) 등을 말한다.

금강경 : 대종사는 대각 후 각종 경전을 열람하였다. 원기 2년 음 4월 7일의 꿈에 몽중 계시로 『金剛經』의 책명을 알게 되자 김성섭을 시켜 구하게 하였으나 구할 방도를 몰랐다. 이에 군서 사람 이재철(원기 2년 1월 입교)을 시켜 불갑사에 가서 『금강경』을 구하여 오게 하였다. 『금강경』을 원기 1년에 구해 본 것이 아니라 원기 2년에 본 것이다. 대종사가 구한 『금강경』은 그 동안 누군가에 의해 보관되어

오다가, 2004년 11월에 종법실(좌산종법사)을 통해 원불교역사박물관에 보관하게 되었다.

서가모니 : 釋迦牟尼는 정반왕과 마야부인의 아들로서 카빌라국의 왕자, 이름은 고타마(BC.560-BC.480)이며, 4대성인으로서 룸비니에서 태어나 부다가야에서 깨달았으며, 불교 교조로서 49년간 법을 설했다.

연원 : 본래 '사물의 근원' 이라는 뜻에서 淵源이라 하며, 입도 및 깨달음으로 인도된 원래의 스승을 연원이라 한다.

관련 법문

「한 제자가 여쭈었다. "대종사께서는 어찌하여 부처님께 연원을 대셨습니까? 수운, 증산 선생은 연원이 없는데요." "수운 선생이나 증산 선생은 그냥 일어난 분이요, 대종사께서는 불법을 주체로 회상을 펴고 교화하시려니 그러신 것이다"」(한울안 한이치에, 제5장 지혜단련 7장).

「금강경 해설을 마치시고 말씀하시기를 "우주가 공에 바탕하여 원래 낱이 없기 때문에 불생불멸하여 인과보응의 진리가 소소하나니, 우리가 무상대도를 닦기로 하면, 첫째 상 없는 공부 즉 사상 법상 비법상까지도 다 공하여 허공 같은 심경을 가질 것이며, 둘째는 주함이 없는 공부를 하여 색성향미촉법에 끌리지 않는 원만한 심법을 가질 것이며, 셋째는 묘유의 공부로써 희로애락 원근친소에 편착함이 없이 지공무사한 마음을 써야 할 것이니 능히 이러하면 곧 대도를 성취할 것이며 금강경을 완전히 신해수지 한 것이니라"」(정산종사법어, 경의편 42장).

보충 해설

대종사의 『금강경』 夢事가 있었다. 다음의 사실이 그렇다. 곧 대종사 이미 도를 얻었으나 그 무엇으로써 이 도를 이름하고 어떠한 방식으로 중생을 교화할까 하여 심사숙고 연마에 연마를 거듭하더니 원기 원년 4월 7일(음력) 새벽에 한 夢事를 얻었다. 곧 기골이 장대하고 풍채 헌앙한 도승 한 분이 찾아와서 인사를 마친 후에 소매 속으로부터 조그마한 책자 하나를 내어 대종사 전에 올리며 "선생님, 이 책의 뜻을 아시겠나이까" 하거늘, 대종사 그 표지를 보시니 '금강경' 3자가 분명했다. 대종사 답해 가라사대 "내가 아직 이 책을 읽어 본 적이 없으나 읽으면 혹 알 듯도 하다" 고 하였다. 그 도승 또 말하기를 "이것이 선생님의 종지인 즉 두고 잘 읽어 보십시오" 하고 표연히 떠나갔다(송도성 찬, 『대종사 약전』 불법기연). 그리하여 다음날 아침에 대종사는 제자들에게 몽중 소감을 말하게 되었다. 그리고 김성섭으로 하여금 『금강경』을 구해오라 하자, 이재철이 영광의 불갑면에 있는 불갑사에 가서 『금강경』을 구해왔다. 혹자는 오창건의 인도로 이재철이 원기 2년 1월13일에 입교하였던 관계(불법연구회 입회 원명부)로 원기 원년이 아닌 2년에 『금강경』을 구해왔다고 주장하고 있다(박용덕, 원불교 초기교단사 1권, 원불교출판사, 2003, pp.226-228). 어떻든 『금강경』을 열람한 후, 불법연구회 동하선(정기훈련) 때 주산종사 등이 『금강경』을 교과목으로 강의했다.

주석 주해

「서품 2장의 법문 내용을 통해서 우리는 좀 더 구체적으로 대종사님의 뜻하심을 찾아볼 수가 있다. 첫째는 주세성자의 겸허한 심법을 볼 수 있다. … 둘째는 새 회상창립 의지를 굳히셨다는 점이다. … 셋째는 새 회상의 뿌리를 분명히 해 주셨다. … 넷째는 새 교단이 지향하는 이상을 구상해 주셨다」(이광정, 「나의 연원을 부처님께 정하노라」, 『원광 자료모음집』-대종경편 1, 월간원광사, 1990, pp.257-258).

「금강경은 무상을 논했는데 이와 같이 일체의 物相과 心相을 모두 끊어버리고 대 허공과 같이 되면 마치 이 우주와 같이 생물은 물론 무생물의 돌멩이 하나에 이르기까지 다 포용하고도 남음이 있을 것이다. … 성품의 본래 자리를 가르치고 渡彼岸하는 방법을 가르쳤다」(박길진, 『대종경강의』, 원광대출판국, 1980, p.9).

문제 제기

1) 불법으로 주체를 삼았다는 것은 무엇을 말하는가?
2) 소태산의 道 얻은 경로가 석가모니와 일치한다는 것은?
3) 소태산의 금강경 夢事에 대해 아는 바를 말하시오.

4) 서가모니불에게 연원을 삼은 이유는?

[서품 3장] 불법은 천하의 대도

핵심 주제

불법은 천하의 대도

「불법은 천하의 큰 도다」(원광 179호, 이광정).

「불법은 천하의 큰 도」(원불교 대종경 해의 上, 한종만).

「불법의 대의」(교전공부, 신도형).

대의 강령

불법이 천하의 큰 도인 이유는?

1) 참된 성품의 원리를 밝히었다.

2) 생사의 큰 일을 해결하였다.

3) 인과의 이치를 드러내었다.

4) 수행길을 갖추어 능히 다른 교법에 뛰어나다.

출전 근거

주산종사 수필의 소태산대종사 법문집 『법해적적』에 실려 있다.

관련 법문

「불교는 무상대도라 그 진리와 방편이 호대하므로 여러 선지식이 이에 근원하여 각종 각파로 분립하고 포교문을 열어 많은 사람을 가르쳐 왔으며, 세계의 모든 종교도 그 근본되는 원리는 본래 하나…」(정전, 제1총서편, 제2장 교법의 총설).

「한 몸의 주장은 마음이요, 教 가운데 주장은 마음 밝힌 교라, 불법이 마음 법을 가장 잘 밝혀 놓았나니, 불법의 정맥을 올바로 살려낸 회상이 새 세상의 주교가 되나니라」(정산종사법어, 도운편 13장).

보충 해설

정산종사는, 불교는 무상대도라 하면서도 원불교라는 교명으로 새롭게 불법연구회를 계승한 점은 미래 교단의 새 변신과 정체성을 확보하고자 하는 것이었다. 소태산 여래의 불교혁신 의지를 계승하였다. 그리하여 과거에 모든 부처님이 많이 지나갔으나 대종사의 교법처럼 원만한 교법은 전무후무하다고 했다. 원불교법이 무상대도인 점을 정산종사는 「기연편」 11장에서 세 가지로 밝히고 있다. 첫째, 일원상을 진리의 근원과 신앙의 대상과 수행의 표본으로 하여 일체를 이 일원에 통합하여 신앙과 수행에 활용케 했다는 사실이다. 둘째, 사은의 큰 윤리를 밝히어 인간과 인간 사이의 윤리 뿐 아니라 사은과 우리 사이의 윤리 인연을 원만하게 통달시켜 주었다는 것이다. 셋째, 이적을 말하지 아니하고 오직 인도상의 요법으로 주체를 삼아 진리와 사실에 맞는 원만한 대도로써 대중을 제도하는 참다운 법을 삼아 주었다.

주석 주해

「이 서품 3장의 법문은 2장에서 연속되어, 기존 종교의 경전을 열람하시고 확인된 결론의 일단을 피력하신 법문이다. 즉 모든 교법 가운데 불법이 가장 우수한데 그 우수한 내용을 집약해서 네 가지로 천명하신 것이다」(이광정, 「불법은 천하의 큰 도다」, 『원광 자료모음집』-대종경편 1, 월간원광사, 1990, p.259).

「세상의 제 학설은 어느 한 방면만을 밝힌 것이 있다. 그러나 불법은 근본 원리로부터 현상계를 설명하고, 또한 인간계의 행할 바 길을 밝히었고 佛이 되도록 인도했으니 정말 천하의 큰 도이다. 이 불법은 우주의 본래 자리로부터 현재 我의 본성과 삼세의 인과와 수행의 길을 밝히었다」(박길진, 『대종경강의』, 원광대출판국, 1980, p.9).

문제 제기

1) 불법이 천하의 큰 도라 하는 것은?

2) 불법은 천하의 큰 도인 이유와, 불교와 본교의 제도를 논하라.

[서품 4장] 원불교 개교표어

핵심 주제

원불교 개교표어
「물질이 개벽되니 정신을 개벽하자」(원광 180호, 이광정).
「물질이 개벽되니 정신을 개벽하자」(원불교 대종경 해의 上, 한종만).
「개교표어」(교전공부, 신도형).

대의 강령

대종사, 당시 시국을 살펴보아 지도 강령을 표어로 정하였다.
"물질이 개벽되니 정신을 개벽하자."

출전 근거

『육대요령』(원기 17)에 밝힌 표어이다. 『선원일지』(경진동선, 원기 25)에는 「물질이 개벽되니 정신을 개벽하자」로 실려 있다.

어구 해석

물질 : 공간 속에서 감지할 수 있는 객관 실체로서 존재물을 말하는 바, 오랜 세월동안 과학과 기계문명을 통해 개발한 의식주 및 인간 주변의 환경 등 문명의 이기를 物質이라 하며, 정신의 상대 개념이다.

개벽 : '天開地闢' 의 준말로서 천지가 처음 열리는 것을 開闢이라 한다. 선천개벽과 후천개벽이란 개념이 쓰이고 있으며, 원불교의 개벽론에서는 정신개벽과 물질개벽이란 용어가 자주 거론된다. 정신개벽이란 과학문명과 도학문명 중 후자의 개벽을 주로 거론한다.

정신 : 물질을 초월한 것으로 마음, 영혼, 성품이라는 용어와 유사하게 쓰인다. 원불교에서는 마음이 두렷하고 고요하여 분별성과 주착심이 없는 상태를 精神이라 한다. 철학적으로는 형이하를 물질계라 하며 형이상을 정신계라 한다.

관련 법문

「세상에서 비결같이 전해 내려오는 말이, 하늘과 땅이 맷돌같이 딱 붙어서 둘둘 갈아 가지고 천지를 일시에 개벽시켜서 악한 자는 죽이고 선한 자는 살리어 새로운 세계를 창조한다는 말이 있다. 그는 다름이 아니다. 땅의 운이 열려서 과학문명이 발달되어 전만고에 없던 물질문명을 개발시키고, 하늘 운이 열리어 도학을 발달시켜서 전만고에 없는 정신문명을 개발시킨다는 말이다」(대종경 선외록, 도운개벽장 2장).

「좋은 때다. 개벽 시대다. 쉬지 말고 일하여라. 후천 기운 잘 받아라. 어서어서 새 기운을 내라」(한울안 한이치에, 제6장 돌아오는 세상 73장).

보충 해설

개교의 동기는 원불교가 출현한 목적이다. 그런데 『보경 육대요령』(원기 17년 4월) 題字의 옆에 「물질이 개벽되니」 왼편에 「정신을 개벽하자」는 표어가 처음 등장하며, 이어서 『보경 삼대요령』(원기 19년 12월)에 「물질이 개벽되니 정신을 개벽하자」는 문구가 보인다. 그리고 현행본 『원불교 교전』(1962년 9월)의 첫 면에 「물질이 개벽되니 정신을 개벽하자」라는 표어가 게재되어 있다. 원불교가 이 세상에 출현한 동기가 바로 이와 관련된다. 이에 원불교인은 정신개벽에 앞장서면서 물질개벽을 인도하는 일이 과제인 것이다.

주석 주해

「"물질이 개벽되니 정신을 개벽하자" 는 이 간단한 말씀 속에는 대단히 큰 의미가 함축되어 있음을 알아야 한다. 범부들의 말처럼 가볍게 생각할 말이 아니다. 여기에는 현실 진단의 집약적 표현과, 새 시대 예진에 따른 집약적 표현과, 진단의 결과에 의해서 그 증세에 상응하는 처방을 제시한 집약적인 내용이 함축되어 있다」(이광정, 「물질이 개벽되니 정신을 개벽하자」, 『원광 자료모음집』-대종경편 1, 월간원광사, 1990, p.262).

「과학문명의 발달은 중세기 이후에 시작되었는데 이에 따라 물욕이 더욱 성하게 되어 인간의 고해가 더욱 커졌다. 이러한 물욕에 끌리는 마음을 돌려 이 땅에 평화스런 낙원을 건설해야 한다」(박길진, 『대종경강의』, 원광대출판국, 1980, p.10).

문제 제기

1) 물질개벽과 정신개벽을 이원론적으로 나눌 것이 아니라 '개벽' 하나가 좋다고 하는 주장도 있는데?

2) 최수운 및 소태산이 주창한 개벽의 의미는?

[서품 5장] 회상 창립의 주인공

핵심 주제

회상 창립의 주인공

「새 회상 창립의 주인이 되라」(원광 181호, 이광정).

「교단 창립의 의의」(원불교 대종경 해의 上, 한종만).

「교단창립의 의의와 그 동기」(교전공부, 신도형).

대의 강령

대종사, 처음 교화를 시작한 후 40명의 제자 중 9인을 창립의 표준 제자로 삼고 말하였다.

1) 사람은 만물의 주인이요 만물은 사람의 사용할 바이며, 인도는 인의가 주체요 권모술수는 그 끝이다.

2) 사람의 정신이 만물을 지배하고 인의의 대도가 서야 하나, 근래 그 주체가 위를 잃고 권모술수가 횡행하여 크게 어지럽다.

3) 이때 쇠퇴하여 가는 世道 인심을 바로 잡아야 하니, 그대들은 대회상 창립의 주인들이 되라.

출전 근거

『회보』 43호에 실린 「불법연구회창건사」의 내용이다.

어구 해석

아홉사람 : 소태산의 九人 제자를 말하며, 열거하면 일산 이재철(1891-1943), 이산 이순순(1879-1941), 삼산 김기천(1890-1935), 사산 오창건(1887-1953), 오산 박세철(1879-1926), 육산 박동국(1897-1950), 칠산 유건(1880-1963), 팔산 김광선(1879-1939)이다. 처음에 오내진(소태산보다 18세 연장자)이 원불교 8인 제자에 포함되어 있었으나 세속에 유혹되어 변심, 제자를 탈퇴하였으며 후에 오산 박세철(경문)이 8인 제자로 합류하였다. 뒤이어 정산종사는 중앙으로 참여하였다.

표준 제자 : 원불교 창립의 표준이 될 만한 모범 제자로서 신심이 돈독한 9인 제자를 標準弟子라 한다.

권모술수 : 權變의 모략이며, 지략과 술수에 의존하는 것이다. 이는 남을 속이는 간교함과 관련되며, 참고로 權謀術數의 대가로는 서양 '마카아벨리' (군주론 저자)로서 영어로 Machiavellism이라 한다.

횡행 : 제멋대로 하거나 할 일 없이 돌아다니는 것을 橫行이라 한다.

관련 법문

「대종사 대각하신 후 회상 열으실 뜻을 내정하시고 각지에 산재한 숙연 깊은 제자들을 모으시었다. 제일 먼저 인연 깊은 김성섭(팔산)을 첫 제자로 삼으시고, 김성섭에게 명하시어 오재겸(사산)을 오게 하시었다. 오재겸에게 명하시어 이재풍(일산)과 김성구(삼산)를 오게 하시고 다음으로 차차 이인명(이산) 박경문(오산) 박한석(육산) 유성국(칠산) 등을 모으시었다」(대종경 선외록, 사제제우장 1장).

「대종사께서 처음 회상 문을 여실 적에 먼저 구인 동지를 얻으사 모든 기초를 닦으신 다음 "앞으로 그대들도 매인 아래 구인 이상 인도하여 이 방식으로 이 법을 포양 한다면 미구한 장래에 이 도덕이 천하에 편만하리라" 하시고…」(정산종사법어, 경륜편 11장).

보충 해설

사람은 만물의 영장으로서 '최령하여 만물의 주인' (대종경, 변의품 19장)이라고 했다. 송대 주자도 그 이유를 밝힌다. 「사람이 신령스럽게 밝힐 수 있는 것은 德에 있다」(朱子)(『周易』 「繫辭傳上」, 第12章). 인간이 최령한 것은 무한한 덕을 쌓을 수 있기 때문이라는 것이다. 물론 공자가 말한 대로 사람이 베푸는 덕은 仁을 통해보면 알 수 있다. 사람과 사람 곧 두 사람이 합해져(仁) 어짊을 베푸는 것이다. 맹자도 사람은 본래 선하게 태어나 만물 가운데 최령함을 입증하였다.

주석 주해

「이 5장은 대종사께서 교화에 관심을 갖기 시작한 후 교단과 누만대에 이어갈 교역자의 표준 정신을 바로 세우기 위해 표준 제자 아홉 분을 선정하여 첫 교육을 실시하신 내용이다. 그 내용은 대체로 세

가지로 나눠볼 수 있다. 하나는 대종사께서 제자들에게 세상을 진단한 내용, 둘은 집증된 진단 결과에 의한 앞으로의 대처해야 할 내용, 셋은 제자들에게 당부하는 내용이 함께 한다」(이광정, 「새 회상 창립의 주인이 되라」, 『원광 자료모음집』-대종경편 1, 월간원광사, 1990, p.265).

「권모술수는 도학가에도 있을 수 있다. 의무와 도리, 그리고 은혜와 의리를 생각해서 행동하지 않고 그때그때 자기의 이익만 생각하는 데서 문제가 생긴다. … 주인을 바로 찾게 하는 공부이다」(박길진, 『대종경강의』, 원광대출판국, 1980, p.11).

문제 제기

1) 사십여 명 중 신심 굳은 9인을 창립의 표준 제자라고 했는데, 8인이어야 하지 않는가, 곧 이는 다음 장의 정산종사를 염두에 둔 말로서 실제 이때는 8인 제자여야 한다는 견해가 있는데?

2) 서품 5장이 원불교 기도문의 원형이라는 말이 있는데, 구인제자의 심경에서 기도문을 작성해 보시오.

[서품 6장] 십인 일단의 단조직

핵심 주제

십인 일단의 단조직

「모든 사람을 고루 훈련할 빠른 방법」(원광 182호, 이광정).

「십인 조단의 의의」(원불교 대종경 해의 上, 한종만).

「십인 조단의 의의와 최초의 단원」(교전공부, 신도형).

대의 강령

대종사, 시방세계를 교화할 10인1단의 단 조직을 제정, 언급하였다.

1) 이 법은 한 스승의 가르침으로서 모든 사람을 훈련할 빠른 방법이며 몇 억만의 많은 수라도 지도할 수 있으나, 그 공력은 아홉 사람에게만 드리는 간이한 조직이다.

2) 단장에 소태산 대종사, 중앙에 정산 송규, 단원으로 일산 이재철, 이산 이순순, 삼산 김기천, 사산 오창건, 오산 박세철, 육산 박동국, 칠산 유건, 팔산 김광선이다.

출전 근거

『회보』 40호에 실린 「불법연구회창건사」이다.

어구 해석

단조직 : 오늘의 敎化團으로 원불교에 '조직' 개념이 들어온 최초의 일이며, 교화의 효율화를 위한 십인 일단으로서 八方이라는 하늘의 방위를 중심으로 應氣된 조직법이다. 교단 초기에 단기로는 팔괘기를 사용했다.

10인1단 : 교화단 구성원의 기본 숫자로서 단장1인, 단원9인이다.

관련 법문

「대종사 10인 1단을 조직하시어 친히 단장이 되신 후, 중앙위는 비어 놓고 혹 일이 있을 때에는 오재겸으로 대리케 하시었다. 제자들이 그 연유를 여쭈었다. 대종사 말씀하시었다. "그 자리에는 장차 올 사람이 있느니라"」(대종경 선외록, 사제제우장 2장).

「대종사 8인으로 첫 단을 조직하시며 말씀하시었다. "중앙 재목은 뒤에 먼데서 올 것이다." 그 후 3개월이 지났다. 하루는 대종사 이재풍 · 오재겸을 불러 말씀하시었다. "그대들은 장성역에 가서 체격이 작은 편이고 낯이 깨끗한 어떤 소년이 차에 내려서 갈 곳을 결정 못하고 서성거리거든 데리고 오라." 두 사람이 명을 받들고 다음 날 발정하기로 하였다. 대종사 그날 석후에 다시 말씀하시었다. "장성 갈 일은 그만 두라. 후일 자리 잡아 앉은 뒤에 다시 데려 오리라"」(대종경 선외록, 사제제우장 4장).

보충 해설

교화단 조직은 원불교 교화에 조직 개념이 처음으로 들어온 것으로, 교화의 효율화를 위해 조직되었다. 소태산의 대각 후 구인 기도의 과정에 八極의 방위인 팔방이 확정되었다. 주지하듯이 소태산은 1917년 9월 12일 모든 사람들을 통치 교화할 법을 제정하고 단 조직을 하였다. 9인을 단원으로 하고, 단장 1인을 가하여 아홉 단원의 공부 사업을 지도 육성케 하는 10인 1단 조직이었다. 원기 6년 6월에 영광 일대에 수위단 외에 남자 1단을 시험 조직하였고, 8월에 영광 김제 전주 등지에서 남녀 각 1단을 조직 운영, 그 후 남녀 혼성으로 조직하여 운영하기도 했다. 원기 9년 불법연구회 창립총회 후 원기 12년 산업부창립단이 조직되고 육영부창립단이 조직되었으나, 團이라는 명칭뿐 정식 교화단의 성격은 아니었다. 원기 13년에 제자들의 조직적 훈련의 필요성에 따라 전무출신 실행단, 거진출진단, 전무출신 기성단, 보통단의 4종의 교화단이 구성되었다(남녀 혼성 : 익산, 영광, 경성, 김제, 전주, 진안). 원기 34년 교화단 조직은 변화가 가미되었다. 『불법연구회통치조단규약』에서는 교화단이 통치기관이었으나, 동년 「원불교 내규」 제4장 교화단규에서는 "대중교화에 유능한 기관이 되기로 한다" (수위단을 종법사의 최고 자문기관으로 하고, 보통단, 중단, 2중단, 3중단 등으로 구분)라고 하였다. 원기 48년(1963) 개교반백년기념대회를 앞두고 교화 3대목표를 설정하였는데, 연원달기, 교화단 불리기, 연원교당 만들기가 그것이다. 원기 62년(1977) 3월에는 효과적인 교도관리와 훈련문제가 교화의 당면과제로 부각되고 교화단 조직의 새로운 정비 차원에서 「교화단규」의 개정, 출가 교화단이 결성되어 운영되었다. 원기 73년에 이르러 「교단 3대 설계종합보고서」에 교화단을 통한 교단통치 체제라는 이단치교의 단 지도체제의 확립과 더불어 수위단회는 최상위 교화단으로서 수위단의 기능 강화를 제시했다. 원기 76년 2월, 교화단 운영 방안이 수위단 회의에서 논의되어 수위단회에서 출가 교화단을 관리, 동년 6월에는 출가 교화단의 관리 사무를 수위단회로 이관하는 내용으로 교화단 규정을 개정하였다. 원기 77년 1월에는 출가 교화단 업무가 교화부에서 수위단회로 인계되어 오늘에 이르러 정착되고 있으며, 총단회가 연차로 열리고 있다. 각 단회, 항단회 및 총단회 등에서 각종 의견이 수렴되기도 한다.

인물 탐구

송규(1900-1962) : 호는 정산으로 소태산의 수제자로서 소태산 열반

후 법통을 이어받았다. 경상북도 성주군 초전면 소성동에서 출생, 송벽조와 이운외 여사 사이에서 태어났으며, 동생인 주산종사도 원불교의 창립 인연이다. 유시로부터 道 공부에 관심이 많았으며 8세부터 유학 공부를 하였고 10세에는 유서에 통독할 정도로 영특하였다. 17세에 전라도로 건너왔으며 정읍 화해리에서 원기 3년 7월에 소태산 대종사를 처음 만나 兄弟의 연을 맺고, 뒤이어 정산종사의 요청에 의해 師弟의 연으로 하였다. 곧 바로 회상 창립에 동참하여 9인제자 중 중앙단원이 되었다. 소태산 대종사는 "내가 송규 형제를 만난 후 그들로 인하여 크게 걱정하여 본 일이 없었고 … 나의 마음이 그들의 마음이 되고, 그들의 마음이 곧 나의 마음이 되었나니라" (신성품18장)며 그를 총애하였다. 하지만 세월이 무상한지라, 원기 28년 소태산의 열반으로 교단 수위단회의 결정에 따라 정산종사는 그 법통을 이어받았다. 우리나라가 해방을 맞자 정산종사는 『건국론』을 초안하여 구국사업에 정성이었고 '원불교' 라는 교명으로 개칭하여 교헌 제정을 하였다. 아울러 원기 46년 12월 25일 『정전』과 『대종경』 편수 완결을 촉구하여 『원불교 교전』이 탄생하는 계기를 만들었다. 정산종사는 1961년 4월에 삼동윤리를 설하였고 이듬해인 1962년 1월 24일 중앙총부에서 삼동윤리를 최후법어로 남기고 열반에 들었다. 오늘날에는 『정산종사법어』를 통해 그의 가르침을 받들고 있으며, 『한울안 한이치에』(박정훈 편저) 『정산종사법설』(오선명 편집) 『정산종사전』(박정훈 편저)에도 정산종사의 법어가 수록되어 있다. 후인들이 정산종사를 '開闢繼聖' 이라 칭송하며 신의는 고금을 일관하고 경륜은 우주를 관통하는 성자로서, 소태산 대종사는 하늘이라면 정산종사는 땅으로서 日月이 代明하듯 교단 만대의 사표로 받들게 되었다.

이재철(1892-1943) : 전남 영광군 군서면 학정리에서 부친 이관현 선생과 모친 김화옥 여사의 4남매 중 독자로 태어났다. 성품이 부드럽고 온순하였으며, 키가 크고 위풍이 당당하여 영광의 인물이라는 평을 받기도 하였다. 오창건의 인도에 의해 소태산의 제자가 되었으며, 8촌동생인 이동안을 원불교에 귀의시켜 후래 영광의 함평이씨 상당수가 전무출신 하는 계기가 되었다. 소태산이 『금강경』을 꿈에서 보았다는 말이 있는데, 이 때 소태산은 원기 1년 5월 이재철(본명은 재풍)에게 불갑사에서 『금강경』을 가져오게 하였다. 법호는 일산으로 수위단 건방에 임명되어 저축조합의 경제관련 업무와 외교 역할을 다하기도 하였다. 혈인기도 때 소태산이 단원들에게 "생사는 인간대사라, 만일 조금이라도 자신이나 가정은 물론하고 걱정스런 생각이 있거든 숨기지 말고 말하라" 고 하였는데, 효성이 지극했던 일산 대봉도는 "창생을 위하여 자신의 한 몸 죽는 것은 여한이 없으나 홀로 계신 모친이 걱정된다" 고 하였다. 이에 소태산은 그의 효성이 지극함을 알고 "모친의 시봉은 내가 책임질 테니 안심하라" 고 하자, 일산은 창생을 위해 기꺼이 이 한 몸 바치겠다고 서약하였다. 전무출신을 시작하여 26년간이나 교단에 봉직하였음은 물론 정식 법강항마위에 승급하였고 후손으로 손녀 이정무 교무 등이 교단에 봉직하였다.

이순순(1879-1941) : 전남 영광군 백수면 천정리에서 이다익 선생과 김여사의 장남으로 태어났다. 법호는 이산이며 본명은 仁明이다. 이순순은 소태산의 대각 전부터 서로 교분이 있었던 바, 소태산에게 탈이섬에서 장사할 것을 권유하여 함께 탈이섬에 다녀온 적도 있다. 즉 소태산이 20세에 부친이 열반하여 가사가 곤궁해지자, 이를 알게 된 이순순은 도울 생각으로 소태산에게 탈이섬 장사를 하도록 하여, 채무 상환에 도움을 주었던 것이다. 그는 김기천의 인도로 소태산의 제자가 되었고 온화하여 인화의 표본이 되기도 하였다. 하지만 가정 형편상 출가를 못하고 재가교도로서 수행 정진하여 대호법이 되었다. 한때 서울의 신여성과 향락생활에 빠지기도 하였으나 대종사의 제자가 된 후 무서운 결단력으로 이를 청산하였다. 소태산이 경제 기반을 다지기 위해 숯장사를 시작하였을 때 거액의 자금을 융통한 것도 일산과 이산이었으며, 혈인기도의 구인제자에 속해 촛대봉에서 기도하다 물이 불어나 강 건너기가 쉽지 않자 장다리봉으로 옮겼다.

김기천(1890-1935) : 대종경에 자주 등장하는 삼산 김기천은 본명이 聖久이며, 김다유 선생과 김대유 여사의 1남2녀 중 둘째로, 전남 영광군 백수면 천정리에서 태어났다. 삼산은 김광선의 인도로 대종사 문하에 귀의하였으며, 17세부터 서당 훈장으로 역할을 하는 등 지혜가 출중하였고 계행도 청정하였다. 소태산의 제자들 중 최초로 견성인가를 받았다. 삼산이 한번은 생강밭 김매기의 감독을 맡았는데 의자에 앉아 책을 읽다가 일꾼들 감독에 소홀히 하여 대종사로부터 꾸중을 듣기도 하였다. 이처럼 삼산은 책 읽는 것은 물론 좌선하는 것을 좋아하였다. 삼산은 1932년에 부산 당리교당 교무로 임명되어 교화를 충실히 하였으며, 주변의 많은 교도가 입교하여 남부민 교당의 창설에 기여하였다. 1935년 부산 당리교당에서 장티푸스에 감염되어 안타깝게 46세에 열반하였다. 이때 소태산은 "김기천은 나를 만난 지 18년에 일호의 사심도 내지 않은 정진불퇴의 전무출신이요 오직 희유의 공로자라, 가는 기천이도 섭섭하거니와 우리의 한 팔을 잃었다" 고 애통해 하였다. 그가 생전 『철자집』을 저술하여 후학의 공부길 찾는데 도움 주었으며, 「교리송」 「사은찬송가」 「심월송」 등의 글이 있다.

오창건(1887-1953) : 전남 영광군 백수면 학산리에서 오윤안 선생과 김중풍 여사의 3남매 중 장남으로 태어났다. 본명은 재겸이며 법호는 사산이다. 소태산보다 4년 연상이나 일찍이 서로 친구로서 가까이 지내온 사이였다. 뒷모습이 소태산을 닮아 동지들로부터 작은 소태산이라 불리기도 하였다. 사산은 인정이 많았으므로 전무출신 남녀 동지들이 친히 따르는 편이었다. 그는 대종사를 가까이 모시고 있었으므로 교중 감역을 하는데 많은 도움을 얻었다. 영산 방언공사 때에는 앞장섰고 서울교당 신흥교당 초량교당을 건축할 때에도 심신을 바쳐 공심으로 임하였다. 하루는 소태산과 만덕산에 있을 때이다. 식량이 떨어지자 사산이 아랫마을로 쌀을 구하러 갔다. 마을 사람들은 사산을 머슴 정도로 알고 쌀을 짊어지고 가라고 하였는데, 그는 10여 km의 먼 길을 멀다않고 짊어지고 오는 등 공심가로서 체면을 차리지 않았다. 또 어느 날 사산은 소태산을 모시고 서울에 갔을 때 짐짝을 짊어지고 서울역에 갔다 오는 등 체면이라는 상이 없었다. 그는 영산 서무부장, 총부 서무부장 등을 맡아서 교단살림을 알뜰하게 꾸렸고

전주교당과 원평교당의 교무를 역임하기도 하였으니 공심가로서 전무출신의 생애를 바쳤다. 사산의 법위는 정식 법강항마위이며 원기 49년 수위단회에서 대봉도위로 추서되었다.

박세철(1879-1926) : 전남 영광군 백수면 길룡리 출신으로 본명은 경문이며 박다여 선생과 노씨의 2남 중 차남으로 태어났다. 법호는 오산이며, 혈연으로는 소태산 대종사의 조카였다. 39세 때 유건의 인도로 소태산의 제자가 되었으며 원기 2년 남자 정수위단의 손방 단원으로 피선되었다. 오산은 소태산의 총애를 받아 '일본 총독과도 바꿀 수 없는 사람' 이라고 칭찬을 듣기도 하였다. 방언공사 때 9인 선배들은 흙짐을 질 수 있었는데 오산은 키도 작고 체질이 약하여 지게를 질 수가 없었으므로 잔심부름을 하는 등 최선을 다하였다. 오산은 원기 4년 소태산이 봉래정사에 행가할 때 함께 하였는데, 험산구곡을 가는데 고생이 심하였지만 소태산을 모시는 기쁨 충만이었다. 또 오산은 옥녀봉 구간도실 수호의 책임을 맡고 정성을 다 하였으며 원기 6년 43세에는 손수 저축하였던 금액 전부를 본교 기성조합에 희사하였다. 하루는 어떤 사람이 소태산에게 9인 선진을 평가하면서 훌륭한 사람들이라고 칭찬하였다. 여기에서 오산만은 인물됨이 출중하지 못하다고 하면서 어떻게 천지신명의 감응을 받을 수 있었는가 의심하였다. 이에 소태산은 "그건 자네가 잘못 본 것일세. 경문이야말로 누구보다 천지신명의 감응을 먼저 받은 사람일세. 나는 우리 경문이를 어느 국왕 재상과도 바꾸지 않겠네" 라고 하였다. 오산은 10년 동안 전무출신 하다가 9인 선진 중 제일먼저 열반에 들었다. 사후 정식 법강항마위로 추존되었다.

박동국(1897-1950) : 전라남도 영광군 백수면 길룡리에서 박회경 선생과 유정천 여사의 6남매 중 4남으로 태어났으며, 소태산 대종사의 친 동생이다. 용모는 소태산과 비슷하였으며 기상은 호대하고 성품은 강직하였다. 본명은 한석으로 법호는 육산이다. 일찍이 한문 사숙에서 수학을 하였으며 소태산의 제자가 된 후로 혈연이자 법연으로서 저축조합 방언공사 혈인기도 등에 동참하였고 수위단의 리방 단원으로 활동하였다. 혈인기도를 마치고 이산 칠산과 같이 재가생활을 하였으며 자신 및 소태산 대종사의 어머니를 시봉하기도 하였다. 소태산이 교단 창건으로 공사에 여념이 없자, 친형을 대신하여 육산은 모친을 시봉하는데 정성이었다. 그리하여 소태산은 아우에게 "너도 이 사업에 큰 창립주가 될 것이다" 라고 하였으며 자신은 교단 창립을 위해 안심하고 지속적으로 공사에 전력할 수 있었다. 육산 대호법은 가사에 종사하다가 53세를 일기로 자택에서 열반하였다.

유건(1880-1963) : 전라남도 영광군 백수면 길룡리에서 유호일 선생과 이씨의 2남2녀 중 2남으로 태어났다. 소태산보다 11년 연상이며 소태산의 외숙이기도 하다. 칠산은 성격이 강직하고 키가 크고 기상이 호대하였으며 일찍 동학에 입문한 적이 있었으나 허망함을 깨닫고 소태산 문하에 귀의한 것이다. 35세 때인 원기 1년에 생질인 소태산에 귀의하여 사제의 연을 맺었으며, 삼촌으로서 처음에는 스승으로 부르는데 힘들었으나 신성이 깊어지면서 스승을 오롯하게 받들었다. 칠산은 소태산 앞에 무릎을 꿇고 앉았으며 꼭 '종사님' 이라고 불렀다. "생질을 스승님으로 모시기가 어색하지 않느냐?" 는 질문에 "육신은 생질이지만 법은 지존의 스승이다" 라고 하여 의연히 제자의 도리를 다했다. 원기 4년 3월 방언을 마친 후 준공기념비를 세우려 했으나 돈이 없어서 칠산의 발의로 자연석에 시멘트 판을 만들어 거기에 기념의 글을 새겼던 바, 오늘날 '제명바위' 라 불린다. 방언공사를 마친 후 칠산은 거진출진으로서 사가에 머물며 가사에 힘썼다. 원기 42년 78세에 후진들의 요청에 의해 총부 옆 중앙수양원으로 거처를 옮겨 여생을 수양생활에 오롯하였으며, 법위로는 정식 법강항마위로 추존되어 대호법의 대열에 합류하였다.

김광선(1879-1939) : 소태산과 같이 전남 영광군 백수면 길룡리에서 태어났다. 김응오 선생과 강씨의 3남매 중 차남으로서 본명은 성섭이다. 팔산은 소태산의 첫 제자이며 10세 때 한문 서당에서 공부하여 16세까지 지속하였고 17세에는 음양복술을 공부하기도 하였다. 그의 나이 31세 때 소태산보다 12세나 많았지만 의형제를 맺은 후 38세 때 소태산이 대각을 이루자 곧 바로 사제의 연이 되어 교단 창립에 합류하였다. 전무출신을 서원하고부터 당시 이웃 채무자들에게서 수금할 3천여원의 채권증서를 불사른 후 빚을 탕감해 주는 등 용단력이 뛰어났다. 팔산은 기력이 장하였으며 한문 실력이 대단하다는 것을 자랑한 나머지, 소태산이 자신보다 부족할 것이라는 생각했다. 어느 날 소태산은 팔산에게 한시 3백수를 부르며 받아쓰라고 하자 팔산도 모르는 글자가 있어 머뭇거리자 소태산은 가르쳐 주었다. 이에 팔산은 자신의 한문 실력을 자랑할 수가 없었다. 당시 받아쓴 한시가 『법의대전』『백일소』『심적편』 등이다. 팔산은 방언공사 때 경제적 여력에다가 강한 기력으로 헌신을 하였다. 어느 날 방언답에 구멍이 나서 무너질 상황에 처하자 손수 몸을 던져 몸으로 구멍을 막는 등 자신을 추호도 아끼지 않았다. 팔산은 54세 때에 마령교당 교무로 임명되어 주경야독으로 교리훈련을 시켰으며, 57세 때에는 김제 원평교당 교무로서 정성을 다하고 용신교당을 건축하는데도 공을 세웠다. 팔산은 소태산 대종사를 '學而不能' 이라 하여 감히 평가할 수 없는 분으로 추앙하기도 하였다. 소태산은 팔산이 열반하자 눈물을 흘리며 20여년 동안 동고동락한 터라, "색신은 이제 또다시 그 얼굴로 대하지 못하게 되었으니 그 어찌 섭섭하지 아니하리요" 라고 하였다. 법호는 정식법강항마위로서 대봉도위가 되었으며, 후손으로 김대심, 대관, 대현 교무 등이 전무출신으로 활동하였다(송인걸, 『대종경속의 사람들』, 월간원광사, 1996, 각 인물항목 참조).

주석 주해

「6장에서는 구체적으로 단의 의미와 단의 원리에 입각한 최초의 남자 수위단을 조직하셨는데, 대종사님의 이러한 구상은 장차 대종사님의 포부와 경륜을 이 단을 통해서 실현하시고자 하는 교화 조직체계의 원리를 처음으로 구상해서 윤곽에 대한 의지를 굳히신 것이다. 그리고 구체적인 방법이나 원리를 다듬는 작업이 이로부터 계속되다가 원기 16년 7월에 이르러 불법연구회 통치조단규약이라고 하는 내용으로 밝혀주셨다」(이광정, 「모든 사람을 고루 훈련할 빠른 방법」, 『원광

자료모음집』-대종경편 1, 월간원광사, 1990, pp.268-269).

「단조직은 천지를 응하여 조단하는 것이므로 그 의미가 크고 교화에 편리하다. … 그 많은 군인들도 분대로써 하부 조직이 되어 운용되듯이 교화에 있어서도 분단을 조직하여 시행한다」(박길진, 『대종경강의』, 원광대출판국, 1980, p.12).

문제 제기

1) 단조직은 꼭 10인 1단이어야 하는가, 또 구성원들로부터 단장과 중앙의 신뢰에 혹 금이 가면 어떻게 해야 하는가?

2) 원불교 교화단과 이웃종교의 선교 조직에 대해 아는 바는?

3) 십인 일단의 조직에 대한 근본정신을 쓰고, 단조직 원리와 그 활용법을 쓰라.

[서품 7장] 저축조합의 의의

핵심 주제

저축조합의 의의

「회상창립의 준비로 저축조합을 설시하다」(원광 183호, 이광정).

「저축조합의 의의」(원불교 대종경 해의 上, 한종만).

「교단 창립과 저축조합」(교전공부, 신도형).

대의 강령

대종사, 회상 창립의 준비로 저축조합을 설치하였다.

1) 이 사업은 특별한 인내와 노력이 있어야 한다.

2) 절약과 근로가 아니면 사업의 토대를 세우기 어렵다.

3) 조합의 조항을 지성으로 실행, 후진에게 창립의 모범을 보여주자.

4) 먼저 금주 금연, 보은미 저축, 공동 출역을 하였다.

출전 근거

『회보』 41호에 실린 「불법연구회창건사」의 내용이다.

어구 해석

저축조합 : 원기 2년 8월에 소태산은 貯蓄組合을 창설하였으며, 원기 4년 10월 6일에 저축조합의 이름을 고쳐 불법연구회기성조합이라 하였다. 저축조합운동은 방언공사 및 혈인기도와 더불어 원불교 창립의 기초를 세운 교단의 주요 사업을 말한다. 이러한 저축조합 운동이 원불교 창립정신의 하나인 '근검절약' 정신으로 이어졌다.

보은미 : 법신불에 감사하는 뜻에서 쌀 콩 등을 올리는 것이 報恩米이며, 교도의 4종의무의 하나이다. 교당 유지비의 방편이기도 하다.

공동 출역 : 초기 교단의 공동체에서 대종사 및 창립제자들이 함께 노동에 출역하여 교단 살림을 꾸려가는 것을 共同出役이라 한다. 이는 영육쌍전의 표본과도 같으며 일종의 공동 작업이라고 한다.

관련 법문

「불보살들은 너른 천지만물 허공법계를 보물 담는 보고로 삼고 다생겁래 마음대로 그곳에다 저축도 하고 또 내어다 쓰기도 하므로 도둑과 불의 염려도 없는 것이다」(대종경 선외록, 영보도국장 1장).

「(시창 2년) 8월경에 불법연구회 기성조합을 창설하시고 대종사께서 단원에게 그 취지를 말씀하여 가라사대 "… 우리가 장차 시방세계를 위하여 한 가지 큰 공부와 사업을 하기로 하면 먼저 공부할 비용과 사업할 자금을 예비치 않을 수 없고 또 이것을 실행하기로 하면 부득불 어떠한 기관과 어떠한 조약을 세워야 할 것이므로 내 이제 기성조합의 한 기관을 건설하여 … 우리의 생명 보호에 별 필요 없는 술과 담배를 끊되 재래의 매월 분 얼마가량 소비되는 것을 참조하여 그 소비 대금을 본 조합에 저축하고, 또는 의복 음식 등에 혹 절약할 정도가 있거든 그것을 단행하여 그 절약된 금액을 본 조합에 저축하고, 또는 재래의 휴식일을 정도에 따라 좀 축소하여 매월 특별 노동일을 정하여 그 수입된 이익을 본 조합에 저축하고 또는 각자 부인에게 부탁하여 매시 匙米(今云佛米)를 집합 저축케 하고…」(정산종사, 『불법연구회창건사』 제1편 1회 12년, 제10장 대종사의 교화 방법과 본회 기성조합).

보충 해설

저축조합의 의의로는 신심 유무의 확인, 사업 토대의 마련, 창립의 모범을 보이는 일이었다. 그리고 저축조합을 통해 금주 금연, 보은미 저축, 공동 출역을 하였던 것이다. 곧 저축조합이 원불교의 한 교명이었다는 사실이 중요하다. 원불교 교명의 변천과정을 살펴보자. 원기 2년(1917) 8월 저축조합, 원기 3년 10월에는 대명국영성소 좌우통달 만물건판 양생소, 원기 4년 10월에는 불법연구회 기성조합, 원기 9년 4월에는 불법연구회로 바뀌었으며, 정산종사가 새 종법사로 취임한 후 원기 33년(1948) 4월 원불교라는 교명으로 새롭게 탄생하였다. 초기교단의 경제적 기초를 세웠던 저축조합이 오늘날 다른 모습으로서 원불교의 신협과 마을금고 등이 그 정신을 잇고 있다.

주석 주해

「여기에서는 금주금연 보은미저축 공동출역으로만 나타나 있지만 당시의 구체적 실천 내용을 보면 금주 금연으로 절약된 비용을 저축, 사치성 있는 衣食을 절약하여 저축, 명절과 휴일 등을 줄이고 노동하여 그 수익금을 저축, 부인들은 매 식사 때마다 한 술씩 쌀을 모아 매월 저축하도록 하는 등 허례허식의 사치와 놀고먹는 퇴폐적인 풍습을 타파하고, 절약하고 부지런히 일하여 미래를 준비하는 생활 자세를 갖도록 했다」(이광정, 「회상창립의 준비로 저축조합을 설시하다」, 『원광 자료모음집』-대종경편 1, 월간원광사, 1990, p.273).

「덴마크의 '그룬트비히' 는 시인이며 신학자이고, 정치인이기도 한데 국가를 부흥하기 위해 국민고등학교를 세우고, 종교부흥 운동으로 사상의 안정을 도모해 국가를 발전시켰다. … 금전을 비루하다고 말하는 사람은 무욕의 人이 아니다. 금전이 생활에 필요하다는 것을 바르게 인식해야 한다」(박길진, 『대종경강의』, 원광대출판국, 1980, p.12).

문제 제기

1) 저축조합에서 파생된 창립정신을 설명한다면?
2) 원불교 교명의 변천과정에 대해서 언급하시오.
3) 저축조합 설치 후 먼저 실행한 세 가지 조항은?

[서품 8장] 회상 건설의 방향

핵심 주제

회상 건설의 방향

「이 회상은 전무후무한 세상」(원광 184호, 이광정).

「새 회상 건설의 방향」(원불교 대종경 해의 上, 한종만).

「새 회상 건설의 방향 제시」(교전공부, 신도형).

대의 강령

대종사, 간석지의 방언 일을 감역하며 제자들에게 설한 법어이다.

1) 지금 9인은 창립기에 나왔으므로 고생이 많다.

2) 내가 고생을 하고 창립을 하는 것이 의미 깊은 일이니, 우리 회상은 미래에도 보기 어려운 큰 회상이다.

3) 그러한 회상을 건설하자면?

(1) 도학과 과학을 병진해야 한다.

(2) 공부와 사업을 병진해야 한다.

(3) 모든 교법을 통합하여야 한다.

어구 해석

방언 : 바닷물이 흘러 들어오는 길을 막아 간척사업을 하는 것을 防堰이라 하며 원기3년 3월, 대종사 저축조합의 저축금을 수합한 후 방언공사에 착수하였다. 방언 사업은 이듬해인 원기 4년 3월에 준공되었으며, 공사 기간은 만 1년으로, 간척농토 면적은 2만6천평이며, 정관평이라 불린다. 제명바위에 본 완공을 기념하는 글이 새겨져 있다.

병진 : 편벽된 일방의 수행이 아니라 겸전, 쌍전하는 것이 竝進이다.

관련 법문

「(시창 3년) 3월경 대종사께서 본 조합의 자금을 수집하신 후 曰 "우리의 약한 힘으로 이 거대사를 착수하기로 하면 이 석상에서 한갓 언약만 할 것이 아니라 반드시 철저한 생각과 희생적 노력을 미리 결심하여야 할지니 제군은 오직 순일한 마음으로 至死 불변하겠다는 서약 2통을 써서 1통은 천지 허공에 그 사유를 고백하고 1통은 본 조합에 보관하여 후일에 증명케 하라" 하시니, 조합원 등은 일제히 종명하여, 각각 엄숙한 마음으로 서약을 올리니 … 방언공사를 착수하오니 오직 여덟 몸이 한 몸이 되고 여덟 마음이 한 마음이 되어 영욕고락에 진퇴를 같이하며 비록 천신만고와 함지사지를 당할지라도 조금도 퇴전치 아니하고 후회치 아니하고 원망치 아니하여 종신토록 그 일심을 변하지 않기로서 혈심 서약하오니 천지신명은 일제히 통촉하사 만일 이 서약에 어긴 자 있거든 밝히 죄를 내리소서」(정산종사, 『불법연구회창건사』, 제11장 방언 역사와 회실 건축-시창 3년).

「(시창 2년 저축조합 건설) 매월 終旬日로써 저축 수납일을 정하고 그 실행을 장려하시니 불과 數月에 저축된 금액이 2백여 원에 달하였다. 대종사께서 조합원을 명하사 그 저축된 금액으로 목탄 구입을 하라 하시고 又 일방으로는 同面 부호 한 사람에게 債金 400원을 얻고 또는 대종사께서 미리 준비하였던 사재 400원을 판출하사 아울러 목탄을 사게 하시니 구입 당시에는 每俵 대금이 25전 내지 30전이었던 바 7-8개월 후 차를 매각할 시는 매표 대금이 일약 2원 50전 내지 3원의 폭등을 보게 되어 불과 1년에 드디어 8-9천원의 자금을 득하였다」(정산종사, 『불법연구회창건사』, 제1편 1회 12년, 제10장 대종사의 교화 방법과 본회 기성조합).

보충 해설

대종사는 전망품 10장에서 다생겁래로 많은 회상을 열어왔으나 이 회상이 가장 판이 크다고 하였다. 또 정산종사는 도운편 14장에서 대종사께서 이 회상을 여실 준비로 여러 차례 이 땅에 수생하였으니 혹은 드러나게 혹은 숨어서 이 나라에 많은 인연을 미리 심었다고 하였다. 아무튼 이 회상을 미래에도 보기 어려운 회상이라 하였으며, 창립제자들이 비록 힘든 초창기에 고생도 많으나, 창립하는 보람이 큼을 강조하였다. 이처럼 대종사는 이 나라의 일체 중생을 구제하기 위해 새 회상을 창립함으로써 전무후무한 교법을 만방에 선포하였다.

주석 주해

「서품 8장은 대종사께서 간척사업을 착수 진행하시면서 제자들을 지도하고 격려하신 장이다. 평소에 심한 노동을 하지 않았던 구인 제자들이 간척사업에 직접 뛰어들어서 그 고된 노동 활동을 하게 되었으므로 … 일에 따른 보람을 일깨워 주시고, 또 장차 건설할 새 회상 새 교단에 대한 미래상을 제시해 주시며 제자들에게 긍지와 희망을 심어주신 내용의 법문이다」(이광정, 「이 회상은 전무후무한 회상」, 『원광 자료모음집』-대종경편 1, 월간원광사, 1990, pp.275-276).

「무엇이든지 처음 만들어낸 것이 후세에까지 그 이름과 자취가 남는다. 후세인들은 처음의 상황을 항상 중시하기 때문이다. 비행기도 처음에 라이트 형제가 만들었을 때는 힘은 몇 배가 들었지만 지금에 와서는 가장 과학적이고 좋은 비행기가 나왔으되 처음의 라이트 형제를 잊지 않는다. 이와 같이 비록 처음의 것이 규모나 질에 있어서 별것이 아닐지라도 그 처음 시작이 중요했으므로 그 시조를 추앙하게 된다. … 원불교의 교법은 법과 제도가 원만히 짜여 졌으니 실로 전무후무한 법이라 해도 결코 과언이 아니다」(박길진, 『대종경강의』, 원광대출판국, 1980, p.13).

문제 제기

1) 방언공사의 자금은 어떻게 마련되었는가?
2) 우리 회상은 미래에도 보기 어려운 큰 회상이라는 뜻은?
3) 회상건설의 방향에 대하여 쓰시오.

[서품 9장] 방언공사와 사필귀정

핵심 주제

방언공사와 사필귀정

「사필귀정이 이치의 당연함이라」(원광 185호, 이광정).

「방언공사의 사회 공익」(원불교 대종경 해의 上, 한종만).

「공중사하는 사람의 마음자세」(교전공부, 신도형).

대의 강령

방언공사에 부호 한 사람이 토지권 분쟁을 일으키자 대종사 말했다.

1) 대종사, 공사 중 이러한 분쟁이 생긴 것은 하늘이 우리를 시험하는 것이니 저 사람을 미워하거나 원망하지도 말라.

2) 사필귀정이니 우리의 노력한 바가 저 사람의 소유로 된다 할지라도 양심에 부끄러울 바 없다.

3) 공중을 위하기로 하였는데 처음 계획과 같지 못하나 그 사람도 衆人 가운데 한 사람이다.

4) 이 빈궁한 주민들에게 논이 생기게 되었으니 대중에게 이익이다.

5) 그대들은 자타 관념을 초월하고 공중을 위하는 본의로 힘쓴다면 일은 해결된다.

출전 근거

원기 23년 하선 결제식 훈사이다(원기 23년 6월 6일, 이공주 수필법설, 금강산의 주인, p.242).

어구 해석

부호 : 전답 등이 많아 경제적으로 부유한 사람을 富戶라 한다.

사필귀정 : 어떤 일이든 반드시 정의로 되돌아온다는 것으로, 교단의 방언 사업은 정의로운 일이니 사소한 방해에 추호도 걱정 말라는 뜻에서 事必歸正이란 용어를 사용하였다. 정산종사는 법어 「법훈편」 26장에서 이를 事必歸定으로 응용하기도 하였다.

관련 법문

「事必歸正도 맞지마는 실은 정할 정자 事必歸定이요, 殃及子孫이라 하거니와 실은 殃及自身이니라」(정산종사법어, 법훈편 26장).

「인근에 거주하는 부호 한 사람이 있었으니, 그는 원래 本面에 世居한 사람으로서 문벌이 또한 유세하던 바, 조합원이 방언공사에 착수함을 보고 곧 분쟁을 일으키어 간석지 貸付 원서를 쌍방 제출한 후, 관계 당국에 빈번이 출입하여 운동이 심히 맹렬하니, 좌우 방관자들은 다못 사태의 추세만 보고 이 토지권이 장차 그 부호의 소유가 될 줄을 예단하는 자까지 있는 동시에 조합원의 헛된 노력에 대하여 많이 민망한 생각을 가진 자도 있고 … 그 후에 대부 허가서가 다행히 조합원으로 나게 된 바, 분쟁은 드디어 사실로서 해결되고 일반 관중의 조합에 대한 신뢰도 또한 일층 깊어졌다」(정산종사, 『불법연구회 창건사』, 제1편 1회 12년, 제11장 방언 역사와 회실 건축-일화 당시 외인 중 비평의 한마디).

보충 해설

대종사 방언공사와 관련하여 사필귀정을 언급하면서 꿈 이야기를 하였다. "바닷가 게들이?" 라는 꿈 이야기를 함으로써 사필귀정은 인간들만이 아니라 삼라만상에게도 함께 함을 엿볼 수 있다. 내가 어제 밤에 꿈을 꾸니 바닷가 게들이 도청으로 다 진정하러 가더라" 고 말하였다. 꿈을 지나치게 신비적으로 해석할 필요는 없지만, 오매불방 사필귀정이 꿈에도 나타난 것이다. 그런데 토지권 분쟁을 일으켰던 그 부호가 말을 타고 오다가 낙마하여 얼마 안가 죽었다고 한다.

주석 주해

「영광 장산리 장동마을에 김모라는 사람이 개척원을 내고 정부로부터 허락을 받게 되면 그 사람에게 연고권이 있게 됨을 먼저 알게 되었다. 그리고는 관계기관에 드나들면서 먼저 개척원을 내고 연고권을 선점하려고 했다. 대종사님과 9인 제자들이 처음 방언공사를 하려고 했던 것은 버려진 땅이니까 그냥 개척을 해서 농사를 지으면 되는 것이겠지 하는 소박한 생각이었지 누구에게 연고권이 있느냐를 생각한 바가 없으셨고 또 그런 법적 절차에 아는 바가 없으셨던 것이다. … 결국 뒤에 대종사께서도 개척원을 제출하시었고, 관계기관에서는 현재 많은 부분의 공사가 진척되어 있음을 평가했던지 허가원을 우리에게 내 주었다」(이광정, 「사필귀정이 이치의 당연함이라」, 『원광 자료 모음집』-대종경편 1, 월간원광사, 1990, p.279).

「무슨 일이나 행하고자 하면 중상모략과 온갖 방해가 많이 따른다. 이러한 때에 이에 저버리거나, 이것 때문에 변동하지 말고 이러한 경계와 싸우면서 하는 데에 또한 맛을 느껴야 한다. 온갖 시비에 초월해야 하며, 또한 남의 정신에 살지 말고 자기 정신으로 살아가야 한다」(박길진, 『대종경강의』, 원광대출판국, 1980, p.15).

문제 제기

1) 방언공사 기금에 숯장사를 통해 얻은 수익금도 포함되었다고 하는데, 혹 이를 투기로 말할 개연성은 없는지?

2) 방언공사 진행 과정에서 사필귀정이라는 어구가 거론된 이유는?

[서품 10장] 방언공사의 의의

핵심 주제

방언공사의 의의

「복록의 근원을 알게 함이라」(원광 186호, 이광정).

「방언공사의 정신적 목적」(원불교 대종경 해의 上, 한종만).

「방언役事의 의의」(교전공부, 신도형).

대의 강령

대종사, 이춘풍에게 도덕을 가르치지 않고 언을 막으라는 이유는?

1) 공부하는 비용을 준비하기 위함이다.

2) 동심합력하면 이루지 못할 일이 없다는 증거를 보이기 위함이다(이춘풍의 답변).

3) 먼저 굳은 신심의 유무를 보이기 위함이다.

4) 일의 시와 종을 보이기 위함이다.

5) 복록이 오는 근본을 알리기 위함이다.

6) 솔성하는 법이 골라 맞도록 하기 위함이다(대종사의 가르침).

어구 해석

언 : 방언의 堰으로써, 간척사업에서 쌓은 둑 내지 언답을 말한다.

복록 : 福과 祿의 합한 말이며, 복은 자신이 짓고 받는 행복을 말하고 녹은 일한 대가로 나라로부터 받는 녹봉 곧 봉급을 말한다.

솔성 : 자성을 회복, 성품을 거느리는 것이 率性이다. 솔성의 도로는

『정전』 지자본위 1조, 솔성요론 16조가 대표적으로 거론되고 있다.

관련 법문

「내가 영산 대각전 건축할 때에 그 곳 일꾼들이 자기들끼리 주고받는 말을 들었다. "불법연구회가 영산에만 이렇게 큰 집을 짓는 것이 아니라 웃녘에 가서는 더 큰 집들이 사방에 즐비하다네. 우리가 20여 년 전 그분들이 방언을 할 때에도 일을 하였었는데 그때 종사 선생님과 8, 9인들의 정성이 모두 충천하지 아니하였는가. 평생 노동을 해 보지도 아니한 분들이 저렇게 애를 쓰면서도 열성이 식지 아니하니 앞으로 잘될 것은 뻔하다고 하지 아니하였는가. 그런데 20년이 지난 오늘에도 그 열성이 더했으면 더했지 줄지를 아니하니 이대로 계속하면 그 분들은 이 앞으로 더 큰 일을 해낼 것이라" 고 말하였다」(대종경 선외록, 은족법족장 3장).

「영산방언상에 대하여 말씀하시기를, 영육쌍전, 이사병행, 동정일여의 교리와 제도로써 새 종교의 대 기반을 만들어 주셨다」(대산종사법문 3집, 1편 신성 72장).

보충 해설

본 장에서 언급한 것처럼 방언공사를 시도한 목적은 몇 가지 이유에서였다. 초기교단 당시와 달리 오늘날 새만금 간척사업 등의 개발 공사는 환경 문제로 비판받을 수 있다고 본다. 환경개발 문제로 자연이 파괴되고, 영산성지가 훼손된다면 문제는 심각해진다. 영광군에서 추진한 해안 일주도로 개설 및 포장공사로 인해 간척지 개척공사 준공기념비 주변 지역이 원형을 알 수 없을 만큼 훼손되었다는 것이다. 와탄천 하류 댐건설 공사로 인해 정관평 내 상당한 규모의 농지가 수몰되었다고 하니 영산 성지의 원형 보존에 관심을 가져야 할 것이다. 여기서 주목할 것은 이춘풍 선진이 원기 5년 봉래정사에서 처음 대종사를 뵙고 원기 6년에 입교를 하는데, 본 법어가 방언공사를 시작하던 원기 3년에 설해진 관계로 시차의 문제점이 발생한다는 점이다.

인물 탐구

이춘풍(1876-1930) : 본명은 之永이고 호는 훈산이다. 경상도 금릉

유생 출생으로, 이현옥 선생과 김씨의 1남 2녀의 독자로 태어났다. 영산 방언공사 때 소태산 대종사를 찾아와서 제자가 되었다. 원기 6년에는 구산 송벽조의 인도로 가족과 더불어 전북 부안군 보안면 종곡리로 이사하여 봉래정사의 대종사를 보필하기도 하였다. 정산종사는 그의 고종사촌 동생이기도 하다. 소태산이 봉래정사를 떠났을 때인 원기 9년에는 봉래정사 수호에 조력하였다. 50세인 원기 10년에는 익산 본관에 와서 전무출신을 단행하였다. 훈산은 원기 7-12년 동안 봉래정사에서 머물며 기록한 감각감상, 논설, 서간문 등을 『산중풍경』(원기12년 발간)에 남겨두어 초기교단사의 주요 자료가 되었다. 『산중풍경』에는 일원상이 봉안되기 전 '大圓圖' 라는 표현을 하여 소태산의 일원상 대각의 소식을 전하고 있다. 훈산은 원기 13년 경성출장소 교무로 활동하다 냉복증으로 휴무하여 55세를 일기로 열반에 들었다. 이경순 교무와 이정화 교무는 그의 따님이며, 또 경옥 도전 도중 교무는 친손이고 이성택 교무는 외손이다(송인걸, 『대종경속의 사람들』, 월간원광사, 1996, '이춘풍' 참조).

주석 주해

「이 10장의 말씀은 방언공사를 착수 진행하시면서 제자들을 직접 노동현장에 참여하여 일하게 하신 본의를 밝히신 장이다. … 몇 가지로 그 정신을 요약해 본다. 첫째는 경제성이다. … 둘째는 공동체 의식의 형성이다. … 셋째는 훈련 효과의 추구를 위한 사업이었다」(이광정, 「복록의 근원을 알게 함이라」, 『원광 자료모음집』-대종경편 1, 월간원광사, 1990, pp.281-283).

「우리 원불교는 무궁한 대운을 타고 나온 종교라 하겠지만, 우리 전무출신 한사람 한사람의 노력 없이 잘 되겠는가 반조해 볼 필요가 있다. 국민도 노력하는 국민이 되어야겠고 전무출신도 노력하는 전무출신이 되어야 한다. 특히 근로정신과 소비절약 정신의 실천이 필요하다. … 과거에도 사찰에 처음 입문하면 청소, 제초 등 많은 일을 시켰다. 우리 교단의 선진님들, 특히 구인선배님들이 일 많이 한 분들이다」(박길진, 『대종경강의』, 원광대출판국, 1980, p.16).

문제 제기

1) 방언공사 같은 간척사업이 환경 보존과 어떻게 관련되는가?
2) 방언공사 관련, 이춘풍의 답변에 대종사가 보충한 법설은?
3) 방언공사를 착공하신 이유를 밝혀라.

[서품 11장] 道 이루기란 오히려 쉽다

핵심 주제

道 이루기란 오히려 쉽다
「도 이루기가 밥 먹기보다 쉽다」(원광 187호, 이광정).
「도 이루는 법을 바르게 알면 쉽다」(원불교 대종경 해의 上, 한종만).
「방언의 어려움과 공부길 어려움의 비교」(교전공부, 신도형).

대의 강령

제자들이 방언은 오히려 쉬운 일이나 道 이룰 일은 얼마나 어려울까라고 하자, 대종사 이에 말하였다.
1) 그대가 지금은 道 이루는 법을 알지 못하므로 그러한 말을 한다.
2) 알고 보면 밥 먹기보다 쉬우니 어찌 저 언 막기같이 어려우리요?

출전 근거

송도성 수필 법설집 2에 실려 있는 법설로, 「도를 이루는데 항상 넉넉하고 한가한 심경을 가지라」고 하였다.

어구 해석

미상 : '뜻이 未詳하거든' 에 나오는 말로, 뜻을 잘 모르고 그 뜻이 자상하지 않다는 의미이다. 미상하거든 공부길 깨치고 알라는 것이다.

관련 법문

「어느 날 한 교도가 묻기를 "기미년 만세운동 때 대종사께서 시국에 대하여 특별히 하신 말씀은 없었나이까." 말씀하시기를 "개벽을 재촉하는 상두 소리니 바쁘다. 어서 방언 마치고 기도드리자" 하셨나니라」

(정산종사법어, 국운편 3장).

「그대들은 우리 교단의 사업 경로를 회고하여 보라. 처음 방언으로부터 숯장사 엿장사를 한다, 농사를 짓고 축산을 한다, 과수원과 약국을 경영한다, 개인적으로는 제사공장 고무공장에를 다닌다 하여 3년 학림은 고사하고 3개월 禪 한 번 마음 놓고 난 선진이 그대들 이전에는 없었나니, 어느 사업을 막론하고 그 성립의 순서가 대개 이러하며 후진이 선진을 특별히 추숭하는 이유가 여기에 있나니라. 종교의 생명은 신심이요 사업의 동력은 공심이라」(정산종사법어, 경륜편 6장).

보충 해설

여기에서 道 이룰 일이란 무엇인가? 구체적으로 성불하는 일이요 제중하는 일이다. 어렵게 느껴진 방언공사는 쉬웠으나, 오히려 도 이룰 일이 어려울 것이라는 제자들의 생각에 소태산 대종사는 도 이룰 일이 밥 먹기보다 쉽다고 한 뜻은 무엇인가? 그것은 첫째, 정법 스승 만나 스승의 가르침대로 따르기만 하면 된다는 것이다. 둘째, 방언공사를 성취한 심경으로 하면 된다는 것이다. 셋째, 서둘지 말고 평상심으로 하면 도는 궁극적으로 이룰 수 있다는 의미가 내포되어 있다. 미신으로 구하거나, 신비적으로 추구하거나, 사도로 조급하게 구하려 함을 극복하여 대도정법을 통해 인도상의 요법을 실천하면 된다.

주석 주해

「방언 역사를 성공적으로 마치고 난 후, 고되고 긴 방언역사의 여정을 뒤돌아보며 제자들이 감회어린 느낌을 주고받는 것을 옆에서 지켜보시던 대종사님께서 제자들에게 가르치심을 내리신 법문이다. … 다시 본원으로 돌아와 도를 이루는 일은 얼마나 어려울 것인가를 걱정하는 것이다. 이런 제자들을 보시며 대종사께서는 도에 대해서 현애상이나 퇴굴심을 갖지 않도록 깨우침을 주시고, 도에 대한 발심을 북돋우셨다」(이광정, 「도 이루기가 밥 먹기보다 쉽다」, 『원광 자료모음집』-대종경편 1, 월간원광사, 1990, pp.284-285).

「대종경 서품 11장에서는 "도 이루는 법을 알고 보면 도 이루기가 밥 먹기보다 쉽다" 고 밝히었는데, 이처럼 견성성불하고

도인되는 공부는 생활을 떠나서 멀리 있는 것이 아니요, 어려운 문자 속에 있는 것이 아니라 밥 먹고 코 푸는 일상생활 속에 있는 것이며, 대종사의 가르침 속에 길이 있음을 말한 것이다」(김정용, 『생불님의 함박웃음』, 원불교출판사, 2010, p.22).

문제 제기

1) 방언보다 道 이루기가 오히려 쉽다는 뜻은?

2) 道 이루는 일은 밥 먹기보다 쉬운데, 왜 어렵게 생각하는가?

[서품 12장] 최초교당의 상량문

핵심 주제

최초교당의 상량문

「구간도실의 상량문」(원불교 대종경 해의 上, 한종만).

「최초교당의 구간도실의 상량문」(교전공부, 신도형).

대의 강령

최초 교당 상량문의 내용이다.

"梭圓機日月 織春秋法呂 松收萬木餘春立 溪合千峰細雨鳴."

어구 해석

옥녀봉 : 소태산 탄생가의 뒤편에 있으며 가파른 산봉우리를 玉女峰이라 한다. 전라남도 영광군 백수면 길룡리에 소재해 있다. 소태산은 어린 7세 때부터 이곳에 올라가 태양을 잡겠다고 하여 우주 만상에 대한 의심을 시작하였다. 이 옥녀봉 중턱에 제명바위가 있다.

최초의 교당 : 원기 3년 12월에 준공된 구간도실이 最初의 教堂이며, 소태산과 창립 제자들이 집회 및 기도 장소 등으로 사용하였다. 1923년 영산선학대학교로 옮겨져 '영산원' 이란 이름으로 보존되고 있다.

사원기일월梭圓機日月 : 두렷한 기틀에 해와 달로 북 질을 해서,

직춘추법려織春秋法呂 : 춘추의 법을 짠다.

송수만목여춘립松收萬木餘春立 : 솔은 일만 나무의 남은 봄을 거두

어 서 있고,

계합천봉세우명溪合千峰細雨鳴 : 시내는 일천 봉우리의 가는 비를 합하여 운다.

일월 : 日月이 하루하루를 교대하듯 영원히 북 질한다는 뜻이다. 『중용』 30장에서는 '日月之代明' 이라 하여 교대로 밝게 비춘다고 했다.

춘추의 법려 : 春秋는 세월을 의미하며, 여기서는 영겁과도 같은 영원한 세월을 말한다. 法呂는 법의 골격이란 뜻으로 영원한 세월의 불법, 즉 구세제중을 향한 원불교의 핵심 교리를 말한다.

관련 법문

「한 제자가 여쭈었다. "梭圓機日月 織春秋法呂는 무슨 뜻입니까?" "두렷한 기틀에 일월이 북질하여 춘추법려를 짜낸다는 것인데 여기 두렷한 기틀은 천지 우주요, 일월은 해와 달이다. 춘추법려는 우주의 봄, 여름, 가을, 겨울이다. 이 우주에 일월이 왕래하여 四時가 짜여져 간다는 의미와 아울러 그를 본받아 성현이 인간의 법도를 짠다는 의미도 포함되어 있다. 봄에는 봄의 법이 있고, 가을에는 가을의 법이 있다"」(한울안 한이치, 제3장 일원의 진리 62장).

「한 제자가 여쭈었다. "松收萬木餘春立 溪合千峰細雨鳴은 무슨 뜻입니까?" "송수만목여춘립은, 진리는 상주불멸이라는 뜻이요, 계합천봉세우명은 진리의 만법귀일을 의미한 것이다. 남에게 진리를 가르칠 때에는 미리 해석을 해주면 그 뜻이 얇으니 의심을 걸게 하라. 내가 너에게 물어 볼 것을 네가 나에게 물어 보느냐"」(한울안 한이치, 제3장 일원의 진리 63장).

보충 해설

구간도실의 상량문이 전하는 시사점은 크다고 할 수 있다. 그런데 최초의 교당으로 시창 3년 10월에 옥녀봉 아래 본 조합실 건축을 착수하여 12월에 이를 준공하였다. 병진 이후로 조합원의 집회 장소가 일정치 못하여 처음에는 범현동 이씨제각 一隅를 차용하였다(현재 소실됨). 다음은 강변 주점을 임시 방언 관리소로 정하였으나 행사에 자유롭지 못하여 불편을 느끼게 되었다. 「불법연구회창건사」에 의하면, 조합원 등이 일변은 방언에 종사하고 일변은 家役에 종사하여 산에 올라 나무를 베고 땅을 녹여 흙을 이겨 풍설을 무릅쓰고 근근이 필역하니 이것이 곧 본회의 가장 처음 건설된 회실이었다는 것이다. 이 회실은 나중에 일선 교당으로 교화사업이 전개되었다.

주석 주해

「주야, 춘하추동, 생로병사로 우주와 인간은 변해간다. 우주는 변천의 진리, 인과의 연쇄로 모두 운행이 된다. … 시냇물이 졸졸 흐르는 것은 千峰의 가는 비가 합하여 한 길로 흐르면서 소리를 내는 큰 물이 되는 것이다. 기운을 합하면 만사가 성공된다. 합하면 살고 갈라지면 죽게 된다」(박길진, 『대종경강의』, 원광대출판국, 1980, pp.17-18).

「구간도실은 원불교 최초의 교당이다. "대종사 옥녀봉 아래에 도실을 신축하시고 이를 첫 수위단회 집회실로 삼으시었다. 대종사 도실 이름을 '大明局 靈性巢 左右通達 萬物建判 養生所'라 하시었다. 상량문에는 대종사의 깨친 진리와 경륜과 포부가 담겨있다」(한종만, 『원불교 대종경 해의』(上), 도서출판 동아시아, 2001, p.67).

문제 제기

1) 상량문에 나타난 소태산의 경륜과 교단사적 의의는?
2) 교단 최초 건물의 상량문을 쓰고 그 뜻을 해석하라.
3) 사원기일월 직춘추법려 송수만목여춘립 계합천봉세우명을 써라.

[서품 13장] 창생 구원을 위한 기도

핵심 주제

창생 구원을 위한 기도

「그대들의 마음은 하늘마음이라」(원광 188호, 이광정).

「창생 구원의 기도」(원불교 대종경 해의 上, 한종만).

「救世誓天의 대기원, 세계를 구원하기로 하늘에 맹세한 대기원」(교전공부, 신도형).

대의 강령

천지에 기도올린 후 구인단원에게 천의를 감동시킬 요소가 있는 '하늘마음' 이라며, 대종사 이에 당부하였다.

1) 지금 물질문명의 융성으로 정신이 쇠약, 창생이 도탄에 빠졌다.

2) 각자의 마음에 천의를 감동시키고 창생을 제도할 책임이 있다.

3) 사 없는 마음으로 천지와 덕을 합해 창생 구원을 위해 기도하라.

출전 근거

『회보』 43호에 실린 「불법연구회 창건사」를 13장, 14장으로 나눴다.

어구 해석

창생 : 억조창생이라고도 하며 뭇 중생들을 蒼生이라 한다.

도탄 : 진흙과 숯불을 말하며, 몹시 곤란한 경우를 塗炭이라 한다.

범연 : '범상히' 라는 말과 비슷하며, 특별한 관심이나 주의심 없이 그저 그대로라는 뜻에서 泛然이라 한다.

일자 : 날짜를 日字라 하며, 여기에서는 기도 날짜를 말한다.

방위 : 우주의 사방 · 팔방을 말할 때 方位라고 하며, 수위단을 구성할 때 단원들에게 팔괘와 관련하여 방위를 주었고, 또 구인 선진이 기도를 올릴 때 중앙봉 및 팔방의 기도봉에서 기도를 올렸다.

관련 법문

「단원 某는 삼가 재계하옵고 일심을 다하와 천지, 부모, 동포, 법률, 사은전에 발원하옵나이다. 대범 사람은 만물의 주인이요 만물은 사람의 사용물이며 인도는 仁義가 주체요 권모술수는 그 방편이니, 사람의 정신이 능히 만물을 지배하고 인의의 대도가 세상에 서게 되는 것은 이치의 당연함이어늘, 挽近以來로 그 주장이 위를 잃고 권모 사술이 세간에 분등하여 대도가 크게 어지러울 새, 본 단원 등은 위로 대종사의 성의를 받들고 아래로 일반 동지의 결속을 견고히 하여 시대에 적합한 정법을 이 세상에 건설한 후 나날이 쇠퇴해 가는 세도인심을 바로 잡기로 성심 발원이오니…」(정산종사, 『불법연구회창건사』, 제1편 1회 12년, 제12장 단원의 기도-축문).

「동년 7월 26일에 대종사 다시 단원을 모으시고 말씀하여 가라사대,

제군들이 기왕 시방세계 일체중생을 위하여 희생하기로 작정하였을진데 서양의 예수가 모든 사람들의 죄악을 대신하여 십자가에 형벌을 감수한 것과 같이 汝等도 최후 생명까지 희생하겠느냐. 과연 생명을 희생한다면 불원한 장래에 도덕의 정법이 이 세상에 출현되어 고해중생의 행복이 반드시 돌아올 것이나 생사는 인간대사니 심중히 생각하여 단행할지어다」(회보 20호, 시창 20년 10-11월호).

보충 해설

본 서품 13장은 시창 4년 소태산이 혈인기도를 올리면서 9인 제자에게 언급한 내용이다. 주지하듯이 법인(혈인) 기도란 방언공사가 끝난 후, 원기 4년(1919) 4월-11월까지 구인제자들이 올린 특별기도를 말한다. 본문 내용 중에 '천지에 기도하여 천의에 감동이' 라는 말이 나오는데, 이와 관련하여 언급한다면 방언공사 서약서와 구인 기도의 축문에 '천지신명' 이라는 신앙 대상의 호칭이 있어 상호 연계된다.

주석 주해

「이 13장의 말씀은 앞으로 다가올 새로운 시대의 병맥을 진단하여 천명하시고 아울러서 모든 생령들을 구원하기 위한 작업을 구체적으로 착수하신 내용의 말씀이다. 이 장의 법문이 나오게 된 배경을 더욱 살펴보면, 원기 3년 4월에 방언공사에 착수하여 1년간 공사가 진행되었는데, 이 공사가 한창 진행되어가던 10월에 구간도실을 건축하여 12월에 완공을 하고, 이곳에서 모임을 갖고 공부를 하게 되었다」(이광정, 「그대들의 마음은 하늘마음이라」, 《원광》 188호, 월간원광사, 1990, p.53).

「빈다는 것은 결국 진리와 자기를 통하게 하는 것이므로, 자기가 자기에게 비는 것이다. 자기 마음이 일단 지극해지면 그 마음으로 제도사업을 하면 반드시 성공하게 될 것이다. 의심하면 안 되며 자신을 가져야 한다. 狐擬도 안 된다. 자기의 명예와 이익을 생각하지 말고 공사를 해야 한다. 이렇게 되어야 천의가 감동하여 교단 일도 발전된다」(박길진, 『대종경강의』, 원광대출판국, 1980, p.18).

문제 제기

1) 그대들의 마음은 곧 하늘마음이라는 것은?
2) 창생과 도탄의 의미는?
3) 각자의 마음에 천의를 감동시킬 요소를 쓰시오.

[서품 14장] 백지혈인과 순교정신

핵심 주제

백지혈인과 순교정신
「그대들의 전날 이름은 곧 세속 이름이니」(원광 189호, 이광정).
「다시 살리는 순교」(원불교 대종경 해의 上, 한종만).
「혈인 감응과 법호 법명의 의의」(교전공부, 신도형).

대의 강령

구인의 지극정성이 백지혈인으로 나타나자 대종사 말하였다.
1) 陰府 공사가 판결이 났으니 우리 성공이 여기서 부터 비롯된다.
2) 법호와 법명을 주며, 끌림 없는 순일한 마음으로 공부와 사업에 오롯이 힘쓰라.

어구 해석

백지혈인 : 소태산과 제자들은 1919년(원기4) 8월21일, 혈인기도를 시작해서 10일간 치재를 더하게 하여, 다음 기도일(7월26일)을 최후의 생일로 정하였다. 7월26일(음) 9인은 모두 희색으로 시간 전에 일제히 도실에 모인 후 밤 8시가 되자, 대종사는 청수를 도실 중앙에 진설해 놓고 각자 칼을 청수상 위에 나열하게 한 후, 죽어도 여한이 없는가라고 하니 모두 '예' 라고 사뢰며 '사무여한' 이라는 최후 증서를 썼다. 이후 각각 백지장을 찍어 상 위에 올리고, 결사의 뜻으로 엎드려 심고하니 血印의 이적이 나타났다. 이를 白指血印이라 하는 바, 여기에서 창립정신인 사무여한과 무아봉공 정신을 찾을 수 있다.
음부 : 응달 陰, 곳집 府로서 그늘 진 곳을 말하며 天機와 時機가 暗合한다는 뜻이다. 곧 눈에 보이지 않는 진리의 법계를 말한다.

법호 : 원불교에 입문하면 법명이 바로 나오고, 그 뒤 계속 원불교의 신앙 수행을 통해 법력을 쌓으면 출가 및 재가 공히 法號가 나온다. 남성의 경우 山, 여성의 경우 陀圓이라는 항렬이 붙는다. 현재 법호는 다음과 같이 8단계 중의 하나에 해당될 때 주어진다. (1) 법훈 서훈자, (2) 정식 법강항마위 이상, (3) 법마상전급에서 법랍 20년과 연령 50세 이상 원성적 정3등 이상, (4) 법마상전급 사업 정5등 이상, 연령 만 60세 이상, (5) 정식 특신급의 경우 사업이 정1등 이상 만 60세 이상, (6) 유공인 명부에 나온 창립유공자로서 법랍 20년 이상과 만 60세 이상, (7) 정식 법강항마위 이상의 출가자 부모, 8) 특별법호는 종법사 특인(원기 80년 4월 30일 결정)에 의함이다.

관련 법문

「무슨 일이든지 일심 적공으로 마음만 단심이 되면 조화가 생기는 것이다. 민충신은 충의가 단심이 되매 피가 어려 죽순으로 화하였고, 이차돈은 도심이 단심이 되매 목에 피가 흰 젖으로 화하였으며, 우리 九인은 신성이 단심이 되매 맨손가락으로 혈인을 낸 것이다. 이런 진리를 모르는 사람들은 혹 믿지 못하고 부인도 하나, 저 물을 보라. 물같이 부드러운 것이 없지마는 추위가 극하매 은산 철벽같이 부술 수 없는 단단한 물건이 되지 않는가. 과연 마음만 단심이 되면 못할 일이 없는 것이다」(대종경 선외록, 영보도국장 11장).

「정당한 일에 지극한 정성을 들이면 그 정성의 정도와 일의 성질에 따라서 조만은 있을지언정 이루어지지 않는 일이 없으며, 그 이루어지는 것은 사실적으로 그 일이 잘 진행되어 점차로 목적을 달성하는 수도 있고 또는 불가사의한 기운이 응하여 일시에 그 목적이 이루어지는 수도 있나니라. 구인의 혈인이 날 때 우리 회상은 법계의 인증을 받았나니, 현실의 큰 일들은 다 음부의 결정이 먼저 나야 하나니라」(정산종사법어, 원리편 30장).

보충 해설

음부공사가 이미 판결이 났다고 했는데, 여기에서 음부공사란 무엇인가? 원불교에서는 陰府란 허공법계, 법계 또는 陰界를 의미한다. 음부공사가 판결이 났다는 것은 법계의 진리 인증을 받았다는 뜻이다. 우주 大氣와 하나 되어 대종사의 가르침과 회상 창립이 이미 음계의 인증을 받았다는 것이다. 지성으로 허공법계에 기도를 올렸으니, 진리의 감응이 있었기 때문이다. 음부공사의 판결이란 무형상의 초월처, 소소영령한 감응처로부터 인증을 얻었다는 뜻이다. 하늘마음이 창립제자들의 마음이요, 대종사의 마음이었기 때문이다. 또한 소태산 여래의 경륜이 우주를 통하고 신의는 고금을 꿰뚫었기 때문이다.

주석 주해

「이 14장은 생령과 세상을 위해서 자결도 불사하겠다는 9인 제자들의 비장한 결의가 백지혈인의 이적으로 나타난 사실에 대해 그 의의를 천명하시고 다시 제자들의 마음을 다지시는 법문이다」(이광정, 「그대들의 전날 이름은 곧 세속이름이니」, 《원광》 189호, 월간원광사, 1990, p.60).

「이적이 수행 도중에 나타났다고 하여 성자가 다 된 것은 아니다. … 음부공사도 마음이 지극하면 천지기운과 통해져서 다 응하게 된다. … 지극한 마음으로 봉공만 하면 기적의 수확이 있을 것이다」(박길진, 『대종경강의』, 원광대출판국, 1980, p.19).

문제 제기

1) 개교의 동기에서 말하는 사실적 도덕의 훈련과 백지혈인의 이적 사이에 모순은 없는가?

2) 백지혈인의 이적에서 얻어지는 교훈, 그럼에도 불구하고 소태산은 왜 이적을 멀리 하였는가?

3) 음부공사와 백지혈인의 뜻은?

4) 법명을 주시며 하신 법문과 아울러 법명을 받는 의미?

[서품 15장] 불법의 주체와 미래 불법

핵심 주제

불법의 주체와 미래 불법

「불법으로 주체를 삼으라」(원광 190호, 이광정).

「불법을 주체로 한다」(원불교 대종경 해의 上, 한종만).

「미래의 불교상」(교전공부, 신도형).

대의 강령

우리가 배울 바와 가르칠 바는 불법이며, 중생에게 열어줄 두 길은 혜문 · 복문이다. 장차 세계적 주교로서 미래 불법은 다음과 같다.

1) 사농공상과 재가 출가의 생활을 여의지 않고 공부를 할 수 있다.

2) 국한된 불상에만 귀의하지 않고 우주만유 허공법계를 부처로 알고 불공한다.

3) 일과 공부가 따로 있지 않아서, 일을 잘하면 공부를 잘하고 공부를 잘하면 일이 잘된다. 곧 화피초목 뇌급만방의 불국토가 된다.

출전 근거

『회보』 44호에 실린 「불법연구회 창건사」의 내용으로, 불법의 대의를 연구하여 생로병사와 인과보응의 이치를 자각해야 한다고 하였다.

어구 해석

혜복 : 지혜와 복락을 慧福이라 한다. 종교를 신앙하는 것은 혜복의 양족을 위함이다. '혜복' 용어는 『대종경』에 총 9번 나오는 바, 그 한 예를 보면 교의품 1장에서 영생의 길을 얻고 인과의 이치를 알아 혜복을 구하게 될 것이니, 이것이 영원한 의식주 해결의 길이라 했다.

화피초목뇌급만방 : 부처의 대자대비가 차별심 없이 하찮은 초목에까지 미치고 시방세계 만방에 두루 미친다는 의미가 化被草木 賴及萬方이다. 곧 시방삼계 육도사생에까지 부처의 무한 은혜가 미쳐 불국토가 형성된다는 것이다. 化被와 賴及은 동사로서 미친다는 뜻이다.

관련 법문

「한 사람이 대종사께 여쭈었다. "선생님으로 인하여 불법이 앞으로 대창할 것을 믿으오나, 선생님 백세 후에 선생님의 법을 이어 불법을 더욱 대창시킬 인물이 많이 있사올지 의문이 되나이다." 대종사 말씀하시었다. "그대는 나의 색신만 보았고 나의 법은 보지 못하였도다.

내 법이 옳지 못할진대 아무리 내 代에 대창을 하였을지라도 오래 가지 못하고 없어질 것이요, 내 법이 정법이라면 설사 내 대에는 대창하지 못했을지라도 후세에 다시 계후할 사람이 생겨날 것이니 무엇을 근심하리오" 」(대종경 선외록, 유시계후장 7장).

「하늘에는 好生의 도가 있고 땅에는 호생의 덕이 있으며 만물에도 호생의 기운이 있다. 불보살은 이 세 가지를 갖추셨으므로 화피초목하고 뇌급만방하는 것이다」(한울안 한이치에, 제1장 마음공부 19장).

보충 해설

'불법의 대의' 란 불생불멸의 이치와 인과보응의 원리를 말한다. 이에 바탕하여 원만무애한 불법, 혁신된 불법으로 받들고 신앙하면 미래에 불법이 주교가 될 것이라는 확신이다. 「조선불교유신론」을 주장한 한용운은 불상만은 숭배의 대상으로 그대로 두어야 한다고 했지만, 「조선불교혁신론」을 주장한 소태산은 불상 대신에 법신불 일원상을 숭배하자고 하였다. 주세불로 출현한 소태산은 색신이 아닌 법신을 강조, 세계적 주교로서 미래 지향적 불법을 예견하였기 때문이다.

주석 주해

「이 15장은 장차 우리 회상이 나아가야 할 성격을 불법으로 주체 삼아서 완전무결하게 할 것을 분명하게 드러내신 장이다. 소박하게 표현한다면 원불교의 색깔과 골격의 대체를 분명히 못 박아 주신 장이다」(이광정, 「불법으로 주체를 삼으라」, 《원광》 190호, 월간원광사, 1990, p.59).

「이제 우리가 배울 바도, 가르칠 바도 오직 부처님의 도덕이라 하였고 앞으로 교법을 펴나가는 데에도 오직 불법으로 주체를 삼겠다고 하였다. … 과거에는 인생의 낙오자가 스님이 되었다. 그러므로 불법이 올바로 전승되기 어려웠다」(박길진, 『대종경강의』, 원광대출판국, 1980, p.21).

문제 제기

1) 오직 인심의 정도를 따라 순서 없는 교화로 한갓 발심 신앙에만 주력했다는 의미는?

2) 시대가 천만 번 순환하나 이 같은 기회 만나기가 어렵다는 것은?
3) 불상에 귀의 말고 우주만유 허공법계를 부처로 알라는 뜻은?

[서품 16장] 재래불교 혁신의 방향

핵심 주제

재래불교 혁신의 방향
「소수인의 불교를 대중의 불교로」(원광 191호, 이광정).
「한국 사회와 불교」(원불교 대종경 해의 上, 한종만).
「한국 재래불교의 제도 및 승려의 생활과 그 혁신의 방침」(교전공부, 신도형).

대의 강령

대종사, 과거 불교 승려와 미래 불교 방향에 대해 언급하였다.
1) 과거 불교 승려에 대한 일반적인 견해는?
(1) 부처의 제자가 되어 처자 없이 독신 생활을 한다.
(2) 삭발을 하며 검박한 옷을 입는다.
(3) 단주 들고 염불이나 송경을 하며, 바랑을 지고 동령을 한다.
(4) 어육주초를 먹지 아니하고 모든 생명을 죽이지 아니한다.
(5) 집터와 묘지 및 호풍환우, 이산도수 하는 것을 마음대로 한다.
(6) 부처의 무상대도는 알려지지 않고 독선기신의 소승에 빠졌다.
2) 따라서 미래 불교혁신의 방향으로는?
(1) 부분적인 교리와 제도를 혁신하여 소수인 불교를 대중 불교로,
(2) 편벽된 수행을 원만한 수행으로 돌리자.

출전 근거

『불교정전』 개선론의 「과거 조선사회의 불법에 대한 견해」와 「조선승려의 실생활」을 합한 것이다.

어구 해석

송경 : 경전을 읽고 외우는 것을 誦經이라 한다.

어육주초 : 금지 계율의 항목으로 물고기, 사육, 술, 담배를 魚肉酒草라 하며, 과거 불교는 이를 금하는 것만을 능사로 삼았다는 것이다.

호풍환우 이산도수 : 바람을 불러 비를 오게 하는 것을 呼風喚雨라 하고, 산을 옮기고 강을 건넌다는 뜻으로 移山渡水라 한다. 이러한 신통법에는 그 외에도 축지법 시해법 둔갑술 장신술 등이 있으니, 이는 신비나 이적을 추구하는 邪道로 흐르기 쉽다. 소태산은 인도상의 요법을 주체로 하여 이러한 신통묘술을 미신과 동일시하여 금지하였다.

송풍나월 : 松風이란 솔바람이며, 蘿月은 여라(이끼류)의 덩굴에 보이는 달을 말한다. 따라서 무료히 솔바람 여라의 덩굴에 비친 달이나 보며 한가한 생활하는 것이 곧 송풍나월의 삶이다.

독선기신 : 홀로 편벽되게 자신의 선행만을 추구하며 사는 소승생활을 獨善其身이라 한다. 산골의 벽지불이나 이를 좋아할 것이다.

풍진 : 바람에 불려 일어나는 티끌을 風塵이라 하며, 그 의미는 오탁악세에 물든 속세를 말한다.

본회 : 본래 마음속에 품은 뜻을 本懷라 한다.

관련 법문

「어느 큰 사찰 부근에 여자신도 한 사람이 어육주초로써 여러 승려들을 음탕하게 농락하여 사원의 재산을 10년 내로 전부 착취하더니 그 여자는 일시에 부호가 되고 사원은 빈찰이 되어 결국 여자에게 이용을 당하였는데, 천리가 무심치 않아 그 여자가 우연히 병을 얻어 반신불수가 되므로 그가 벌어 놓았던 재산 전부를 치료비에 다 쓰고 나중에는 할 수 없이 사원의 처진 음식으로 겨우 생명을 유지하다가 금사망보까지 받은 일이 있다 하니 참으로 여러 사람의 성금은 무서운 것이다」(대종경 선외록, 자초지종장 6장).

「양도신이 사뢰었다. "정신이 밝아질 때에는 모든 것을 어느 정도 알 것 같은데 진묵스님처럼 손가락이 깨어져도 모르는 깊은 상태에 드는 것이나 이산도수하고 호풍환우하는 신통이 되지 않습니다."

"그 두 가지는 극히 쉬운 일이다. 앞으로 몇 달만 모든 사무를 다 놓고 조용한 곳에서 정만 익힌다면 곧 되는 것이다. 그러나 이 두 가지가 중생 제도하는 데나 인간 생활하는데 아무 소용이 없다. 동정간 일심을 여의지 않는 것이 입정이며 그 일심으로써 육근 작용에 바른 행을 나타내는 것이 곧 신통이니 입정과 신통을 따로 구할 것이 없다" 」(한울안 한이치에, 제7장 기연따라 주신 말씀 28장).

보충 해설

원불교와 불교의 관계를 정리하기란 쉽지 않다. 원불교는 신앙·수행에 있어 밀교와 선종, 이념·철학에 있어 화엄과 천태사상을 활용하고 있다. 불교의 임제종 계통에서는 화두연마가 간화선인데, 원불교에서는 사리연구를 수용했다. 원불교는 전통불교와 佛法으로 만난다. 종파적 원불종이 아니라, 불법을 신앙하고 부처가 되고자 하는 새 종교로서의 원불교이다. 1999년 6월 3일과 7월 8일에 개최된 수위단회는 원불교와 불교의 관계를 「불교는 불교이나 원불교이다. 불교는 불교이나 새 불교이다. 불교가 아니라는 말은 맞지 않는다」는 내용의 결의를 했다. 원불교는 석가를 연원불로 삼은 새 불교이다. 원불교는 불교가 아니라는 관점으로는 원불교라는 교단의 출발이 불교와는 관련이 없다는 점이다. 또 불교가 아님에도 불구하고 원불교에서 굳이 불교라는 이름을 사용하는 이유는 일제의 탄압에 대처하기 위한 불가피한 선택이었다고 한다. 아울러 원불교는 수운, 증산, 소태산으로 이어지는 근세 한국 신종교의 맥락에서 파악해야 한다는 관점이다. 원불교는 불교다, 아니다는 논쟁은 오랫동안 지속되어 왔다. 숙의를 통해 수위단회에서 결정한 "불교는 불교이나 원불교이다. 불교는 불교이나 새 불교이다" 는 시각이 오늘날 보편화되고 있다.

주석 주해

「이 16장에서는 당시 불교에 대한 내적, 외적 실상을 진단해서 밝히시고 불법혁신의 방향을 제시해 주신 장이라고 하겠다. … 불법에 대한 일반적인 인식과 승려들의 실생활의 모습 속에서 제기된 부처님의 본회가 아닌 이런 부분을 수정해서 미래 불법에 대한 의지를 표명해 주신 말씀이다」(이광정, 「소수인의 불교를 대중의 불교로」, 《원광》 191호, 월간원광사, 1990, pp.57-58).

「불교와 조선의 인연관계를 밝혔고, 장차 교문을 열 때 불법을 주체로 하되 부분적인 교리와 제도를 혁신하여 소수인의 불교를 대중의 불교로, 편벽된 수행을 원만한 수행으로 돌리자고 하였다. … 서품 16장의 말씀은 원불교의 한 특징이기 때문에 매우 중요하며 이러한 취지가 없다면 원불교를 별도로 개교할 필요가 없다. 즉 원불교와 재래불교와의 차이점이 잘 나타나 있다」(박길진, 『대종경강의』, 원광대출판국, 1980, p.23).

문제 제기

1) 원불교와 불교의 관계는?

2) 소태산이 본 재래불교의 폐단과 극복책은?

3) 서품에 나타난 불교와 원불교의 관계를 쓰고, 불교를 혁신한 점이 무엇인가를 논하시오.

[서품 17장] 부처의 지혜와 능력

핵심 주제

부처의 지혜와 능력

「부처님의 지혜와 능력」(원광 192호, 이광정).

「부처님의 지혜와 능력」(원불교 대종경 해의 上, 한종만).

「부처님의 지혜와 능력」(교전공부, 신도형).

대의 강령

부처님의 지혜와 능력은 말로 다할 수 없다.

1) 생사 없는 이치와 한없는 생이 있는 줄 안다.

2) 일신의 본래 이치와 우주만유의 본래 이치를 안다.

3) 자신 제도는 물론 일체중생을 제도할 능력이 있다.

4) 중생이 지어서나 우연히 받는 苦의 원인을 안다.

5) 복락이 다하면 다시 오게 하는 능력이 있다.

6) 지혜가 다하면 밝게 하여 어둡지 않게 하는 능력이 있다.

7) 탐진치에 끌리는 바가 없다.
8) 없는데서 있는데 까지, 있는데서 없는데 까지 안다.
9) 육도 사생의 변화하는 이치까지 안다.
10) 利他로서 스스로 복락을 삼는다.
11) 시방세계 육도사생을 부처의 소유 권능으로 삼는다.

출전 근거

『불교정전』 개선론의 「석존의 지혜와 능력」이다.

어구 해석

탐심 진심 치심 : 貪心이란 욕심을 말하며, 瞋心은 화내는 마음이고, 痴心이란 어리석은 마음을 말한다. 이를 삼독심이라 한다.

육도 : 일체 중생이 선업과 악업을 통해 윤회하는 6가지의 길을 六途라 하는데, 여기에는 천도, 인도, 수라, 축생, 아귀, 지옥이 있다. 천도란 낙원, 천당 내지 극락세계를 말하며, 인도란 인간세상을 말하고, 수라란 시기하고 싸우기를 좋아하는 귀신의 세계를 말하며, 아수라라고도 한다. 축생이란 짐승의 세상이며, 아귀란 굶주림의 귀신들을 말하고, 지옥이란 그야말로 아비규한의 고통스런 세계를 말한다.

사생 : 전 생명체의 출생 방식을 네 가지로 언급한 것으로서 태생, 난생, 습생, 화생을 四生이라 한다. 태생은 모태에서 태어나는 것이라면, 난생은 조류나 물고기 등이 알로 태어나는 것을 말한다. 습생이란 습한 곳에서 태어나는 지렁이와 벌레 등이며, 화생이란 형태가 변화하여 태어나는 것으로 애벌레가 나비로 되는 것이다.

권속 : 한 집안 내지 한 식구를 眷屬이라 한다. 여기에서는 부처 및 소태산 대종사를 모시고 따르는 제자와 관련한 언급이다.

관련 법문

「다생 겁겁 한없는 세상 가운데 한 생 동안 한 가정을 이루고 산다는 것이 마치 여행 중에 하룻밤 한 여관에 동숙하는 것밖에 못되는 것인데, 철없는 사람들은 그것밖에 모르고 애착하나니, 어찌 단촉한 생활이 아니리요. 부처님은 복도 족족하시고 혜도 족족하신 어른이지마는 나는 삼계의 객이 되어 마음 가는대로 발 닿는 대로 시방 삼계를 주유하다가 혹 인연을 만나면 쉬고 인연이 없으면 날아다녀서 주착없이 헌거롭게 살리라고 원을 세우신 것이다」(대종경 선외록, 주세불지장 6장).

「마음의 본말을 알고, 마음 닦는 법을 알고, 마음 쓰는 법을 잘 아는 것이 모든 지혜 중에 제일 근본되는 지혜가 되나니, 경에도 "사람이 삼세의 일체사를 알려면 법계의 모든 일이 마음으로 된 줄 알라" 하셨나니라」(정산종사법어, 무본편 2장).

보충 해설

원불교의 교조 소태산이 불교의 교조 석가모니의 지혜와 능력을 말하고 있다. 소태산이 불타에 연원불을 삼은 것이라든가 미래의 주법은 불교가 될 것이라는 것들이 바로 이러한 지혜와 능력을 겸비한 종교이기 때문에 가능하다. 이러한 智 · 能을 겸함으로써 원불교가 곧 미래 불법을 지향한다는 것으로 이해된다. 여기에서 부처님의 지혜와 능력은 소태산의 지혜와 능력과 未分된 것으로 이해해야 한다.

주석 주해

「이 17장은 석가모니불의 지혜와 능력 그리고 무상대도를 찬탄하신 장이라고 정리할 수 있다. … 부처님의 거룩하심을 11가지나 열거하시고 그것도 부족해서 입으로나 붓으로 성언하고 기록할 수 없다고까지 하신 것을 보면 과연 부처님의 거룩하심과 위대하심이 얼마나 장하신가를 느끼게 한다」(이광정, 「부처님의 지혜와 능력」, 《원광》 192호, 월간원광사, 1990, pp.57-59).

「부처님의 한량없는 무상대도를 밝혔고, 따라서 우리도 이와 같은 부처님의 지혜와 능력을 얻어 중생제도에 노력하자고 하였다. … 서품 17장에 불교 진리의 대강이 나타나 있다」(박길진, 『대종경강의』, 원광대출판국, 1980, p.25).

문제 제기

1) 소태산이 본 부처의 지혜와 능력인데, 소태산의 지혜와 능력은?

2) 서품 17장 법문에 밝히신 부처의 지혜와 능력에 대해 쓰시오.

[서품 18장] 불교 혁신의 항목

핵심 주제

불교 혁신의 항목
「새 회상의 제도와 방향」(원광 193호, 이광정).
「불교의 제도혁신」(원불교 대종경 해의 上, 한종만).
「제도의 대중화 시대화 생활화」(교전공부, 신도형).

대의 강령

과거의 불교는 출세간 생활을 본위로 하였으나 우리 교단은?
1) 재가 출가에 있어 주객의 차별이 없게 한다.
2) 수도하는 처소도 신자에 따라 어느 곳에든지 설치한다.
3) 경서도 쉬운 말로 편찬한다.
4) 출가 공부인도 사회생활을 하며 직업을 갖도록 한다.
5) 결혼은 자의에 맡긴다.
6) 불공도 사실불공을 주로 하게 한다.
7) 예법도 세간생활에 적절하고 유익하게 한다.
8) 출가 생활도 연령에 따라 알맞게 한다.
9) 교리제도를 운전하는 기관도 시대인심을 따라 훼손이 없게 한다.

출전 근거

『불교정전』 개선론의 「소수인의 불교를 대중의 불교로」와 「과거의 예법을 현재의 예법」이라는 내용을 합한 것이다.

어구 해석

분망 : 몹시 바쁘다는 뜻에서 奔忙이라 한다.
동령 : 動鈴은 '동냥' 이라 하며, 거지의 행각 내지 구걸을 뜻한다.
준행 : 따라서 행하는 준법, 또는 복종하는 행위가 遵行이다.

관련 법문

「본회 종사주께서는 더욱이 이 일원상 봉안 방법을 정하여 재래의 등상불 제도를 혁신하셨으니 이것은 곧 과거 세상에 숨어 있던 그 진리를 직접 형상으로 나토게 하시고 소수인이 이해하던 그 불성을 널리 대중에 보이어 모든 신자로 하여금 쉽게 假佛을 떠나 진불을 깨치게 하심이라」(한울안 한이치에, 일원상에 대하여 2. 일원상의 진리).

「일원상을 부처님으로 모시는 것은 우리 교과서 중 불교혁신론에 이미 설명하신 바 있으니 우리는 거기를 잘 연구하고 체험하여야 할 것입니다. 현금, 사회 인사 중 불교의 진리에 공부가 적은 분은 이 일원상을 볼 때에 혹은 이상하게 생각하고 혹은 무의미하게 간과하며 우리 회원 중에도 일원상에 대하여 예배를 올리고 심고를 드리면서도 사실 그 원리를 알지 못하는 분도 또한 없지 않을 것입니다」(한울안 한이치에, 일원상에 대하여 1. 서언).

보충 해설

구한말 애국운동가 박은식, 신채호, 정인보는 유교구신론을 주장하였고, 불교의 한용운(1879-1944)은 조선불교유신론(1913)을 주장하였다. 송만공(1871-1948)은 격외선의 생활화, 백학명(1867-1929)은 반농반선, 권상로(1879-1965)는 조선불교개혁론(1912), 백용성(1846-1940)은 대각교운동(1921), 이영재는 조선불교혁신론(1922), 소태산은 조선불교혁신론(1935), 박한영(1870-1948)은 포교현대화론을 주장, 불교를 혁신하고자 하였다. 아무튼 소태산은 1935년 4월 『조선불교혁신론』을 발표하였는데, 그 중심 내용은 76개 조항이다. 이와 관련한 『불교정전』의 개선론 몇 항목을 살펴보자. 외방의 불교를 우리의 불교로, 소수인의 불교를 대중의 불교로, 편벽된 수행을 원만한 수행으로, 과거 예법을 현재 예법으로, 법신불 일원상 조성법 등이 대표적이다.

주석 주해

「오랜 역사 속에서 형성된 재래불교의 제도가 부처님의 근본정신과는 상당히 거리가 있는 모습으로 또는 상반된 모습으로 변질되어 왔음을 진단하고 이를 바탕으로 새로운 교단의 미래 제도방향을 창출·정립해 주신 내용이다」(이광정, 「새 회상의 제도와 방향」, 《원광》 193호, 월간원광사, 1990, p.53).

「과거불교는 출세간이 主이다. … 원불교는 모든 제도에 있어서나 교리상에 있어서나 재가, 출가를 막론하고 남녀를 막론하고 평등한 원칙하에 구성되었다. 이러한 특징은 수위단이란 원불교 최고기구에 있어서도 마찬가지이다. 이것은 새 시대, 새 종교로서는 중요한 요소이다」(박길진, 『대종경강의』, 원광대출판국, 1980, p.26).

문제 제기

1) 구한말 불교혁신 운동의 흐름과 소태산의 조선불교혁신론은?

2) 불법이 모든 교법에 뛰어나므로 그 부분적인 교리와 제도의 혁신을 통해서 불법의 시대화 대중화 생활화를 지향하려는 뜻은?

[서품 19장] 불교의 비판과 혁신

핵심 주제

불교의 비판과 혁신

「편벽된 수행을 원만한 수행으로」(원광 194호, 이광정).

「불교 교리체계의 혁신」(원불교 대종경 해의 上, 한종만).

「교리의 통일과 원만한 수행길」(교전공부, 신도형).

대의 강령

대종사, 과거 불가와 우리 공부법에 대해 말하였다.

1) 과거 불가에서는?

(1) 경전을 가르치는데 불교의 교리나 제도, 역사를 알린다.

(2) 화두는 가르치기 어려운 현묘한 진리를 깨치게 한다.

(3) 염불과 주문은 번거한 정신을 통일시킨다.

(4) 불공은 신자의 소원성취와 불사에 도움 얻는 것으로 그친다.

2) 우리의 공부 방법은?

(1) 번거함을 놓고 강령 요지의 화두와 경전으로 일과 이치에 연구력 얻는 과목을 정하였다.

(2) 염불 좌선 주문으로 정신 통일하는 수양과목을 정하였다.

(3) 계율과 과보 받는 내역, 사은의 도를 단련하여 세간생활에 적

절한 작업취사 과목을 정하여 병진하게 하였다.

출전 근거

『불교정전』 개선론의 「편벽된 수행을 원만한 수행으로」이다.

어구 해석

화두 : 話頭란 선종의 공안으로, 원불교의 의두 및 성리와 유사하다.

이무애 사무애 : 이치로 보나 일로 보나 어디에도 막히지 않는다는 뜻에서 理無碍 事無碍이며, 우주의 대소유무 이치 및 일의 시비이해 등에 걸림 없이 진리적으로 환히 안다는 것이다.

관련 법문

「종래로부터 대 사찰에는 반드시 선원과 강원을 두어 계정혜 三학을 실지적으로 훈련하는 방법이 있었으나, 세쇠도 미한 오늘날에 있어서 그것도 자연 해이해진 감이 없지 않습니다. 그러므로 본회에서는 인생의 요도 사은 사요와 공부의 요도 삼강령 팔조목을 근간으로 하고, 각조의 훈련과목을 나열하여 교인 화인하기에 위주하나니…」(교고총간 3권 회보 53호, 兩院의 인사말씀).

「강원에서는 언제든지 경전만을 전문으로 가르쳤으며 선원에서는 주야에 화두를 들고 좌선만을 전문으로 하게 하였다. 그런데 현재 본회 선방의 제도로 말하면 그와는 아주 달라서 여러 가지 과목을 아울러 가지고 훈련을 시켜 나가나니…」(이공주 수필법설).

보충 해설

과거 불교의 교리와 제도 및 역사는 따로따로 배워야 할 과목들이 많아서 못 다 배우며, 그러므로 불교신자들이 한 두 과목에 편벽되게 배우다보니 수행도 치우치고 편벽되기 쉽다는 것이다. 이에 원불교는 모든 교과목을 삼학병진으로 용해하여 새롭게 혁신하고자 하였다.

주석 주해

「이 19장의 대의는 과거 불교의 수행양상이 분파적 편협성으로 치닫는 것을 지양하여 겸수쌍수의 원만성과 총체성 지향을 강조한 내용이다. 즉 과거 불가에서 각종 각파로 분화되어 특정 수행방법만 고집하므로 불제자간에 빚은 갈등을 지적하고 이를 시정하기 위한 방향을 제시한 내용이요, 새 교단의 수행 원리인 기본원리와 기초를 정립해 주신 장이다」(이광정, 「편벽된 수행을 원만한 수행으로」, 《원광》 194호, 월간원광사, 1990, p.53).

「불교의 각 종파로 분립된 수행 방법을 삼학으로 일원화해야 하는 것이다. 이것은 교리 체계의 혁신이다. 첫째, 화두와 경전 연마로 사리연구 과목을 정한다. … 임제종에서는 화두 연마를 간화선으로 한다. 원불교에서는 사리연구로 수용했다. … 둘째, 염불 좌선 주문 등을 수양과목으로 정한다. 염불을 정신수양 과목으로 수용한 것은 자력 염불을 중심한 것이다. 염불종은 정토종이다. … 셋째, 계율 인과 사은의 道 단련을 취사과목으로 정했다. 과보 받는 내역은 인과이다. 율종을 수용해서 취사과목을 정한 것이다」(한종만, 『원불교 대종경 해의』(上), 도서출판 동아시아, 2001, pp.82-83).

문제 제기

1) 서로 파당을 지어 과거 불교신자들의 수행에 장애가 되었는데?

2) 불교와 원불교 삼학의 동이점은?

제 2 교 의 품

핵심 주제

원불교 교리의 대체와 일원상

대의 강령

1) 대종경의 두 번째 품으로 총39장으로 구성되어 있다.

2) 교리에 대한 일반적 해석이 주류를 이루고 있으며, 『정전』 교의편과 연계하여 이해할 수 있다.

3) 일원상과 인간과의 관계, 일원상의 신앙과 수행을 언급하였다.

4) 정신문명과 물질문명의 조화적 발전, 종교와 정치의 관계에 관한 법문이 수록되어 있다.

5) 대종사는 '모든 도를 다 통하고, 모든 법을 다 통일한 근거'를 『대종경』 교의품에 바탕하여 서술하고, 본인이 바라보는 원불교 교법에 대한 교법관을 서술하시오.

[교의품 1장] 유불도 3교의 주체와 일원화

핵심 주제

유불도 3교의 주체와 일원화

「사통오달의 교법이 되게 하라」(원광 195호, 이광정).

「유불도 삼교의 일원화」(원불교 대종경 해의 上, 한종만).

「유불선 삼교의 주체와 본교의 일원대도」(교전공부, 신도형).

대의 강령

과거 모든 교주가 때를 따라 나와 인생의 행할 바를 가르쳤으나 그 교화의 주체는 시대와 지역을 따라 달랐다.

1) 불교는 우주만유의 형상 없는 것을 주체삼아 생멸 없는 진리와

인과보응의 이치를 가르쳐 전미개오의 길을 주로 밝히었다.

2) 유교는 우주만유의 형상 있는 것을 주체 삼아 삼강오륜과 인의예지를 가르쳐 수제치평의 길을 주로 밝히었다.

3) 선가는 우주자연의 도를 주체삼아 양성하는 법을 가르쳐 청정무위의 길을 주로 밝히었다.

4) 원불교는 수양 연구 취사의 一圓化와 영육쌍전 · 이사병행의 공부 방법, 3교와 세계 종교의 교리와 천하의 법이 한 마음에 돌아오는 사통오달의 道를 추구하였다.

출전 근거

서대원 수필 『회보』 4호(교고총간 2권, 원기18)의 「도덕은 동일하나 그 교리의 주체는 각각 다르다」는 제목으로 실린 법설이다.

어구 해석

전미개오 : 윤회를 유발하는 미혹의 세계를 벗어나(轉迷) 열반의 깨달음에 이르는 것(開悟)을 전미개오라 하며, 번뇌 해탈이 그것이다.

인의예지 : 맹자가 주장한 성선설의 요체로 사단을 仁義禮智라 한다.

수제치평 : 『대학』에 거론된 공부 방법으로 8조목 중 4조목으로서 수신, 제가, 치국, 평천하를 修齊治平이라 한다.

양성 : 허정을 근간으로 성품을 기르는 것을 養性이라 하며, 이는 氣수련을 중심으로 한 도교의 목표이며, 기질 수련이 이에 해당한다.

청정무위 : 맑고 청정한 허정의 세계이자 무위자연의 도가적 선경을 淸淨無爲라 한다.

삼강오륜 : 동양 인륜의 강기로서 삼강오륜은 중국 한대에 형성되어 우리나라에 전래되었으며, 三綱은 君爲臣綱, 父爲子綱, 夫爲婦綱이고, 五倫은 君臣有義, 夫婦有別, 父子有親, 長幼有序, 朋友有信이다.

영육쌍전 : 정신과 육신이 조화를 이루어 심신의 균형을 이루는 것으로 靈肉雙全은 『정전』 수행편에 나오며, 또 원불교 교리표어의 하나이다. 과거 불가에서는 육체보다 영적 공부에 더 치중하였으나, 미래 불법 지향에 있어서 소태산은 이의 일치를 강조하였다.

이사병행 : 공부와 사업을 병행한다는 것으로, 우주의 대소유무 이치

와 인간사의 시비이해를 아울러 연마하고 병행한다. 과거 불가의 이판승·사판승 문제도 병행하지 못한 결과의 일이라 본다. 理事竝行의 정신은 원불교 초창기의 창립정신에서 모색될 수 있다.

관련 법문

「불가에서는 천지만물의 형상 없는 것을 주체 삼아 생로병사의 이치와 인과보응의 이치와 육도사생의 이치를 가르쳤으며 이 중에는 염불종 교종 선종 등의 종별이 있고, 유가에서는 천지만물의 형상 있는 것을 주체 삼아 삼강오륜으로써 수신 제가 치국 평천하의 법을 가르쳤으며 … 지금 세상은 유불선 3교를 통합한 종교가 아니면 이 세상을 결함 없이 구성해 갈 수 없는…」(회보 4호, 법설, 서대원 기록).

「절집에서는 견성을 한다 하고 선가에서는 양성을 한다 하고 유가에서는 솔성을 한다고 했다. 그런데 우리는 한 집에서 세 가지를 다했으면 좋겠다. 보아서 키워서 거느리자는 것이니 즉 우리 도통은 성리도통 · 양성도통 · 솔성도통을 해야 하며 가르치기도 그러도록 가르친다」(이공주 수필법설1, 갑술 1월 12일).

보충 해설

유불도 3교를 통합 활용하자는 의미로 『정전』 교법의 총설과 통하는 면이 있다. 모든 종교의 교지도 이를 통합 활용하여 광대하고 원만한 종교의 신자가 되라고 한 것이 이것이다. 아울러 『대종경 선외록』에서, 성현은 유불선 三聖을 겸하셨고, 敎는 유불선 三교를 통합하여 만대 후래 중생의 법등을 천하 만고에 밝혀주었다(유시계후장 4장)고 하였다. 원불교의 특성으로 삼교통합의 회통 정신이 여기에 발견된다.

주석 주해

「교의품 1장의 대의를 살펴보면 과거 유교 · 불교 · 선교의 3교 종지와 모든 종교의 의지까지도 일원화하여 수양 연구 취사의 삼학에 흡수 수용함으로써 사통오달의 교법이 되게 한다는 뜻을 천명하신 내용이다. 그러니까 이 교의품 1장은 삼학팔조를 구상하시고 그것에 대한 부연설명이셨다는 것을 알 수 있다」(이광정, 「사통오달의 교법이 되게 하라」, 《원광》 195호, 월간원광사, 1990, p.48).

「유불선 3교가 그 주체는 다르나 목적은 같으므로 새 교문을 여는 데에는 이 삼교의 교리를 통합 활용하여 수양 연구 취사의 일원화와 영육쌍전 이사병행 등의 방법으로 교리를 구성하여 이 공부를 잘 하면 세계 모든 종교와 교리와 모든 원리가 한 마음 상에 돌아와 큰 道를 얻게 된다」(박길진, 『대종경강의』, 원광대출판국, 1980, p.30).

문제 제기

1) 유교도, 불교도, 도교도들이 자신 교리의 호교적 입장에서 소태산의 교판적 비판을 그대로 수용할 수 있을 것인가?

2) 한국 전통종교 사상과 원불교 사상은 어떠한 관계가 있는가?

3) 유불선 삼교의 교화주체와 본교의 교화주체를 밝혀라.

4) 교의품 1장에서 "누구든지 이대로 잘 공부한다면 다만 삼교의 교리며 천하의 모든 법이 다 한 마음에 돌아와서 능히 사통오달의 큰 도를 얻게 되리라" 하였으니 그 내용과 이유를 설명하시오.

[교의품 2장] 천하의 큰 도와 교강

핵심 주제

천하의 큰 도와 교강

「천하의 큰 도」(원광 196호, 이광정).

「천하의 큰 도」(원불교 대종경 해의 上, 한종만).

「천하의 大道」(교전공부, 신도형).

대의 강령

어떠한 것을 큰 도라 하는가?

1) 천하 사람이 다 알고 행할 수 있는 것으로 일원상의 진리이다.

2) 사은사요와 삼학팔조를 다 알아 실행할 수 있는 것이다.

출전 근거

『선원일지』(정축하선, 원기 22)에는 「본교의 교리는 대도이다」로 실려 있다.

어구 해석

큰 도 : 진리의 大道를 말하며 용례를 보면 다음과 같다. 원만한 대도(교법의 총설), 인도 정의의 요긴한 법(전망품 9장), 대도 정법의 신앙(인과품 26장), 대도를 수행하여 반야지를 얻음(불지품 3장), 삼학 병진의 대도(실시품 37장), 부처님의 대도(교단품 27장) 등이다.

종지 : 종교에 있어서 가장 으뜸이 되는 교리 및 교리의 주된 뜻을 宗旨라 하며, 원불교의 일원상의 진리, 사은사요, 삼학팔조를 말한다.

관련 법문

「나의 교리와 제도는 어떤 나라 어떤 주의에 들어가도 다 맞게 짜 놓았다. 앞으로 내 법을 가지고 어느 나라에 가서든지 교화 활동을 펴되, 그 나라의 법률에 위반하여서는 아니 되고, 그렇다고 그 나라 권력에 아부해서 나의 본의를 소홀히 하여서도 아니 될 것이다」(대종경 선외록, 유시계후장 21장).

「과거에 모든 부처님이 많이 지나가셨으나 우리 대종사의 교법처럼 원만한 교법은 전무후무하나니, 그 첫째는 일원상을 진리의 근원과 신앙의 대상과 수행의 표본으로 모시고 일체를 이 일원에 통합하여 신앙과 수행에 직접 활용케 하여 주셨음이요, 둘째는 사은의 큰 윤리를 밝히시어 인간과 인간 사이의 윤리 뿐 아니라 천지 부모 동포 법률과 우리 사이의 윤리 인연을 원만하게 통달시켜 주셨음이요」(정산종사법어, 기연편 11장).

보충 해설

『대종경』에 '일원상' 용어가 처음으로 나오는 것은 교의품 2장이다. 교의품 1장에서는 '一圓化' 라는 말이 나오기도 한다. 물론 서품 1장에 만유가 한 체성으로 두렷한 한 기틀을 지었다는 상징적 언급이 있다. 그런데 교단에 일원상이 공식적으로 봉안된 것은 원기 20년 전후이다. 곧 원기 20년 대각전 건립과 함께 일원상이 봉안되었다. 아무튼 우리의 교법이 대도정법이라는 것이 한 제자의 질문에 대한 대종사의 확답에서 표출되고 있다. 원불교의 교강은 제법성지 봉래정사에서 구상, 선포되었다. 일원상 진리에 바탕한 사은사요, 삼학팔조가 그것으로 소태산이 새 시대의 주세불로서 세상 사람들로 하여금 모두 실천할 수 있도록 하는 미래 교법을 선포한 것이다. 그때가 실상사 봉래정사 주석기인 원기 5년(1920) 6월이었다.

주석 주해

「이 법문은 일원종지와 사은사요 삼학팔조가 천하 사람이 다 행할 수 있는 큰 도라는 것을 밝히신 내용이다. … 당시 여러 道에 대한 관심이 많았고 또 그 동안 말세의 현상으로 도덕을 추구하는 사람이 많아서 큰 도에 대한 관심이 지대하던 때에 우리의 사은사요 삼학팔조는 천하 사람이 다 실행할 수 있으므로 큰 도라」(이광정, 「천하의 큰 도」, 《원광》 196호, 월간원광사, 1990, p.48).

「儒나 佛이나 특별한 사람 외에는 행하기 어렵다. 그러나 새 시대의 교법은 장소나 시간을 가리지 말고 두루 행할 수 있어야 한다. 기독교, 천주교도 신앙이 주가 되며 수행이 없다고 할 수 있다」(박길진, 『대종경강의』, 원광대출판국, 1980, p.31).

문제 제기

1) 큰 도 즉 大道란?

2) 천하 사람이 다 알고 행할 수 있는 도는 무엇인가?

[교의품 3장] 일원상과 인간의 관계

핵심 주제

일원상과 인간의 관계

「일원상 진리와 인간의 관계」(원불교 대종경 해의 上, 한종만).

「일원상과 인간과의 관계」(교전공부, 신도형).

대의 강령

박광전이 '일원상과 인간의 관계'를 여쭈자, 대종사 "우리가 일원상을 모시는 것은 불가에서 불상 모시는 것과 같다" 며 이에 말했다.

1) 불상은 부처님의 형체로 한 인형에 불과하다.

2) 일원상은 부처님의 심체로 광대하여 유무를 총섭하고 삼세를 관통하였다.

3) 일원상은 천지만물의 본원이며 언어도단의 입정처이다.

4) 유가에서는 이를 태극 혹 무극이라 하고, 선가에서는 자연 혹 도라 하고, 불가에서는 청정법신불이라 한다.

5) 원리는 모두 같으나 구경에는 이 일원의 진리에 돌아가니, 이 진리에 근원을 세운 바가 없다면 곧 邪道이다.

6) 우리는 일원상의 진리로 생활과 연결하는 표준을 삼았으며, 신앙과 수행의 두 문을 밝히었다.

출전 근거

이 법문은 『회보』 46호(원기 23년)에 있다. 『회보』에 나오는 많은 분량을 단락 지어서 3, 4, 5, 6장까지 일원상과 인간의 관계를 말했다. 주산종사 수필의 소태산대종사 법문집 『법해적적』에도 발견된다.

어구 해석

언어도단 : 글자나 말로 형언할 수가 없다는 뜻에서 言語道斷이다.

입정처 : 진리의 궁극적 경지를 入定處라 한다. 곧 사량 분별이 끊어진 적멸의 경지이다. 일원상서원문에 언어도단의 입정처를 말했다.

총섭 : 모두 포함, 섭렵했다는 의미에서 總攝이다.

사도 : 이단적 행위로서 혹세무민의 잡가, 사술의 도, 비진리적 사이비 종교가 邪道에 포함된다.

태극 · 무극 : 송대 주렴계의 태극도설을 보면 '無極而太極' 이라 하였으며, 곧 무극 태극은 유교와 도교에서 진리의 본체로 이해한다.

법신불 : '법신불 사은' 이라는 호칭은 원기 47년(1962) 『원불교교전』을 출판하면서 「심고와 기도」장에 최초로 나타난 용어이다. 일원상 서원문을 보면 '이 법신불 일원상을 체받아서' 라는 말처럼 法身佛은 원불교 신앙의 대상인 일원상 자체를 의미하며, 불교에서는 삼신불이라 하여 법신, 보신, 화신이라고 한다.

관련 법문

「우리는 저 공적한 천지를 그대로 둘 것이 아니라 우리 인간과 가깝게 연락 부합시켜서 사람을 천지로 만들어 천지 같은 위력과 대덕을 갖추게 하자는 것이다」(대종경 선외록, 불조동사장 8장).

「예로부터 제불 제성과 철인 달사들이 우주의 본체를 각각 다르게 표현하였으니, 불교에서는 법신 · 불성이라 하고, 유교에서는 誠 · 理 · 태극이라 하며, 도교에서는 道 · 天下母라 하고, 기독교에서는 하나님이라 하며, 철인들은 理法 · 力 · 意志라 하고, 과학에서는 에네르기라 하였는데 이름은 각각 다르나 우주의 본체를 표현한 것만은 사실이다. 이러한 우주의 본체를 대종사께서는 일원상이라 하시었다」(한울안 한이치에, 제3장 일원상의 진리 4장).

보충 해설

교의품 3장은 일원상 진리, 4장은 신앙의 길, 5장은 수행의 길, 6장은 생활종교라는 것으로 설명하고 있다. 원불교가 유불도 3교와 일원상 진리의 본질적 측면에서 회통하고 있음을 본장에서 밝히었다. 소태산이 밝힌 일원상의 진리는 정산종사의 삼동윤리로 이어져 실제의 생활에서 종교의 진리가 하나로 통함을 확인시켜 주고 있다. 곧 일원상이 불상, 무극, 태극, 도와 하나임을 알 수 있는 것이다.

인물 탐구

박광전(1915-1986) : 전남 영광군 백수면 길룡리 출신으로 소태산 대종사와 양하운 대사모 사이에서 태어났으며, 본명은 吉眞이고 법호는 崇山이다. 과묵한 성격에 소탈한 인품을 지닌 숭산은 29세가 되자 경남여고 출신인 20세 처녀 임영전과 결혼하였다. 대종사의 유시로 유일학림을 개설하여 학감을 맡아 인재를 양성하였다. 유일학림이 오늘의 원광대로 변신함과 더불어 숭산은 원광대학교 초대총장을 지냈으며 오늘날 원광대학교의 발전에 초석이 되었고, 교학의 산실인 원불교사상연구원 초대원장을 지냈다. 배재고등학교를 1등으로 졸업하고 일본 동양대학에서 철학과를 5년 동안 수학하였으며 철학박사 · 문학박사를 수여받았다. 교단적으로는 개교반백년 기념사업회장, 수위단 중앙, 교정원장 등을 역임하였다. 원기 40년 1월, 숭산은 구미 각국을 순방하여 해외포교연구회를 발족하여 회장에 취임하였으며 종교연합 운동을 통해 세계평화 운동을 하기도 하였다. 또한 한국 대학교육협의회 초대회장을 역임하였으며 한국 종교인협의회 회장으로서도 역할을 하여 종교 화합에 앞장섰다. 숭산은 『대종경 강의』와 교학 최초의 「일원상 연구」 논문을 쓰기도 하였다. 그의 위상을 몇 가지로 언급해 본다면, 교조 소태산의 장남이자 현대교육을 받은 지성이며, 교리 해석학의 시원을 열었고, 원광대의 설립과 발전에 큰 공헌을 하였으며, 해외교화의 선구자적 역할을 하였다는 점이다(송인걸, 『대종경속의 사람들』, 월간원광사, 1996, '박광전' 참조).

주석 주해

「우주의 근원되는 진리는 여러 가지로 불려왔다. 마치 코끼리를 맹인이 만질 때 코를 만진 사람과 몸을 만진 사람과 다리를 만진 사람의 표현이 같지 않음과 같다. … 불타는 발가리 비구가 뵈려고 할 때 이 썩은 육신을 보아서 무엇을 하려고 그러느냐 하였다. … 일원상 숭배는 불상숭배가 아니다. 마치 지도와 같고 책상 위에 놓고 있는 표어와 같은 구실을 한다」(박길진, 『대종경강의』, 원광대출판국, 1980, pp.32-33).

「불상은 부처님의 형체를 나타낸 것이며 일원상은 부처님의 심체를 나타낸 것이다. 심체는 일원상의 진리이다. 형체인 불상 신앙을 일원상 진리 신앙으로 돌린 것이다. 심체는 광대 무량하여 유와 무를 총섭했다. 마음과 우주의 유와 무를 총섭한 것이다. 삼세를 관통했다는 것은 일원상의 진리는 영원 불멸하다는 것이다」(한종만, 『원불교 대종경 해의』(上), 도서출판 동아시아, 2001, p.91).

문제 제기

1) 일원의 진리에 근원을 세운 바가 없다면 곧 邪道라는 뜻은?
2) 일원상 신앙과 인간, 일원상과 서가모니불과의 관계를 밝혀라.

[교의품 4장] 일원상 신앙의 방법

핵심 주제

일원상 신앙의 방법

「일원상 신앙과 인간의 관계」(원불교 대종경 해의 上, 한종만).

「일원상 신앙」(교전공부, 신도형).

대의 강령

박광전이 "일원상의 신앙은 어떻게 하나이까" 라고 여쭈자, 이에 대종사 답하였다.

1) 일원상을 신앙의 대상으로 하여 진리를 믿어 복락을 구한다.

2) 사은 곧 천지만물 허공법계를 부처 대하는 심경으로 경건히 응하여 불공, 복락을 구한다.

3) 몰아 말하면 편협한 신앙을 원만한 신앙으로, 미신적 신앙을 사실적 신앙으로 돌린다.

출전 근거

이 법문은 『회보』 46호(원기 23년)에 있다. 『회보』에 나오는 많은 분량을 단락 지어서 3, 4, 5, 6장까지 일원상과 인간의 관계를 말했다.

어구 해석

경외심 : 삼가 존경하고 두려워하는 마음을 敬畏心이라 한다.

허공법계 : 진리의 양면적 입장에서 이 虛空法界는 진리의 본체적인 모습으로 보고, 천지만물은 진리의 현상적인 모습으로 파악할 수도 있다. 허공법계는 초기교단에서 법신불 일원상 신앙의 이칭으로 불리었다. 원불교에서는 우주만유 허공법계 곧 법신불을 향해 올리는 진리불공을 강조하고 있다.

관련 법문

「허망으로 구하는 사람은 모든 복락을 알 수 없는 미신처에 구하므로 필경 아무 성과를 얻지 못하나니라」(대종경, 인도품 10장).

「개체 신앙을 전체 신앙으로, 미신 신앙을 사실 신앙으로, 형식 신앙을 진리 신앙으로…」(정산종사, 『회보』 38호, 일원상에 대하여).

보충 해설

시창4년(1919) 소태산은 구인 단원의 기도가 끝난 후에 말하기를, 부처를 숭배하는 것도 한갓 개별적 등상불에만 귀의할 것이 아니라 우주 만물 허공을 다 부처로 알게 된다고 하였다. 이에 우리는 법신불을 신앙의 대상으로 하여 천만사물 당처에 직접 불공하여 현실적으로 복락을 장만하는가를 성찰하여야 할 것이다. 편협신앙과 미신신앙을 법신불 일원상 신앙으로 돌려, 직접 사사불공 하는 심경을 가져야 한다는 뜻이다. 이른바 원불교 신앙의 특징을 진리신앙, 사실신앙, 전체신앙이라 할 수 있다. 과거의 우상 및 미신신앙을 극복하자는 뜻이다.

주석 주해

「우리가 佛을 신앙하는 것은 佛과 같이 되고자 하는데 목적을 둔다. 따라서 佛을 믿을 때와 매사를 행할 때가 달라서는 안 된다. 일거일동을 할 때마다 곧 佛이 한다고 생각해야 한다. … 이러한 신앙을 하지 못한다면 조석으로 예배를 해도 소용이 없다」(박길진, 『대종경강의』, 원광대출판국, 1980, p.34).

「『정전』 심고와 기도장의 내용이 조선불교혁신론에서는 '등상불 숭배를 불성 일원상 숭배로' 되어 있다. 불성 일원상 숭배는 바로 사은 신앙의 내용으로 되어 있다. 천지만물 허공법계가 다 부처라는 것은 천지만물 허공법계가 법신불이라는 것이다. 『정산종사법어』 원리편 1장에 법신불의 실체를 말하면 우주만유가 모두 법신불 아님이 없으므로 라고 하였다」(한종만, 『원불교 대종경 해의』(上), 도서출판 동아시아, 2001, p.97).

문제 제기

1) 원불교 신앙의 특징을 언급하시오.
2) 일원상 신앙과 불상신앙, 불상숭배와 일원상 숭배의 차이점은?
3) 일원상 진리를 생활 속에서 신앙하는 법은?

[교의품 5장] 일원상 수행의 방법

핵심 주제

일원상 수행의 방법
「일원상 수행과 인간의 관계」(원불교 대종경 해의 上, 한종만).
「일원상 수행」(교전공부, 신도형).

대의 강령

박광전 問 "일원상의 수행은 어떻게 하나이까." 대종사 이에 답했다.

1) 일원상을 수행의 표본으로 하여 천지만물의 시종본말과 생로병사와 인과보응의 이치를 걸림 없이 알자는 것이다.

2) 무사 무욕 무착한 일원상처럼 두렷한 성품을 양성하는 것이다.

3) 희로애락과 원근친소에 끌리지 않고 모든 일을 바르고 공변되게 처리하자는 것이다.

(1) 견성(慧)은 일원의 원리를 깨닫는 것으로서 연구이다.

(2) 양성(定)은 일원의 체성을 지키는 것으로서 수양이다.

(3) 솔성(戒)은 일원과 같이 원만 실행을 하는 것으로서 취사이다.

출전 근거

이 법문은 『회보』 46호(원기 23년)에 있다. 『회보』에 나오는 분량을 나누어 3, 4, 5, 6장으로 分章하여 일원상과 인간과의 관계를 말했다.

어구 해석

수행 : 원불교의 공부길은 신앙과 수행 양문이 있다. 신앙문으로는 사은사요, 수행문으로 삼학팔조가 그것이다. 修行이란 문자 그대로 심신을 갈고 닦는 것을 말한다. 그런데 동양사상에서는 이러한 수행을 통칭 '수양' 이라는 개념으로 사용한다. 즉 불교에서는 수행이 자주 쓰인다면, 유교에서는 수양이라는 용어가 더 보편적으로 쓰인다. 원불교에서의 수양은 정신수양이라는 것으로 한정짓는 성향이다.

희로애락 : 인간은 이성 및 감정의 동물이라고 한다. 이에 인간의 일상생활에서 나타나는 감정은 기쁨과 노여움, 슬픔, 즐거움 등 대체적 감정을 喜怒哀樂이라 한다. 이의 사용에 절도가 있어야 할 것이다.

원근친소 : 우리가 대인관계를 하다보면 가까운 인연, 먼 인연, 친한 인연, 소원한 인연 등이 있다. 그런데 이 遠近親疎에 끌리다 보면 친불친으로 원만한 대인관계를 갖지 못하며 윤회 업보에 매인다.

계정혜 : 행동에서 계율 준수의 戒, 정신수양의 定, 사리연구의 慧를 말한다. 계율, 선정, 지혜라는 말로도 풀이할 수 있다. 불교와 원불교에서는 세 가지 접근에 차이가 있지만 이를 공히 삼학이라 한다.

관련 법문

「일원상의 대의를 해득한 후 행주좌와 어묵동정 간에 항상 일원상을 신앙하며, 일원상을 숭배하며, 일원상을 체받으며, 일원상을 이용하여 잠깐도 이 일원상 부처님을 떠나지 아니하여야 할지니 이것이 곧 불법 수행상 정로라고 생각한다」(한울안 한이치에, 일원상에 대하여, 2. 일원상의 진리).

「법신불의 상징인 이 일원상을 봉안하여 행주좌와 어묵동정 간에 신앙의 대상과 수행의 표본으로 받들게 하신 것이니, 우리는 마땅히 저 표준의 일원상을 봉안하고 신앙함으로 인하여 참 일원상을 발견하여야 할 것이며, 일원의 참된 성품을 지키고 일원의 원만한 마음을 실행하여, 일원상의 진리와 우리의 생활이 완전히 합치함으로써 다 같이 한량없는 복락과 한량없는 지혜의 주인공이 되어야 할 것이니라」(정산종사법어, 원리편 1장).

보충 해설

인간이 살다보면 원근친소와 희로애락의 삶을 사는 경우가 허다하다. 하지만 종교인이자 수도자로서의 삶이 범인의 삶과는 달라야 한다. 종교적 신앙심과 정법 수행을 통해서 살아가기 때문이다. 일원상 수행은 바로 이 분발심에서 요구된다. 일반적으로 全人 곧 원만한 인격으로서 지정의, 진선미, 지인용 등 종합적 인품이 거론되는데, 원불교에서는 정혜계를 언급함으로써 원만한 수행인을 추구한다. 『정전』 「일원상의 수행」에도 밝혔듯이, 일원상과 같이 원만구족하고 지공무사한 각자의 마음을 알고, 양성하고, 사용하는 것이 중요하다.

주석 주해

「부처님께 절만 하면 내면으로 반성하는 힘이 적어진다. 매일 사념망상을 제거하고 마음속의 주인과 상면을 해야 한다. … 삼학공부가 다 되면 그 뒤에는 하지 아니해도 되는가? 그렇지 않다. 소동파가 불인선사와의 문답에서 관음보살은 수행이 다 되었으니 염주를 가질 필요가 없지 않느냐고 하니, 불인선사가 답하기를 수행은 계속해야 하므로 염주를 갖는다고 했다」(박길진, 『대종경강의』, 원광대출판국, 1980, pp.35-36).

「일원상의 수행을 삼학으로 밝혔다. 사리연구, 정신수양, 작업취사이다. 첫째, 사리연구는 천지만물의 시종본말과 인간의 생로병사와 인과보응의 이치를 걸림 없이 알자는 것이다. … 둘째, 정신수양은 마음 가운데 아무 사심이 없고 애욕과 탐착에 기울고 굽히는 바가 없이 항상 두렷한 성품 자리를 양성하는 것이다. … 셋째, 작업취사는 희로애락과 원근친소에 끌리지 아니하고 모든 일을 오직 바르고 공변되게 처리하자는 것이다」(한종만, 『원불교 대종경 해의』(上), 도서출판 동아시아, 2001, pp.100-101).

문제 제기

1) 희로애락과 원근친소에 끌리지 않는다는 것은?
2) 일원상과 삼학 수행의 관계는?
3) 일원상 진리를 생활 속에서 수행하는 법은?

[교의품 6장] 도형 일원상의 위력과 공부법

핵심 주제

도형 일원상의 위력과 공부법

「도형의 일원상과 인간의 관계」(원불교 대종경 해의 上, 한종만).

「일원의 도형과 일원의 진리에 대하여」(교전공부, 신도형).

대의 강령

박광전 여쭙기를 "일원상 자체에 위력과 공부법이 있습니까?" 대종사 "저 원상은 참 일원을 알리기 위한 표본이라, 손가락으로 달을 가리킴에 손가락이 참 달은 아닌 것과 같다" 며 이에 말한다.

1) 저 표본의 일원상을 통해 참 일원을 발견해야 할 것이다.

2) 일원의 참된 성품을 지킨다.

3) 일원의 원만한 마음을 실행하여야 한다.

출전 근거

김대거 수필 『회보』 46호(원기 23년)에 있다. 『회보』에 나오는 분량을 단락 지어서 3, 4, 5, 6장까지 일원상과 인간과의 관계를 말했다.

어구 해석

도형 : 동그라미 모양 등 그려진 형상을 圖形이라 한다.

표본 : 표준이 되는 근본을 標本이라 한다. 수행의 표본이 그것이다.

관련 법문

「執指爲月枉施功하고 根境塵中虛捏怪로다」(손가락 잡고 달이라 하여 그릇 공부를 하니, 육근 육경 티끌 속에 헛되이 괴이한 짓을 하는 도다」(대산종사법문 5집, 5 증도가).

「이와 같이 무한한 의미로서의 본질이요 실상이지마는 이 자리는 언어와 형상 등 일체 有로서 표현이 불가능한 언어도단의 입정처이다. 다만 이 자리를 알아보는 혜안이 열리지 못한 우리 중생을 위해 혹은 도면으로 혹은 이름으로 강연히 나타낸 것뿐이다. 어리석은 자는 저 형상에 사로잡힐 염려도 없지 않으나 지혜로운 사람은 저 형상을 통해서 참 원상을 찾아들 것이다」(이광정, 원광 제198호, p.157).

보충 해설

본 장에서는 손가락과 달에 대한 소재가 등장하는데, 손가락은 가리키는 수단에 불과하며, 달은 상징 그 자체로 일원상과 연결되므로 일원의 진리 깨침에 있어 손가락에 구애됨을 벗어나야 한다는 것이다. 참 일원의 속성은 형상을 벗어나 있다. 그런데 일원상(참 달)과 圖形(손가락)의 관계를 언급함에 있어 선교 양종에서 '敎' 는 달을 가리키는 손가락이라면, '禪' 은 바로 달 그 자체에 충실히 한다는 의미로 볼 수 있다. 『수심결』에서도 「둥근 달이 중천에 나타나매 그 그림자가 천강 만수에 비침과 같다」(25장)라고 하였다.

주석 주해

「일원상이 세상에서 제일 좋은 것이지마는 거기에 집착해도 안 된다. 집착하고 보면 일이 잘 안 된다. 집착하지 말고 진리에 활용해야 한다」(박길진, 『대종경강의』, 원광대출판국, 1980, p.37).

「도형의 일원상은 참 일원의 사진이다. 사진은 실물과 같이 말과 행동을 할 수 없지만 최고도의 사진 기술을 사용하면 실물과 같이 된다. 그러므로 "일원상을 대할 때마다 마치 부모의 사진같이 숭배하라" (교의품 8장)고 하였다. 그러나 도형의 일원상을 참 일원상이라고 집착해서는 안 된다」(한종만, 『원불교 대종경 해의』(上), 도서출판 동아시아, 2001, p.102).

문제 제기

1) 우리는 참 달보다 손가락에 구애되는 경우가 많은데, 그 이유는?
2) 저 표본의 일원상으로 참 일원을 발견하여 완전 합치하는 방법?

[교의품 7장] 일원상의 공원정과 삼학

핵심 주제

일원상의 공원정과 삼학

「공원정과 삼학의 관계」(원불교 대종경 해의 上, 한종만).

「일원상의 진리인 공원정의 수행」(교전공부, 신도형).

대의 강령

일원의 진리를 요약하여 말하자면 空, 圓, 正이다.

1) 양성(定)에 있어서는
   (1) 유무초월의 자리를 관하는 것이 空이다.
   (2) 마음에 거래가 없는 것이 圓이다.
   (3) 마음이 기울어지지 않는 것이 正이다.
2) 견성(慧)에 있어서는
   (1) 언어도가 끊어지고 심행처가 없는 것을 아는 것이 空이다.
   (2) 지량이 광대하여 막힘없는 것이 圓이다.
   (3) 모든 사물을 바르게 보고 판단하는 것이 正이다.

3) 솔성(戒)에 있어서는

(1) 모든 일에 무념행을 하는 것이 空이다.

(2) 모든 일에 무착행을 하는 것이 圓이다.

(3) 모든 일에 중도행을 하는 것이 正이다.

출전 근거

송도성 수필 『회보』 55호(원기 24)에 실린 법설이다.

어구 해석

지량 : 지식의 헤아림을 知量이라 한다.

심행처 : 마음 가는 곳을 心行處라 한다.

무념행 : 일체의 번뇌와 상념을 없애는 공부로서 無念行 · 무상행을 추구하는 바, 분별이나 사량이 없는 행동을 말한다.

무착행 : 애착 탐착이 없는 행동을 無着行이라 한다. 이는 집착 및 편착을 초월한 해탈의 경지를 추구하는 행위이다.

중도행 : 무과불급, 즉 과와 불급이 없는 中道行을 말한다. 어느 한 편에 기울어짐이 없는 행동이 이와 관련된다.

관련 법문

「불경의 정수는 空이요 대종사께서도 공원정을 말씀하시었나니, 그대들은 공의 원리를 알고 공의 진리를 체받아 항상 청정한 마음을 닦아 기르며 無私한 심념을 닦아 행하라」(정산종사법어, 원리편 21장).

「대 안정으로 일체 해탈하되 觀空 養空 行空을 표준잡고 공부하라. 관공은 생사와 거래가 없는 그 자리를 비추어 보고 양공은 절대의 그 자리를 기르고 행공은 大無相行을 하는 것이다」(대산종사법어 3집, 제3편 수행, 46장).

보충 해설

본장에서는 일원상 진리의 공원정을 삼학과 연결한 것이다. 이 공원정을 견성 양성 솔성에 관련지어 이해할 경우 정신수양을 공, 사리연구를 원, 작업취사를 정에 한정하는 혼선이 생길 우려가 있으므로 주의를 요한다. 이에 정신수양(양성) 차원에서 공원정, 사리연구(견성) 차원에서 공원정, 작업취사(솔성) 차원에서 공원정으로 구분해보는 지혜가 필요하다. 이 공원정을 일원상 인식의 한 방법으로 이해하는 경우도 있다. 또 공은 진공에, 원과 정은 묘유에 각각 연결할 수 있는 것으로서, 모두가 신앙과 수행 양면에 두루 적용시킬 수 있다. 참고로 원기 24년에 대종사는 <법문 4제> 중에 '일원상 진리'를 요약하여 발표하였다. 『회보』 55호 법설에는 "대종사 가라사대 일원상의 진리를 요약해 말하자면 다음과 같다" 하며 풀어 설명하고 다음의 한문구절을 소개하였다. 空圓正 : 養性=觀有無超越之謂空 心無去來之謂圓 心不偏依之謂正, 見性=頓悟空寂之謂空 知量無邊之謂圓 正見事物之謂正, 率性=每事無念之謂空 每事無着之行謂圓 每事無過不及之謂正.

주석 주해

「力 · 氣 · 生命으로도 표현할 수 있듯이 공원정의 3성격으로 구분하여 공부해 보아도 큰 도움이 됨을 알 수 있다. 견성, 양성, 솔성에 공부표준이 더 잘 나타난다. … 계정혜 공부를 하는데 더 분석해 놓은 것이다」(박길진, 『대종경강의』, 원광대출판국, 1980, p.37).

「일원상의 진리를 요약해서 공, 원, 정으로 밝힌 것이다. 일원상의 진리를 공, 원, 정으로 요약한 것은 수행의 표본으로 본 것이다. 우주에도 텅 빈 면이 있고, 두렷하게 갖추어진 면이 있고, 바르게 작용하는 면이 있다. 불교와 원불교는 마음과 우주를 하나로 본다. 천지 八道도 공원정으로 생각할 수 있다. 7장에서의 공, 원, 정은 삼학 수행과 직결시켜 밝힌 것이다」(한종만, 『원불교 대종경 해의』(上), 도서출판 동아시아, 2001, p.104).

문제 제기

1) 견성에 있어서 공원정을 설명하시오.

2) 일원상의 진리를 공원정으로 요약하고 신앙, 수행법을 논하라.

[교의품 8장] 일원상의 활용법

핵심 주제

일원상의 활용법

「일원상의 진리를 생활에 활용」(원불교 대종경 해의 上, 한종만).

「일원상의 활용」(교전공부, 신도형).

대의 강령

공부인의 진리활용을 위해 법신불 일원상을 실생활에 부합시키려면?

1) 일원상을 견성 성불하는 화두로 삼을 것이다.

2) 일상생활에 일원상처럼 원만히 수행하는 표본을 삼을 것이다.

3) 우주만유 전체가 죄복을 주는 사실적 권능이 있음을 알아서 진리적으로 믿어나가는 대상으로 삼을 것이다.

출전 근거

묵산수필 법설집에 실린, 원기 28년 1월의 법설이다. 『선원일지』(무인동선, 원기 23)에는 「일원상에 대하여」로 실려 있다. 1941년 9월 6일 하선 때 대각전에서 설한 내용이다.

어구 해석

현묘 : 심원 미묘한 진리의 경지로서 도가의 신선 장생술을 설명할 때 동원되는 용어가 玄妙이다. 『도덕경』의 '玄之又玄' 이란 말도 이와 관련된다.

화두 : 불교의 심오한 진리인식에 있어 공안과 같은 것으로 원불교의 성리나 의두의 성격을 話頭라 한다.

권능 : 권세와 일 처리하는 능력을 權能이라 한다.

관련 법문

「원만한 일원상을 가리켜 이르시되 "이것은 곧 부처님의 마음이요. 다시 말하면 천지 부모 동포 법률의 본원이며 제불 제성과 범부 중생의 불성으로 우주 만물을 내고들일 능력과 복주고 죄주는 권리가 있음으로써 이 일원의 진리를 깨치면 견성을 한 것이며 곧 연구력을 얻었다 할 것이요. 이 일원과 같이 마음을 원만하게 지켜 일호의 사심이 없다면 양성을 한 것이며 곧 수양력을 얻었다 할 것이요. 이 일원을 모방하여 모든 일에 중도를 잃지 않고 원만행을 베푼다면 솔성을 한 것이며 곧 취사력을 얻었다 할 것이다" 」(회보 50호 법설).

「일원의 수행은 일원의 진리를 그대로 수행하자는 것이니, 그 방법은 먼저 일과 이치를 아는 공부를 하되 그 지엽에만 그치지 말고 바로 우리 자성의 근본 원리와 일원대도의 전모를 원만히 증명하자는 것이요, 다만 아는 데에만 그칠 것이 아니라 또한 회광반조하여 그 본래 성품을 잘 수호하자는 것이요, 다만 定에만 그칠 것이 아니라 천만 사물을 접응할 때에 또한 일원의 도를 잘 운용하자는 것이니, 이 세 가지 공부는 곧 일원의 체와 용을 아울러 닦는 법이라 할 것이니라」(정산종사법어, 원리편 4장).

보충 해설

본 법설은 『묵산수필 법설집』에 실린 것으로, 소태산 대종사가 열반하던 원기 28년 1월에 설한 법어이다. 그리고 이 법문은 『회보』 50호(이공주, 원기 23년 12월)에 실린 법설과 거의 비슷하다. 곧 『회보』 50호 세 번째로는 「이 일원상을 중도를 잃지 않고 원만행으로 취사력을 얻으라」 하여 작업취사로 연결하여 삼학병진 법어를 설했다. 결론적으로 『회보』 50호 법설에서는 「일원상을 실생활에 활용하는 방법」을 삼학 병진(견성성불의 연구, 원만하여 사심이 없는 수양, 원만행의 취사)으로 설했다면, 「교의품」 8장에서 삼학병진은 첫째 둘째로 통합하고, 셋째 항목으로 죄복을 사실적으로 내리는 일원상 신앙 항목을 구체적으로 설했다. 따라서 『회보』 50호에서는 삼학병진, 교의품 8장에서는 삼학병진에 법신불 신앙을 추가한 것으로 이해할 수 있다.

주석 주해

「小學을 세 차례나 읽은 며느리가 시아버지의 상투를 잡는다는 말이 있다. 아무리 지식이 있어도 실행이 여기에 이르지 못하면 소용없다. 일원상에 대한 것도 마찬가지다. 일원상을 활용해야 한다. … 일원상을 보고 견성성불, 원만수행, 직접 죄복이 내리는 원리임을 알아 모든 면으로 활용하고 그 위력을 입어야 한다」(박길진, 『대종경강의』, 원광대출판국, 1980, pp.38-39).

「현묘한 진리를 깨치려 하는 것은 그 진리를 실생활에 활용하고자 함이다. 일원상을 실생활에 활용하는 것을 세 면으로 밝혔다. …『회보』 38호에서 정산종사는 일원상의 진리를 맹자의 양기설, 주렴계의 무극 태극을 중심으로 밝혔다. 원기 28년에 발행한 『불교정전』에서는 공적 영지의 광명, 진공 묘유의 조화로 표현되어 있다. 무극, 태극과 맹자의 양기설은 음양 상승의 조화이다. 우주만유 전체가 음양 상승의 조화로 가득 차 있다」(한종만, 『원불교 대종경 해의』(上), 도서출판 동아시아, 2001, pp.106-108).

문제 제기

1) 우주 만유가 죄복을 주는 사실적 권능이 있는 것을 알라는 뜻?
2) 법신불 일원상을 실생활에 부합시켜 활용하는 방법을 설명하라.

[교의품 9장] 本師와 신앙대상의 일원상

핵심 주제

本師와 신앙대상의 일원상
「법신불로서의 사은」(원불교 대종경 해의 上, 한종만).
「本師와 신앙의 대상」(교전공부, 신도형).

대의 강령

석가를 본사로 숭배하며, 또 석가불상 대신 일원상을 모신다.
1) 일원상을 모시는 이유?
(1) 일원상은 곧 청정 법신불이며 천지, 부모, 동포가 법신불의 화신이며 법률도 법신불의 주신 바이다.
(2) 사은이 죄주고 복주는 증거는 얼마든지 해석하여 가르칠 수 있으므로 신앙의 대상으로 모신 것이다.
2) 석가모니불을 숭배하는 것은?
(1) 부처님 말씀의 근본정신을 받든다.
(2) 육근작용을 잘하여 부처 법통과 사업 계승, 발전하는 것이다.

어구 해석

화신 : 천지 부모 동포가 법신불의 化身이라 하였듯이, 법신불의 응화신으로서 화신을 말한다. 그런데 불교에서는 법신 보신 화신의 三身이 있지만, 원불교에서는 삼신을 통틀어 법신불로 모시며 신앙의 대상으로 삼는다. 화신은 처처불상의 측면에서도 이해할 수 있다.

본사 : 자의적으로 보면 본래의 스승을 本師라 하며, 법을 체받는 스승 곧 깨달음의 연원불로도 이해할 수 있다. 소태산은 자신의 깨달음이 석가모니가 깨달은 바와 같다고 하여 석가를 본사로 삼았다. 전통불교의 염불에 있어 염불을 할 때 '是我本師 석가모니불' 이라 한다.

관련 법문

「이 일원상 봉안 방법을 정하여 재래의 등상불 제도를 혁신하셨으니 이것은 곧 과거 세상에 숨어 있던 그 진리를 직접 형상으로 나토게 하시고 소수인이 이해하던 그 불성을 널리 대중에 보이어 모든 신자로 하여금 쉽게 假佛을 떠나 진불을 깨치게 하심이라. 이 어찌 대도 확창의 큰 방편이 아니리요」(한울안 한이치에, 일원상에 대하여, 2. 일원상의 진리).

「전체신앙은 먼저 세계 일원을 통찰하여 우리의 죄복 인과가 오직 한 곳에서만 나오는 것이 아니라 천지만물 허공법계가 전체 한 불성으로서 처처 물물이 모두 우리에게 은혜를 주시고, 또는 죄벌을 주시는 근본임을 잘 알아서 항상 이 우주 大性으로써 마음의 귀의처를 삼는 것이요」(한울안 한이치에, 일원상에 대하여, 3. 일원상 신앙하는 법).

보충 해설

소태산이 미래 불법을 지향한 『조선불교혁신론』의 핵심과도 같이 등상불 숭배를 일원상 숭배로 개혁한 이유가 본 장에 언급되어 있다. 또 일원상 신앙이 사은의 처처불상적 의미로 실천되고 있다. 여기에서는 소태산과 석가의 관계, 등상불과 일원상의 관계가 설명되어 있다. 『정전』「개교의 동기」에 나타나 있듯이, 진리적 종교의 신앙으로서 등상불이 아닌 일원상 신앙 곧 법신불 사은신앙을 추구하였다.

주석 주해

「불교는 자업자득을 주장하는데 실제에 있어서는 미신이 많다. … 우리는 부처님의 마음을 모실 줄 알아야 한다. 효자는 부모의 뜻에 따르며 그 형상을 닮는 것이다」(박길진, 『대종경강의』, 원광대출판국, 1980, pp.38-39).

「일원상은 곧 청정 법신불을 나타낸 바로써 천지 부모 동포가 다 법신불의 화신이요, 법률도 또한 법신불이 주신 바이라 하였다. 천지 부모 동포 법률이 다 법신불의 나타난 바라는 것이다. 불교의 전통적인 해석은 법신은 체이고 화신은 용이다. 법신은 무형한 진리 그 자체이며 화신은 나타난 것이다. … 처처불상 진리관은 모든 종교적 진리관에 혁명을 일으킨 것이다」(한종만, 『원불교 대종경 해의』(上), 도서출판 동아시아, 2001, pp.108-109).

문제 제기

1) 천지 부모 동포가 법신불의 화신이며, 법률도 법신불의 주신 바란?

2) 서가세존이 대종사의 본사가 되는 연유를 쓰시오.

3) 일원상을 신앙의 대상으로, 서가모니불을 본사로 모신 이유?

[교의품 10장] 일원상과 불상의 신앙

핵심 주제

일원상과 불상의 신앙

「일원상 신앙과 불상신앙」(원불교 대종경 해의 上, 한종만).

「일원상 신앙과 불상신앙」(교전공부, 신도형).

대의 강령

일원상 신앙이 지혜 있는 사람들에게는 적합하나, 중생들에게 불상 신앙이 유리하지 않느냐는 한 사람의 질문에 대종사 답하였다.

1) 법신불 사은이 죄복을 주는 증거는 어리석은 사람이라도 설명하여 주면 믿기 쉽다.

2) 불상이 아니면 신심이 나지 않는 사람은 불상 모신 곳에서 제도받아도 좋다.

3) 그러면 불상을 믿는 사람과 일원상을 믿는 사람이 아울러 제도를 받게 된다.

어구 해석

불상 숭배 : 전통불교의 석가모니불을 숭배하는 것으로, 초기에 불상의 모습은 부처의 발자국・법륜 등이 대신하였다. 기원 2-3세기 후부터 법륜의 모습이 불타를 대신하였다. 그 후 기원 3-4세기부터 부처의 모습으로 한 불상이 나타나기 시작(희랍・자연주의 영향)하여 최초의 간다라 불상이 형성되었다. 아소카 왕에 의해 나무로 만든 불상을 제작, 초기제자들이 석가를 신앙의 대상으로 삼았다. 사실 불타 사후에 불탑신앙으로 이어졌으며, 그 뒤를 이어서 佛像崇拜로 전이되었으니 이를 오늘날 등상불 숭배라고 한다.

제도 : 건진다는 의미를 지닌 濟度는 중생을 구원한다는 뜻이다. 이는 성불제중에서의 濟衆과 같은 의미로 이해할 수 있다.

관련 법문

「이 무명 중생으로서 어찌 부처님의 일대 전모를 감히 다 사뢸 수 있으리오 마는 佛後 박복 중생들의 뵈옵고 싶은 마음을 약간이라도 풀어 주고 또는 먼 후일까지라도 길이길이 부처님을 사모하여 제도를 받게 하고자, 그 백분의 하나 만분의 하나를 여기 기록하였으나, 이제 다시 그 위덕을 기어이 형상으로써 뵈옵고 싶은 이가 있다 한다면, 곧 한 말씀으로써 '각 사찰의 미륵불상을 뵈오라' 고 말할 것이다」(대종경 선외록, 실시위덕장 19장).

「과거 불교가 오늘에 이르기까지 보통 조사도 나고 도력이 드러난 조사도 나며 3천년을 내려오는데 불상을 모시고 내려왔다. 그러나 우리 회상은 대종사께서 내어 놓으신 법이 있고…」(한울안 한이치에, 제4장 사자좌에서 1장).

보충 해설

소태산은 불상이 아니면 신앙심이 우러나오지 않을 경우 불상 숭배를 하라고 한 것은 그러한 근기에 한해서 설한 방편적 법설일 따름이다. 중요한 것은 일원상 숭배를 하라는 뜻으로 이해해야 한다. 소태산은 불상 신앙 곧 등상불 신앙의 기복화를 우려했던 것이다. 따라서 근기가 미진할 경우는 불상 숭배를 해도 좋을 것이나, 근기가 수승하면 반드시 일원상 신앙으로 연결하도록 하였다. 『조선불교혁신론』 10장에서 '불상 숭배를 불성 일원상 숭배로' 라 하였는데, 이는 불상이라는 전래의 장엄신앙을 진리적이고 사실적 신앙으로 혁신하는 모토가 되었다. 어떻든 원불교나 불교는 '법신불' 이라는 면에서 상통하고 있으니 불자의 염원인 성불제중의 대원을 실현시켜야 한다.

주석 주해

「인도 백성의 제석천왕 숭배를 보면 이 제석천왕이 죄복을 관장하는 것으로 표현되고 있다. 그러나 우리는 법신불 사은을 중심한 죄복의 출처를 분명히 밝혀 대중이 잘 알게 해야 한다」(박길진, 『대종경강의』, 원광대출판국, 1980, p.40).

「불상 신앙에 대해서 불교의 신앙사를 살펴본다. 불타가 직접 교화를 할 때는 불타가 신앙의 대상이었다. 사제 십이인연 팔정도의 내용으로 교화를 하였다. 이는 수행적인 내용, 윤리적인 내용이다. 그러나 불타가 열반한 후 불탑 신앙이 되었다. 불타의 유골을 소중히 모시는 것이다. 살아있는 모습을 불상으로 모시는 것이 유골로 모시는 것보다 더 가깝게 느껴지므로 불상을 모시게 된다. 이렇게 해서 몇 천 년 동안 불상신앙으로 내려온 것이다」(한종만, 『원불교 대종경 해의』(上), 도서출판 동아시아, 2001, pp.110-111).

문제 제기

1) 불상 숭배를 할 경우 우려가 되는 점은?

2) 소태산이 일원상 신앙을 적극 유도한 이유는?

3) 일원상과 석가모니불과의 관계 및 불상숭배와 일원상 숭배의 다른 점에 대해 설명하시오.

[교의품 11장] 일원상과 서가모니불의 관계

핵심 주제

일원상과 서가모니불의 관계

「일원상과 석가모니불과의 관계」(원불교 대종경 해의 上, 한종만).

「일원상과 불타와의 관계」(교전공부, 신도형).

대의 강령

일원상과 서가모니불과의 관계는 어떠한가?

1) 일원상은 모든 진리의 근원이라면 서가모니불은 진리를 깨치어 우리에게 가르쳐 주신 스승이다.

2) 법신불 일원상을 진리 상징으로, 석가모니불을 본사로 하여 색신여래와 법신여래를 아울러 숭배한다.

3) 구별 없는 지리에서는 일원상과 석가모니불이 둘이 아니다.

어구 해석

49년 : 석가모니(BC.623-BC.544)가 29세에 출가하여 6년만인 35세에 보리수 하에서 깨닫게 되었다. 그때부터 열반할 때까지 설법하고 80세에 열반하였다. 그의 출가 때부터 열반 때까지 49년을 지칭한다.

색신여래 : 불교에서는 3신불 신앙으로 법보화가 있다. 여기에서 色身如來가 바로 화신불로서 석가모니 자신을 말한다.

법신여래 : 원불교에서 말하는 法身如來는 불상 신앙의 차원이 아닌 진리신앙으로서 법신불 일원상을 지칭한다.

관련 법문

「본교는 법신불 일원상을 본존으로 한다. 일원은 사은의 본원이요, 법보화 삼위의 대상이며, 서가모니불과 소태산 대종사의 정전 심인이심을 신봉하여 진리로써 신봉한다」(정산종사법어, 경륜편 5장).

「일원상 봉안 방법을 정하여 재래의 등상불 제도를 혁신하셨으니 이것은 곧 과거 세상에 숨어 있던 그 진리를 직접 형상으로 나토게 하시고 소수인이 이해하던 그 불성을 널리 대중에 보이어…」(한울안 한이치에, 일원상에 대하여, 2. 일원상의 진리).

보충 해설

본장은 색신(석가)숭배 즉 불상숭배를 법신불 숭배로 돌리는 것을 말한다. 여기에서 석가모니에 대한 언급이 나오는 바, 석가 외에 7불설 및 24불설 등이 있음을 알아야 한다. 즉 석가모니 외의 佛에 있어서 대승불교 시대에 불타관은 다양하게 전개된다. 대승 초기의 7佛과 24佛 등의 과거불, 미래불(미륵불), 동방 묘희국의 아촉불, 서방 극락세계의 아미타불 사상이 전개되었다. 나아가 시방 삼세제불로서 『법화경』의 久遠석가불, 『화엄경』에서 시방세계를 佛로 보는 시방편만불, 대승 중기의 常住法身의 자성청정 내재불이 있다. 대승 후기에 밀교 대일여래의 현현 및 신구의 三密 加持에 의한 즉신성불의 우주법신 대일여래론이 등장한다.

주석 주해

「일원상은 제불조사의 본원이요 중생의 성품이다. 이것을 깨친 분이 佛이요, 이 경지가 곧 佛心이다. 모양은 각각 다르나 불심만 찾으면 佛이다. 석가모니불, 법신불, 심불이 다 한가지이다」(박길진, 『대종경 강의』, 원광대출판국, 1980, p.41).

「법신 여래와 색신 여래가 둘이 아니다. 불교에서의 서가모니불 신앙도 서가모니불을 통해서 법신불을 신앙할 줄 알아야 한다. 그러나 서가모니 불상을 신앙하면 서가모니 불상에 그쳐 버리고 있다. 불교의 입장에서 보면 서가모니불을 통해서 법신불을 발견하게 되었고, 대종사는 법신불을 깨쳐서 천지만물 허공법계가 법신불의 나타남이라 하였다」(한종만, 『원불교 대종경 해의』(上), 도서출판 동아시아, 2001, p.112).

문제 제기

1) 법신불 일원상을 진리 상징으로, 석가모니불을 본사로 하여 색신여래와 법신여래를 아울러 숭배한다는 의미는?

2) 일원상과 서가모니불과의 관계?

[교의품 12장] 불상과 일원상 숭배의 차이

핵심 주제

불상과 일원상 숭배의 차이

「불상 숭배와 일원상 숭배의 차이」(원불교 대종경 해의 上, 한종만).

「불상숭배와 일원상 숭배의 차이점」(교전공부, 신도형).

대의 강령

일원상과 불상 숭배의 다른 점으로 "불상 숭배는 부처의 인격에 국한하여 후래 제자로서 부처님을 추모 존숭하는 것일 뿐이다."

1) 일원상 숭배는 우주만유 전체를 부처님으로 숭배한다.

2) 죄복 고락을 우주만유 전체에서 구하며, 일원상을 수행의 표본으로 삼아 인격을 양성한다.

어구 해석

죄복 : 악행과 선행 결과가 악업과 선업으로 나타나 罪·福이 된다.

고락 : 오욕, 윤회 등에 의한 고통이 苦이고, 해탈의 기쁨이 樂이다. 소태산은 「고락에 대한 법문」을 밝혀 정당한 고락을 누리도록 했다.

관련 법문

「개체신앙을 법신불 일원상 신앙으로 통합해 놓은 것과 편벽된 수행을 원만한 삼학병진의 수행으로 합해 놓으신 것은 삼학공부로써 일상생활을 하게하고 일상생활로써 삼학공부를 하게하신 바…」(대산종사법문 1집, 5. 원불교, 1. 대종사님께서 교문을 열어 놓으신 의의와 교리 강령).

「전 생령의 활로를 열어 주셨으니 일원상의 진리를 신앙의 대상과 수행의 표준으로 삼고 일원의 위력을 얻고 일원의 체성에 합하도록 해야 한다」(대산종사법문 3집, 제1편 신성 74장).

보충 해설

부처의 인격에 한정된 불상 숭배를 극복하고 우주 만유 전체를 부처로 아는 일원상 숭배의 참 뜻을 알면 원불교가 이 땅에 출현한 이유를 알 수가 있다. 『회보』 제38호(1934.9-10월 합병호)의 회설 「본회 출현의 근본정신」에 나타나듯이, 등상불을 폐지하고 진리적으로 일원상을 봉안하여 신앙의 대상은 삼되 음식 불공법은 절대로 폐지하자는 것이다. 불교혁신의 의지가 분명히 드러나 있다. 불상 및 십자가는 추모적 의미의 상징물이라면 일원상은 신앙대상으로서 진리 상징이다.

주석 주해

「과거의 부처님을 憶念한다. 그 자비심과 지혜덕상 등을 억념하며 닮아가도록 수행해야 한다. 색신의 형상인 등상불만 숭배해서는 그저 위안은 받을지언정 佛에 가까워지기는 어렵다. … 천지만물을 다 佛로 알고 순간순간을 善心으로 살아야지 법당에 가서만 선심을 생각해 보아서는 별 소용이 없다」(박길진, 『대종경강의』, 원광대출판국, 1980, p.42).

「서가모니불의 불상을 모시는 것은 추모 존숭의 의미가 있으며 일원상을 신앙의 대상으로 모시는 것은 우주만유 전체를 다 부처님으로 모시고 우주만유 전체 가운데에서 죄복과 고락의 근본을 구하며 또는 일원상을 수행의 표본으로 하는 것이다」(한종만, 『원불교 대종경 해의』(上), 도서출판 동아시아, 2001, p.113).

문제 제기

1) 한용운 스님은 「조선불교유신론」을 통해 석가불상 외에 다른 상을 없애야 한다고 주장했는데, 이를 어떻게 받아들일 것인가?

2) 원불교는 불상 숭배를 어떻게 보는가?

3) 일원상신앙과 불상신앙, 불상숭배와 일원상숭배의 차이점은?

4) 일원상신앙을 등상불 신앙과 유일신 신앙과 비교 설명하시오.

[교의품 13장] 불상 숭배의 한계

핵심 주제

불상 숭배의 한계

「불상 숭배의 문제점」(원불교 대종경 해의 上, 한종만).

「불상을 모시지 않는 이유」(교전공부, 신도형).

대의 강령

불상 숭배가 교화 발전에 필요하였으나 미래를 보면 그렇지 않다.

1) 불상의 위력에 대한 각성, 방편만 허무하게 된다.

2) 불상을 생활도모 수단으로 하여 피해가 나타난다.

출전 근거

『불교정전』 개선론의 「과거의 예법을 현재의 예법으로」와 「진리신앙과 석존숭배」를 참조할 것.

어구 해석

각성 : 잘못을 깨달아 정신을 차리자는 뜻에서 覺醒이다.

방편 : 중생 제도에 있어서 편리한 수단과 방법을 方便이라 한다. 부처님은 임종시 49년간 8만 4천 방편 법어를 설하였으며, 불교의 주요 경전중의 하나인 『법화경』에도 방편품이 있다. 대종사는 수행품 12장에서 말하기를 「선종의 많은 조사가 선에 대한 천만 방편을 열어놓았다」고 하였으며, 실시품 5장에서 「불법의 대의는 모든 방편을 다하여 끝까지 사람을 가르쳐서 선으로 인도하자는 것」이라 하였다. 정산종사에 의하면, 소태산 대종사는 무량방편으로 우리 중생을 제도하였다고 기연편 13장에 말하고 있다. 또 경의편 46장에서 부처님들은 천백억 방편으로 중생들을 교화하였다고 한다.

관련 법문

「허위와 방편 시대가 지나면 진실 시대가 돌아오고, 양반과 재주 시대가 지나면 실천 시대가 돌아온다」(한울안 한이치에, 제6장 돌아오는 세상 6장).

「법신불은 본연 청정하여 제법이 개공한 부처님의 자성 진체를 이름이요, 보신불은 원만한 영지로써 부처님의 자성에 반조하는 반야의 지혜를 이름이요, 화신불은 천백억 방편으로 중생을 교화하신 부처님의 분별심과 그 색신을 이름이니라」(정산종사법어, 경의편 46장).

보충 해설

그간 있어온 불상 숭배의 한계점을 우리는 잘 인지할 필요가 있다. 특히 기복신앙에 떨어진 과거 불자들의 신앙 행위는 어떠했는지, 우리는 기복신앙에 편승하려는 유혹은 없었는지 살펴야 한다. 법신불의 진리적인 원리는 간과하고 오로지 불상을 통해 기복적인 맹신으로 전락할 수 있음을 경고하여, 신비적 요행을 바라는 일부 신자들의 불상숭배를 법신불 일원상으로 숭배하도록 불교를 혁신한 것은 소태산으로서 기복신앙을 진리신앙으로 인도하려는 주세불의 경륜이라 본다.

주석 주해

「불상숭배에 대하여 불교혁신론에서는 허수아비에 비유하였다. … 대체로 산간의 일부 승려들은 불상을 생활의 도구로 삼고 수행은 등한히 하는 경우를 볼 수 있는데 이러한 불상 숭배가 영원할 수는 없다. 따라서 새로운 신앙의 대상, 수행의 표본으로서 일원상을 교시하였다」(박길진, 『대종경강의』, 원광대출판국, 1980, p.42).

「"불상을 숭배하는 것이 교화 발전에 혹 필요가 있기도 하였으나" 라고 하여 과거의 불상 신앙을 인정하였다. 그러나 현재로부터 미래를 생각하면 불상 숭배에 큰 문제가 있는 것이다. 현재로부터 미래에는 법신불 신앙을 해야 되는 것이다」(한종만, 『원불교 대종경 해의』(上), 도서출판 동아시아, 2001, p.114).

문제 제기

1) 불상숭배가 교화발전에 필요하였다는 대종사의 본의는 무엇인가?
2) 불상을 생활 도모의 수단으로 하여 피해가 나타난다는 것은?

[교의품 14장] 처처불상 사사불공

핵심 주제

처처불상 사사불공
「처처불상 사사불공의 원리」(원불교 대종경 해의 上, 한종만).
「법신불 일원상을 본존으로 모시는 이유」(교전공부, 신도형).

대의 강령

대종사, 과거의 불공법을 비판하고 일원상의 이치를 깨쳐 새 불공법을 실천해야 한다며 이에 말한다.

1) 고락 경계를 당해서 죄복의 근본처를 찾아 신앙하고, 자기 불공은 의뢰하지 말고 자기가 해야 한다.

2) 불공하는 방식으로서 교리와 제도를 실천, 일의 형세에 따라 정성을 계속한다.

3) 결국 일원상의 이치를 깨치어 천지만물 허공법계를 부처로 모시고 불공한다.

출전 근거

『불교정전』 개선론의 「과거의 예법을 현재의 예법으로」와 「진리신앙과 석존숭배」를 참조할 것.

어구 해석

안심입명 : 근심 걱정이 없이 마음을 편안히 한다는 뜻으로 安心이며, 모든 것을 천운에 맡김과 동시에 심신을 천명에 맡기고 매사를 넉넉하게 수용한다는 면에서 立命이다.

허공법계 : 초기교단에서는 신앙의 대상인 일원상과 대등하게 사용되었던 바, 허공법계는 진리계를 말하는 것으로 虛空의 텅빈 法界를 말한다. 허공 또는 허공법계와 유사한 개념으로 우주, 천지, 하늘, 땅, 시방삼계, 음계, 구천, 건곤 등이 있다.

불공 : 경외심으로 부처에게 공양하는 것(기도의 佛供, 꽃 향 차 과일의 공양)으로, 표어에 사사불공법이 있다. 원불교 불공법의 특징으로는 진리불공, 사실불공, 실지불공 등이 있다.

관련 법문

「불공을 하는 데에는 천지만물 산 부처님에게 실지 불공을 하는 법도 있고 또는 허공법계 진리 부처님에게 진리 불공을 하는 법도 있는 것이다. 이 두 가지 불공의 효력이 빠르고 더디기는 각자의 정성과 적공 여하에 있는 것이다」(대종경 선외록, 일심적공장 15장).

「실지 불공은 천지 만물의 양계에 하는 것이요, 진리 불공은 허공법계의 음계에 하는 것이니 이를 아울러야 처처불상 사사불공이 원만히 되리라」(한울안 한이치에, 제3장 일원의 진리 15장).

보충 해설

본장은 법신불 일원상의 처처불상과 사사불공 원리가 구체적으로 밝혀져 있다. 불상 한분에게 신앙하는 것이 아니라 천지만물 허공법계를 부처로 모셔야 한다. 이 같은 처처불상 사사불공은 세상 만물이 부처님으로 보이며, 수운의 천인합일 사상이나 증산의 謀事在天 成事在人 사상과 같은 맥락 속에 있다. 어떻든 처처불상 사사불공의 원리에서 본 우주 만유는 바로 일원불의 구체적이고 사실적인 응화신이라는 범불론적 만유불의 성격을 지닌다.

주석 주해

「종교는 안심입명을 얻는 것이 목적이다. 사람들이 우연한, 또는 자기가 지어서 와지는 불안과 불행 등의 苦로 인하여 마음의 안정이 안되며, 이 불안과 苦를 어떻게 면할 수 없을까 하는 심경에서 종교를 찾게 된다. 이러한 안심입명을 얻기 위하여 등상불을 찾아 의지한다든지, 또는 맹목적 신앙을 통한다든지 여러 가지 방법을 찾게 되나, 이러한 고락의 원인을 알고 道 원리를 알고 신앙할 때 비로소 안심입명이 되어진다」(박길진, 『대종경강의』, 원광대출판국, 1980, pp.43-44).

「이 시대는 전 세계 인류가 차차 장년기에 들어 그 지견이 발달된다고 하였다. 세계 인류가 지견이 발달되면 인류의 지견에 맞는 신앙의 대상과 방법이어야 한다. 그러므로 우리는 불상 한분만 부처로 모실 것이 아니라 천지만물 허공법계를 다 부처님으로 모시기 위하여 법신불 일원상을 숭배한다」(한종만, 『원불교 대종경 해의』(上), 도서출판 동아시아, 2001, p.115).

문제 제기

1) 원불교 불공법의 특징을 말하시오.
2) 죄복의 근본처를 찾아 신앙하라는 의미는 무엇인가?

[교의품 15장] 자부가 산부처

핵심 주제

자부가 산부처

「실지불공」(원불교 대종경 해의 上, 한종만).

「실지불공 例」(교전공부, 신도형).

대의 강령

고부 갈등으로 실상사에 불공하러 가는 노부부를 만나자 "집에 있는 자부가 산부처" 라 하여 소태산은 다음과 같이 말하였다.

1) 그대들이 불공 비용으로 자부 뜻에 맞는 물건도 사주며 자부를 부처님 공경하듯 하라.

2) 그러면 그대들의 정성에 따라 불공한 효과가 나타난다.

3) 이것이 죄복을 직접 당처에 비는 실지불공이다.

어구 해석

봉래정사 : 원불교 제법성지로서 전북 부안군 산내면 봉래산 실상사 뒤편에 있다. 일명 석두암이라고도 한다. 소태산은 제자들과 방언과 혈인기도를 마치고 1919년 10월경 부안 봉래산에 갔다. 처음 월명암과 실상사에서 지내다가 원기 6년 蓬萊精舍를 지었다. 여기에서 소태산은 성리법문을 설하는 등 원불교의 기본 교리와 제도를 구상하여 창립인연을 기다렸다. 1923년 5월 이곳에서 서중안 서동풍 형제를 만나 이듬해 2월에는 장소가 협소한 관계로 봉래정사를 나와서 9월에 익산총부를 건설하였다. 봉래정사는 6·25때 소실되었으며, 오늘날에는 일원대도비와 기도실을 건립하였으며 성적지 순례 코스의 하나이다.

실상사 : 조선 세조 때 중창된 사찰로 봉래정사는 이곳 옆에 있다. 實相寺는 6·25때 불타 없어졌으며 후래 복원되었다. 실상사를 포함한 주변 지역이 국립공원으로 지정되었다. 소태산은 1919년 12월, 실상사 뒤편에 있는 실상초당을 매수해서 제자들과 잠시 기거하였는데 협소한 관계로 1921년 다시 봉래정사(석두암)를 지어 그곳으로 이사했다.

자부 : 아들의 처로서 시어머니에게는 며느리가 子婦이다. 고부라는 말도 있는데 이는 시어머니와 며느리 사이를 말한다.

효부 : 시부모에게 효도하는 며느리를 孝婦라 한다.

실지불공 : 진리불공이 허공 및 진리에 불공하는 것이라면, 우주만유 당처에 불공하는 것을 實地佛供이라 한다. 삼라만상이 법신불의 응화신이라는 면에서 천지 부모 동포 법률 당처에게 죄복을 비는 것이다. 이에 내가 처한 곳의 당처 실지에 불공하는 자세가 요구된다.

관련 법문

「한 사람이 이정은에게 섭섭함이 있어서 없는 허물을 짐짓 말하고 다닐 때 정은이 조실에 들어오니 말씀하셨다. "어쨌든지 미운 생각 갖지 말고 작은 선물이라도 챙기고 해서 따뜻하게 불공을 드려라." "그런 억울한 말을 듣고 참기도 힘드는데 어떻게 불공까지 하겠습니까?" "바늘구멍으로 황소바람 들어온다고 하지 않더냐. 작았을 때 그 씨앗을 없애 버려야 한다. 명심하고 꼭 실천하여라." 정은이 이 말씀을 받들어 불공을 잘 하였더니 상극이 상생으로 돌아서 서로 심복 동지가 되었다」(한울안 한이치에, 제2장 심은데로 거둠 42장).

「처처불상 사사불공이다. 법당에 모셔져 있는 법신불이나 부처님만을 부처로 알지 아니하고 모든 것이 부처인 것을 아는 것이다. 이것을 알아야 견성에 토가 떨어지고 진리의 핵이 나오는 것이다. 그러니 제한을 두지 말고 모든 일에 불공하여야 한다. 사사불공에 조각나는 도인은 절반밖에 안 된다」(대산종사법문 3집, 제3편 수행 118장).

보충 해설

양하운 대사모는 남자 못지않게 모든 일을 잘 처리하므로 시아버지(박성삼)는 자부를 친딸처럼 아껴 주었다. 이따금 법성포 장에 갈 경우, 자부에게 예쁜 고무신도 사다 주고 색동 옷감도 사다주는 것은 물론 논밭에 힘겨운 일은 인부를 시켜 하게 하면서 자부를 친히 거들어 주곤 하였다. 가끔 마을 사랑방에 다니러 가면 며느리의 칭찬도 잊지 않았다. 그리하여 며느리를 친히 불공하는 등 가정이 화목했는데 이것이 바로 실지불공의 한 예라 본다.

주석 주해

「부처님 앞에 공양을 올리고 불공을 올리듯이 자부나 이웃을 생각해보자. 상대방도 자연히 불공하는 마음으로 대해 줄 것이다. 가족이 화목하고 대우받고 마음을 편하게 가질 수 있는 비결은 자기가 먼저 그렇게 행하는데 있다. … 가식이 아니라 진심으로 위해주면 다 좋아한다. 특히 며느리와 시어머니 사이도 마찬가지이다」(박길진, 『대종경강의』, 원광대출판국, 1980, p.45).

「『정산종사법어』 원리편 1장에 우주만유가 법신불 아님이 없다고 하였다. 우주만유가 바로 법신불이라는 것이다. 교의품 4장에서 천지만물 허공법계를 부처라 하였고, 『회보』 32호에서 천지만물 허공법계를 생불이라 하였고, 성리품 29장에서 산업부원이 부처라고 한 것을 여기에서는 자부가 산부처라고 하였다」(한종만, 『원불교 대종경 해의』(上), 도서출판 동아시아, 2001, p.117).

문제 제기

1) 실지불공이 궁색한 개체신앙이나 인격신앙에 떨어지지 않으려면?
2) 일상생활에서 실지불공을 하는 실례를 드시오.

[교의품 16장] 두 가지 불공법

핵심 주제

두 가지 불공법

「실지불공과 진리불공」(원불교 대종경 해의 上, 한종만).

「진리불공과 실지불공」(교전공부, 신도형).

대의 강령

김영신이 사은 당처의 실지불공 외에 다른 불공법은 없느냐고 여쭈자, 대종사 이에 답하였다.

1) 불공하는 법 두 가지로는?
   (1) 사은 당처에 올리는 실지불공이 있고,
   (2) 허공법계를 통하여 올리는 진리불공이 있다.
2) 진리불공 하는 방법은?
   (1) 몸과 마음을 재계하고 법신불을 향하여 소원을 세우며,

(2) 선정, 염불, 송경, 주문 등을 일심으로 하여 정성을 올린다.

어구 해석

재계 : 일상생활에서 신구의 삼업을 맑히기 위해 심신을 깨끗이 하는 것을 齋戒라 한다. 특히 의식 집행자로서 각종 의식을 행할 때, 또 기도를 진행할 때에는 반드시 심신 재계를 한다.

선정 : 자의상으로 보면 禪을 통해서 定에 드는 것으로, 좌선 등의 수양을 통해 분별사량과 계교망상을 잠재우는 것을 말한다. 입정돈망, 좌탈입망 등의 경지가 이와 관련된다. 선정은 육바라밀의 하나이다.

송경 : 경전을 외우는 것, 또는 외워 읽는 것을 誦經이라 하며, 예비교무들의 경우 정전암송대회 등을 통해 송경 공부를 한다.

백천 사마 : 수백수천 가지의 사악한 마귀를 百千邪魔라 한다. 수도인들이 지속적 적공을 통해 사마악취 자소멸을 해야 할 것이다.

관련 법문

「불공을 하는 데에는 천지 만물 산 부처님에게 실지 불공을 하는 법도 있고 또는 허공법계 진리 부처님에게 진리 불공을 하는 법도 있는 것이다」(대종경 선외록, 일심적공장 15장).

「죄복 인과를 실지 주재하는 사은의 내역을 알아 각각 그 당처를 따라 실제적 신앙을 세우고 일을 진행하자는 것이요, 곳곳이 부처요 일일이 불공이라는 너른 신앙을 갖자는 것이니, 이는 곧 진리를 사실로 신앙하는 길이라」(정산종사법어, 원리편 3장).

보충 해설

원불교의 불공법으로는 크게 법신불에 불공하는 진리불공과 사은 삼라만상에 올리는 실지불공이 있다. 이러한 불공법을 실천에 옮기는데 있어 일심 정성을 들여야 한다. 교의품 4장의 언급처럼 일원상의 내역은 사은, 사은의 내역은 우주만유 곧 천지만물 허공법계인 바, 이를 진리불공과 실지불공에 관련시켜 보자. 소태산이 실지불공과 진리불공을 주장한 배경은 과거 일부 종교의 비진리적이고 비합리적인 경향으로 기울기 쉬운 기복신앙에 의존한 불공 때문이었다.

인물 탐구

김영신(1908-1984) : 경성부 인의동에서 김일환 선생과 이성각 여사의 2녀 중 둘째로 태어났다. 융타원은 원기 10년 '永信' 이란 법명을 받고 정식으로 입교하였다. 민자연화는 외조모이며 이성각은 어머니이고, 이공주는 이모이다. 집안이 독실한 각황사 불교신자이며, 학업 성적도 우수하여 서울의 1류 여학교에서 신식 학문을 8년간 우등으로 졸업하였다. 어느 날 김영신은 서울시내 경성여자고등보통학교(경기여고)의 대표로 출전, 가을연합운동회의 육상 대표선수로 뛰다가 결승점에서 넘어져 얼굴을 크게 상해 휴학 후, 북악산 약수의 효험을 얻고 완쾌되었다. 그 뒤 1924년(원기9), 17세의 어린 소녀가 가족과 함께 소태산 대종사를 만나 스승으로 모시고 개종하게 된다. 융타원은 고교를 졸업하고 경성지부 송도성 교무의 인도로 전무출신 하였다. 원기 13년 중앙총부에서 서무부 서기로 근무하였으며, 원기 19년 6월 14일 상조부 서기를 맡은 김영신은 여자 전무출신의 정녀로서는 최초로 부산 남부민교당 교무로 부임하게 된다. 당시 공회당에서 소태산은 "영신이는 여자고무로 始發이니까 만세 한번 불러주자" 라고 하였으며, 이에 감격하여 눈물을 흘리는 김영신을 보고 "너는 기관사가 되어라. 짐차 객차를 끌고 가는 모범 기관사가 되어라" 고 격려하였다. 일선 교당을 다니면서 개척교화에 정성을 들이다가, 원기 68년 익산수도원에 입원하여 수양생활을 하였으며 1년 후 12월 7일, 76세를 일기로 열반에 들었다. 교단사적으로 볼 때 융타원 대봉도는 여교무 1호, 정녀 2호이다. 참고로 조전권 선진(1090-1976)은 여교무 2호 정녀 1호인 바, 이때 교무는 직함으로 주어졌으며 김영신이 직함을 먼저 받았다는 뜻이다(송인걸, 『대종경속의 사람들』, 월간원광사, 1996, '김영신' 참조).

주석 주해

「한 가정에 손님만 온다 해도 청소를 해야 한다. 하물며 부처님을 모시려면 물론 목욕재계를 해야 할 것이다. … 성심으로 진리불공을 하면 물론 대법력, 대위력을 얻게 됨은 분명하다」(박길진, 『대종경강의』, 원광대출판국, 1980, p.46).

「불공하는 법이 두 가지가 있다. 첫째 사은 당처에 직접 올리는 실지불공이다. 실지불공은 사은의 많은 당처에 올리는 것이다. 세계 인류가 60억이라면 60억의 당처에 올리는 것이다. 자기가 대하는 당처 당처에 올리는 것이다. 둘째 형상 없는 허공법계를 통하여 법신불께 올리는 진리불공이다」(한종만, 『원불교 대종경 해의』(上), 도서출판 동아시아, 2001, p.118).

문제 제기

1) 진리불공을 통해 백천 사마라도 귀순시킬 능력이란 무엇인가?

2) 진리불공은 어떻게 하는가?

3) 불공하는 법에 대해 대종경 교의품에 근거하여 서술하라.

[교의품 17장] 심고의 감응되는 이치

핵심 주제

심고의 감응되는 이치

「심고와 기도의 감응」(원불교 대종경 해의 上, 한종만).

「심고의 감응되는 이치와 그 공덕」(교전공부, 신도형).

대의 강령

심고의 감응되는 이치란?

1) 무위 자연한 가운데 상상하지 못할 위력을 얻는다.

2) 악심이 선심으로 변한다.

3) 악행이 개과천선된다. 이에 지성으로 발원된 서원이 위반되지 않아야 확고한 心力을 얻어 천권을 잡아 위력을 발휘한다.

출전 근거

『월보』 36호(원기17년)의 「각지 상황」의 「익산총부」항에 실린 법설 내용이다. 『선원일지』(무인동선, 원기 23)에는 「심고에 대하여」로 실려 있다. 그리고 묵산수필 『법설집』에 실린 법어로 원기 25년 3월 2일 선원 경전 시간에 「심고의 위력과 필요」라는 주제로 설한 내용이다.

어구 해석

심고 : 어느 때 어느 곳에서든 법신불전에 자신의 마음을 고백하며 기원 드리는 행위를 말한다. 心告가 법회 등 의식에 도입되기 시작한 것은 1932년(원기 17년 4월, 월말통신 35호)이며, 원불교 신앙인에게 이 조석 심고의 의무가 있다. 『정전』에 「심고와 기도」 장이 있는 바, 이는 오늘날 묵상심고이며, 대중 앞에 음성으로 표출할 때에는 설명기도를 한다. 천도교에서도 '심고'라는 용어가 통용되고 있다.

감응 : 감동되어 응하는 기운을 感應이라 한다. 지성으로 기도하는 신앙인의 경우 절대자와 기운이 통하여 감응된다. 하나님, 부처님, 법신불과 하나 되는 마음을 감응이 건넨다고 한다.

실심 : 참되고 진실한 마음을 實心이라 한다.

개과천선 : 과실을 고치고 선행을 하는 것이 改過遷善이다. 자신의 과거 허물을 고치고 착하게 사는 것이 이와 관련된다.

천권 : 인권과 상대되는 개념으로, 하늘의 권리 혹 하늘로부터 받은 권리를 天權이라 한다. 따라서 신앙인으로서 천권을 받아 잘 사용하는 지혜가 필요하다. 천권이란 법계 및 진리의 위력을 말하기도 한다.

관련 법문

「심고하는 법이 단독으로 하는 경우에는 대개 묵상으로 심고를 올리는 것이요, 대중적 의식에는 대중의 심고 내용을 통일하기 위하여 설명기도를 올리게 되는 것인 바, 의식에서 예문에 의하여 심고하는 방법은 주례자나 대중의 대표 한 사람이 예문을 설명기도로 하면 대중은 일제히 그 기도에 정신을 집중하고 있다가 끝나면 마음으로 "일심으로 비옵나이다" 하고 마치는 것이며…」(정산종사법어, 예도편 15장).

「세계의 정세가 동서남북이 다 하나의 세계로 될 단계에 대종사님께서는 일원대도를 밝혀 주셨으니 우리는 契合 일원대도 즉 일원대도에 우리 각자가 계합해야 한다. 우리가 매일매일 심고 올리고 정성을 드리는 것은 일원대도가 내가 되고 내가 일원대도가 되어 계합하자는 것이다」(대산종사법문 3집, 제1편 신성 91장).

보충 해설

심고를 지성으로 올리면 원하는 바를 이룰 수 있고, 또 과거의 악업을 청산할 수 있다. 중요한 것은 지성으로 서원을 되새기며 법신불께 심고와 기도를 올릴 경우 감응을 얻게 된다는 것이다. 또 심고와 기도를 올리면서 하루하루 성찰하는 삶으로 이어져야 한다. 『불교정전』의 「심고와 기도」는 『삼대요령』에 나타나 있는 「심고와 기도」의 내용을 상당부분 수용하고 있음을 알 수 있다. 그런데 『원불교교전』(원기 47년 간행)으로 정비되면서 「심고와 기도」에 그 호칭 '사은'이 '법신불사은'으로 바뀌었다. 곧 법신불사은이란 호칭이 처음 등장한다.

주석 주해

「주인의 心에 대하여 객의 心이 주인의 心 당신같이 되겠습니다하고 비는 것이다. 그러면 주인을 닮아간다. 이것이 心力이다. 심력의 힘은 무서운 것이다. … 자기 이익될 것만 원하여 告하지 말고 세상과 공중을 위하는 일들을 먼저 고해야 한다」(박길진, 『대종경강의』, 원광대출판국, 1980, p.47).

「사은전에 심고를 올리면 사은이 알아서 감응을 하는 것인가의 진정리화의 물음에 대종사가 대답한 내용이다. 심고와 기도의 감응은 다음과 같다. 첫째, 무위자연한 가운데 상상하지 못할 위력을 얻는다. … 둘째, 악심이 성심으로 변한다. … 셋째, 개과천선의 힘이 생긴다」(한종만, 『원불교 대종경 해의』(上), 도서출판 동아시아, 2001, p.124).

문제 제기

1) 아무리 심고를 올려도 진리의 감응이 없다면?
2) 심고와 기도를 올리고도 실제 생활에서 계속 잘못을 범하면?
3) 심고의 감응되는 이치와 그 공덕을 설명하라.

[교의품 18장] 영육쌍전의 육대강령

핵심 주제

영육쌍전의 육대강령

「육대강령」(원불교 대종경 해의 上, 한종만).

「육대강령과 그 본말」(교전공부, 신도형).

대의 강령

삼학은 정신 단련의 원만한 인격 형성에 필요한 법이다.

1) 정신의 삼강령으로 수양 연구 취사가 있다.

2) 육신의 삼강령으로 의식주가 있다.

3) 本末을 알아 행하듯 영육쌍전의 정신에서 정신의 삼강령과 육신의 삼강령(육대강령)을 아우르자.

출전 근거

이 법어는 원래 『월보』 40호(원기17년, 정신수양의 의미를 희로애락에 기울고 흔들리지 아니할만한 수양력으로 밝혔다)와 『회보』 25호(원기21년)에 나온 것으로서 교의품 18-19장으로 나눈 것이다.

어구 해석

요도 : 요긴한 도로서 진리 실현이나 교리 실천에 있어 요긴한 방법을 언급할 때 쓰인다. 인생의 要道와 공부의 요도가 이와 관련된다.

육대강령 : 정신 단련의 3학(수양·연구·취사)과 육신의 의식주 3건을 포함해서 六大綱領이라 한다.

본말 : 일과 이치에 있어서 근본이 되는 것과 말단이 되는 것을 本末이라 한다. 예컨대 도학이 本이요 과학이 末이며, 정신이 본이요 물질이 말이며, 인의대도는 본이요 권모술수는 말이라는 것으로서 선후본말이 전도되지 말아야 한다는 뜻에서 자주 사용된다.

관련 법문

「우리는 제불조사 正傳의 심인인 법신불 일원상의 진리와 수양 연구 취사의 삼학으로써 의식주를 얻고 의식주와 삼학으로써 그 진리를 얻어 영육을 쌍전하여 개인, 가정, 사회, 국가에 도움이 되게 하자는 것이니라」(정전, 제2교의편, 16장 영육쌍전법).

「학인이 묻기를 "굶주려 죽어가는 사람에게는 법보다 밥이 더 중요하지 않사오리까." 말씀하시기를 "본말로 논하자면 법이 근본이요 밥이 말이 되나, 우리의 육신을 보호하는 데에는 밥이 先이 되고 법은 後가 되나니, 그러한 경우에는 밥을 먼저 먹어야 되고, 일생 생활의 체를 잡는 데에는 정신을 근본 삼아 수양 연구 취사로써 의식주를 구해야 하나니라"」(정산종사법어, 무본편 4장).

보충 해설

정신의 3강령을 강조한 나머지 자칫 육신의 3강령을 소홀히 할 수도 있다. 육신의 삼강령은 우리 육신의 생명 보전에 없어서는 안 되는 기초이다. 따라서 영육간 조화를 위해서 육대강령은 우리의 삶에 있어 필수적이다. 다시 말해 영육쌍전법을 생각해 보자는 것이다. 새 세상의 종교는 수도와 생활이 둘 아닌 산 종교라야 한다는 대종사의 가르침이 이 육대강령 속에 잘 나타나 있다.

주석 주해

「계정혜 삼학을 잘하면 그 삼대력의 의식주 삼건도 잘 구하게 된다. 전생의 인과관계도 있지만 잘 살기 위해서는 이 계정혜 삼학을 일일마다 들여대야 한다. … 육대강령을 말씀하였다. 과거 종교에서는 삼대강령도 제대로 되지 않았었으나 이제는 육대강령의 실천을 말씀한 것이다」(박길진, 『대종경강의』, 원광대출판국, 1980, pp.48-49).

「정신의 세 가지 강령을 잘 공부하면 육신의 세 가지 강령이 자연히 따라 온다. 그러나 의식주를 떠나서 삼학공부를 할 수 없는 것이다. 생활과 삼학공부를 함께 하는 것이다. 정신의 삼강령이 근본이고 육신의 삼강령은 끝이 된다. 선후 본말을 가리는 것은 무엇을 주체로 한다는 의미이며 경중을 가리는 것은 아니다. 정신과 육신의 생활을 건전하게 하는 것이 영육쌍전이다」(한종만, 『원불교 대종경 해의』(上), 도서출판 동아시아, 2001, p.126).

문제 제기

1) 본말이 전도되는 행동을 예로 들어 설명한다면?
2) 육대강령이란 무엇인가?

[교의품 19장] 삼대력이 의식주의 근본

핵심 주제

삼대력이 의식주의 근본

「삼대력이 의식주의 근본이 된다」(원불교 대종경 해의 上, 한종만).

「삼대력이 의식주와 인격의 근본」(교전공부, 신도형).

대의 강령

보통 사람은 의식주에만 힘쓰고, 그 의식주가 나오는 원리는 찾지 않는다며, 대종사 말하였다.

1) 육신에 의식주가 필요하다면, 정신에 일심 알음알이 실행의 힘은 더 필요하다.

2) 정신의 삼대력이 양성되어야 의식주가 얻어질 것이니 정신의 삼강령이 곧 의식주 삼건의 근본이다.

출전 근거

이 법어는 원래 받아쓴 내용이 『월보』 40호(원기 17, 정신수양의 의미를 희로애락에 기울고 흔들리지 아니할만한 수양력으로 밝혔다)와 『회보』 25호(원기 21)에 나온 것으로 교의품 18-19장으로 나누었다.

어구 해석

의식주 : 인간생활에 기본적으로 필요한 요소로서 의복, 식량, 주택을 말한다. 衣食住는 우리의 육신을 지탱하는 필수품이다. 정신의 의식주로는 수양, 연구, 취사이다.

삼대력 : 수양, 연구, 취사의 삼학 수행에서 얻는 힘이 三大力이다.

관련 법문

「의식주란 육신 생활에 가장 필요하고 떠날 수 없는 것인데 의식주보다 더 요긴한 것이 있다면 그것은 의식주를 만들어 주는 것이 아닌가. 그런데 그것이 우리 불법에 들어 있으니 그는 곧 수양 연구 취사의 삼대력이다. 의식주를 구할 때에 일심 알음알이 실행이 들지 아니하고 의식주가 잘 장만되며 잘 사용될 수 있겠는가」(대종경 선외록,

선원수훈장 5장).

「의식주를 구하는데 세 가지 단계가 있으니, 하근기는 요행과 삿된 길로써 구하고, 중근기는 정당한 직업으로써 구하며, 상근기는 衆人을 위함으로써 돌아오게 한다」(한울안 한이치에, 제1장 마음공부 71장).

보충 해설

정신 · 육신 양자의 주종 관계를 고려하여, 정신의 3강령(主)에 육신의 삼강령(從)의 관계를 설정할 수 있다. 어쨌든 원불교의 교리정신에 의하면 영육쌍전의 원리에 따라 삼학 공부를 하면서도 의식주를 구하는 육대강령을 염두에 두는 것이 필요하다. 근대철학에 있어 데카르트는 마음(정신)과 육체(물질)를 분리해서 생각하는 경향이었고, 헤겔은 정신이 더 중요하다는 경향으로 흘렀는데, 소태산 대종사는 육신과 정신의 조화를 추구하였다. 소태산의 영육쌍전론은 종교인들이 직업을 통해 의식주를 추구하면서도 영혼 구원에까지 이르러야 함을 역설하는 가르침이다.

주석 주해

「정당한 도로서 의식주를 구하니 실수가 없다. 욕심으로 구하면 실수가 있기 마련이다. … 삼학을 연마한 사람은 그것을 활용하여 의식주를 구하게 된다」(박길진, 『대종경강의』, 원광대출판국, 1980, pp.49-50).

「보통 사람들은 의식주를 구하는 데만 힘을 쓰고 의식주를 나오게 하는 원리를 찾지 않는다. 정신의 삼대력의 힘을 소홀히 하는 것이다. 종교적인 정신생활에 관심을 갖는 사람이 적다. 정신적인 힘을 얻어서 의식주 생활을 해야겠다고 자각하는 사람이 드물다. 삼학공부 하는 것이 바로 의식주 생활을 하는 것이며 의식주 생활하는 것이 바로 삼학공부를 하는 것이다」(한종만, 『원불교 대종경 해의』(上), 도서출판 동아시아, 2001, p.127).

문제 제기

1) 정신의 삼대력 공부를 잘 하면 육신의 삼대력 공부도 잘 되는가?
2) 현대인이 육신의 의식주에 집착하는 성향을 극복하는 방법은?

[교의품 20장] 불교 비판과 원불교 수행법

핵심 주제

불교 비판과 원불교 수행법

「불교 각 종파 수행의 통일」(원불교 대종경 해의 上, 한종만).

「과거의 수행과 본교의 원만한 훈련」(교전공부, 신도형).

대의 강령

재래 염불종은 염불만 하고, 교종은 간경만 하며, 선종은 좌선만 하고, 율종은 계만 지키지만, 우리는 이를 병진하자.

1) 새벽에는 좌선을 한다.

2) 낮과 밤에는 경전 강연 회화 의두 성리 일기 염불을 한다.

출전 근거

『선원일지』(경진동선, 원기 25)에는 「계정혜 삼학에 대하여」로 실려 있다.

어구 해석

염불종 : 염불종이라는 말은 오늘날 적합한 용어가 아니며 정토종이라고 해야 한다. 그리고 念佛宗은 교종, 선종, 율종처럼 과거 불교의 한 종파를 말한다.

선종 : 불교의 교종에 상대하는 종파가 禪宗인 바, 불립문자, 직지인심, 견성성불을 강령으로 하며 좌선을 통해 깨달음을 얻고자 하는데 중점을 두고 있다. 선종은 석가의 정맥을 이은 가섭으로부터 달마까지 28조사가 있으며, 다시 달마대사가 선종의 初祖가 되었다. 육조 혜능에 이르러 선종이 크게 붐을 일으켰다.

교종 : 선종에 상대하는 불교의 종파가 教宗으로서 불교의 교리와 경전을 연마하여 깨달음을 추구하는 것을 중점으로 한다. 선종의 참선에 대해서 교종은 경전의 문구를 탐구하여 깨달음을 얻는 간경 중심의 수행에 초점을 두고 있다.

간경 : 수행자가 종교 경전을 보고 읽으면서, 그 경전에 담긴 진리의 깨달음을 추구하는 것을 看經이라 한다.

관련 법문

「경전 강연 회화도 다 쓸 데 없고 그저 염불 좌선만 하여야 정력을 얻는다고 생각하는 자, 혹은 아무것도 않고 좌선만 하다가 병이 들어 죽게 되니까 그때에는 운동을 시작하여 가지고 효력을 본 후로는 또 운동이 제일이라고 생각하는 자 등, 이와 같이 저의 사견에 집착하는 자는 나를 만났지마는 나의 얼굴도 보지 못한 자인 것이다」(대종경 선외록, 원시반본장 9장).

「수양의 방법은 염불과 좌선과 무시선 무처선이 주가 되나 연구와 취사가 같이 수양의 요건이 되며, 연구의 방법은 견문과 學法과 사고가 주가 되나 수양과 취사가 같이 연구의 요건이 되며, 취사의 방법은 경험과 주의와 결단이 주가 되나 수양과 연구가 같이 취사의 요건이 되나니라」(정산종사법어, 경의편 15장).

보충 해설

본 장은 불교에 대한 교판적 비판을 통해서 어느 하나에 편중된 수행을 극복하여 원만한 삼학병진 수행을 하자는 내용이다. 원불교에서는 염불종, 교종, 선종, 율종의 수행법을 두루 섭렵, 수행하자는 뜻이다. 물론 불교에서도 규봉선사는 선교 양종을 겸하자 했다. 어떻든 편벽수행은 과거의 수행으로 돌아가자는 뜻이다. 앞으로의 불법은 미래지향적 병진과 쌍전의 원만 수행이 필요하다. 일원상 수행으로서 삼학병진의 수행법이 인도정의의 대법인 이유가 여기에 있다.

주석 주해

「사람은 무엇을 하든지 삼대력을 병진해야 한다. 그런데 이것을 떠나서 한 가지만 한다면 원만한 불법이 아닐 것이다. 이 공부는 어려움도 많고 시비도 분분할 것이나, 삼학으로 해결하고 나가야 한다. … 옛날에는 한문 한 가지만 공부했으나, 이제는 다방면으로 필요한 과목을 훈련해야 한다. 체조, 예능까지도 해야 한다」(박길진, 『대종경강의』, 원광대출판국, 1980, p.50).

「염불종은 정토종을 말하며 교종은 간경과 관법의 실천을 하며 선종은 초단계에 經 공부를 하여 교를 버리고 선에 들어간다. 염불은 타력염불과 자력염불이 있다. 염불을 수양과목으로 수용한 것은 자력염불을 수용한 것이다. 새벽과 저녁에는 좌선과 염불을 통한 수양 공부를 하며, 낮에는 경전, 강연, 회화, 의두, 성리, 일기 등을 하는 것이다」(한종만, 『원불교 대종경 해의』(上), 도서출판 동아시아, 2001, p.129).

문제 제기

1) 본 장에 정기훈련 11과목 중 수양, 연구 과목은 언급되어 있으나, 작업취사 과목으로 상시일기, 주의, 조행이 언급되지 않은 이유는?

2) 원불교는 전통불교의 일부 편벽 수행을 통일하고자 하였는데, 이의 實例에 대해 언급하시오.

[교의품 21장] 삼학의 상관성

핵심 주제

삼학의 상관성

「삼학 병진」(원불교 대종경 해의 上, 한종만).

「삼학공부의 실제와 의견교환의 의의」(교전공부, 신도형).

대의 강령

삼학의 관계는 서로 떠날 수 없어 쇠스랑의 세 발과도 같다.

1) 수양하는 데에 연구 · 취사의 합력이 있어야 한다.

2) 연구하는 데에도 수양 · 취사의 합력이 있어야 한다.

3) 취사하는 데에도 수양 · 연구의 합력이 있어야 한다.

어구 해석

쇠스랑 : 농촌에서 퇴비 거름을 치우는 세 발 달린 농기구로, 세 발 중 하나만 없어져도 퇴비 치우는데 불편하다. 이는 삼학 중 어느 하나라도 소홀하면 곤란하다는 점의 비유에서 인용하고 있다.

혜두 : 지혜로운 머리를 慧頭라 하며, 보통 우리는 혜두 연마의 중요성을 깨닫곤 한다. 도량에서 특히 성리와 의두 연마 등을 통해 진리 깨달음의 지혜를 얻을 때 본 용어가 사용된다.

관련 법문

「수양의 방법은 염불과 좌선과 무시선 무처선이 주가 되나 연구와 취사가 같이 수양의 요건이 되며, 연구의 방법은 견문과 學法과 사고가 주가 되나 수양과 취사가 같이 연구의 요건이 되며, 취사의 방법은 경험과 주의와 결단이 주가 되나 수양과 연구가 같이 취사의 요건이 되나니라」(정산종사법어, 경의편 15장).

「한정원이 여쭈었다. "어떻게 하여야 견성을 빨리 할 수 있습니까?" "견성만 주장하지 말라. 앞으로는 견성만 세워주는 시대가 아니니 삼학을 원만히 수행하라"」(한울안 한이치에, 제7장 기연따라 주신 말씀 31장).

보충 해설

수양을 할 때 연구와 취사를 병진하는 마음을 가져야 하고, 연구와 취사를 할 때도 병진하려는 마음이 있어야 한다. 그런데 삼학병진에 있어 예비교무 등 학창시절에는 사리연구를 초점으로 한 삼학병진, 30-50대의 경우 작업취사를 초점으로 한 삼학병진, 60대 이후에는 정신수양을 초점으로 한 삼학병진도 생각해 볼 필요가 있다. 어떻든 삼학병진은 삶의 편벽성을 극복하고자 함이다. 편벽된 수행을 원만한 삼학병진으로 개혁한 것은 곧 원불교 수행의 장점이다.

주석 주해

「이와 같은 여러 가지 과목을 때와 경우를 따라 적절히 활용해 가면 법신 성장의 영양을 고루 섭취하는 것이 되어 공부 효과가 더욱 바르게 나타날 것이라고 하신 것이다. 종파적 특성에 사로잡혀 있으면 이러한 말을 잘 이해하지 못할 수도 있으나 일방적 편수는 마치 편식하는 것과 같고 약에 있어서 단복하는 것과 같아서 한 분야의 문제는 해결할 수도 있으나 전체를 놓고는 불균형이 되어서 끝내는 본래 지니고 있는 것까지도 허물어질 위험이 있는 것이다」(이광정, 원광 제

205호, 월간원광사, 1991.9, p.60).

「삼학의 관계를 『잡아함경』에서는 경작, 관개, 파종에 비유해서 셋이 겸해야 목적을 달성한다고 하였다. … 매사에 삼학을 들여대서 해야 한다. 한 가지 한 가지 일에 삼학을 활용해야 한다. … 이렇게 공부법이 환하고 재래불교와는 다른 삼학 공부법이다」(박길진, 『대종경강의』, 원광대출판국, 1980, pp.51-52).

문제 제기

1) 수양을 하는데 왜 연구와 취사의 합력이 있어야 하는가?

2) 21세기 지식사회에서는 연구력만을 쌓아도 되지 않는가?

[교의품 22장] 삼학의 대중

핵심 주제

삼학의 대중

「삼학의 생활」(원불교 대종경 해의 上, 한종만).

「삼학공부와 인생」(교전공부, 신도형).

대의 강령

공부인은 천만 경계에 당해 삼학의 대중을 놓지 말아야 한다.

1) 삼학을 비유하면 배를 운전하는데 지남침 같고 기관수 같다.

2) 경계를 당해 삼학 대중이 없으면 세상을 살기가 어렵다.

출전 근거

주산종사 수필의 소태산대종사 법문집 『법해적적』에 실려 있다.

어구 해석

대중 : 어떤 행위의 기준이자 대강이며 혹 표준이자 짐작을 말한다.

경계 : 일상생활에서 인과의 이치가 전개되는 상황을 境界라 한다. 또 시비선악의 판단이 우리의 삶에서 전개되는 시공간의 상황을 말한다. 흔히 수도인들이 말하는 경계란 고통으로 다가오는 실제적 상황이자 유혹하는 것들이다. 이 경계로는 순경과 역경이 있다.

지남침 · 기관수 : 배가 항해할 때 동서남북의 각 방향을 알려주는 도구가 指南針으로, 파도가 몰아치는 바다에서 배를 잘못 운전하면 조난당하고 만다. 이에 조난 내지 난파를 사전에 막기 위해서는 방향 감각을 알려주는 지남침이 절대 필요하며, 이를 이용하여 배를 운전하는 운전수로서 機關手의 역할이 매우 중요하다.

관련 법문

「부처님과 어진이의 가르치심을 잘 듣고 언제나 마음공부의 대중을 놓지 말 것이요」(『정산종사법어』 세전, 제2장 교육 2. 태교의 도).

「너희들이 일생과 영생을 살아갈 때 삼학을 표준잡고 나가라. 이 공부길 외에 다른 길 없다. 별스럽게 못한다 하더라도 죽지만 않고 또 나가지만 않고 꾸준히 하면 길이 열리는 것이다」(대산종사법문 3집, 제3편 수행 74장).

보충 해설

공부의 요도인 삼학의 원만한 수행을 통해 우리에게 닥칠지 모를 부정적 세파의 경계를 잘 극복하는 일이 필요하다. 수행의 표본인 일원상의 진리에는 신앙과 수행의 양 대문이 있다. 수행문으로서 삼학은 일상생활에서 수행인이 평생 표준삼고 해야 할 공부법이다. 삼학은 우리의 원만한 인품을 조각하는 도구이기 때문이다. 원불교의 삼학병진론은 「상시응용주의사항」에도 잘 나타나 있다. 상시응용주의사항 5조는 수양이고, 2, 3, 4조는 연구이며, 1조는 취사이고, 6조는 삼학의 대조이다. 이러한 삼학병진의 정신이 동정 간 변함없는 수행으로서 무시선 무처선으로 이어지고 있다.

주석 주해

「매사에 삼학을 들여대서 일심, 알음알이, 실행이 되어야 그일 그일에 성공하지, 하나라도 빠지면 실수하게 된다. … 이러한 삼학병진이 잘 안되고 보면 개인 일이나 가정 일이나 국가 일을 막론하고 잘 되지 않는다」(박길진, 『대종경강의』, 원광대출판국, 1980, p.52).

「삼학은 인간이 바른 방향을 잡고 힘차게 살 수 있는 원동력이다. 인생은 폭풍우가 휘몰아쳐 산처럼 밀려오는 파도 앞에 선 조그마한 배이다. 파도를 피해가는 방향을 알게 하며 파도의 구조와 방향을 알게 하는 것이 연구이다. 방향을 알았으면 바다 밑까지 이르는 큰 안정이 있어야 한다. 이것이 정신수양이다. 안정을 얻었으면 바른 방향으로 힘차게 돌진하는 것이 작업취사이다」(한종만, 『원불교 대종경 해의』(上), 도서출판 동아시아, 2001, p.132).

문제 제기

1) 삼학의 대중이 없으면 세상을 잘 살기가 어렵다는 뜻은?
2) 삼학의 대중을 왜 배의 나침반과 기관수에 비유했는가?

[교의품 23장] 근기에 따른 교화법

핵심 주제

근기에 따른 교화법
「원융통달한 교화법」(원불교 대종경 해의 上, 한종만).
「원융무애하신 교화법」(교전공부, 신도형).

대의 강령

나의 교화하는 법은 근기를 따라 베푼다.
1) 나무의 가지와 잎사귀로부터 뿌리에 이르게도 한다.
2) 뿌리에서 가지와 잎사귀에 이르게 하는 방법이다.

출전 근거

『회보』 30호(원기 21)의 요언으로 「나의 교화하는 법은 가지와 잎사귀로부터 뿌리에 이르게 하고, 뿌리로부터 가지와 잎사귀에 이르게도 한다」는 법어이다.

어구 해석

근기 : 수도인이 공부하는 정도의 심성 국량을 根機라 한다. 상근기와 중, 하근기가 그것으로서 부처님의 법문을 받아들이는 심성 국량의 정도인 바, 정과 사를 구분할 줄 알고 독실한 신성일수록 상근기이다. 여기에서 중근기는 도가에서 금기시하는 것으로 항상 의심하고

스승을 저울질하는 근기를 말한다. 하근기는 正 · 邪 판별에 다소 미숙하지만 스승의 지도에 순응하는 근기를 말한다.

관련 법문

「내가 이 회상을 연지 28년에 법을 너무 해석적으로만 설하여 준 관계로 상근기는 염려 없으나, 중 · 하근기는 쉽게 알고 구미호가 되어 참 도를 얻기 어렵게 된듯하니 이것이 실로 걱정되는 바라」(대종경, 부촉품 9장).

「성현을 마음의 법으로 찾으려 하지 아니하고 몸의 표적으로 찾으려 하는 것은 곧 하열한 근기인 것이다」(대종경 선외록, 초도이적장 6장).

보충 해설

원불교 교리의 특징이자 소태산 대종사의 교화법은 누구나 쉽게 접근할 수 있는 것으로서 근기에 맞게 설해져 있다. 그리고 상하, 좌우, 전후, 체용에 융통하는 근기법을 고려해 본다면 소태산 대종사의 교화법은 본체와 현상, 현상과 본체의 상호 밀접한 상즉적 측면이 강조된다. 근기에 따른 설법은 隨機 설법이기도 하다. 소태산의 가르침은 나무뿌리에 따라, 줄기에 따라, 가지에 따라 상황 상황에 맞게 설해주는 교법이기 때문이다. 교법 전개의 원만성이 여기에 나타난다.

주석 주해

「신수와 혜능과 같이 돈오와 점수를 근기 따라 활용하여 성불의 문에 들게 한다. … 어떤 사람은 소소한 것까지도 관심을 갖고 나무라기도 하고, 또 어떤 이는 소소한 것은 모르는 척하고 큰 것을 들고 가르쳐 나가기도 한다. 근기에 알맞게 교화해 나가는 것이다」(박길진, 『대종경강의』, 원광대출판국, 1980, p.53).

「원융 통달의 교화법은 대각여래위이다. 일체생령을 제도하되 만능이 겸비했으며, 수기응변하여 교화하되 대의에 어긋남이 없는 것이다」(한종만, 『원불교 대종경 해의』(上), 도서출판 동아시아, 2001, p.133).

문제 제기

1) 근기에 따라 법을 베푼다는 의미는?
2) 우리는 자신의 근기에 맞추어 교화 방법을 응용하고 있는가?

[교의품 24장] 구전심수의 공부법

핵심 주제

구전심수의 공부법
「구전심수의 효력」(원불교 대종경 해의 上, 한종만).
「經文공부와 구전심수」(교전공부, 신도형).

대의 강령

송도성이 "옛 성인의 경전도 혹 보았고 그 뜻의 설명도 들어보았사오나 그 때에는 한갓 읽어서 욀 뿐이요, 도덕의 참 뜻이 실지로 해득되지 못한다" 고 하자, 대종사 이에 말하였다.
1) 옛 경전은 이미 지어 놓은 옷과 같아서 모든 사람의 몸에 다 맞기 어렵다.
2) 직접 구전심수로 배우는 것은 그 몸에 맞춰 입는 것과 같아서 옷이 그에 맞는 법이다.
3) 이에 각자 근기와 마음 기틀을 계발하는 공부가 중요하다.

출전 근거

『월보』 47호(원기18년)에 게재되어 있으며, 주산종사에게 설한 법설을 받아쓴 법문으로 제목은 「구전심수의 효력」이다.

어구 해석

옛 경전 : 소태산 대종사가 대각 직후 열람한 경전은 물론 과거 전통 유교 및 불교의 경전으로, 여기에 옛 경전(古經)이 등장한 이유는 원불교의 시대화 생활화 대중화된 경전을 부각하기 위해서이다.
구전심수 : 입으로 전하고 마음으로 받아들이는 공부로서 사제간 돈독한 공부 전수를 언급할 때 쓰이는 용어이다. 초기교단에서 소태산의 가르침을 당시 제자들이 훈습으로 직접 간절히 받아들인 것을 口

傳心授의 공부법이라고 한다.

관련 법문

「동서의 大聖들이 지나가신 지 오래 되어 구전심수의 정법 시대가 멀어짐에 따라 세간에는 예의염치와 인륜 강기가 끊어지고 도가에서는 신통 묘술과 이적만 찾는 말법 시대에 대종사께서는 출현하셨던 것이다」(대종경 선외록, 초도이적장 1장).

「남의 옷이 좋다 하여 그대로 입으면 내게는 맞지 않는 법이니 나의 품과 키에 맞춰서 지어야 내 옷이 되나니라」(정산종사법어, 국운편 21장).

보충 해설

교조 당시의 교법 전수에 있어 구전심수의 공부 분위기가 충천하였다. 그러나 교조 사후 세월이 흐르면 구전심수의 교법 훈증의 분위기가 사라질 수 있음을 주의할 일이다. 좌산종법사도 「경전 공부보다 구전심수의 공부가 더욱 빠르다」(원광 207호, p.59)고 하였으니, 구전심수의 공부법이 적공에 있어 매우 중요하다. 口傳은 오랜 세월에 전해오는 정신훈과 고대 집단을 전달하는 방법이다. 곧 구전은 고래로 인성의 순박함 속에 종교적 유산으로 전해오는 소중한 방법이다. 구전심수는 교조 정신을 굴절 없이 전하는 좋은 길임에 틀림없다.

인물 탐구

송도성(1907-1946) : 경북 성주군 초전면 소성동에서 송벽조 대희사와 이운외 대희사 사이에서 탄생한 2남 1녀 중 차남으로 태어났다. 어린 시절 유가의 가풍에 따라 유학을 공부하였으며 신동으로 불릴 정도로 영특하였다. 본명은 도정이며 법호는 主山으로, 소태산 대종사의 사위이자 정산종사의 친동생이며, 송천은 교무와 송관은 교무의 아버지이기도 하다. 그는 원기 4년 9월 영광으로 이사하여 대종사를 13세에 처음으로 뵈었다. 22세 때 소태산의 친녀인 20세의 박길선과 결혼을 하게 되는데 신정의례에 따라 조촐하게 식을 올렸다. 그는 1922년(원기7)에 「마음은 스승께 드리고 몸은 세계에 바쳐서 일원의 법륜을 따라 영겁토록 쉬지 않으리(獻心靈父 許身斯界 常隨法輪 永轉

不休)」라는 출가시를 소태산 교조에게 바쳐 올렸다. 교단 초창기에 주경야독을 하면서 법열에 찬 삶을 살았으며, 원기 9년 서무부 서기에 임명되었고 원기 10년, 19세의 나이로 정수위단에 피선되었다. 원기 13년 연구부 서기를 맡으면서 교단 최초의 월간지인 『월말통신』을 간행하였다. 이어 『월보』 『회보』 등의 편집과 발행에 주역이었으며 소태산 대종사의 법문을 주로 수필하였다. 친형인 정산종사와 더불어 대종사에 대한 신성이 지극하였음은 주지의 사실이다. 이어서 주산종사의 유지로 발족된 「금강청년단」에 나타나듯 영원한 청년상을 선보였으며, 원기 30년 총무부장 재임 시 8·15 해방을 맞이하자 해외에서 귀국하는 동포를 위해 「전재동포구호사업」을 벌이기도 하였다. 구호사업에 헌신하다가 당시 전염병 '발진티푸스' 에 걸려 아쉽게 젊은 40세의 나이로 순직하게 된다. 주산종사는 원기 39년에 출가위로 추존되었고, 이어서 원기 76년에는 정식 대각여래위로 추존되었다(송인걸, 『대종경속의 사람들』, 월간원광사, 1996, '송도성' 참조).

주석 주해

「공자님도 그 사람의 경우에 따라 말해 주었다. … 책을 보면 몇 장을 읽어야 필요한 말 몇 마디가 나오며 감명을 얻게 된다. 직접 실행에 필요한 말을 경우에 따라 달리해야 머리에 들어가게 된다. … 육조대사도 마치 장작을 도끼로 쪼개듯이 필요한 말을 분명히 했다. 말이란 가려운 데를 긁어주어야 한다」(박길진, 『대종경강의』, 원광대출판국, 1980, p.53-54).

「화엄철학에 一과 多가 서로 포용하면서 다른 면이 있다는 원리가 있다. 예를 들면 한 방에 켜 있는 여러 등불의 光작용은 다 같지만 등 자체는 각각 다르다는 것이다. 이와 같이 진리의 큰 덩치는 같지만 베풀어 쓰는 데는 천만가지 묘용이 있는 것이다」(한종만, 『원불교 대종경 해의』(上), 도서출판 동아시아, 2001, p.135).

문제 제기

1) 대종사 생전의 제자들이 차츰 열반에 들면서 오늘날 구전심수의 풍토가 약해져가고 있는데?

2) 구전심수란 무엇인가?

[교의품 25장] 계율의 의의와 필요성

핵심 주제

계율의 의의와 필요성

「계율을 주는 원리와 방법」(원불교 대종경 해의 上, 한종만).

「授戒의 의의와 그 방법」(교전공부, 신도형).

대의 강령

목사 한 사람이 찾아와 계율이 오히려 천성을 억압하고 정신을 속박하여 사람들 교화에 지장을 준다고 하자 소태산은 말하였다.

1) 제도 받아야 할 사람들을 위해 원불교는 사람의 정도에 따라 단계적으로 30계문을 주었다.

2) 혼자 살면 계율 없이 자행자지해도 되나, 세상은 불의의 행동을 할 수 없으므로 계율이 필요한 것이다.

3) 일동일정에 조심하여 인과의 이치와 인도에 탈선됨이 없게 하기 위하여 계율을 준 것이다.

출전 근거

『월말통신』 3호(원기 13년)에 「인생과 계율과의 관계」라는 제목으로 실려 있다.

어구 해석

계율 : 각 종교에 주어지는 계문으로서 5계, 10계, 30계, 250계, 500계 등 신앙인들의 언행을 주의하도록 설한 종교법과 같은 것이다. 원불교에는 30계문 및 십계가 있다. 모든 종교의 戒律 내용은 불살생계가 제일 중시되는 등 살도음을 금하는 것을 포함하고 있으며, 술 고기 담배의 금지를 포함하는 경우도 많다.

천성 : 타고난 성품으로, 天性이 순박하다는 등으로 쓰인다.

법망 : 법의 그물을 法網이라 하며, 법률의 재제가 그물처럼 촘촘하

고 자세하여 모르게 빠져나갈 수 없다는 비유의 말이다.

자행자지 : 자기 멋대로 하는 행동으로서, 아무런 규제도 없이 제멋대로 하는 행동을 말한다. 自行自止를 하는 경우 악도 윤회를 벗어나지 못하며 사회의 죄인이 되는 경우가 많다.

관련 법문

「앞으로 내가 없으면 마음이 허황하여져서 계문을 등한히 여길 무리가 나올 것이다. 계문을 범하는 자는 곧 나를 멀리한 자요, 계문을 잘 지키는 사람은 곧 나와 함께 있는 사람이니 30계문을 특히 잘 지키라」(대종경 선외록, 유시계후장 20장).

「송규 대답하였다. "계문을 엄중하게 지키는 것이 신앙생활이요, 선량한 마음이 종교심입니다." 대종사 말씀하시었다. "과거에는 불법승 삼보를 신앙하는 데에만 그쳤으나 우리는 삼보를 신앙하면서 불법을 생활에 부합시켜 활용하나니, 이것이 곧 산 불법의 신앙생활이요, 인과보응 되는 이치를 알아서 매일매일 옳은 일을 하는가, 그른 일을 하는가 항상 자기가 자기를 대조하여 30계문을 엄숙하게 지키고 솔성요론을 실천궁행하여 삼대력 얻어 나가는 대중을 잡는 것이 곧 종교심이니라"」(대종경 선외록, 선원수훈장 6장).

보충 해설

계율이란 자신의 구습을 타파하고 종교적 심성으로 거듭나는 길이다. 본 장에는 목사에 대한 언급이 있으므로 기독교 십계명을 이해하는 차원에서 모세의 십계명을 소개해 보자. 1) 나 외에는 다른 신들을 네게 있게 말라. 2) 너를 위하여 새긴 우상을 만들지 말라. 3) 너의 하나님 여호와의 이름을 망령되이 일컫지 말라. 4) 안식일을 기억하여 거룩히 지키라. 5) 네 부모를 공경하라. 6) 살인하지 말라. 7) 간음하지 말라. 8) 도적질하지 말라. 9) 네 이웃에 대하여 거짓증거 하지 말라. 10) 네 이웃의 집을 탐내지 말라 등이다. 원불교 30계문은 수도인의 근기에 따라 '단계적으로' 주는 특징이 있다.

주석 주해

「계율은 술, 고기, 담배 등이 주가 되고 이밖에 마음 수양하는데 필요한 계율이 있어야 한다. 우리의 일동일정에 다 계율이 있어야 한다. 도를 이루는데 보통 마음 가지고 될 리가 없다. … 전날에 재래 수도인 가운데 몇몇 사람이 자칭 무애행을 한다하여 자행자지한 적이 있었다. 이렇게 하는 행위가 우리 인생에게 무슨 이익이 되겠는가? 반성해 볼 일이다. 무애행은 다 떨어진 옷이건, 어떤 음식이건, 어떤 거처건 간에 거기에 집착하지 말라는 뜻이다」(박길진, 『대종경강의』, 원광대출판국, 1980, p.55).

「계율을 주는 방법이 두 가지가 있다. 1) 계율을 지킬 수 있는 능력을 고려해서 단계적으로 준다. 불교의 계율은 신도는 5계를 주고 비구에게는 250계를 주고 비구니에게는 384계를 준다. 원불교에서는 법위의 등급에 따라 3단계로 준다. 계율을 지킬 수 있는 능력을 고려해서 단계적으로 주는 데에 원불교 계율의 특징이 있다. … 2) 근기에 따라서 자율성을 준다. 법강항마위 이상의 경지에 이르면 계율을 자율에 맡기도록 한다」(한종만, 『원불교 대종경 해의』(上), 도서출판 동아시아, 2001, pp.139-140).

문제 제기

1) 계율과 솔성요론의 차이점은?

2) 원불교는 사람의 정도에 따라 단계적으로 30계문을 주었다는 뜻?

[교의품 26장] 생업과 계문 실천

핵심 주제

생업과 계문 실천

「어업과 계문」(원광 209호, 이광정).

「생업과 계문」(원불교 대종경 해의 上, 한종만).

「계문을 지키는 방법」(교전공부, 신도형).

대의 강령

부산 교도 몇 사람이 와서 '어업 생계로 첫 계문을 범하여 부끄럽고 퇴굴심' 이 난다고 하자, 이에 대종사 말하였다.

1) 사람의 생업은 졸지에 바꾸기 어려우니 근심 말라.

2) 삼십 계문 중 한 계문은 범하더라도 29계를 지킨다면 능히 29선을 행하여 사회에 무량 공덕이 된다.

3) 한 조목을 지키지 못한다고 남은 계문까지 범하여 죄고의 구렁에 들어가겠는가? 남은 계문을 지키면 결국 한 계문도 자연 지켜진다.

출전 근거

「宗師主 巡錫釜山에 有會員數人이 自島來하여 謁見而告曰 … 宗師主曰 無傷也라 是乃生業也…」로 시작되는 한문 법설이다.

어구 해석

흠앙 : 흠모하고 우러른다는 뜻에서 欽仰이라 한다. 신앙심의 법열로 스승과 교법을 간절히 받들어 모신다는 의미이다.

퇴굴심 : 경계를 당해서 극복하지 못하고 물러나거나 굴복하는 마음을 退屈心이라 한다. 수도인이 정진하지 못하고 주저앉을 때 이러한 마음이 생겨나므로 서원반조로서 불퇴전하는 마음이 필요하다.

생업 : 가정의 생계 수단으로 이끌어가는 직업을 生業이라 한다.

졸지 : 한자로는 猝地이며, 갑자기의 뜻이다.

관련 법문

「연고 있는 살생이라도 측은한 마음으로 하라. 측은한 마음이 없이 살생을 하면 대중에게 살벌한 분위기를 만든 것과 피살된 상대방의 보복 등 두 가지 인과가 있으나, 어찌할 수 없는 마음으로 하면 한 가지 인과뿐이다. 공부인이 살생을 금하고 계문을 널리 권장하여 상생으로 살도록 하면 공덕이 큰 것이다」(한울안 한이치에, 제3장 일원의 진리 101장).

「살생계를 지키는 동시에 연고 없이 생명을 상해하지도 말며, 도적계를 지키는 동시에 의 아닌 재물을 취하지도 말며, 간음계를 지키는 동시에 부부라도 남색을 하지 말 것이니라」(정산종사법어, 경의편 34장).

보충 해설

『우당수기』에 佛法은 살생 말라는 것만이 아니며, 100중의 1이 살생을 하더라도 99만 잘 지키면 이것이 불교의 대중화라고 하였다. 또 연고 있는 살생이라도 과보는 있지만 정각을 이루어 증애심 없는 도를 익히면 죄가 소멸 되는 것이 더러운 양잿물 빨래한 셈이 된다고 하였다. 즉 소승과 대승의 공부법이 있는데 대승의 공부법을 체받으라는 뜻이다. 참고로 원불교 계문의 형성 과정을 살펴보자. 『규약』(시창2년)에 보통부, 특신부, 법마상전부 각각 10조씩 30계문이 수록되었다. 『불법연구회규약』(시창9년)에는 각항 연구문목에 계문의 의미를 연구토록 하였다. 『육대요령』(시창17년)의 경우, 『규약』과 거의 비슷하다. 본 『육대요령』은 시창 28년 『불교정전』이 발행되기까지 11년간 중심 교서로 사용되었다. 목차 일부를 보면 제5장 학위등급편 : 보통부, 특신부, 법마상전부, 법강항마부, 출가부, 대각여래부가 있다. 『삼대요령』(시창19년)에 나타난 계문은 육대요령과 약간의 차이가 있으며, 법마상전부를 생략하였다. 『회보』 46호(시창23년)에는 계문 준행과 법계 해설(감사부)이 있는데, 『육대요령』의 계문 조항에 준해 해설하였다. 『불교정전』(원기 28년)에서는 각 '부' 가 '급' 으로 고쳐지고 계문의 순서와 내용이 많이 달라졌다. 근래 발간된 『원불교교전』에서는 『불교정전』의 계문 내용을 그대로 수용하였다.

주석 주해

「통영 태생이신 장적조님은 김제 원평 등지에서 증산교 활동을 해오다가 원기 6년에 부안 변산에서 대종사님을 뵈옵고 제자가 되었는데 원기 14년에 부산 하단(현재 당리)에 가서 양원국님을 만나 대종사님을 소개하여 드디어는 원기 16년에 당리교당을 부산에서는 최초로 설립하게 되었다. 그리하여 교도들 중에는 어업에 종사하는 교도들이 있어 30계문중 제일 중계로서 첫째 계문인 「살생을 말며」라 한 조항을 지키지 못하므로 이것이 늘 마음에 걸리었고, 마침내 대종사님께서 부산에 오신 기회가 되어 이들의 고민을 여쭈었던 것 같다」(이광정, 「어업과 계문」 원광 제209호, 1992, pp.59-60).

「불문에 입참할 때 사회에서 죄를 많이 지어 곤란하다고 할 수 있으나 입문하여 진심으로 수행하고 보면 그 죄과를 넘어서서 성불의 문에 들 수도 있다. 실제로 부처님 당대에 연화색 비구니가 있었는데 매춘행위로 생활을 해온 여자였으나 발심하여 성불한 예가 있다」(박길진, 『대종경강의』, 원광대출판국, 1980, p.56).

문제 제기

1) 시대 변천에 따라 원불교 계율의 항목 중 재고해야 할 계문은?
2) 대승행, 무애행을 한다고 하여 계문에 소홀한 경우가 있다면?
3) 원불교 계문의 변화과정을 아는 데로 쓰시오.

[교의품 27장] 일체유심조의 원리

핵심 주제

일체유심조의 원리
「일체유심조」(원불교 대종경 해의 上, 한종만).
「대타원님께 내리신 특별법문」(교전공부, 신도형).

대의 강령

이인의화 "어떤 사람이 너희 교에서는 무엇을 가르치고 배우느냐고 묻는다면 어떻게 대답하오리까." 대종사 이에 답하였다.

1) 일체유심조 되는 이치를 배우고 가르친다.
2) 불생불멸의 이치와 인과보응의 이치를 깨닫는다.
3) 경계를 당해서 요란하지도 어리석지도 그르지도 않게 된다.

출전 근거

『선원일지』(기묘동선, 원기 24)에는 「희생적 정신을 가지라」로 실려 있다.

어구 해석

일체유심조 : 세상사의 모든 것은 나의 마음 작용 그대로 된다는 것으로, 이를테면 원효가 당나라로 유학 가던 도중 밤중에 해골 물을 달게 마신 후, 결국 토한 일이 一切唯心造와 관련된다.

경계 : 시비선악, 오욕, 삼독심에 노출되는 모든 것이 곧 境界이다.

관련 법문

「한 제자가 여쭈었다. "일체유심조의 心을 밝게 해석하여 주십시오. 心이란 관념입니까, 물질의 원소입니까, 일원과 통용입니까?" "사람도 마음이 들어서 길흉화복과 생로병사를 지어 나가며, 천지도 근본되는 형상 없는 진리 곧 心이 들어서 성주괴공과 풍운우로상설과 유무 변화가 된다. 그러므로 천심이 곧 인심이요, 이는 일원과 같은 의미다. 心이란 불생불멸, 불구부정, 부증불감한 것이다"」(한울안 한이치에, 제3장 일원의 진리 67장).

「불교는 모든 중생에게 제가 짓고 제가 받아가며 무시광겁으로 왕래하는 이치를 깨쳐 알리기 위하신 것으로(일체유심조), 부처님께서 49년간 설하신 팔만장경의 강령을 들어 말하자면 불생불멸의 진리와 인과보응의 진리를 밝혀 놓으셨으며, 특히 사제 팔정도 십이인연 육바라밀 등이 그중 요체가 되는 것이다」(대산종사법문 1집, 1. 불교, 1. 부처님께서 교문을 열으신 의의와 교리 강령).

보충 해설

이의인화가 큰 발심으로 예회에 참여하는 등 신성이 대단하자, 대종사가 질문 기회를 부여한 내용이 이것이다. 여기에서 질문의 성격은 두 가지이다. 하나는 「무엇을 가르치고 배우느냐」, 다른 하나는 「그 이치를 안후에는 어떻게 공부를 하는가」이다. 이는 지행합일의 측면으로 유도된다. 원불교를 신앙하는 사람이라면 본 법어를 통해 적공하는데 시사 받을 내용이 많다. 기독교의 '하나님 뜻대로' 된다는 원리와 반대되는 것이 원불교의 자기 原因 곧 '일체유심조' 원리이다.

인물 탐구

이의인화(1879-1963) : 李仁義華의 본명은 仁子이며, 재가교도로서 법호는 大陀圓이다. 전주에서 이영직 선생과 김씨의 3녀 중 막내로 태어났다. 성품은 온유 인자하였으며, 16세에 결혼을 하여 6남매를 두었으나 일찍 남편을 잃고 온갖 역경을 견디며 자녀를 길러냈다. 34세에는 김인정씨에게 재가하여 음식점을 경영하다가 부채를 안고 가사가 탕진되었다. 그 이후 익산역 옆에 있는 전주여관을 운영하여 숙박업으로 가사를 다시 흥성시키고 자녀 교육을 완수하였다. 대타원은 어린 나이 8세에 칼로 옷고름을 뜯다가 잘못하여 왼쪽 눈을 찔러 실명하였으니 불운의 어린 시절이었다. 대타원은 57세(원기 21년)에 최수인화 정사를 만나 소태산의 법설을 전해 듣고 감동을 받았다. 이에 1936년 7월 5일, 총부를 찾아 대종사를 뵙고 제자가 된 것이다. 인생의 파란만장한 경계의 세파에 시달리다가 대종사의 제자가 된 후 번뇌 등을 극복하고 낙도생활을 추구한 대타원은 그 뒤 동산선원, 이리교당, 동이리교당 등의 창립 주역이 되었다. 원기 38년(1954) 거행된 제1대 성업봉찬대회에서 유일의 생전 법강항마위를 받았으며, 원기 76년 정식 출가위로 추존되었다. 1959년(원기44) 이인의화에게 정산종사 말하였다. 「앞으로 30년 후에는 신도안의 판도가 완전히 달라질 것이다」(정산종사법문과 일화6-97). 곧 1959년으로부터 30년 뒤라면 1989년으로 정부의 6·20 사업으로 신도안 주민들의 철수가 완료되고 육해공 참모본부가 계룡산에 면모를 갖추었을 때이다(송인걸, 『대종경속의 사람들』, 월간원광사, 1996, '이인의화' 참조).

주석 주해

「현재 내 마음에도 극락과 지옥이 병행해 있다. 옛날 한 장군이 있었는데 선사에게 극락과 지옥이 어디가 있으며 어떤 것인가 하고 물으니, 그 선사 달려들어 장군의 뺨을 치니 화를 냈다. 그때 선사는 "지금이 지옥이다" 라고 하였다. 그러자 장군이 이해하고 웃으니 지금이 극락이라 했다. … 돼지와 같은 마음을 많이 쓴다면 돼지가 되기 쉽고, 개와 같은 마음을 자꾸 먹으면 개가 되기 쉽다」(박길진, 『대종경강의』, 원광대출판국, 1980, pp.56-57).

「대타원 이인의화 선진의 질문에 대한 법설이다. 일체유심조 되는 이치를 깨치면 불생불멸의 이치와 인과보응의 이치를 깨치는 것이 일체유심조의 이치를 깨치는 것과 같은 것이다. "온갖 현상의 발생은 오직 마음의 나타남일 뿐이니, 온갖 인과와 세계의 미진이 다 마음으로 말미암아 체를 이룬다" (능엄경). 불교와 원불교는 마음과 우주의 궁극적 경지가 일치한다고 본다」(한종만, 『원불교 대종경 해의』(上), 도서출판 동아시아, 2001, p.142).

문제 제기

1) 일체유심조는 극히 유심론자들이 주장하는 것이며, 유물론의 입장에서는 일체유물조를 주장하여 물질이 모든 파동을 일으킨다는데?

2) "너희 교에서는 무엇을 가르치고 배우느냐고 묻는다면?"

[교의품 28장] 도학은 학술과 공부의 근본

핵심 주제

도학은 학술과 공부의 근본

「도학은 모든 학술의 근본」(원불교 대종경 해의 上, 한종만).

「생활과 공부의 근본」(교전공부, 신도형).

대의 강령

대종사, 제자와의 문답이다.

1) 대종사 묻기를 "생활하기로 하면 어떠한 것이 제일 긴요한 것이 되겠느냐?" 영신 사뢰기를 "의식주에 관한 것이 제일 긴요하다고 생각하나이다."

2) 또 묻기를 "학교에서 배운 과목 중 어떠한 과목이 제일 긴요한 것이 되겠느냐?" 영신 사뢰기를 "수신하는 과목이 제일 긴요하다고 생각되나이다."

3) 이에 대종사 말하였다.

(1) 생활에 의식주가 중요하고 공부에 수신이 중요하다.

(2) 학교의 수신 과목만으로는 충분하지 못하고, 마음공부를 주장하는 도가 아니면 진경을 발휘하지 못한다.

(3) 도학 공부는 모든 학술의 주인이요, 모든 공부의 근본이 된다.

출전 근거

송도성 수필 『월보』 40호(원기17년)에 실린 법설로 「선후 본말을 알라」는 제목으로 되어 있다.

어구 해석

수신 : 심신을 연마, 수행 정진한다는 뜻을 지닌 것이 修身이다. 유교에서는 수신, 제가, 치국, 평천하라는 말을 하여 근본적으로 수신으로부터 모든 공부가 시작됨을 밝히고 있다.

도학 : 소태산은 외학 · 외지에 관련되는 과학의 상대적 용어로 도학이라 하였다. 원래 중국 송대의 성리학자들이 理學 · 道學이라는 말을 주로 사용하였다. 유교에서 구체적으로 도학은 성리학 · 의리학 · 예학 · 경세론을 포함한다. 원불교에서는 도학과 과학을 병진하자고 하면서도, 주종 개념을 통해 정신개벽을 강조하고 마음공부를 주장하는 종교로서 도학을 통해 단순 지식이 아닌 지혜를 가르치고 있다.

학술 : 학문과 예술을 포함하는 말이며, 곧 학문의 연마가 學術이다. 지식인들이 갈고 닦은 학문 실력을 학술대회 등에서 발휘한다.

관련 법문

「하늘과 땅이 맷돌같이 딱 붙어서 둘둘 갈아 가지고 천지를 일시에 개벽시켜서 악한 자는 죽이고 선한 자는 살리어 새로운 세계를 창조한다는 말이 있다. 그는 다름이 아니다. 땅의 운이 열려서 과학 문명이 발달되어 전만고에 없던 물질문명을 개발시키고, 하늘 운이 열리어 도학을 발달시켜서 전만고에 없는 정신문명을 개발시킨다는 말이다. 과거에는 도학과 과학이 병진하지 못하여 일방의 조각 문명이 되었지마는 돌아오는 세상에는 도학과 과학이 병진하여 만고에 없던 전반 세계가 돌아온다는 말씀이다」(대종경 선외록, 도운개벽장 2장).

「교육에는 크게 나누어 두 가지 부문이 있나니, 하나는 과학 교육이요 하나는 도학 교육이라, 과학 교육은 물질문명의 근본으로서 세상의 외부 발전을 맡았고 도학 교육은 정신문명의 근원으로서 세상의 내부 발전을 맡았나니, 마땅히 이 두 교육을 아울러 나아가되 도학으로써 바탕되는 교육을 삼고 과학으로써 사용하는 교육을 삼아야 안과 밖의 문명이 겸전하고 인류의 행복이 원만하리라」(정산종사법어, 세전 제2장 교육, 1. 교육에 대하여).

보충 해설

소태산 대종사와 김영신의 대화에서 구전심수의 공부법이 돋보인다. 여기에서 도학이 근본이라 한 말씀을 새길 것이고, 나아가 도학만의 강조나 과학만의 강조가 아닌 도학 · 과학 병행의 공부가 대종사의 참 뜻임을 알아야 한다. 지나친 의식주만 추구하다 보면 수신은 멀어지게 되며, 수신만 강조하다 보면 또 의식주는 등한하게 되는 원리와 같다. 대종사가 설한 바처럼 당시 학교교육에 있어 수신과목이 있었다고 해도 미흡하였다. 이에 학술공부에 대하여 주종 본말의 면에서 마음공부가 중심 되는 도학 공부의 보완이 필요하다는 것이다.

인물 탐구

김영신 : ☞교의품 16장 참조.

주석 주해

「도덕은 각 종교에서 먼저 가르쳤다. 여기에 바탕하여 교육기관에서는 다른 기술과 학문도 가르치게 되었다. … 종교단체에서 양심교육을 종교와 도덕교육을 통하여 받아야 한다. 학교교육을 통하여 생활법만 배워서는 안 된다」(박길진, 『대종경강의』, 원광대출판국, 1980, p.58).

「도학은 모든 학술의 근본이다. 생활을 잘 해나가려면 학문이 풍부하고 기술의 능력이 충분해야 한다. 그러나 그것을 올바른 방향으로 사용하고 잘못 사용하는 데에 따라 세상을 이롭게 하기도 하고 해롭게 하기도 하는 것이다. 도학은 모든 학술을 선용하는 공부이기 때문에 모든 학술의 근본이 되는 것이다」(한종만, 『원불교 대종경 해의』(上), 도서출판 동아시아, 2001, p.145).

문제 제기

1) 육신의 의식주에 대비하여 마음공부를 강조한 뜻은?

2) 도학 공부는 모든 학술의 주인이라는 뜻은?

[교의품 29장] 본교는 용심법을 가르친다

핵심 주제

본교는 용심법을 가르친다

「마음 작용하는 법」(원불교 대종경 해의 上, 한종만).

「본교는 용심법을 배우고 가르친다」(교전공부, 신도형).

대의 강령

대종사 "여기서 무엇을 배우느냐고 묻는 이가 있다면 어떻게 대답하겠는가?" 한 선원이 삼대력 공부를 한다고 하며, 또 한 선원은 인생의 요도를 배운다고 하자, 대종사 이에 "마음 작용하는 법을 가르친다" 며 이를 구체화했다.

1) 지식 사용하는 방식, 2) 권리 이용하는 방식, 3) 물질 사용하는 방식, 4) 감사 생활하는 방식, 5) 복 짓는 방식, 6) 자력생활 하는 방식, 7) 배우는 방식, 8) 가르치는 방식, 9) 공익심이 생기는 방식이다.

출전 근거

『회보』 33호(원기22년)에 「용심법」이라는 제목으로 실려 있는 내용을 29장과 30장으로 나눈 것이다.

어구 해석

선원 : 과거 전통불교에는 석 달씩의 하안거 · 동안거라는 전문 선수련이 있는데, 스님으로서 이 수련에 참여하는 수행인을 禪員이라 한다. 원불교 초기교단에서도 하안거 동안거의 훈련이 있었으며, 오늘날에는 점차 선 훈련기간이 줄어들어 교역자에게는 1년에 한번 7일간의 전문 入禪 훈련이 있다.

삼대력 : 정신수양 사리연구 작업취사의 삼학병진을 통해 얻어지는 수행력을 三大力이라 한다. 이를테면 정력, 혜력, 계력이다.

인생의 요도 : 요도란 요긴한 道인 바, 원불교에서는 교강의 要道로서 두 가지가 있다. 人生의 要道와 공부의 요도가 그것이다. 인생의 요도에는 사은사요가 있고, 공부의 요도에는 삼학팔조가 있다. 사은사요의 실천을 통해 성숙된 삶을 추구하는 것을 인생의 요도라 한다.

관련 법문

「중생들은 욕심이 주인이 되어서 항시 본 마음을 불러내어 가고, 보살들은 자비가 주인이 되어서 항시 본 마음을 베풀어 쓰는 것이다」(대종경 선외록, 주세불지장 4장).

「정치의 근본은 도덕이요 도덕의 근본은 마음이니, 이 마음을 알고 이 마음을 길러 우리의 본성대로 수행하는 것이 우리의 본분이며 소임이니라」(정산종사법어, 국운편 27장).

보충 해설

본 장은 마음공부를 강조하는 것으로 원불교의 정체성이 발견되며, 그 핵심 내용은 일상수행의 요법과 통한다. 곧 물질 위주로 치우쳐 가는 세상을 마음공부에 의해 구제하고 더욱 신앙 수행의 참 공부인이 되어야 할 것이다. 원불교는 한마디로 어떠한 종교이냐고 물을 때 오늘날 보편화되고 있는 '마음공부' 하는 종교라고 할 수 있다. 그것이 바로 현대인의 지식, 권리, 물질을 사용하는 방식을 알려주기 때문이다. 원불교의 정체성이자 특징으로서 공부하는 매력이 여기에 있다.

주석 주해

「여러 가지 교리를 가르치는 것은 결국 마음 잘 사용해서 자기도 복을 받고 이웃과 사회 전체가 복된 낙원이 되게 하기 위해서이다. … 교당에서는 마음 쓰는 방법을 배운다. 마음을 잘 써 기질변화 되지 않으면 수십 년씩 좌선이나 염불을 했다 해도 소용이 없다」(박길진, 『대종경강의』, 원광대출판국, 1980, p.59).

「용심법은 마음 작용하는 법이다. 용심법은 도학문명이다. 도학문명을 용심법이라고 한 것이다. 모든 재주와 모든 물질과 모든 환경을 오직 바른 도로 이용하는 것이라고 하였다. 이것은 삼학팔조와 사은사요의 실천을 말한다」(한종만, 『원불교 대종경 해의』(上), 도서출판 동아시아, 2001, p.147).

문제 제기

1) 오늘날 배움과 가르침이 과거에 비해 보다 보편화된 현실은?

2) 본교가 삼대력 및 인생의 요도를 배운다하자, 대종사의 보완법설?

[교의품 30장] 용심법과 문명세계

핵심 주제

용심법과 문명세계

「마음 선용하는 법」(원불교 대종경 해의 上, 한종만).

「용심법의 활용으로 참 문명세계를 건설하자」(교전공부, 신도형).

대의 강령

지금 세상은 학식과 기술이 발전되고 생활도 화려해졌지만 물질의 노예가 되고 말았다.

1) 아무리 좋은 물질, 재주, 박람박식, 환경이라도 그 사용하는 마음이 바르지 못하면 죄업을 짓는다.

2) 마음을 선용하는 용심법을 배워서 자리이타의 마음 조종사가 되어야 한다.

3) 마음 조종의 방법을 통해 여러 사람을 교화하여 참 문명 세계를 건설하자.

출전 근거

이공주 수필 『회보』 33호(원기22년)에 「용심법」이라는 제목으로 실려 있는 내용을 29장과 30장으로 나눈 것이다. 『선원일지』(병자동선, 원기 21)에는 「우리는 용심법을 가르치고 배운다」로 실려 있고 同일지에는 「현대 인류의 물질의 노예생활」로 실려 있다.

어구 해석

박람박식 : 학술, 예술, 기술, 스포츠, 심리, 철학, 종교 등 제반의 영역을 견문하고 학습을 통해 아는 것이 많은 것을 博覽博識이라 한다.

용심법 : 마음 사용하는 법으로 심전계발이 이에 관련된다. 근래 진행되고 있는 「정전 마음공부」도 같은 맥락이다. 교강 9조 중 1-3조의 '심지' 관련 법어가 用心法의 핵심이다.

자리이타 : 남도 이롭게 하고 자신도 이롭게 하는 것을 自利利他라 한다. 사회의 공동체 속에서 함께 잘사는 방식으로 Win Win 전략 같

은 것도 이에 포함된다. 이는 소태산이 동포은에서 강조하여, 은혜의 상생 관계를 통해 낙원세계를 추구하려는 포부와 함께 한다.

관련 법문

「옛날 영산회상이 열린 후 정법과 상법을 지내고 계법 시대에 들어와서 바른 도가 행하지 못하고 삿된 법이 세상에 편만하며 정신이 세력을 잃고 물질이 천하를 지배하여 생령의 고해가 날로 증심하였나니…」(정산종사법어, 기연편 17장).

「인간은 만물의 영장임과 동시에 만물의 주재자이다. 그러므로 필요에 따라 모든 물건을 유효적절하게 활용은 할지언정 물질욕에 끌려 질질 끌려 다니면서 물질의 노예가 되어서 주객이 전도되어서는 아니된다」(대산종사법문 5집, 6. 무심결).

보충 해설

물질 위주의 가치관이 팽배해지는 현대 사회에 있어 원불교는 마음 선용의 용심법을 강조함으로써 균형 잡힌 사회가 되도록 해야 한다. 원불교의 트레이드마크는 곧 이 용심법의 마음 조종사와 관련된다. 마음공부란 우리가 밝은 마음을 사용함으로 인해 과불급과 편착심을 없게 하는 공부법이다. 이렇게 되면 사심잡념과 번뇌가 사라지고 무과불급의 중도가 행해져 用心이 자유로워지는데, 곧 그 주체가 마음 조종사이다. 이는 원만한 인격의 삼대력으로 나타나게 된다.

주석 주해

「고양이나 소나무와 같이 그 성질대로 움직인다면 오죽 좋겠는가? 사람에게는 숙명적으로 반성하는, 생각하는 운명이 있어 고통이 생기게 되었다. 가다가 구경도 하고 싶고 좋게도 보고 나쁘게도 보이고 해서 세상이 시끄러워진다. 그러므로 마음 사용법이 필요하다. … 참 문명세계란 마음의 고통이 없고 서로 화해야 한다. 노자는 몹시 답답하므로 원시로 돌아가라고 했다. 그러나 이제는 현대의 물질문명을 선용하는 새로운 정신문명을 발전시켜야 참 문명세계를 이룰 수 있다」(박길진, 『대종경강의』, 원광대출판국, 1980, p.59).

「마음을 선용하는 것이다. 첫째, 마음을 선용하지 못하면 도둑에게 무기를 주는 것과 같다. … 둘째, 자리이타로 모든 것을 선용하는 것이다. … 셋째, 마음조종 방법을 여러 사람에게 교화하는 것이다」(한종만, 『원불교 대종경 해의』(上), 도서출판 동아시아, 2001, pp.152-153).

문제 제기

1) 원불교는 정신개벽만 강조하는가, 아니면 물질개벽도 함께하는가?

2) 원불교에서 말하는 용심법이란?

[교의품 31장] 도학과 과학의 병행

핵심 주제

도학과 과학의 병행

「도학과 과학의 병진」(원불교 대종경 해의 上, 한종만).

「도학과 과학을 병진시켜야 원만한 세계가 건설된다」(교전공부, 신도형).

대의 강령

결함 없는 세상이란?

1) 정신문명에 의해 도학을 발전시키고 물질문명에 의해 과학을 발전시켜야 영육쌍전 · 내외겸전의 세계가 된다.

2) 물질문명에 치우치고 정신문명을 등한히 하면 아이에게 칼을 들려 준 것으로, 이는 육신은 완전하나 정신병이 든 불구자이다.

3) 정신문명만 되고 물질문명이 없는 세상은 정신은 완전하나 육신병이 든 불구자와 같다.

출전 근거

묵산수필 『법설집』에 게재되어 있는 법어로서, 1941년 7월 5일 오전 선원 경전시간에 설한 내용이다.

어구 해석

결함 없는 세상 : 결핍이 없는 완전무결, 광대 무량한 낙원세계이다.

내외 겸전 : 內外兼全은 내면의 도학공부와 외면의 과학 공부가 겸해진다는 것으로 마음개벽과 물질문명이 병진되어야 한다는 뜻이다.

관련 법문

「세상에 낙원이 두 가지가 있으니, 하나는 외형의 낙원이요, 둘은 내면의 낙원이다. 외형의 낙원은 과학이 발달되는 머리에 세상이 좋아지는 것이요, 내면의 낙원은 도학이 발달되어 사람사람이 마음 낙으로 생활하게 되는 것이다. 과거 요순시대에는 내면의 낙원은 되었으나 외형의 낙원이 없었고, 현세에는 외형의 낙원은 되었으나 내면의 낙원이 적으니, 우리는 내외 겸전한 좋은 낙원을 건설하기 위하여 물질이 개벽되니 정신을 개벽하자」(대종경 선외록, 주세불지장 7장).

「인격에는 두 가지가 있으니, 하나는 외적 인격으로 밖으로 나타난 학문과 기술이요, 둘은 내적 인격으로 안으로 갖추어 있는 순일무사한 양심과 덕량으로서, 내적 인격이 주가 되고 외적 인격은 종이 되는 것이다. 나무에 비유하면 외적 인격은 지엽이요, 내적 인격은 뿌리로서 뿌리가 튼튼하고 지엽이 약한 것은 우선 볼품은 없으나 봄을 만나면 새움이 돋고 그 수명이 오래 가나, 뿌리가 약하고 지엽이 무성한 것은 우선은 볼 만하나 수명이 오래 가지 못하는 것과 같은 것이요」(한울안 한이치에, 제1장 마음공부 29장).

보충 해설

내외 문명 즉 물질문명 · 정신문명의 병진에 대한 법어로, 개교표어에 강령적으로 잘 나타나 있듯이 원불교 개교동기의 당위성이 강조되고 있다. 결함이 있는 세상이란 물질 중심의 황금만능주의적 삶에 구애되는 것이다. 하지만 소태산은 물질세력을 항복받아 물질과 정신을 상호 조화하고자 하였다. 어느 것만을 앞세우는 일방의 논리가 아니다. 물질문명을 선도하기 위해 정신문명을 촉진시키자는 뜻이다.

주석 주해

「노자의 사상은 우리에게 맞지 않는다. 無事 虛無에 기울어지면 그 사람은 버리게 된다. … 과거에는 한산 습득을 찬양하고 그 무욕의 생활만을 좋아하며 가난하고 헐벗고 못 먹고 살아도 만족하며 살았다. 그러나 현대와 앞으로는 정신생활과 물질생활이 겸해져야 하고 도학과 과학이 병행된 생활이어야 하고 그러한 사회라야 원만한 사회라 할 수 있다」(박길진, 『대종경강의』, 원광대출판국, 1980, p.61).

「교의품 31장이 나오기 전에는 물질이 개벽되니 정신을 개벽하자는 표어의 의미를, 정신이 물질에 끌려가므로 정신문명을 발전시켜서 물질문명을 선용하자는 것으로 이해를 했었다. 그러나 교의품 31장의 법문에는 물질문명도 소중하지만 정신문명을 발전시켜 정신문명의 주체가 되어 물질문명을 선용해서 정신문명과 물질문명이 병진된 문명세계를 만들자는 의미로 강조되어 있다」(한종만, 『원불교 대종경 해의』(上), 도서출판 동아시아, 2001, p.153).

문제 제기

1) 정신에 병이 든 불구자란 구체적으로 무엇을 말하는가?

2) 결함 없는 평화 안락한 세계란 어떠한 세계인가?

[교의품 32장] 도덕문명과 현대인의 유감

핵심 주제

도덕문명과 현대인의 유감

「국한 없는 도덕문명의 공덕」(원광 212호, 이광정).

「도덕문명의 공덕」(원불교 대종경 해의 上, 한종만).

「과학과 도학의 공덕과 현대가 당면한 유감」(교전공부, 신도형).

대의 강령

현대인은 물질문명과 도덕문명의 혜택으로 편리를 받게 돼 발명가와 도덕가에게 감사해야 한다며, 대종사 이에 말한다.

1) 물질문명은 육신생활의 편리를 주지만 그 공효가 바로 나타나 공덕은 유한하다.

2) 정신문명은 형상 없는 사람의 마음을 단련하여 공효가 더디기는 하나 공덕에 국한 없다.

3) 현대인은 나타난 물질문명은 찾을 줄 알면서도 형상 없는 도덕문명을 찾는 사람이 적어 유감이다.

어구 해석

제생의세 : 종교적 신앙 수행을 통해 나를 구원하고 남도 구원하는 자타 구원의 의미로서 濟生醫世라 한다. 남을 구원한다는 것은 사회구원, 국가구원, 세계구원을 포괄하는 말이다. 자의적으로 볼 때, '濟生'은 일체 생령을 제도한다는 것으로 일체생령이란 널리 보면 유정의 전 생명체를 포함하지만, 핵심은 고통 받는 모든 중생들을 구원한다는 것이다. 그리고 '醫世'란 의술로써 병든 환자를 치료한다는 것으로, 종교의 사회 참여를 통해서 번뇌와 고통을 극복하게 하고 낙원으로 인도한다는 뜻이다. 참고로 『증산도전』에 말하기를 "대저 濟生醫世는 성인의 도요, 災民革世는 雄霸의 術이라" (2편 75장) 했다.

공효 : 공을 들인 보람으로서 나타나는 공의 효과를 功效라 한다.

관련 법문

「산동 整稿時 親鑑 未畢로 된 서문의 끝 부분을 여기 적어 기념한다. … 제생의세의 천만 작용이 오직 이 한 법의 시용으로써 충분하게 하사 佛日이 重輝하고 법륜이 復轉하는 새 세상 건설의 일대 기연을 지으신 것이다. 이것이 곧 우리 대종사의 만고 대업이시라」(대종경 선외록, 부록 대종경 서).

「어리실 때부터 비상한 생각을 가지시고 우주의 대 진리를 깨치시고자 스스로 큰 의심을 발하시고 스스로 고행을 닦으시고 스스로 대각을 이루신 후, 제생의세의 목적 아래 대법고를 울리시고 대법륜을 굴리시어, 종래에는 서로 막혀서 통하지 못하던 모든 도리를 다 통하게 하시고…」(정산종사법어, 기연편 16장).

보충 해설

물질문명에 감사함을 알면서도 그 한계가 있음을 알아서 「물질이 개벽되니 정신을 개벽하자」는 개교표어의 정신에 따라 정신문명의 한량없는 공덕을 생각해 보는 자세가 필요하다. 원불교 개교표어를 상기한다면 물질문명도 정신문명의 바탕 위에서 응용되어야 한다는 것이다. 당시의 세상은 물질 위주의 가치가 팽배하였지만, 소태산은 정신 가치를 회복시킴으로서 미래 문명의 균형을 촉구하였다. 도덕문명을 찾는 사람이 적어 유감이라는 것이 균형 촉구를 위한 부촉법어이다.

주석 주해

「이 32장 법문은 앞서 30장 31장 법문과 함께 물질문명과 정신문명에 대한 법문으로 정신문명과 물질문명의 혜택과 성격 그리고 이에 대한 우리 사람들의 바른 견해를 일깨워 주신 장이다」(이광정, 「국한 없는 도덕문명의 공덕」, 《원광》 212호, 1992, p.58).

「종교 사업을 하는 곳이라 하여 모든 종교단체가 믿을 수 있는 도덕문명 사업을 한다고 할 수는 없다. 사이비종교에 속아서는 안 된다. … 물질문명은 그것을 사용하는 사람에게 국한되지만 도덕문명은 모든 인간에게 다 필요하다. 또한 물질문명은 인류에게 유익한 반면에 혹 피해를 줄 수도 있지마는 도덕문명은 언제 어디에서, 누구에게나 피해를 주는 바가 하나도 없다」(박길진, 『대종경강의』, 원광대출판국, 1980, p.62).

문제 제기

1) 형상 없는 도덕문명이 물질문명에 비해 공효가 더딘 이유는?
2) 현대인이 발명가와 도덕가에게 감사해야 하는 이유는?

[교의품 33장] 원융한 불법의 활용

핵심 주제

원융한 불법의 활용

「원융한 수행」(원불교 대종경 해의 上, 한종만).

「원융한 대도가 대종사님 법의 주체다」(교전공부, 신도형).

대의 강령

부처는 출가 수행자에게 의식주 풍요를 즐기려는 것보다 심신을 적적하게 하는 것을 낙으로 삼으라 했다며, 대종사 이에 말한다.

1) 정당한 일을 부지런히 하고 분수에 맞게 의식주도 수용한다.

2) 피로 회복을 위하여 때로는 소창도 하라.

3) 이 시대에 좁은 법만으로 교화가 안 되니, 원융 불법으로 사회 국가에 두루 활용되게 해야 한다.

어구 해석

소창 : 자의적으로 보면 잘 소화되어 답답한 배가 후련해지는 상태를 消暢이라고 한다. 이는 오락 등을 통해서 쌓인 피로를 풀라는 뜻으로 초기교단에서는 깔깔회라고 하였다. 오늘날 청소년 교화에 소창과도 같은 레크리에이션 교화가 주로 활용되고 있다.

원융 : 원만 융통하다는 것으로, 원불교 교법이 원만하고 융통자재하다는 것이다. 어디에 걸림이 없는 것으로 圓融 무애하다고 한다.

관련 법문

「의식주를 구하는데 세 가지 단계가 있으니, 하근기는 요행과 삿된 길로써 구하고, 중근기는 정당한 직업으로써 구하며, 상근기는 衆人을 위함으로써 돌아오게 한다」(한울안 한이치에, 제1장 마음공부 71장).

「학인이 묻기를 "오욕이 인간에 나쁜 것이오니까?" 답하시기를 "오욕 자체는 좋고 나쁠 것이 없으나 분수 이상의 욕심을 내면 죄고로 화하고, 분수에 맞게 구하고 수용하면 그것이 세간의 복락이니라"」(정산종사법어, 응기편 22장).

보충 해설

시대화 생활화 대중화의 원불교 교리정신에서 볼 때 출세간락 위주의 전통 불교적 방식이 아니라, 세간락과 출세간락을 아우르는 미래불법이야말로 원융 무애한 불법의 활용이 되는 것이다. 불교혁신의 의지가 여기에 담겨 있다. 뒤르껭(1853-1917)은 세계를 성과 속이라는 두 영역으로 구분하였다. 물론 이러한 구분이 고립을 위한 구분으로 그치면 바람직하지 않다. 소태산은 직업을 가지고 수도를 할 수 있는 미래 불법을 강조하였으므로 출세간락은 물론 세간락도 적절히 수용할 수 있는 대도정법 문하의 일체 생령을 염원한 것이다.

주석 주해

「과거에는 우리나라나 인도 중국 등지의 수도인 가운데 어떤 이는 일부러 고행을 한답시고 일부러 바늘방석에 앉기도 하고 외발로 진종일을 서 있기도 하고 뜨거운 불로 살을 지지기도 하고 一種을 행하기도 하는 등 여러 가지 고행을 해왔다. … 그러나 원불교에서는 정당한 일을 부지런히 하면서 자기 분수에 알맞게 의식주를 수용하기도 하고 때로는 소창도 하도록 한 것은 혁신된 수행법이다」(박길진, 『대종경강의』, 원광대출판국, 1980, p.63).

「과거의 수행은 금욕주의적인 경향이었다. 원불교 수행은 적극적인 활동을 하는 수행이 되어야 한다. 정당한 일을 부지런히 하면서 수행하라는 것이다. 분수에 맞게 의식주도 수용하라는 것이다. 사회를 떠나서 수행을 한다면 금욕주의로 수행을 할 수도 있다. 그러나 사회에서 활동을 하면서 하는 수행은 분수에 맞게 의식주도 수용하면서 적극적으로 수행을 해야 한다」(한종만, 『원불교 대종경 해의』(上), 도서출판 동아시아, 2001, p.156).

문제 제기

1) 이 시대에 좁은 법만으로 교화가 안 되니, 원융 불법으로 사회 국가에 두루 활용되게 해야 한다고 했는데, 여기서 원융 불법이란?

2) 종래의 종교와 우리의 다른 점을 밝히시오.

[교의품 34장] 물질문명의 병맥

핵심 주제

물질문명의 병맥

「세상이 병들었다」(원광 213호, 이광정).

「현대문명의 병맥」(원불교 대종경 해의 上, 한종만).

「대종사님께서 진단하신 세상의 병맥」(교전공부, 신도형).

대의 강령

물질문명의 결함과 지금 세상의 병맥은 어떠한 것인가?

1) 돈의 병이니, 인생의 향락을 위해 의리 염치보다 돈을 중시한다.
2) 원망의 병으로 자기 잘못은 살피지 않는다.
3) 의뢰의 병으로 무위도식하는 병이다.
4) 배울 줄 모르는 병이니 배울 기회를 놓치곤 한다.
5) 가르칠 줄 모르는 병이니 지식 활용을 모른다.
6) 공익심 없는 병이니 개인주의로 공익기관의 피폐가 나타난다.

출전 근거

『회보』 36호(원기 22년)와 『회보』 26호(원기 21년)에 실린 법설을 34장과 35장으로 나눈 것이다. 『선원일지』(병자하선, 원기 21)에는 「공부의 강령, 이 세상 병든 점이 있다」로 실려 있다.

어구 해석

도수 : 천지가 크게 바뀌는 것을 度數라 한다. 세상의 변화에 대해 무언가 수치를 헤아리는 것이 도수이다. 문명이 뒤바뀌는 것을 문명의 도수라 하며, 선후천 교역으로 한판 뒤바뀌는 것도 선 · 후천 도수라고 한다. 천지 변화의 도수를 알아서 성현들이 개벽의 시대에 출현하여 모든 생령을 구제하게 된다.

병맥 : '병 기운을 띤 맥박' 이라고 풀이한다. 병맥이란 병든 상황의 심각성을 알리기 위해 병든 조짐을 언급할 때 사용하는 용어이다. 이에 병들어 가고 있는 현실의 고통 줄기를 病脈이라고 한다.

세도 : 세상을 바르게 교화하는 길을 世道라 한다.

윤기 : 사회에서 지켜져야 할 윤리 기강을 倫紀라 한다. 도덕적으로 인간으로서 지켜야 할 도리이다.

정의 : 친밀한 사교를 통해 상호 깊어지는 정을 情誼라 한다.

문약 : 행동보다는 글만 숭상하여 오히려 나약해지고 尙武의 풍이 없어지는 상태를 文弱이라 한다. 과거 선비들이 글만 읽고 세상사를 모르거나 가정사에 등한할 때 쓰이는 용어이다.

구분 : 10분의 9를 九分이라 한다. 90%의 상태를 뜻하는 것이다.

자만 · 자긍 : 스스로 잘났다고 하는 것이 自慢이요, 자기 긍정이 자기도취적인 상태를 自矜이라고 한다.

은산철벽 : 자신만을 내세우고 고집이 세어서 굽히지 않는 상태를 말한다. 또 은산철벽을 긍정적인 측면에서 언급한다면 銀과 鐵은 단단하여 뚫기 어렵고, 山과 壁은 오르기가 힘들다 하여, 유혹 경계에 흔들림 없는 신성을 지닌 사람을 銀山鐵壁의 수행인이라고 한다.

관련 법문

「내가 한 생각을 얻어 가지고 이 세상을 둘러보니 몇 가지 무서운 병이 든지 오래 되었더라. 그 병을 낱낱이 드러내어 치료하여야 할 것인 바, 첫째는 자기가 남의 오장육부를 태워서 죽게 하는 원망병이요, 또는 자신의 힘을 무력하게 하여 자연히 말라 죽게 하는 의뢰병이요, 또는 소경에게 길 인도를 시켜서 대중이 함께 함정에 빠져 죽게 하는 불합리한 차별병이요, 또는 좋은 인물을 그대로 썩어 죽게 하는 안 가르치는 병이요」(대종경 선외록, 제생의세장 1장).

「현하 시대인심을 본다면 忠에 병든 지 이미 오랜지라, 안으로 양심을 속이되 스스로 뉘우치지 아니하고 밖으로 사회를 속이되 스스로 부끄러워하지 아니하여 인간의 생활이 피차 복잡해가고 세상의 혼란이 또한 그치지 아니 하나니, 이 혼란한 세상을 돌이켜서 신성하고 진실한 세상을 만들기로 하면…」(정산종사법어, 경의편 28장).

보충 해설

현대의 물질 병에 걸린 모습이 잘 나타나 있다. 세상의 병맥을 알려면 사회읽기나 세상읽기에 게으르지 않아야 한다. 수도자로서 무풍지대에 안일하게 안주한다면 세상의 병맥을 알아낼 수 없어 제생의세는 그만큼 멀어지고 만다. 그리고 과학의 병폐를 치유할 수 있는 도학공부에 매진해야 한다. 박길선 종사의 일기를 보자. 「과학적 공부나 가르치고 이런 도덕 공부를 하시지 않았으면 우리가 과학지식 하나 가지고 어떠한 고해에 빠졌을지」(己巳年 7월 25일, 「박길선 종사 日記」, 출가교화단보 제116호). 물질병을 극복, 세상의 병맥을 치료할 수 있는 도학공부에 환희심을 느끼고 있는 모습이다.

주석 주해

「이 법문은 대종사님께서 영산에 가셨다가 남녀 대중에게 주신 법문을 주산종사께서 수필하여 원기 22년 7월 회보 36호에 발표된 법문으로 뒤에 대종경 편집과정에서 요약 정리한 내용이다. 이 법문 열 가지는 다만 현대문명의 찬란함에 도취된 현상을 크게 개탄하고 일깨워 주신 법문이요, 그 이후 끝까지는 새 시대의 대표적인 병중 여섯 가지를 일일이 들어 설명해 주신 법문이다」(이광정, 「세상이 병들었다」, 《원광》 213호, 월간원광사, 1992, p.59).

「현대 문명은 병맥의 근원이 깊어졌다는 것이다. 간장의 병은 3분의 2가 안 좋아져야 알게 된다. 병맥의 근원을 빨리 알면 치료할 수 있지만 늦으면 치료할 수 없다. 세상을 이대로 놓아두면 도저히 구하지 못하는 위경에 빠진다」(한종만, 『원불교 대종경 해의』(上), 도서출판 동아시아, 2001, p.157).

문제 제기

1) 교의품 34장을 『정전』 「병든 사회와 그 치료법」과 연결한다면?

2) 현대 한국사회의 병리현상은?

3) 대종사가 지적한 이 세상의 병맥과 그 처방에 대하여 교의품 34장과 35장에 근거하여 설명하시오.

[교의품 35장] 병든 세상의 치료법

핵심 주제

병든 세상의 치료법

「병든 세상의 큰 方文」(원광 214호, 이광정).

「세상을 구하는 길」(원불교 대종경 해의 上, 한종만).

「세상을 고치는 처방」(교전공부, 신도형).

대의 강령

지금 세상의 병맥을 고치는 道는?

1) 분수에 편안하는 도이다.

2) 은혜를 발견하는 도이다.

3) 자력생활 하는 도이다.
4) 배우는 도이다.
5) 가르치는 도이다.
6) 공익생활 하는 도이다.

출전 근거

송도성 수필 『회보』 36호(원기 22년)와 『회보』 26호(원기 21년)에 실린 법설을 34장과 35장으로 나눈 것이다. 『선원일지』(병자하선, 원기 21)에는 「공부의 강령, 이 세상 병든 점이 있다」로 실려 있다. 『선원일지』(병자동선, 원기 21)에는 「병든 세상을 치료하는 방법」로 실려 있다.

어구 해석

선병자의 : 같은 병을 먼저 겪어본 사람이 그 지혜로 병을 잘 치료할 수 있다는 것을 先病者醫라 한다.

방문 : 方文이란 약방문의 준말로 치료법 및 처방전을 말한다. 원불교의 사회 처방의 교화 방법은 사은사요 삼학팔조이다.

관련 법문

「지식 있는 사람에게는 지식 사용하는 방식을, 권리 있는 사람에게는 권리 사용하는 방식을, 물질 있는 사람에게는 물질 사용하는 방식을, 원망 생활하는 사람에게는 감사 생활하는 방식을, 복 없는 사람에게는 복 짓는 방식을, 타력 생활하는 사람에게는 자력 생활하는 방식을, 배울 줄 모르는 사람에게는 배우는 방식을…」(대종경, 교의품 29장).

「이 병을 낫게 하지 아니하고 그대로 두고 보면 이 세상 사람들이 한꺼번에 죽을 땅에 들게 되겠으므로 나는 그에 대한 화제를 내어 놓게 되었다. 첫째는 사은의 은혜를 알게 하여 감사 생활을 하게 하면 그 원망병이 나을 것이요, 다음은 무슨 방면으로든지 제 자력을 세워서 살게 하면 의뢰병이 나을 것이요, 다음은 나라나 사회의 제도가 지자본위로 되어 인재를 잘 등용시키면 그 차별병이 나을 것이요」(대종경 선외록, 제생의세장 1장).

보충 해설

앞 장에서는 병맥을 언급했다면, 여기에서는 병든 사회의 치료 방법을 언급하였다. 세상 병맥의 근원을 파악하여 세상을 구제하자는 것으로, 원불교의 적극적 사회 구제법이 여기에 나타난다. 소태산이 진단한 병맥을 깊이 새겨서 제생의세에 전력하는 사명감을 갖는 것이 필요하다. 소태산은 사회 병맥의 치유방법으로 사은사요 삼학팔조를 통해서 진급과 균등의 사회를 지향하고자 하였다.

주석 주해

「이 법문은 전 34장에서 진단해 주신 병 증후를 따라 그 치료 방문을 제시하여 주신 장이다. 즉 도학과 은혜발견과 자력생활과 배우고 가르치고 공익생활 등의 도를, 그리고 인생의 요도 사은사요와 공부의 요도 삼학팔조가 큰 병 치료의 큰 방문임을 밝혀주신 장이다」(이광정, 「병든 세상의 큰 方文」, 《원광》 214호, 월간원광사, 1992, p.62).

「현대사회의 물질문명은 발달하였으나 많은 사회병을 안고 있다. 남녀 질서의 현란, 황금만능병 등 많은 문명의 부산물들이 나타나고 있다. 이러한 때일수록 정신문명, 도덕문명의 선행이 절실히 요청된다」(박길진, 『대종경강의』, 원광대출판국, 1980, p.65).

문제 제기

1) 본 장을 『정전』 병든 사회와 그 치료법과 연결하여 설명하시오.

2) 세상은 병맥의 근원이 깊어져서 이것을 이대로 놓아두다가는 장차 구하지 못할 위경에 빠지게 될 것인 바, 세상의 병맥과 그 처방에 대하여 교의품 34장과 35장에 근거하여 설명하시오.

[교의품 36장] 종교와 정치의 역할

핵심 주제

종교와 정치의 역할

「종교와 정치는 자모와 엄부」(원광 215호, 이광정).

「종교와 정치의 관계」(원불교 대종경 해의 上, 한종만).
「종교와 정치의 책임」(교전공부, 신도형).

대의 강령

종교와 정치는 한 가정에 자모와 엄부 같다.

1) 종교는 도덕에 근원, 사람 마음을 가르쳐 죄를 방지하는 것이다.

2) 정치는 법률에 근원, 일의 결과를 보아 상벌을 베푸는 법이다.

3) 엄부(정치)와 자모(종교)가 역할을 잘 해야 행복이 오므로, 우리도 教義를 충분히 알고, 세상에 베풀어 낙원으로 인도해야 한다.

어구 해석

자모 : 자애로운 어머니의 모성애적 성품을 慈母라 한다. 어머니로서 자비로움으로 자녀를 보살피듯 고통 받는 중생들을 품어주라는 의미에서 자모를 말하여 종교의 역할을 상징적으로 언급한 것이다.

엄부 : 엄중하고 위엄 있는 아버지(嚴父)의 자녀교육을 연상하듯, 정치는 백성들을 엄하게 통제하는 아버지 역할을 빗대어 말한 것이다.

창생 : 세상에 생명으로 태어난 모든 생명체를 蒼生이라 하며, 여기에서는 일체 중생들을 중심으로 언급한 말이다.

교의 : 소태산 대종사의 깨달음을 통해 포부와 경륜이 담겨 있는 원불교 교리를 教義라 한다. 원불교 교리의 참 뜻을 새기고 실천할 때, 또 각 종교의 教義를 이해한다고 할 때 쓰이는 용어이다.

선정덕치 : 위정자들이 백성들을 위해 善政을 베풀고자 할 때, 그리고 자비의 덕을 갖춘 성현들이 덕으로써 천하를 다스릴 때 德治라고 한다. 세상을 다스림에는 정치와 도치, 덕치 세 종류가 있다. 여기에서 '선정덕치' 란 선정을 베풀고 덕치를 베풀라는 의미이다.

관련 법문

「나라를 건설하는 데에도 정치와 교화와 생산이 각각 책임이 있어서 그 맡은 바 직장에서 서로 힘을 합하지 아니하면 능히 나라를 건설하지 못하는 것이니, 정치가는 무슨 방법으로든지 그 정치를 잘 하는 데에 주력하고, 종교가는 무슨 방법으로든지 그 국민을 교화하는 데에 주력하고…」(정산종사법어, 국운편 26장).

「사람을 교화하는 이는 먼저 사람 다스리고 교화하는 세 가지 길을 알고 행하여야 할 것이니, 개인을 다스리고 교화하는 데에나 가정 사회와 국가 세계를 다스리고 교화하는 데에나 도치와 덕치와 정치의 세 가지 길이 있나니라」(정산종사법어, 경륜편 16장).

보충 해설

종교와 정치의 관계로는 정교동심과 정교분리라는 두 가지로 언급할 수 있다. 종교는 도덕성을 부양하여 정치의 체가 되고 정치는 도덕을 활용하는 매체가 되어야 한다. 그것이 바로 엄부와 자모의 역할 분담이다. 원불교의 정교동심은 정치에 아부하자는 것이 아니라 서로 분야를 살려서 합력함으로써 세상을 선도하자는 뜻이다. 칸트에 따르면 종교와 국가는 간접적 관계가 있다고 한다. 아울러 국가가 종교의 내적인 문제들을 간섭해서는 안 된다는 것이다. 또 종교가 국가 문제를 지나치게 간섭해서도 안 되며, 대승적 협조가 뒷받침되어야 한다.

주석 주해

「이 36장은 종교와 정치의 기능적 성격을 엄부와 자모의 관계로 비교하여 규명해 주신 장이다. 즉 종교는 도덕에 근원하고 정치는 법률에 근원했고, 종교는 죄의 예방에, 정치는 결과 따라 상벌을 베푸는 것이라 하고, 따라서 정치와 종교 각각 그 기능과 임무를 다하고 합심 합력하여 창생의 복조를 책임져야 한다는 내용이다」(이광정, 「종교와 정치는 자모와 엄부」, 《원광》 215호, 월간원광사, 1992, p.62).

「정치와 종교를 분립하라는 주장이 있다. 종교가 정치에 간섭하든지 정치가 종교에 간섭하지 말라는 것이다. 한용운 선사가 政敎를 분립하라고 하였다. 총독부 정치가 불교에 간섭을 해서 불교를 일본의 불교로 만들려고 했다. 그래서 정교를 분립하라는 주장을 했다」(한종만, 『원불교 대종경 해의』(上), 도서출판 동아시아, 2001, p.168).

문제 제기

1) 일부 종교에서 정교분리를 주장하고, 원불교에서는 정교동심을 주장하고 있어 상반적인 방향은 아닌지?

2) 종교와 정치가 가정의 자모와 엄부와 같은 이유는?

3) 교의품 36장, 38장을 참조하여 대산종사가 천명한 종교연합운동(UR)에 대해 쓰시오.

[교의품 37장] 동남풍과 서북풍

핵심 주제

동남풍과 서북풍
「도덕은 동남풍이요, 법률은 서북풍이라」(원광 216호, 이광정).
「종교와 정치의 역할」(원불교 대종경 해의 上, 한종만).
「동남풍 불리는 법」(교전공부, 신도형).

대의 강령

선원 해제식, 대종사의 동남풍에 대한 법설이다.
1) 도덕은 동남풍으로서 교화를 주재하는 도가에서 담당한다.
2) 법률은 서북풍으로서 상벌을 주재하는 법률가에서 담당한다.
3) 동남풍의 기운을 입으면 (1) 공포에 쌓인 생령이 안심, (2) 원망에 쌓인 생령이 감사, (3) 상극에 쌓인 생령이 상생, (4) 죄고에 얽힌 생령이 해탈, (5) 타락에 처한 생령이 갱생한다.
4) 동남풍 불리는 법을 배워서 상생 상화하는 도를 실행하여 동남풍의 주인이 되라.

출전 근거

이공주 수필 『회보』 16호(원기20년)에 「제군은 동남풍이 될지어다」라는 제목으로 실려 있다.

어구 해석

해제식 : 결제식에 반대되는 용어로서 일정기간 禪이나 교리훈련 등 정기훈련을 마칠 때의 식을 解除式이라 한다. 불가에서는 하안거 3개월 동안거 3개월의 정기수련을 하고 있으며, 원불교 초기교단에서도 동선과 하선이라는 이름으로 정기훈련을 수행하였다.

동남풍과 서북풍 : 보통 남동풍 북서풍이라고도 하는 바, 東南風은

봄바람같이 따뜻한 바람이고, 西北風은 겨울같이 차가운 바람이다. 이를 상징적 속성으로 종교와 정치라 하였다.

상생상화 : 상생으로 서로 화목한다는 의미에서 相生相和이다. 인과의 관계가 호혜적 선연 선과로 맺어져 평화와 은혜의 결실로 이어질 때 언급하는 말이다. 원망을 낳는 악연 악과가 없는 상태이다.

심화 · 기화 : 마음이 온화하고 기운이 온화하여 그 기운이 함께 하는 것을 心和 · 氣和라 한다. 상생상화의 자비심으로 심신의 따뜻한 기운이 통하는 상태가 이것이다. 어떠한 대상에 대해 미워하거나 원망하는 마음이나 기색도 없이 포근하게 화하는 기운을 말한다.

음울 : 마음이 음산 음침하여 명쾌하지 못한 상태를 陰鬱이라 한다.

실천궁행 : 교리의 강령을 몸소 실천하는 것을 말한다. 신앙인으로서 몸소 솔선하여 실천으로 이어가는 것을 實踐躬行이라 한다. 유교 선비들이 도의 체득을 위해 실천궁행을 강조하기도 하였다.

관련 법문

「종교의 귀일처는 一圓이요, 정치의 표준은 中道니, 일원의 진리를 깨닫고 그 진리를 해석해 보면 모든 진리의 귀일할 곳이 일원임을 알게 될 것이며, 정치의 도에 여러 조건이 많으나 모든 정치의 요점을 세상에 맞도록 종합하면 과불급이 없는 중도정치라야 능히 모든 정치의 표준이 될 것이니, 종교가 일원에 돌아오고 정치가 중정이 되어야 시끄러운 이 세상이 안정될 것이며…」(정산종사법어, 도운편 9장).

「동남풍은 서북풍을 만나야 조화를 이루고 서북풍은 동남풍을 만나야 조화를 이룬다. 미국은 동남풍이고 소련은 서북풍이니 미소가 합세해야 두 나라도 안온하고 세계도 평화로울 것이다」(한울안 한이치에, 제6장 돌아오는 세상 16장).

보충 해설

원불교는 정치권력 단체와 달리 사회에서 담당해야 할 일의 성격을 분명히 하고 있다. 상벌을 주재하며 준법의식을 강조하는 서북풍의 엄벌 백계를 주로 하는 정치권과 달리 종교는 은혜로움과 자비 훈풍으로 만 생령을 살리는 동남풍을 불리자는 것이다. 「萬事具備, 只次東

風(모든 것은 다 준비되어 있고 동풍만 불면 된다)」이라는 속담이 있다. 東風을 불리면 모든 생명체는 싹을 틔우게 되어 봄을 맞는다.

주석 주해

「이 37장 법문은 천지의 동남풍 · 서북풍과 인간 세상의 도덕의 바람, 법률의 바람을 비교하여 각각 그 역할에 대한 설명을 해 주시고 심화 기화의 도덕 바람을 불리는 주인공들이 되라고 당부해주신 법문이다」(이광정, 「도덕은 동남풍이요, 법률은 서북풍이라」, 《원광》 216호, 1992, p.60).

「한 가정의 가장이나 직장의 직장장이 기분이 나쁘면 모두가 그날은 마음이 편안치 못하다. 그러므로 항상 마음을 잘 가져야 한다. 그렇다고 기분대로 살아서는 안 된다. … 언제나 不遷怒해서 화기춘풍이 되어야 한다」(박길진, 『대종경강의』, 원광대출판국, 1980, p.67).

문제 제기

1) 동남풍의 주인공이 되려면 우리는 어떠한 자세로 임해야 하는가?

2) 동남풍과 서북풍이란?

[교의품 38장] 종교와 정치는 두 수레바퀴

핵심 주제

종교와 정치는 두 수레바퀴

「정치와 종교는 수레의 두 바퀴」(원광 217호, 이광정).

「종교와 정치는 수레의 두 바퀴」(원불교 대종경 해의 上, 한종만).

「정치와 종교가 본분을 다할 수 있는 두 가지 길」(교전공부, 신도형).

대의 강령

종교와 정치가 세상을 운전하는 것은 수레의 두 바퀴와 같다.

1) 수레를 잘 운전하는 법은 무엇인가?

(1) 수레를 잘 수리하여 고장을 막는 일이다.

(2) 또 운전자가 지리를 잘 알아 안전한 운전을 준비한다.

2) 종교와 정치 운전법도 위와 같다.

(1) 시대를 따라 부패와 폐단이 생기지 않게 한다.

(2) 지도자가 인심을 맞추어 정사를 해야 한다.

출전 근거

송도성 수필 월말통신 4호(원기 13년) 법설로 38, 39장으로 나눴다.

어구 해석

본분 : 자신의 현재의 상황에 처한 본래 신분을 말하며, 그 신분에 마땅히 행해야 할 직분을 本分이라 한다.

인심 : 사람들의 마음 상태, 또는 대중들의 마음을 말하며, 여론 등이 人心에 관련된다. 현재 처한 상대방의 딱한 심정을 헤아려주는 마음이 이와 관련된다. 유가에서 말하는 인심 도심에서의 인심도 있다.

정사 : 정치에 관련된 일이 政事로서, 정치인들이 하는 사업 내지 위정자의 직업상 활동하는 일들을 말한다.

관련 법문

「요사이 세간에서 우리를 좌냐 우냐 하여 말이 많다 하나, 이는 종교의 대의를 모르는 말이니, 종교 즉 도덕은 정치의 체가 되고 정치는 도덕의 용이 될 뿐이니라. 우리 사대강령에 무아봉공은 고금 좌우를 통한 도덕 정치의 근본이니, 진정한 주의자는 무아의 이치를 철저히 깨쳐서 사심 없이 봉공하는 이요, 명예나 권력에 추세하여 망동하는 이는 한 국가의 건설에 주인이 될 수 없나니라」(정산종사법어, 국운편 27장).

「해방 후 건국론을 지으사 건국에 관한 소감을 밝히시기를 … 그 요지는 정신으로써 근본을 삼고, 정치와 교육으로써 줄기를 삼고, 국방 건설 경제로써 가지와 잎을 삼고, 진화의 도로써 그 결과를 얻어서 영원한 세상에 뿌리 깊은 국력을 잘 배양하자는 것이니라」(정산종사법어, 국운편 4장).

보충 해설

정치 관련에 대한 법어는 『정산종사법어』와 『한울안 한이치에』에 많이 보인다. 「건국론」을 저술한 정산종사는 당시 파란만장한 상황에서도 국가에 미래가 있었기에 이에 대한 이론적 논리를 설파한 것으로 보인다. 그리고 소태산 대종사의 정치관련 언급은 교의품 36-38장에 주로 나타나며 종교와 정치의 역할 분담을 말하고 있다. 소태산에 의하면 종교와 정치는 세상을 운전하는 두 수레바퀴와 같으므로 하나라도 기울어지면 세상은 완전한 세상이라 할 수 없다고 했다. 곧 종교는 근본을 닦는 집이요, 정치는 끝을 다스리는 기관이라는 것이다.

주석 주해

「이 38장 법문은 종교와 정치를 수레의 두 바퀴에 비유하여 설해주신 법문이다. 즉 수레의 두 바퀴가 돌아가야 수레가 비로소 움직이게 되는 것 같이 세상의 운전은 종교와 정치가 제대로 돌아가야 발전한다는 법문이시다. 이 법문은 원래 36장 법문과 비교되는 법문으로서 원기 13년 6월 26일 하계기념을 지내고 기념강연회를 베풀었는데, 그 다음날 남녀 대중을 모이게 하신 후 내려주신 법문이다」(이광정, 「정치와 종교는 수레의 두 바퀴」, 《원광》 217호, 월간원광사, 1992, p.55).

「중세기에는 종교가 정치까지 관장하기도 하고 또 과학을 지배하기도 했다. 그러나 이것은 종교의 본분을 넘어선 일이었다. … 종교단체도 그 교단을 잘 통치하여 종교로서의 본분을 잘 수행하기 위해서는 정치가 필요하다」(박길진, 『대종경강의』, 원광대출판국, 1980, p.68).

문제 제기

1) 정치인들이 부패한 경우가 많은데, 종교가 그들을 어떻게 교화할 것인가?

2) 종교와 정치의 관계에서 일부 종교는 집단이기주의를 조장하여 정치권에 많은 영향력을 불어넣으려 하는 경우가 있다는데?

3) 대종사의 종교와 정치에 대한 견해와 그 상호 관계를 쓰시오.

[교의품 39장] 세상 개선을 위한 우리의 역할

핵심 주제

세상 개선을 위한 우리의 역할

「세상을 개선하려면 먼저 자기마음을 개선해야」(원광 218호, 이광정).

「사회에 대한 종교의 역할」(원불교 대종경 해의 上, 한종만).

「새 종교의 사명을 다하는 길」(교전공부, 신도형).

대의 강령

대종사, 세상 개선에 대하여 말하였다.

1) 우리가 교문을 열었으니 어떻게 해야 과거의 폐단을 개선하고 새 종교로서 교화해야 하는가?

(1) 세상을 개선하려면 먼저 마음을 개선해야 한다(박대완).

(2) 우리의 교리와 제도를 실천해야 한다(송만경).

(3) 대종사의 법 따라 무위이화로 인류가 개선된다(조송광).

2) 이에 대종사 답하였다.

(1) 세상 개선하기 위해 마음 개선이 필요하며, 또 마음을 개선하려면 그 법을 알아 실천해야 한다.

(2) 종교가 개선되면 마음이 개선되고, 마음이 개선되면 나라와 세계가 개선된다.

출전 근거

송도성 수필 월말통신 4호(원기 13년) 법설로 38, 39장으로 나눴다.

어구 해석

무위이화 : 원래 노자와 장자에서 거론되는 용어로, 이상적 세계 건설의 핵심 원리이다. 뜻은 인위가 없이 자연스럽게 되는 이치를 말하며, 『대종경』에 두 번 나오는 바, 운세가 無爲而化로 된다(교의품 39장)든가, 생명의 탄생을 무위이화로 표현(천도품 5장)하였다.

선 · 불선 : 착한 일과 착하지 않은 일을 말한다. 일반적으로 善 · 不善이라든가 변 · 불변이란 용어는 종교적 용어로 사용되는 편이다. 행동 및 변화 두 가지를 통틀어 말하는 것으로는 선행과 악행, 변과 불변이 있다. 선 · 불선은 인간의 선악 인과의 원리에서, 변·불변은 우주의 변화 원리에서 자주 거론된다.

관련 법문

「과거의 도는 주로 천하 다스리는 도로써 평천하에 이르게 하려 하였으나, 미래에는 평천하의 도로써 근본을 삼고, 천하 다스리는 도를 이용하여 평천하에 이르게 할 것이니, 천하 다스리는 도는 정치의 길이요, 평천하의 도는 도치 덕치의 길이니라」(정산종사법어, 도운편 30장).

「도인들은 정치가가 되는 것 보다 그들을 인도하는 스승이 되어야 하나니라」(정산종사법어, 근실편 30장).

보충 해설

본 법설의 출전에 밝혀진 내용을 보자. 시창 13년 6월 26일은 본회의 기념이었던 바, 당일은 3, 4연사의 강연으로써 유쾌하게 지내고, 그 다음날 남녀 대중을 모이게 하여 대종사 친히 법설을 할 때 먼저 김광선을 명하여 성주 3편을 인도하여 낭독하게 하였다. 이어서 대종사 법좌에 오르니 일반 대중은 한층 더 정신을 가다듬고 귀를 기울여 묵묵히 기대하였다. 대종사는 조송광, 송만경, 박대완, 전음광, 네 제자를 불러서 앞줄에 앉히고 먼저 대완에게 물었다. "현재 세계에 어떠한 나라를 가리켜 가장 우월하다고 인정하는가?" "미국이 제일이 됩니다." 대종사 말씀하시기를 "무엇으로써 우월하다고 하는가?" "첫째는 재력이 풍부하여 다른 나라 어느 정부를 막론하고 미국에 채무가 없는 나라가 없으며 또는 종교의 교화가 고루 퍼져서 국민의 정신이 결속되어 있음으로 금일에 있어서는 세계의 패권을 잡게 된 것이옵니다" (원기 13년 『월말통신』 제4호, 송도성 수필 법문 「종교와 정치」). 지혜 넓힘과 시사 접근의 대화법에 설득력이 있다.

인물 탐구

박대완(1885-1958) : 본명은 정립이며 법호는 靈山이다. 전남 여천군 삼일면 진례리에서 박병렬 선생과 기현경 여사의 5남매 중 장남으로 태어났다. 구한말 일제치하 시대의 풍운아로서 소태산의 제자가 되어 진안과 김제 등 농촌교화의 모범적 활동을 전개하였으며 일본 대판으로 건너가 해외교화를 하였다. 13세에 목포에서 열린 한시 백일장에서 장원을 하고 배울만한 스승이 없다고 하였다. 이에 일본에 건너가서 소학교, 중학교를 졸업하고 19세에 귀국하여 군산에서 통역관 생활을 하기도 하였다. 다시 일본에 건너가 중앙기상학회에서 3년간 연수를 받고 귀국하여 인천 목포 등에서 통감부 관측기사로 근무하였다. 26세에는 다시 일본으로 들어가 일본인 농장의 지배인으로 살면서 식민지적 민족의 서러움을 받게 되었다. 그의 나이 31세부터는 만주, 상해, 남경을 주유하면서 세월의 무상함과 나라 없는 서러움을 깨닫게 되었다. 1919년 독립운동에 참여하여 일경에 체포돼 목포지방병원에서 미결수로 3년 9개월의 징역을 마치고 38세에 출옥하기도 하였다. 그 뒤 4년간 방황하다가 영산은 조국독립과 민족 주권을 찾는 일도 허무함을 느끼게 되었으며 1927년 공주 마곡사, 계룡산 동학사를 거쳐 열차 편으로 고향 가는 중 익산에 내렸는데, 불법연구회에 생불이 있다는 말을 듣고 삶을 궤도 수정하였다. 그때가 원기 12년으로 영산은 43세의 나이었다. 소태산을 만난 후 지난 역정의 회한을 느낀 바 있어 인생관을 재정립하게 되었다. 마침내 그는 원기 13년 44세의 나이로 전무출신을 서원, 농공부에서 근무를 하며 염불도 하고 알봉에 박을 심어 박장사도 하고 양잠도 하게 되었다. 그 뒤 진안, 마령, 원평의 농촌교화에 헌신적으로 임하였으며 원기 20년에 靈山이란 법호를 받았다. 동년 6월에는 오사카 교무로 부임하여 첫 해외교화 교무가 되었지만 일제의 감시와 방해로 다음해 12월 귀국하여 용신교당 교무로 다시 근무하였다. 농촌에서 헌신적 교화활동을 하여 예회 날 사방팔방에서 3백여 교도들이 도시락을 싸들고 법회를 보러왔다. 아무튼 영산은 외국어에 능통하여 일어, 러시아어 등을 자유롭게 구사하여 신학문을 섭렵하였지만 스스로 안분, 도학공부를 한 뒤부터는 상록수 교역자로 모범이 되었다. 교육에 대한 그의 관심은 후일 여산 류기현 교무의 은부자로 연결이 되었다. 사실 박대완 선진은 항상 절약하면서 살았지만 후진들인 유일학림생들이 교당에 오면 아껴둔 식량으로 떡과 식혜를 대접하며 그들이 미래의 동량임을 확신시켜 주고 용기를 불어넣어 주었다.

송만경(1866-1931) : 본명은 상면이고 법호는 모산이다. 전북 김제군 용지면 송산리에서 태어났다. 성년이 되어 용지면장을 할 정도로 그는 능력을 갖추었다. 일찍부터 한학을 수학하고 김제 금산사에서 불교를 연구하다가 소태산을 만나 제자가 되었으며 익산총부 건설에 참여하였다. 소태산은 제자 서중안 등의 권유로 새 회상 공개를 위해 총부 기지를 물색하던 중 변산 월명암 백학명 주지로부터 정읍 내장사의 일부를 총부로 사용하면 어떻겠느냐는 제안을 받았다. 당시 대종사는 사찰이란 불교의 공유로서 선의의 일이라도 일부 의견만으론 안 된다는 사실을 알았다. 이때가 원기 9년으로 당시 내장사에서 수양하던 송상면(만경)을 만나 제자로 삼았다. 익산 보광사에서 불법연구회 창립총회를 개최하였을 때 송만경이 개회사를 할 정도로 소태산의 사랑을 받는다. 그리하여 송만경은 익산총부를 건설할 때 많은 역할을 하며 총부 건립을 위한 의연금 모집위원이 되어 성금을 모으는데 정성을 다하였다. 원기 9년 9월 10일, 제1회 평의원회가 전북 익산군 오산면 송학리 박원석의 집에서 열렸던 바, 송만경(의연금 모집위원)이 본회의 목적인 수양 연구의 공부를 하기로 하면 처소 구성은 결코 지연할 문제가 아닌즉 모인 금액으로 공사에 착수하고 의연금을 수합하여 준공토록 하자고 제안하였다. 이에 만장일치로 가결되었고, 송만경은 재정을 담당하게 되었다. 원불교 익산총부 건립에 크게 기여한 송만경은 원기 12년에 총부 교무부장으로 봉직하면서 이춘풍과 더불어 총부 禪에 참여한 선객들을 교화하였다. 이어서 산업부 창립단 조직을 제안하여 산업부를 발전시키기도 하였다. 원기 14년에는 총부 농업부장을 지냈으며, 1년 뒤인 원기 15년엔 부득이 사가로 돌아갔고 원기 16년 3월에 열반하였다.

조송광(1876-1957) : 전북 정읍군 정주읍 연지리에서 조기승 선생과 방수정화 여사의 4남 3녀 중 셋째로 태어났다. 본명은 공진이며, 법호는 경산으로 기독교 장로로서 소태산의 인품에 감화되어 제자가 되었으며, 불법연구회 제2대 회장을 역임하는 등 재가교도로서 중추적 역할을 하였다. 어린 시절에 유학을 공부하였고 18세에 동학 농민운동에 참여하였으나 혁명이 실패하자 은거하여 의술을 익히고 이름을 사방에 알렸다. 1902년 27세 때부터 기독교를 신앙하여 '구봉교회'를 설립하였으며 43세엔 장로가 되었다. 이처럼 그는 원평에서 약방을 경영하고 돈독한 신앙심으로 교회를 다녔다. 이때 이웃 송적벽이 찾아와 불법연구회의 생불 소태산을 만나볼 것을 권유하였다. 원기 9년(1924) 갑자년 봄에 조송광은 소태산을 처음 뵈었으며, 동년 5월 소태산의 제자가 되기로 하여 영광에 갔다. 당시 소태산은 조공진이란 이름을 대신하여 '송광' 이란 법명을 내린다. 조송광은 원평교당 창설에 앞장섰고 원기 13년엔 제1대 제1회 기념총회에서 불법연구회 2대회장을 맡게 된다. 소태산이 서울에 행가할 때 조송광 전음광 선진 등 제자들이 이리역에 전송을 가는 도중 남중리 마을 뒤 노송을 보고저 소나무를 총부에 옮겼으면 좋겠다고 하였다. 조송광은 원기 21년까지 9년간 불법연구회 회장을 역임한 뒤 16년 동안 원평교당 교도회장을 지냈다. 그리고 82세를 일기로 중앙수양원에서 열반에 들었으며 공타원 조전권 종사는 그의 따님이며, 조만식, 조일관 정사 등 세 자매 모두 전무출신 하였다. 아무튼 소태산이 '종교'를 강조하고 있음은 1928년 6월의 일이며, 그의 제자들 가운데 사회적 경험과 지식이 풍부한 박대완, 송만경, 조송광 등을 대중 앞에 앉히고 '종교와 정치'에 관한 문답을 한 부분이 바로 교의품 39장이다(송인걸, 『대종경속의 사람들』, 월간원광사, 1996, '박대완, 송만경, 조송광' 참조).

주석 주해

「이 39장 법문은 우리의 종교와 마음 개선을 통해서 정치와 세상의 개선을 도모해야 한다는 법문이시다. 익산총부 건설 당시의 법문으로 사료된다」(이광정, 「세상을 개선하려면 먼저 자기마음을 개선해야」, 《원광》 218호, 월간원광사, 1992, p.52).

「올바른 마음으로 법을 가지고 있으면 말없는 가운데도 무위이화로 되어지는 바가 있다. 마치 봄기운이 돌면 무위이화로 초목이 소생하듯이 이루어지는 바가 있다. … 만약 인류사회에 종교가 부패되고 정치도 부패된다면 큰 위험이 따른다」(박길진, 『대종경강의』, 원광대출판국, 1980, p.69).

문제 제기

1) 교의품 36-39장까지 종교와 정치에 대한 제자들의 견해가 있는데, 이들 각자의 견해에 차이가 있다면?

2) 박대완, 송만경, 조송광을 대중 앞에 앉히고 대종사가 종교, 나라, 세계에 관련해서 문답을 주고받은 교훈은 무엇인가?

제 3 수 행 품

핵심 주제

원불교 수행의 전반

대의 강령

1) 대종경의 셋째 품에 해당하며 총 63장으로 되어 있다.

2) 일상수행의 요법을 1장으로 시작, 전반적인 수행 관련 내용이다.

3) 정신수양, 사리연구, 작업취사의 삼학 수행이 거론된다.

4) 정기훈련과 상시훈련, 본말과 대소, 정사 등을 밝히고 있다.

5) 서품과 수행품에 근거하여 원불교 수행의 특징을 불교의 수행과 비교하여 밝히고, 원불교가 불교의 종파적 범위를 넘어 새불교로서 갖는 정체성에 대하여 논하시오.

[수행품 1장] 일상수행의 요법을 외우는 이유

핵심 주제

일상수행의 요법을 외우는 이유

「일상수행의 요법」(원불교 대종경 해의 上, 한종만).

「초범입성 하는 크고 바른 길」(교전공부, 신도형).

「일상수행의 요법을 조석으로 외우는 뜻」(원광 219호, 조정중).

대의 강령

내가 그대들에게 일상수행의 요법을 조석으로 외우게 하는 것은?

1) 심지에 요란함이 있었는가 없었는가.

2) 심지에 어리석음이 있었는가 없었는가.

3) 심지에 그름이 있었는가 없었는가.

4) 신분의성에 진전이 있었는가 없었는가.

5) 감사생활을 하였는가 못 하였는가.
6) 자력생활을 하였는가 못 하였는가.
7) 성심으로 배웠는가 못 배웠는가.
8) 성심으로 가르쳤는가 못 가르쳤는가.
9) 남에게 유익을 주었는가 못 주었는가를 대조, 성취함이다.

출전 근거

묵산수필 『법설집』에 게재되어 있는 법어로서, 1939년 12월 7일 선원 경전시간에 설한 내용이다.

어구 해석

물샐틈없이 : 동정간 상시응용주의사항과 교당내왕시 주의사항으로 불리자성 하는 공부법이다. 그 주체는 일기법을 통해서 하는 것으로 '물샐틈없이' 란 원불교 수행의 동정 간 부단한 공부법의 특징이다.

상시응용주의사항 : 신앙인으로서 공부 및 훈련 장소를 교당과 시간에 국한하지 않는다는 것이며, 일상생활에서 언제 어디서나 마음을 챙기고 공부하는 것으로, 『정전』의 상시훈련법의 여섯 조항을 常時應用注意事項이라 한다.

교당내왕시주의사항 : 원불교 교도로서 재가 생활 속에서도 신앙과 수행 공부를 할 수 있도록 교당 내왕을 할 때(教堂來往時)마다 챙기고 챙겨서 공부해야 할 6가지 조항이다. 따라서 재가로서 일상생활을 하면서 교당 법회 때 챙겨야 할 마음 대조의 6가지를 새길 일이다.

일기법 : 상시훈련을 보다 효과적으로 수행하기 위하여 유무념 대조, 학습상황, 계문준수 여부를 대조하는 상시일기법이 있다. 또한 정기훈련을 효과적으로 수행하기 위하여 그날의 작업시간수, 수입지출, 심신작용 처리건, 감각감상을 기재하는 정기일기법이 있다. 日記法은 그 원형으로서 교단 초창기의 「성계명시독」이 있다.

초범입성 : 범부와 중생의 탈을 벗어나고 바로 성현의 경지에 이르는 것을 超凡入聖이라 한다. 불생불멸과 인과를 깨닫는데 정성을 들이면 초범입성의 경지에 이르게 된다. 중생에서 정진 적공을 통해 불보살의 경지에 이르는 것으로 초범월성(수행품 44장)과 같다.

관련 법문

「옛날 한 선비는 평생 小學만 읽었다 하나니, 우리는 평생 '일상수행의 요법' 만 읽고 실행하여도 성불에 족하리라」(정산종사법어, 법훈편 7장).

「영산에서 학인들에게 교강에 부연하여 9성심 조항을 써 주시니 "심지가 요란하지 아니함에 따라 영단이 점점 커져서 대인의 근성을 갖추게 되고, 심지가 어리석지 아니함에 따라 지혜의 광명이 점점 나타나서 대인의 총명을 얻게 되고, 심지가 그르지 아니함에 따라 정의의 실천력이 더욱 충장하여 대인의 복덕을 갖추게 되고, 신과 분과 의와 성을 운전함에 따라 불신과 탐욕과 나와 우가 소멸되어 대도의 성공을 볼 수 있고 …" 」(정산종사법어, 권도편 30장).

보충 해설

본 법어의 대체를 이해함에 있어 「공부인에게 상시로 수행을 훈련시키기 위하여 상시응용주의사항 6조와 교당내왕시주의사항 6조를 정하였나니라」(정전, 정기훈련과 상시훈련, 제2절 상시훈련법)을 참조해보자. 그리고 수행품 1장에 나오는 교강 9조는 글자만 외울 것이 아니라 대조 성찰하여 실제생활에 활용하라는 메시지가 담겨 있다. 마치 기독교에서 주기도문을 외우는 것을 연상해 보면 좋을 것이다. 참고로 일상수행의 요법 형성과정에 대해서 알아본다. 『회보』 44호(원기23) 표지 안쪽 공백에 「본회의 목적」으로 인생의 요도 5조항과 공부의 요도 4조항을 소개한 후 매 회보마다 게재(시창 23년 5월)하였다. 『회보』 52호에는 「본회의 교강」으로 改題되었고 삼강령 3조목이 전면 수정으로, 오늘날의 일상수행의 요법과 같은 내용으로 되었다(시창 24년 2월). 본회의 교강이 확정됨에 따라 『회보』 53호를 통해 각 조항에 대해 「교강 略解」를 하였고, 팜플렛 「불법연구회 교강」을 대외적인 문서교화로 활용(시창 24년)하였다. 「근행법」에 인생의 요도 5조, 공부의 요도 4조를 소개(24년 12월)하였고, 『불교정전』 「일상수행의 요법」이라는 제하에 9조항으로 합쳐 오늘에 이른다.

주석 주해

「일상수행의 요법 9조가 별 것 아닌 것 같지만 이 세상에 나서 자기의 인격을 완전히 이루어 가지고 세상에 유익한 인물이 되며 공적을 끼친 사람이 되려면 이러한 수행이 필요하다」(박길진, 『대종경강의』, 원광대출판국, 1980, p.72).

「우리의 일상생활을 일상수행의 요법에 상응 대조하고 경계를 대할 때마다 마음에 챙겨서 챙기지 않아도 저절로 되어지는 경지에 도달하도록 하라는 것과 그에 병행하여 상시응용주의사항과 교당내왕시주의사항 등을 아울러 대조하여 물샐 틈 없는 공부에 힘쓰라 하신 법문…」(조정중, 「일상수행의 요법을 조석으로 외우는 뜻」, 《원광》 219호, 월간원광사, 1992, p.45).

문제 제기

1) 일상수행의 요법을 입으로 외우기는 잘 하나 행동으로 실천에 연결되지 않는 경우가 있는데?

2) 일상수행의 요법을 조석으로 외우게 한 뜻은?

[수행품 2장] 동정간 삼대력 얻는 빠른 방법

핵심 주제

동정간 삼대력 얻는 빠른 방법

「동정간에 삼대력 얻는 방법」(원불교 대종경 해의 上, 한종만).

「동정간에 삼대력 얻는 빠른 길」(교전공부, 신도형).

「동정간 삼대력 얻는 빠른 길」(원광 220호, 조정중).

대의 강령

대종사, 동정간 삼대력 얻는 방법에 대해 말하였다.

1) 동정간 수양력 얻는 빠른 방법은?

(1) 정신 시끄러운 일을 짓지 말며 그러한 세계를 멀리한다.

(2) 매사 애착 탐착을 두지 말며 항상 담담한 맛을 길들인다.

(3) 이일 저일에 끌리지 않고 그일 그일에 일심을 얻는다.

(4) 여가 있는 대로 염불과 좌선을 한다.

2. 동정간 연구력 얻는 빠른 방법은?

(1) 그일 그일에 알음알이를 얻도록 한다.

(2) 스승 및 동지와 더불어 의견을 교환한다.

(3) 의심사항은 연구 순서 따라 그 의심을 해결하도록 한다.

(4) 우리의 경전을 연마한다.

(5) 타종교의 경전을 참고, 지견을 넓힌다.

3. 동정간 취사력 얻는 빠른 방법?

(1) 정의는 죽기로써 실행한다.

(2) 불의는 죽기로써 하지 않는다.

(3) 즉시 실행 안 된다고 낙망 말고 모든 일에 정성을 들인다.

출전 근거

김대거 수필『회보』47호(원기 23) 법설을 2장-3장으로 나눈 것이다.

어구 해석

접응 : 인간 및 사물에 접하여 대응할 때를 接應이라 한다. 일반적으로 바깥 경계 및 사물에 접응한다고 한다.

애착 : 사랑하는 사람과 물건에 대해서 소유욕으로 지나치게 집착하는 것을 愛着이라 하며, 애욕의 고통과도 같은 '愛別離苦' 란 말이 있듯이 사랑하는 사람과 이별하는 집착의 고통이다.

탐착 : 지나치게 많이 갖고자 하는 욕심으로 만족할 줄 모를 때 貪着이라 한다. 삼독심이란 탐진치라 하는 바, 그 중에서 탐욕이 무서운 고통으로 나타난다. 범부들이 재색명리에 탐착하는 경우가 그것이다.

도학가 : 유불도 3교 및 기독교, 민족종교 등의 종교를 道學家라 한다. 도학은 과학과 상대되는 개념으로 종교의 가르침을 말하며, 이러한 종교의 가르침을 가풍으로 삼는 모든 종교를 도학가라 부른다.

관련 법문

「과거에도 삼학이 있었으나 계정혜와 우리의 삼학은 다르나니, 戒는 계문을 주로 하여 개인의 지계에 치중하셨지마는 취사는 수신 제가 치국 평천하의 모든 작업에 빠짐없이 취사케 하는 요긴한 공부며, 慧

도 자성에서 발하는 혜에 치중하여 말씀하셨지마는 연구는 모든 일 모든 이치에 두루 알음알이를 얻는 공부며, 定도 선정에 치중하여 말씀하셨지마는 수양은 동정 간에 자성을 떠나지 아니하는 일심 공부라…」(정산종사법어, 경의편 16장).

「삼대력 공부에 저축 삼대력 공부와 활용 삼대력 공부가 있나니, 저축 삼대력 공부는 정할 때에 안으로 쌓는 공부요, 활용 삼대력 공부는 동할 때 실지 경계에 사용하는 공부라. … 항상 저축 삼대력 공부와 활용 삼대력 공부를 병진하여 체용이 겸전하고 동정이 서로 극원하는 원만한 삼대력을 얻을지니라」(정산종사법어, 경의편 20장).

보충 해설

수행품답게 삼대력 얻는 방법이 구체적으로 명시되고 있다. 특히 이는 삼학병진의 수행을 동정과 연관하여 언급한 내용이다. 여기에서 동정의 개념은 대체로 일이 있을 때와 일 없을 때를 말한다. 이를 달리 말하면 우리의 內外 경계에 대한 수양력을 얻도록 함이다. 훈련법도 마찬가지로, 정기훈련과 상시훈련이 이러한 구조 속에서 전개된다. 어떻든 동정간 삼대력 얻는 길은 유사시와 무사시의 삼대력 공부가 그것으로, 원불교 수행법은 물샐틈없는 수행법이다. 동정 간 틈을 주지 않기 때문에 삼학공부는 불리자성 곧 무시선이 되며, 이 삼대력은 무시선 무처선으로 실력을 양성할 때 확고해진다.

주석 주해

「수양력 : 외부 경계로 인하여 마음이 끌리고 보면 이에 대항하게 되어 결국 의지가 강해지니 이겨내기가 쉽다. 내부에서 뽑아나는 마음은 쾌감을 겸하기 때문에 실패가 많다. 이를 중지하고 성성한 마음 상태로 항상 경계에 대비하며 생활해야 한다. 연구력 : 그대로 넘기지 말고 재차 생각하는 힘이 있어야 한다. 慧를 들여대서 생각해 보아야 한다. … 취사력 : 義를 보아도 無心常하고, 불의를 보아도 無心常하면 안 된다. 인간세상에서 이 힘으로 세상사를 잘해 나가야지 아주 초연해 버리고 시비를 피한다면 무용지물이다」(박길진, 『대종경강의』, 원광대출판국, 1980, pp.74-78).

「생활 속에서 육근 작용을 통하여 동하고 정하는 가운데 수양력 연구력 취사력을 빠르게 얻는 공부길을 밝히심. 여기서 빠른 방법이란 더 적극적인 방법을 말한다. 과거 음시대에는 겁의 긴 세월을 거쳐 보살도를 이룬다 했지만, 양시대의 주법이신 대종사께서 좀 더 빠른 방법으로 성불할 수 있는 효과적인 공부의 길을 밝히신 것이다」(조정중, 「동정간 삼대력 얻는 빠른 길」, 《원광》 220호, 월간원광사, 1992, p.59).

문제 제기

1) 동정일여와 동정간 삼대력 얻는 방법을 연관하여 연마해 본다면?

2) 동하고 정하는 두 사이에 수양력, 연구력 얻는 빠른 방법은?

[수행품 3장] 동정일여의 큰 공부법

핵심 주제

동정일여의 큰 공부법

「동정일여의 큰 공부」(원불교 대종경 해의 上, 한종만).

「事工一如와 동정일여의 큰 공부」(교전공부, 신도형).

대의 강령

과거 도가의 공부는 靜 공부에 편중, 부모처자를 이별하고 산중에서 지내며 비가 와서 곡식이 떠내려가도 독서만 했다며 대종사 말한다.

1) 우리는 공부와 일을 둘로 보지 아니한다.

2) 동과 정 두 사이에 삼대력 얻는 법을 밝혔으니 동정에 간단이 없는 공부에 힘쓰라.

출전 근거

김대거 수필 『회보』 47호(원기 23) 법설을 2-3장으로 나눈 것이다. 『선원일지』(병자하선, 원기 21)에는 「세간과 출세간의 삼대력 얻는 공부」로 실려 있다.

관련 법문

「수양이 깊은 큰 도인들이 경계를 당하는 것은 마치 큰 바다가 바람을 만나되 겉은 동하나 속은 여여한 것 같은 것이다. 설혹 큰 경계를 당하여도 그 마음이 움직이지 아니하고 설혹 마음이 움직이더라도 본성에 가서는 조금치도 흔들리는 바가 없어서, 항시 동하여도 항시 정하고, 항시 정하여도 항시 동하여 동정이 한결같은 것이다」(대종경 선외록, 일심적공장 7장).

「과거 유가에서는 소위 유명하다는 사람들이 세상사를 전혀 잊어버리고 평생에 글이나 읽고 앉아서 그의 처자 권속은 먹고 입는지를 몰랐으며, 학자라는 말을 들으면서도 가족에게는 사람으로서 알아야 할 책을 번역해서 가르쳐 주는 사람이 적었으며, 사농공상의 직업도 도외시하였다. 불가의 승려는 부모 형제 처자의 모든 생활의 직업을 벗어나서 독선기신 할 뿐이었으며…」(회보 34호 법설).

보충 해설

원불교의 교법은 과거 유교, 도교, 불교의 교법과는 달리 생활불교를 표방하여 공부와 사업, 동과 정을 아우른 원만대도이다. 과거 도가공부의 실체란 현실 파악은 못하고 공부만 일삼은 것으로, 당시 도학자들을 비판한 내용이다. 과거 靜 공부에 치우친 종교는 불교나 도교가 이에 해당된다. 또 비가 와서 곡식이 떠내려가도 독서만 한 사람은 유교의 文弱 선비들이 이에 해당한다. 원만한 미래 불법으로서의 원불교 법은 동정뿐만 아니라, 불법과 생활, 영과 육, 이와 사 등 인간의 삶 전반에 걸쳐 회통과 조화를 강조하고 있다.

주석 주해

「생업을 중요시하지 아니하고 무욕 담박한 척하는 사람은 있으나 없으나 마찬가지이다. 욕심에 급급한 사람보다 나은듯 하나 풍채적 인물이다. … 놀고먹는 폐풍을 없애야 한다」(박길진, 『대종경강의』, 원광대출판국, 1980, pp.80-81).

「과거에는 부모처자를 이별하고 산중에 가서 일생을 지냄 혹은 비가 와서 마당에 곡식이 떠내려가도 모르고 독서만 하였다. 산중에서 일생을 지냈다는 것은 불교를 지적한 것이며 곡식이 떠내려가도 몰랐다는 것은 유교의 성리학자를 지적한 것이다」(한종만, 『원불교 대종경 해의』(上), 도서출판 동아시아, 2001, pp.189-190).

문제 제기

1) 조선조 불교가 산중불교로 전락한 이유는?

2) 당시 유교 선비들이 독서에만 매달려 나약했던 이유는?

[수행품 4장] 전문 입선인과 마음대조

핵심 주제

전문 입선인과 마음대조

「전문입선 공부」(원불교 대종경 해의 上, 한종만).

「전문 입선인의 마음대조」(교전공부, 신도형).

대의 강령

대종사, 입선한 선원 대중에게 말하였다.

1) 入禪 초학자는 규칙생활에 괴롭지만, 이에 순숙되면 이보다 편안하고 재미있는 생활이 없다.

2) 과정을 지킬 때 괴로운가, 편안한가 마음을 대조하여 보라.

3) 괴로운 생활을 하는 사람은 진세의 업연이 있고, 편안한 생활을 하는 사람은 성불의 문이 열린다.

출전 근거

『회보』 13호(원기 19년) 「해제시 훈사」라는 제목으로 실린 법설이다.

어구 해석

진세 : 티끌세상으로, 파란 고해와도 같다. 시비이해 희로애락으로 희비곡선이 그어지는 현실의 세상을 塵世라 한다. 오욕과 탐진치 등으로 티끌 먼지처럼 오염되었다고 해서 진세라 하는 것이다.

업연 : 업보를 불러일으키는 인연으로, 인과보응의 원리에 따라 선연선과 악연악과의 인연이 맺어지는데 이를 業緣이라 한다. 따라서 악연을 극복하고 선연을 맺는 수도인의 노력이 필요하며 악도 윤회에서

벗어나도록 적공해야 한다.

괴롭고 부자유한 생각 : 입선 초보자가 자신의 오랜 습관에 길들여 온 탓에, 또 정규 규정에 따라 전문 훈련을 받지 않았기 때문에 나타나는 현상이다. 좌선을 할 때 번뇌가 치성하고 수마에 시달리며 다리가 아프고 온 몸이 가려운 현상은 초보 입선자에게 자주 나타난다.

성불 : 원불교 신앙의 대상인 법신불 일원상의 진리를 통해 신앙 수행의 양 대문에 진입하여 적공하면 중생에서 불보살의 경지로 이르게 된다. 법위로는 출가위를 얻고 이어 대각여래위에 오르는 경지를 成佛이라 한다. 본 경지는 윤회로부터 해탈 자유인이 되어 성도하였다고 하며, 불과를 얻었다고도 한다.

관련 법문

「자손이 많고 가산이 부유한 노부인 한 사람이 총부에 입선하러 왔다가 일주일 만에 돌아가면서 대종사께 인사를 올리고 사뢰었다. "제가 집에 없으면 고추장과 간장이며, 나무 곳간에 장작을 도둑맞아도 아들과 며느리는 모를 것입니다. 마음 놓고 선을 날 수가 없어서 갑니다." 그 노인이 떠난 후 대종사 제자들에게 말씀하셨다. "사람의 착심이란 저렇게 무서운 것이다. 보이지 않는 노끈으로 단단히 묶어 가지고 기약 없는 감옥으로 저렇게 끌려가는구나"」(대종경 선외록, 일심적공장 2장).

「말씀 하시기를 "훈련이 없고는 실행하기 어렵고 준비 없고는 성공하기 어렵나니, 그러므로 훈련기와 준비기가 있어야 하나니라." 또 말씀하시기를 "나무를 휘기로 하면 서서히 하여야 하나니 만일 급히 하기로 하면 꺾어질 염려가 있나니라"」(정산종사법어, 국운편 24장).

보충 해설

전문 입선하는 초학자의 입선공부를 소 길들이기(수행품 54장)와 연결해 볼 일이다. 여기에서 入禪과 관련하여 정기훈련법의 역사에 대해서 살펴보자. 「창건사」를 보면 시창 10년에 훈련법이 발표되었으며 당시 11과정이 소개되었다. 「시창 13년도 교무부 사업보고서」에는 훈련 방식의 7과정이 소개되었으며, 시창 14년도에는 『월말통신』 18호에 「내가 본 본회의 요법」의 3항 입선 전문훈련법에 6과정이 소개되기도 하였다. 이어서 『육대요령』에서는 정기훈련의 11과목이 해석되었고, 『불교정전』에서는 『육대요령』의 11과목 해석과 차이가 나는 훈련법이 소개되어 변천과정을 거치면서 오늘에 이르고 있다. 참고로 원기 10년 하선부터 시작된 정기훈련은 소태산 재세시 35회 시행되었으며, 禪院 제도가 실시된 후 원기 25년 경진 동선은 총부 선객 46명이 3개월간의 선을 나고 있음을 알 수 있다. 그러나 3개월에서 1개월로 줄어든 것은 원기 27년(일제 전쟁의 확대)이며, 한국동란 때문에 원기 35년~36년 중앙총부에서는 정기훈련이 개최되지 못하였다. 따라서 한국동란을 전후해서 동·하선의 정기훈련이 폐지되기에 이른다. 다시 말해 「소태산 대종사의 정기훈련 중 법문연구」(양은용, 원불교사상과 종교문화 41집, 원불교사상연구원, 2009.2, pp.145-146)에서는 1950년을 기점으로 익산총부의 동·하선제도가 폐지된 배경을 시대적인 변화에서 주된 원인을 찾아야 한다며, 해방 이후부터 한국동란에 이르는 기간 중의 변화된 환경, 예컨대 1947년(원기 32) 1월 16일의 재단법인 원불교 인가와 이에 따른 4월 27일의 원불교 교명선포 등은 새로운 제도를 모색하는 결정적인 계기가 되었던 것이라고 하였다. 원불교 훈련의 방향은 교단 100년때에 진입하여 새로운 방향을 모색해야 할 것이다.

주석 주해

「1925년(원기 10) 익산총부에서 시작한 동·하 3개월씩의 정기훈련 제도가 체제가 갖추면서 자연스럽게 선원이 운영된 것이다. 정기훈련의 시행을 전후하여 이와 관련된 다양한 방법이 베풀어진 것은 말할 나위 없다」(양은용, 「소태산 대종사의 정기훈련 중 법문 연구」, 『원불교사상과 종교문화』 41집, 원불교사상연구원, 2009.2, pp.143-144).

「초학자는 규칙 생활에 괴롭기도 하고 부자유한 생각도 있을 것이다. 왜 괴로운 생각이 나는가 하면 진세의 업력이 남아있기 때문이다. 세속의 업연은 오욕의 욕심이다. 오욕이 떨어지지 않아서 괴로운 생각이 난다. 입선 공부는 마음의 편안한 생활을 하기 위해서 한다」(한종만, 『원불교 대종경 해의』(上), 도서출판 동아시아, 2001, p.191).

문제 제기

1) 초학자가 원불교 입선 훈련에 좀 더 쉽게 다가설 수 있는 워밍업 프로그램이 있어야 할 필요성은?

2) 교당내왕시주의사항 4조에 「매년 선기에는 선비를 미리 준비하여 가지고 선원에 입선하여 전문 공부하기를 주의할 것이요」라고 했는데, 우리는 이 입선에 얼마나 정성으로 임하는가?

3) 괴로운 생활을 하는 사람은 진세의 업연이 있다는 뜻은?

[수행품 5장] 정성심의 원인

핵심 주제

정성심의 원인

「정성심의 근원」(원불교 대종경 해의 上, 한종만).

「정성심의 근원」(교전공부, 신도형).

대의 강령

무슨 일이든 정성이 있는 것은 자기와 관계가 있기 때문이다.

1) 衣食을 구하는 데에 정성이 있는 것은 자기의 생활 유지에 관계 있는 것을 알기 때문이다.

2) 병 치료에 정성이 있는 것은 자기 건강에 중요한 관계가 있는 것을 알기 때문이다.

3) 공부에 정성이 있는 것은 자기 앞날에 중대한 관계가 있는 것을 알기 때문이다.

출전 근거

송도성 수필 『월말통신』 12호(원기 14년)에 실린 법설이다.

어구 해석

<u>연고</u> : 합리적이고 객관적인 이유나 까닭을 緣故라 한다. 원불교의

30계문에 "연고 없이 살생을 말며" 등 연고 조항이 7개나 된다. 연고가 필연적으로 있을 때는 대승행으로 생각해 보자는 것이다.

범연 : 범상한 일, 범연한 일로서 대수롭지 않은 일을 泛然이라 한다. 혹은 사사로운 일을 범연하다고 한다.

공연 : 어떠한 까닭이나 필요성, 이유도 없이 혹은 쓸데없이 라는 의미로서의 空然은 주로 '공연히' 라는 부사로 쓰인다.

관련 법문

「(대종사 스스로 습종 병이 별거 아닌 줄 알다가 심해지면 늦게야 치료에 정성이라는 예화) 만약 자기의 병이 고쳐지지 않으면 신명이 위태로울 것과 폐인이 될 줄 알면 의사의 지시에 절대적으로 복종하여 치료할 것이다. 선원 제군이 이곳에 모인 것은 육신병자의 입원하는 것과 다름없다. 제군은 心病이 들었으며 심병 중에도 여러 가지 종류가 있으니 각자의 병의 증상을 알아야 한다. 의사가 아니면 육신병을 치료할 수 없다는 깨우침과 같이 선생이 아니면 마음병을 고칠 수 없다는 깨우침이 있으면 충고의 말과 책망이 있을지라도 달게 받고 감사할 것이다」(월말통신 12호 법설).

「나는 여기 들어와서 세세생생 이 회상을 떠나지 않고 대종사님을 떠나지 않는다는 최대의 정성과 신심을 가지고 스승님들께 배워 나갔다」(대산종사법문 3집, 제1편 신성 81장).

보충 해설

모든 일은 자신의 관심 여하에 따라 성취 여부가 달려 있듯, 수도인에게는 적공의 노력과 진리에 대한 관심이 중요하다. 내가 성불제중을 해야만 하는 사실을 깨닫는 것이 필요하다. '나는 종교인' 이라는 관계성 때문이다. 이를 모르면 신앙 수행에 정성심이 나지 않는다. 자신과의 신분 및 직업상 이해관계가 얽히면 더욱 관심을 갖고 정성스럽게 임한다는 뜻이다. 우리가 신문을 펼쳐 보이면 관심 없는 곳에 시선이 가질 않지만, 나의 건강과 관련되는 기사, 교단 기사 등에 시선이 가는 것은 사실이다. 나의 건강이 약화되었을 때 좌우 동지들의 견해에 깊은 관심을 보이고 치료에 정성을 보이는 것도 건강을 잃으면 생명을 잃기 때문이다. 이 원리를 마음공부에 관련해 본 것이다.

주석 주해

「일시적 흥미보다 생활에 어떻게 도움이 되는가를 생각해서 한 가지 행동이라도 해야 한다. 기분대로 움직여서는 안 된다. … 공중일이 잘 안 되는 것은 자기와 직접 관계가 없다고 보기 때문이다. 그러나 이 것은 소극적 생각이며 공중을 먼저 생각해야 한다」(박길진, 『대종경 강의』, 원광대출판국, 1980, p.83).

「공부하는 사람이 공부에 정성이 있는 것은 그 공부가 자기의 앞날에 중대한 관계가 있는 것을 아는 연고라 하였다. 공부하는 사람은 특별한 서원과 특별한 계획이 있어야 공부하는 데에 지극한 정성이 있게 된다. 지극한 정성이 있어야 서원과 계획이 실현되는 것이다」(한종만, 『원불교 대종경 해의』(上), 도서출판 동아시아, 2001, pp.194-195).

문제 제기

1) 정산종사는 응기편 46장에 "誠爲萬德之宗" (정성은 모든 덕의 조종이다)이라고 하였는데, 이의 뜻은?

2) "정성이 능력이다" (한울안 한이치에, 7장. 기연따라 주신 말씀50장)라는 법어의 뜻은?

[수행품 6장] 큰 발심자의 자세

핵심 주제

큰 발심자의 자세

「큰 공부의 발심」(원불교 대종경 해의 上, 한종만).

「큰 발심을 낸 사람은 작은 욕심을 내지 말라」(교전공부, 신도형).

대의 강령

사자를 잡으려는 포수는 토끼를 보아도 총을 쏘지 않는다. 작은 짐승을 잡으려다가 큰 짐승을 놓치기 때문이다.

1) 큰 공부에 발심한 사람도 큰 발심에 방해 될까봐 작은 욕심을 내지 않는다.

2) 성불을 목적하는 공부인은 세간의 탐착을 불고하여야 그 목적을 이루니, 큰 발심자는 작은 욕심을 내지 말라.

출전 근거

이공주 수필 법문이다.

어구 해석

포수 : 짐승을 사냥하는 사냥꾼을 砲手라 한다. 포수 중에는 재미로 잡는 경우와 식량 대용으로 잡는 경우가 있다. 소태산이 포수 자체를 강조한 것은 아니며 비유적으로 예를 든 것이다. "연고 없이 살생을 하지 말며" 라는 계문이 있으므로 원불교에서는 사냥을 금지한다.

발심 : 발보리심을 發心이라 한다. 원불교에 귀의하여 성불제중이라는 서원을 세우고 이의 목적 달성을 위해 발분 노력하는 마음 자세를 말한다. '初發心是便正覺' (의상대사의 법성게)이라는 말이 있듯이 발심을 하기만 해도 정법에 귀의하게 되며, 이에 지속 분발하면 곧 깨달음에 이를 수 있다. 도중에 퇴굴심을 내지 않고 계속 적공하는 일이 과제로 남는다.

소소 : 자질구레한, 혹은 사소한 것을 小小라 한다. 소소함이라든가 소소곡절이란 용어가 쓰인다.

애석 : 인간의 감정에는 희로애락이 있듯이 슬프고 안타깝다는 뜻을 哀惜이라 한다. 발심을 한 후 중도에 퇴굴심을 내어 서원을 망각할 때 참으로 애석한 일이라 본다.

관련 법문

「성불제중이라는 큰 목적을 세운 사람은 소소한 물질, 명예, 대우 같은 것에는 절대로 끌리지 말아야 한다. 가령 전무출신한 사람들로서 특별한 명예와 대우를 받고 싶다는 등 불의한 욕심이 발하거든 성불제중이라는 서원을 이루기 위하여 왔다는 서원을 생각해야 한다」(이공주 수필 법설집).

「큰 원을 발함이니, 원하는 마음이 지극하면 만 가지 세상 인연이 앞에 가로놓여도 보되 보이지 않고 조금도 마음에 걸리지 않기를 서가세존께 한 번 대도에 발심하매 왕궁의 낙과 설산의 고가 조금도 마음에 머물지 않듯 하는 것이요」(정산종사법어, 경의편 66장).

보충 해설

욕심이란 누구나 갖고 있는 것이다. 노자는 아예 욕심이 없는 無欲을 강조했고, 맹자는 욕심을 절제하라는 의미에서 節欲을 강조했다. 하지만 소태산은 욕심을 없앨 것이 아니라 큰 욕심 즉 大欲을 가지라고 하였다. 보다 큰 욕심이란 세속에 대한 애착 탐착보다는 성불제중의 대서원일 것이다. 『수심정경』에 밝혀져 있는 大願心(立志不動者는 一發大願心이니 願心이 已極하면 則千萬世緣이 雖當面橫在라도 視若不見하야)으로 물욕을 극복하여 성불제중, 제생의세를 이뤄야 한다.

주석 주해

「세상에 나서 흐릿하게 살아서야 되겠는가? 大欲은 無欲이다. 사리사욕을 없애고 公利公欲을 가져야 한다. 일체의 욕심을 없애라 함은 무용지물이 되라는 말이 아니라 좋은 가지를 살리기 위해서 나쁜 가지를 끊자는 것이다」(박길진, 『대종경강의』, 원광대출판국, 1980, p.84).

「큰 욕심을 이루려면 작은 욕심은 버려야 한다. 큰 마음공부를 이루려면 작은 욕심인 세간에 탐착을 불고해야 하는 것이다」(한종만, 『원불교 대종경 해의』(上), 도서출판 동아시아, 2001, p.195).

문제 제기

1) 우리는 욕심 속에 살 수밖에 없는데 욕심을 없애라는 뜻은?
2) 사자를 잡으려는 포수는 토끼를 보아도 총을 쏘지 않는 이유는?

[수행품 7장] 예회 참여의 중요성

핵심 주제

예회 참여의 중요성

「법회의 소중성」(원불교 대종경 해의 上, 한종만).
「예회와 생활」(교전공부, 신도형).
「공부와 생활은 상호 향상의 관계」(원광 221호, 조정중).

대의 강령

영광의 교도 한 사람이 품삯 얼마를 벌기 위하여 예회 날 교당 근처에서 일하는 모습을 보고 대종사 말하였다.

1) 예회는 날마다 있는 것이 아니므로 공부에 참 발심이 있는 사람이면 예회 참여에 등한히 해서는 안 된다.

2) '교당내왕시주의사항' 도 있듯이 예회 날 정성스런 참여 속에 사심이 없이 공부한다면 자연 먹을 것이 생기는 이치도 있다.

3) 예를 들면 어린아이가 그 어머니의 배 밖에만 나오면 안 나던 젖이 나와져서 그 천록을 먹고 자라나는 것과 같다.

출전 근거

『월보』 42호(원기 17년)와 『월보』 43호(원기 17년)에 실린 법설이다.

어구 해석

영광 : 소태산 대종사가 태어난 지역이므로 원불교의 탄생성지요 근원성지가 있는 곳이다. 곧 전남 영광군 백수면 길룡리 영촌 마을은 소태산의 고향이다. 대종사는 회상 창립차 영광 안팎을 자주 드나들었다. 한 예로 시창 13년 9월 18일 오전 6시 50분 열차에 경성으로부터 환관하였는데 박사시화가 배종하였으며, 추계기념을 지내고 9월 27일 오후 2시 55분 열차로 靈光을 행가하였다(월말통신 7호). 영광은 과거로부터 불연이 깊었던 지역으로, 소태산이 꿈에 보았다는 『금강경』을 영광의 불갑사에서 구하였으며, 해불암 수도암 불영대 은선암 연흥사 등 불연 깊은 사찰이 있다. 「정주라 고요히 삼천년 기다린 터, 빛나다 영광 땅 억만년 우리성지」라는 성가 가사를 새겨 보자.

교도 : 원불교에 정식 입교하여 교도증을 받고 신앙하는 사람을 教徒라 한다. 교도는 출가교도와 재가교도로 나뉘는데, 전무출신을 한 경우를 출가교도, 출가하지 않고 교당 법회에 나오는 일반 신앙인을 재가교도라 한다. 교도가 되면 4종의무 곧 조석 심고, 법회 출석, 보

은 헌공, 입교 연원의 의무를 실천해야 한다.

예회 : 초기교단의 例會에는 열흘 간격(6일, 16일, 26일)으로 법회를 보았으며, 오늘날은 보통 일요일에 예회를 본다. 소태산 총재가 서울(경성출장소, 원기 11년 설립)에 와서 법회를 볼 때는 그 큰 체구가 방안 가득 차는 듯하였다. 법회 시작하기 전에 총재선생은 꼭 실내 질서를 바로잡았다. "거, 노인 양반들은 내 옆으로 오고, 젊은 부인들은 저만치 문켠으로 가 앉으시오." 예회 때의 구전심수가 중요하다.

기한 : 가난하여 배고프고 추운 상태로서 먹고 입을 것이 없어 고통스러운 상황을 飢寒이라 한다. 초기교단의 한 모습이었다.

천록 : 인위적 봉급의 人祿에 상대되는 말이 天祿으로, 지성으로 인과의 이치를 실천하면, 하늘이 감응하여 봉록을 내린다는 말에서 나온 말이다. 갓난아이가 태어나면 모유라는 천록이 내리며, 수도인이 성불제중 제생의세에 지성으로 다가서면 천록이 내린다.

교당내왕시주의사항 6조 : 원불교의 훈련법에는 정기훈련법과 상시훈련법이 있는데, 이 상시훈련법에는 상시응용주의사항 6조와 교당내왕시주의사항 6조가 있다.

관련 법문

「매 예회 날에는 모든 일을 미리 처결하여 놓고 그 날은 교당에 와서 공부에만 전심하기를 주의할 것이요」(정전, 제2장 정기훈련과 상시훈련, 제2절 상시훈련법, 교당내왕시주의사항 5조).

「한 때 종사주 영산 정사에 계옵실 때 부근 회원 중 몇 사람이 예회 날임에도 불구하고 회관 근처에 와서 나락짐을 져서 돈벌이하고 있는 것을 보시고 그 無각성함을 통탄하시와 아래와 같이 말씀하옵시다. … 방금에 예회를 보지 않고 일에만 전력하는 저 회원들도 이 이치를 알지 못하므로 다만 육신의 노력으로만 벌려하고 참으로 큰돈을 벌게 하는 이 지혜의 공부에는 저와 같이 등한하니…」(월보 43호 법설, 원기 17년).

보충 해설

돈 버는 것만 목적으로 하여 예회에 참석하지 않는 것은 육신의 양식은 마련할 줄 아나, 정신의 양식은 마련할 줄 모르는 소치이다. 예회를 등한히 하거나 공무로 인해 혹 예회에 빠질 경우가 있는데, 어떠한 명분으로 빠지는가를 성찰해 보아 긴급한 공무가 아닌 이상 예회에 참석하는 자세가 요구된다. 교도가 법회에 빠지면 곤란하듯, 혹시라도 종교 지도자들이 예회에 빠지는 일을 대수롭지 않게 생각한다면 이는 무언가 크게 잘못된 사고이다. 부득이한 일이 아닐 경우, 일요 법회에 빠지는 교도나 교역자들이 있다면 상기해야 할 일이다.

주석 주해

「미국은 일월화수목금토의 순으로 생각한다. 일요일에 정신의 양식을 먹고 6일 동안 지낸다. … 수지를 맞춰서 하다못해 짚으로 새끼라도 꼬고 신이라도 삼으면 노는 날이 없을 것이다. 이렇게 평소에 놀지 않고 일을 하고 일요일에는 법회에 나간다」(박길진, 『대종경강의』, 원광대출판국, 1980, pp.85-86).

「어떤 사람이 돈을 벌기 위해서 예회에 참석하지 않았다. 먹을 것이 없어서 부모처자를 굶겨서 죽일 경우라면 일을 해서 생활을 도모해야 되지 않겠는가라는 문제가 있다. 9일간 열심히 일을 했다면 하루의 먹을 것이 준비되지 않을 수 없다. 그 사람의 정신 자세가 문제이다」(한종만, 『원불교 대종경 해의』(上), 도서출판 동아시아, 2001, p.196).

문제 제기

1) 공사로 법회를 빠지는 경우가 있는데, 이 때 공사의 표준은?
2) 교당마다 사정 따라 법회일의 변경과 휴회는 가능한 일인가?
3) 매주 참예하는 법회의 중요성은 무엇인가?

[수행품 8장] 공부인의 돈 버는 방식

핵심 주제

공부인의 돈 버는 방식
「마음공부와 돈 버는 방식」(원불교 대종경 해의 上, 한종만).

「공부와 생활을 향상시키는 법」(교전공부, 신도형).
「가난을 부르는 병」(원광 101호, 박광수).

대의 강령

대종사, 돈 버는 방식을 일러 주겠다.

1) 돈 버는 방식은 밖의 기술이 아니라 안으로 마음 쓰는 법이니, 우리의 교법이 돈 버는 방식이다.

2) 세인들의 생활은 주색잡기, 허영 외화, 나태 및 신용 없는 것으로 상실되는 돈과 재산이 크다.

3) 예회에서 모든 법을 배워 몇 가지만 실행할지라도 돈이 새어 나가지 않고 근검과 신용으로 재산이 불어난다.

4) 세인들은 공부와 돈 버는 것이 관계없는 줄로 알지만, 돈을 벌자면 예회에 잘 나와야겠다는 신념을 얻어 공부와 생활이 향상된다.

출전 근거

『월보』 43호(원기 17년)와 『회보』 18호(원기 20년)에 실린 법설이다. 『회보』 18호에는 「돈을 버는 방식」이라는 제목의 법설이며, 『월보』 43호는 「거미보다 못한 사람」이라는 제목의 법설이다.

어구 해석

주색 : 각 종교의 계문에 자주 등장하는 금기조항이며, 원불교의 경우 연고 없이 술을 마시지 말며, 간음을 하지 말며, 두 아내를 거느리지 말며 조항 등이 酒色에 해당된다.

잡기 : 도박에 관련되는 용어로서, 화투 카드 마작 등을 통해 내기를 하고 거기에 정신을 온통 소모하는 행위를 雜技라 한다. 잡기로 정신을 소모하면 가패신망은 물론 요행수로 남을 속이게 된다.

관련 법문

「오철환이 여쭈었다. "어떻게 하여야 공부를 잘 할 수 있겠습니까?" "예회에만 빠지지 말고 다니라" 」(한울안 한이치에, 제7장 기연따라 주신 말씀 34장).

「원기 19년 동선해제 때에 대종사께서 친히 신분검사를 하셨다. 이때 정산종사의 혜수 · 혜시는 다음과 같다. 혜수 : 1세로부터 7, 8세까지 1년에 10원씩 80원, 8세로부터 18세까지 1년에 70원씩 700원, 공부하러 나온다고 논밭 팔아서 700원, 남은 돈 그럭저럭 쓴 것 30원, 절에서 5년간 먹은 것 300원, 영산에서 1년 100원, 각 처에서 받은 것 200원, 10년간 매년 100원씩 1,000원, 시계(혈인기도 때) 30원(이상 35년간의 혜수 합계 3,150원). 혜시 : 가족이나 외인이나 넉넉잡고 200원, 교단에 일한 것으로 2,220원(이상 혜시 합계2,420원)」(한울안 한이치에, 제9장 오직 한길 16장).

보충 해설

世人들의 돈 버는 방식만으로는 충분하지 못하며, 도가에서 道 공부를 잘 하면 더욱 돈을 잘 벌 수 있다는 것으로, 돈 버는 원리를 알라는 가르침이다. 그리고 돈 버는 일을 도가에서 무조건 금기시해서는 안 되며, 다만 돈을 우상화하는 세인들의 마음을 '예회' 등을 통해 정화시킬 일이다. 돈이 많아서 돈을 맘대로 쓰고 먹고 싶은 것 마음대로 먹고, 쓰고 싶은 것 마음대로 쓰는 사람만이 행복하지는 않기 때문이다. 물질에만 만족하며 살아가는 것으로 행복할 수는 없다. 정신적 가치가 소중하며, 이에 법회에의 흥취야말로 행복 가치를 창출하는 근간이 되며, 이를 돈으로는 살 수 없다.

주석 주해

「예회를 보는 것은 마음의 양식을 준비하여 다음의 생활을 새롭게 잘하기 위해서이다. … 마음 하나 잘 쓰고 못쓰고 하는 데서 큰 복이 오고 간다」(박길진, 『대종경강의』, 원광대출판국, 1980, p.87).

「정신과 경제의 쌍전을 위해서는 좀 더 거시적 안목을 가져서 사회풍토에다가 교화의 초점을 맞추어야 한다. … 대종사님의 돈 버는 방식에 대한 말씀은 힘없는 개인이 저항하지 않도록 유도하면서 동시에 사회풍토 개선을 통해서 풍요로운 세상을 개설하도록 하는 정신운동으로 받아드리고 해석함이 바람직하다」(박광수, 「가난을 부르는 병」, 『원광 자료모음집』-대종경편 1, 월간원광사, 1990, p.341).

문제 제기

1) 돈은 필요하지만 지나치게 돈을 우상화하여 부당한 방법으로 버

는 경우가 있는데, 종교인으로서 이들을 교화하는 방법은?
2) 원문대로 '신용 없는 것으로 상실되는 재산' 이란?
3) 예회에 나가면 돈 버는 방식을 안다고 했는데, 무슨 뜻인가?

[수행품 9장] 동정일여의 무시선 공부법

핵심 주제

동정일여의 무시선 공부법
「동정일여의 무시선」(원불교 대종경 해의 上, 한종만).
「동정일여의 무시선 공부」(교전공부, 신도형).
「동정간 끊임없는 삼대력 공부」(원광 222호, 조정중).

대의 강령

조용히 좌선 염불, 경전이나 읽는 것만 공부로 알고 실지생활에 공부가 있는 것은 모르니, 어찌 내정정 외정정의 큰 공부법을 알겠는가. 따라서 동정일여의 무시선 공부의 방법이란?
1) 이일 저일에 끌리지 않으면 일심공부이다.
2) 알음알이를 순서 있게 구하면 연구공부이다.
3) 불의에 끌리는 바가 없게 되면 취사 공부이다(외정정).
4) 한가할 때 염불 좌선, 경전 연습으로 연구에 전공한다(내정정).
5) 동정간 간단없이 순서를 얻어 삼대력을 얻는다.

출전 근거

김형오 수필『회보』41호(원기 23년)의「간단없는 공부」법설이다.

어구 해석

내정정 : 안으로 마음이 부동하여 사심 잡념이 없고 고요한 상태를 內定靜이라 한다. 온갖 경계에도 요동하지 않고 定力으로 내면의 평온한 상태를 유지하는 정신수양 공부가 이것이다.

외정정 : 바깥 경계에도 부동하는 마음공부를 外定靜이라 한다. 定靜의 공부에는 외정정과 내정정의 공부가 있는데, 내정정은 안으로 부

동하는 정신수양의 공부라면, 외정정은 밖으로도 부동하는 정신수양의 공부이다. 따라서 외정정 공부는 정신을 요란하게 하는 外境에 대해서 망령된 사유나 행위를 극복하는 것을 말한다.

자성 : 본래부터 갖추어 있는 성품으로, 불성이 여기에 해당된다. 자신에게 갊아 있는 본래면목으로서 自性이 발현되면 지혜 광명이 비추게 되며, 그러할 경우 수도인으로서 자성 극락을 누리게 된다.

조리 강령 : 주의주장의 본래 법칙, 이론의 원리, 교리의 실천 조항, 일반 법칙의 조약에 있어 표준이 되며 전거가 되는 논리 정연함을 '條理' 라고 한다. 또 '綱領' 이란 일의 줄거리, 이론의 핵심 항목 등을 말한다.

동정일여 : 원불교 교리표어 중에 動靜一如와 영육쌍전이 있으며, 동정일여는 동할 때와 정할 때 한결같은 마음으로 임하는 것을 말한다. 동정간 불리자성하는 마음공부가 이것이다.

무시선 : 교리표어 중에 無時禪과 무처선이 있으며, 무시선이란 일정시간에 구애되는 선(좌선)이 아니라 언제나 하는 선을 말한다. 무시선의 강령을 보면, "육근이 무사하면 잡념을 제거하고 일심을 양성하며, 육근이 유사하면 불의를 제거하고 정의를 양성하라" 이다. 일이 있든 없든 일상생활에서 일관되게 禪의 심경으로 임한다는 뜻이다.

관련 법문

「수양이 깊은 큰 도인들이 경계를 당하는 것은 마치 큰 바다가 바람을 만나되 겉은 동하나 속은 여여한 것 같은 것이다. 설혹 큰 경계를 당하여도 그 마음이 움직이지 아니하고 설혹 마음이 움직이더라도 본성에 가서는 조금치도 흔들리는 바가 없어서, 항시 동하여도 항시 정하고, 항시 정하여도 항시 동하여 동정이 한결같은 것이다」(대종경 선외록, 일심적공장 7장).

「외정정과 내정정에 대하여 말씀하시기를 "외정정은 밖으로 입지가 부동하게 하는 공부인 바, 첫째는 큰 원을 발함이니, 원하는 마음이 지극하면 만 가지 세상 인연이 앞에 가로놓여도 보되 보이지 않고 조금도 마음에 걸리지 않기를 서가세존께 한 번 대도에 발심하매 왕궁의 낙과 설산의 고가 조금도 마음에 머물지 않듯 하는 것이요. … 내정정은 안으로 마음이 요란하지 않게 하는 공부인 바, 첫째는 염불 좌선할 때와 일체 일 없는 때에 어지러운 생각이 일어나지 않게 하여 그 일심을 기르는 것이요」(정산종사법어, 경의편 66장).

보충 해설

定靜이란 고요함을 간직하여 오롯한 수양력을 얻는 공부법이다. 정신 충일을 추구하는 내정정과 외정정에 의해 동정일여의 '무시선' 과 연결하는 것이 원불교의 참된 수행법이다. 아울러 정기훈련과 상시훈련을 잘하는 것도 內外 定靜의 공부이다. 정산종사는 동정간 물아의 구분을 놓는 공부는 정할 때에는 원만 구족한 진경이 주가 되고 동할 때에는 지공무사한 마음이 주가 된다(한울안 한이치에, 일원의 진리 22장)고 하여, 동정간 분별심 없는 내외 定靜을 말하였다. 이러한 정정 공부는 부동심의 수양력 함양으로서 성불의 문에 한껏 다가선다.

인물 탐구

송규 : ☞서품 6장 참조.

주석 주해

「경을 많이 읽고 법회에 빠지지 않는다 해도 실천이 미흡하고 사리를 당하여 어두우면 안 된다. 원불교인은 24시간 간단없이 공부해야 한다. … 동정일여, 무시선법으로 단련하라」(박길진, 『대종경강의』, 원광대출판국, 1980, p.89).

「정정공부란 마음을 어느 한편에 집착하지 아니하여 자성의 착이 없는 자리를 알고 일이 있을 때에나 없을 때에나 착이 없는 中正의 자리를 여의지 아니하고 활용하는 行을 말한다. 이러한 공부 표준으로 경계 없을 때에는 내정정 공부로 대치하고 경계 있을 때에는 외정정 공부로 대치하여 그 공부하는 대중심이 동과 정에, 또는 이와 사에 구애받지 아니하고 한결되게 진행되는 것을 큰 공부라 한다」(조정중, 「동정간 끊임없는 삼대력 공부」, 《원광》 222호, 월간원광사, 1993, p.52).

문제 제기

1) 내정정과 외정정의 의미는 무엇인가?
2) 삼학과 내정정 외정정의 관계는?

[수행품 10장] 동정간 공부의 표준

핵심 주제

동정간 공부의 표준
「동정일여」(원불교 대종경 해의 上, 한종만).
「동정간의 공부 대중」(교전공부, 신도형).

대의 강령

일이 없을 때는 일 있을 때를 준비하고, 일이 있을 때는 일 없을 때의 심경이 필요하다.
1) 일 없을 때 일 있을 때를 준비 못하면 일을 당해 창황 전도한다.
2) 일 있을 때 일 없을 때를 준비하지 않으면 판국에 얽매인다.

출전 근거

송도성 수필 『회보』 55호(원기 24년), 「무사시와 유사시」 법설이다.

어구 해석

일이 없을 때 : 일 없을 때는 靜할 때이며, 또 대종사 당대는 농경사회였던 만큼 겨울과 같이 일이 없을 때를 말하기도 한다. 한가할 때나 농한기에 사람들이 시간활용을 잘 못하던가, 주색잡기에 빠지는 것에 대해 환기성 차원의 언급이다. 이에 일 있을 때나 일 없을 때 동정일여의 공부심을 갖는 것이 필요하다.
창황 전도 : 어찌할 바를 모를 정도로 정신이 없고 급박한 상태를 蒼惶이라 하며, 일을 그르치는 경우를 顚倒라 한다.

관련 법문

「동정간 물아의 구분을 놓는 공부는 정할 때에는 원만 구족한 진경이 주가 되고 동할 때에는 지공무사한 마음이 주가 된다」(한울안 한 이치에, 제3장 일원의 진리 22장).

「나가대정이란 龍象大定을 말함이니 크고 큰 定이라는 뜻으로 동정 간에 끊임없는 大定을 말하는 것이다. 그러므로 나가대정은 定靜만을 편벽되이 닦아서 얻어지는 것이 아니요, 동정 간에 끊임없이 삼학수행을 병진하여 삼대력을 얻는 것이다」(대산종사법문 3집, 제3편 수행 14장).

보충 해설

동정일여의 공부법으로, 대각여래위에는 動하여도 분별에 착이 없고 靜하여도 분별이 절도에 맞는 사람의 위임을 참고해 보자. 그리고 「상시응용주의사항」을 보면, 응용하기 전에 응용의 형세를 보아 미리 연마하기를 주의할 것이요(2조), 노는 시간이 있고 보면 경전 법규 연습하기를 주의할 것이요(3조), 석반 후 살림에 대한 일이 있으면 다 마치고 잠자기 전 남은 시간이나 또는 새벽에 정신을 수양하기 위하여 염불과 좌선하기를 주의할 것이요(5조) 등의 법어를 참조하여 동정간 물샐틈없는 공부법으로 심성수양 및 기질단련이 필요하다.

주석 주해

「일이 없다고 무료하게 헛 시간을 보내서는 안 된다. 시간 여가가 있으면 염불, 좌선, 관경, 기타 교리연구 등을 해야 한다. … 일이 있을 때는 없을 때의 심경으로 임해야 하지만 그렇다고 아주 등한하다는 말이 아니다. 순수한 마음에 바탕하여 삼대력을 들이대라는 말이다」(박길진, 『대종경강의』, 원광대출판국, 1980, p.90).

「남북조 시대의 승조는 동과 정이 둘이 아닌 경지를 밝혔고 송나라 때 주렴계도 태극도설에서 동과 정이 둘이 아닌 경지를 밝혔다. 아침에 좌선을 하는 것은 활동할 때 선의 심경을 가지려고 하는 것이다. 좌선했을 때의 마음이 바탕이 돼서 하루를 살아야 되는 것이다. 일이 없을 때 일이 있을 때를 준비하는 것은 정하여도 분별이 절도에 맞는 경지이며, 일 있을 때 일 없을 때의 심경을 갖는 것은 동하여도 분별에 착이 없는 경지이다」(한종만, 『원불교 대종경 해의』(上), 도서출판 동아시아, 2001, pp.203-204).

문제 제기

1) 우리는 동정 간 준비 공부에 얼마나 정성을 들이대는가?
2) 일 있을 때 일 없을 때를 준비하지 않으면?

[수행품 11장] 공부인과 비공부인의 삼학

핵심 주제

공부인과 비공부인의 삼학
「삼학의 큰 공부길과 정성」(원불교 대종경 해의 上, 한종만).
「공부인과 비공부인의 삼학공부」(교전공부, 신도형).

대의 강령

전음광이 비공부인은 삼학을 이용하여 방심하므로 진보가 없으나, 공부인은 삼학을 계속하는 까닭에 큰 인격을 완성한다고 하니 대종사, 일생의 방향 선택이 중요하다며 이에 말했다.
1) 기계를 연구한 사람은 발명이 나타나게 될 것이요, 좌선에 힘쓴 사람은 定力을 얻을 것이요, 무료도일한 사람은 성과가 없다.
2) 어떤 이는 공부에 뜻이 적고 광대소리 하기를 즐겨하여 언제나 그 소리더니 백발이 되도록 그 소리를 놓지 못하고 명창 노릇하였다.
3) 나는 어렸을 때부터 진리에 취미를 가져 명상에 잠겼으며, 정성이 쉬지 않은 결과 진리생활을 하게 되었다.

출전 근거

김대거 수필 『회보』 45호(원기 23년)의 「積之爲大」 법설이다. 『선원일지』(경진동선, 원기 25)에는 「삼학을 공부한 사람과 하지 않은 사람」으로 실려 있다. 또 묵산수필 『법설집』에 실린 법어로 1938년 2월 21일 저녁 선원에서 설한 법어이다.

어구 해석

무료도일 : 쓸데없이 허송세월을 보내는 것을 無聊度日이라 한다. 재가 출가로서 보은 봉공의 감사생활을 하지 않고 빚지는 생활을 할 경우가 이에 해당한다.

명창 : 창을 잘 부르는 가수 또는 국악인을 名唱이라 한다.

관련 법문

「1시간이라는 시간이 쌓여서 한 평생이 된다. 한 가지 잘하고 잘못함이 쌓여서 선악의 인품이 이루어지나니 짧은 시간이라 하여 등한히 하며 작은 행실이라 하여 소홀히 할 바이랴. … 사람의 일생에 있어 방향 선택이 중대한 것이며 방향을 정하여 옳은 데에 입각한 이상에는 사심 없이 목적하는 바에 노력을 계속해야 성공할 것이다」(회보 45호 법설).

「철학박사 박종홍이 대종사의 게송을 보고 감탄하였다는 말을 들으시고 말씀하셨다. "그 분은 철학자이니 게송을 보고 감탄한 것이나 앞으로 윤리학자는 사은을 보고 감탄할 것이요, 사회학자는 사요를 보고 감탄할 것이며, 종교가의 수행인은 삼학과 팔조를 보고 감탄할 것이다"」(한울안 한이치에, 제3장 일원의 진리 108장).

보충 해설

각자의 흥미와 관심에 따라 미래 자신의 행로가 정해진다. 이에 우리는 종교인으로서 깨달음을 향한 진리 연마의 공부를 선택하였다. 법신불 사은 신앙과 삼대력 적공에 진력하는 일이 우리에게 남아 있다. 물론 비공부인도 삼학을 이용하게 되나 이는 正道가 아니니 바람직하지 않다. 이를테면 도둑이 열쇠를 따는 방법에 몰두하는 것도 삼학 대중을 잡는 것이요, 소매치기가 물건 훔치는 것에도 일심 알음알이 취사가 필요하다. 그러나 이는 인도정의의 법칙을 벗어난 것이다.

인물 탐구

전음광(1909-1960) : 본명은 세권이며 법호는 惠山이다. 혜산은 전북 진안군 마령면 평지리에서 전영규 선생과 전삼삼 정사의 외아들로 태어났다. 어린 시절 6세 때부터 서당에 다니며 한문을 익혔으며, 결혼도 일찍 하였다. 10세 때 5살 위인 권동화와 결혼하였다. 원기 9년(1924)에 모친 전삼삼의 인도로 소태산의 제자가 되어 은부자의 연을 맺고 출가를 단행했다. 그해 봄에 전주 완산정으로 이사를 하게 되었으며 그의 사가가 불법연구회 창립발기인의 모임 장소가 되기도 하였다. 익산총부 건설 때 혜산은 익산본관에 사가를 지었으며, 또 여기에 서 제1회 정기훈련 선방으로 제공되기도 하였다. 그는 낭낭한 목소리로 대중을 감복시키고 또 외교에도 능하였으며, 교단 초창기에 원불교 초기교서 발행에도 기여를 하였다. 혜산은 원기 13년, 교단 초기 기관지인 『월말통신』과 『회보』 등을 통해 83편에 달하는 회설을 쓰기도 하였다. 이처럼 그는 초기교단의 기관지를 발간하면서 일제의 감시를 받는 등 이리 고등계 형사에게 연행되어 고초를 겪기도 하였다. 또한 혜산은 카메라를 들고 다니며 소태산 대종사 및 교단의 역사적 사진을 찍기도 하였다. 불법연구회 당시 젊은 청년들 중 나이가 제일 위인 사람이 조갑종(1905년생)이고, 두 살 아래가 송도성, 그리고 전음광과 서대원은 동년배(1909)였다. 그의 친딸 전팔근 교무도 전무출신을 하여 해외교화에 많은 기여를 하였다(송인걸, 『대종경속의 사람들』, 월간원광사, 1996, '전음광' 참조).

주석 주해

「조금이라도 무슨 일이나 큰 일을 하는 사람이면 자기 나름대로 삼학을 병행하고 있음을 볼 수 있다. 문제는 계속하느냐 못하느냐에 큰 차이가 있게 된다. 수행인은 의식적으로 단련하여야 한다. … 삼학공부를 평생 하고 보면 무엇인가 다른 사람과 다른 점이 있어야 한다. 특히 전무출신은 본분을 망각해서는 안 된다」(박길진, 『대종경강의』, 원광대출판국, 1980, pp.91-92).

「보통 사람들이 삼학 공부하는 것과 공부인들이 삼학 공부하는 것이 어떻게 다른가? 삼학 수행이 무엇인지도 모르지만 세상 사람도 내용적으로는 삼학 공부를 하고 있다. 삼학 공부를 안 하면 일이 잘될 수가 없다. 삼학 공부의 내용을 경험에 의해서 하고 있는 것이다」(한종만, 『원불교 대종경 해의』(上), 도서출판 동아시아, 2001, p.204).

문제 제기

1) 공부인과 비공부인의 차이란 무엇인가?

2) 비공부인의 삼학이란 무엇을 말하는가?

[수행품 12장] 禪의 목적과 강령

핵심 주제

禪의 목적과 강령

「선의 강령」(원불교 대종경 해의 上, 한종만).

「선의 목적과 그 강령」(교전공부, 신도형).

「망념을 쉬고 진성을 기르는 공부」(원광 223호, 조정중).

대의 강령

禪이란 망념을 쉬고 진성을 길러서 오직 공적영지가 앞에 나타나게 하는 것이다. 선의 강령은 다음과 같다.

1) 적적한 가운데 성성은 옳고 적적한 가운데 무기는 그르다.

2) 성성한 가운데 적적은 옳고 성성한 가운데 망상은 그르다.

어구 해석

선종 : 교종과 쌍벽을 이루었던 불교의 한 종파이다. 교종은 교리의 이해로써 불경 내용에 의지하는데 반해서 禪宗은 불립문자 직지인심 견성성불로써 깨달음을 얻고자 한다.

공적영지 : 진공 묘유와 더불어 언급되는 말로서 空寂이란 텅 비고 고요하여 무어라 형언할 수 없는 진리의 본체라면, 靈知란 신령한 지혜 곧 반야지이며 진리의 분별성을 말한다.

적적성성 : 寂寂은 고요함이요, 惺惺은 분별의 세계를 말한다. 먼저 적적함으로써 분별 망상을 다스리고 이어 성성함으로써 혼침에 떨어짐을 다스린다. 적적함은 분별 이전의 상태로서 未發이라면, 성성은 已發과도 같이 의식이 또렷한 상태이면서도 妄想에 흐르지 않는 상태를 말한다. 그렇다고 적적은 무기가 아니며, 성성은 망상이 아니다.

무기 : 아무런 의식도 없는 상태로서 멍한 상태가 無記이다. 「定으로써 난상을 다스리고 慧로써 무기를 다스린다」(수심결 29장)는 법어가 있듯이, 무기공에 떨어질 우려가 있어 설해진 법어이다.

관련 법문

「수도인의 진면목은 항시 空空寂寂하고 念念不昧하여 진공 묘유가 되는 때이다」(대종경 선외록, 요언법훈장 9장).

「병상에서 글을 지으시니 "空寂靈知是自性 前後左右本蕩然" 이라, 번역하면 "공적하고 영지함이 이 자성이라, 전후좌우 본래부터 탕연하도다" 하심이요, 또 글을 지으시니 "自性中樞 萬法元平 本無去來 豈有苦樂" 이라 번역하면 "우리 자성 가운데, 만법 원래 평등해 본래 거래 없거니, 어찌 고락 있으랴" 」(정산종사법어, 생사편 29장).

보충 해설

禪의 개념은 무엇인가? 수기망념, 양기진성의 정신수양이 이와 관련된다. 곧 『정산종사법어』 경의편 19장에 「수양은 망념을 닦고 진성을 기름(修其妄念 養其眞性)」이라 표현하고 있다. 적적성성도 마찬가지이다. 원불교에서는 직접 묵조선에 대한 언급은 없지만 적적성성 성성적적의 불리자성의 선을 강조하고, 화두만 하는 선을 찬성하지 않는 것은 묵조선의 경향이라 하기도 한다. 묵조선(좌선)과 간화선(의두연마)의 좋은 점을 활용하는 원불교 수행의 장점이 발견된다.

주석 주해

「선사에게 수양법을 물으니 매일 마음속에 있는 주인공과 상면하라고 했다. 적적에 드는 공부를 해야 한다. 우리의 주인공이 나타나도록 해야 되겠다. 꼭 靜時에만 한한 것이 아니다. 動時에도 불리자성이 되도록 해야 한다」(박길진, 『대종경강의』, 원광대출판국, 1980, p.92).

「선 공부에 길들게 하는 요령 몇 가지를 선택한다면, 첫째 수면에서 깨어나는 요령을 체득해야 한다. … 둘째는 마치 오늘 시험에 응시하는 사람 같이 좋은 성적의 선을 이룰 수 있도록 다짐하고 십고한다. … 셋째는 선을 시작한 처음 10분간은 울 밖에서 울 안으로 입문하는 시간이므로 가장 일념을 모아야 한다」(조정중, 「망념을 쉬고 진성을 기르는 공부」, 《원광》 223호, 월간원광사, 1993, p.62).

문제 제기

1) 적적과 성성의 의미는?

2) 무기공에 떨어졌다는 뜻은?

3) 禪의 강령은?

[수행품 13장] 좌선의 목적과 주의사항

핵심 주제

좌선의 목적과 주의사항

「바른 선법」(원불교 대종경 해의 上, 한종만).

「선의 공덕과 그 주의점」(교전공부, 신도형).

대의 강령

잠을 참고 좌선을 하는 이유는 무엇인가의 질문에 권동화 사뢰기를, 번뇌를 가라앉히고 수양의 힘과 지혜광명을 얻기 위함이라고 하자, 대종사는 좌선할 때 주의사항에 대해 말하였다.

1) 방법을 알지 못하고 조급한 마음을 내지 말라.

2) 이상한 자취를 구하여 바르게 행하지 못하면 병을 얻는다.

출전 근거

『월말통신』 21호(원기 14년)의 「좌선의 필요와 방법」과 『회보』 15호(원기 20년)의 「좌선에 대한 법문」을 종합해서 13장, 14장, 15장으로 나눈 것이다.

어구 해석

온전 : 허점이 없으며 완전한 상태를 穩全이라 한다.

천지만엽 : 복잡다단하다는 뜻으로 천 가지와 만 잎사귀로서 무성한 나무와 잎사귀를 千枝萬葉이라 한다.

번뇌 : 사심 잡념으로 우리의 심신을 괴롭게 하는 것을 말한다. 煩惱는 망상 사념 미혹 무명 등을 포괄해서 언급할 수 있다.

좌선 : 결가부좌 혹 가부좌를 통해서 공적 영지 및 적적 성성의 경지를 얻는 것을 말한다. 坐禪은 원불교 정기훈련 11과목의 하나로서 염불과 더불어 정신수양의 과목이다. 이는 수승화강의 단전주 원리를 통해 심신을 고요하게 하여 삼매의 성취를 목적으로 한다.

사도 : 正道에 반대되는 것으로 사술 잡기 신비를 추구하는 종교의 교리를 邪道라 한다. 소태산은 사도라면 누가 박멸하지 아니하여도 자연히 서지 못하게 된다(전망품 10장)고 하였다.

관련 법문

「좌선이라는 것은 번뇌를 떼이고 무심 적적한 진경에 그쳐 순연한 근본정신을 찾아 양성시킴이니, 곧 언어가 도단하고 심행처가 멸한 곳으로 들여보낸 것으로써 비유하여 말하면 달이 그믐에 아주 어두워 버려야 초생달이 다시 나오듯이 사람의 마음도 그와 같이 온전하고 적적한 자리를 찾아 그쳐야만 성리의 진면목을 본 것이다」(회보 15호 법설).

「시자가 여쭈었다. "한 학인이 대종사님 입정 당시의 일을 생각하며 학문도 소용없고 오직 좌선만 해서 도를 통하려고 정진하는 것을 보고 한편에서는 비난을 하고 한편에서는 '혹시 알 수 있느냐' 고 하는데 장차 어찌 되겠습니까?" "스승의 지도를 받아야지. 저 혼자 그렇게 해서는 아니 된다." "옛날에는 獨覺도 하지 않았습니까?" "그때는 정법 회상이 없었으니 그랬지. 정법 회상이 이처럼 있는데 그래서 되겠느냐" 」(한울안 한이치에, 제8장 화합교단 62장).

인물 탐구

권동화(1904-2004) : 호는 동타원으로 전음광 대봉도의 정토회원이며, 시어머니는 성타원 전삼삼이다. 전북 장수군 산서면 오산리에서 권성수 선생과 김만공월 여사 사이에서 태어났다. 동타원은 어머니의 지도로 한글과 예절을 익혔으며 16세에 5살 아래인 전음광 대봉도와 결혼하였다. 시어머니인 전삼삼은 원기 7년 최도화의 인도로 봉래정사의 소태산을 뵙고 제자가 되었으며, 이듬해 외아들 전음광을 만덕산에 행가한 대종사께 인도하여 제자가 되게 하였다. 동타원은 중앙총부 동하선에 참석하여 회와 강연 등에 열성이었다. 동타원은 시어머니를 극진히 모시고 살면서 부군인 전음광을 전무출신에 권장하였다. 아울러 친동생인 권대호를 전무출신을 하도록 하였다. 동타원은 혜산과 더불어 사가가 중앙총부에 있던 관계로 소태산의 지도와 사랑을 많이 받았다. 큰딸 전팔근 교무가 초등학교를 졸업했을 때 소태산이 “이제 여기 와서 공부하라고 해라.” “아니요, 죽어도 여학교 보내야 겠어요.” 이에 소태산은 그날 공회당에서 “동화는 팔근이를 죽어도 가르친단다” 라고 공개하기도 하였다. 동타원 종사는 장수복을 타고났으며 2004년에 101세를 일기로 열반에 들었다(송인걸, 『대종경속의 사람들』, 월간원광사, 1996, ‘권동화’ 참조).

보충 해설

좌선을 할 때에 어렵게 느끼는 것은 호흡 및 사심 잡념과 수마, 좌선의 자세에 기인한다. 이 난관의 극복이 필요하며, 또 초보자에게는 결가부좌가 힘들 수 있으니 우선 반가부좌를 권할 일이다. 또 좌선을 할 때 기적이나 신비를 추구하지 말고 차근차근 사실적 도덕의 훈련을 상기해야 한다. 그리하여 좌선을 할 때 급히 이루려는 조급심이 금기의 대상이다. 무엇이든 급하게 서두르면 될 일도 안 된다.

주석 주해

「禪을 하고 보면 이상한 기틀이 나타난다. 선을 하게 되면 정신이 성성적적해지니 동정 간에 보통 사람과 다른 점이 있을 수 있다. 그러한 신기한 일에 빠지면 안 된다. 신기한 행동을 할 줄 아느냐, 모르느냐로 도인을 판단하지 말고, 일을 정심으로 잘 하느냐, 못하느냐로 판단해야 한다」(박길진, 『대종경강의』, 원광대출판국, 1980, pp.93-94).

「순일한 선법을 바로 행하라고 하였다. 졸림을 방지하려면 환장한 사람 눈 뜨듯이 해야 한다. 좌선에서 끊어야 할 것은 졸림과 잡념이다. 이것을 끊어야 적적 성성한 진경에 드는 것이다」(한종만, 『원불교 대종경 해의』(上), 도서출판 동아시아, 2001, p.214).

문제 제기

1) 좌선시간에 수마에 시달리는 경우가 많은데, 이의 극복 방법은?
2) 좌선 삼매에 들었다하여 신비한 자취에 도취하는 경우도 있는데?
3) 오는 잠을 참고 좌선하는 이유는?

[수행품 14장] 단전주 선법

핵심 주제

단전주 선법

「단전주법」(원불교 대종경 해의 上, 한종만).

「단전주와 화두연마」(교전공부, 신도형).

대의 강령

근래 선종은 禪의 방법을 가지고 시비를 벌이자, 대종사 말하였다.

1) 단전주 선법으로 수양 시간에는 온전히 수양만 한다.

2) 화두 연마는 적당한 기회에 가끔 한 번씩 하라.

출전 근거

『월말통신』 21호(원기 14년)의 「좌선의 필요와 방법」과 『회보』 15호(원기 20년)의 「좌선에 대한 법문」을 종합해서 13장, 14장, 15장으로 나눈 것이다.

어구 해석

단전주 : 단전이란 배꼽아래 2寸 지점으로 여기에 의식을 주한다는 것이다. 좌선법의 원류가 된 도교 수련법의 '丹田' 이란 말의 최초 문헌적 출현은 『황제내경소문』 가운데에 있는 「神遊上丹田」이란 표현이다. 원불교는 丹田住 선법을 좌선의 원리로 응용하고 있다.

화두 : 불교의 공안과 같으며, 원불교의 의두 성리와 같은 성격을 지닌다. 불교 임제종에서의 話頭 연마는 간화선이며, 원불교에서 자주 연마하는 화두로는 조주스님의 '만법귀일 일귀하처오' 이다.

관련 법문

「대종사의 살성은 특별히 부드럽고 윤활하시나 피부에 탈이 나면 잘 낫지 아니 하시었으며, 단전에는 작은 주발 뚜껑 하나 엎어 놓은 것 같이 불룩한 언덕이 져 있었다」(대종경 선외록, 실시위덕장 11장).

「선에는 바로 자성 극락문으로 들어가는 두 길의 선법이 있는데, 하나는 간화선이라. 천칠백 공안 가운데 각자의 마음 드는 대로 하나를 잡아들고 看하는 것인데 사량으로써 연구하는 것이 아니라 마음을 다른 곳으로 못 가도록 공안의 말뚝에 잡아 매어두는 선법이요, 또 하나는 묵조선이라. 이는 적적성성한 진여체를 묵묵히 관조하는 선법인 바, 단전에 마음을 주하여 수승화강이 잘 되게 하고…」(대산종사법문 1집, 1. 불교, 5. 禪).

보충 해설

원불교 좌선법에는 불교 선종의 화두 연마와 도교의 단전 수련법이 수용되어 있다. 정신수양인 염불 좌선 등을 통해 단전에 힘을 쌓아야 한다. 마음과 기운을 丹田에 주하되 한 생각이라는 주착도 없이 하여, 오직 원적 무별한 진경에 그쳐 있도록 하는 것이 좌선의 목적임을 알자는 것이다. 사실 『불교정전』의 좌선법은 『정정요론』의 대체를 수용한 것이며, 그 내용은 도교의 단전주선을 일부 흡수한 것이다. 어떻든 원불교 내에서 단전주 선법으로서 수양법으로 비전된 『수심정경』은 「영보국정정편」의 母本으로 송말 원초 鄭所南(1241-1318)의 『태극제련내법의략』을 발췌하여 구성된 것이라는 주장이 있다. 문제는 원류 파악도 중요하지만 원불교 단전주 선법을 토착화시키는 일이 중요하다.

주석 주해

「대종사는 간화선이 무엇인지도 모르고 간화선을 하였다. 바람과 구름이 왜 일어났느냐는 것은 화두 연마인 것이다. 이러한 화두 연마를 16년간 계속한 것이다. 임제종 계통은 간화선이고 조동종 계통은 묵조선이다. 묵조선 측에서는 간화선을 野狐禪이라 비판한다. 여우와 같이 의심에 치우쳐서 깊은 定에 들지 못한다는 것이다. 간화선 측에서는 묵조선을 흑산 鬼窟禪이라 비판한다. 컴컴한 굴속과 같이 무기공에 빠진다는 것이다」(한종만, 『원불교 대종경 해의』(上), 도서출판 동아시아, 2001, p.218).

「소태산의 20여 년간의 구도과정을 그 특징을 중심으로 볼 때 전기와 후기로 나누어 고찰할 수 있으며, 전기는 간화선의 경지로, 후기는 묵조선과 단전주선의 경지로 선의 입장에서 파악할 수 있는 것이다」(김영두, 「소태산 대종사의 불연과 교법정신 조명」, 추계학술대회《소태산 대종사 생애의 재조명》, 한국원불교학회, 2003.12.5, p.8).

문제 제기

1) 들숨은 좀 길고 날숨은 좀 짧게 하는 단전 호흡법이 잘 안 된다는 주장이 있는데?
2) 선종 각파에서의 禪 방법이란 구체적으로 무엇을 말하는가?

[수행품 15장] 수승화강의 원리

핵심 주제

수승화강의 원리
「수승화강」(원불교 대종경 해의 上, 한종만).
「수승화강의 이치」(교전공부, 신도형).

대의 강령

한 제자가 수승화강 되는 이치를 묻자, 대종사 말하였다.
1) 물 기운은 아래로 내리고 서늘하며 맑다. 이에 머리가 서늘하고, 정신 명랑, 맑은 침이 솟는다.
2) 불기운은 위로 오르며 덥고 탁하니 정신이 덥고, 진액이 마른다.

출전 근거

『월말통신』 21호(원기 14년)의 「좌선의 필요와 방법」과 『회보』 15호(원기 20년)의 「좌선에 대한 법문」을 종합해서 13장, 14장, 15장으로 나눈 것이다.

어구 해석

수승화강 : 도교의 수련법, 또는 수심정경에 언급되는 것으로 水火는 氣를 가진다. 중국에 불교의 좌선법이 들어오고 도교의 연단법 즉 水昇火降의 원리가 응용되었다. 수승화강이 잘 되어야 건강이 유지되며, 좌선을 잘 하면 이러한 수승화강의 경지를 얻게 된다(좌선의 공덕 1-5조 참조). 화를 내면 혈기가 위로 올라 간과 위가 상하며, 근심 걱정은 氣 순환을 막아 폐와 비를 망가뜨리는 등 만병의 원인이 된다.
번거 : 어수선하고 복잡한 모양이며, 조용하지 못하고 수선스러운 상황을 번거롭다고 한다.

진액 : 몸 안에서 나오는 액체로서, 침 같은 경우를 津液이라 한다.
평순 : 성격이 온순하며, 평탄하고 순조로운 기운을 平順이라 한다.

관련 법문

「천지도 물과 불기운을 바탕으로 바람이 조화되어 비가 오기도 하고 가물기도 한다. 사람도 이 물과 불과 바람 기운이 고르게 오르내리는 때가 수승화강이 잘 되어 단 침이 입에 고이고 심신이 건강하다. 그러나 사람이 화를 내면 물과 불과 바람이 고르게 합할 여가가 없어서 물을 근본삼지 못하고 불기운만 오르므로 입안이 타고 써서 몸에 고장이 생기고 병이 들게 된다」(한울안 한이치에, 제3장 일원의 진리 33장).

「空寂이란 靜한 성품에 마음이 그 가운데 있는 것이요, 靈知란 動한 마음에 성품이 그 가운데 있는 것으로서 이 공적영지 속에 모든 공부길이 다 들어 있는 것이다. 천지도 바람이 불고 구름이 끼면 어두우나, 고요하고 명랑하면 하늘에서 이슬이 내리듯, 사람도 막히고 요동하면 어둡지만 수양을 많이 하여 기운이 가라앉으면 침이 맑고 달며 마음이 영령하고 밝은 것이다」(한울안 한이치에, 제3장 일원의 진리 31장).

보충 해설

단전주 선을 통해 식망현진이 되려면 수승화강이 필요하다. 수승화강이 잘 된다는 것은 정신 기운이 맑아지고 禪의 참 맛을 느낀다는 뜻이다. 또 수승화강이 잘 되지 못하면 머리에서는 열이 나고 몸은 병으로 이어지기 쉽다. 그래서 물기운과 불기운을 잘 조절함으로써 고갈된 정신을 새롭게 충전하여 조촐하고 맑은 경지를 간직하자는 것이 좌선의 수승화강 원리이다.

주석 주해

「아래 내의 끈을 고무줄로 하지 말고 끈으로 하여 조절하고 항상 단전에 관심을 두어야 한다. 백은선사는 초기에는 단전을 단련하지 않고 心源堪寂한 것으로서 佛道인 줄 알고 동을 싫어하고 정처에만 死坐했더니 조그만 일에도 가슴이 막히고 心火가 오르며 動中에 들지 못했다. 놀라기도 하고 겁도 나기도 했다. 그래서 단전주를 했더니 70세인데도 기력이 30-40대와 같았다」(박길진, 『대종경강의』, 원광대출판국, 1980, p.95)

「수승화강의 원리와 단전주와는 밀접한 관련을 갖는다. 물기운을 오르게 하고 불기운을 내리게 하는 것은 단전주를 통해서 이루어지는 것이다. 단전주를 통해서 식망현진이 되게도 하고, 수승화강이 되게도 한다. 『정전』 좌선의 요지에 "망념이 쉰즉 수기가 오르고 수기가 오른즉 망념이 쉬어서 몸과 마음이 한결 같으며 정신과 기운이 상쾌하리라" 하였다」(한종만, 『원불교 대종경 해의』(上), 도서출판 동아시아, 2001, p.219).

문제 제기

1) 자연의 이치는 水降火昇인데, 왜 좌선법은 水昇火降인가?

2) 수승화강의 원리는 무엇인가?

[수행품 16장] 기질수양과 심성수양의 겸전

핵심 주제

기질수양과 심성수양의 겸전

「기질수양과 심성수양」(원불교 대종경 해의 上, 한종만).

「완전한 수양력」(교전공부, 신도형).

「기질수양과 심성수양」(원광 224호, 조정중).

대의 강령

수양력 얻는 길로는 기질수양과 심성수양이 있다.

1) 기질수양은 군인이 전쟁에서 마음을 단련, 부동심을 갖는 것이다.

2) 심성수양은 수도인이 오욕 경계에서 마군을 항복받아 부동심을 갖는 것이다.

3) 수도인은 안으로 심성수양과 밖으로 기질수양을 겸해야 한다.

어구 해석

기질과 심성 : 본연지성에 대한 기질지성이라는 말이 宋代 철학가들에게서 유행하였다. 기질수양은 육체 단련의 외적 수양이라면 심성수양이란 정신 단련의 내적 수양을 말한다. 원불교 훈련법의 근간이 되는 정기훈련법과 상시훈련법은 우리의 氣質과 心性을 아울러 성숙되도록 변화시킨다.

부동심 : 방심하지 않고 어디에도 유혹되지 않은 一心의 정신 상태를 不動心(혹 불방심)이라 한다. 온갖 경계에 부딪치다 보면 본래 마음을 잃게 되고 자성을 벗어나 청정한 마음을 유지할 수 없다. 이에 동정 간 마음 단속을 잘 하여 어디에도 끌림 없는 수양이 필요하다.

마군 : 마귀라고도 하며 '사마악취 자소멸' 이란 말이 있듯이 우리는 마군을 없애도록 노력해야 한다. 魔軍이란 '악마의 군대' 라는 뜻으로 대도정법을 방해하는 무리들이 이에 해당된다. 이러한 마군들은 악도 윤회의 삼독심 같은 유혹의 온갖 경계를 조장한다.

관련 법문

「수양을 한 사람은 숨소리 들으면 알 수 있다. 수양을 못한 사람의 숨소리는 가슴에서 헐떡헐떡하나 수양을 많이 한 사람은 단전에서 숨이 나온다. 순역 경계를 당하더라도 단전 토굴에 숨을 들이쉬어 마음을 안정시킨다」(대산종사법문 3집, 제3편 수행 59장).

「한 제자 총부에 온 지 얼마 되지 아니하여 일심 공부의 방법을 여쭈었더니 말씀하셨다. "마음을 잡고 놓는 것을 절도에 맞게 하라. 거문고 줄을 너무 조이거나 늦추면 소리가 제대로 아니 나는 것이니 너무 서둘지 말고 우선 하루에 염불 7편씩만 하여 보라." 그러나 이 말씀대로 하지 않고 무리한 정진을 하다가 여러 가지 병을 얻게 되었다」(한울안 한이치에, 제7장 기연따라 주신 말씀 37장).

보충 해설

우리가 심성단련은 물론 기질단련이라는 말을 이따금 사용한다. 유교와 도교에서는 기질수양을 기본으로 하며, 불교에서는 심성수양을 위주로 하는 바, 원불교에서는 영육쌍전의 정신에 따라 심성 및 기질수양을 아우른다. 그런데 기질 수양이란 좁게 보면 나의 기질을 단련하는 것이라면, 넓게 보면 마음 가운데에서 私邪를 제거하는 것을 말한다. 이를테면 『주역』의 이른바 閑邪存其誠(삿됨을 없애고 진실을 간직함)이요, 『논어』의 思無邪(사 없음을 생각함)를 矯氣質(기질을 단련함)의 요체로 볼 수도 있다. 율곡에 있어 氣의 본연이란 담연 청허한 것이며, 이를 노정한 것이 그의 矯氣質論이다.

주석 주해

「기질의 수양은 되었다 해도 欲이 덜 떨어지고 심성의 밝음이 부족해서 사리판단을 잘못 할 수가 있다. 세속인이 아무리 잘 안다 해도 진리에 비추어 보면 별 것이 없다. 또한 수도인은 세속에서 하는 공부법을 알지 못하고, 설사 안다 해도 실천이 없으니까 세속과 떨어진다. 그러므로 꼭 겸해야 한다. … 요사이는 대체로 좌선을 너무 하지 않아 걱정이다」(박길진, 『대종경강의』, 원광대출판국, 1980, pp.96-97).

「기질단련과 심성단련은 서로 다른 특성을 갖고 있으나, 본래 기질과 심성은 둘이 아닌 것이며 상호 보완 관계에 있으므로 엄격한 기질단련과 소승적인 기질수행으로 심성의 단련을 도우며 원융무애한 심성단련과 대승적인 심성수행으로 기질단련을 도와서, 일 있을 때에나 없을 때에나 수양력이 일관되며 어묵동정과 영육 간에 수양력이 한결같이 완전함을 이룰 것이다」(조정중, 「기질수양과 심성수양」, 《원광》 224호, 1993, p.65).

문제 제기

1) 수양력을 얻어나가는데 있어 심성수양이 잘 되는 사람이 있고, 기질수양이 잘 되는 사람이 있다는데, 그 이유는?

2) 기질 수양과 심성수양의 의미는?

3) 수양력 얻어나가는 두 길은?

[수행품 17장] 온전한 일심 공부

핵심 주제

온전한 일심 공부

「일심으로 모든 경계를 수용」(원불교 대종경 해의 上, 한종만).

「원만한 일심과 조각마음」(교전공부, 신도형).

대의 강령

바느질하고 약 달일 때의 일심공부는?

1) 그일 그일에 정성을 다하는 완전한 일심이 필요하다.

2) 바느질하다 약탕기를 태우면 조각 마음으로 잘못하는 처사이다.

3) 열 가지, 스무 가지 일에서 자기 책임을 다하면 그것은 방심이 아니고 온전한 마음으로 동할 때 요긴한 공부법이다.

출전 근거

『회보』 51호(원기 24년)에 실린 「일심으로 섭만경」이라는 법문이다.

어구 해석

일심 : 산만한 마음을 전일하게 하는 것을 一心이라 한다. 인간은 사심잡념으로 정신이 산란해지는 경우가 많은데, 이를 극복하고 그일 그일에 마음을 모아야 한다. 유교에서는 '敬'이 一心을 주재한다고 한다. 퇴계의 성학십도에 「敬又一心之主宰也」(敬은 일심의 주재자)라고 하였다. 이처럼 오롯한 일심의 상태는 자성이 청정해지는 것이며, 그 반대로 산만한 '방심'은 자성이 혼탁해진다. 정산종사는 평상심을 밝혔던 바, 이 평상심은 일심이 지속되는 상태를 말한다.

관련 법문

「여름이 되었다. 그 어느 날 저녁 식사를 하고 밖에서 놀고 있었다. 대종사님이 조실에서 불렀다. "네 형(박길선)이 지금 아기(송수은)가 많이 아파서 보화당에 나가니 네가 나가서 아기도 보아주고 약도 다려주고 하여라. 동진화도 같이 가기로 하니 대강 준비해 가지고 가거라" 하여서 나는 대강 준비해 가지고 보화당으로 나갔다」(원기 23년 21세, 양도신, 『대종사님 은혜속에』, 원불교출판사, 1991, p.298).

「동선의 입선이 시작되었다. 禪中 그 어느 날 나는 입교원서를 가지고 법명을 내어 주시라고 조실로 갔다. 인사를 올리고 그 동안 궁금했던 약 태운 일을 말씀드렸다. "아버님(대종사님)께 여쭈어 볼 말씀이 있습니다.” “응, 무슨 말이냐.” 나는 직접 체험했던 일을 자상히 말씀드렸다. 대종사님께서 웃으시며 “네 말이 사실의 체험에서 나온 듯하구나. 네가 지금 잘 물었다. 만약 묻지 않고 그대로 했더라면 너의 앞에 어떠한 큰 실수가 있을 뻔 했느냐” 하시며 “이 문제는 너 혼자만 알 것이 아니라 대중이 다 들어서 알아야 하겠다” 하시고 선방으로 가자하시기에 나는 모시고 갔다. 대중 앞에서 먼저 칭찬을 크게 하였다. “이 선방에 대중이 이렇게 많이 있어도 동정간 일심 공부하는 사람은 도신이 뿐이다” 하시며 하늘 닿게 칭찬을 하신 다음 말씀하시기를 “그때 네가 약을 달이고 바느질을 하게 되면 그때 그 두 가지 일이 너의 책임이니 그 두 가지 일에 마음을 두는 것은 다 일심이다” 」(원기 23년 11월 6일, 양도신, 『대종사님 은혜속에』, 원불교출판사, 1991, pp.299-300).

보충 해설

가능한 동시에 진행하는 번다한 일을 만들지 말아야 하며, 만일 그러한 일이 부득이 나타날 때에는 일심으로 그러한 일들을 다루어야 한다. 그일 그일에 일심을 들이대는 공부가 바느질할 때와 약 달일 때 집착 없이 그대로 나타나야 한다. 바느질과 약 달이는 일을 둘로 나누어보지 말고 순간순간 일심을 들이대라는 말이다. 바늘을 잘못 쓰면 찔리고, 약탕기 약을 끓일 때 방심하면 타버린다. 두 가지의 어느 하나를 소홀히 말고 온전한 일심으로 아울러 취사해야 한다.

인물 탐구

양도신(1918-2005) : 훈타원 梁道信은 대종사의 은부녀이자 약 태운 일로 잘 알려진 교무이다. 훈타원은 부산시 하단동에서 양원국 선생과 이성주화 여사의 3남 3녀 가운데 막내로 태어났다. 부모님의 불연으로 소중한 불연이 되었다. 어느 날 훈타원의 부친 양원국은 장적조를 만났으며, 장적조는 이미 불교에 심취하여 천수경 10만 독을 한 양원국을 대종사로 인도한다. 양원국은 익산 총부에서 대종사를 뵙고 3개월 동선에 참여하였다. 훈타원이 대종사를 뵌 것은 원기 16년(1931) 8월로, 조송광과 함께 부산 하단에 왔을 때이다. 당시 훈타원은 하단교당 김기천 교무로부터 한문을 배우며 전무출신의 길에 대해서 자세히 물은 후 대종사께 상서를 올리며 서원을 키웠다. 훈타원이 전무출신하려 하자 부친 양원국은 두 가지 조건을 다음과 같이 말하였다. "1. 공부를 하다가 만약 중도에 변심이 될 때에는 오다가 철도 자살을 했으면 했지 내 집에 발을 들이지 못한다. 2. 세상일을 보아도 마음이 끌리지 않을만한 공부의 실력을 얻기 전에는 집에 오지 말아라." 원기 20년 훈타원은 잠시 부산에 들른 대종사를 따라 출가하려는 마음으로 익산 총부에 온다. 그 뒤 총부 공양원으로 1년 근무를 시작, 원기 23년부터 교단에 심신을 다 바쳐 전무출신 생활을 한다. 그러니까 5년 6개월 동안 대종사 곁에서 공부하면서 실력을 갖춘 훈타원은 원기 26년 남원교당 교무로 부임을 받은 이래 22년간 법당 신축, 방송교화, 연원교당 개척 등에 헌신한다. 대종사의 은녀인 훈타원은 많은 제자들 중에서도 대종사의 사랑을 듬뿍 받았다. 원기 63년도엔 동산선원장으로서 후진 교육을 담당하였다(송인걸, 『대종경속의 사람들』, 월간원광사, 1996, '양도신' 참조).

주석 주해

「일심을 강조하는데 일을 잘 하기위한 일심공부이다. 일심을 하기위한 일심공부가 아니다. 그일 그일에 일심을 하라는 것은 일을 할 때에 다른 사심이 들어오지 않게 하라는 것이니 제 본 정신으로 하라는 것이다」(박길진, 『대종경강의』, 원광대출판국, 1980, p.98).

「여러 가지 일을 한꺼번에 잘하는 것은 온전한 마음이며 동할 때 공부의 요긴한 방법이다. 마음은 찰나로 움직여도 갈라지지 않는다. 그일 그일에 일심이 되는 것이다. 훈타원 양도신 선진이 바느질하면서 약 달이기를 함께 할 때 어떻게 할 것인가의 물음에 대한 법설이다. 바느질하면서 약 달이는 것은 두 마음으로 갈라진다고 할 수 있다」(한종만, 『원불교 대종경 해의』(上), 도서출판 동아시아, 2001, p.223).

문제 제기

1) 바느질과 약탕기 약을 달이는데 있어 일심 공부는?

2) 양도신 선진이 바느질 하다 약탕기 태운 예화의 교훈은?

3) 여러 일을 아울러 살피고 처리해야 할 때의 원만한 일심공부법?

[수행품 18장] 정당한 일심과 부당한 원

핵심 주제

정당한 일심과 부당한 원

「정당한 일에 일심」(원불교 대종경 해의 上, 한종만).

「마음이 번거하고 편안한 원인」(교전공부, 신도형).

「오롯한 일심공부와 부당한 원」(원광 225호, 조정중).

대의 강령

일심 공부를 하는데 번거로움과 편안함의 원인은 무엇인가?

1) 정당한 일은 처음에는 어렵지만 심신이 점점 편안하여져 일심이 잘 될 것이다.

2) 부당한 일은 처음에는 쉬운 것 같으나 괴롭고 막히어 일심이 잘 되지 않는다.

3) 오롯한 일심공부를 하려면 먼저 부당한 행동을 그쳐야 한다.

출전 근거

송도성 수필 『월말통신』 10호(원기 13년)에 「정당한 일 하는 사람과 부당한 길 밟는 자」라는 제목의 법설로 실려 있다.

어구 해석

정당한 일 : 이치에 타당하고 正道에 맞는 일로서 사회법과 教法 정신에 맞는 일이 이에 해당된다. 일과 이치에 맞지 않은 부당한 일은 마음이 요란해지고 일심이 되지 않지만, 명분에 맞고 실지에 맞으면 그일 그일을 온전한 일심으로 임할 수가 있다.

관련 법문

「무시선의 강령을 들어 말하면 아래와 같나니라. 육근이 무사하면 잡념을 제거하고 일심을 양성하며, 육근이 유사하면 불의를 제거하고 정의를 양성하라」(정전, 제3 수행편 제7장 무시선법).

「제군은 온전한 정신으로 조사해 볼지어다. 제군의 마음을 산란하게 하고 끓이고 태우는 것이 정당한 일이 들어서 하는가, 부정당한 일이 들어서 하는가? 부당한 일이 들어서 그러한 것이다」(월말통신 10호 법설).

보충 해설

정당한 일에는 일심이 잘 되고 부당한 일에 일심이 잘 되지 않는 이유는, 명분이 분명하고 정당한 것은 '마음의 안정' 속에 일심이 잘 되기 때문이다. 따라서 스스로 옳다고 판단, 정당한 일에 일심 들이대는 공부가 필요하다. 일심과 관련해 본다면, 원효의 사상과 삶을 규정하는 일심, 무애, 화쟁의 개념이 떠오른다. 그리고 『금강삼매경』의 종지를 밝히는 데에서 한 가지의 도는 一門, 一心, 一念, 一實, 一行, 一乘, 一覺, 一味와 같은 맥락에서 거론된다. 이러한 一心과 一念을 정당한 일에 들이댄다면 성불 제중은 멀리 있지 않다. 부당한 일에 일심을 들이댈 경우, 중생은 無明에 가리어 일심의 근원으로부터 멀어지므로 본래 청정한 心 眞如를 벗어나게 된다.

주석 주해

「하루 종일 일해도 정당한 일을 바르게 한다면, 사량계교가 없이 한다면 일심이 잘 되고 마음이 편안하니 피로도 안 된다. … 부당한 일을 욕심에 끌려 혹은 사리에 어두워 집착이 되어서 하면 그때그때 잊어버리지 못하고 사념 망상이 많고 계교를 많이 하니 전일하지 못하게 된다」(박길진, 『대종경강의』, 원광대출판국, 1980, p.99).

「수행자의 입장에서 일심은 더욱 깊은 의미를 지닌다. '정신일도 하사불성' 의 말과 같이 일심이 아니면 수양력을 얻을 수 없고 연구력도 취사력도 얻을 수 없다. … 본 장에서는 수도인이 일심의 묘용에 대한 지각이 열려 진정코 일심을 구하고자 할 때에 먼저 그 생활면에서 정의행을 하여야 된다고 하셨다」(조정중, 「오롯한 일심공부와 부당한 원」, 《원광》 225호, 월간원광사, 1993, p.52).

문제 제기

1) 정당한 일심 외에 부당한 일심이란?

2) 이 글을 '通萬法 明一心' 과 연결하여 연마한다면?

[수행품 19장] 마음 안정의 외정정과 내정정

핵심 주제

마음 안정의 외정정과 내정정

「외정정과 내정정」(원불교 대종경 해의 上, 한종만).

「마음을 안정하는 법은 내정정과 외정정의 두 길이 있다」(교전공부, 신도형).

대의 강령

대종사, 이순순에게 재가공부에 대해 묻고 '마음안정(定靜)' 공부에 있어 동정간 외정정과 내정정의 두 길이 있다고 하였다.

1) 외정정은 동할 때에 반드시 대의를 세우고 취사를 먼저 하여 번거한 일을 짓지 아니하는 것이다.

2) 내정정은 정할 때에 염불 좌선도 하며 번뇌를 잠재우는 것으로 온전한 정신을 양성하는 것이다.

3) 곧 외정정은 내정정의 근본이 되고 내정정은 외정정의 근본이 되어, 내와 외를 아울러야 참다운 마음 안정을 얻는다.

출전 근거

송도성 수필 법설집 2에 실린 법설이다.

어구 해석

재가 공부 : 교도 중에는 출가와 재가 두 종류의 교도가 있다. 출가교도란 출가하여 전무출신을 함으로써 교역자 생활을 하는 것이라면, 재가교도란 출가하지 않고 세속의 삶에서 원불교 교도로서 정진 공부를 하는 경우이다. 종교인으로서 정진 적공하는 경우에 있어 출가 재가 누구든 열심히 하면 참 수도인이 되며, 혹 형식상의 출가 재가에 큰 차이를 둘 필요가 없다. 출가와 재가는 교도로서 4종의무를 수행해야 하며, 특히 在家 工夫 중에는 「교당내왕시 주의사항」을 주로 참

고할 일이다.

내정정 · 외정정 : ☞수행품 9장 참조.

관련 법문

「외정정은 밖으로 입지가 부동하게 하는 공부인 바, 첫째는 큰 원을 발함이니, 원하는 마음이 지극하면 만 가지 세상 인연이 앞에 가로놓여도 보되 보이지 않고 조금도 마음에 걸리지 않기를 서가세존께 한 번 대도에 발심하매 왕궁의 낙과 설산의 고가 조금도 마음에 머물지 않듯 하는 것이요. … 내정정은 안으로 마음이 요란하지 않게 하는 공부인 바, 첫째는 염불 좌선 할 때와 일체 일 없는 때에 어지러운 생각이 일어나지 않게 하여 그 일심을 기르는 것이요」(정산종사법어, 경의편 66장).

「定靜은 대종사님께서 대각을 하시고 수양의 원칙과 표준으로 밝혀 주신 법문이시다. 처음 수양연구요론을 제법하시고 직접 서문을 지으셨다. 그 내용은 "인생의 요도는 수양에 있고 수양의 목적은 연구에 있으며 연구의 목적은 혜복을 구하는데 있다" 라고 서술하시었다. 인생의 제일 좋은 길은 수양에 있다. 수양은 바로 定靜이다. 이것이 수양의 최고 요령이다」(대산종사법문 3집, 제3편 수행 64장).

보충 해설

내정정과 외정정 공부는 내외로 고요한 마음(定靜)을 기르자는 것으로 이해할 수 있다. 定 공부란 우리가 계정혜 중에서 定을 말하는 것으로 일종의 삼학병진 속의 '정신수양' 을 말한다. 삼학병진의 한 조항인 정신수양을 함에 있어서 內로 연마하는 방법과 外로 연마하는 방법이 다른 것이다. 이 내외는 動靜과 같은 맥락이다. 그래서 내정정 외정정 공부가 동정 간 물샐틈없는 공부로 거론되고 있다.

인물 탐구

이순순 : ☞서품 6장 참조.

주석 주해

「풍랑이 쉬려면 바람이 멈춰야 한다. 마음은 가라앉힌다고 자꾸 누르기만 해도 안 된다. 물을 식히려면 찬물도 부어야 하겠지만 근원인

불을 꺼야 한다. … 우리의 심성은 자꾸 활동하려고 하는 것이 본성이다. 그러므로 가라앉힌 후에 적절히 활동하도록 해야 한다. 그런데 밖으로 육근을 통하여 생기는 욕심, 내부에서 일어나는 잡념을 뿌리채 없애는 방법이 곧 내정정 외정정이다. 마치 나무 기르기와 같고 곡식 가꾸기와 같다」(박길진, 『대종경강의』, 원광대출판국, 1980, p.100).

「내정정은 한가할 때 온전한 근본정신을 양성하는 것이다. 그 방법은 염불과 좌선 등으로 한다. 정할 때 온전한 근본정신을 양성하는데 염불과 좌선이 적절한 방법인 것이다. … 외정정은 경계를 당할 때에 대의를 세우고 욕심을 항복받는 공부이다. 한 경계 한 경계를 당할 때에 정할 때 쌓은 수양력을 바탕으로 경계에서 수양의 힘을 강하게 하는 것이다」(한종만, 『원불교 대종경 해의』(上), 도서출판 동아시아, 2001, p.228).

문제 제기

1) 외정정과 내정정을 동정과 관련지어 언급한다면?

2) 내정정과 외정정으로 삼대력 얻는 방법을 쓰라.

[수행품 20장] 정신 끌리는 실상

핵심 주제

정신 끌리는 실상

「천만 경계를 극복」(원불교 대종경 해의 上, 한종만).

「정신 끌리는 실례를 지적해 주심」(교전공부, 신도형).

대의 강령

송도성이 신문을 애독한 후에야 안심하고 사무에 착수함에 대한 대종사의 경계 법문이다.

1) 하고 싶은 일과 싫은 일이 있는데 범부는 하고 싶은 일에 끌리어 온전하고 참된 정신을 잃는다.

2) 아무리 하고 싶은 일이라도 끌리지 말아야 한다.
3) 하기 싫은 일에도 끌리지 말아야 한다.

어구 해석

정당한 공도 : 부당하지 않고 온당한 도로서 공중의 도 내지 공명정대한 도를 정당한 公道라 한다.

혜광 : 지혜 광명을 慧光이라 한다. 이는 반야의 혜광과 통한다.

끌리는 실상 : 정신이 온갖 경계에 끌리는 제반 實相이 이것이다.

떳떳한 본성 : 본래 구유한 자성을 本性이라 하며, 이는 평상심이자, 진여자성으로서 어디에 물들지 않은 청정 본성을 말한다.

관련 법문

「중생은 그 영지가 경계를 대하매 습관과 업력에 끌리어 종종의 망상이 나고, 부처는 영지로 경계를 비추되 항상 자성을 회광반조 하는지라, 그 영지가 외경에 쏠리지 아니하고 오직 청정한 혜광이 앞에 나타나나니, 이것이 부처와 중생의 다른 점이니라」(정산종사법어, 원리편 11장).

「어떤 노인이 신문이 오면 처음부터 끝까지 다 보고 저녁에는 TV를 늦게까지 시청한 뒤 아침에 늦게 일어나면서 피곤해 죽겠다고 한다는 말을 들었다. 그렇게 살면 안 된다. 60이 넘으면 신문, TV, 독서 등은 절제하고 정신을 예축해야 한다. 나는 십년 전부터 저녁이면 불을 끄고 또 손님 접견을 하지 않고 정신을 예축한다. 그러니 자기가 꼭 필요한 것 외에는 육근을 함부로 쓰지 말아야 한다」(대산종사법문 3집, 제3편 수행 152장).

보충 해설

주산종사가 신문을 보는 것에 대한 집착을 경계한 법어이다. 신문에 끌리는 집착의 정도를 모두에게 표본으로 삼아 경계한 것이다. 오전 시간에 끌림 없이 일에 착수하는 자재력이 필요하다는 뜻이다. 아침 식후 커피를 마셔야만 일을 할 수 있다거나, 담배를 피우고 난 후에 詩想이 떠오른다는 것은 끌리는 집착의 정도를 말해준다. 집착이란 다른 것이 아니며, 하고 싶다는 것에 끌려 일손이 잘 잡히지 않는 상태를 말한다. 신문을 본 후에 사무에 착수하는 주산종사의 모습은 대종사에 있어 집착의 實例로 비추어졌던 것이다.

인물 탐구

송도성 : ☞교의품 24장 참조.

주석 주해

「공부하는 학생 때에는 신문이나 잡지 등을 보지 않는 것이 좋다고 한다. 그것은 공부에 전념해야 할 때에는 원리원칙으로 공부해야지 매일 변하는 時事에 정신이 끌리면 안 되기 때문이다. … 신문 보기를 경계하신 것은 그 신문에 끌려버려서는 안된다고 경계한 말씀이다. 끌려버리면 다른 일에 실수하기가 쉽다」(박길진, 『대종경강의』, 원광대출판국, 1980, p.102).

「주산 선진이 아무리 급해도 신문을 먼저 보고 일에 착수하는 것을 보고 모든 사람들의 공부하는 방향을 정해준 것이다. 이 일을 할 때에 집착하면 이 일에 끌린 것이다. 이 일에 끌려서 저 일을 못한 것이다」(한종만, 『원불교 대종경 해의』(上), 도서출판 동아시아, 2001, p.229).

문제 제기

1) 소태산 대종사가 신문을 보지 말라한 본연의 의도는?
2) 오늘날 서원관에서 예비교무들에게 신문을 보지 말라고 할 경우?
3) 나의 하고 싶은 일과 하기 싫은 일이란 무엇인가?

[수행품 21장] 도인의 애착 초탈

핵심 주제

도인의 애착 초탈

「정산종사의 애착 초월」(원불교 대종경 해의 上, 한종만).

「애착과 도인의 심경」(교전공부, 신도형).

대의 강령

도인에게 애착이 있느냐는 제자의 질문에 애착이 있으면 道人은 아니라는 대종사의 답변이다.

1) 청춘이 여쭙기를 "정산도 자녀를 사랑하오니 그것은 애착심이 아니오니까?"

2) 대종사, 감각 없는 목석을 도인이라 하지 않는 바, 애착은 사랑에 끌리어 수도나 공사에 지장이 있는 것이니, 정산은 그러한 일이 없다.

어구 해석

애착 : ☞수행품 2장 참조.

목석 : 나무나 돌처럼 아무런 감정이 없는 것을 비유하는 말이다. 인간적인 감정 반응이 전혀 없는 존재를 木石이라 한다.

관련 법문

「또는 가정 애착과 오욕의 경계를 당할지라도 오직 오늘 일만 생각한다면 거기에 끌리지 아니 할 것인 즉…」(대종경, 서품 14장).

「서가세존께서는 돌아오는 왕위도 버리시고 유성 출가하셨으나 거기에 조금도 애착됨이 없으셨나니…」(대종경, 인도품 27장).

보충 해설

애착이 없는 사랑을 베푸는 일이 중요하다. 특히 가정사에 애정은 갖되 애착은 갖지 말아야 한다. 소태산 대종사의 애착 없애는 표준은 '원근친소에 끌려 공사에 지장을 주지 않는' 정도이다. 애정과 애착이 다름을 주시할 일이다. 이따금 나타나는 교역자의 불감증에는 3가지가 있음을 생각할 수 있다. 첫째 목석 도인형의 불감증이다. 둘째 세속 초탈형의 불감증이다. 셋째 무관사 부동형의 불감증이다. 도인은 목석이어야 한다거나, 공부인은 세속에 초탈해야 한다거나, 수도인은 무관심해야 한다는 사고는 반드시 바람직하지만은 않다. 화이부동, 화광동진, 거진출진을 생각해 보자는 것이다. EQ지수가 높으면 좋지 않은가. 정산종사의 치우침 없는 사랑(애정)이 온전한 은혜로 나타난다.

인물 탐구

이청춘(1886-1955) : 오타원 李青春은 전주시 청수동에서 이인경 선생과 김설상화 여사의 3녀 중 막내로 태어났다. 본명은 화춘이며, 법호는 五陀圓이다. 태을교의 조철제에게 내왕하면서 종교심을 발휘하였고, 장적조 최도화 이만갑과는 아는 사이, 김남천과는 외숙질 사이였다. 오타원은 원기 8년 12월 삼타원 최도화의 인도로 원불교에 입교하였다. 원기 14년 44세 때『월말통신』22호에「40평생 光陰」을 보내고 또 已巳마저 보내며」란 제목으로 글을 실어 자신 인생을 회고하였다.「우리 종사주, 나를 구하지 않으셨다면 내가 어찌 이 고목 청춘의 갱생로를 더우 잡았으랴」고 하였다. 오타원이 불법연구회에 입회할 때는 초창기 엿 제조업과 15마지기의 소작농을 경영, 경제적으로 열악하기 그지없었다. 이에 오타원은 입교 기념으로 자신의 전 재산과도 같은 70여 마지기의 논을 희사하였다(실시품 26장). 오타원은 대종사가 원기 9년 3월에 전주에서 7인 제자로 발기인을 삼아 불법연구회 창립을 서두를 때 여성으로 유일하게 창립발기인에 참여시킨 제자였다. 또 오타원은 원기 13년 3월에 개최된 제1대 제1회 기념총회 때에는 1등 유공인이 되었다. 원기 19년에는 총부 순교로 봉직하고, 20년에는 고향인 전주지방의 교화를 위해 사재 1천여 원을 투자, 노송동에 가옥과 기지를 매입, 그곳에 전주출장소 간판을 붙이고 전주교무로서 4년간 활동하였다. 원기 28년에는 여자 정수위단에 피선되기도 하였다. 오타원은 젊은 시절 가정환경이 순조롭지 못하여 파란만장한 생활을 하여 잘못된 길(妓女)을 가기도 하였지만 대종사를 만나 오욕락을 극복, 모범된 선진으로서 역할을 다 하였다(송인걸,『대종경속의 사람들』, 월간원광사, 1996, '이청춘' 참조).

주석 주해

「도인이라 할지라도 자기 자식이 있게 되면 친절히 대하고 잘 지도해야 한다. 만약 남을 대하듯이 해버린다면 그것은 가식이거나 어딘가 아직 원만치 못한 자세라 하겠다. … 무착행을 한다하여 목석같이 되어버려도 아무 쓸모가 없는 사람이 되고 만다」(박길진,『대종경강의』, 원광대출판국, 1980, p.103).

「대종사는 애착이라 하는 것은 사랑에 끌리어 떠나지를 못한다든지 수도나 공사에 지장이 있게 됨을 이름이니 정산은 그러한 일이 없다고 하였다. … 『사십이장경』은 전체가 애착을 끊으라고 되어 있다. 대종사도 애착을 끊으라는 것이 기본적인 수행이다. 그렇지만 감각 없는 목석을 도인이라고 하겠느냐는 것은 희로애락의 감정을 끊을 것이 아니라 희로애락의 감정을 초월해서 최고도로 승화시키라는 것이다」(한종만, 『원불교 대종경 해의』(上), 도서출판 동아시아, 2001, p.231).

문제 제기

1) 희로애착에 끌리는 정도와 승화시키는 표준은?

2) 木石과 수도인의 관계는?

[수행품 22장] 경전 공부의 방향

핵심 주제

경전 공부의 방향

「경전공부와 정신기운」(원불교 대종경 해의 上, 한종만).

「經多反迷요, 大道簡易니라」(교전공부, 신도형).

대의 강령

사람들은 경전을 많이 읽은 사람이라야 도가 있는 것으로 인증할 뿐, 쉬운 말로 원리를 밝혀줌에 대하여는 가볍게 들으니 답답하다.

1) 경전은 성자들이 인심을 깨우치기 위하여 도리를 밝혀 놓은 것이나, 시일을 지내며 오거시서와 팔만장경을 이루었다.

2) 부처님도 정법과 상법과 계법으로 구분했는데, 그 변천 원인은 경전이 번거하여 후래 중생이 어리석어지기 때문이다.

3) 정법시대에는 간단한 교리와 편리한 방법으로 깨우치는 구전심수의 정법이 부상한다.

4) 번거한 옛 경전들에 정신을 빼앗기지 말고, 간단한 교리와 편리한 방법으로 공부하라.

출전 근거

송도성 수필 『월말통신』 33호(원기 15년)와 『회보』 39호(원기 22년)

의 「경을 많이 읽으면 오히려 미해진다」의 제목으로 실린 법설이다. 『선원일지』(병자동선, 원기 21)에는 「불교의 정법, 상법, 계법에 대하여」로 실려 있다.

어구 해석

부연 주해 : 알기 쉽게 자세히 설명을 늘어놓는 것을 敷衍이라고 하며, 본문의 글에 주를 달아서 좀 더 쉽게 해석하는 것을 註解라 한다.

오거시서 : 다섯 수레에 실을 만큼 많은 유교의 고대 경서로서, 사서오경 등을 五車詩書라 한다. 유교의 일부 선비들이 책일 많이 읽어 아는 것이 많으나 실천이 따르지 않는 것에 빗대어 동원된 예이다.

팔만장경 : 불교의 八萬大藏經을 말한다. 해인사에 보관되어 있는 것처럼 팔만사천의 판본으로 부처님의 법문이 수록된 경전을 말한다.

정법 상법 계법 : 正法은 바른 법이 편만하여 교법의 수행 증과가 완전한 시대를 말하고, 像法은 교법은 편만하나 실천 증과가 없는 시대를 말하며, 季法(말법)은 수행과 증과가 없는 시대를 말한다. 이를 시대상으로 언급하자면 정법은 불멸 후 5백년(혹 1천년) 이내, 상법은 정법 후의 5백년(혹 1천년) 이내, 말법은 상법 후 5백년(혹 1천년) 이내이다. 원불교는 말법시대에 당도하여 새 부처님 소태산의 출현으로 인해 미래를 책임지는 용화회상의 주세불 회상이라고 한다.

관련 법문

「대종사 김성섭이 한문만 숭상하여 그에 구애됨을 알으시고 하루는 짐짓 물으시었다. "돌아오는 세상에 교법을 제정하려면 한문으로 경전을 만들어야 되지 않겠는가." 성섭이 의아하여 내심으로 생각하였다. "대종사께서는 본시 漢學을 충분히 하신 바 없으신데 어떻게 교법을 제정하시려는고." 성섭이 대답치 못함을 보시고 대종사 미소하시며 말씀하시었다. "내가 지금 한문으로 교법을 불러낼 것이니 그대는 즉시로 받아쓰라." 대종사 즉석에서 수많은 漢詩와 한문을 연속하여 불러 내리셨다. 성섭이 한참 동안 받아쓰다가 부르시는 글을 미처 다 수필하지 못하고 황겁하여 … "그대는 다시 어려운 한문을 숭상하지 말라" 」(대종경 선외록, 초도이적장 5장).

「경전이 너무 번거하면 도리어 사람의 정신을 현황케 하며 혜두를 매하게 하는 장애물이 된다. … 세존의 뒤로 얼마 동안은 구전심수로 진실 대도를 천명 발휘하였으므로 정법 시대라 하였고, 경전의 정신에 의하여 겨우 전래되는 제도와 의식을 유지하게 됨으로 상법 시대라 하였고, 그 후 얼마를 지내와서 신기 묘술을 구하고 미신스러운 생각과 우치한 행동을 행하여 대도가 크게 어지럽게 되었으므로 계법 시대라 하였다」(월말통신 33호 법설).

보충 해설

불교의 혁신을 화두로 삼은 소태산 대종사는 불일증휘 법륜상전이라는 사명을 띠고 말법시대의 주세불로 이 땅에 왔다. 따라서 미래 회상을 책임지고 나온 원불교는 새로운 회상으로서 미래불교의 역할을 잘 해내어야 한다. 과거 불교의 폐단을 벗어나 혁신불교를 유도해야 하기 때문이다. 소수인의 불교를 대중의 불교로, 과거의 예법을 현재의 예법으로 혁신한 미래의 불법은 교리 및 제도의 전개에 있어 산경전으로서 난해함을 극복, 간이능행을 추구해야 한다.

주석 주해

「경전이란 우주와 인간의 事와 理를 적어놓은 것인데, 사람들은 직접 쉬운 말로 원리를 말해주면 시원치 않게 여기고 그 경전에 국집하기가 쉽다. … 통만법명일심 하여 일을 잘하고 죄는 짓지 말며 복을 짓자는 것인데 만약 경전만 보다가 죽는다면 무슨 의미가 있겠는가」(박길진, 『대종경강의』, 원광대출판국, 1980, p.105).

「많은 경전을 다 보기로 하면 經 보는데 희생되어 수양 연구 취사의 위대한 힘을 얻기 어렵게 된다. 번다한 경전에 의지하게 되면 전래되는 제도와 의식을 유지하는데 그치게 되어 정법 시대의 진실 대도를 체험 각득하기가 어려운 것이다」(한종만, 『원불교 대종경 해의』(上), 도서출판 동아시아, 2001, p.235).

문제 제기

1) 불경처럼 어렵고 한문이 섞여 있어야 심원한 경전 같아 보인다는 설이 있는데?

2) 팔만장경과 오거시서란 무엇이며, 이에 대한 교훈은?

[수행품 23장] 현실의 산 경전

핵심 주제

현실의 산 경전

「세상 모든 것이 경전」(원불교 대종경 해의 上, 한종만).

「산 경전을 읽으라」(교전공부, 신도형).

「끊임없이 읽을 수 있는 경전」(원광 226호, 조정중).

대의 강령

사람들은 사서삼경이나 팔만장경이나 교회 서적들만이 경전인 줄로 알고 현실의 산 경전은 모른다.

1) 이 세상 모든 것이 경전 아님이 없나니, 동정 작용과 육근 동작 하나하나 현실의 경전이다.

2) 세상 전체가 일과 이치대로 움직이며, 인생은 이 일과 이치 가운데에 생로병사를 하니 이것이 산 경전이다.

3) 산 경전 가운데 시비선악과 대소유무의 이치를 보아 깨침이 있어야 하니, 번거한 경전을 읽기 전에 현실 경전을 큰 경전으로 보라.

출전 근거

송도성 수필 『월말통신』 14호(원기 14년)에 「눈을 뜨면 경전을 볼 것이요」라는 제목으로 실려 있으며 앞 22장과 연결된 내용이다. 『선원일지』(병자동선, 원기 21)에는 「세상 만물이 스승 아님이 없고 경전 아님이 없다」로 실려 있다.

어구 해석

사서삼경 : 유교의 교조인 공자의 사상, 그리고 공자를 이어받은 맹자의 철학이 담겨 있는 四書로는 논어, 대학, 중용, 맹자를 말한다. 三經으로는 시경, 서경, 역경이다. 사서삼경은 오늘날 유학자 및 동양사상을 알고자 하여 서양학자들이 즐겨 찾는 유교 경전으로서 동양의

古書이자 寶庫라 할 수 있다.

시비이해 : 세상을 살다보면 상호 시비에 얽히고 이해에 얽히는 경우가 많다. 따라서 일의 옳고 그름, 이로움과 해로움 등 인간의 일상적 삶 속에서 일어나는 심신작용을 是非利害라 한다. 『정전』 법률피은의 조목과 사리연구의 요지에 시비이해가 나온다.

대소유무 : 시비이해가 인간에 관련된다면, 대소유무는 우주에 관련된다. 大는 우주의 본체, 小는 우주 천차만별의 차별세계를 말하며, 有無는 우주의 변화를 지칭한다. 『정전』 일원상 진리와 사리연구의 요지 등에 대소유무가 나온다.

산 경전 : 살아 있는 현실의 큰 경전을 말하는 바, 산 經典은 지묵으로 된 경전만이 아니라 우리 주위에 있는 삼라만상이 법신불의 화현곧 처처불의 모습을 말한다.

관련 법문

「우리의 경전들을 숙독 실행하는 동시에 현실 세상에 나타나 있는 실지의 경전들을 잘 읽고 활용한다면 자신의 모든 재액을 능히 보낼 수 있으며, 가정 사회 국가의 행복을 오게 할 수 있으리라」(정산종사법어, 무본편 51장).

「영산 선원에서 선원들을 가르치실 때 어려운 말을 쓰지 않으시고 쉬운 말을 쓰시며, 세상 경전의 문장을 인거하지 않으시고 직접 마음을 사용하는데 부합시켜 주시면서 말씀하셨다. "앞으로는 진리도 간결하게 설명하고 법도 간결하게 가르쳐야 하며 삼학공부 잘하면 성불할 수 있으므로 달리 천만 경전이 필요 없다" 」(한울안 한이치에, 제10장 자비행 14장).

보충 해설

지행합일이란 말이 있다. 경전 속에 아무리 좋은 내용의 법문이 있다고 해도 이를 생활상에서 실천에 옮기지 못한다면 그 경전은 쓸모없게 된다. 또 현실의 삶을 산 경전으로 볼 수 있는 지혜의 안목도 필요하다. 인간의 시비이해라든가 일의 대소유무 등을 현실에서 발견, 연마하도록 하자는 것이다. 산 경전이란 그저 지묵으로 문자화된 경전에 머무는 것이 아니라 객관적 자연과 인간 삶의 현장에서 법신 그대로 화현된 큰 경전으로 다가서는 것을 말한다.

주석 주해

「글이란 마음의 자취이다. 이 마음의 자취인 글에 얽매이지 말고 그 진의를 파악해야 하며, 진리에 의해 쓰여진 산 경전을 볼 줄 알아야 한다. … 우리도 교전만 가져도 부족함이 없다. 다만 어떻게 얼마만큼 실천하느냐가 문제이다」(박길진, 『대종경강의』, 원광대출판국, 1980, pp.107-108).

「천지만물이나 세상 모든 일을 뜻있게 보면 모두가 경전으로 활용할 수가 있다. 사소한 일이라도 마음 공부하는 입장에서 보면 나에게 가르침을 주는 경전이 된다. 눈을 뜨면 경전을 본다는 것은 산하대지를 법신불로 보라는 것이다. … 소동파는 "푸른 산이 법신불의 모습이라" 하였다. 귀를 기울이면 경전을 듣는다」(한종만, 『원불교 대종경 해의』(上), 도서출판 동아시아, 2001, pp.236-237).

문제 제기

1) 살아있는 경전과 지묵으로 된 경전의 차이는?

2) 아는 것이 힘이라 했는데 사서삼경과 팔만장경을 많이 읽는 것만으로도 공부가 아닌가?

3) 현실의 큰 경전을 읽는 실례를 들라.

[수행품 24장] 사물에 밝아지는 법

핵심 주제

사물에 밝아지는 법

「사물에 밝아지는 방법」(원불교 대종경 해의 上, 한종만).

「사물에 능통해지는 법」(교전공부, 신도형).

대의 강령

늘 사물에 민첩하지 못하니, 어떻게 사물에 밝아질 수 있느냐는 제자의 질문에 대종사의 가르침이다.

1) 일을 당하기 전에는 미리 연마한다.
2) 일을 당하여서는 잘 취사한다.
3) 일을 지낸 뒤에는 다시 반조한다.
4) 남의 일이라도 마음속으로 반조해 본다.

어구 해석

민첩 : 한자로 敏捷(빠를민, 이길첩)이며, 재빠르게 잘 해내는 것을 말한다. 사리연구를 통해 일과 이치에 막힘없을 때 민첩하다고 한다.

연마 : 깨닫음을 위해 일과 이치를 갈고 닦는 것을 硏磨라 한다.

반조 : 저녁에 서쪽의 노을로 동쪽이 되비치는 것이라든가 지나간 일을 돌이켜 새겨보는 것을 뜻한다. 성찰 반성하면서 하루, 한 달, 일년의 지낸 일을 돌이켜 보는 것을 返照라 한다. 서원반조, 목적반조, 자성반조가 있어 서원을 돌이켜 보고 세운 바 목적을 돌이켜 보며, 진여 자성을 돌이켜 보는 것을 말한다. 이에 회광반조라는 말이 있다.

관련 법문

「말은 후하게 하고 일은 민첩하게 하라」(정산종사법어, 법훈편 41장).

「큰 지혜를 얻으려 하면 큰 定에 들어야 한다고 하나, 내가 월명암에서 무심을 주장하는 정만 익혔더니 사물에 어둡다고 대종사께서 크게 주의를 내리시더라. 마음 놓는 공부와 잡는 공부를 아울러 단련하여 숨 들이쉬고 내쉬는 것 같이 놓기도 자유로 하고 잡기도 자유로 할 수 있어야 원만한 공부를 성취하나니라」(정산종사법어, 권도편 33장).

보충 해설

이판승 사판승이라는 말이 있다. 자의를 보면 이치에 밝은 승려가 있는가 하면 사리에 밝은 승려가 있다는 뜻이다. 이사병행의 정신에 따라 이치에도 밝고 사물에도 밝도록 노력하는 자세가 필요하다. 또 이무애, 사무애, 이사무애, 사사무애로 옮겨가는 경지가 화엄의 참 모습이다. 상시응용주의사항 몇 가지를 보면, 일에 민첩해질 수 있다.

응용하는데 온전한 생각으로 취사하기를 주의할 것이며, 응용의 형세를 보아 미리 연마하기를 주의할 것이며, 노는 시간이 있고 보면 경전 법규 연습하기를 주의할 것이다. 또 모든 일을 처리한 뒤에 그 처리건을 생각하여 보되, 하자는 조목과 말자는 조목에 실행이 되었는가 못 되었는가 대조하기를 주의할 것이다.

주석 주해

「선천적으로 사리에 밝은 사람이 있으나 그 사람이 욕심에 끌려서 하기 때문에 바르게 한다고만 볼 수는 없는 것이다. … 사업을 벌여서 제도중생하려면 사리에 어두우면 안 된다. 사리에 어둡고 보면 일을 낭패시켜 큰 손해를 볼 수도 있다. 그렇다면 교단의 곳곳에서 일을 해내기에 어려움이 많으며 사회생활도 마찬가지이다」(박길진, 『대종경강의』, 원광대출판국, 1980, pp.108-109).

「대소유무의 이치를 깨친 바탕에서 인간의 시비이해를 판단해야 한다. 출가위 조항에 대소유무의 이치를 따라 인간의 시비이해를 건설한다고 하였다. 대소유무의 이치를 깨친 밝은 반야지를 바탕해서 일을 당하기 전에 미리 연마한다. 대종사는 저녁에 내일 일을 준비하였다고 한다」(한종만, 『원불교 대종경 해의』(上), 도서출판 동아시아, 2001, p.238).

문제 제기

1) 혹자는 이치에 밝으나 사리에 어두운 경우가 있는데, 그 이유는?
2) 사물에 밝고 능통해지는 방법은?

[수행품 25장] 청법의 자세

핵심 주제

청법의 자세
「법설 듣는 법」(원불교 대종경 해의 上, 한종만).
「법문 듣는 자세」(교전공부, 신도형).

대의 강령

법설이나 강연을 듣는 법은?

1) 정신을 고누고 들어야 한다.

2) 공부와 경계에 대조하여 온전한 정신으로 듣는다.

출전 근거

이공주 수필 『회보』 29호(원기21년)에 실린 법설로 「설법이나 강연을 듣는 제군에게」라는 제목으로 되어 있다.

어구 해석

법설 : 청법 대중을 향하여 불법을 설하는 것을 말하며, 法說을 하는 사람을 법사라고 한다. 각 종교 교리를 통한 깨우침의 진리가 법설이며, 원불교의 경우 일원상 진리와 삼학팔조 사은사요가 그 요체이다.

강연 : 교리를 연마하여 대중 앞에서 그 의미를 설득력 있게 강설함으로써 지혜 밝히는 것을 講演이라 한다. 곧 대소유무와 시비이해를 두루 밝혀 강령적으로 지견을 전달하는 것을 말한다. 설교와 강연은 교리 전달과 연마에 있어 필수적인 훈련과목(11과목)이다.

보화 : 寶貨란 소중한 보물 내지 화폐를 말한다.

요령 : 일과 물건의 요긴하고 으뜸 되는 큰 줄거리 이해의 요긴한 방법을 말하며, 일을 要領 있게 하라든가, 법을 요령 있게 들으라는 것이 이와 관련된다.

관련 법문

「법을 듣는 이의 마음 정도에 따라, 평범하게 한 말이 소중한 법설이 되기도 하고, 애를 써서 설한 법문이 범상한 말이 되기도 하나니라. 그러므로 법을 듣는 이는 먼저 돈독한 신성과 극진한 공경을 바치고 무조건 봉대하는 심경으로써 한 마디라도 그 말씀을 헛된 데에 돌려보내지 아니 하리라는 갈망하는 마음을 가지고 들어야 그 법이 깊이 감명되어 길이 잊혀지지 아니하며 실지 경계에 활용되어 실다운 이익을 얻나니라」(정산종사법어, 권도편 1장).

「법을 들을 때 우리는 범연히 알지 말고 정신을 차려서 잘 들어 대종사님 예언하신 것도 심상히 듣지 말고 신중히 들으라」(이광정, 「정산종사 미발표 법문」(자료), 『원불교사상』 15집, 원불교사상연구원, 1992, pp. 192-193).

보충 해설

법설을 받드는 청법 대중의 예의가 있다. 연단에서 법사가 법을 설하면 신중하게 그리고 일심으로 들어야 한다. 까닭 없이 건성으로 듣고 건성으로 고개를 끄덕여서는 안 된다. 소태산 대종사는 사소한 편지 하나라도 자세히 보아 두었다가 답장을 하여 주리라고 명심한 것은 그 사연이 잊어버리지 않는다(회보 29호 법설)고 하였다. 건성으로가 아닌, 꼼꼼하게 매사를 임하여 매사에 진전을 보이고 청법 낙도로 임하는 것이 필요하다.

주석 주해

「설법을 들을 때에는 자세를 단정히 하고 정신을 모으며 경청해야지 마이동풍 우이독경 식이 되어서는 안 된다. … 상대방의 말에서 무엇인가를 취하기 위해서는 내 마음을 空虛하게 가져야 한다. 빈 그릇이라야 새로운 물건을 담을 수 있듯이 내 마음의 그릇이 비어 있어야 한다」(박길진, 『대종경강의』, 원광대출판국, 1980, p.110).

「법설을 들을 때에는 돈독한 신성과 극진한 공경심으로 들어야 하며 듣고 듣고 또 들어 안 들어도 들릴 때까지 들어야 하는 것이다」(한종만, 『원불교 대종경 해의』(上), 도서출판 동아시아, 2001, p.241).

문제 제기

1) 법설과 강연을 듣는 요령이란 무엇인가?

2) 공부와 경계에 대조하여 온전한 정신으로 들어야 하는 이유?

[수행품 26장] 희로애락과 相의 극복

핵심 주제

희로애락과 相의 극복

「희로애락과 상을 초월」(원불교 대종경 해의 上, 한종만).

「원만한 지혜를 밝히는 길」(교전공부, 신도형).
「등잔불은 어찌하여 제 밑이 어두운고」(원광 227호, 조정중).

대의 강령

대종사 봉래정사에서 제자와 문답하였다.

1) 대종사 등잔불을 가리키며 김남천, 송규 등에게 말하기를 "저 등잔불이 사면을 다 밝히는데 어찌 제 밑은 저같이 어두운고?"

2) 김남천 "이는 실로 저와 같사오니, 저는 대종사 시봉한 지 여러 해가 되었사오나 아는 것과 행하는 것이 멀리서 내왕하는 형제들만 같지 못하나이다."

3) 송규 "저 등불은 불빛이 위로 발하여 먼 곳을 밝히고 등대는 가까운데 있어서 아래를 어둡게 하오니, 사람이 남의 허물은 잘 아나 저의 그름은 알지 못하는 것과 같나이다."

4) 대종사, 원만하지 못한 사람이 자타 없이 밝아지려면?
송규 사뢰기를, 희로애락에 편착하지 아니하고 마음 가운데 모든 상을 끊어 없애면 그 아는 것이 자타가 없습니다.

출전 근거

『월보』 38호(원기 17년)에 수록된 법설이다.

어구 해석

등잔 : 전깃불이 들어오기 전에 호롱에 심지를 넣고 석유를 심지로 빨아들이게 하여 등불을 켜는 것을 燈盞이라 한다. 등잔 밑이 어둡다는 속담에 비유되듯, 자기라는 무명의 상에 가리어 자기를 제대로 파악하지 못한다는 것을 상징적으로 언급한 예이다.

관련 법문

「등잔불은 등대에 가려서 밑을 비치지 못하고 보통 중생은 아상에 가려서 자기의 잘못을 모르나니, 상이 없이 내외가 공한 마음으로써 법을 구하여 그 마음에 바탕하여 일체 지식을 갖춘다면 복혜 양족의 주인공이 되는 동시에 중생 제도하는 자비불이 될 것이다. 그러므로 과거 불조께서 법을 구하러 온 사람에게 먼저 상을 놓으라고 하신 것이다」(대종경 선외록, 선원수훈장 7장).

「어두운 밤에는 반딧불도 빛나고 전등이 없는 곳에서는 호롱불도 밝은듯하나 태양이 솟으면 모든 빛이 따를 수 없는 것이니, 작은 데에 만족하지 말고 영겁을 통하여 수행에 일관하기로 크게 서원을 세우라」(한울안 한이치에, 제1장 마음공부 42장).

보충 해설

자기에 가리어 자기의 허물을 보지 못하고 남의 허물만 보는 사람의 습성을 경계하는 의미에서 본 법어를 설하였으며, 궁극적으로 자기의 국집 즉 희로애락을 초월하라는 말이다. 등하불명이라는 말이 있듯이, 멀리 있는 남의 허물은 잘 보이면서 가까이 있는 자신의 허물은 잘 보이지 않는다. 이에 생활 속에 희로애락이 전개되는 상황에서 항상 자신의 허물이 있는지 없는지 성찰하는 자세가 필요하다. 그것이 종교인으로서 적공을 하는 공부심이기 때문이다. 소태산 교조가 제자들에게 대화를 통해 가르치는 모습은 구전심수의 표본이기도 하다.

인물 탐구

김남천(1869-1941) : 본명은 성규이며 전주사람으로 호는 角山이다. 각산은 증산교인이었으며 50세가 넘어 불법연구회로 귀의하였다. 각산은 원기 4년 10월 같은 날, 친구인 송적벽과 더불어 대종사의 제자가 되었다. 실시품 3장에서 송적벽과 의견 차이로 논쟁하였는데, 송적벽은 그날 싸워 나갔다가, 다시 귀교하였으며 후에 다시 탈퇴한 것으로 알려져 있다. 각산은 원기 13년 인재양성소 기성연합단원에 소속되었고 산업부 창립단에도 소속되었다. 익산총부 건설에 김남천과 송적벽은 '전무노력자' 로 되어 있다. 7월경에 김남천 송적벽 등의 발의로 수칸 精舍를 신축할 때 송적벽은 토수 일을 담당하고 김남천은 목수 일을 맡았다. 이청풍의 외조부가 김남천으로, 김남천은 슬하에 두 딸이 있었다. 대종사 변산 입산 초기부터 김남천은 홀몸이 된 큰 딸과 외손녀(김혜월, 이청풍)를 데리고 들어와 봉래정사에서 시봉하였다. 또 김남천의 작은 딸 순풍과 사위 박원석이 익산에 살았는데 익산총부 기지를 정하는데 교두보 역할을 하였다. 각산은 산중의 험한 길을 마다않고 줄포 장에까지 가서 식량과 땔감을 조달하기도 하였다. 각산은 평소 술을 좋아하였는데, 어느 날 금주령이 내려졌다. 하루는 박창기가 도치재 주막을 지나는 중이었는데, 각산이 그 주막에 왔다 갔다 하며 느닷없이 "이놈 못 끊어" 호령을 치고 있었다. 각산은 당시 "아, 인심이 발동하여 자꾸 한잔 하자 권하니, 도심이 이놈 못 끊어 하고 호령한 거여" 라고 했다. 원기 9년 회상창립 뒤부터 각산은 총부 옆 연구실터에서 움막집을 짓고 살면서 대종사의 법설에 법열을 느끼며 낙도생활을 하였다. 또 성리연마에도 관심이 많아 대종사로부터 인가를 받고자 하는 열성도 대단하였다. 각산은 원기 26년, 열반 3일 전 대종사를 뵙고 견성인가를 받고자 찾아뵈었다. 이에 대종사는 "만법귀일을 일러라" 하였으며, 각산은 "청정 법신불 아닙니까" "알았으니 돌아가라" 라고 하였다(송인걸, 『대종경속의 사람들』, 월간원광사, 1996, '김남천' 참조).

송규 : ☞서품 6장 참조.

주석 주해

「제 몸에 걸리고 가려서 보이지 않으니 어둡다. 사람은 누구든지 자기를 옹호하고 보존하고자 하는 욕심이 있어서 이 욕심에 가려서 어두워진다. 또 여러 감정 때문에 자신은 어둠을 벗어나기 어렵다. … 자기반성을 통하여 자기를 비춰보고 바르게 하려고 노력하는 사람은 남의 일에 신경을 쓸 여가가 없기 때문에 남의 일은 잘 모른다. 인간은 트고 보면 거의 같은 입장임을 알 수 있다」(박길진, 『대종경강의』, 원광대출판국, 1980, pp.111-112).

「등하불명과 같이 사람은 희로애락의 편착과 상에 가리어 다른 이의 시비는 밝게 알되 자신은 바르게 보지 못하므로 자타의 국한을 벗어나 원만히 밝히는 공부를 하라」(조정중, 「등잔불은 어찌하여 제 밑이 어두운고」, 《원광》 227호, 1993, p.58).

문제 제기

1) 희로애락에 끌리고 안 끌리는 표준은?

2) 대종사, 김남천과 송규에게 등잔불과 관련해서 설한 법어는?

3) 원만하지 못한 사람이 자타 없이 밝아지려면?

[수행품 27장] 정당한 주견에 의한 법의 응용

핵심 주제

정당한 주견에 의한 법의 응용

「정당한 주견으로 법을 응용」(원불교 대종경 해의 上, 한종만).

「원만한 인격과 넓은 지견을 갖추는 법」(교전공부, 신도형).

「자가의 주견과 타가의 법」(원광 228호, 조정중).

대의 강령

대종사 제자와 주견에 대하여 문답하였다.

1) 넓은 지견을 얻으려면 한 편에 집착하지 말라. 선비는 유가의 습관에, 승려는 불가의 습관에, 타종교나 사업가들은 자기 아는 바에 편착하여 시비이해를 널리 알지 못한다.

2) 한 제자 "만일 自家의 전통과 주장을 벗어난다면 혹 주견을 잃지 않겠나이까?"

3) 대종사 "자가의 주견을 잃고 모든 법을 함부로 쓰라는 것이 아니라 정당한 주견을 세운 후에 다른 법을 널리 응용하라."

출전 근거

『월말통신』 34호(원기 15년)에 실린 것으로 「통만법명일심」이라는 제목의 법설이다.

어구 해석

주견 : 자신의 견해가 상대방의 영향으로 흔들리는 것이 아니라 자기 주체성을 가지고 정당한 견해를 내세우는 주장이 主見이다.

자가 : 自家란 자신을 가리킨다. 自派 및 자기 가정의 뜻도 있다.

관련 법문

「이 세상 사람들이 각각 저의 하는 일에 편착하여 남의 일을 취하여 쓸 줄을 알지 못하므로 원만한 지식을 얻지 못하고 저의 아는 바로써 자기의 지옥을 삼거늘 … 만약 그대가 예수교를 신앙한다고 하여 그 다른 것을 살피지 못하거나 나에게 배운다 하여 그 전에 신앙하던 예수교를 배척한다면 나와는 취지가 다르다」(월말통신 34호 법설).

「과거에는 유불선 삼교가 각각 그 분야만의 교화를 주로 하여 왔지마는, 앞으로는 그 일부만 가지고는 널리 세상을 구원하지 못할 것이므로 우리는 이 모든 교리를 통합하여 수양 연구 취사의 일원화와 또는 영육쌍전 이사병행 등 방법으로 모든 과정을 정하였나니, 누구든지 이대로 잘 공부한다면 다만 삼교의 종지를 일관할 뿐 아니라 세계 모든 종교의 교리며 천하의 모든 법이 다 한 마음에 돌아와서 능히 사통오달의 큰 道를 얻게 되리라」(대종경, 교의품 1장).

보충 해설

불교에서 정법과 상법 말법을 거론하고 있는 바, 어느 종교든 세월이 흐르면 정체되기 쉽다. 불교를 혁신한 원불교는 『정전』 「교법의 총설」에도 밝혔듯이 유불도 3교의 통합 활용이라는 교조 정신을 이어받아 '통만법명일심' 정신으로 새로운 종교로 거듭나야 한다. 정법교단으로서 정당한 견해로 미래 교단의 활로를 개척하자는 뜻이다. 넓은 지견을 얻고자 한다면 自家의 국 좁은 울을 벗어나야 한다. 이것이 종교 회통의 시각으로서 통만법명일심의 공부법이다.

주석 주해

「마음 수양이나 인간생활에 필요한 것을 두루 취해야 한다. … 만약 지금 4대성자들이 생존해 있다면 서로 전화로 연락을 취할지도 모른다. 성자들의 각득하신 진리의 구경처나 원만하신 인품을 잘못 이해하고 현재 종단끼리 서로 비난을 하는 경우도 있다. 그러나 이러한 태도는 서로 반성하고, 성자의 본의에 맞는 원만한 인격, 트인 인품을 갖춰야 한다」(박길진, 『대종경강의』, 원광대출판국, 1980, pp.114-115).

「원만한 사람이 되고 원만한 도를 이루려면 반드시 한편에 집착하지 말고 자가의 정당한 주견을 세운 후에 타가의 법도 널리 응용하라」(조정중, 「자가의 주견과 타가의 법」, 《원광》 228호, 월간원광사, 1993, p.58).

문제 제기

1) 유교, 불교, 타종교인들이 자기 종교의 도그마에 갇혀있는가?
2) 원불교인들도 혹 원불교의 울을 벗어나지 못하지는 않는지?

[수행품 28장] 지혜 어둡게 하는 두 조건

핵심 주제

지혜 어둡게 하는 두 조건
「지혜 어두워지는 조건」(원불교 대종경 해의 上, 한종만).
「지혜가 어두워지는 두 가지 조건」(교전공부, 신도형).

대의 강령

지혜를 어둡게 하는 두 조건이 있으니 수도인이 조심할 것은?
1) 욕심에 끌려 중도를 잃는 것이다.
2) 자기의 소질에 끌려 치우치고 집착하는 것이다.

어구 해석

지혜 : 지혜광명과도 같이 자신의 사유와 행동에 빛과 힘이 되어주는 것으로, 단순 지식과 차별화된다. 智慧는 삶의 혜안으로서 지식을 바르게 활용하는 인간의 슬기라 할 수 있다.

욕심과 소질 : 자기의 오욕에 편승하여 소유하고자 하는 마음이 慾心이며, 본래부터 타고난 취향으로 이에 따른 능력을 素質이라 한다. 이 두 가지에 치우치면 무명에 가려 참 지혜를 어둡게 한다.

관련 법문

「자기의 마음을 얻어 보아서 마음 가운데 욕심 구름을 걷어 버리며 그 마음에 적공을 들여서 하고 싶은 것과 하기 싫은 것에 자유 자재할 힘만 있고 보면 그가 곧 여의보주인 것이다」(대종경 선외록, 영보도국장 5장).

「지혜 있는 사람의 공부하는 법은 각자의 힘을 헤아려 보아서 그 경계를 능히 인내할만하면 이어니와 그렇지 못할 정도라면 미리 그 경계를 피하여 어느 정도의 실력을 길러 경계를 대치해 가나니라」(정산종사법어, 권도편 43장).

보충 해설

여기에서 욕심과 소질에 매달리다 보면 지혜가 어두워진다고 하였다. 욕심도 필요하고 소질도 중요한데, 왜 이를 주의하라고 하였는가를 새겨볼 필요가 있다. 타고난 저마다의 소질을 계발하는 것은 좋은 일이나, 자기 소질 계발에만 정성을 쏟고 다른 보편적 시각에 어둡다면 국 좁은 사람이 되기 때문이다. 두루 함께 하면서 개인의 소질을 계발하자는 것이다. 욕심도 치우치면 곤란하다. 원불교 법은 욕심을 없애기 보다는 욕심을 키우라는 것으로, 大欲이 그것이다.

주석 주해

「寡慾해야 한다. … 전무출신을 해가지고 자기 소질대로 활동을 해나가면서도 근본 공부를 놓아서는 안 된다. 어느 분야에서 무엇을 하든지 간에 마음공부는 그곳 그곳의 일 속에서 계속해야 한다」(박길진, 『대종경강의』, 원광대출판국, 1980, pp.116-117).

「욕심에 끌리면 과격하게 된다. 욕심에 끌리면 판단이 제대로 되지 않는다. … 대중 생활에서 자기의 소질이 능하다 하여 집착하면 대중과 화합하면서 살 수 없다. 자기 소질에 집착하면 올바른 판단이 되지 않는다」(한종만, 『원불교 대종경 해의』(上), 도서출판 동아시아, 2001, p.247).

문제 제기

1) 욕심과 소질은 자기발전에 필요한데, 지혜를 어둡게 한다는 뜻은?
2) 지혜를 어둡게 하는 두 가지 조건은?

[수행품 29장] 지식 넓히는 법

핵심 주제

지식 넓히는 법
「지식을 넓히는 법」(원불교 대종경 해의 上, 한종만).

「지식을 넓히는 법」(교전공부, 신도형).

대의 강령

동학의 한 교인이 선생의 高名을 듣고 멀리서 왔다며 어찌하면 지식이 넓어지느냐고 여쭈자, 소태산은 이에 말하였다.

1) 그대가 나에게 묻고 배우는 것이 지식을 넓히는 법이다.

2) 나는 그대의 말을 듣는 것도 지식을 넓히는 법이다.

출전 근거

송도성 수필법설집 2에 실린 법문이다.

어구 해석

동학 : 동학은 최수운이 창시한 조선조 후반의 신흥종교이다. 당시 조선조 양반 계급의 부패정치와 서양에서 들어온 西學(천주교)의 세력이 커지자 서양의 배타적이고 이질적 사유가 한국 전통과 괴리되어 정신적 혼돈이 일어나게 되었다. 이에 최수운은 서학에 대응하기 위하여 東學을 세웠으며 救世濟民의 정신에 따라 민족 고유의 종교로서 동학을 전파하였다. 人乃天과 事人如天으로 반봉건적이고 진보적인 정신과 적서 차별에 반기를 들고 남부 삼남지방을 중심으로 세력을 확대해 갔다. 이에 조정은 동학을 邪敎라 하여 최수운을 혹세무민의 조목으로 처형하였다. 『동경대전』과 『용담유사』 등이 경서로서 널리 읽혀졌으며, 1905년 12월 1일 동학에서 천도교로 개칭되었다. 천도교는 최시형, 손병희로 이어졌으며 후에 동학혁명의 주체로 활동함과 동시에 3·1운동에 앞장서기도 하였다.

고명 : 이름이 널리 떨치어 유명 인사가 되는 것을 高名이라 한다.

저자 : 저자(市)거리라 하는 바, 물건을 팔고 사는 시장을 뜻한다.

관련 법문

「그대는 나를 찾아와서 묻는 것이 지식을 얻을 근본이요. 나는 그대를 교제하여 그대의 법을 들어오는 것이 지식을 얻을 근본이라. … 나는 이 이치를 깨달은 고로 무슨 일이든지 내가 구태여 연구하여서야만 아는 것이 아니라 모든 사람을 교제함에 모든 사람의 지식을 취하여 쓸 줄 아노라」(송도성 수필 법설집 2).

「학문이나 지식이나 남이 미처 손대지 못한 것을 손대어 일가를 이뤄야 세상에 유용하게 쓰이는 것이니, 지금 교학공부를 잘 해 놓으면 돌아오는 세상에 큰 학자 행세를 하게 될 것이다」(한울안 한이치에, 제6장 돌아오는 세상 75장).

보충 해설

지식을 넓히는 법은 여러 가지가 있는데, 좋은 방법으로 상호 대인관계에서 얻어지는 경우가 그것이다. 혼자서만 지식을 넓히는 것이 아니다. 대종사는 남의 지식을 나의 지식으로 잘 활용하라는 것을 강조하였다. 지식 활용은 나의 지식을 활용하는 것도 필요하지만 남의 지식을 잘 활용하는 자가 참으로 지식을 넓히는 것이다. 원불교의 사리연구는 '천조의 난측한 이치와 인간의 다단한 일을 미리 연구하였다가 실생활에 다달아 밝게 분석하고 바르게 판단하여 알자는 것' 임을 상기해 볼 때 지식 넓히는 목적과 방법이 멀리 있지 않다.

주석 주해

「우리는 적은 지식에 만족해서는 안 된다. 일정 때 日人은 대학 졸업 후에 잘하고, 우리는 대학에서 잘한다는 말이 있었다. 미국에서 보면 우리 교포 자녀들은 국민학교에서 잘하고 미국인은 대학에 가서 발전한다는 말이 있다. 우리는 일시적인 것이나 적은 지식에 만족해선 안 된다. … 이론을 책에서 배우는 것만을 지식으로 알기가 쉬우나 실지의 일정과 경험에서 습득하는 것도 산지식이 된다」(박길진, 『대종경강의』, 원광대출판국, 1980, pp.119-120).

「서로가 묻고 배워서 지식을 넓혀야 한다. 대종사는 개방식 교육을 중요시한다. 민주주의 의식이 강하다. 상시응용 주의사항에 의견교환, 제가의 요법에 의견교환이 밝혀져 있다. 깊은 경지를 같이 연마해야 지식이 넓혀진다. … 내가 생각하지 못했던 경지를 다른 사람은 깊이 연마가 되어 있다. 남의 지식을 수용해서 나의 지식을 만드는 것이다」(한종만, 『원불교 대종경 해의』(上), 도서출판 동아시아, 2001, p.248).

문제 제기

1) 지식 넓히는 방법이 있다면?
2) 동학의 한 교인이 어찌하면 지식이 넓어지느냐고 여쭈자, 그에 대한 소태산의 지도법은?

[수행품 30장] 습관과 인품의 형성

핵심 주제

습관과 인품의 형성
「습관과 선악의 인품」(원불교 대종경 해의 上, 한종만).
「인품은 습관으로 이루어진다」(교전공부, 신도형).
「선악의 인품과 습관」(원광 229호, 조정중).

대의 강령

대종사, 성품의 선악 습관에 대해 말하였다.
1) 성품이란 원래 선악이 없으나 습관에 따라 선악 인품이 있어지며, 습관은 처음 한 생각이 모든 인연에 응하면서 이루어진다.
2) 선한 일에 습관화되기 어렵고 악한 일에 습관화되기 쉽다.
3) 선한 습관을 위하여 방심의 악한 경계에 흘러가지 말아야 한다.

어구 해석

인품 : 인간의 언행에서 나타나는 인격을 人品이라 한다. 도덕성과 준법의식으로 원만한 대인관계를 지닐 때 좋은 인품이 형성된다.
도량 : 道場이라고도 하며, 불법을 배우고 심신을 닦는 곳을 말한다. 각 교당, 기관, 훈련원, 총부 등이 도량으로서 역할을 하고 있다.
감내 : 순역의 경계를 따라 자신에게 몰아닥친 업력의 고통을 참고 견디어내는 것을 堪耐라 한다. 감내하는 힘은 곧 인내력이다.

관련 법문

「사람의 성품이 정한즉 선도 없고 악도 없으며, 동한즉 능히 선하고 능히 악하나니라」(대종경, 성리품 2장).
「본래 선악 염정이 없는 우리 본성에서 범성과 선악의 분별이 나타나는 것은 우리 본성에 소소영령한 영지가 있기 때문이니, 중생은 그 영지가 경계를 대하매 습관과 업력에 끌리어 종종의 망상이 나고, 부처는 영지로 경계를 비추되 항상 자성을 회광 반조하는지라」(정산종사법어, 원리편 11장).

보충 해설

소태산이 선한 습관을 들이기 위해 放心을 극복하라 하는 것과 같이, 맹자도 성품의 선함을 보존하고 본심을 보존하기 위한 방법으로 '求放心'을 들고 있다. 아무튼 좋은 습관으로 원만한 인품을 형성하는 것이 중요하다. 유식학에서 사람은 무명으로 자기도 모르는 사이에 집착을 하다 보니 그것이 습관으로 변한다고 한다. 습관도 좋은 습관이면 모르거니와 악도로 빠지는 습관은 빨리 버릴수록 좋다. 우리가 습관은 버리기 어렵다고 한다. 하지만 그릇된 습관을 극복, 업장 녹이듯 적공을 부단히 한다면 묵은 습관은 결국 용해될 것이다.

주석 주해

「인성의 선악을 논하자면 말할 것도 없이 至善이다. 그러나 이 자리는 생생 약동하다는 사실을 알아야 한다. 이러한 작용 때문에 육근의 육감에 따라 악으로 흐르기도 하고 선으로 흐르기도 한다. … 인생은 逆舟라고 보아야 한다. 흐르는 데로 가고 보면 쾌락이 되고, 그 뒤에는 苦가 따르기 마련이다. 그러나 인생은 오르는 것이요, 나아가는 것이기 때문에 처음에는 苦가 있게 되나 뒤에는 樂이 오게 된다」(박길진, 『대종경강의』, 원광대출판국, 1980, pp.120-121).

「사람의 성품은 본래 선악이 없으나 습관에 따라 있어지므로 법을 지키는 습관을 길들여 착한 인품을 이루라. … 악한 습관을 걸러 내리고 선한 천성을 키워 올려 영원한 마음의 힘을 갖추고 마음의 자유를 회복해야 한다」(조정중, 「선악의 인품과 습관」, 《원광》 229호, 1993, pp.55-58).

문제 제기

1) 성품론에 있어 맹자는 원래 선하다 했고 순자는 원래 악하다 했는데, 원불교의 성품론은?

2) 습관이란 처음 한 생각이 모든 인연에 응하여 이루어지는 것이라 했는데, 좋지 않은 습관을 떼는 방법은?

[수행품 31장] 남녀의 성향

핵심 주제

남녀의 성향

「남녀의 특성」(원불교 대종경 해의 上, 한종만).

「남녀의 특성과 원만한 인품」(교전공부, 신도형).

대의 강령

대종사, 많은 남녀 학인들의 성향에 대하여 말하였다.

1) 남자는 너그러운 가운데 허한듯하니 내심이 견고하고 진실되기에 노력하라.

2) 여자는 주밀한 가운데 비용납적이니 내심이 원만하고 관대하기에 노력하라.

출전근거

『선원일지』(병자동선, 원기 21)에는 「사람의 성질에 두 질이 있다」로 실려 있다.

어구 해석

학인 : 도가에 입문하여 공부하는 사람을 學人이라 하며, 선방에 입선하여 수도하는 사람도 이에 포함된다. 원불교 교법을 배우고자 하는 출가 재가 교도의 경우, 널리 보면 학인이라 할 수 있다.

견실 : 굳고 착실한 성품을 堅實하다고 한다.

고정 : 한 곳에 막혀 고집이 세고 융통성 없는 것을 固定이라 한다.

관련 법문

「남자나 여자나 늙은이나 젊은이나 다 같이 힘을 합하여, 좋은 일은 서로 격려하고 밀고 나아가며, 좋지 못한 일은 서로 충고하고 고쳐 나가서…」(정산종사법어, 공도편 25장).

「이영훈이 뵈오니 말씀하셨다. “도인 부부는 잘 헤어지지 않는다.” “후생에는 남자 되어 전무출신하려 합니다.” “그렇게 갈리기가 쉽지 않을 것이다. 야수다라 부인이 지금도 부처님과 아니 헤어졌을 것이다. 그러나 공부를 잘 하면 헤어질 수도 있다. 여자가 남자 되려면 국이 트이고 편심이 없어야 하며 시기 질투가 없어져야 한다”」(한울안 한이치에, 제7장 기연따라 주신 말씀 40장).

보충 해설

이는 남녀의 대체적 성향을 말한 내용으로, 꼭 남녀 간의 장단점만은 아니다. 즉 남녀를 고정관념으로 차별화한 법설로만 이해해서는 안 된다는 것이다. 남녀 상호 보완적으로 원만한 성품을 이루려는 방편적 법설로 이해할 필요가 있다. 장응철 교무도 남녀에 대해 다음과 같이 말하고 있다. 「강력하고 견고함이 남성적이라면 유약한 부드러움은 여성적이라고 할 수 있다. 남성적인 것이 정치적이라면 여성적인 것은 종교적이라고도 할 수 있다」(장응철, 「종소리의 여운」, 《원불교신문》, 2002년 6월 21일, 5면). 불성에는 남녀도 없다는 것을 알고, 남녀 상호 보완적으로 인품을 형성하면 좋을 것이다.

주석 주해

「원래 성품에는 따로 남녀가 없다. 자기의 업력에 따라 현재의 남녀가 조성되었다. 그러므로 이러한 원리를 충분히 이해하고 노력하면 남녀 상을 없앨 수 있다. … 사람이 원만하고 관대하면서, 주밀하고 견실해야 매사에 성공한다. 무엇이든지 부족하고 보면 실패가 오기 쉽다」(박길진, 『대종경강의』, 원광대출판국, 1980, p.122).

「남자는 너그러운 가운데 내심이 견고하고 진실되게 노력을 해야 한다. … 여자는 주밀한 가운데 내심이 원만하고 관대하기에 노력해야 한다. 단체생활은 상대방을 이해하고 용납해주는 것이 중요하다. 여자는 포용력이 중요한 것이다」(한종만, 『원불교 대종경 해의』(上), 도서출판 동아시아, 2001, p.251).

문제 제기

1) 원래 성품에는 남녀차별이 없는데, 남녀성격 차이를 밝힌 것은?

2) 남녀 학인의 장단점을 밝혀라.

[수행품 32장] 작은 일부터 챙기는 마음

핵심 주제

작은 일부터 챙기는 마음

「작은 일부터 챙겨야 한다」(원불교 대종경 해의 上, 한종만).

「사소한 일에도 공부가 있다」(교전공부, 신도형).

대의 강령

한 제자 급히 밥을 먹으며 말을 자주 하는 것에 대해 경고하였다.

1) 밥 먹고 말하는 데에도 공부가 있나니, 급히 먹거나 과식하면 병들기 쉽다.

2) 아니 할 말을 하거나 벗어난 말을 하면 재앙이 붙으니, 작은 일을 잘 처리하는 재미를 가져야 한다.

관련 법문

「밥 한 알을 금 한 알같이 귀중히 여기시고 특별히 정하게 잡수시어 반찬이나 숭늉 남은 것에 밥알 한 알이 들지 아니하게 하시었다」(대종경 선외록, 실시위덕장 7장).

「불의한 말로써 사람의 천륜을 끊는 것은 곧 인간의 강상을 파괴하는 큰 죄가 되며, 고의로나 또는 무의식중일지라도 사람과 사람 사이에 좋지 못한 말을 함부로 전하여 서로 원망과 원수가 나게 한다면 그 죄가 심히 큰 것이니, 방편이나 사실을 막론하고 사람과 사람 사이에 좋은 말을 잘 연락시켜서 종래에 있던 원망과 원수라도 풀리게 하며…」(정산종사법어, 예도편 17장).

보충 해설

사소한 행동에도 방심하지 말고 공부심을 발견하라는 법어이다. 다만 말을 하거나 밥 먹는 것을 예로 든 것이다. 사소한 언행이라도 신중해야 한다. 적공을 하거나 성공을 이룸에 있어 사소한 실수를 허용하지 않는 분발심이 요구된다. 밥 먹는 일이나, 상대방에게 말하는 일은 어떻게 보면 사소한 일상의 일일 수 있다. 그러나 이를 조급하게 알고 방심으로 대하면 화마가 몰아닥친다. 조그마한 일 하나에라도 공부심으로 대한다면 그것이 공경심으로 인격 향상에 도움이 된다.

주석 주해

「말을 참지 못하고 함부로 하는 것은 마음이 들떠 있는 증거라 하겠다. 사회에서 일반 학문공부만 하는 사람 중에는 재주가 좋아서 학문은 잘 하지만 말 한마디나 행동 한 가지도 범절 없이 함부로 하는 사람을 많이 볼 수 있다. … 음식 하나 먹는데도 정신없이 먹거나 자기 좋아하는 것만을 먹거나 또 불결하게 먹음으로써 상대방에게 불쾌감을 주어서도 안 된다」(박길진, 『대종경강의』, 원광대출판국, 1980, pp.124-125).

「급히 밥을 먹고 자주 말을 하는 제자에게 깨우쳐준 법문이다. 말을 많이 하면 무게가 적어진다. 생각을 하고 말을 하고 행동을 하는 것은 하나의 기운이다. 말을 많이 하는 것은 기운의 소모인 것이다. 『음부경』에 정기를 소모하는 9구멍을 막으라고 한다. 급히 밥을 먹는 것도 조절이 잘 안된 것이다. 도교에서는 정기를 발산하지 않으려고 토굴 속으로 들어가 수양을 한다」(한종만, 『원불교 대종경 해의』(上), 도서출판 동아시아, 2001, p.252).

문제 제기

1) 대승행이라 하여 사소한 일을 범상히 넘기는 경우가 있는데?
2) 밥 먹고 말하는 데에도 공부가 있다는 것은?

[수행품 33장] 경계 취사의 대중

핵심 주제

경계 취사의 대중

「경계에서 취사하는 대중」(원불교 대종경 해의 上, 한종만).

「취사의 대중」(교전공부, 신도형).
「취사하는 대중」(원광 230호, 조정중).

대의 강령

문정규 "경계를 당할 때에 무엇으로 취사하는 대중을 삼으오리까" 라는 질문에 대한 대종사의 가르침이다.

1) 자기의 세운 바 서원을 생각한다.
2) 스승이 가르치는 본의를 생각한다.
3) 당시의 형태를 살펴서 한편에 치우침이 없도록 한다.

출전 근거

송도성 수필법설집에 실린 법설이다.

어구 해석

경계 : 우리가 대인접물을 하면서 심신의 시비이해에 따라 그 상황에 유혹될만한 여건, 또는 주의해야 할 주변 상황을 境界라 한다.

매하다 : 진리에 대한 이해와 물정이 어두워지는 것을 昧하다고 한다. 무명으로 가릴 경우 더욱 매하게 되므로 진리연마 및 사리연구 등을 통해서 혜두 단련을 하지 않으면 안 된다.

관련 법문

「1) 자기 배우는 원인을 생각할 것이요, 2) 선생의 가르치심을 생각할 것이요, 3) 당시의 형편을 살핌이라. 이 세 가지에 맞추어 보아서 맞으면 취하고 맞지 않으면 버려서 무슨 일이든지 취사하는 정신을 놓지 않으면 취사가 순숙하여져서 나중에는 취사할 것도 없이 백천만사를 마음 가는 데로 행하되 절차에 틀림이 없고 넉넉하고 급함이 곳을 얻어 골라 맞으리라」(송도성 수필 법설).

「참으로 공부할 줄 아는 사람은, 좋은 경계나 낮은 경계를 당할 때에 경계를 당했다고 생각지 아니하고 정히 이때가 공부할 때가 돌아왔다고 생각하여, 경계에 휩쓸려 넘어가지 아니하고 그 경계를 능히 잘 부려 쓰는 것이다」(대종경 선외록, 일심적공장 8장).

보충 해설

과거의 수도는 경계가 없는 피경 공부를 주로 했으나, 미래의 불법은 경계에 접하여 현실에 뛰어드는 적극적 교화가 필요하다. 또 그러한 경계를 극복해가는 요령이 필요한 것이다. 불경의 『금강삼매경』에서도 「마음이 경계를 일으키지 않으면 경계가 마음을 일으키지 않는다」(心不生境 境不生心)(한불전1, 641쪽)라고 한 법어를 염두에 두자. 공동체에서 발견되는 무풍지대의 안일을 극복하자는 뜻이다. 또 경계란 자신의 초발심과 스승의 가르침에 비추어보면 이겨낼 수 있다.

인물 탐구

문정규(1863-1936) : 호는 冬山이다. 전남 곡성군 곡성면 장선리에서 문화준 선생과 하씨의 장남으로 출생하였다. 어려서 천성이 강직하였던 동산은 58세(원기5년) 어느 날, 친구인 송적벽 선진으로부터 대종사에 관한 말씀을 전해 듣고 송적벽의 인도로 전주 박호장과 더불어 부안 변산을 찾아 대종사를 뵙고 제자가 되었다. 동산은 『대종경』의 수행품, 인도품, 성리품, 신성품, 전망품 등 7곳에 등장한다. 원기 8년 11월, 소태산은 박호장, 이청춘의 주선으로 전주에 임시출장소를 마련할 때 문정규 또한 적극 협력하였다. 동산은 원기 9년 4월 29일, 불법연구회 창립총회 때 전주지방 대표로 참석하기도 하였다. 그 후 익산총부 건설 때 동참하여 송적벽, 김광선 등과 엿 제조업을 발의하였다. 동산은 또 원기 10년에 총부 부근으로 이사하여 대종사 법설을 들을 때 박사시화, 김남천 등과 더불어 백발을 휘날리며 춤을 추며 법열에 넘쳤다. 원기 13년 3월, 동산은 재가회원 중 2등 전무주력자의 한 사람으로 회상 창립 유공인이 되었다. 또 김남천과 함께 태을도를 믿었던 친한 친구였으며, 대종사 문하에 입문한 뒤로는 성리공부에 심취하여 성리문답에도 적극적이었다. 어떻든 1924년에 전무출신을 서원하여 창립총회 이후 전무출신으로서 첫 공동생활을 시작한 사람들은 김광선 오창건 이동안 이준경 송규 송도성 전음광 송만경 문정규 김남천 송적벽 조갑종 이원화 등 13명과 그들의 가족임을 상기할 때 동산에 있어 초기교단에 대한 신성의 정도를 알 수 있다(송인걸, 『대종경속의 사람들』, 월간원광사, 1996, '문정규' 참조).

주석 주해

「사람의 마음은 경계를 당하게 되면 그 무게를 알 수 있다. 대체로 경계를 당하면 당황하거나 욕심에 끌려서 취사를 잘못하고 만다. … 자꾸 반성하여 고쳐 나가고, 노력하지 않으면 퇴보하고 만다」(박길진, 『대종경강의』, 원광대출판국, 1980, p.126).

「대인접물의 모든 경계를 당할 때에 그 사물과 그 일에 주착하여 편견을 갖지 말고 두루 살피고 원만한 관계를 갖게 하여 자비와 은혜로써 상생상화 하는 취사의 대중을 삼아야 한다」(조정중, 「취사하는 대중」, 《원광》 230호, 월간원광사, 1993, p.61).

문제 제기

1) 수행품 33장을 일상수행의 요법 1-3조와 연관하여 보시오.

2) 경계를 당하여 취사하는 대중 3가지?

[수행품 34장] 일행삼매의 공부법

핵심 주제

일행삼매의 공부법

「일행삼매」(원불교 대종경 해의 上, 한종만).

「일행삼매 공부」(교전공부, 신도형).

대의 강령

대종사, 이춘풍과 청련암 뒷산 험한 재를 넘다가 일심이 절로 된다며 말하였다.

1) 험한 길에서는 실수가 적고 평탄한 곳에서 실수가 있기 쉽다.

2) 어려운 일에는 실수가 적고 쉬운 일에 도리어 실수가 있다.

3) 공부인이 험하고 평탄한 곳이나 어렵고 쉬운 일에 한결 같아야 일행삼매의 공부가 된다.

어구 해석

청련암 : 소태산 대종사는 영광에서 곰소 내소사를 거쳐 靑蓮庵을 넘어 봉래정사로 왕래하였다. 청련암은 오르기가 매우 가파른 곳으로

전북 부안군 산내면 석포리 변산에 있으며 내소사 암자이기도 하다.

재 : 높은 산 너머의 고갯길(嶺)을 말하는 바, 예컨대 영광 구수산에 있는 삼밭재, 익산 신룡동에 있는 도치재(언덕배기)도 이와 관련된다.

일행삼매 : 靜할 때 끌리지 않는 공부는 일상삼매요, 동할 때 일심으로 하는 것을 一行三昧라 한다. 따라서 동정 간 끌림 없이 삼매의 경지를 얻는 것이 일상삼매 일행삼매가 된다. 원불교의 초기교서인 『근행법』(원기 24년)과 『불교정전』(원기 28년)에 본 표어가 나온다.

관련 법문

「신앙이 깊은 생활은 아무러한 역경 난경에도 꿋꿋하여 굽히지 아니할 것이요, 수행이 깊은 생활은 어떠한 유혹에도 초연하여 평온함을 얻나니라」(정산종사법어, 권도편 4장).

「일상삼매와 입정삼매에 들 수 있는 것인데 三昧란 솥의 세발이 꽉 박힌 것과 같이 鼎立되어진 것으로 正定이라고 한다. 수양의 구경에 들고 보면 나가대정을 얻어 만능조화가 나오고 능졸을 자유하게 되는 것이다」(대산종사법문 3집, 제3편 수행 138장).

보충 해설

운전도 초보자는 조심하므로 사고를 덜 당하고, 조금 능이나면 사고가 많이 나는 법이니, 청련암 오르는 것도 이와 같은 예이다. 험난한 도로보다도 반듯이 뻗은 도로에서, 좁은 길보다도 넓은 고속도로에서 큰 사고가 난다. 군대에서 사고가 자주 나는 것은 긴장할 때보다 방심할 때라 한다. '안전사고'가 이를 말하듯, 항상 역경 난경 순경에서도 경각심을 갖고 주의 조행으로 살피는 일이 필요하다.

인물 탐구

이춘풍 : ☞서품 10장 참조.

주석 주해

「흔히 어려운 일에는 주의심을 갖으나, 오히려 쉬운 일에는 방심하기 쉽다. 중생의 무심은 진정한 무심과는 다르다. … 작은 일에 소홀하는 사람은 큰 일에도 소홀하기 쉽다. 주의심으로 일관한다면, 작은 일이라 하여 소홀히 할 리가 없다」(박길진, 『대종경강의』, 원광대출판국, 1980, p.129).
「무사시에는 잡념을 제거하고 일심을 양성하는 것을 일상삼매라 한다면, 유사시에는 그일 그일에 일심하는 것은 일행삼매라 할 수 있다. … 모든 일에 주의해서 나가대정의 경지가 그일 그일에 나타나야 하는 것이다. 일심의 극치는 나가대정이 되어야 한다. … '일행삼매라 하는 것은 모든 곳의 행주좌와시에 항상 일직심' 을 갖는 것(육조단경)이라 하였다」(한종만, 『원불교 대종경 해의』(上), 도서출판 동아시아, 2001, p.256).

문제 제기

1) 일상삼매와 일행삼매의 관계는?
2) 험한 길과 어려운 일에 실수가 적다는 이유는?

[수행품 35장] 하늘사람과 천록

핵심 주제

하늘사람과 천록
「어린이가 하늘 사람」(원불교 대종경 해의 上, 한종만).
「천인과 천록」(교전공부, 신도형).

대의 강령

그대들은 하늘사람을 보았는가? 하늘사람이 하늘나라에 멀리 있는 것은 아니다.
1) 어린이가 하늘 사람으로 사심 없으니 어머니 통해 천록 나온다.
2) 수도인은 사심이 없으면 천록이 따르나 사심이 일어나면 천록이 막힌다.

어구 해석

일호 : 가는 터럭처럼 조그마한 것이라는 뜻에서 一毫이다. 일호의 실수도 말라는 것은 털끝만큼도 실수를 하지 말라는 의미이다.
사심 : 간사하고 삿된 마음을 邪心이라 한다. 정로를 향하지 않고 편

협된 길로 나아가는 악한 마음이 여기에 해당하며, 이는 곧 正心을 지키지 못하는 경우이다.

천록 : 하늘이 내려주는 복록이 천록이다. 天祿에 상대되는 말은 人祿으로, 인록은 정당한 노력의 대가에 의해 받는 것으로 봉록이라고 한다. 어린아이는 순진무구하여 하늘로부터 천록을 받을 수 있으나, 사심이 많은 사람들은 천록을 받지 못한다.

관련 법문

「수도인은 천진 그대로 살다가 가는 것이 좋나니, 만일 허위 조작을 부리면 천진 면목이 상하여 참 가치를 잃는 것이다」(대종경 선외록, 불조동사장 7장).

「천록이 내리지 아니하면 큰 영광은 누리지 못하나니, 우리의 교운은 큰 천록이라 이 교단의 발전과 함께 우리의 생활은 따라서 향상되리라」(정산종사법어, 공도편 24장).

보충 해설

사심 없는 순수한 사람은 하늘이 도와준다. 노자는 순진무구한 기운을 모아서 부드러움을 간직한 어린아이로 돌아갈 것을 말하였다. 어린이는 사나운 짐승도 해롭게 하지 않는다고 하였다. 그것은 욕심이 없는 천진함 때문이다. 우리 성인들도 어린이의 맑은 눈동자를 바라보며 동심의 세계에 돌아가는 시간이 많았으면 한다. 조송광 선진은 「自樂」(회보 제2호, 원기 18년 9월)에서 「삼강령 팔조목을 대명동방 걸어노니 혼몽 중에 생각 없이 살던 사람 天福이 자연 내리도다」라 하였다. 우리가 정법회상 만난 것이 천복이요 천록인 셈이다.

주석 주해

「인간으로 태어나서 그 가치를 충분히 발휘하지 못하고 삿된 생각이나 행동으로 살다가 죽어서야 되겠는가 생각해 볼 일이다. … 유명해지기 위해서 일하는 사람은 결국 이기주의자가 되고 만다. 이러한 사람은 중생을 위한 사람이 아니다. 사심을 놓고 작은 일부터 헌신적으로 노력하라」(박길진, 『대종경강의』, 원광대출판국, 1980, pp.131-132).

「무엇이든지 어린 새끼는 다 귀엽게 보인다. 사자나 범 같은 것은 사람을 죽일 수도 있지만 새끼 때는 귀엽게 보인다. 순진하고 참되기에 어린이는 하늘 사람이다. 어른이 되면서 욕심에 끌려 순선 무악한 성품과 멀어진 것이다」(한종만, 『원불교 대종경 해의』(上), 도서출판 동아시아, 2001, p.257).

문제 제기

1) 어린이가 성장하면서 왜 천록이 없어지는가?
2) 그대들은 하늘사람을 보았는가?

[수행품 36장] 욕심을 키워라

핵심 주제

욕심을 키워라
「욕심을 서원으로 돌린다」(원불교 대종경 해의 上, 한종만).
「욕심을 없애는 방법」(교전공부, 신도형).
「작은 욕심을 큰 서원으로 돌리자」(원광 231호, 조정중).

대의 강령

무슨 방법으로 수양해야 오욕을 없애고 부처님처럼 한가로운 생활을 할 수 있느냐는 제자의 질문에 대종사 답하였다.
1) 욕심은 없앨 것이 아니라 도리어 키울 것이다.
2) 작은 욕심을 큰 서원으로 돌리면 작은 욕심은 사라진다.

어구 해석

오욕 : 우리에게 본능적으로 다가오는 다섯 가지 욕심으로 색욕, 식욕, 수면욕, 재물욕, 명예욕을 말한다. 五慾이란 감관적 본능에 따라 향락을 즐기는 것을 말한다. 물론 인간은 이 같은 욕심을 완전히 벗어날 수 없으나, 心樂 · 道樂을 즐기는 정신적 향유가 필요하다.

서원 : 중생이 부처가 되려는 간절한 여망으로 법신불께 올리는 서약을 말한다. 삼독오욕을 극복하고 기어코 성불제중하리라는 맹서가 이에 관련된다. 출가한 예비교무들의 초발심이 곧 誓願인 것이다.

관련 법문

「그대들은 초입자를 대하여 말하여 줄 때에 욕심을 떼라고만 하니, 저 세상 사람들은 세상 오욕락 외에는 낙이 없는 줄로 아는데 그 욕심을 떼어야만 된다고 이 사람이나 저 사람이나 그렇게만 말하면 참 낙은 발견치 못 할지라. 마음에 타락심만 생기고 희망이 떨어져서 나중에는 공부심까지 떨어지고 마는 것이다. 그러므로 철없는 아이가 비상이나 칼을 가지고 있다면 그 부모는 혹 과자나 수용품을 주어 달래면서 바꾸는 것과 같이, 사람을 가르치되 너무 요지부동 시키지도 말고 너무 방치하지도 말면서 스승의 도리만 지키면 자연히 교화가 되는 것이다」(대종경 선외록, 주세불지장 8장).

「세상의 빛 가운데에는 五色이 물들기 전 백색이 최상이 되고, 사람의 마음 가운데에는 오욕이 물들기 전 素心이 최상이 된다」(대종경 선외록, 요언법훈장 3장).

보충 해설

욕심은 억제하는 것보다 승화(순화)하는 것이 좋다. 작은 욕심을 큰 서원으로 돌리는 것은 바로 욕심의 억제가 아닌, 승화시키는 좋은 예이다. 노자는 無欲을 강조했고, 맹자는 節欲을 말하였으며, 소태산은 大欲을 강조했다. 小欲은 사심을 조장하는 오욕이요, 大欲은 성불제중의 서원이기 때문이다. 기왕 욕심을 내려면 물질 향유의 욕심보다 자타 구원이라는 성불제중의 큰 욕심이 더 좋다는 가르침을 새겨보자.

주석 주해

「대욕은 무욕이라고 했다. 욕심을 없애라고만 하지 말고 적은 욕심을 돌려 대욕으로 갖도록 하고 크게 자기를 살려 나가도록 해야 한다. 소욕은 사사로운 욕심, 오욕 등이라 하겠는데, 이러한 소욕에 얽매여 일생을 지내는 사람들을 어찌 장한 일생이라 하겠는가」(박길진, 『대종경강의』, 원광대출판국, 1980, p.132).

「수행품 35장 36장 37장에서는 사심과 욕심과 감정에 관한 치료법이 간결하고 선명하게 나타나 있다. 사심과 욕심과 감정은 대중 사회를 불만족, 비리, 무질서, 부패 등으로 침전시키는 요인이며, 모든 사람의 사유하는 정신 방향을 혼잡케 하는 기초심리이다」(조정중, 「작은 욕심을 큰 서원으로 돌리자」, 《원광》 231호, 월간원광사, 1993, p.58).

문제 제기

1) 무슨 방법으로 수양해야 오욕을 없앨 것인가?

2) 욕심을 없애라는 것과 키우라는 것의 차이점은?

[수행품 37장] 큰 것을 성취하는 大法

핵심 주제

큰 것을 성취하는 大法

「큰 것을 성취하는 법」(원불교 대종경 해의 上, 한종만).

「큰 것을 이루는 대법」(교전공부, 신도형).

「작은 욕심을 큰 서원으로 돌리자」(원광 231호, 조정중).

대의 강령

나는 희로애락을 억지로 없애라거나 작은 재주를 미워하라고 가르치는 것이 아니다.

1) 희로애락을 없앨 것이 아니라 중도에 맞게 써라.

2) 가벼운 재주와 작은 욕심을 미워 말고 그 재주와 욕심을 키워라.

출전 근거

舊稿 『회보』 38호(원기22년)에 실린 법설이다.

어구 해석

희로애락 : 우리에게 일어나는 네 가지 감정을 喜怒哀樂이라 한다. 이는 기쁘고, 노하고, 슬프고 즐거운 것을 말한다. 이러한 감정이 발생할 때 너무 지나치면 안 되며 중도에 맞아야 한다. 중도를 벗어날 때 재주와 욕심에 끌리는 생활을 하게 되어 더 큰 진리를 잊고 만다.

관련 법문

「범인으로서는 측량하지 못할 일이나 외면으로 배찰하면 평상심을 쓰시되 열과 성이 전체가 되시는 것 같았고, 불행한 일이 있으면 간절히 염려하여 주시었으며, 완급이 골라 맞으시나 급한 편이 좀 승하시고, 희로애락이 골라 맞으시나 희로애락을 쓰고 나시면 반드시 법이 되어서 대중에게 유익을 주시었다」(대종경 선외록, 실시위덕장 8장).

「이명훈이 묻기를 "제가 재주 하나를 배워 가지려 하오니, 이 세상에 어떠한 재주가 제일 크나이까." 답하시기를 "사람과 잘 화하는 재주를 배워 가질지니라" 」(정산종사법어, 응기편 13장).

보충 해설

인생에 있어 희로애락을 무조건 없앨 수는 없다. 적절하게 수용하는 것이 필요하다. 작은 재주도 없앨 것이 아니라 키워 살려 써야 한다. 중생과 부처의 차이는 무엇인가? 희로애락에 끌리느냐 그렇지 않느냐에 달려 있다. 불보살의 경지에 오르는 출가위는 희로애락을 초월하는 경지라면, 여래위는 희로애락을 부려 쓰는 경지이다.

주석 주해

「교육하는 방법이 잘못한다고만 지적하면 기운이 꺾여 생기를 잃게 된다. 상대방이 이해해 주면서 장점을 살려 칭찬해주고 잘못된 점은 다음부터 이렇게 하면 좋겠다는 식으로 돌려 잘 할 수 있도록 권장하고 지도해야 감명을 받고 스스로 자신을 갖고 노력한다」(박길진, 『대종경강의』, 원광대출판국, 1980, pp.133-135).

「본능을 억압하는 것이 아니라 좋은 방향으로 자연스럽게 신장시키는 것이다. 오늘날 청소년들의 감정 승화에 중요한 가르침이다. 희로애락의 감정을 자연스럽게 승화시키는 것이다. 재주가 크지 못함은 한편이 비어있기 때문이라 한다. 큰 재주가 비어 있는 것이다. 한 재주에 집착하면 큰 재주가 발휘될 수 없다」(한종만, 『원불교 대종경 해의』(上), 도서출판 동아시아, 2001, p.261).

문제 제기

1) 희로애락을 곳과 때에 마땅히 쓰라는 뜻은?

2) 작은 재주와 욕심을 미워 말고 그 재주와 욕심을 키우라는 뜻?

[수행품 38장] 공부와 사업상의 위태한 때

핵심 주제

공부와 사업상의 위태한 때

「큰 공부와 큰 사업」(원불교 대종경 해의 上, 한종만).

「공부와 사업상의 큰 위기」(교전공부, 신도형).

「공부와 사업에 위태한 때」(원광 221호, 조정중).

대의 강령

공부와 사업을 하는데 있어 크게 위태한 때란?

1) 공부인에게 지혜가 열리는 때로, 약간의 지혜가 생겨도 큰 공부를 하는데 성의가 없고 작은 지혜에 만족한다.

2) 사업가에게 권리가 돌아오는 때로, 약간의 권리가 생김으로써 사욕이 동하고 교만이 나게 되어 전진을 못한다.

출전 근거

『회보』 2호(원기 18년)에 「공부와 사업할 때 위태한 곳」이라는 제목의 법설이다.

어구 해석

근기 : ☞교의품 23장 참조.

사욕 : 개인의 이기주의로 인한 사사로운 욕심이 곧 私慾이다.

구렁 : 평평한 땅이 푹 페인 곳으로 함정(壑)을 말한다. 빠져나오기 힘든 고통의 상황에 처했을 때 사용되는 용어이기도 하다.

관련 법문

「자나 깨나 보나 들으나 어묵동정이 다 의심으로 화하여 온 천지가 그 의심 안에 들어 있다가 홀연히 한 생각을 얻어 그 의심을 부수고 나면 일체의 의심이 다 풀어지고 그로 좇아 참 지혜가 발하나니, 지금 그대들 가운데 보고 듣고 생각해서 아는 지혜는 참 지혜를 얻어 들어가는 첫 문에 첫 걸음이 되나니 그것으로써 만족하지 말라」(대종경 선외록, 일심적공장 9장).

「명예나 권력에 추세하여 망동하는 이는 한 국가의 건설에 주인이 될 수 없나니라」(정산종사법어, 국운편 27장).

보충 해설

우리는 공부와 사업을 병진해야 한다. 그러나 여기에 주의해야 할 사항이 있다. 즉 공부하면서 지혜가 열릴 때, 사업하면서 권력이 많아질 때이다. 교만의 지혜로 인해 중근병에 든다거나 사업을 절제하지 못할 경우가 이와 관련된다. 정치인에게 권력은 마약과 같은 것이고, 지식인에게 지식 역시 권모술수의 도구로 전락할 수 있다. 큰 공부와 큰 사업은 교만을 극복하고 겸손, 정성스러울 때 이루어진다.

주석 주해

「계속하여 노력하는 사람이 성공하는데 계속해서 노력하기가 어렵다. 조그마한 일에 만족해 가지고 머물러 버릴 수가 많다. … 조금 무엇인가를 할 수 있게 되면 아만심이 생긴다. 내가 이만하면 무던하구나 하고 생각하게 되면 발전을 더 이상 못하게 된다」(박길진, 『대종경강의』, 원광대출판국, 1980, p.136).

「지혜가 열릴 때 더 큰 공부에 눈을 뜨고 권리가 돌아올 때 더욱 공명하고 겸손치 못하면 오히려 깊은 구렁에 빠지는 위태함이 따른다. … 권한이 높을수록 안목이 열려, 약하고 고통 받는 대중을 넓게 살필 수 있는 지와 덕을 갖추어야 한다」(조정중, 「공부와 사업에 위태한 때」, 《원광》 221호, 1993, pp.57-60).

문제 제기

1) 지혜와 권리가 위태로운 때는?
2) 공부와 사업상 크게 위태한 때를 설명하라.

[수행품 39장] 허령을 주의하라

핵심 주제

허령을 주의하라

「허령을 조심하라」(원불교 대종경 해의 上, 한종만).
「허령에 조심하라」(교전공부, 신도형).

대의 강령

한 제자 좌선에 전력, 차차 정신이 맑아져서 손님 올 것과 비 올 것을 미리 알자, 대종사 이에 경계하였다.

1) 수행 도중 반딧불 같이 나타나는 허령에 불과하니 정신을 차려 그 마음을 제거하라.

2) 이에 낙을 붙이면 진리를 깨닫지 못하여 邪道의 아수라가 된다.

어구 해석

허령 : 불가사의한 경지를 잠시 느끼는 것으로, 좌선을 할 때 이따금 나타나는 신기한 체험을 虛靈이라 한다. 좌선을 잘못하여 순간 일어나는 착각의 미혹 현상이라고 할 수 있다.

아수라 : 육도 세계에 나타나는 천상 인도 수라 축생 아귀 지옥 중에서 수라의 세계를 말한다. 시기 질투 및 교만이 많은 사람이 태어나는 악귀의 세계가 이것이다. 방탕한 생활이라든가 번뇌 망상 등으로 심신이 고통스러울 때 비유하여 등장하는 용어가 阿修羅이다.

관련 법문

「좌선을 하는 가운데 절대로 이상한 기틀과 신기한 자취를 구하지 말며, 혹 그러한 경계가 나타난다 할지라도 그것을 다 요망한 일로 생각하여 조금도 마음에 걸지 말고 심상히 간과하라」(『정전』, 제4장 좌선법, 「좌선의 방법」 9조).

「수도를 하여 나갈 때 心靈 열리는 것에 두 가지가 있는 것이다. 그 하나는, 허령이 열리는 것이다. 허령이라 하는 것은 자기가 생각지 아니하여도 이것저것이 마음 가운데 어른어른 나타나서 알아지는 것이다. 그 둘은 신령이 열리는 것이다. 신령이라 하는 것은, 때를 따라서 생각지 아니해도 알아지고, 마음으로 어느 곳이든지 觀하는 대로 알아지는 것이다」(대종경 선외록, 구도고행장 7장).

보충 해설

수도인으로서 비올 때를 예견한다든가, 손님이 올 것을 안다는 것을 가지고 자신의 신비한 수행력이라 착각하곤 한다. 소태산 여래는 한때 정산종사의 허령을 막기 위해 토굴에 있게 하였다. 항마위에 오르면 아수라가 먼저 알고 숭배를 하려 한다고 하지만, 아수라는 신비한 허령으로 정법대도를 망각, 대소유무의 이치를 터득 못한 육도의 한 종류이다. 한때의 허령보다는 진리적 신앙의 평상심이 더 중요하다.

주석 주해

「수행 도중에 정신력에 의하여 (허령이) 나타날 수 있으나 일시적인 것이므로 그것을 잘 넘어서야 큰 공부에 이른다. … 비생산적이고, 아무런 소용이 없는 일을 하면서 만족하게 생각하고 허송세월을 한다면 그는 반드시 아수라와 같은 큰 과보를 받게 될 것이다」(박길진, 『대종경강의』, 원광대출판국, 1980, pp.138-139).

「정신수양을 통해서 싱그러운 정신의 경지를 체험도 해야 하지만 거기에 집착하면 안 된다. 허령에 낙을 붙이면 큰 진리를 깨닫지 못하는 것이다. 대종사도 대각하기 전 연화봉에 있을 때는 허령이 솟아나는 시기이다. 허령을 극복하면서 대각을 이룬 것이다. 그것이 대종사의 위대한 점이다」(한종만, 『원불교 대종경 해의』(上), 도서출판 동아시아, 2001, p.263).

문제 제기

1) 좌선을 하면서 간혹 나타나는 신기한 자취를 좌선의 위력으로 생각하는 경우가 있는데?

2) 소태산은 왜 허령을 주의하라고 했는가?

[수행품 40장] 동정간 삼대력 얻는 공부

핵심 주제

동정간 삼대력 얻는 공부

「동정간의 삼대력 공부」(원불교 대종경 해의 上, 한종만).

「수승화강과 동정간 삼학병진」(교전공부, 신도형).

대의 강령

송벽조가 좌선에만 전력하여 수승화강을 조급히 바라다가 두통을 얻게 되자, 대종사는 다음과 같이 원만한 공부법으로 환기시켰다.

1) 동할 때 취사하는 주의심을 주로 하여 삼대력을 얻는다.

2) 정할 때 수양 · 연구를 주로 하여 삼대력을 얻는다.

어구 해석

수승화강 : 水火는 상호 기운을 가진다. 이 기운을 잘 조절해야 한다. 좌선을 할 때 불기운(火氣)은 뜨거우니 아래로 내리고, 물기운(水氣)은 시원하니 머리 위로 올리는 것을 水昇火降이라 한다.

관련 법문

「혹은 경전 강연 회화도 다 쓸 데 없고 그저 염불 좌선만 하여야 정력을 얻는다고 생각하는 자, 혹은 아무것도 않고 좌선만 하다가 병이 들어 죽게 되니까 그때에는 운동을 시작하여 가지고 효력을 본 후로는 또 운동이 제일이라고 생각하는 자 등, 이와 같이 저의 사견에 집착하는 자는 나를 만났지마는 나의 얼굴도 보지 못한 자인 것이다」(대종경 선외록, 원시반본장 9장).

「우리의 최대의 목적은 삼대력을 얻는 것인데 삼대력을 얻지 못했다면 진전이 없는 사람이다. 그러니 매일매일 내가 정신의 수양력을 얻었느냐, 사리의 연구력을 얻어 진리를 해오하였느냐, 작업을 취사하여 못쓸 습관을 고쳐 나갔느냐를 생각하여 삼대력 얻는데 적공하여 대종사님과 부처님께서 말씀하신 금강같이 무너지지도 않고 어둡지도 않고 물들지도 않는 대활 자재신을 만들 수 있는 법신이 되어야 하겠다」(대산종사법문 3집, 제3편 수행 85장).

보충 해설

동정간 삼학 병진을 강조하여 언급한 법어이다. 특히 좌선의 수양경지를 급히 얻으려다가 두통을 얻는 것은 삼대력 병진이 아님을 주의하자는 것이다. 과거 일부 수행자들이 좌선을 조급히 하려다 두통을 앓은 경우가 많았다. 수승화강의 원리를 제대로 알지 못하고 조급히 偏修하였기 때문이며, 동정간 삼대력을 병진하지 못한 탓이다.

인물 탐구

송벽조(1876-1951) : 字는 치원이요 호적명은 인기이고 법호는 久山이며 법명은 벽조이다. 四未軒 장복추 문하에 출입하며 배웠다. 1892년 금릉군 구성면 이말례(준타원 이운외)와 결혼하였다. 슬하에 2남 1녀를 두었으며, 장남인 정산이 구도 발심하자 물심양면으로 적극 후원하였다. 정산종사가 18세에 전라도에 가서 스승을 만나 공부하러 가겠다고 하니 구산은 토지를 팔아서 경비를 마련해주며 김천역까지 전송하였다. 아들 정산이 각지로 구도 편력하다가 정읍 화해리에서 소태산을 만난다. 곧바로 그의 문하에 귀의하자 1919년 7월 3일 구산은 직접 영광으로 찾아와 15년이나 연상임에도 불구하고 소태산을 뵙고 감복하여 '聖師님' 으로 받들었다. 당시 구산은 전라도로 이사하려 하자 고향 사람들과 인근 유림들이 전라도 사교에 빠져 일가친척도 모르고 패가망신하러 간다고 비난했지만 아랑곳하지 않았고 곧장 영광으로 이사를 왔다. 구산은 영광 신천리에서 5년 정도를 살다가 원기 9년 백수면 길룡리로 이사해 대종사 가족과 한 지붕 아래에서 살았다. 구산은 병상의 부친을 지극한 효성으로 3년간 간호하였으나 열반에 이르자 원기 9년 정산과 주산의 두 아들에 이어 전무출신을 하였다. 원기 9년(1924) 영산교당 초대교무로 부임, 원기 32년까지 만 23년 동안 일선 교무로 봉직하였다. 유림 출신이라 유학에 능한 구산은 소태산 대종사와 더불어 유교 경서에 대해 대화를 주고받았다. 구산은 또 애국운동에 동참하였는데 원기 24년(1939) 마령교당 교무 시절, 일본이 패도정치로 조선을 유린하자 분개하여 천황에게 진정서를 보냈다. "지금 조선민중이 도탄에 빠졌으니 정신을 차려 새로운 정책을 세우라" 는 내용이다. 이로 인해 천황 불경죄로 인해 광주형무소에서 영어 생활을 하였다. 구산은 문필력도 뛰어나 월말통신, 월보, 원광 등에 많은 글을 게재하였다(송인걸, 『대종경속의 사람들』, 월간원광사, 1996, '송벽조' 참조).

주석 주해

「한 분이 좌선한다고 너무 앉아 있어서 머리가 아프게 되어 눈잔등을 누르고 있었으므로 그 자리가 하얗게 변색되기도 했다. … 방학 때 가만히 앉아 오래 지내보았더니 수양만 너무 되어서 안 되겠기에 돌아다니며 병진하고자 노력한 적이 있다. 확고한 수양력은 동할 때 더 얻어진다. … 공부인은 항상 삼학을 겸수해서 원만한 인격자가 되어야 한다」(박길진, 『대종경강의』, 원광대출판국, 1980, pp.140-141).

「송벽조 선진은 정산종사의 아버지로 유가 공부를 착실히 한 분이다. 교단에 들어와서 좌선에 적공을 하였다고 한다. 좌선을 하면서 빨리 수양력을 얻어야겠다는 생각으로 수승화강을 조급히 하려고 하였다. … 동할 때는 취사를 주로 해서 삼학을 병진하라고 하였다. 상시훈련법이 취사를 중심해서 삼학을 병진하는 공부법이다. … 정기훈련은 수양과 연구를 삼학 병진하는 공부이다」(한종만, 『원불교 대종경 해의』(上), 도서출판 동아시아, 2001, pp.264-265).

문제 제기

1) 「수행품」 2장에서 동정간 삼대력 얻는 빠른 방법이라 했고, 「수행품」 40장에서 동정간 삼대력 얻는 방법이라 했는데, 상호 관계는?

2) 송벽조가 좌선에만 전력하자, 소태산은 어떻게 지도했는가?

[수행품 41장] 인도상 요법의 주체화

핵심 주제

인도상 요법의 주체화

「인도상의 요법을 주체로 한다」(원불교 대종경 해의 上, 한종만).

「정법은 인도상 요법을 주체로 한다」(교전공부, 신도형).

대의 강령

나의 법은 인도상 요법을 주체로 삼았으나 과거 편벽된 법은?

1) 공부를 하려면 고요한 산중에 들어가야 한다.

2) 신통을 얻어서 이산도수와 호풍환우를 마음대로 한다.

3) 경전 강연 회화는 필요 없고, 염불 좌선만 해야 한다.

출전 근거

이공주 수필 『회보』 24호, 『월말통신』 11호에 「나의 가르치는 것은 인도상 요법이 주체」라는 제목으로 게재되어 있다.

어구 해석

인도상 요법 : 人道上의 要法이란 원불교 교리 전반의 방향 및 특징을 말하는 것으로, 신통이나 이적, 미신 등에 의거하지 않고 인도에 적합하도록 되어 있다. 소태산은 앞으로의 불법은 신비적 기적 같은 것에 의거하지 말고 선천시대의 천도 중심에서 후천시대의 인도 중심의 교법을 전개해야 한다고 하였다. 사은사요 등에 바탕한 인생의 요도를 강조하는 원불교 신앙문도 이와 직결되고 있다.

신통 : 기적을 행하여 사람들을 치병과 혹세무민의 방향으로 유도하는 묘술이 神通이다. 인간으로서는 하기 어려운 호풍환우나 이산도수 등 이적을 위주로 해서 사람을 현혹하는 술법이 이와 관련된다.

호풍환우 · 이산도수 : ☞서품 16장 참조.

영통 · 도통 : 신령스럽게 우주 변화의 원리를 통달하는 것이 靈通이다. 비가 올 것이라든가, 내일 친구가 올 것이라는 것 등을 통달하여 예언할 수 있는 영험을 말한다. 道 곧 진리의 이치를 통달하는 것으로, 대소유무와 시비이해의 원리를 깨달아 아는 능력이 道通이다.

심산궁곡 : 깊은 산의 으슥하고 험준한 골짜기를 深山窮谷이라 한다.

복혜 양족 : 福과 慧가 두루 풍족하다는 뜻이다. 선연 인과의 원리에 따라 복과 지혜가 풍요롭다는 의미에서 복족족, 혜족족이라 한다.

관련 법문

「시자가 여쭈었다. "한 학인이 대종사님 입정 당시의 일을 생각하며 학문도 소용없고 오직 좌선만 해서 도를 통하려고 정진하는 것을 보고 한편에서는 비난을 하고 한편에서는 '혹시 알 수 있느냐' 고 하는데 장차 어찌 되겠습니까?" "스승의 지도를 받아야지. 저 혼자 그렇게 해서는 아니 된다." "옛날에는 독각도 하지 않았습니까?" "그때는 정법 회상이 없었으니 그랬지" 」(한울안 한이치에, 제8장 화합교단 62장).

「공부가 최상 구경에 이르고 보면 세 가지로 통함이 있나니 그 하나는 靈通이라, 보고 듣고 생각하지 아니하여도 천지 만물의 변태와 인간 삼세의 인과보응을 여실히 알게 되는 것이요, 둘은 道通이라, 천조의 대소유무와 인간의 시비이해에 능통하는 것이요, 셋은 法通이라, 천조의 대소유무를 보아다가 인간의 시비이해를 밝혀서 만세 중생이 거울하고 본뜰만한 법을 제정하는 것이니, 이 삼통 가운데 법통만은 대원정각을 하지 못하고는 얻을 수 없나니라」(대종경, 불지품 10장).

보충 해설

소태산 대종사는 교판적 입장에서 불교(유교, 도교)의 치우친 수행을 비판하고 미래 인도상 요법으로서의 혁신 불법을 지향하고 있다. 송자명 원로교무는 대종사 친견 법설을 다음과 같이 소개하고 있다. 곧 공회당에서 야회를 볼 때 대종사는 「내가 지금 이리시내 사람을 다 불러 오라면 불러올 수 있고, 이 나무에서 저 나무로 날아갈 수도 있다. 그러나 그것은 참 법이 아니다」라는 말씀을 해주었다(정도연 정리, 「대종사친견제자 특별좌담(Ⅱ)」, 《원불교신문》, 2002년 6월 14일, 4면). 소태산 여래는 신비의 한계를 정법으로 유도한 것이다.

주석 주해

「옛날에는 그러한 신통 조화를 많이 기대하고 또 그것을 많이 원하고 공부하는 미신과 사교가 많았으며 일반 민중도 이러한 것을 원했다. 그래서 그런 방향에 관한 설법도 많이 하였다. 현재는 민중도 많이 그 정신이 열리고 세상이 달라졌으므로 이제는 그것은 옛말이 되었고, 이제는 건전한 생활 속에서 종교를 생활하고 실천하도록 하여 종교를 믿음으로써 생활이 잘되고 생활을 함으로써 종교 신앙이 더 잘 되도록 해야 한다」(박길진, 『대종경강의』, 원광대출판국, 1980, p.142).

「불교의 계정혜 삼학은 사회적인 의미를 생각하지 않을 수도 있다. 그러나 원불교 삼학은 여러 사람과 함께 살면서 수행하는 내용이다. 같은 삼학이라도 의미는 다르다. 불교의 계정혜 삼학은 어느 한 면만을 중시하는 경우도 있고 사회를 떠나서 하는 방법도 있다」(한종만,

『원불교 대종경 해의』(上), 도서출판 동아시아, 2001, pp.269-270).

문제 제기

1) 종교가 교화 방편상 신비와 이적을 멀리 할 수 없다고 보는데?
2) 인도상의 요법이란?
3) 이산도수와 호풍환우란 무엇인가?
4) 서품과 수행품에 근거하여 원불교와 불교의 수행과 비교하여 밝히고, 원불교의 정체성에 대하여 논하시오.

[수행품 42장] 신통의 여러 폐해

핵심 주제

신통의 여러 폐해
「신통의 폐단」(원불교 대종경 해의 上, 한종만).
「신통의 폐단」(교전공부, 신도형).

대의 강령

정법 회상에서 신통을 멀리하는 것은 세상 제도에 이익이 없고, 도리어 폐해가 되기 때문이다.
1) 신통을 원하는 사람은 세속을 피해 산중에 들며 인도를 떠나 허무에 집착, 주문이나 眞言으로 일생을 보낸다.
2) 신통은 사농공상이 무너지고, 인륜강기가 무너지게 한다.
3) 도덕의 근원을 알지 못하고 차서 없는 생각과 그른 욕심으로 남다른 재주를 바란다.
4) 신통은 말변의 일이요, 도덕의 근거가 없는 마술이다.

출전 근거

『월말통신』 11호(원기 14년)에 밝힌 법설로 「신기묘술의 폐해와 정의 도덕의 공덕」이라는 제목이다.

어구 해석

주문 : 일반적으로 呪文은 입으로 암송하면서 일심정성으로 절대자

에게 소원을 빌면서 신력을 얻고자 하는 것으로서 일종의 주술이다. 천도교 증산교 등 신종교들마다 독특한 주문이 있으며, 원불교의 주문으로는 성주, 영주, 청정주 등이 있다. 주문은 뜻을 해석하는데 있지 않고 정성스럽게 외우며 呪力을 얻는데 초점이 있다.

진언 : 부처의 참된 뜻을 담고 있는 秘句를 眞言이라 한다. 넓게 보면 주문이나 다라니도 여기에 포함된다.

인륜강기 : 사람으로서 지켜야 할 떳떳한 도리를 人倫이라 하며, 綱紀란 사회와 국가를 다스리는 도덕률이다. 따라서 인륜강기란 사람으로서의 도리와 국가 사회 통치의 도덕 등을 포함하는 말이다.

말변 : 가장자리라는 뜻으로 주종 본말에서 주와 본이 아닌 종과 말을 末邊이라 한다. 중요하지 않아 지엽적, 부수적이라는 뜻이다.

마술 : 인간의 능력을 뛰어넘어 신비롭고 불가능한 요술을 부리며 사람들을 최면, 현혹케 하는 술수를 魔術이라 한다.

불가사의 : 우리의 지혜로 도저히 헤아릴 수 없는 신비로운 것을 不可思議라 한다. '불가사의 불가사량'이란 말도 이와 관련되며, 헤아림의 논리를 벗어난 신비스런 이적을 뜻한다. 곧 우리는 『금강경』의 무루 공덕을 불가사의 불가사량이라고 말한다.

관련 법문

「동서의 大聖들이 지나가신 지 오래 되어 구전심수의 정법 시대가 멀어짐에 따라 세간에는 예의염치와 인륜 강기가 끊어지고 도가에서는 신통 묘술과 이적만 찾는 말법시대에 대종사께서는 출현하셨던 것이다」(대종경 선외록, 초도이적장 1장).

「정산종사 구도 일념으로 전라도에 방황하실 제, 정읍 화해리 김해운이 뵈옵고 크게 기쁜 마음을 내어 집에 청하여 알뜰히 공경하며 시봉하더니, 드디어 그의 집에서 대종사와 만나시니라. 후일, 학인이 여쭙기를 "화해리에서 대종사님 만나시기 전에는 종종 이적을 나투셨다 하오니 어떠한 공부의 결과이오니까." 대답하시기를 "내가 그 때는 도를 몰랐기 때문에 부질없는 일이 나타났으며, 혹 나도 모르는 가운데 이상한 자취가 있었을 따름이니라"」(정산종사법어, 기연편 7장).

보충 해설

소태산 대종사가 『법의대전』을 불태우고, 화해에서 이적을 보인 정산종사를 토굴에 잠시 있도록 한 의미를 새겨 보자. 인도상의 요법으로 신통을 멀리하고자 함이었다. 『월말통신』 5호를 보면, 한때에 금강산을 유람한 사람이 와서 대종사를 뵙고 날아가는 까마귀를 "이리 오너라" 하고, 독한 뱀이라도 "이리 오너라" 하여 마음대로 한다고 하니 그가 참 도인이 아니냐고 여쭈었다. 이에 대종사는 그것이 참 도인이 아니라 까마귀류 아니면 뱀류가 하는 것일 따름이라 하였다.

주석 주해

「어떤 사람이 10여 년 동안 적공을 들여 물위를 걷는 술법을 알았다고 하자. 그렇다고 그것이 실생활을 하는데 무슨 도움이 되겠는가? 정도를 공부하여 알게 된 사람은 배삯을 주고 타면 되지 않겠는가? … 인도의 후진성이 영국의 강점을 불러왔고, 한국도 유교와 불교의 잘못으로 농공상업을 등한시 하게 되어 국가 발전이 늦어지게 되었다」(박길진, 『대종경강의』, 원광대출판국, 1980, pp.143-144).

「신통에 대해 재미를 붙이고 신통하는 것이 도통하는 것이라고 생각하면 사농공상이 무너진다. 곧 사회가 무너지는 것이다. 모든 사람이 신통하려고 하면 세상일을 할 사람이 없다. 대종사는 신통의 경지를 체험했으면서도 앞으로의 법은 이렇게 해서는 안 되겠다고 해서 『법의대전』을 불태운 것이다. 지금 법의대전이 남아 있다면 정전, 대종경보다 법의대전을 더 좋아할 것이다」(한종만, 『원불교 대종경 해의』(上), 도서출판 동아시아, 2001, p.271).

문제 제기

1) 신통묘술이 있어야 道 있는 사람인가?
2) 신통은 말변의 일이요, 도덕의 근거 없는 마술이라는 뜻은?
3) 정법회상에서 신통을 귀하게 여기지 않는 이유를 설명하시오.

[수행품 43장] 적공과 진행4조

핵심 주제

적공과 진행4조

「오랜 적공을 쌓아야 한다」(원불교 대종경 해의 上, 한종만).

「순서 있는 공부」(교전공부, 신도형).

「자기 근기를 먼저 알고 순서 있게 공을 들이라」(원광 233호, 조정중).

대의 강령

처음 발심한 사람이 저의 근기도 모르고 일시적 독공으로 이치를 깨치려고 하지만 이는 몸에 병을 얻기 쉽고 퇴굴심도 생겨난다.

1) 큰 원이 있은 뒤에 큰 신이 나온다.
2) 큰 신이 난 뒤에 큰 忿이 나온다.
3) 큰 분이 난 뒤에 큰 의심이 나온다.
4) 큰 의심이 난 뒤에 큰 정성이 나온다.
5) 큰 정성이 난 뒤에 큰 깨달음이 있다.

어구 해석

발심 : 무엇인가를 하려고 결심하는 마음으로, 성불제중의 대원을 발하거나, 佛道에 출가의 뜻을 발하는 마음이 發心이다.

독공 : 독공에는 獨功이 있고 獨工이 있다. 전자는 도가에서 정신수련 마음공부에 몰록 공을 들이대는 것을 말하며, 후자는 학계에서 지식공부에 홀로 정성을 들이대며 열과 성을 다하는 공부를 말한다.

퇴굴심 : 중간에 어떠한 경계를 만나서 중도에 포기하고 싶은 마음이 退屈心이다. 이는 주로 나태심에 의한 경우가 많지만 용기가 가라앉을 때, 순역 경계를 극복하지 못할 때 주의해야 한다.

불지 : 사바세계가 아닌 불국토 내지 극락세계를 佛地라 한다. 수도인이 수도 정진 적공하여 부처의 경지에 이르는 것으로, 법위등급이 있어서 출가위 및 여래위에 오를 때 불지에 이른다고 한다.

다생겁래 : 多生이란 내생이 있음을 믿어서 전세 현세 내세의 삼세 등 수많은 생이 있다고 하는 것을 말한다. 劫來란 육도 윤회를 하며

오가는 오랜 세월을 말한다. 이에 다생겁래란 과거로부터 수많은 생을 윤회하며 육도세계에 드나드는 경우인 것이다.

중·하근기 : 根機란 불가에 귀의하여 부처의 법을 깨달아가는 정도의 국량을 말한다. 물을 담는 그릇의 크기에 따라 물의 다소를 담을 수 있듯이 근기란 불법을 담는 정도의 그릇으로 비유된다. 여기에는 상근기, 중근기, 하근기가 있다. 중근기는 의심에 쌓여 스승의 가르침을 저울질하며 계교하는 근기라면, 하근기는 정과 사를 구분하지 못하지만 의심이 없이 스승의 인도에 순응하는 근기를 말한다.

신분의성 : 원불교의 팔조 중에 진행4조를 말한다. 信은 믿음이요, 忿은 분발심이요, 疑는 의두 연마요, 誠은 정성심을 말하며, 이 진행4조는 삼학 공부를 하는데 필요한 원동력이다.

천통 만통 : 깨달음에도 소각, 중각, 대각이 있다. 이처럼 깨달음에는 종류가 많음을 비유한 것으로 千通 萬通이라 한다. 표현법에 있어 천차만별의 용어도 千과 萬이라는 숫자를 동원하는 표현 방법이다.

관련 법문

「신분의성만 들이댄다면 이는 나의 공부한 수고의 반만 하여도 반드시 성공할 것이다. 내 법대로만 하면 예전에 상근기가 백년 걸려서 할 공부라도 나에게 와서 一, 二년만 닦으면 그 공효를 이룰 것이다」(대종경 선외록, 구도고행장 6장).

「공부를 할 때에 육신을 돌보지 않고 너무 독공을 하여 몸을 상한다거나 또는 육신만 위하고 공부에 방종하는 사람은 다 공부할 줄 모르는 사람이니, 자기의 정신과 육신의 정도를 보아 능히 놓고 능히 잡을 줄 알아야 병 없는 공부를 성취하리라」(정산종사법어, 권도편 42장).

보충 해설

본 법어는 수도에 입문, 발심하자마자 깨치려는 사람들의 도둑마음을 경계하는 내용이다. 오랜 동안 적공을 통해야 하며, 아울러 팔조의 진행 4조로써(信→忿→疑→誠) 깨달음의 단계적 공부를 하라는 법문을 새겨볼 일이다. 단계적 공부의 한 예를 들면, 정산종사는 원리편 9

장에서 견성 5단계로 밝히고 이를 통해 성리를 연마토록 하였다. 만법귀일→진공의 소식→묘유의 진리→보림 공부→대기대용이 그것이다. 이처럼 단계적 공부를 차근차근 해나가야 원숙한 경지에 이른다.

주석 주해

「공부에도 순서가 있다. 사다리도 높은 곳까지 가려면 한 계단씩 차근차근 올라가야 한다. 국민학교에서 중고교를 거쳐 대학에 가게 되지, 단번에 대학에 다니는 것이 아니다. 이와 같이 모든 일에나 공부에는 반드시 순서가 있다」(박길진, 『대종경강의』, 원광대출판국, 1980, pp.145-146).

「수행에 적공을 하는 사람들이 시급히 이루려는 생각을 할 수 있다. 이것은 시급히 이루려는데 집착한 생각이다. 대종사도 한 번 뛰어서 불지에 오르는 사람도 있다고 하였다. 최상근기인 돈오돈수의 경지를 인정한 것이다. 원불교의 법은 유무식, 남녀노소가 다 행할 수 있는 법이기 때문에 돈오점수를 강조한다」(한종만, 『원불교 대종경 해의』(上), 도서출판 동아시아, 2001, p.272).

문제 제기

1) 단계적 공부도 있지만 '初發心是便正覺' 이란 말도 있지 않은가?
2) 수도인이 이따금 접하는 퇴굴심을 어떻게 극복해야 하는가?
3) 독공도 필요할지 모르나 독공의 한계는?

[수행품 44장] 적공의 이소성대

핵심 주제

적공의 이소성대

「작은 일부터 공을 쌓아야 한다」(원불교 대종경 해의 上, 한종만).

「큰 공부 큰 사업은 이소성대의 적공이라야 한다」(교전공부, 신도형).

대의 강령

어리석은 자는 한 생각 즉시 초범월성의 큰 지혜를 얻으려 하나, 큰 공부는 작은 일부터 공을 쌓아야 한다.

1) 큰 바다의 물도 작은 물방울이 합하여 이룬 것이다.

2) 산야의 대지도 작은 먼지가 합한 것이다.

3) 제불제성의 大果도 형상 없고 보이지 않는 마음 적공을 합하여 이룬 것이다.

어구 해석

초범월성 : 초범입성과 같이 범부의 모습을 벗어나 성자의 경지가 되는 것을 超凡越聖이라 한다. 중생에서 환골탈태하여 성자의 경지가 되는 것이 이와 관련된다. 수행품 1장의 초범입성과 같은 맥락이다.

적공 : 성불제중과 제생의세의 원을 세우고 정진을 지속적으로 하여, 신앙 수행의 병진을 통해 삼대력을 쌓아가는 것을 積功이라 한다. 오랜 적공이 있어야 佛果를 이루는 것이다.

관련 법문

「그대들 가운데 혹 학사 박사가 되고 싶은 사람이 있으면 공부가 다른만치 학교로 가볼 것이요, 도학만을 배워서 도인될 목적으로 입선한 사람은 이 공부에 신심이 전일하여 시종이 여일하게 적공하여야 할 것이다」(대종경 선외록, 선원수훈장 2장).

「이 회상을 창립 발전시키는 데에도 이소성대의 정신으로 사심 없는 노력을 계속한다면 결국 무위이화의 큰 성과를 보게 될 것이요, 또는 공부를 하는 데에도 급속한 마음을 두지 말고 스승의 지도에 복종하여 순서를 밟아 진행하고 보면 마침내 성공의 지경에 이를 것이나, 만일 그렇지 아니하고 어떠한 權道로 일시적 교세의 확장을 꾀한다든지 한때의 편벽된 수행으로 짧은 시일에 큰 도력을 얻고자 한다면 이는 한갓 어리석은 욕심이요 역리의 일이라」(대종경, 교단품 30장).

보충 해설

급한 생각에 조급심을 낼 경우 퇴굴심도 빨리 나타나서 중도에 포기하는 경우가 많음을 지적하는 내용이다. 대해장강도 하나의 물방울로부터 형성되며 천리 길도 한걸음부터 출발하듯이, 이소성대의 마음을 가지라는 뜻이다. 무엇보다도 교단의 기초는 이소성대의 정신으로 다져졌다. 이소성대는 사업성취의 원리가 될 뿐 아니라, 수도하는 적공의 원리에도 응용된다. 단계를 밟지 않고서 지극히 상식적인 원리를 벗어날 경우 으레 사이비 종교 집단이 되었음을 상기해야 한다.

주석 주해

「참깨가 한 말이면 많은 것 같지만 사실은 한개 한개가 모아서 한 말의 참깨가 되었고, 밥 한 그릇도 쌀 한알 한알이 모아서 한 그릇의 밥이 된 것이다. 큰 定力도 한마음 한마음이 뭉치고 모아져서 이뤄진 것이다. … 수양력 연구력과 마찬가지로 실행력도 작은 일에서 큰 일로 차차 익혀져서 큰 힘을 얻게 된다」(박길진, 『대종경강의』, 원광대출판국, 1980, pp.146-147).

「한 생각으로 큰 지혜를 얻으려는 것을 경계하였다. 급속히 정진하려고 하기 때문에 이러한 잘못을 범한다. 많은 적공을 쌓아서 깨쳐지는 것이지 한 생각으로 되는 것이 아니다. 제불 제성의 큰 결과도 작은 마음 적공을 합하여 이루어진 것이다. 부처님이나 모든 성인이 얻어진 것은 피나는 적공으로 이루어진 것이다」(한종만, 『원불교 대종경 해의』(上), 도서출판 동아시아, 2001, p.273).

문제 제기

1) 큰 공부는 작은 일부터 공을 쌓아야 한다고 말한 뜻은?

2) 어리석은 자가 한 생각 즉시 초범월성의 큰 지혜를 얻으려함은?

[수행품 45장] 외학 · 외지와 본말

핵심 주제

외학 · 외지와 본말

「도학과 외학」(원불교 대종경 해의 上, 한종만).

「참 도를 구하는 자 본말을 알아서 공부하라」(교전공부, 신도형).

「참 지혜와 외학」(원광 234호, 조정중).

「외학과 외지」(원광 155호, 이성택).

대의 강령

출가자가 중도에 본의를 잊고 외학과 외지에 정신 쓰는 수가 있다.

1) 외학과 외지는 박식은 될지언정 정신 기운이 약해져서 참 지혜를 얻기가 어렵다.

2) 삼대력 얻는 데에 적공하면 외학과 외지가 자연 얻어진다.

어구 해석

외학 · 외지 : 광의로 보면 도학과 과학을 구분할 수 있으니, 종교적 도학의 입장에서 보면 과학적 학문과 같은 것들이 外學이요 外知다.

관련 법문

「광복을 전후하여 총부나 영산의 학원생들이 나를 믿고 따랐으면 공사 간에 앞길이 잘 열렸을 것인데 나를 믿지 않고 外學을 숭상하여 밖으로 나가더니 거의 실패하거나 세상을 뜨고 말았다. 나를 아무 것도 모르는 사랑방 늙은이같이 알고 말을 듣지 않으니 말은 다 못하고 참 딱한 일이더라」(한울안 한이치에, 제6장 돌아오는 세상 50장).

「진화의 근본은 교육이요, 교육 가운데는 정신교육이 근본이 되나니, 학문이나 기술은 발전에 필요하기는 하나, 진실과 공심의 정신 위에 갖추어진 학문과 기술이라야 세상에 이익 주는 학술이 되나니라」(정산종사법어, 무본편 7장).

보충 해설

대종사는 외학과 외지를 거부한 것이 아니라 공부의 주종의 관계를 정립하고자 하였다. 도학의 주체성을 세우고 외학을 받아들이라는 뜻이다. 도학공부만 강요하거나 과학공부만 강요하는 것은 대종사의 본의와는 거리가 멀다. 정신개벽을 주체로 하여 물질개벽을 언급하였던 것이다. 원불교가 好學을 강조하는 종교인 점을 인정한다면 외학을 터부시해서도 안 되며, 도학을 무시해서도 안 된다. 병진, 쌍전, 병행, 주종, 본말, 선후, 차서라는 개념들을 여기에 동원해 보자는 뜻이다. 대종사 생존 당시 학문만 숭배하거나 서울에 유학하려는 일부 동지들이 있어 그들을 환기시키는 차원에서 이러한 법문이 등장하였다.

주석 주해

「사람이란 전문 분야가 하나씩 있어야 한다. 그러나 삼학 공부로서 전문지식을 구해야지, 삼학은 놓아버리고 다른 것을 구하는데 정신을 빼앗겨서는 안 된다. … 미리 외학을 공부하고, 외지를 구해둔다고 하여 반드시 좋은 것은 아니다. 자꾸 밖으로만 구하고 내실 공부를 하지 않으면 정력과 혜력이 약해진다」(박길진, 『대종경강의』, 원광대출판국, 1980, pp.147-148).

「도가에서 구하는 바는 지식보다는 지혜를 목표하고 있다. 지식은 도가의 공부가 아니라도 습득할 수 있다. 그러나 지혜의 경우는 다르다. 도가에서 하는 공부나 또는 방법이 아니면 참 지혜는 얻기 어렵다. 그러므로 도가의 공부를 통해서 어디에서도 얻기 어려운 지혜를 얻는 것이 그 목표가 아닐 수 없다. 지혜를 얻자면 외학으로는 불가능하다」(이성택, 「외학과 외지」, 『원광 자료모음집』-대종경편 1, 월간 원광사, 1990, p.337).

문제 제기

1) 외학과 외지란 무엇을 말하는가?
2) 삼대력 얻는데 적공하면 외학과 외지가 자연 얻어진다는 뜻은?

[수행품 46장] 대종사, 깨닫기 전후의 수양

핵심 주제

대종사, 깨닫기 전후의 수양
「영문이 열리는 순서」(원불교 대종경 해의 上, 한종만).
「대종사 悟前 수양과 悟後의 변동」(교전공부, 신도형).

대의 강령

대각을 얻기 전 공부로 기도, 주문, 적묵에 잠기기도 하였다.
1) 지각이 트이고 영문이 열리면서 하루에도 밤낮으로, 한 달에도 선후 보름으로 밝았다 어두웠다 하는 변동이 생겼다.

2) 이 변동에서 慧門이 열릴 때에 모를 일이 없다가 도로 닫히고 앞길을 어떻게 할까 걱정, 또 무엇에 홀린 느낌이었다.

3) 마침내 그 변동이 없어지고 지각이 한결같이 계속되었다.

출전 근거

묵산수필 『법설집』에 게재되어 있는 법어로서, 1939년 12월 9일 밤 선원에서 설한 내용이다.

어구 해석

적묵 : 적적과 침묵을 寂黙이라 하는 것으로 명상에 잠겨 있을 때 얻어지는 경지이다. 사심 잡념과 번뇌가 사라진 상태를 말한다.

영문 : 신령한 지혜, 신령한 정신 기운이 드나드는 문을 靈門이라 하며, 수양력에 의해 마음의 힘이 얻어진 상태를 영문이 열린다고 한다.

혜문 : 지혜가 열리는 문이라는 뜻에서 慧門이며, 사리연구를 지속적으로 하여 밝아지는 지혜력을 거론할 때 사용된다.

방략 : 어떤 일이든지 성취하는 방법과 책략을 方略이라 한다.

관련 법문

「나는 우연히 천도교인 동경대전의 오유영부 기명선약 기형태극 우형궁궁을 읽는 소리를 듣고 문득 일원상의 진리와 아울러 육도사생의 승강 변화하는 이치를 확연히 알게 되었던 바, 그때에 나는 심신이 상쾌하여 그 안 것을 자랑할 곳과 감정 받을 때 없는 것이 무엇보다도 유감이었다. …'萬法歸一 一歸何處'란 문구를 보았는데 역시 즉석에 알아버렸다」(이공주 수필법설, 성도기념일, 1941.12.8).

「또 어느 때에는 무장 선운사에나 가보면 이 뜻을 이룰 수 있을까 생각하였다. 그러나 나에게는 아무런 계책이 없었다. 애를 태우고 있던 중 또 팔산이 내 뜻을 알고 선운사 부근의 제각 한 칸을 얻어서 쌀 한말과 간장 한 병을 마련해 주고 갔다. 나는 거기서 주야 불철하고 일천 정성을 다 올리고 있었다. 그러는 중 하루는 그 제각 주인의 당혼한 딸이 부모 몰래 찾아와서 나의 마음을 움직이려 하였다. 그러나 나는 다른 마음이 일어날 여유가 없었다. 그렇게 3개월간 적공을 드렸더니 神力은 얻어져서 간혹 내왕하는 팔산을 놀라게 한 일이 있었으나 그도 나의 참된 소망이 아니었다」(대종경 선외록, 구도고행장 5장).

보충 해설

견성의 초입 단계는 이처럼 영문이 열리기도 하고 닫히기도 한다. 견성을 했더라도 얼마간 영문이 열렸다 닫혔다 하는데, 견성과 성불의 경지에 들어가야 완전한 지각이 열리는 것이다. 이는 소태산 대종사가 스승의 지도 없이 구도한 초기 과정이며 점차 깨달음으로 나아가는 경지를 말하고 있다. 정산종사는 법어 응기편 28장에서 도통 법통을 먼저 하고 끝으로 영통을 하라 했다. 만일 영통을 먼저 하면 사람이 邪에 떨어져 그릇되기 쉽고 공부도 커 나가지 못하기 때문이다. 소태산 대종사가 신비와 이적을 멀리한 것도 이와 연관된다.

주석 주해

「아무 길잡이도 없이, 선생도 없이 혼자서 이럴까, 저럴까 하는 근심 속에 지내게 되었으니 얼마나 암담하겠는가? 이러한 경계 속에서도 다른 사심을 갖지 않고 일관하였으므로 한 생각을 얻게 되었다. … 이렇게 명암이 교차되는 때는 소소영령한 심령이 일관치 못한 때이다. 육체의 영향 없이 정신생활을 할 수도 있다」(박길진, 『대종경강의』, 원광대출판국, 1980, pp.148-149).

「견성이라는 것은 성품의 바탕을 깨친 것이다. 견성을 바탕으로 더 깊어져 들어가야 한다. 견성을 해도 더 깊은 경지로 지혜를 연마해야 한다. 밝았다 어두웠다 하는 변동이 생기는 것은 전생의 습기가 아직 남아 있어서 닦으면 밝아지고 닦지 않으면 매해지는 경지이다. 그 변동이 없어지고 지각이 한결같이 계속되는 것은 습기가 철저히 제거되어 태양보다 더 밝은 성품의 밝음이 솟아난 것이다」(한종만, 『원불교 대종경 해의』(上), 도서출판 동아시아, 2001, p.277).

문제 제기

1) 지각과 영문이 열릴 때를 조심하라는 이유는?

2) 慧門이 열릴 때에 모를 일이 없다가 도로 닫히고 앞길을 어떻게 할까 걱정이었다는 것은?

[수행품 47장] 고행 후의 부촉

핵심 주제

고행 후의 부촉

「무시선과 고행」(원불교 대종경 해의 上, 한종만).

「나의 깨치기 전 헛된 고행을 본받지 말라」(교전공부, 신도형).

「몸 고행과 마음 고행」(원광 235호, 조정중).

대의 강령

대종사 겨울철 매양 해수로 고생하였다.

1) 궁촌벽지에서 스승의 지도 없이 길을 몰라 고행 난행을 하였다.

2) 그대들은 고행 난행을 겪지 않고 대승의 원만한 수행법인 무시선 무처선의 공부 길을 알았으니 사반공배 하리라.

3) 헛된 고행으로 인해 몸을 상하지 않기를 간절히 부탁한다.

출전 근거

「宗師主 每當寒節에 常以咳嗽喘息 … 我所生長鄕古吉里는 君等의 所共知者也라」로 시작되는 한문 법설이다.

어구 해석

해수 : 소태산은 청년 시절(24세 전후) 스승의 지도 없이 고창 연화봉 등지에서 고행 후 독한 기침 곧 咳嗽 병을 얻어 고생을 하였다.

궁촌벽지 : 빈궁하고 후미진 지역을 窮村僻地라 한다.

난행 고행 : 소태산이 스승의 지도 없이 깨달음을 향한 難行 苦行을 하였다. 당시 그가 겪은 바, 몸에 병근이 깊어지고 기혈이 더욱 쇠하게 되는 등 소태산은 18년간 구도의 난행 고행을 겪었다. 불교는 브라만교에서 진리에 이르는 길이던 고행 조에 대해서 「진리는 몸을 망쳐가며 형이상학적인 문제에 매달려봐야 얻어질 수 없고 오직 현실을 직시해야 한다」며 의미가 약한 것으로 풀이하고 있다.

병근 : 병의 뿌리, 곧 병의 근원을 病根이라 한다.

사반공배 : 일을 절반만 해도 공은 그 배가 되는 것이 事半功倍이다.

관련 법문

「내가 어느 때에는 구도의 열의는 불타올랐으나 어찌할 방향을 몰라서 엄동설한 찬방에 이불도 없이 혼자 앉아 "내 이 일을 어찌할꼬" 하는 걱정에만 잠겨 있었다. 근동 年長 친우로 있던 지금 팔산이 내 뜻을 알고 매일 아침에 조밥 한 그릇을 남 몰래 갖다주므로 나는 그것을 두 때로 나누어 소금국에 먹었었다. 두발은 길어서 사람 모양이 아니고 수족은 얼어 터지고 수염은 입김에 얼음 덩어리가 되었다. 그러나 오히려 구도의 열성은 하늘에 뻗질러서 조금도 쉬어본 일이 없었다」(대종경 선외록, 구도고행장 4장).

「나는 대종사를 뵈온 후로는 일호의 이의가 없이 오직 가르치시는 대로만 순종하였으며, 다른 것은 모르지마는 이 법으로 부처 되는 길만은 확실히 자신하였노니, 그대들이 기필 성불하고자 하거든 대종사의 교법대로만 수행하고 나의 지도에 순종하라. 법을 알기 전에는 고행도 하고 편벽되이 헤매기도 하지마는 스승을 만나 안 후에는 스승의 지도대로만 하면 되나니라」(정산종사법어, 기연편 10장).

보충 해설

소태산은 제자들로 하여금 자신의 삼령기원, 구사고행, 강변입정의 온갖 고행을 반면교사로 보아 고행하지 말 것을 가르치고 있다. 그 방법은 무시선, 무처선과 같은 인도정의의 교법을 실천하는 일이다. 그가 대각하기 전 스승의 지도 없이 겪은 구도과정들은 일종의 난행이요 고행에 속한다. 선진포와 귀영바위에서 입정에 든 것이나, 새벽녘 추운 줄 모르고 입정의 경지에 든 것들이 이와 관련된다. 석가모니도 고행을 통해서 깨달음에 이르렀다. 이를테면 설산에서 고행 중 수행에 큰 도움이 되지 않자 마을로 내려와 乳味粥 한 그릇을 얻어먹고 원기를 되찾아 명상에 잠겨 결국 깨달음을 얻고 부처가 되었다.

주석 주해

「영산 같은 시골은 찾아보기 힘들다. 그러한 곳에서 나시었고, 스승도 없이, 길 안내자도 없이 공부하였으니 고생이 이루 형언할 수 없었다」(박길진, 『대종경강의』, 원광대출판국, 1980, p.150).

「대종사 고행의 경로를 밝힌 것이다. 산에 들어가 밤을 지새기도 했다는 것은 주로 11살부터 15살까지 산신을 만나려는 기도이다. 길에 앉아 날을 보내기도 했다는 것은 20살 넘어서 귀영바위에서 입정 상태에 들었던 일인 것이며, 절식도 하고 의식을 다 잊는 경계까지 들었다는 것은 선진포에서의 깊은 입정 상태와 대각한 집에서의 일이다. 뜬눈으로 밤을 세우기도 했다는 것은 귀영바위 밑의 집에서나 대각한 집에서였다. 얼음물에 목욕했다는 것은 연화봉에 있을 때이다」(한종만, 『원불교 대종경 해의』(上), 도서출판 동아시아, 2001, p.278).

문제 제기

1) 소태산이 겪은 고행으로 얻어진 병은?

2) 적공을 함에 있어 어느 정도 고행 난행이 필요한 일은 아닌가?

[수행품 48장] 법위 오를 때의 시험

핵심 주제

법위 오를 때의 시험

「불지에 오를 때의 시험」(원불교 대종경 해의 上, 한종만).

「수도인이 겪는 시험」(교전공부, 신도형).

「수도인의 고비와 시험」(원광 236호, 조정중).

대의 강령

학교에 시험이 있듯이 수도인에게 법위가 높아질 때 시험이 있다.

1) 부처도 성도할 때 팔만 사천의 마군과 대적하였다.

2) 그대들도 시험에 고전하는 사람과 좋은 성적으로 양양한 사람도 있으니, 시험에 실패가 없기를 바란다.

어구 해석

마왕 파순 : 욕계 제6천의 임금이며, 파순은 파비야라고도 하는데 魔王의 이름이다. 정법 수행을 방해하는 번뇌망상 및 삼독오욕의 왕을

말한다. 이에 경계를 조심하고 무명에 유혹되는 마음을 단속해야 할 것이다. 波旬이란 불법의 실천을 방해하는 흉악무도한 마왕을 말한다. 파순이는 수도자의 지혜를 끊어버리고 무명 번뇌로 괴롭힌다.

팔만 사천 : 부처님이 팔만사천 번뇌를 없애기 위해 설한 것이 八萬四千 법문이다. 우리나라는 국난 극복(몽고침입)으로 고려 고종 23년(1236)부터 38년까지 만든 해인사의 81,258 목판 팔만대장경이 있다.

관련 법문

「하루 속히 이 싸움을 잘 응변하여 불량한 마왕을 쳐서 편하고 정당한 법왕의 세계가 되게 할지니 과거 3천 년 전에 서가모니불이 보리수 하에 마왕 파순의 항복을 받으셨다 함도 곧 법왕이 그 마왕을 항복받은 것이니라. 그러나 현재 제군의 법왕을 본다면 아직도 마왕의 종노릇 하는 자가 많으니 어서 부지런히 마왕 항복받는 공부를 하라」(회보 10호 법설).

「마왕 파순이는 곧 중생의 마음속의 욕심인 것이다. 그러므로 욕심으로부터 일어나는 군사가 팔만 사천이나 되어 가지고 혹은 순경으로 나타나고 혹은 역경으로 나타나서 출입이 자재하고 조화가 무궁하여 수도인의 앞길을 막고 방해하나니 그에 속아 넘어가지 말 것이다」(대종경 선외록, 영보도국장 7장).

보충 해설

학교의 시험과 진리의 시험이 있다. 진리의 시험에 있어 魔와 싸우는 법마상전급의 몇 조항을 보자. 법과 마를 일일이 분석하고 우리의 경전 해석에 과히 착오가 없으며, 법마상전의 뜻을 알아 법마상전을 하되 인생의 요도와 공부의 요도에 大忌事는 아니하고, 세밀한 일이라도 반수 이상 법의 승을 얻는 사람의 급이 그것이다. 결국 법강 항마가 되어 성위에 오르고 마침내 불지에 이르는 적공이 필요하다.

주석 주해

「법마상전에서 법이 자꾸 이겨 나갈 때 도력이 생겨난다. … 어디에나 형식은 다르지만 시험이 있다. 국민학교, 중학교, 고등학교, 대학교, 또 사회생활 속에서 각종 시험을 치르며 산다. 마찬가지로 진리에도 시험이 있다. 이 시험에 합격증을 받아야 불지에 나가게 되니 한시도 사소한 일에 방심할 수 없다」(박길진, 『대종경강의』, 원광대출판국, 1980, pp.151-152).

「공부인이 시험에 들 때 과연 누구로부터 시험을 받는가. 확연한 해답은 매우 어려운 것으로 안다. 그러나 그 줄기를 대체적으로 생각해 보면 우선 네 가지 방향에서 이해해 볼 수 있다. 그 하나는 무엇보다도 진리계에서 주시는 시험이요, 둘은 대중으로부터 받는 시험이요, 셋은 스승이 내리시는 시험이요, 넷은 財, 色, 權에 대한 깊은 욕심과 주착심, 분별심, 相 등이다」(조정중, 「수도인의 고비와 시험」, 《원광》 236호, 월간원광사, 1994, p.54).

문제 제기

1) 진리의 시험이란 무엇인가?
2) 마왕 파순이 무엇이며, 그것들이 나를 괴롭히는 조항이 있다면?

[수행품 49장] 스승의 감정 받는 공부법

핵심 주제

스승의 감정 받는 공부법

「감정을 받는 공부」(원불교 대종경 해의 上, 한종만).
「공부인은 스승과 세상의 감정을 받으라」(교전공부, 신도형).
「스승의 감정」(원광 149호, 이성택).

대의 강령

기술을 배우는 사람은 스승에게 기술 감정을 받아야 하고, 도학을 배우는 사람은 스승에게 시비의 감정을 받아야 한다.

1) 기술 배우는 사람이 감정을 받지 않으면 줄 맞은 기술이 못된다.
2) 도학을 배우는 사람이 시비의 감정을 받지 않으면 요령 있는 공부가 되지 못한다.
3) 그대에게 사리 감정을 내리는 것은 바른 길을 밟게 하려함이다.

어구 해석

감정 : 자신의 언행에 나타난 시비를 스승에게 지도받아 체크하는 것이 鑑定이다. 원불교에서 감정 받는 방법으로는 상시응용 주의사항과 교당내왕시 주의사항이 있다. 교당내왕시 주의사항 1-3조를 보자. 1) 상시응용 주의사항으로 공부하는 중 어느 때든지 교당에 오고 보면 그 지낸 일을 일일이 문답하는데 주의하고, 2) 어떠한 사항에 감각된 일이 있고 보면 그 감각된 바를 보고하여 지도인의 감정 얻기를 주의하며, 3) 어떠한 사항에 특별히 의심나는 일이 있고 보면 그 의심된 바를 제출하여 지도인에게 해오 얻기를 주의하자는 것이다.

전도 : 나아갈 길, 즉 앞길이 前途이며 전도가 양양하다고 한다.

보감 : 수도인이 공부하는데 거울삼을 보배의 가르침이나 말씀을 寶鑑이라 한다. 부처님 설화, 신앙 및 수행담은 보감이 될 내용들이다.

관련 법문

「지도받을 만한 자리가 있거든 잘된 일 잘못된 일을 일일이 감정을 얻으며 모든 일을 처리할 때에 미리 물어서 하며 모르는 일이 있으면 간절히 물어서 깨우쳐 알 것이다」(대종경 선외록, 선원수훈장 4장).

「진리를 터득하기 위하여 법을 행하는 선지식이니 초입자는 항상 이 선지식의 가르침에 잘 따르고 일체를 사실대로 고백하여 선악시비의 감정을 얻어 행하는 것이다」(한울안 한이치에, 제3장 일원의 진리 50장).

보충 해설

스승에게 감정 받는 공부법은 목수가 먹줄로 나무를 반듯하게 표시하는 것과 같이 시시비비를 잘 가려 올곧게 공부하는 길이다. '구전심수' 의 공부법이 사제간 감정 받는 요긴한 방법이다. 감정을 받지 않는다는 것은 스승을 모시고 살지 않는 것과 다를 것이 없다. 재가들은 교당내왕시 주의사항으로 교무님에게 문답 감정을 받고, 출가자들은 정기 훈련법 등에 나타난 정기일기 상시일기 등을 통해 스스로 감정을 받는데 체질화되어야 할 것이다. 특히 하지말자는 것은 계문을 통해, 하자는 것은 솔성요론을 통해 스스로 내지 서로 감정하는 것이 필요하다. 이러한 감정이 잘 되면 마침내 성위에 오를 수 있다.

주석 주해

「사람은 누구나 자기를 나쁘다고 하면 다 싫어한다. 도문에 들어온 사람도 그러한 태도를 갖는다면 도문에 들어올 필요가 없다. 목수가 좋은 재목을 만들기 위해서는 원목을 깎아내야 한다. 마찬가지로 공부인은 자기의 단점을 자꾸 고쳐 나가야 한다. … 윗사람은 아랫사람을 잘 살펴 바르게 지도해줄 책임이 있다. 항상 잘했다고만 해도 전도를 그르치게 된다」(박길진, 『대종경강의』, 원광대출판국, 1980, pp.152-153).

「교당내왕시 주의사항 1조에 지낸 일을 문답하라고 되어 있다. 지낸 일을 문답하는 것은 스승(교당)에게 문답해서 바르게 공부길을 잡고 마음이 침체되어 있으면 분발심을 일으키는 것이다. 2조는 감각된 것을 감정 받는다. 감각이라는 것은 대소유무의 이치에 대해 깨쳐가는 과정이다. 감각 감상에 대해 감정을 받는 것은 올바르게 사리연구 공부를 하고 있는가 감정 받는 것이다」(한종만, 『원불교 대종경 해의』(上), 도서출판 동아시아, 2001, p.281).

문제 제기

1) 각자 감정 받는 공부를 항목화해 보시오.
2) 우리는 항상 스승을 모시며 살고 있는가?

[수행품 50장] 경계속의 마음 단련

핵심 주제

경계속의 마음 단련
「경계에서 단련하는 공부」(원불교 대종경 해의 上, 한종만).
「참다운 공부는 경계 속에서 단련한다」(교전공부, 신도형).
「오직 경계 가운데 마음을 길들여라」(원광 237호, 조정중).

대의 강령

수도인이 경계를 피해 조용한 곳에서 마음을 길들이려는 것은 물고기를 잡으려는 사람이 물을 피함과 같다.

1) 참 도를 닦으려면 경계 속에 길들여야 마음이 흔들리지 않는다.

2) 유마경에 보살은 시끄러운데 있으나 마음이 온전하고 外道는 조용한 곳에 있으나 마음은 번잡하다고 하였다.

어구 해석

경계 : ☞교의품 22장, 수행품 33장 참조.

유마경 : 이른바 『維摩經』은 후진 구마라습이 405년에 번역한 경으로 『유마힐 소설경』의 줄임말이며, 불국품 방편품 등 3권 14품으로 구성되어 있다. 『불가사의 해탈경』, 『정명경』이라 하기도 한다. 유마거사의 병중에 문수보살이 여러 성문들과 보살들을 데리고 병문안을 왔는데, 당시 유마거사는 여러 신통을 나타내 보이어 불가사의한 해탈상을 보였다. 주지하듯이 유마거사의 침묵, 중생이 병들매 보살도 병을 앓는다는 것은 유마경의 내용과 관련이 있다.

보살 : 사바세계에서 계행 청정을 지키며 자비 보살행을 실천하는 사람이 菩薩이다. 본래 청정한 자성을 망각한 중생들이 무명 업력에 끌려 사는데 보살은 수도 정진한다. 사홍서원을 세우고 육바라밀을 수행하며 자리이타로 상구보리 하화중생을 하는 사람을 말한다.

외도 : 대도정법이 아닌 경우를 外道라 한다. 바깥 경계에 관심이 더 많아 도학보다는 외학을 탐하는 경우를 말하며, 자기 종교의 신자가 아닌 타교 신자들을 혹 외도라 하기도 한다.

관련 법문

「참으로 공부할 줄 아는 사람은, 좋은 경계나 낮은 경계를 당할 때에 경계를 당했다고 생각지 아니하고 정히 이때가 공부할 때가 돌아왔다고 생각하여, 경계에 휩쓸려 넘어가지 아니하고 그 경계를 능히 잘 부려 쓰는 것이다」(대종경 선외록, 일심적공장 8장).

「솔과 대는 서리와 눈을 견디어 냄으로써 그 名價가 드러나듯 사람은 그 경계를 당해 보아야 그 실력을 알 수 있다. 청렴의 정도는 돈을 맡겨보면 알고, 공부인의 수준은 법문 몇 대문 물어보면 알며, 신심 정도는 관청이나 사회의 비평과 조소를 당해보면 알고, 포용력의 정도는 역경을 주어보면 알며, 효성의 정도는 괴벽한 부모를 모셔보면 알고, 우애의 정도는 어려운 일을 당해보면 안다」(한울안 한이치에, 제1장 마음공부 65장).

보충 해설

동정일여의 표어를 생각해 보고, 동정간 불리선의 심법을 생각해 보자. 대종사는 「불교혁신론」에서 교당은 세속사람들이 사는 곳에 두라고 하였다. 온실에서만 있거나 무풍지대에만 있으면 그것은 바른 공부법이 아니다. 예비교무들이 서원관에서 공부 잘하고 일선교당에 가서 잘못 살면 이 또한 바른 공부법이 아니다. 마음공부는 세상사를 등지고 경계가 없는 곳에서만 단련하는 것이 아니라 실생활 속에서, 경계 속에서 단련하는 것이 필요하며, 무시선 공부가 이와 관련된다.

주석 주해

「마루에서 헤엄을 친 사람이 있다면 그는 물속에서 헤엄을 칠 수 없을 것이다. 일 속에서 단련해야 일 속에서 사용할 수 있게 된다. … 입으로는 아무리 불법을 잘 말한다 해도 심중으로 동중정, 정중동 공부를 하는 사람만 못하다」(박길진, 『대종경강의』, 원광대출판국, 1980, p.154).

「경계에서 단련해야 경계에 흔들리지 않는 힘을 얻는다. 지금까지 도가에서 하는 공부보다 원불교의 마음공부는 경계에서 단련하는 것이다. 경계에서 단련하는 것이 원불교의 특성이다. 그늘에서 자란 버섯은 태양을 만나면 시든다. 지금까지 도가에서는 그늘에서 버섯을 자라나게 하는 경향이었다」(한종만, 『원불교 대종경 해의』(上), 도서출판 동아시아, 2001, p.282).

문제 제기

1) 원불교에서 말하는 경계란 무엇인가?
2) 그늘에서 자란 버섯이 태양을 만나면 바로 시든다는 뜻은?
3) 천만 경계 중에서 삼학의 대중을 잡는 각자의 공부표준은?

[수행품 51장] 불법에 사로잡히지 말라

핵심 주제

불법에 사로잡히지 말라

「불법의 활용」(원불교 대종경 해의 上, 한종만).

「불법에 사로잡히지 말고 활용하라」(교전공부, 신도형).

대의 강령

불법을 활용할 때 주의사항은?

1) 불법활용으로 생활향상을 도모할지언정 불법에 사로잡히지 말라.

2) 불법은 세상을 건지는 도이니, 세속을 피해 염불 간경 좌선에만 매달려 濟衆을 하지 않는다면 불법에 사로잡힌 꼴이다.

출전 근거

주산종사 수필의 소태산대종사 법문집 『법해적적』에 실려 있다.

어구 해석

간경 : 경을 보아서 견성하는 수단으로 삼는 것이며, 이 看經만을 고집하면 편벽된 수행이 된다. 간화선 역시 화두만을 보아서 하는 선을 말한다.

제중 : 삼독 오욕에 의한 무명 업보에 가리어 고통 받는 중생을 불법으로 구원한다는 의미로서 성불 濟衆이란 용어의 줄임말이다. 제생의세도 같은 의미이다.

관련 법문

「나는 불법을 위하여 공부하라는 것이 아니요 불법을 생활에 써 먹기 위하여 공부하라는 것이다」(대종경 선외록, 생사인과장 10장).

「불법활용은 재래와 같이 불제자로서 불법에 끌려 세상일을 못할 것이 아니라 불제자가 됨으로써 세상일을 더 잘하자는 것이니, 다시 말하면 불제자가 됨으로써 세상에 무용한 사람이 될 것이 아니라 그 불법을 활용함으로써 개인 가정 사회 국가에 도움을 주는 유용한 사람이 되자는 것이며…」(정전, 제2 교의편, 제7장 4대강령).

보충 해설

사대강령은 정각정행, 불법활용, 지은보은, 무아봉공인데 이 법문은 불법활용에 관련된다. 불법을 활용하여 우리의 생활을 향상시키자는 뜻에서 불법활용 조항을 넣은 사대강령은 『불교정전』에 처음으로 삽입되었다. 그러면 불법을 활용하되 불법에 사로잡히지 말라는 뜻은 무엇인가? 현실 속에서 공부를 발견하고 법은 지키되 법박에 걸리지 말라는 것이다. 책을 읽되 책에 사로잡히지 말라는 것으로 이해하면 좋다. 곧 불법을 위한 불법이 아니라 삶을 위한 불법이어야 한다.

주석 주해

「주문이나 간경만 공부한 사람은 마치 뱃사공 없이 어린아이가 나룻배를 타고 표류함과 같다. 이러한 배가 목적지에 도달할 수 없듯이 일방적 공부로는 도를 얻지 못한다. … 어떤 사람이 20년간 계문을 지키고 경을 보았으나 별 소득이 없었다. 마침 어느 선사로부터 정법불심으로 일관하라는 말을 듣고 정신이 맑아졌다 한다. 동정일여, 佛心一貫이 곧 불법이다」(박길진, 『대종경강의』, 원광대출판국, 1980, p.155).

「과거의 불교는 교리나 제도가 출세간 본위가 되어 인간의 생활과 격리되어 불법의 진리와 인간의 생활이 서로 별스러운 관계가 없고 또는 서로 반대되는 경향이 있었다. 그러므로 불법의 진리와 생활이 서로 떨래야 뗄 수 없는 관계를 가진 일원상 진리에 입각하여 세간생활에서 어느 시대, 누구를 막론하고 불법 공부를 하여 생활에 활용시켜 세상에 유익한 사람이 되게 하는 것이다」(한종만, 『원불교 대종경 해의』(上), 도서출판 동아시아, 2001, p.284).

문제 제기

1) 과거 불교가 탈세속의 가치만을 강조한 결과는?
2) 나의 경우 불법에 사로잡히는 행위는 없는가?
3) 불법활용이란 무엇을 의미하는가?

[수행품 52장] 道의 실생활에서의 활용

핵심 주제

道의 실생활에서의 활용

「도의 활용」(원불교 대종경 해의 上, 한종만).

「도는 실생활에 활용하여야 빛이 난다」(교전공부, 신도형).

대의 강령

사람이 도를 알고자 하는 이유는?

1) 도는 용처에 당하여 쓰고자 함이다.

2) 용처에 쓰지 못한다면 도를 알지 못함과 같다. 이 부채를 더위에 쓸 줄 모른다면 부채의 효력이 무엇이리요.

출전 근거

송도성 수필 법설집 2에 실린 법설이다.

어구 해석

도 : 우주의 변 불변의 道라든가, 인간이 행할 바의 도를 말한다. 천지8도가 이에 관련되며, 인도가 이에 관련된다. 우주의 대소유무와 인간의 시비이해에 관련되는 원리이자 원칙을 말한다. 이러한 도의 실천에 의해 덕이 쌓이기도 한다. 각 종교에서는 이 도를 나름대로의 방식으로 표현해 왔다. 교의품 1장이 같은 맥락인 바, 大道를 통해 불가에서는 전미개오, 유가에서는 삼강오륜과 인의예지, 선가에서는 청정무위, 원불교에서는 일원대도를 가르치고 있다.

용처 : 사용할 곳을 用處라 한다. 장도리는 못을 빼고, 부채는 바람을 불리고, 열쇄는 방문을 여는 등 사용 당처를 용처라고 한다.

관련 법문

「공부하는 사람들이 현묘한 진리를 깨치려 하는 것은 진리를 실생활에 활용하고자 함이니 만일 활용하지 못하고 그대로 둔다면 이는 쓸데 없는 일이라」(대종경, 교의품 8장).

「금을 단련한 사람이 금을 잘 활용하듯이 마음을 또한 기틀을 따라 선용하여 만행을 구비하는 성자가 되라」(정산종사법어, 경륜편 3장).

보충 해설

소태산 교조의 실학적 정신이 여기에 스며 있다. 원불교의 교리정신은 시대화 생활화 대중화에 바탕해 있다. 이처럼 교리가 생활화되지 않는다면 공리공론에 떨어지고 만다. 불이 났을 때 정작 사용해야 할 소화기가 다른 곳에 방치되어 있거나 사용법도 모르고 진열만 해 둔다면, 집이나 지하철에 큰 화재가 났을 경우 문제는 심각하다. 주지하듯이 『월말통신』 2호와 「불지품」 22장에서는, 금과 은이 귀한 것이나 배고픈 사람에게는 밥 한 그릇만 못 하다고 하였다. 적절한 현재의 용처가 중요하기 때문이다. 매사에 있어 적재적소의 불법 활용이 이와 관련된다.

주석 주해

「어떤 형제에게 금덩이를 하나씩 각각 주었는데 그 형은 소중히 싸서 선반에 얹어 놓았고, 동생은 팔아서 활용하여 집도 사고, 전답도 마련하고, 장사도 하여 부자로 잘 살았다 한다. 아무리 좋은 법도 책 속에나 머리속에 쌓여 있어서는 소용없다. 생활 속에서 선용해야 한다」(박길진, 『대종경강의』, 원광대출판국, 1980, pp.156-157).

「도를 알고자 하는 것은 용처에 당하여 쓰고자 하는 것이다. 부채는 바람을 일으켜야 가치가 있다. 지금까지의 도가에서는 사회와 관계없이 정신이 맑아져서 삼세의 이치를 알거나 천문지리를 통달한다는 것으로 생각했다. 그러나 대종사는 도를 깨친다는 것은 대소유무의 이치와 인간의 시비이해의 일을 통달하는 것이라 하였다」(한종만, 『원불교 대종경 해의』(上), 도서출판 동아시아, 2001, p.286).

문제 제기

1) 사람이 도를 알고자 하는 이유는?

2) 실생활에서 도의 활용법은?

3) 부자가 금덩어리를 집안 장롱 속에 감추어두고, 용처에 쓸 줄 몰라서 죽을 때가지 보관하는 이유가 있다면?

[수행품 53장] 법박의 극복

핵심 주제

법박의 극복

「일심에의 집착을 놓아라」(원불교 대종경 해의 上, 한종만).

「법박을 조심하라」(교전공부, 신도형).

「법박」(원광 238호, 조정중).

대의 강령

공부하는 사람은 밖으로 모든 인연에 대한 착심을 끊고, 안으로 일심의 집착까지도 놓아야 한다.

1) 법박이란 일심에 집착하는 것으로 해탈에는 요원하다.

2) 공부인의 성품 기르는 것은 일없을 때에 잡념만 제거하고, 일 있을 때는 불의만 제거하여 일심하되 일심 집착에서 벗어나는 일이다.

출전 근거

주산종사 수필의 소태산 대종사 법문집 『법해적적』에 실려 있다. 『선원일지』(경진동선, 원기 25)에는 「착심을 떼라」로 실려 있다.

어구 해석

착심 : 무엇인가에 속박되고 구애되는 것을 着心이라 한다. 이를테면 재색명리 부귀영화 희로애락 등에 집착하는 것이다. 해탈이란 이러한 집착을 홀연히 벗어날 때 얻게 되는 자유로움이다.

법박 : 법에 구애되어 심신의 자유스러움을 얻지 못하는 것을 法縛이라 한다. 교법에 지나치게 구속된다면 자승자박을 하게 된다. 부처님이 한 법도 설하지 않았다는 것은 법박에서 벗어나라는 뜻이다.

관련 법문

「해탈을 얻어 나갈 때에 첫째, 일체 욕심에는 묶이지 아니하여야 되나 법에는 묶여 있어야 되고, 둘째 법에 묶여 있다가 법까지 끌러버려서 묶일 물건도 없어지고 묶이지 아니할 마음도 없어져버려야 부처님의 참 해탈 경지인 것이다」(대종경 선외록, 주세불지장 3장).

「한 제자 총부에 온 지 얼마 되지 아니하여 일심 공부의 방법을 여쭈었더니 말씀하셨다. "마음을 잡고 놓는 것을 절도에 맞게 하라. 거

묻고 줄을 너무 조이거나 늦추면 소리가 제대로 아니 나는 것이니 너무 서둘지 말고 우선 하루에 염불 7편씩만 하여 보라." 그러나 이 말씀대로 하지 않고 무리한 정진을 하다가 여러 가지 병을 얻게 되었다」(한울안 한이치에, 제7장 기연따라 주신 말씀 37장).

보충 해설

일심을 참으로 열심히 하다보면 법박의 의미도 알게 된다. 여기에서 자연히 해탈의 필요성을 느끼는 것이다. 무시선의 강령을 보면 육근이 무사하면 잡념을 제거하고 일심을 양성하며, 유사하면 불의를 제거하고 정의를 양성하라는 말을 참고해 보자. 법박 속에 있으면 구애되어 교법 실천에 있어 중도 및 해탈을 하지 못하기 때문이다. 소태산 대종사는 법률과 도덕이 서로 구애되지 아니한다(전망품 18장)고 하여 법박에 걸릴 수 있는 상황을 사전에 방지하고자 하였다. 지나치게 법을 의식하는 것도 일종의 법박이다.

주석 주해

「어떤 선사에게 한 승이 묻기를 명경과 같이 塵挨가 하나도 없는 경지에서 더 진보할 길이 있느냐고 하니 그 명경을 깨어버리고 오라 했다. … 백척간두에 진일보하라는 말이 있다. 공부인은 법박에서 다 놓아버리고 한걸음 나아가야 한다」(박길진, 『대종경강의』, 원광대출판국, 1980, p.157).

「참된 수행을 하는 사람이라면 걸림 없는 마음으로 육근 동작을 하되 다만 필요 없는 잡념이 일거나 탐심과 진심과 치심이 일어날 경우에 이를 법으로 대치하여 소멸시킬 뿐, 따로이 평상시에 법을 국집하여 법으로 인하여 성품의 순연한 면목을 속박하게 하는 일이 없어야 한다」(조정중, 「법박」, 《원광》 238호, 월간원광사, 1994, p.63).

문제 제기

1) 수도인의 법박이란 무엇인가?

2) 안으로 일심의 집착까지도 놓아야 한다는 의미는?

[수행품 54장] 목우와 마음공부

핵심 주제

목우와 마음공부

「소 길들이기와 마음공부」(원불교 대종경 해의 上, 한종만).

「부자유한 중생의 육근을 소에 비유하고 길들이는 법을 설하심」(교전공부, 신도형).

「길 잘든 마음소」(원광 239호, 조정중).

「사람 권리, 소 권리」(원광 159호, 이성택).

대의 강령

대종사, 일전에 어떤 사람이 소를 끌지 못하고 소에 사람이 끌려가는 광경을 보고 말하였다.

1) 대종사 "그 소를 단단히 잡아서 함부로 가지 못하게 하고 꼭 길로만 몰아가면 그런 봉변 없을 것이 아닌가." 그 사람 曰 "제가 무식하여 이 소를 길들이지 못해서."

2) 대종사, 남천에게 말하기를 "그대의 소는 그대의 하자는 대로 잘 하는가, 그대도 역시 소에게 끌려 다니게 되는가."

3) 남천 사뢰기를 "소가 저의 하자는 대로 하나이다" 라며, 소가 게으름을 부리면 호령하여 그 일을 하게 한다고 했다.

4) 대종사 "그대가 소를 발견하였고 길들이는 법을 또한 알았으며, 힘을 써서 만사를 자유 자재하도록 길을 들이라."

출전 근거

송도성 수필 『회보』 30호(원기 21년)에 실린 법설로 「우습다 소탄자야 소를 찾아 길들여라」는 제목이다.

어구 해석

소(牛) : 농경작에 유익한 四肉 동물로 불교에 있어 牧牛에 비유되고 있다. 「목우십도송」은 중국 명나라 때 보명화상이 지은 게송이다. 원불교의 『불교정전』에는 그림과 게송이 함께 실려 있었다. 그러나 『불조요경』에서는 그림을 생략하고 게송만 실었다.

봉변 : 뜻밖에 남에게 모욕을 당하는 경우를 말한다. 逢變을 당하였

을 때는 그 원인이 어디에 있는가를 살펴서 대조하되, 다시는 그러한 실수를 반복하지 않는 것이 공부인의 자세이다.

관련 법문

「내수양은 안으로 자기의 마음을 닦는 공부인 바, 첫째는 執心 공부니, 염불 좌선을 할 때와 일체 때에 마음을 잘 붙잡아 외경에 흘러가지 않게 하기를 소 길들이는 이가 고삐를 잡고 놓지 않듯 하는 것이요, 둘째는 觀心 공부니, 집심 공부가 잘 되면 마음을 놓아 자적하면서 다만 마음 가는 것을 보아 그 망념만 제재하기를 소 길들이는 이가 고삐는 놓고 소가 가는 것만 제재하듯 하는 것이요, 셋째는 無心 공부니, 관심공부가 순숙하면 본다는 상도 놓아서 관하되 관하는 바가 없기를 소 길들이는 이가 사람과 소가 둘 아닌 지경에 들어가 동과 정이 한결같이 하는 것이라」(정산종사법어, 경의편 65장).

「1. 未牧(길들기 전) : 生獰頭角恣咆哮하니 犇走溪山路轉遙라 / 一片黑雲橫谷口하니 誰知步步犯佳苗아 : 사납게 생긴 뿔에 소리소리 지르며 / 산과 들에 달려가니 길이 더욱 멀구나 / 한 조각 검정구름 골어귀에 비꼈는데 / 뛰어 가는 저 걸음이 뉘 집 곡식 범하려나.

2. 初調(길들이기 시작) : 我有芒繩驀鼻穿하니 一廻奔競痛加鞭이라 / 從來劣性難調制하야 猶得山童盡力牽이라 : 나에게 고삐 있어 달려들어 코를 뚫고 / 한 바탕 달아나면 아픈 매를 더하건만 / 종래로 익힌 습관 제어하기 어려워서 / 오히려 저 목동이 힘을 다해 이끌더라」(목우십도송 1-2장).

「3. 受制(길들어 감) : 漸調漸伏息犇馳하니 渡水穿雲步步隨라 / 手把芒繩無少緩하니 牧童從日自忘疲라 : 점점 차차 길이 들어 달릴 마음 쉬어지고 / 물 건너고 구름 뚫어 걸음걸음 따라오나 / 손에 고삐 굳이 잡아 조금도 늦추잖고 / 목동이 종일토록 피곤함을 잊었더라.

4. 廻首(머리를 돌이킴) : 日久功深始轉頭하니 顚狂心力漸調柔라 / 山童未肯全相許하야 猶把芒繩且繫留라 : 날 오래고 공이 깊어 머리 처음 돌이키니 / 전도하고 미친 기운 점점 많이 골라졌다. / 그렇건만 저 목동은 방심할 수 전혀 없어 / 오히려 고삐 잡아 말뚝에다 매어

두네」(목우십도송 3-4장).

보충 해설

소를 예로 들면서 자기 자신을 소 길들이는 것으로 생각하여 길들이자는 것이다. 『불조요경』에 실린 「목우십도송」 10단계를 살펴보자. 1) 未牧 - 길은 멀고 험함 : 소 길들이기 전으로, 남의 집 곡식 범하려는가 하는 내용, 2) 初調 - 처음 길들이는 내용, 3) 受制 - 이제 길들이기 시작하는 내용, 4) 廻首 - 머리를 돌이키는 것으로 고역을 말뚝에 메어둠, 5) 馴伏 - 마침내 차차 길이 들어가는 것, 6) 無礙 - 걸림 없음, 7) 任運 - 자유, 마음이 길 잘 들어 있음, 8) 相忘 - 서로 잊음, 9) 獨照 - 홀로 비추는 경지, 10) 雙泯 - 모두가 부처 : 일원상에 합일.

인물 탐구

김남천 : ☞ 수행품 26장 참조.

주석 주해

「보명선사의 목우십도송을 참고로 보고 바르게 이해하고 행하자. … 소는 본래 성질이 포악하고 기운이 세어서 사람을 능히 이기지만 잘 길들이게 되면 사람 시키는 대로 하게 된다. 그러므로 마음 길들이는 것을 소로 비유를 많이 한다. … 마음과 육신, 마음과 마음, 육체와 내부로부터 일어나는 욕심이 쌓이면 오히려 마침내 본래 주인공을 지배한다」(박길진, 『대종경강의』, 원광대출판국, 1980, p.160).

「대종사님과 김남천 선진님의 대화형식으로 이루어진 수행품 54장은 공부하는 수도인을 각성하게 하는데 충분한 자극을 제공한다. 소를 길들이지 못하여 소에게 권리를 맡긴 늙은 사람, 젊었을 때는 몰랐는데 늙어 힘이 없으니 소를 도저히 어거할 수 없다는 탄식은 오늘을 살아가는 우리들에게 용맹 전진심을 불러일으키기에 충분하다」(이성택, 「사람 권리 소 권리」, 『원광 자료모음집』-대종경편 1, 월간원광사, 1990, p.346).

문제 제기

1) 수행품 54장을 『불조요경』의 목우십도송과 연결하여 설명하시오.
2) 목우십도송 열 단계를 제목화하여 설명하시오.

[수행품 55장] 입선공부와 목우

핵심 주제

입선공부와 목우

「소 길들이기와 무시선」(원불교 대종경 해의 上, 한종만).

「입선 공부는 소 길들이기와 같다」(교전공부, 신도형).

대의 강령

그대들의 입선 공부는 소 길들이는 것과 같다.

1) 사람이 도덕의 훈련 없는 탈선은 젖 떨어지기 전 송아지가 날뛰며 자행자지하는 것과 같다.

2) 선원에 입선하여 규칙과 계율을 지킬 때 사심잡념이 치성한 것은 젖 뗀 송아지가 말뚝에 매여 어미 소를 부르고 몸살 하는 것과 같다.

3) 사심과 잡념도 가라앉으며 사리간 알아지는 것은 그 소가 완전한 길은 들지 못하였으나 차차 안심을 얻어가는 때와 같다.

4) 교의의 해석과 수행으로 삼대력이 쌓여 공중을 이익 주는 것은 길 잘든 소가 주인에게 이익을 주는 것과 같다.

출전 근거

이공주 수필 『회보』 42호(원기 23년)에 수록된 법설이다.

어구 해석

입선 : 入禪이란 전문 훈련과 같은 것으로 교단 초창기 동·하선 각각 3개월의 정기훈련이 있었다. 전통불교에는 동안거·하안거의 입선이 있다. 교역자의 7일 훈련, 교도의 특별 훈련, 예비교무들의 정기훈련도 일종의 입선 공부와 같은 것이다.

말뚝 : 소가 달아나지 않도록 목에 멘 고삐를 말뚝에 묶어 땅에 박아두는 나뭇가지나 쇠붙이를 말한다.

관련 법문

「5. 馴伏(길들다) : 綠楊陰下古溪邊에 放去收來得自然이라 / 日暮碧

雲芳草地에 牧童歸去不須牽이라 : 푸른 버들 그늘 밑 옛 시내 물가에 놓아가고 거둬옴이 자연함을 얻었구나 / 날 저물고 구름 끼인 방초의 푸른 길에 목동이 돌아갈 제 이끌 필요 없었더라.

6. 無碍(걸림 없다) : 露地安眠意自如하니 不勞鞭策永無拘라 / 山童穩坐靑松下하야 一曲昇平樂有餘라 : 한데 땅에 드러누워 한가하게 잠을 자니 채찍질을 아니해도 길이 구애 없을러라 / 목동은 일이 없어 청송 아래 편히 앉아 한 곡조 승평곡에 즐거움이 넘치더라」(목우십도송 5-6장).

「7. 任運(헌거롭다) : 柳岸春波夕照中에 淡烟芳草綠茸茸이라 / 饑飡渴飮隨時過하니 石上山童睡正濃이라 : 버들 언덕 봄 물결 석양이 비쳤는데 담연에 싸인 방초 쫑긋쫑긋 푸르렀다 / 배고프면 뜯어먹고 목마르면 물마시니 돌 위에 저 목동은 잠이 정히 무르녹네.

8. 相忘(서로 잊다) : 白牛常在白雲中하니 人自無心牛亦同이라 / 月透白雲雲影白하니 白雲明月任西東이라 : 흰 소 언제든지 백운중에 들었으니 사람 절로 무심하고 소도 또한 그러하다 / 달이 구름 뚫어 가면 구름 자취 희어지니 흰 구름 밝은 달이 서와 동에 임의로다」(목우십도송 7-8장).

「9. 獨照(홀로 비치다) : 牛兒無處牧童閑하니 一片孤雲碧嶂間이라 / 拍手高歌明月下하니 歸來猶有一重關이라 : 소는 간 곳 없고 목동만이 한가하니 한 조각 외론 구름 저 봉 머리 떠 있도다 / 밝은 달 바라보고 손뼉 치며 노래하니 그대도 오히려 한 관문이 남아 있네.

10. 雙泯(일원상만 나타나다) : 人牛不見杳無蹤하니 明月光寒萬象空이라 / 若問其中端的意인댄 野花芳草自叢叢이라 : 소와 사람 함께 없어 자취가 묘연하니 밝은 달빛이 차서 만상이 공했더라 / 누가 만일 그 가운데 적실한 뜻 묻는다면 들꽃과 꽃다운 풀 절로 총총하다 하라」(목우십도송 9-10장).

보충 해설

무시선 공부의 방법으로 執心→觀心→無心→能心의 4단계가 있으니 본 법어와 비교해보면 좋을 것이다. 참고로 소와 관련한 법설을 소개해 본다. 황희정승이 민정을 살피기 위하여 어느 농촌을 지나다가 소 두 마리로 쟁기질하는 농부를 보고 큰 소리로 물었다. "노란소와 검정소 가운데 어떤 소가 더 쟁기질을 잘하오?" 농부가 황희정승 가까이 다가와서 가만히 귀에다 대고 대답했다. "검정소가 더 잘합니다." 황희정승이 이상히 여겨 또 물었다. "거기서 대답해도 될 것을 여기까지 나와서 귀엣말로 하는 이유는 무엇이요?" 농부는 여전히 작은 소리로 대답했다. "아무리 짐승이지만 잘못한다 하면 섭섭하지 않겠습니까?" 황희정승은 이에 느낀 바 있어 그 후로는 남의 잘못을 드러내는 말을 하지 않았다(한울안 한이치에, 제1장 마음공부 87장). 불심을 지속하기 위해 牧牛처럼 牧人하는 삶이 필요하다고 본다.

주석 주해

「소를 길들이는 것은 논밭을 잘 갈기 위해서이고, 사람이 훈련받는 것은 세상 생활을 바르게 잘 해나가며 또한 세상을 잘 지도하기 위해서이다. … 현재 수행하는 것을 보면, 별로 수고 없이 익어가는 사람도 있고, 애를 쓰면서 나아가는 사람도 있는데 아마 전생 습관과 업력 영향도 있을 것이다」(박길진, 『대종경강의』, 원광대출판국, 1980, p.161).

「입선 공부는 소 길들이기와 같은 것이다. 무시선법은 4단계로 되어 있다. 첫째, 경계를 대해서 힘써 행한다. … 둘째, 끌리고 안 끌리는 대중을 잡는다. … 셋째, 경계에 놓아 맡겨본다. … 넷째, 놓아도 동하지 않는 경지이다」(한종만, 『원불교 대종경 해의』(上), 도서출판 동아시아, 2001, pp.290-291).

문제 제기

1) 나의 고삐와 말뚝은 무엇인가?
2) 소 길들이기와 무시선 공부의 연관성을 언급하시오.
3) 입선공부를 비유한 내용을 쓰고 정전 교리와 연결하여 논하라.

[수행품 56장] 도가의 마음병 치료

핵심 주제

도가의 마음병 치료

「마음병 치료」(원불교 대종경 해의 上, 한종만).

「육신병은 병원에서 마음병은 도가에서 치료한다」(교전공부, 신도형).

대의 강령

결제식에서 입선하는 것은 환자가 병원에 입원하는 것과 같다. 육신병이 생기면 의약으로 치료하고, 마음병이 생기면 도덕으로 치료한다.

1) 부처님은 醫王, 교법은 약제, 교당은 병원이다.

2) 육신의 병은 중병이라 해도 일생에 그치지만, 마음의 병은 방치하면 장래에 죄고의 종자가 된다.

3) 마음의 병이 없으면 고락 초월, 거래 자유, 복락을 수용한다.

4) 마음에 병이 있으면 자유를 잃고 외경의 유혹에 끌려 자기 스스로 죽을 땅에 든다.

출전 근거

『회보』 21호(원기 21년)에 수록된 법설을 56장과 57장으로 나눴다.

어구 해석

의왕 : 의사는 육신병을 치료하는 의사라면 부처는 마음병을 치료하는 의사라는 뜻으로, 마음병을 가장 잘 치료하는 의사중의 의사가 바로 醫王으로서 부처의 한 모습이다.

외경 : 외부로부터 밀려오는 바깥 경계를 外境이라 한다.

마음병 : 육체의 병이 있듯이, 마음의 병 내지 정신병을 말한다. 종교가에서 마음병을 치료한다면 병원에서는 육신병을 치료한다.

관련 법문

「내가 한 생각을 얻어가지고 이 세상을 둘러보니 몇 가지 무서운 병이 든지 오래 되었더라. … 첫째는 사은의 은혜를 알게 하여 감사 생활을 하게 하면 그 원망병이 나을 것이요, 다음은 무슨 방면으로든지 제 자력을 세워서 살게 하면 의뢰병이 나을 것이요, 다음은 나라나 사회의 제도가 지자본위로 되어 인재를 잘 등용시키면 그 차별병이 나을 것이요, 다음은 모든 사람이 남의 자녀라도 내 자녀같이 잘 가르치면 그 안 가르치던 병이 나을 것이요」(대종경 선외록, 제생의세장 1장).

「사람도 병이 들어 낫지 못하면 불구자가 되든지 혹은 폐인이 되든지 혹은 죽기까지도 하는 것과 같이, 한 사회도 병이 들었으나 그 지도자가 병든 줄을 알지 못한다든지 설사 안다 할지라도 치료의 성의가 없다든지 하여 그 시일이 오래되고 보면 그 사회는 불완전한 사회가 될 것이며, 혹은 부패한 사회가 될 수도 있으며, 혹은 파멸의 사회가 될 수도 있나니…」(정전, 3. 수행편, 15장 병든 사회와 그 치료법).

보충 해설

일부 종교는 육신 병에 걸리면 우리 종교(기도원)에 와서 기도하면 낫는다고 하는 경우가 있다. 신비적 주술이나 마술로 치료하려는 사이비 치료사들이 있음을 주의할 일이다. 그러나 소태산 대종사는 인도상의 요법에 바탕하여 진리적 종교의 신앙과 사실적 도덕의 훈련으로 정법을 밝혔다. 다시 말해서 사이비 종교는 육신병을 그곳에서 나을 수 있다고 하여 병원에 가지 말라고 한다. 그러나 미래의 고등종교에서는 육체의 병은 병원으로, 마음의 병은 정법 신앙의 종교로 인도하는 바, 인도정의의 교법을 도모하는 원불교가 이와 관련된다.

주석 주해

「지옥생활을 하게 되고 낙생활을 하게 되는 원인이 곧 자기의 마음쓰기에 달려 있으며, 또한 잘되고 못되는 것, 천대받고 대우받는 것이 다 자기 마음작용 여하에 달려 있다. 그러므로 우리는 이러한 원리를 알고 가르쳐 마음병 고쳐주는 醫王이 되어야 한다」(박길진, 『대종경강의』, 원광대출판국, 1980, pp.162-163).

「과거 도가에서는 정신적인 면에 중심을 두어 육신을 소홀히 하는 경향이 있었다. 정신을 단련하는 수양의 깊은 경지에 도달하려면 육체도 건전하게 활용할 줄 알아야 한다. 정전이나 대종경에 전면적으로 흐르고 있는 정신은 영육쌍전이다. 마음병 치료를 강조한 것은 육신의 병만 치료할 줄 알고 마음병을 치료하지 못하는 어리석음을 깨우쳐 준 것이다」(한종만, 『원불교 대종경 해의』(上), 도서출판 동아시아, 2001, p.292).

문제 제기

1) 오늘날 육신 병을 치료해준다는 일부 기도원의 폐단이란?

2) 마음병 치료하는 종교 외에 정신병원도 있지 않은가?

3) 선원에 입선하는 것은 마치 환자가 병원에 입원하는 것과 같으니, 먼저 치료의 방법을 알아서 마음병 치료하는 방법을 쓰시오.

[수행품 57장] 마음병 치료의 방법

핵심 주제

마음병 치료의 방법

「마음병 치료」(원불교 대종경 해의 上, 한종만).

「마음병을 치료하는 방법」(교전공부, 신도형).

「영원한 죄고의 종자 마음병」(원광 240호, 조정중).

「마음병 치료」(원광 174호, 이성택).

대의 강령

공부인이 마음병을 치료하려면 먼저 치료의 방법을 알아야 한다.

1) 환자는 지도인에게 마음의 병세를 사실로 고백해야 한다.

2) 지도인의 가르침에 절대 순응해야 한다.

3) 완치에 이르도록 정성을 계속해야 한다.

출전 근거

이공주 수필 『회보』 21호(원기21년) 법설을 56-57장으로 나누었다.

어구 해석

병증 : 육신이나 마음에 병이 들었을 때 그 증상을 病症이라 한다.

관련 법문

「병을 치료하기로 하면 자기의 잘못을 항상 조사할 것이며, 부정당한 의뢰생활을 하지 말 것이며, 지도받을 자리에서 정당한 지도를 잘 받을 것이며, 지도할 자리에서 정당한 지도로써 교화를 잘 할 것이며, 自利주의를 버리고 이타주의로 나아가면 그 치료가 잘 될 것이며, 따라서 그 병이 완쾌되는 동시에 건전하고 완전한 사회가 될 것이니라」(정전, 제3 수행편, 제15장 병든 사회와 그 치료법).

「마음병 의사는 마음병 환자를 미워하지 말고 싫어하지도 말고 놓아 버리지도 말아야 한다. 용서하여 주고 사랑하여 주며, 끝까지 이끌어 주자. 이것이 세상을 구제하고 인류를 구원하는 종교인의 情誼이다」(대산종사법문 3집, 제7편 법훈 168장).

보충 해설

상당수의 종교인은 원리와 이론에는 밝으나 구체적 방법론에 약한 경우가 있다. 방법론을 많이 알수록 일은 수월하게 처리된다. 마음병 치료도 이와 마찬가지이다. 그리고 마음의 고통을 겪는 마음병 환자들은 마음병 의사들에게 고통을 사실적으로 알려 치료 방법을 찾아야 할 것이다. 「불타는 방편의 기술을 사용한 위대한 심리학적 의사로서 실용적 접근을 적절히 사용했다고 볼 수 있다」(프랭크 호프만(선학대 강사, West Chester大 교수), 「초기불교의 회심과 기적」, 『미래세계와 새로운 도덕』, 원광대 도덕교육원, 2003.5.4-7, p.22)고 밝힌 호프만 박사는 불타의 약은 법문이지만 환자가 경청하고 약을 먹도록 하는 데는 경이로운 방법으로 환자의 주의를 사로잡는 것이 필요하다고 하였다. 교무가 마음병 치료의 도사가 되어야 하는 이유가 여기에 있다.

주석 주해

「三合의 병에 8석 5두의 번민이 있다. 또 흉중이 九國合戰보다 시끄럽다는 말이 있다. 이러한 마음병을 平戰하려면 그만한 적공이 있어야 한다」(박길진, 『대종경강의』, 원광대출판국, 1980, p.164).

「부처님께서는 일체 중생들의 가지가지의 마음들을 삼천대천세계의 미진과 항하사 모래수 만큼의 항하에 있는 모래수에 비유하셨는지도 모른다. 이런 마음들을 지도인에게 고백하고 순응하고 정성을 드리라는 것이다. 그러므로 대종사님께서 제시하신 마음병 치료의 방법은 고백, 순응, 정성이라고 요약할 수 있다」(이성택, 「마음병 치료」, 『원광 자료모음집』-대종경편 1, 월간원광사, 1990, p.349).

문제 제기

1) 현재 나는 어떠한 마음병에 걸려 있는가?

2) 원불교 신앙인으로서 마음병 치료의 처방을 알고 있는가?

[수행품 58장] 마음 난리를 평정할 병법

핵심 주제

마음 난리를 평정할 병법

「마음난리의 평정」(원불교 대종경 해의 上, 한종만).

「마음공부는 세계정란의 대병법이다」(교전공부, 신도형).

「마음 난리를 평정하는 도원수 되라」(원광 241호, 조정중).

대의 강령

우리 공부법은 난리 평정할 병법, 그대는 병법 배우는 훈련생이다.

1) 마음난리는 모든 난리의 근원인 동시에 제일 큰 난리이다.

2) 마음난리 평정법은 모든 법의 조종이자 제일 큰 병법이다.

3) 정혜를 닦고 계율을 지키면 마군을 항복받으니, 난리를 평정하는 도원수가 되라.

출전 근거

이공주 수필 『회보』 20호(원기20년)에 수록된 법설로 「제군은 난세에 나왔으니 도원수가 될지어다」라는 제목으로 되어 있다.

어구 해석

정혜 : 정신수양을 통해 얻어지는 定과 지혜 연마를 통해 얻어지는 慧를 말하며, 보조국사는 『수심결』에서 정혜쌍수를 강조하였다.

병법 : 중국 병가의 술법이 兵法으로, 『손자병법』은 周의 손무가 찬한 것으로 여기에는 군사의 전술과 전략이 구체화되어 있다.

정란 : 나라가 위태한 지경에 처하였을 때 이를 평정하는 것을 靖亂

이라 한다. 나라 위기를 평정한 공을 세운 사람을 정란공신이라 한다.
조종 : 가장 으뜸이자 근본이 되는 것을 祖宗이라 하며, 원불교 교리의 경우 일원상 진리가 중심이며, 이어 사은사요 삼학팔조가 있다.
법강항마 : 법위가 法強降魔란 법이 백전백승, 마를 항복받는 것으로서 대소유무의 이치 파악과 생로병사의 해탈을 이룬 초성위이다.
도원수 : 전쟁 때 군사업무를 통괄하는 장수를 都元帥라 한다.

관련 법문

「마음 난리는 불의한 욕심을 채우기 위하여 온전한 정신과 정당한 일을 놓아 버리고 복잡하고 시끄러움을 이름이니 예를 들면 살인강도와 탐진치이다. … 마음 난리는 방방곡곡에서 주야를 불구하고 시시각각으로 일어나나니 이대로 길게 가면 세상은 파괴요 절망일 것이다. 마군을 항복받으려면 병법을 배우고 접전하는 실습을 해야 한다. 우리집의 병서는 『육대요령』 등이며 실습할 적군은 삼십 계문이니 공부를 잘해서 삼대력을 얻고 삼십 계문을 지켜 법강 항마부에 올라야 한다」(회보 20호 법설).

「1. 실력 없이 허영심에 날뛰어서 분수 지킬 줄 모르는 병, 2. 서로 이해하여 화목하지 않고 원망을 만들어서 고독한 생활을 하는 병, 3. 제 힘으로 살지 않고 남에게 의지해서 살려는 나태병, 4. 모르는 것을 배우지 않고 살려는 우치병, 5. 저 홀로만 알고 남을 가르쳐 주지 않는 독선병, 6. 이웃을 사랑하고 도울 줄 모르는 병, 7. 상하가 서로 충심으로 사귀지 않고 거짓으로 대하는 병…」(대산종사법문 1집, 수신강요 2, 29. 천하의 병세).

보충 해설

대종사는 '마음 난리' 라는 용어를 사용하여, 손자병법의 전략처럼 전쟁의 치열함에 비유해서 이 마음난리 평정의 길을 강조하고 있다. 난리라는 용어의 등장은 마음 평정의 절실함이 나타난 것이며, 난리를 난리로 파악 못하는 중생들을 환기시키려는 의도가 여기에 있다.

주석 주해

「금수세계는 생각나는 대로 해버리니 약육강식이 되어 차라리 전쟁이 적다. 인간도 이렇게 하면 전쟁이 없다고 말할지 모르나 그러고 보면 금수의 세계가 되고 만다. 인간은 상호간에 이성을 가지고 자제하고 견제와 균형을 이루며 살게 된다. … 우리의 계정혜 삼학도 이러한 인심을 조절하고 양심을 보호하여 마를 이겨내는 병법이다」(박길진, 『대종경강의』, 원광대출판국, 1980, p.165).

「모든 난리를 추구해 보면 그 발생 원인은 우리 마음에서 일어나는 삼독심에서 나온 것임을 알 수 있다. … 우리 마음속에서 홀연히 솟아나는 여러 생각 가운데 미워하고 성내는 마음과, 사욕으로 탐하는 마음과, 理와 法을 모르는 어리석은 마음들이 검문소 없이 표출되어 세상의 난리를 일으킨다」(조정중, 「마음난리를 평정하는 도원수 되라」, 《원광》 241호, 월간원광사, 1994, p.47).

문제 제기

1) 마음 난리란 무엇을 말하는가?
2) 마음 난리의 예와 그 평정의 방법을 말하시오.

[수행품 59장] 심전계발의 방법

핵심 주제

심전계발의 방법

「심전계발」(원불교 대종경 해의 上, 한종만).
「심전계발과 혜복의 길」(교전공부, 신도형).
「나도 마음밭 가는 농부일세」(원광 242호, 조정중).

대의 강령

분별주착 없는 성품으로서 선악간 마음 발하는 것을 밭에 비유하며 우리의 마음 바탕을 心田이라 한다. 이에 묵은 밭을 개척하여 혜복을 얻는 심전계발의 방법은 다음과 같다.

1) 선악간 마음을 잘 관리한다.
2) 악심은 제거하고 양심을 양성한다.

3) 악한 마음과 선한 마음을 다스려 자행자지를 금한다.

출전 근거

서대원 수필 『회보』 21호(원기 21년) 법설을 59-60장으로 나눴다.

어구 해석

심전 : 마음 밭이라고 하는 바, 마음공부를 밭에서 곡식 경작하는 것과 비유한 내용이다. 心田이란 心地라고도 부르며, 마음밭을 가꾸는 것은 사심 잡념이나 삼독 오욕을 없애는 것이며, 밭에서 나는 잡초 가꾸듯이 하라는 뜻이다. 심전을 가꾸는 것을 심전계발이라고 한다.

관련 법문

「범부들은 국한 있는 사사로운 밭에 이욕의 종자를 심어 평생 골몰하되 마침내 별 공효가 남지 않으며, 불보살들은 형상 없는 마음밭 농사에 세세생생 공을 들이시어 미래 세상 영원히 무루의 복과 무량한 혜를 얻으시나, 범부들은 재색명리 등 형상 있는듯하나 떠날 때에는 허망하나니라」(정산종사법어, 무본편 54장).

「밭의 종류를 크게 土田과 心田으로 구분한다면 토전에 있어서 보통 밭에는 여덟 가지가 있는데 자갈이 많아서 종자가 잘 눌리는 석전, 모래가 많이 섞여 거름기가 없는 사전, 기울어지고 깎여진 경전, 찬 기운이 어려 있는 냉전, 잡초가 무성하여 곡식이 자라지 않는 잡전, 밭의 모양이 비뚤어져 보기도 남부끄럽고 가꾸기도 어려운 횡전, 아무리 가꾸어도 수확이 적은 박전, 묵은 땅을 개간한 기름진 옥전이 있다」(『정산종사법설』, 월간원광사, 2000, p.63).

보충 해설

心田과 「일상수행의 요법」 1-3조의 心地 용어를 비교해 보면 같은 맥락이다. 그런데 한때 일제가 심전계발 운동을 통해 조선의 전통과 신념 체계를 파괴하려 했던 시책에 일정하게 부응하는 면이 있었다(박영학, 「일제하 불법연구회 會報에 관한 연구」, 『원불교학』 창간호, 한국원불교학회, 1996, p.184참조)는 지적도 있다. 물론 일제가 심전계발을 추구했지만, 원불교는 단순한 심전계발이 아니라 '마음공부' 라는 종교 본령의 포괄적 개념으로 사용하고 있다. 일제는 정치적 수완으로서 백성들을 통치하려는 수단이었다면, 원불교의 경우는 종교적 적공으로서 마음공부와도 같이 심전계발을 추구했다. 이에 心田이란 개념은 다양하게 응용될 수도 있다. 또 일원상의 다른 이름으로는 심불, 심인, 자성, 심지, 심전, 성품, 불성 등이 거론됨직하다.

주석 주해

「잡초는 낫으로 임시 베어낸다든가 돌로 눌러 버려서는 안 된다. 그런 식은 일시적인 것이다. 뿌리 채 뽑아내야 안전하다. 깨끗한 심전에 좋은 곡식만 삼는다면 그 수확 또한 클 것이다. … 심전계발에는 虛心이 제일이다. 내 마음이 무엇인가로 꽉 차 있으면 안 되기 때문이다. 다북 차 있으면 가리게 되고 가리면 계발이 안 된다. 빈 땅에 씨앗이 떨어져야 활발히 잘 자란다」(박길진, 『대종경강의』, 원광대출판국, 1980, p.167).

「대종사는 말하였다. "나는 20년 동안 심전계발에 주력하여 왔다. 정부나 사회에서 심전계발에 대한 권장을 한다. 심전 계발은 20년에 다 할 수 없는 일이요 무궁한 세월에 한 없이 할 일이다." 심전 계발 운동은 그 당시 일본 정치에서 권장하는 운동이다. 대종사는 거기에 따라간 것이 아니고 무궁한 세월에 한 없이 할 일이어서 하고 있다는 것이다. 심전이란 성품이다. 계발이라는 것은 어떤 것을 새로 만든 것이 아니고 본래 완전한 것을 발휘하도록 하는 것이다」(한종만, 『원불교 대종경 해의』(上), 도서출판 동아시아, 2001, p.296).

문제 제기

1) 심전계발이 당시 일본에서도 유행된 적이 있다는데, 우리는 이를 어떻게 볼 것인가?

2) 심전계발의 의의를 밝히시오.

3) 심전계발의 방법과 필요성에 대하여 논하라.

[수행품 60장] 심전계발의 삼학 응용

핵심 주제

심전계발의 삼학 응용

「심전계발과 삼학」(원불교 대종경 해의 上, 한종만).

「심전계발의 방법」(교전공부, 신도형).

대의 강령

견성은 심전을 발견하는 것이며 양성과 솔성은 심전을 계발하는 것으로, 이 심전계발의 삼학과 관련한 방법은?

1) 수양은 심전농사를 위해 밭을 깨끗하게 다스린다.

2) 연구는 농사짓는 방식을 알고 농작물과 풀을 구분한다.

3) 취사는 아는 그대로 실행하여 폐농하지 않고 수확한다.

출전 근거

서대원 수필 『회보』 21호(원기 21년) 법설을 59-60장으로 나눴다.

어구 해석

천직 : 하늘이 부여한 직책이라는 것이다. 전무출신은 누가 시킨 것이 아니라 天職이 부여되었음을 알라는 「전무출신의 길」을 새겨보자.

폐농 : 여건이 되지를 않아 농사를 그만 두는 것을 廢農이라 한다. 도시화 및 흉작으로 농사가 폐농 및 폐허가 되었다고 한다.

보충 해설

일원상 수행을 달리 말하면 삼학 수행이다. 원만한 인격을 양성하는 삼학 수행과 심전계발의 관계가 설명되어 있다. 마음밭(心田) 일구는 작업은 인격 함양이라는 것이다. 중국의 도연명이 토굴생활 8개월 만에 「나의 마음밭이 묵는다」며 집어치웠다고 한다. 마음밭을 일구기 위해 토굴생활을 그만 두듯, 우리는 마음밭을 일구기 위해 간절하고도 부지런하게 제초작업을 해야 한다. 마음밭을 방치해 두면 잡념으로 번뇌에 쌓인다. 이에 수도하는 공부인이라면 心田의 잡초 뽑기를 지속적으로 해야 한다. 삼학 공부법으로 그 효력을 더하자는 뜻이다.

관련 법문

「마음을 자주 살피지 아니하면 잡념 일어나는 것이 마치 이 도량을 조금만 불고하면 어느 틈에 잡초가 무성하는 것과 같아서 마음공부와 제초 작업이 그 뜻이 서로 통함을 알리어, 제초하는 것으로 마음공부를 대조하게 하고 마음공부 하는 것으로 제초를 하게 하여 도량과 심전을 다 같이 깨끗하게 하라는 것이다」(대종경, 실시품 15장).

「영생의 농사인 심전계발은 써도 써도 다함이 없기에 심전계발에 힘써야 복과 혜를 마음대로 수용할 수 있으므로 이 사람이 세상에서 제일 잘 사는 사람이 되나니라」(『정산종사법설』, 월간원광사, 2000, p.63).

주석 주해

「견성 즉 심전을 발견한 것만으로 공부를 다 했다고 생각해서는 잘못이다. 발을 발견했다면 그것을 이용하여 유용하게 써야지, 그렇지 않다면 소용이 없다. 잘못하면 반쪽 인간이 될 수도 있다. 그러므로 견성 후에는 양성과 솔성을 통하여 그 능력을 함양하여 복전으로 닦아 나가야 한다」(박길진, 『대종경강의』, 원광대출판국, 1980, p.168).

「심전의 발견은 견성이요, 심전계발은 양성, 솔성이다. 심전계발은 삼학 공부다」(한종만, 『원불교 대종경 해의』(上), 도서출판 동아시아, 2001, p.298).

문제 제기

1) 천만 죄복이 심전계발과 관계가 있다는 뜻은?

2) 심전계발과 삼학의 관계를 설명하시오.

[수행품 61장] 지행 겸전의 인품

핵심 주제

지행 겸전의 인품

「지행 겸전」(원불교 대종경 해의 上, 한종만).

「지행이 겸전할 수 있는 법」(교전공부, 신도형).

「사리를 밝혀주는 말과 행」(원광 243호, 조정중).

대의 강령

禪 중에 많은 말을 하는 것은, 도덕에 대한 이해가 부족한 자에게 사리가 밝아져 실행하도록 함이다.

1) 먼저 일과 이치를 아는데 노력하고 차차 실행하도록 추진하라.

2) 한 번 들은 법은 쉬운 생각을 내지 말며, 아는 바가 실행되지 못한다고 타락심을 내지 말라.

3) 듣고 또 듣고, 행하고 또 행하여 지행이 겸전한 인격을 이루라.

출전 근거

이공주 수필 『회보』 43호(원기 23년)에 실린 법설이다.

어구 해석

지행 : 지식과 행동이 知行이며, 양자가 괴리되지 않고 아는 바를 실천에 옮기는 것을 지행합일이라 한다. 종교는 물론 철학에서 원만한 인격 형성에 지행합일이 항상 등장한다. 지행합일설은 송대 왕양명이 주장하여, 주자의 先知後行에 대해 知行合一을 강조한 것이다.

한 두 禪 : 초기교단의 하안거 동안거 각 3개월의 정기훈련을 말한다. 1년에 적어도 한 두 禪에 참여하여 실력을 양성하라는 뜻이다.

관련 법문

「알리기를 위주로 한 법문과 기운을 일으키기 위한 법문이 있으나 여기에도 반드시 실천을 아울러 말해야 할 것이다」(한울안 한이치에, 제1장 마음공부 35장).

「그대들 가운데서도 앞으로 큰 실력과 큰 실행이 있는 인물이 배출된다면 마을 문이 드러나듯 학림이 따라서 드러나게 되리라. 이제 세상은 형식 시대가 지나가고 실력과 실행이 주가 되어, 알되 실지로 알고 하되 실지로 실천하는 인물이라야 세상에서 찾게 되고 쓰이게 될 것이니…」(정산종사법어, 근실편 16장).

보충 해설

食言을 하는 경우가 있다. 들은 말은 실천에 옮겨야 한다. 또 성자의 말씀이 땅에 떨어지지 않도록 해야 한다. 이는 지행합일의 공부를 유도하는 내용이다. 『정전』 지도인으로서 준비할 요법 1장, 4장과 연결해 보자. 1장은 지도받는 사람 이상의 지식을 가질 것이라 했고, 4장은 일을 당할 때마다 知行을 대조할 것이라고 했다. 지행합일이 요청되는 것은 지도자로서 신뢰와 책임감을 심어주기 위해서이다.

주석 주해

「과거에 산중 선방에서는 개별, 또는 전체에 알맞은 지도는 거의 하지 않고 좌선만 강조했기 때문에 시간이 오래 걸려도 도를 알기가 어려웠다. … 길을 가는데도 안내판이 필요하다. 수행에 바른 길 안내가 필요하다. 그러나 우리는 정법을 만났으니 얼마나 다행인지 모두가 감사히 실천해 나가야 한다」(박길진, 『대종경강의』, 원광대출판국, 1980, pp.169-170).

「불교의 가풍은 본래 말을 많이 하는 것을 피하는 경향이 있고, 언어의 길이 끊어진 경지를 자타 없이 동경하기 때문에 묵묵함을 좋아하지만 이를 교화의 입장에서 보면 큰 우를 범하는 것이라 할 수 있다. … 사리를 밝히는 말은 피교화자에게 끊임없이 일깨우고 알려서 진리적인 자각을 열어가야 한다」(조정중, 「사리를 밝혀주는 말과 행」, 《원광》 243호, 월간원광사, 1994, p.65).

문제 제기

1) 우리가 아는 지식이 왜 실천으로 잘 이어지지 않을까?

2) 우선 많이 아는 것이 중요하며, 실천은 그 다음 문제라는 것에 대한 견해는?

[수행품 62장] 해제가 곧 결제

핵심 주제

해제가 곧 결제

「해제가 곧 결제다」(원불교 대종경 해의 上, 한종만).

「해제식 법문」(교전공부, 신도형).

대의 강령

대종사, 선원 해제식에서 대중에게 말하였다.

1) 오늘의 해제식은 작은 선원에는 해제를 하는 것이나, 큰 선원에는 다시 결제를 하는 것이다.

2) 만일 이 식을 해제식으로 아는 사람은 큰 공부법을 알지 못한다.

어구 해석

결제 · 해제 : 정기훈련의 시작을 結制라 하고, 정기훈련의 마무리를 解制라 한다. 정기훈련은 정기로 기한을 두어 하는 훈련인 바, 교리강습, 교무훈련, 특별훈련 등이 포함된다. 불교에서는 동선을 음력 10월 16일, 하선을 음력 4월 16일에 시작하는데, 시작 때 하는 식을 결제식이라 하고 3개월 입선을 마칠 때 하는 식을 해제식이라 한다.

관련 법문

「교무 선 결제식에서 말씀하셨다. "지금 세상 사람들은 분주하여 정신을 가누지 못하는 이 때, 우리는 이와 같이 1개월이라도 안거 생활을 하게 되는데 이러한 시기에 안거 생활이 맞지 않다고 생각할 사람도 있을 것이나 … 보기에 급한 일이 실은 급하지 않은 일도 있고, 보기에 한가한 일이 실은 급한 일도 있으니 우리의 이 안거 생활은 실로 급한 일이라고 생각한다"」(한울안 한이치에, 제4장 사자좌에서 10장).

「정기훈련은 靜해서 동 · 하에 결제하여 훈련하고 상시훈련은 정기훈련을 해제하는 동시에 결제하여 생활 중에서 훈련하는 것이다. 그러므로 이 결제 해제, 해제 결제를 마음에 두고 생활한다면 마음이 묵어지지 않는다. 정기훈련을 해제하였다고 상시훈련도 해제하면 그 사람은 영점이다」(대산종사법문 3집, 제3편 수행 85장).

보충 해설

入禪을 할 때 결제식을 하고 입선이 끝날 때 해제식을 한다. 이 해제식은 정기훈련에서 해제하는 것이고, 큰 선원의 결제는 상시훈련의 시작을 말한다. 대종사 열반 몇 달 전 1943년 1월 7일에 장남 박광전의 혼인이 있었고, 1월 26일 동선 해제식에서 「착한 마음을 배양하는 법」을 설하였다. 해제식을 하면서 오히려 결제하는 것과 같이 착한 마음을 배양하라 하였다. 아무튼 소태산은 정기훈련과 상시훈련법으로 물샐틈없는 훈련법을 제시하고 있다. 수행자들에게 해제식은 큰 의미가 없다. 다시 결제하는 마음으로 일상에 돌아가기 때문이다.

주석 주해

「禪도 아침에 좌선 끝나고 나오면서부터 참으로 선 공부를 하는 것인데 나오면서 곧 放心 되기가 쉽다. … 문자공부, 학문공부는 졸업이 있게 되나 인간생활 공부는 졸업이 없다. 일생은 물론 영생을 계속하는 공부임을 알아야 한다」(박길진, 『대종경강의』, 원광대출판국, 1980, pp.170-171).

「선원 해제식은 작은 선원의 해제이며 큰 선원의 결제이다. 작은 선원에서는 삼학 공부의 기초를 마련하는 것이다. 큰 선원에서는 삼학 공부를 적극적으로 활용해 나가는 것이다. 지금까지의 종교에서는 정기훈련에 중심을 두었다. 대종사는 정기훈련을 상시훈련으로 활용시킨다. … 정기훈련은 작은 선원이고 일생동안 하는 상시훈련은 큰 선원이다」(한종만, 『원불교 대종경 해의』(上), 도서출판 동아시아, 2001, p.304).

문제 제기

1) 해제식은 입선이 끝났다는 식인데 왜 다시 결제식이라 하는가?
2) 해제식으로만 아는 사람은 큰 공부법을 알지 못한다는 의미는?

[수행품 63장] 항마위 계율은 심계

핵심 주제

항마위 계율은 심계

「법강항마위의 심계」(원불교 대종경 해의 上, 한종만).

「항마위의 심계」(교전공부, 신도형).

대의 강령

김대거 여쭙기를 "법강항마위부터는 계문이 없사오니 취사 공부는 다 된 것이오니까?" 대종사 "항마위는 심계가 있다."

1) 항마위는 자신 수도와 안일만 취하여 소승에 흐를까 조심스럽다.
2) 부귀 향락에 빠져 본원이 매각될까 조심스럽다.
3) 신통이 나타나 중생의 눈에 띄어 정법에 방해될까 조심스럽다.

어구 해석

본원 : 수도인이 목적한 바, 성불제중의 본래 서원을 本願이라 한다.

심계 : 외부로부터 부여된 계문이 아니라 자신의 마음속에서 표준잡고 지켜야 할 계문을 心戒라고 한다. 삼십 계문을 다 지키고 나면 대체로 법이 마를 이기게 되어 법강항마위에 승급하는데, 이때에는 계문이 따로 주어지지 않고 스스로 심계를 표준 잡는다. 초성위에 올랐다고 해도 지속적으로 삼대력 쌓는 적공이 필요하기 때문이다.

관련 법문

「앞으로 내가 없으면 마음이 허황하여져서 계문을 등한히 여길 무리가 나올 것이다. 계문을 범하는 자는 곧 나를 멀리한 자요, 계문을 잘 지키는 사람은 곧 나와 함께 있는 사람이니 30계문을 특히 잘 지키라」(대종경 선외록, 유시계후장 20장).

「흔적이 보이면 학교에서 꼴찌 한 것 같다. 허공에서 성자들의 계문이 있는데 흔적을 보이지 아니하는 것이다」(한울안 한이치에, 제7장 기연따라 주신 말씀 6장).

보충 해설

법강항마위의 심계를 이처럼 세 가지로 밝힌 것이다. 상전급까지는 계문을 지키며, 항마위에 승급한 후에는 나타난 30계보다 드러나지 않은 심계를 지켜야 한다. 초성위로서 진급해야 하는 바, 출가위 · 여래위의 심법을 닮기 위해서이다. 「공부인은 무엇으로 사는가?」 조정근 교무의 견해(출부예회보 525호, 2003년 6월 15일, 2면)를 보자. 곧 그는 자문자답한다. 심법, 심계, 심경, 심혼으로 산다는 것이다. 그러면서 心戒는 철주와 같다고 했다. 마음을 철주와 같이 단단히 한다면 심계는 지켜진다는 뜻이다. 외경을 삼가는 것보다 마음을 삼가는 것이 더욱 어려운 공부임을 알아 심계 지키는데 정성을 들여야 한다.

인물 탐구

김대거(1914-1998) : 원기 47년 2월 23일부터 원기 79년 11월까지 33년간 원불교 종법사로서 임무를 수행하였다. 전북 진안군 성수면 좌포리에서 김인오 대희사와 안경신 대희사의 5남매 중 장남으로 태어났다. 소태산 대종사를 만난 것은 그의 나이 11살 때였다. 원기 9년 4월 29일, 불법연구회 창립총회를 개최한 후 며칠 지나 대종사가 두 번째 만덕산에 행가한 때였다. 최도화의 인도로 조모인 노덕송옥이 만덕산 만덕암에 장손 대산종사를 데리고 그곳에 가서 만났다. 그 뒤 대산종사는 원기 14년(1929) 16세에 출가하여 3년간 총부에서 학원생활을 하며 대종사께 은부자 결연을 맺었다. 대산종사는 그 후 7년간 서무, 상조, 공익, 육영, 교무 각 부의 서기를 차례로 역임하며 다시 5년간 대종사를 시봉하기도 하였다. 나이 20세에 한 살 위인 이영훈 종사와 결혼한 대산종사는 원기 21년 총부 부근으로 이사를 왔다. 원기 22년에는 서무부장, 교무부장, 감사부장, 총부 교감 겸 예감을 역임하고 총부에서 대종사의 열반까지 많은 법설을 받들었다. 대종사 열반 후 정산종사가 대임을 계승함에 따라 정산종사를 보필하며 교단 발전에 기여하였다. 원기 31년(1946) 총부 서울출장소장에 임명되었으며 이어 원평, 총부, 진영, 다대 등지에서『대종경』자료를 정리하였다. 원기 37년에는 수위단 중앙 및 교정원장에 피임되어 정산종사의 경륜과 포부를 받들어 실현하는데 힘을 다한다. 원기 44년에는 중앙선원장에 임명되었으나 영산에서 요양하며 정관평 재방언과 성지사업에 기초를 세웠다. 원기 46년부터는 하섬, 신도안 등지에서 교재를 연마하였고, 정화사 감수위원에 위촉되었다. 원기 47년 1월 24일, 정산종사가 열반하자 대산종사는 후임 종법사로 추대되어 33년간 종법사의 임무를 수행하면서 교도 입교운동, 교당 기관의 증설, 훈련원 확보, 훈련법 강조, 대적공을 주장하였다. 오늘날『대산종사법어』1-5집까지 후진들에게 읽히고 있으며 아울러 대산종사법어집이 편집되기에 이르렀다. 대산종사는 생전에 종법사위를 양위하고 '상사'라는 칭호로 존숭되었다(송인걸,『대종경속의 사람들』, 월간원광사, 1996, '김대거' 참조).

주석 주해

「오래 수양하면 물욕은 떨어지나, 명예심 아만심은 늘어날 수가 있으니 법강항마위도 조심할 점이 있으므로 심계를 두고 적공해야 한다. … 法降이 된 뒤에는 보림공부를 계속해야 한다. 육조 혜능도 보림공부를 8년이나 했다. 공자도 40까지 계속 노력하지 않았는가」(박길진, 『대종경강의』, 원광대출판국, 1980, pp.171-172).

「법강항마위의 심계를 3가지로 밝혀 주었다. 오래 수양하면 물욕이 떨어진다. 그러나 명예심과 자존심은 남아 있다. 『금강경』에 법을 깨쳤다는 명상을 초월하라고 하였다. 욕심이 떨어지고 생사를 해탈하면 중생 제도를 소홀히 할 수 있다. 한 곳에 정신을 집중해서 단련하면 신통의 능력이 나타난다. 신통은 신묘한 것이기 때문에 재미를 붙일 수 있다」(한종만, 『원불교 대종경 해의』(上), 도서출판 동아시아, 2001, p.306).

문제 제기

1) 법강항마위의 의미와 심계는?
2) 나의 심계는 무엇인가?
3) 신통이 중생의 눈에 띄어 정법에 방해될까 조심스럽다는 뜻은?
4) 법강항마위의 심계를 밝혀라.

제 4 인 도 품

핵심 주제

도덕과 인도로서의 중생제도

대의 강령

1) 대종경의 네 번째 품이며 총 59장으로 되어 있다.
2) 중생을 구제할 수제치평의 도가 언급되어 있다.
3) 도덕의 본말, 인도의 대의에 대한 해석, 대인접물의 방법, 지도인의 요법 등에 대한 법문들로 구성되어 있다.
4) 자리이타의 도와 강약의 원리가 밝혀져 있다.

[인도품 1장] 도의 의의

핵심 주제

도의 의의

「道」(원불교 대종경 해의 上, 한종만).

「도에 대하여」(교전공부, 신도형).

「인간이 행할 바 道」(원광 245호, 박남주).

대의 강령

새 교도 曰, 각 교회가 교리를 자랑하며 도덕을 말하나 해답을 듣지 못했으니 도덕의 뜻을 가르쳐 달라고 하자, 대종사 말하였다.

1) 道라 하는 것은 쉽게 말하자면 곧 길을 이름이니, 길이라 함은 떳떳이 행하는 것을 이름이다.
2) 하늘이 행하는 것을 천도, 땅이 행하는 것을 지도, 사람이 행하는 것을 인도라 한다.
3) 인도 중에도 육신이 행하는 길과 정신이 행하는 길이 있다(부모

자녀의 길, 上下의 길, 부부의 길, 붕우의 길, 동포의 길이다).

4) 제일 큰 도는 생멸 없는 도와 인과보응 되는 도이다.

출전 근거

송규 수필 『회보』 35호(원기 22년) 법설을 1장, 2장, 3장으로 나눈 것이다. 1장은 도, 2장은 덕, 3장은 참다운 도인과 덕인을 밝혔다.

어구 해석

천도 : 천도를 천지 8도로 이해하면 좋다. 우주의 대기가 운행하는 이법으로 天道가 이와 관련된다. 천도와 지도에는 천지의 識이 있다.

지도 : 땅에 콩 심으면 콩 나고, 팥 심으면 팥 나는 것이 地道이다. 우주 만물이 생성 화육하는 것이 곧 자연의 도로서 지도에 의함이다.

인도 : 사람이 마땅히 행해야 할 바의 떳떳한 도를 人道라고 한다. 인륜에 어긋나지 않고 도덕성에 바탕한 길을 말한다.

관련 법문

「천지의 행하는 도를 보아도 어느 해에는 너무 가물어서 사람을 괴롭게 하고, 어느 해에는 너무 장마져서 또한 사람을 괴롭히는 수가 있는 것이다. 외면으로 보면 그 행하는 도가 고르지 못한 것 같으나 천지가 만물을 다스릴 때에 종종의 변고와 재앙을 내리기도 하고 풍우의 순조와 상서를 내리기도 하는 것은, 비컨대 부모가 자녀를 다스릴 때에 혹은 엄하게도 혹은 화하게도 하여 상벌을 겸행하는 것과도 같은 것이다」(대종경 선외록, 인연과보장 3장).

「오륜은 동양 윤리의 도덕 표준으로서 가정 사회 국가의 모든 규범이 이에 근본하여 세워져 있던 것이나, 근래에 와서 이 법이 해이해지고 실천의 능력이 약화되었으므로, 이를 시대에 맞도록 하여야 할 것이니 "父子有親 君臣有義 夫婦有別 長幼有序 朋友有信" 을 "부모와 자녀는 친함이 있으며, 위와 아래는 의리가 있으며, 남편과 아내는 화함이 있으며, 어른과 어린이는 차서가 있으며, 동포와 동포는 신의가 있으라" 로 함이 그 법의 본의를 살려서…」(정산종사법어, 경의편 62장).

보충 해설

본 법어에서는 天地人 三才의 도를 말하고 있다. 이러한 원불교 도덕의 의미를 유교 및 도가의 도덕에 연결해서 이해하는 것도 필요하다. 소태산 대종사의 삼교 교판적 사유를 알 수 있다. 이를테면 유불도의 도덕에 비해 원불교에 있어 道는 불생불멸과 인과보응을 담고 있어 제일 큰 도라는 것이다. 이러한 삼교 교판적 접근은 타종교의 사상을 부정하는 것이 아니라 통합 활용하는 정신이다. 원불교의 불교혁신이 이것이다.

주석 주해

「일원의 진리에 근거해서 건립한 것이 도와 덕이며, 일원을 신앙하고 숭배하는 것은 종교이다. … 도는 만인이 共行하는 길이요, 덕은 그 도의 실천 결과 얻어지는 은혜이다. 즉 도가 행해져 得하는 것이 德이다. 덕은 상호간에 은혜로 나타난다」(박길진, 『대종경강의』, 원광대출판국, 1980, pp.175-176).

「도라는 것은 체득하는 것이고, 덕이라는 것은 베풀어 쓰는 것, 곧 은혜가 나타나도록 하는 것이다. 도가 원리적인 것이라면 덕은 행하는 것이다. 유교의 오륜(인도)을 대종사는 새로운 의미로 밝혔다. 대종사는 인도를 다섯 가지로 밝혔는데, 유교의 오륜과 차이가 있다. 「부모 자녀의 도」를 유교의 오륜에는 '부자유친' 이라 하여 여자가 빠져 있으며 父 중심이었는데 자녀도 존중하였다. 「상하의 도」는 '군신유의' 라 하여 왕권 중심이었는데 왕권을 민주적으로 평등화한 것이다」(한종만, 『원불교 대종경 해의』(上), 도서출판 동아시아, 2001, pp.312-313).

문제 제기

1) 소태산이 밝힌 도는 유교 오륜의 도와 어떠한 관계가 있는가?
2) 천도와 지도, 인도란 무엇을 말하는가?
3) 도덕의 대의를 밝혀라.

[인도품 2장] 덕의 의의

핵심 주제

덕의 의의

「德」(원불교 대종경 해의 上, 한종만).

「덕에 대하여」(교전공부, 신도형).

「덕은 은혜로 나타나야」(원광 246호, 박남주).

대의 강령

덕이란 어느 곳을 막론하고 오직 은혜가 나타나는 것이다.

1) 하늘이 도를 행하면 하늘의 은혜가 나타나고, 땅이 도를 행하면 땅의 은혜가 나타난다.

2) 사람이 도를 행하면 사람의 은혜가 나타나서, 천만 가지 도를 따라 천만 가지 덕이 화한다.

3) 父子의 도를 행하면 부자의 덕, 상하의 도를 행하면 상하의 덕, 부부의 도를 행하면 부부의 덕, 붕우의 도를 행하면 붕우의 덕, 동포의 도를 행하면 동포의 덕이 나타난다.

4) 대덕으로 말하면 유무 초월, 생사 해탈, 인과 통달이다.

출전 근거

송규 수필 『회보』 35호(원기 22년) 법설을 1장, 2장, 3장으로 나눈 것이다. 1장은 도, 2장은 덕, 3장은 참다운 도인과 덕인을 밝혔다.

어구 해석

붕우 : 붕우란 벗朋, 벗友라는 한자어에 맞게 벗, 곧 친구를 말한다.

삼계화택 : 욕계 색계 무색계를 통틀어 三界라 한다. 이 삼계의 요란함을 불난 집(火宅)에 비유한 말로, 사심 잡념이 들끓고 번뇌 망상의 치성함을 불이 활활 타오르는 집과 같다는 것으로 보아, 사바세계로서 파란고해의 치유가 간절함을 암시하는 말이다.

관련 법문

「德자를 큰 덕이라 하였으니 무슨 뜻인가? 이 덕은 개인주의나 가족주의를 떠나 일체 생령을 한 몸으로 알고 포용하기 때문이다. 사람의 이목구비와 수족은 다 각각 재주가 있어서 활동하나 몸에 의지해야 사는 것이요, 설혹 이 가운데 하나 둘이 없어져도 살 수 있으나 몸이 없으면 살 수 없다. 이목구비는 재주와 같고 몸은 덕과 같은 것이니 이 말을 두고두고 명심하여 큰 덕을 갖춘 인물이 되라」(한울안 한이치에, 제1장 마음공부 12장).

「덕치의 교화는 곧 인정과 덕화로 교화함이니, 모든 인심을 잘 파악하여 개인 개인의 세정을 잘 보살펴 주며 측 없는 마음으로 대중을 두루 포섭 교화함이요」(정산종사법어, 경륜편 17장).

보충 해설

도를 행하면 덕이라는 결과의 인격상이 나타난다. 인도상의 요법을 상기해 볼 일이고, 유교 삼강오륜과 견주어 볼 일이다. 나아가 大德을 행하면 유무초월, 생사해탈, 인과통달이라는 佛果를 얻는다. 또 이러한 대덕은 덕을 베풀되 베풀었다는 상이 없는 덕이요, 이것이 무루의 큰 공덕이 된다. 천지의 응용무념의 道가 무한 대덕으로 나타나 유정·무정 생명체에 두루 미치는 것도 이 때문이다.

주석 주해

「일원의 진리에 근거해서 건립한 것이 도와 덕이며, 일원을 신앙하고 숭배하는 것은 종교이다. … 도는 만인이 共行하는 길이요, 덕은 그 도의 실천 결과 얻어지는 은혜이다. 즉 도가 행해져 得하는 것이 덕이다. 이 덕은 상호간에 은혜로 나타난다」(박길진, 『대종경강의』, 원광대출판국, 1980, pp.175-176).

「인과를 깨쳐 알아 죄업의 고통에서 벗어나고, 죄복을 자유로이 하며 인도정의를 잃지 않고 수행 정진한다면 상주 극락문에 들지 않겠는가? 이것이 덕 중에 큰 덕이 된다는 것이다. 심성만 온유 선량하고 시비에 어두우면 참 덕이 아니요, 매사에 삼학에 바탕한 바른 도를 실천하면 그에 따라 덕이 화한다는 대종사님의 가르침이다」(박남주, 「덕은 은혜로 나타나야」, 《원광》 246호, 1995, p.124).

문제 제기

1) 도와 덕의 관계를 밝히시오.

2) 덕이란 무엇인가?

3) 인도품에 근거하여 도와 덕의 개념을 밝히고, 개인 가정 국가 세계적 차원에서 어떻게 도덕부활을 실천할 것인가?

[인도품 3장] 참 도인과 덕인

핵심 주제

참 도인과 덕인

「참다운 도인」(원불교 대종경 해의 上, 한종만).

「참다운 도인과 덕인」(교전공부, 신도형).

대의 강령

역리와 패륜의 일을 행하면서 입으로만 도덕을 일컫는다면 이것은 사도와 악도를 행하는 것이다. 이에 도덕을 배우고자 하는 사람은?

1) 먼저 도의 원리를 알아야 한다.

2) 또한 덕을 닦아야 한다.

3) 범인은 도덕의 대의를 모르므로, 술법만 있으면 그를 도인이라 하고, 마음만 유순하면 그를 덕인이라 한다.

출전 근거

송규 수필 『회보』 35호(원기 22년) 법설을 1장, 2장, 3장으로 나눈 것이다. 1장은 도, 2장은 덕, 3장은 참다운 도인과 덕인을 밝혔다.

어구 해석

역리 : 순리에 반대되는 것으로, 이법에 맞지 않게 성취하려는 행동이 逆理이다. 역리로 거스르는 것은 자연의 흐름에 반하는 행위이다.

패륜 : 유교에서 悖倫은 인륜을 저버리는 행위인 바, 이를테면 삼강오륜을 파괴하는 행위이다. 즉 이것은 인간관계의 윤리성이 파괴된 결과인 것이다. 정산종사는 경의편 58장에서 충효열에 대해 언급하고 있는데, 이 충효열이 지켜지지 않는다면 패륜이 되고 만다.

도덕 : 도덕이란 인륜도덕에서의 道德인 것이다. 원불교에서는 도덕회상, 도인 등을 말하며 도덕이라는 용어를 자주 사용하고 있다. 이를

테면 실시품 14장에서 참다운 도덕은 개인 가정으로부터 국가 세계에까지 다 잘 살게 하는 큰 법이라고 하였다. 이어서 교단품 6장에서도 이 세상에서 가장 넓고 오래가는 사업은 오직 도덕 사업이라 하여 도덕 사업은 국경이 없고 연한이 없다고 했다.

사도 · 악도 : 미신을 신봉하여 신통묘술이나 기적을 추구하고 악행을 하는 것으로, 인도상 요법과 거리가 먼 것이 邪道요 惡道이다.

관련 법문

「인간 사회를 떠나서는 도덕도 없고 법률도 없다. 그러니 우리는 모든 말과 글이 도덕과 법률에 합치되게 하여야 할 것이다」(대종경 선외록, 생사인과장 17장).

「이 세상에서 제일 강한 것이 무엇인 줄 아느냐? 부드러운 것이 가장 강한 것이다. 만물 가운데 물이 부드럽기 때문에 물처럼 강한 것이 없다. 그러나 물보다 공기가 부드럽고, 공기보다는 도덕이 더 부드럽다. 그러므로 도덕이 천하에서 제일 강한 것이다. 부드러운 것이 강한 것을 항복받는 이것이 곧 진리이다」(한울안 한이치에, 제1장 마음공부 17장).

보충 해설

종교인들 중에서도 도인인 척, 덕인인 척 하는 위선주의자들이 있다. 그들은 역리와 패륜으로 가식을 일삼는 경우가 많다. '척' 병을 극복하고 도덕의 의미를 알아서, 이를 세상에 전파하는 것이 수도인으로서 할 일이다. 우리는 인류 구원이라는 참 도덕 실천의 사명감을 갖고 중생의 아픔을 치유할 수 있는 대종사의 분신이요 전법 사도라는 점을 잊어서는 안 된다. 그러나 이를 모르는 역리와 패륜은 사도와 악도이다. 청정주의 "사마악취 자소멸" 에서 邪魔 惡趣가 이것이다.

주석 주해

「도덕이란 우주의 근본원리를 체득하면서, 또 그것을 신앙하면서 인간이 실천해야 하는 것이다. … 이상한 짓을 하면서 도덕을 가르친다면 그것이 옳은 일인가? 이러한 신앙을 가지게 되면 천자가 된다든가 횡재가 오게 된다든가 하면 이는 역리를 말함이며, 어떠한 종교나 도덕에 의하여 부자관계나 부부관계가 문란하게 되었다면 이는 바로 패륜이다」(박길진, 『대종경강의』, 원광대출판국, 1980, p.179).

「대종사도 연화봉에 있을 때 이적을 보였다. 정산종사도 화해리에 있을 때 이적을 보인 일이 있다. 영통에만 그치면 참다운 도를 깨친 경지는 아니다. 영통의 경지를 못 거쳤다 하더라도 도통 법통을 하는 것이 정당한 도를 깨치는 것이다. 지금까지 불교의 일부와 도교에서는 영통만을 중요하게 생각했다. 대종사가 원불교를 창설한 것은 종교사적인 면에서 큰 전환을 시도한 것이다」(한종만, 『원불교 대종경 해의』(上), 도서출판 동아시아, 2001, p.316).

문제 제기

1) 근래 가정해체 및 패륜 현상으로 나타나는 이혼이나 존속상해 등을 교법과 연결하여 교화하는 방법은?

2) 참 도인과 덕인이란?

[인도품 4장] 인도 실행과 불방심

핵심 주제

인도 실행과 불방심

「인도를 실행해야 한다」(원불교 대종경 해의 上, 한종만).

「인도는 한 때도 방심해서는 행할 수 없다」(교전공부, 신도형).

대의 강령

사람이 인도를 행하기로 하면 한 때도 가히 방심할 수 없다.

1) 부모 자녀, 스승 제자, 상하, 부부, 붕우, 일체 동포 사이가 그 챙기는 마음을 놓고서 어찌 인도를 다 할 수 있겠는가?

2) 모든 성인이 때를 따라 출세해서 정당한 법도를 제정하여 사람답게 사는 길을 밝혔다.

3) 그 법도를 가벼이 알고 자행자지 하는 사람은 사람의 가치를 나타내지 못하고, 내세에도 악도에 떨어진다.

어구 해석

방심 : 어떤 경계에 접하더라도 마음을 놓아버리는 것이 放心이며, 게으름의 소치이다. 수행품 30장에서는 공부하는 중에 조금만 방심하면 알지 못하는 가운데 악한 경계에 흘러간다며 不放心을 유도했다.

법도 : 법과 제도를 말하거나 법의 절도를 말한다. 法度 있는 행동을 하라 할 때 사용된다.

죄고 : 누구를 막론하고 악연이나 범법으로 죄과를 받고 고통을 겪는 것을 罪苦라 한다. 중생으로서 무명 번뇌 등으로 인한 강급의 악도 윤회에 떨어질 때 이 죄고의 쓴 맛을 느끼게 된다.

악도 : 선도와 악도의 세계가 있는 바, 악업을 지은 사람이 받는 세계를 惡道의 세계라 한다. 축생 아귀 지옥의 세계도 일종의 악도이다.

관련 법문

「불제자는 먼저 부처님의 대자대비를 체득해야 할 것이니 모든 중생이 선한 일을 행하여 선도에 오르는 것을 자기 자식 이상으로 사랑하고 북돋아 줄 것이요, 모든 중생이 악한 일을 행하여 악도에 떨어지는 것을 자기 자식 이상으로 불쌍히 여겨서 제도해 주어야 할 것이다」(대종경 선외록, 선원수훈장 10장).

「무슨 일이나 준비가 없는 일은 분망하고 질서가 맞지 아니하나니, 그러므로 예의 실현이 먼저 연마와 준비로부터 시작되는 것이요, 혼자 있는 때에 방심하고 몸을 함부로 가지면 남이 있는 때에도 그 습관이 나오게 되나니, 옛 성현의 말씀에 "그 혼자 있을 때를 삼가라" 하신 것은 숨은 것과 나타난 것이 곧 둘 아닌 까닭이니, 예를 행하는 이의 먼저 주의할 바이니라」(정산종사법어, 예도편 16장).

보충 해설

인도를 실행함에 있어 그 핵심은 방심하지 않아야 하는 것이다. 방심에 대한 다음 내용을 참고해 보자. 「원컨대 모든 수도하는 사람들은 방일심을 내지 말며 탐욕과 음욕에 착하지 말라」(『修心訣』 37章). 따라서 동양 성철들은 삼독심을 경계하여 불방심 부동심을 강조하였다. 그리하여 항상 경건한 심경에서 정법 인도를 실천함으로써 안일의 자행자지를 극복, 상생의 선연이 되어 악도를 면할 수 있게 된다.

주석 주해

「옛날 수도한다는 사람들은 인도 실천이 목적이 아니었으며, 獨善其身으로 초월한 생활을 함을 최상낙으로 생각했다. 그러나 우리가 공부를 한다는 것은 인류사회에서 평화롭고 행복하게 죄짓지 않고 잘 살기 위한 것이다. 사람은 혼자서 생겨난 것이 아니니 여러 가지 의무가 있는 것이다. 이를 다하지 않으면 죄인이다」(박길진, 『대종경강의』, 원광대출판국, 1980, p.182).

「대산종사는 '정할 때는 불방심, 동할 때는 부동심' (정전대의)으로 동정일여의 의미를 밝혔다. 한 때도 마음을 놓고 살아서는 안 된다. 무시선 공부는 그일 그일에 일심하는 것으로 마음을 방심하지 않고 사는 것이다. 인도를 실천한다는 것은 사은사요 실천이 중심이 된다」(한종만, 『원불교 대종경 해의』(上), 도서출판 동아시아, 2001, p.317).

문제 제기

1) 예로부터 모든 성인이 때를 따라 출세하였다는 뜻은?
2) 악도란 무엇인가?

[인도품 5장] 만사의 본말과 주종

핵심 주제

만사의 본말과 주종
「본말과 주종」(원불교 대종경 해의 上, 한종만).
「본말과 주종의 도」(교전공부, 신도형).
「근본에 힘쓰라」(원광 247호, 박남주).

대의 강령

천하만사에는 본말과 주종이 있다.
1) 본을 알아 힘쓰면 말도 좋아지나, 말에만 힘쓰면 본은 매해진다.
2) 주를 알아 종을 힘쓰면 좋으나, 종에만 힘쓰면 주가 매하여진다.

3) 마음은 근본이 되고 육신은 끝이 되며, 도학은 주가 되고 과학은 종이다. 본말과 주종을 알아야 도를 아는 사람이다.

어구 해석

주종 : 主는 중심이요 從이란 이에 딸린 종속이다. 예컨대 종교에서 도학은 주이고 과학의 종이며, 사람의 경우 心은 주요 身은 종이다.

본말 : 本은 근본지사이며, 末은 말변지사를 말한다. 정산종사는 「국운편」 5장에서 일의 본말을 알지 못하고 한편의 충동에 끌려서 공정한 비판력을 가지지 못할 것이라며 이를 경계하고 있다.

천하사 : 천하에 대인접물하여 있는 모든 일을 天下事라 한다.

관련 법문

「모든 일에 본말과 선후를 알아 미리 준비함이 있어야 하나니, 눈앞의 이해에 얽매이지 말고, 영원한 장래를 놓고 보아 근본 되는 일에 힘을 쓰라. 범상한 사람들이 일생을 산다 하나, 결국 육신 하나 돌보는데 그치고, 근본 되는 정신을 돌볼 줄 모르나니, 어찌 답답하지 아니하리요」(정산종사법어, 무본편 3장).

「선후 본말을 분간하지 못하고 佛道를 구하고자 할진대, 마치 모난 나무를 가지고 둥근 구멍에 맞추려 함이니 어찌 크게 어긋남이 아니리요」(수심결 10장, 所謂不知先後. 亦不分本末也, 即不知先後本末, 欲求佛道, 如將方木, 逗圓孔也, 豈非大錯).

보충 해설

주종과 본말을 가릴 줄 모르면 일이 될 일도 안 된다. 제멋대로 하는 사람이란 바로 주종 본말을 못 가리는 사람이다. 주종을 모르고 어떻게 천하대사를 선도하는 수도인이 되겠는가? 주종 본말에서 성찰할 항목을 나열해 보자. 첫째, 도학과 과학에 있어 주종 본말을 생각해 본다. 둘째, 공부와 사업에 있어 주종 본말을 생각해 본다. 셋째, 정신과 육체에 있어 주종 본말을 생각해 본다. 넷째, 교화와 사업에 있어 주종 본말을 생각해 본다. 다섯째, 정신과 물질에 있어 주종 본말을 생각해 본다. 이같은 숙고 속에서 주체적 행동이 가능한 것이다.

주석 주해

「밖으로 여러 가지 조건(권리, 돈, 명예)만 구하지 말고 안으로 정신을 잘 육성해야 한다. 이러한 안정된 정신에 바탕하여 얻은 외적 조건이라야 참되게 선용할 수도 있고 지속성도 있다. … 항상 먼저 본말을 알아 본에 힘쓰되 말도 소중히 알아야 한다. 말이 없으면 본도 그 가치가 나타나지 않게 된다」(박길진, 『대종경강의』, 원광대출판국, 1980, pp.183-184).

「데카르트는 마음과 육체를 분리해서 생각하는 경향이었다. 헤겔은 정신이 더 중요하다는 경향으로 흐른다. 그러나 현대철학에서는 정신과 육체가 분리될 수 없다는 입장(러셀이나 화이트헤드)을 들 수 있다. 본말이라고 할 때도 무엇을 주체로 하느냐의 문제이고 주와 종도 마찬가지이다. 사람을 중심으로 보면 마음이 본이며 육신이 말이 되고, 세상을 중심으로 보면 도학이 주가 되고 과학이 종이 된다」(한종만, 『원불교 대종경 해의』(上), 도서출판 동아시아, 2001, p.319).

문제 제기

1) 종교인과 과학자의 경우, 자기편을 말이 아닌 본이라 한다면?
2) 현재, 나의 삶은 주종 본말을 분명히 살피며 살아가는가?

[인도품 6장] 성불 제중의 큰 일

핵심 주제

성불 제중의 큰 일

「성불과 중생 제도」(원불교 대종경 해의 上, 한종만).
「인생의 큰 일 두 가지」(교전공부, 신도형).
「마음 관리와 이웃 돕는 일」(원광 241호, 박남주).

대의 강령

대종사, 이동진화에게 세상에서 해야 할 두 가지 큰일을 말한다.

1) 하나는 정법의 스승을 만나서 성불하는 일이요,
2) 둘은 대도를 성취한 후에 중생을 건지는 일이다.

어구 해석

성불 : 범부 중생이 부처되어 해탈 자재하는 것을 成佛이라 한다.

제중 : 고통 받는 일체중생을 깨우쳐 구제하는 것이 濟衆이다.

관련 법문

「동진화 처음 뵈올 때에 예배치 아니하고 그대로 앉았다. 대종사 그를 한번 보심에 인물이 비범함을 인증하시고 설법하시었다. "사람이 세상에 나서 할 일이 둘이 있는 것이다. 하나는 정법의 스승을 만나서 성불 하는 일이요, 둘은 대도를 성취한 후에 창생을 건지는 일인 것이다." 동진화 크게 깨친 바 있어 일어나 예배한 후 宮家의 미한 인연을 헌신같이 버리고 일생을 수도에 전심하기로 발원하였다」(대종경 선외록, 사제제우장 19장).

「이 세상 여러 가지 원 가운데 사홍서원은 가장 큰 원이니, 중생이 가없으나 맹세코 제도하려는 원을 세우고, 그 원을 실현하기 위하여 번뇌를 끊임없이 끊으며, 법문을 성심껏 배우며, 불도를 영생토록 닦고 또 닦으면 결국 성불 제중의 대원을 성취하리라」(정산종사법어, 권도편 6장).

보충 해설

성불제중의 일이야말로 수도인이 해야 할 본연의 일이다. 이 성불제중의 문제를 「개교의 동기」와 연계하여 보자. 파란고행의 일체생령을 광대무량한 낙원으로 인도하는 일이다. 또 「최초법어」와 연결해 보면 수신의 요법, 제가의 요법, 강약진화상의 요법, 지도인으로서 준비할 요법 이 모두가 성불제중과 관련된다. 석가는 49년간 성불제중을 위한 법을 설하였고, 소태산은 28년간 법을 설하였다. 환기컨대, 우리가 출가한 본연의 목적이 무엇인가를 파악해 보면 안일하게 살 수 없으며, 또 성불 제중이 세상에서 가장 큰 일임을 알 수 있다.

인물 탐구

이동진화(1893-1968) : 본명은 경수이며 법호는 육타원, 법명은 이동진화이다. 경남 함양군 마천면 삼정리에서 이화실 선생과 김씨의 5남매 가운데 3녀로 태어났다. 어린 시절 언니 집에서 자란 후 서울 친척집에서 지내다가 18세에 구왕궁 종친인 완순군의 차남 이규용의 소실이 되었다. 그녀는 시집을 간 후 물질적으로 아쉬울 것 없이 지냈다. 그러나 주위 환경에 맞지 않아 신경쇠약에 걸려 위장병과 두통을 앓기도 하였다. 그녀의 나이가 서른하나, 날이 갈수록 건강이 악화되었다. 그러다가 대종사를 뵈온 후 宮家의 미한 인연을 헌신짝처럼 버리고 일생을 수도에 전념할 것을 발원하였다. 전라도에서 생불을 만난 지 석달만에 그녀는 침모 김삼매화와 같이 집을 나섰다. 원기 9년 7월, 만덕산에서 대종사를 뵙고 육타원이란 법명을 받은 동진화는 20여일 禪을 난 후 대종사를 따라 다시 상경하였다. 원기 10년 4월에는 수도생활을 할 준비를 갖추어 침모 김삼매화와 더불어 총부로 내려와 대종사를 모시고 제1회 정기훈련을 났다. 석 달 정기훈련을 나면서 지병이었던 소화불량 증세도 좋아졌다. 그 후 자주 정기훈련에 참여하자, 부군이 집에 있으면 공부가 안되느냐며 창신동 집 부근에 조용한 처소를 수양처로 삼게 하였다. 육타원은 이를 원기 11년 9월 교단에 희사하여 오늘의 서울교당이 되었다. 원기 18년에 육타원은 정식으로 출가, 전무출신을 하였으며 그때부터 서울교화에 이어 원기 32년에 총부 순교감, 서울교무, 춘천 출장교화, 개성교화에도 관심을 가졌다. 육타원은 교단의 자애로운 어머니처럼 세세함으로 후진들에게 다가섰으며 자상한 가르침을 베풀었다(송인걸, 『대종경속의 사람들』, 월간원광사, 1996, '이동진화' 참조).

주석 주해

「먼저 정법 스승을 만나지 못하면 갈팡질팡하게 되고, 원만대도를 알지 못하게 되며, 한편에 치우치거나 괴벽스러운 것에 기울어지고 말기 쉽다. 그러므로 먼저 정법 스승을 만나야 한다. … 먼저 모든 사람들로 하여금 정법에 인도되게 해야 한다」(박길진, 『대종경강의』, 원광대출판국, 1980, p.185).

「서가모니도 중생 제도를 목적하고 출가한 것은 아니다. 대각의 경지에서 중생들의 사는 모습을 보니 고해에서 헤매고 있다. 그리하여 어떻게 해서라도 고해에서 해매는 중생을 구제해야 된다고 생각한 것이다. 대종사도 마찬가지이다. 우주의 자연 현상의 이치를 깨치고 싶어서 16년 동안 구도를 했다. 대각을 하고 파란 고해에서 허덕이는 중생을 구제해야겠다고 생각한 것이다」(한종만, 『원불교 대종경 해의』(上), 도서출판 동아시아, 2001, pp.320-321).

문제 제기

1) 성불과 제중은 동시에 진행되는 일인가, 아니면 따로 진행되는가?

2) 세상에 태어나서 해야 할 큰 일 두 가지란?

[인도품 7장] 동중서의 글과 大利 · 大功

핵심 주제

동중서의 글과 大利 · 大功

「동중서의 글」(원불교 대종경 해의 上, 한종만).

「大利 大功의 도」(교전공부, 신도형).

「큰 이익과 큰 공덕」(원광 162호, 이성택).

대의 강령

1) 동중서 말하길, 그 義만 바루고 그 利를 도모하지 아니하며, 그 道만 밝히고 그 공을 계교하지 아니한다(正其義而不謨其利 明其道而不計其功).

2) 대종사 덧붙이길, 그 義만 바루고 그 利를 도모하지 아니하면 큰 利가 돌아오고, 그 道만 밝히고 그 功을 계교하지 아니하면 큰 공이 돌아온다(正其義而不謨其利大利生焉 明其道而不計其功大功生焉).

어구 해석

동중서(BC179-BC104) : 漢代 초기의 유학자로, 중국에 도덕성을 강조하기 위해 유교를 국교화한 사람이 董仲舒이다. 진시황 분서갱유 사건 때 숨어서 유학을 공부하였다. 수화목금토 오행을 주장하고 천인감응설도 밝혔던 바, 자연현상과 정치뿐만 아니라 인간 개인의 신체와 정감까지도 하늘의 구조와 똑같다고 보아 인간은 우주의 축소판이라 했다. 아울러 동중서는 『춘추』에 관한 그의 저술 『춘추번로』에서 음양오행과 역사적 사건들 사이의 관계를 설명하기도 하였다.

의·리 : 의로움이 義요, 이익됨이 利이다. 두 상관성으로 유학에서 말하는 義主利從 혹은 見利思義의 정신은 도덕과 경제의 분화를 원칙으로 하되, 이 둘 중 실제보다는 도덕성에 우위를 부여하는 입장이다.

관련 법문

「하기 싫은 일이라도 의리에 당연한 일이거든 죽기로써 하고, 하고 싶은 일이라도 의리에 부당한 일이거든 죽기로써 아니할 것이며…」(대종경 선외록, 선원수훈장 4장).

「범부는 눈앞의 한 수 밖에 보지 못하고, 성인은 몇 십 수 몇 백 수 앞을 능히 보시므로 범부는 항상 목전의 이익과 금생의 안락만을 위하여 무수한 죄고를 쌓지마는 성인은 항시 영원한 혜복을 위하여 현재의 작은 복락을 희생하고라도 안빈낙도하시면서 마음공부와 공도사업에 계속 노력하시나니라」(정산종사법어, 무본편 38장).

보충 해설

소태산의 처세관이 본장에 나타나고 있다. 그가 덧붙인 것은 '大利·大功'이다. 소태산은 유교와 불교, 도교의 사상을 수용하되, 단순 수용이 아니라 그 활용에 초점을 맞추고 있다. 동중서의 사상이 도모하지 않고 계교하지 않는다에 초점이 있다면, 소태산의 의지는 소극적으로 계교하지 않는다에 한정되는 것이 아니다. 복락이 내 앞에 다가오니 진력하면 자연스럽게 복락이 온다는 점에 초점이 있다. 다만 한대 동중서 『춘추번로』의 원문에 의하면 "夫仁人者 正其誼不謀其利 明其道不計其功)"이라고 하였다. 『대종경』에서는 義와 利 그리고 道와 功으로, 『춘추번로』에서는 誼와 利 그리고 道와 功으로 대비하고 있어 원전의 '誼'가 『대종경』의 '義'와 다르다. 물론 '의로움'이라는 면에서 誼와 義의 뜻이 다른 것은 아니라 본다.

주석 주해

「利에 끌려 義를 저버리는 것 같이 비굴한 것은 없다. 돈 몇 푼에 인생을 판다면 불행한 일이 아닌가? … 功을 나타내지 않으려고 일까지 하지 않아서는 안 된다. 일은 하되 그 功을 뒤로 미루는 것이 道이다. 明其道는 하고 不計其功해야 된다」(박길진, 『대종경강의』, 원광대출판국, 1980, pp.185-186).

「인도품 7장에서 말하는 義와 利, 道와 功은 과정과 결과의 관계이다. 義와 道를 원인 또는 과정이라고 한다면 利와 功은 결과라고 하겠다. … 결과를 잊어버리고 오로지 순간순간의 과정에 충실하면 결과는 반드시 와지는 것은 필연의 법칙이다」(이성택, 「큰 이익과 큰 공덕」, 『원광 자료모음집』-대종경편 1, 월간원광사, 1990, pp.356-357).

문제 제기

1) 대종사는 동중서의 글에 어떠한 내용을 보완하였는가?

2) 인도품 7장에 나타난 義 · 利 관련 처세관은?

[인도품 8장] 본과 말의 다스림

핵심 주제

본과 말의 다스림

「근본을 다스려야 한다」(원불교 대종경 해의 上, 한종만).

「본말을 알아 다스리는 實例」(교전공부, 신도형).

대의 강령

말이 수레를 끌고 가는 것을 보고 사제 간의 문답이다.

1) 대종사 "저 수레가 가는 것이 말이 가는 것이냐 수레가 가는 것이냐." 제자 사뢰기를 "말이 가매 수레가 따라서 가나이다."

2) 대종사 "혹 가다가 가지 아니할 때에는 말을 채찍질하여야 하겠느냐, 수레를 채찍질하여야 하겠느냐." 제자 사뢰기를 "말을 채찍질하여야 하겠나이다."

3) 대종사 "그대의 말이 옳으니 말을 채찍질하는 것이 곧 근본을 다스림이라."

어구 해석

수레 : 두 바퀴에 짐칸을 둔 것으로 달구지 혹 마차라고도 한다.

채찍질 : 나무 등으로 회초리를 만들어 소와 말을 어거하는 것이다.

관련 법문

「무엇이나 근본에 힘써야 끝이 잘 다스려지나니, 육근의 근본은 마음이요 마음의 근본은 성품이며, 육체의 근본은 신용이요 권리 명예 이욕 등은 그 끝이니라」(정산종사법어, 무본편 1장).

「나도 대종사님 모시고 열여섯 살 때부터 선을 하여 삼십 세까지 정진하였는데 밤에 자기 전까지는 죽지 않으면 꼭 해야 하겠다 하여 목을 어디에 달고라도 앉아서 하였더니 그것이 잘못되어 병을 얻게 되었다. 마치 마차가 가지 않으니 말을 때리지 않고 수레를 때린 것과 같았다. 그래서 行禪을 했고 採藥禪을 하여 병이 나았다」(대산종사법문 3집, 제3편 수행 83장).

보충 해설

본말의 문제, 곧 근본과 말단의 문제를 생각하게 하는 법문이 본장이다. 本을 다스리는 일은 종교요, 末을 다스리는 일을 정치로 생각해 보자는 것으로, 수레와 말의 채찍이라는 비유를 사용하여 설득력을 더하고 있다. 불가에서 이따금 인용하는 '수레'는 교리를 뜻하였다. 이를테면 大乘(Mahayana)이란 小乘(Hanayana)과 대비되는 말로서 '큰 수레'라는 뜻인데 수레(yana)는 교리를 비유한 것이다. 大乘에서의 '乘'은 탈승, 탈것 승으로서 수레를 말한다. 小乘은 작은 수레를 말한다. 어떻든 말변이 아닌, 근본을 알아 근본을 치유하자는 뜻이다.

주석 주해

「양심이 근본이 되고, 그 위에 모든 것이 건립되어야 한다. 권모술수와 잔꾀를 하면서, 가장 처세를 잘 하는 것 같이 하는 사람은 결국 실패한다. … 항상 먼저 본말을 알아 本에 힘쓰되 末도 소중히 알아야 한다. 말이 없으면 본도 그 가치가 나타나지 않게 된다」(박길진, 『대종경강의』, 원광대출판국, 1980, p.187).

「말이 수레를 끌면 말이 끄는 데로 수레는 따라가는 것이다. 수레를 끄는 말이 근본이고 수레는 끝이다. 수레를 빨리 가게 하려면 말에 채찍질해야 한다. … 종교나 도덕가에서 사람의 마음을 다스린다. 사람의 행동이 마음에서부터 출발한다. 범죄를 짓는 것도 마음에서 출발한다. 근본을 다스리지 않고 현실적으로 일어나는 범죄를 다스려도 안 된다」(한종만, 『원불교 대종경 해의』(上), 도서출판 동아시아, 2001, p.327).

문제 제기

1) 만물의 영장이라는 인간이 본말과 주종을 잃는 행위는 무엇인가?

2) 수레가 가는 것이 말이 가는 것인가, 수레가 가는 것인가?

[인도품 9장] 순역에 처한 공부법

핵심 주제

순역에 처한 공부법

「순리와 역리」(원불교 대종경 해의 上, 한종만).

「모든 일은 순역을 알아서 행하라」(교전공부, 신도형).

「성공하려면 순리를 따르라」(원광 249호, 박남주).

대의 강령

김기천이 "사람이 어찌하면 순과 역을 알게 되오리까" 라고 사뢰자, 대종사 답하였다.

1) 順이라 함은 춘하추동 사시의 변천이 차서를 잃지 아니함과 같이 모든 일에 그 순서를 찾아서 하는 것이다.

2) 逆이라 함은 일의 순서를 알지 못하고 감당 못할 일을 하고자 하며, 남의 원 없는 일을 권하며, 남의 마음을 거슬리는 것이다.

3) 일을 할 때에 먼저 순과 역을 잘 구분해서 순을 행한다면 성공 못할 일이 거의 없다.

어구 해석

순역 : 우주와 인간의 성주괴공, 생주이멸, 춘하추동, 생로병사, 흥망

성쇠의 변화 원리에 따르는 것을 順이라고 하며, 이를 거스르는 것을 逆이라 한다. 물이 흐르는 것을 따르면 순이며 거스르면 역다.

차서 : 차례이자 순서를 次序라 한다. 상하간의 질서도 차서이다.

관련 법문

「사람을 지도하는 이가 자기의 성질대로 사람을 굽히려 하면 되지 않나니, 먼저 그 사람의 근기나 성질을 살피고 소질과 소원을 잘 알아서 서서히 순리로 지도하여야 교화가 잘 되나니라」(정산종사법어, 근실편 27장).

「누구나 바르고 원만하게 꾸준히 하면 반드시 때가 오는 법인데, 모두 욕속지심으로 순서 없이 하려고 하니 결국 실수하고 만다. 그러니 사시 순환과 같이 순리대로 하라」(대산종사법문 3집, 제5편 법위 226장).

보충 해설

일은 순리에 따라서 해야 한다. 헤엄을 치더라도 파도를 타고 쳐야 한다. 파도에 거슬려 헤엄을 치면 파도에 휩쓸린다. 교단의 공사를 하더라도 순리로 하면 별 탈이 없으나 역리로 하다가 탈이 난다. 이러한 順과 逆을 잘 구분하기 위해서는 일단 正見해서 판단해야 한다. 그리고 자연의 원리를 항상 참조해야 한다. 자연의 원리를 거스르면 역리이기 때문이다. 겨울에 추운데 하복을 입고 있다든가, 여름에 더운데 동복을 입고 있다면 사시 변화의 원리를 거스른다. 『월말통신』 38호에 나오는 정산종사의 '원각가' 가사 일부를 보자. 「順數로 행해가라, 순수로 행해가서 천지합일 하여보세」. 결국 순리에 따르는 것이 곧 일원상 진리의 깨달음에 나아가는 것과 다를 것이 없다.

인물 탐구

김기천 : ☞서품 6장 참조.

주석 주해

「순리자연대로 해야 된다. 허욕을 버리고 이소성대로 나가야 된다. 시냇물도 흐르는 대로 두어야지 억지로 막으면 터져서 논밭도, 집도 망치게 된다. … 逆數를 쓰는 때는 이미 지났다. 종교나 정치도 역수로 하는 시대는 지났으며, 이제는 매사를 역수로 해서는 성공하지 못한다」(박길진, 『대종경강의』, 원광대출판국, 1980, p.188).

「천지보은의 조목에 순리자연한 도를 체받아서 합리는 취하고 불합리는 버려야 한다고 하였다. 합리는 이치에 맞는 것이고 불합리는 이치에 어긋나는 것이다」(한종만, 『원불교 대종경 해의』(上), 도서출판 동아시아, 2001, pp.328-329).

문제 제기

1) 순리와 역리란 무엇인가(대종사와 김기천의 문답을 중심해서)?

2) 순과 역을 알아 행하는 공부에 대해 밝혀라.

[인도품 10장] 순역과 진위

핵심 주제

순역과 진위

「순리와 사실」(원불교 대종경 해의 上, 한종만).

「행복을 구하는 도」(교전공부, 신도형).

대의 강령

사람이 구하는 데에 있어 순리 혹 역리로, 사실 혹 허망하게 구하므로 성공과 실패가 있다.

1) 순리로 구하는 사람은 한없는 낙을 개척하고, 역리로 구하는 사람은 남을 해하므로 죄고에 빠진다.

2) 사실로 구하는 사람은 성과가 있고, 허망으로 구하는 사람은 미신처에 구하므로 성과가 없다.

3) 순리와 사실로 구하는 사람은 적고, 역리와 허망하게 구하는 사람이 많은 것은 정법이 못 미치고 인류정신이 깨치지 못한 까닭이다.

어구 해석

순리 · 역리 : ☞인도품 9장 참조.

사실 · 허망 : 사실적 도덕의 훈련에 바탕한 것으로, 진리에 맞게 합리성을 띤 것이 事實이다. 그러나 이와 반대로 비진리적인 것에 초점을 맞추어 신비하게 추구하려는 미신적 행위가 곧 虛妄이다.

관련 법문

「신앙의 대상에는 좁은 대상과 원만한 대상이 있고 허망한 대상과 진리에 맞는 대상이 있으며, 신앙하는 방법도 사사한 방법과 정당한 방법이 있고 미신스러운 방법과 사실다운 방법이 있음을 알아서, 그 가장 원만하고 진리에 맞는 대상과 정당하고 사실다운 방법을 가리어 믿을 것이요」(정산종사법어, 세전. 제4장 신앙, 2. 신앙의 도).

「큰 원을 발하라. 사를 경영하고 저만 이롭게 함은 이슬 같고 연기 같으니, 부처되어 중생 건지려 함이 모든 원의 머리니라. 큰 믿음을 세우라. 묘함이 다른 묘함이 없고 보배가 다른 보배가 없으며, 철주의 중심이요 석벽의 외면이니라」(정산종사법어, 응기편 6장).

보충 해설

본 법문은 소태산 당시의 사람들이 역리와 허망으로 구하는 경우가 많았기 때문에 설해진 배경이다. 즉 열린 개벽의 시대는 순리와 사실을 추구하여 매사를 성공으로 이끌어가는 종교가 활동하는 시대이다. 이와 반대로 나아가면 고통과 암흑의 세상이 될 것이다. 과거 선천시대의 특징은 역리와 허망으로 구했지만, 이제 후천시대의 특징은 순리와 사실로 구한다. 소태산은 『법의대전』에서 세계 대세가 逆數가 지나면 다시 順數가 온다는 것을 밝힌 것에서도 이를 알 수가 있다.

주석 주해

「허망하게 구하는 사람도 역리이다. 원인 결과가 있어가지고 일이 되는 것인데, 원인 없는 果를 구함은 곧 역리이다. … 현금까지도 허망하게, 역으로 구하고자 하는 사람이 많다. 운만을 바라거나 미신스런 행동을 하는 사람들이 지금도 많은 것이다」(박길진, 『대종경강의』, 원광대출판국, 1980, pp.189-190).

「타인의 이로움을 생각할 수 없다 하더라도 타인을 해하지 않고 나의 이로움을 찾아야 한다. 오래 잘 살기 위해서는 함께 잘 살 수 있는 방법을 찾아야 한다. '동포보은의 강령' 의 자리이타의 도는 나도 이롭고 타인도 이로운 것이다. … 오늘날의 사회 현상은 거의 역리로 사는 것이다」(한종만, 『원불교 대종경 해의』(上), 도서출판 동아시아, 2001, pp.330-331).

문제 제기

1) 순리와 사실에 따르지 않고 역리와 허망을 취하는 미신적 행위가 많은 이유는?

2) 순리와 역리, 순수와 역수의 의미는?

[인도품 11장] 효는 백행의 근본

핵심 주제

효는 백행의 근본

「효는 모든 행의 근본」(원불교 대종경 해의 上, 한종만).

「효는 百行之本이다」(교전공부, 신도형).

대의 강령

유가에서 효는 백행의 근본, 충신은 효자의 문에서 나온다고 했다.

1) 부모에게 효도하고 형제간 우애하는 사람으로 악할 사람이 적다.

2) 부모에게 불효하고 형제간 불목하는 사람으로 선할 사람이 적다.

어구 해석

효도 : 孝道는 동방예의지국으로서 우리나라에서 특히 강조하는 인륜이다. 고래로 효는 孝百行之本이며, 百福之源이라 했다. 『學語集』에서는 孝爲百行之本이라 했고, 『명심보감』에서 孝慈는 百行之善이라 했고, 『논어』 「학이편」에서도 孝悌는 仁之本이라 하여, 가정에서 효의 중요성을 말했다.

우애 : 友愛의 반대는 不睦이다. 그리고 효도는 부자윤리라면, 우애는 형제윤리로서 형제자매 사이의 돈독한 관계이다.

관련 법문

「한 가정에 있어서는 조상을 숭배하고 부모에게 효도하며 형제간에 우애하는 것이요, 우리 회상에 있어서는 대종사께 신성을 바치고 선진을 공경하며 동지 간에 화합하는 것이요」(한울안 한이치에, 제1장 마음공부 36장).

「형제는 한 부모의 기운을 받아 나서, 한 기운으로 자라난지라 형이 아우와 우애하고 아우가 형을 공경함은 천륜의 자연한 차서니, 형제는 좋은 일에 같이 기뻐하고 낮은 일에 같이 걱정할지언정 부당하게 이해를 다투거나 공명을 시기하지 말며, 형은 형의 도리만 다하고 아우의 공경을 계교하지 말며, 아우는 아우의 도리만 다하고 형의 우애를 계교하지 말아서 그 천륜의 정의를 길이 지킬 것이요」(정산종사법어, 세전, 제3장 가정, 5. 형제 친척의 도).

보충 해설

유교의 삼강오륜은 군신유의, 부자유친, 부부유별, 장유유서 붕우유신이며, 한중일 3국은 한자 문화권의 동방예의지국으로서 이러한 유교적 인륜의 영향을 받았음을 부인할 수 없다. 가정 평화는 사회 국가의 평화를 가져온다. 孝를 부모은과 연결해 볼 일이다. 특히 출가자는 '일자출가에 구족승천이라' 라는 말이 있듯이 출가 자체가 효도와 우애이다. 그리고 원불교를 신앙하는 재가 · 출가 모두는 항마위 이상이 되어 부모님을 희사위로 올려드리는 大孝를 잊어서는 안 된다. 인도정의의 교법에서 효도와 우애의 인륜은 그 핵심으로 자리한다.

주석 주해

「인도가 근본이 되는 것이니 그것을 바르게 놓아야 매사에 질서를 얻어 성사가 된다. 그런데 보통 사람들은 인도 외에 이상한 말을 해야 좋아한다. … 매사가 마음 작용 여하로 되는 것이니 마음이 선하면 가정, 사회, 국가가 다 화평해진다. 일심청정 시방국토청정이다」(박길진, 『대종경강의』, 원광대출판국, 1980, p.190).

「부모에게 효도하고 형제간에 우애하는 사람으로 남에게 악할 사람이 적은 것이다. "그 사람됨이 효도하고 공경하면서 윗사람에게 잘못하는 사람이 적다" (논어 권1)라 하였다. '효는 백행의 근본' 이라 하였다. 송태조의 「비음기」에 '효경은 백행의 근본이라' 하였다. 이 말을 일반적으로 효는 백행의 근본이라 쓰여져 왔다. 대종사는 이 말을 수용했다」(한종만, 『원불교 대종경 해의』(上), 도서출판 동아시아, 2001, p.331).

문제 제기

1) 대가족에서 핵가족으로 변하고 있는 상황에서 효의 실천은?
2) 효가 백행의 근본이 되는 이유는?

[인도품 12장] 나를 미루어 남 세정을 알라

핵심 주제

나를 미루어 남 세정을 알라
「다른 사람의 세정을 알아주라」(원불교 대종경 해의 上, 한종만).
「내 마음을 미루어 남의 세정을 생각하는 법」(교전공부, 신도형).
「내 마음 남의 마음」(원광 163호, 이성택).

대의 강령

내가 못 당할 일은 남도 못 당하고, 내게 좋은 일은 남도 좋아한다.
1) 내 마음에 섭섭하거든 남에게 그리 말라.
2) 내 마음에 만족하거든 남에게 그렇게 해야 한다.
3) 이것은 내 마음을 미루어 남의 마음을 생각하는 법이니, 자타의 간격 없이 서로 감화된다.

출전 근거

이공주 수필 『회보』 43호(원기 23년)에 실린 법어이다.

어구 해석

감화 : 주변의 영향으로 내 마음이 감동되어 바람직하게 변화되는 것을 感化라 한다. 곧 교법 실천, 정진 적공에 감화되는 것을 말한다.
세정 : 상대방의 노고, 희로애락 등 세세곡절의 정을 細情이라 한다.

관련 법문

「남의 은혜만 많이 바라는 사람으로서 다른 사람의 세정 알아주기가 어렵고, 제 욕망만 채우려는 사람으로서 남에게 혜시하기가 어려운 것이다」(대종경 선외록, 요언법훈장 32장).

「다른 사람의 원 없는 데에는 무슨 일이든지 권하지 말고 자기 할 일만 할 것이요」(정전, 제3 수행편, 제12장 솔성요론 15조).

보충 해설

사람의 감정은 공통되는 바가 많다. 내가 좋아하면 남도 좋아하고 내가 싫어하면 남도 싫어한다. 주자의 『중용』 13章 주석에서도 「推己及人爲恕」라 하였다. 나를 미루어 남을 생각하라는 것이다. 남이 원 없는 것을 시키면 오히려 역효과가 나기 때문이다. 추운 겨울에 시냇물을 둘이서 건넨다고 가정해 보자. 한 사람이 양말을 벗고 다른 사람을 업어서 건네주어야 할 경우, 내가 그렇게 하고 싶은 마음이 일어날 것인가? 상대방이 나를 건네주었으면 하는 마음이 앞설 수 있다. 이에 나를 미루어 남을 생각하는 마음이 교화자의 자비심이다.

주석 주해

「남한테 먼저 도리를 다하지 못하는 것이 우리 인간의 약점이다. 남이 나에게 먼저 그렇게 하도록 바라고, 하지 않으면 불평을 한다. 그러나 나의 이러한 마음을 미루어 보아 내가 먼저 남에게 무상으로 베풀어야 한다. … 남의 心思를 알아주기가 참으로 어려운 것이다」(박길진, 『대종경강의』, 원광대출판국, 1980, p.191).

「나를 미루어서 다른 사람에게 미치게 한다. "윗사람에게 미움 받은 바를 밑의 사람에게 미워하지 말라" (대학), "내가 하고 싶지 않는 것을 다른 사람에게 억지로 시키지 말라" (논어 권12). … "나의 어버이를 섬기는 마음을 미루어 다른 사람의 어버이에게 미치게 하라" (맹자 권1) 하였다. 그러나 현실은 그 반대로 되고 있다」(한종만, 『원불교 대종경 해의』(上), 도서출판 동아시아, 2001, p.333).

문제 제기

1) 이타주의보다 자기중심의 이기주의자들이 많이 늘어나고 있는데?

2) 나의 好惡 감정을 미루어 남을 생각하는 심법을 가지려면?

[인도품 13장] 큰 재주의 심법

핵심 주제

큰 재주의 심법

「천하의 큰 재주」(원불교 대종경 해의 上, 한종만).

「천하의 큰 재주」(교전공부, 신도형).

「큰 재주 있는 사람」(원광 250호, 박남주).

대의 강령

큰 재주 있는 사람이란?

1) 남의 재주를 자기 재주로 삼을 줄 안다.

2) 그가 가정, 나라, 천하에 있으면 가정, 나라, 천하를 흥하게 한다.

어구 해석

재주 : 무엇이든 잘 할 수 있는 빼어난 솜씨나 능력을 재주(才)라고 한다. 수도인의 경우, 성불 제중의 재주가 있다면 더욱 좋을 것이다.

천하 : 하늘 아래 온 세상 및 모든 나라를 天下라 한다. '천하강산제일루' (법의대전) 내지 平天下 등에서 이 천하 용어가 사용된다.

관련 법문

「욕심이 없어야 큰 공부를 이룰 수 있고 남의 재주를 내 재주같이 여겨야 큰 일을 할 수 있다」(한울안 한이치에, 제7장 기연따라 주신 말씀 21장).

「이명훈이 묻기를 "제가 재주 하나를 배워 가지려 하오니, 이 세상에 어떠한 재주가 제일 크나이까." 답하시기를 "사람과 잘 화하는 재주를 배워 가질지니라" 」(정산종사법어, 응기편 13장).

보충 해설

수도인의 능력은 타인의 능력(재주)을 자기의 능력으로 삼는데 있다. 교도들의 능력을 십분 활용하는 수도인은 뛰어난 교화의 능력이 있다. 출가는 교단의 주체가 되고 재가는 현장교화의 주역이 된다면 출가 재가 서로가 능력과 재주를 합할 수 있을 것이다. 그리고 예비교무들이 큰 재주를 활용할 줄 아는 것은 동지 도반들의 재주를 공유하는 것이다. 혼자 100점 맞으려 말고 여럿이 80점을 맞자는 법어 정신에서 오늘날 예비교무들의 시험 모임공부가 전통화된 것도 이와 관련된다. 공부 잘하는 도반들의 지혜를 활용하자는 것이다.

주석 주해

「사람이 모든 재주를 다 구비할 수는 없으므로 자기 재주를 키워나가되 남의 재주를 활용할 줄 알아야 된다. … 보통 사람들은 이렇게 활용할 줄은 모르고 시기하며 용납을 못한다」(박길진, 『대종경강의』, 원광대출판국, 1980, p.192).

「큰 재주 있는 사람은 남의 재주를 자기 재주로 삼을 줄 안다. 유교의 『대학』에 "타인의 재주 있는 것을 내 재주 있는 것으로 생각하라" 고 하였다. 다른 사람이 재주 있는 것을 기뻐한다는 것이 어렵다. 자기의 발전을 위해서 경쟁심이 있는 것은 좋다. 그러나 노력은 하지 않으면서 남보다 더 나아지려는 것이 문제이다」(한종만, 『원불교 대종경 해의』(上), 도서출판 동아시아, 2001, p.335).

문제 제기

1) 남의 재주를 나의 재주로 삼으려면?
2) 천하에 큰 재주 있는 사람이란?

[인도품 14장] 본의 파악이 중요하다

핵심 주제

본의 파악이 중요하다

「상대방의 본의를 생각하라」(원불교 대종경 해의 上, 한종만).

「본의와 결과」(교전공부, 신도형).

「마음의 본의와 해로운 결과」(원광 165호, 이성택).

대의 강령

남에게 이익을 주고자 할 때에는?

1) 사람이 利를 주고자 한 일이 害를 주기도 하니, 남을 위해 무슨 일을 할 때에는 조심해야 한다.

2) 만일 害를 입은 사람은 그 본의를 생각해서 감사할지언정 원망하지 말아야 한다.

출전 근거

『월말통신』 32호(원기 15년)에 실린 법설이다.

어구 해석

본의 : 본래 지니고 있는 뜻 및 하고자 하는 의도를 本意라 한다.

원망 : 잘못을 남의 탓으로 돌리며 불평불만을 갖는 것을 怨望이라 한다. 중생들은 자칫 원망심에 사로잡혀 일생을 고통의 세월로 보내곤 한다. 원망생활을 감사생활로 돌리자는 교강9조를 생각해보자.

관련 법문

「앞으로 공부계로나 사업계로나 중근의 무리가 모농사에 피(稗) 섞이듯 나와서 내 법을 문란하게 할 수 있을 것이다. 그러나 평소 내 법설을 잘 들은 사람들은 나의 본의를 잘 알고 있을 것이니 냉정한 머리로 판단하여 중근의 파당에 휩쓸리지 말라」(대종경 선외록, 유시계후장 19장).

「본의는 좋은 일이라도 그 방편을 쓰는 데에는 광협과 장단이 있으니 대국적 견지에서 제일 좋은 방법을 찾아 거기서 따라야 한다」(한울안 한이치에, 제8장 화합교단 71장).

보충 해설

남에게 利를 주고자 한 것이 도리어 害가 된다는 것 혹 그 반대는 '은생어해' '해생어은'의 법문을 통해 이해할 수 있다. 자녀 교육을 위해 꾸중을 하거나, 스승이 제자에게 매질을 하는 것이 당장은 害인 것 같지만 결국 인격 성숙이라는 恩의 결실을 가져다준다. 또 상대방의 본의를 생각한다는 것은 일이 잘못된 결과만을 생각하지 말고 최초의 發意 및 일의 전개과정을 생각해서 부정적 생각보다는 긍정적 사유를 가져보자는 뜻이다. 우리가 일을 하다가 본의 아니게 잘못될 수 있기 때문이다. 우리가 입교 내지 출가한 본의가 무엇인가?

주석 주해

「윤리학에서는 동기설과 결과설이 있고, 법률에서는 동기를 참작은 하지만 결과를 가지고 처리한다. 그러나 불교는 동기를 주로 한다. 長者의 萬燈이 貧者의 一燈만 못하다는 말씀이나, 一僧이 뱀을 친다는 것이 사람을 잘못 쳐 죽이게 되었을 때는 뱀을 죽일 것으로 다루어져야 한다는 말씀에서 불교의 이러한 입장을 찾아볼 수 있다」(박길진, 『대종경강의』, 원광대출판국, 1980, p.193).

「대종사가 귀가 아파 이리병원에서 치료를 받고 있었다. 치료가 잘못되어 귓병이 악화되어 통증을 느꼈다. 보통 사람이라면 의사에게 책임을 묻든지 좋지 않게 생각할 수 있지만 대종사는 의사가 환자를 치료할 때 환자를 잘 치료하려고 하는 것이지 잘못 하려고는 안 할 것이라 생각하였다. … 법률에서는 동기를 참작하지만 결과로 처리한다. 종교에서는 대체적으로 동기를 중요하게 생각한다」(한종만, 『원불교 대종경 해의』(上), 도서출판 동아시아, 2001, pp.336-337).

문제 제기

1) 은생어해, 해생어은이란 무엇인가?

2) 상대방의 본의를 생각하라는 뜻은?

[인도품 15장] 정도로 구하라

핵심 주제

정도로 구하라

「바른 도로서 구하라」(원불교 대종경 해의 上, 한종만).

「정의가 변하는 이유」(교전공부, 신도형).

「정의가 변하는 원인」(원광 165호, 이성택).

대의 강령

새로 입교한 교도 한 사람이 음식과 폐백을 올리자, 대종사 이에 말하였다.

1) 그대가 예를 표하는 것은 감사하나 그대 마음 여하에 따라서는 정의가 후일 변하기도 하니, 그 이치를 아는가?

2) 나와 영구한 인연이 되는 길은, 그 구하는 것이 나에게 있다면 영구한 인연이 되겠지만, 나에게 없는 것이라면 우리의 사귐은 오래 가지 못한다.

출전 근거

송도성 수필 법설집에 실린 법설이다.

어구 해석

영산 : 소태산 대종사가 태어난 곳으로 전남 영광군 백수읍 길룡리와 주변을 말하며 '영산성지'라고도 부른다. 이곳에는 소태산의 대각지 노루목, 만고일월 대각비, 선진포 입정터, 방언공사의 정관평, 삼밭재, 구간도실, 15세에 잠시 살던 구호동 집터, 강변입정상을 전후하여 잠시 살던 귀영바위, 9인 기도봉, 제명바위, 구간도실, 최초법어를 설한 이씨제각, 영산원, 9인 선진들의 발자취, 예비교역자 양성기관인 영산선학대학교도 있다. '靈山'이라는 호칭은 서가모니불의 영산회상에 연원하여 소태산이 영산회상을 재현한다는 뜻에 기인한다. 영산성지 순례를 통해 신앙심을 키우고 원불교의 성지를 萬代 보존하자.

입교 : 원불교를 신봉, 소태산 교조의 정신에 함께 하기 위해 교단에 귀의하여 정식 절차를 밟음으로써 정식 교도가 되는 것을 入敎라 한다. 교도가 되면 4종 의무를 실행하며 보통급 10계를 부여받는다.

폐백 : 신부가 처음 시부모와 그 가족을 뵐 때 올리는 대추나 건치를 幣帛이라 하며, 아울러 일반적인 모든 예물을 뜻하기도 한다.

정의 : ☞교의품 34장 참조.

관련 법문

「민자연화는 매년 생일이 되면 좋은 음식을 차려놓고 반드시 대종사 계신 곳을 향하여 심고를 올리었다. 그 자손들이 말하였다. "불법연구회는 일체 미신을 타파한 종교인데 조모님은 도로 옛 미신을 지키십니까." 자연화 말하였다. "남의 자녀로서 그 부모를 사모하는 정성이나 제자로서 그 스승을 사모하는 정성이 무엇이 다르랴. 내가 지금 올리는 음식은 대종사께서 안 잡수실 줄은 알지마는 제자된 도리로써 정성을 표하는 것이다." 후일에 대종사 들으시고 말씀하시었다. "자연화는 자녀 교양하는 도가 있도다. 과연 부모는 자녀들이 보고 나가는 거울이 되나니…"」(대종경 선외록, 원시반본장 10장).

「경성의 어느 부호 세력가에 두 사람이 출입하였다. 甲은 부호를 친근하여 권력도 얻고 금전도 차용하려는 목적으로 폐물과 후한 대접을 하여 친근하게 되었다. 그리하여 다른 사람의 전답을 빼앗으므로 여러 사람과 원수가 되고 … 乙은 부호를 친근하여 부귀를 이루는 방법을 배워서 자기가 노력해서 부호가 되려는 목적으로 정성과 힘을 다하여 부호를 섬겨 친근하게 되었다. 그리하여 사농공상 간에 산업의 방법을 문의하여 부호를 자기의 치산하는데 고문을 삼아서 몇 해를 지내보니 가세가 불어나서 부유한 살림이 되었다」(송도성 수필법설).

보충 해설

사제 간의 '지도 권면' 이라는 본의를 생각해 볼 일이다. 제자들의 대종사관이 이와 관련된다. 초입 교도들이 대종사께 접근하는 이유 중의 하나로 '신비와 이적' 을 추구하려는 성향에 대한 경고성 법문이기도 하다. 만일 구하는 바가 대종사의 이적이나 신비에 초점이 맞추어져 있다면 제자로서 스승을 잘못 모시는 꼴이다. 이적이나 신비는 극히 일부의 방편이다. 정법 정도로 스승을 섬기고 모시는 것이어야 한다. 본 법문은 세속의 '뇌물' 개념을 생각하게 하는 대목이다. 폐백을 올리는 일이 자칫 엉뚱한 술수와 관련될 수 있기 때문이다.

주석 주해

「저편에서 나에게 무엇을 구하려고 친절히 하는가를 잘 알아차려야 한다. 그리하여 서로 화하는 선연이 유지되도록 미리 마음의 준비를 해야 한다. … 상대방을 서로 인격적으로 존중하면서 친교를 가져야지, 이용하려는 마음으로 가까이 해서는 안 된다」(박길진, 『대종경강의』, 원광대출판국, 1980, pp.194-195).

「교도를 상대하는 교무에게도 필요하지만 교도들에게 특히 요청되는 말씀이다. … 우리는 여기에서 제자로서 스승을 모시는 도와 심법을 배우게 된다. 다시 말하면 제자로서 스승에게 무엇을 구하며 어떻게 모셔야 할 것인가를 배울 수 있다는 말이다」(이성택, 「정의가 변하는 원인」, 『원광 자료모음집』-대종경편 1, 월간원광사, 1990, pp.370-371).

문제 제기

1) 어느 종교에 입교한 동기가 신도들이 자기 상점에 와서 물건을 많이 사주기 위한 의도로 입교했다면?

2) 소태산을 신봉하는 의도가 치병이나 이적을 바라는데 있다면?

[인도품 16장] 선연과 악연의 원인

핵심 주제

선연과 악연의 원인

「좋은 인연을 맺는 길」(원불교 대종경 해의 上, 한종만).

「선연이 오래가지 못하는 이유」(교전공부, 신도형).

대의 강령

좋은 인연이 오래 가지 못하는 이유?

1) 유념할 자리에서 유념하지 못하기 때문이다. 곧 은혜 입고도 잊어버려 섭섭함에 의리 없다고 생각한다.

2) 무념할 자리에서 무념하지 못하기 때문이다. 곧 은혜를 베풀고 보답이 없으면 상만 남아 더 미워한다.

출전 근거

송도성 수필 『월말통신』 11호(원기 14년)에 실린 법설이다.

어구 해석

유념 · 무념 : 마음으로 챙기는 것을 有念이라 하고, 마음을 놓고 살거나 잘 챙기지 못하는 것을 無念이라 한다. 곧 유무념 공부가 있다.

의리 : 사람으로서 지켜야 할 바른 도리를 義理라 한다. 인간으로서 서로 사귐에 있어 쉽게 변색하는 것보다 어느 때든 변함없는 관계를 유지하기 위해 마땅한 도리 즉 의리를 지켜야 함은 당연하다.

원진 : 서로의 관계가 악연이 되어 상대방에 대한 원망과 진노의 마음을 怨瞋이라 한다. 원진이 있다면 해원 상생의 자세가 필요하다.

관련 법문

「힘 있는 나라가 힘없는 나라를 무력이나 모략으로써 빼앗고 위협하는 것은 힘센 개가 힘없는 개를 물고 누르는 것과 같나니, 돌아오는 문명한 세상에서는 그러한 금수 같은 일은 아니할 것이다. 약한 나라를 덕과 의리로써 북돋아 주면 이 편이 약해질 때에 결국 덕과 의리로써 돕는 나라가 생겨날 것이요」(대종경 선외록, 도운개벽장 11장).

「유념할 곳에는 반드시 유념을 잊지 말고 무념할 곳에는 반드시 무념을 잊지 말아서 유 무념의 참된 공덕이 일일이 다 수용하도록 하라. 만일 이 유념과 무념의 길을 알지 못하면 유념할 곳에는 무념을 주장하고 무념할 곳에는 유념을 주장하여 유념과 무념이 한 가지 죄업을 지으며 무궁한 저 고해에 침몰하게 될지니 어찌 한심하지 아니하리요」(정산종사법어, 경의편 27장).

보충 해설

은혜를 주고받음에 주의할 것이다. 응용무념으로서 무상보시, 무념보시를 하자는 뜻이다. 보시를 했다는 상에 집착하면 원망으로 이어질 것은 뻔한 일이다. '무주상 보시'가 응용무념의 보시인 것이다. 또 '응무소주이생기심'이란 개념도 숙고해 볼 필요가 있다. 주한 바 없이 마음을 내는 것이 쉽지만은 않을 것이다. 언어명상이 돈공한 일원상의 진리를 연계해 본다면 무념보시, 무상보시로 이어진다.

주석 주해

「베풀어준 은혜를 잊지 아니하고 받은 은혜는 잊어버리는 것이 보통 사람의 심리인데, 이와 달리 그 반대가 되어야 서로 선연이 계속되고 화하게 된다. … 害生於恩이 되기 쉬우니 항상 받은 사람은 은혜를 잊지 말아야 한다. 그러나 베풀어준 사람은 잊어야 한다」(박길진, 『대종경강의』, 원광대출판국, 1980, pp.195-196).

「삼천대천세계에 가득 찬 七寶로 한량없는 보시를 해야 한다. 한량없는 은혜를 베풀어야 한다. 많은 은혜를 베풀어도 금강경 사구게를 수지 독송해서 다른 사람에게 가르쳐 주는 것보다 못하다는 것이다. 이 뜻은 삼천대천세계와 같은 칠보로 보시를 하는 것이 가치가 없다는 것이 아니라 많이 은혜를 베풀었다는 상을 가지면 안 된다는 것이다」(한종만, 『원불교 대종경 해의』(上), 도서출판 동아시아, 2001, p.340).

문제 제기

1) 좋은 인연이 오래가지 못하는 이유는?

2) 유념할 자리에 유념하지 못하고, 무념할 자리에 무념하지 못한다는 것은?

3) 가까운 사이에 영원히 좋은 인연을 맺는 방법에 대하여 쓰시오.

[인도품 17장] 복이 죄로 화하는 이치

핵심 주제

복이 죄로 화하는 이치

「응용무념의 도」(원불교 대종경 해의 上, 한종만).

「복 지은 마음이 죄 짓는 마음으로 변할 수도 있다」(교전공부, 신도형).

대의 강령

대종사, 이공주에게 약간의 보시 후 오히려 죄받는 이유에 대해 설하였다.

1) 범상한 사람들은 약간의 은혜를 베풀어 놓고는 그 관념과 상을 놓지 못하므로 배은을 할 때에는 미워하고 원망하여 도리어 지극한 미움을 일어낸다.

2) 달마대사는 '응용무념' 을 덕이라 하고, 노자는 '상덕은 덕이라는 상이 없다' 하니, 공부인은 이 도리를 알아야 영원한 은혜가 된다.

어구 해석

달마(?-528) : 성리품에 達磨가 인용되고 있으며, 소태산이 문정규에게 달마를 걸릴 수 있겠느냐는 것이 이것이다. 달마는 중국 남북조 시대의 선승으로 서가모니로부터 28대 중국 선종의 初祖가 되었다. 남 인도 향지국 이견왕의 셋째 왕자로 태어나 27조 반야다라 존자에게 법을 배웠으며 대승불교에 통달하고 禪에 통달하기도 하였다. 양무제 때인 520년 경 중국에 들어왔으며, 양무제가 달마대사를 찾아가 성리의 한 소식을 묻자 '廓然無聖 · 所無功德' 이라고 답하기도 하였다. 달마는 그 뒤 숭산 소림사에서 9년간 면벽참선을 하였다. 이 때 면벽은 외부 사물들과의 관계 맺음을 끊고, 마음의 본체를 밝히기 위한 방편이었다. 곧 사람의 마음을 가리켜 성품을 보아 부처를 이루자는 것이었다. 불립문자, 직지인심, 견성성불이 그것이다. 달마는 훗날 혜가선사를 만나 선법을 건넸다.

응용무념 : 베풀었다는 생각이나 관념이 없는 무념의 상태를 설명할 때 자주 사용되는 문구이다. 천지의 應用無念의 도란 풍운우로를 베풀고도 하늘이 베풀었다는 상을 가지지 않는다는 것이다. 인간이 상대방에게 보시행을 할 때 천지의 응용무념의 도를 본받는 이유가 되기에 충분하다.

노자(BC 561-BC 467) : 중국 춘추전국시대의 인물로 장자와 더불어 도가철학을 주도했으며 도가의 시조로 불린다. 老子는 『도덕경』을 지어 무위자연 사상을 강조하였으며, 인위의 가치보다는 자연 무위로 돌아가라고 하였다. 그는 도와 덕의 개념도 정립시켰으며, 덕이라는 상이 없는 덕을 上德이라 하였다. 노자의 사상을 한마디로 말한다면 無爲自然의 도를 본받아 자연에 합일하는 것이다. 그러면 우리 인간은 덕을 베풂에 무루의 공덕이 되어 순수 소박한 인품을 소유한다.

관련 법문

「권동화 묻기를 "천지도 사람같이 원이 있으며 보은하면 좋아하는 느낌이 있나이까." 답하시기를 "응용무념 하는 것이 천지의 도나, 천지의 하는 것을 보면 그 원을 가히 알 것이요 우리의 좋아하는 것을 미루어 생각하면 천지의 좋아할 것을 가히 알 것이니라"」(정산종사 법어, 경의편 6장).

「대종사께서 고경 한 귀를 인용하사 혜복 이루는 요도를 간명히 밝혀 주셨나니 곧 "자성을 떠나지 않는 것이 가장 큰 공부요, 응용에 무념하는 것이 가장 큰 덕" 이라 하심이러라. 또 말씀하시기를 "상에 주착한 공덕은 오히려 죄해의 근원이 되기 쉽나니, 사람이 다 자식을 기르되 부모에게는 상이 없으므로 큰 은혜가 되듯 복을 짓되 상이 없어야 큰 공덕이 되나니라"」(정산종사법어, 무본편 34장).

보충 해설

달마대사와 노자는 모두가 응용무념을 가르치는 성현으로 인지되고 있다. '相을 놓는 공부' 로는 마음을 空心으로 만드는 일이 필요하다. 무엇이든 무상보시 즉 상없는 보시가 요구된다는 것이다. 이것은 천지은에서 응용무념의 도를 실천하는 것과 연결시킬 때 더욱 가능하다. 만약 남에게 무엇이라도 베풀었다는 상을 가지고 살면, 그만한 보상이 돌아오지 않을 경우 결국 상대방에게 아쉬움을 갖게 되어 베풀지 않음만 못하게 된다. 나아가 이 원망심으로 죄를 짓는 수도 있다.

인물 탐구

이공주(1896-1991) : 구타원은 서울에서 이유태 선생과 민자연화 여사의 3남3녀 중 둘째 딸로 태어났다. 6세 때부터 부친에게 한글을 배워 고대소설을 읽었으며, 8세에는 천자문과 소학을 배웠다. 10세 때에는 근대 한국여성으로 최초의 미국유학생이었던 하란사 선생으로부터 한문, 산술, 초급영문 등을 배우기 시작했다. 그 후 이화학당 초등부에 입학, 기숙사 생활을 하며 영어와 성경 등을 배웠고, 11세에는 외삼촌이 교장으로 있던 동덕여학교에 입학하였다. 동덕여대에서 수학 중 13세 되던 해 9월, 외삼촌으로부터 창덕궁 여관시보로 추천을 받아 조선 마지막 황후 윤비의 시독으로 입궁하게 되었다. 17세에는 한일합방으로 퇴궁하고 경성여자고등보통학교(현 경기여고)에 입학, 우수한 성적으로 졸업하였다. 구타원은 이처럼 신교육을 받았으며 당시 배운 지식이 도움이 되어 소태산 대종사의 법설을 가장 많이 수필한 법낭으로 역할 하였다. 구타원은 남원 운봉박씨의 문중 박장성씨와 결혼, 맏아들 창기(묵산)와 원기를 두어 단란한 가정을 유지하려 했으나 결혼 8년 만에 부군이 세상을 떠나고 말았다. 이러한 고통 속에 슬픔을 딛고 소태산 대종사를 만난 것이다. 구타원이 대종사를 만난 것은 원기 9년 11월, 소태산이 서울에 두 번째 상경할 때였다. 이동진화가 마련한 동대문 밖 창신동 수양처를 박공명선 정사의 안내로 모친 민자연화, 언니 이성각과 더불어 방문, 대종사의 제자가 되었다. 27세의 젊은 나이로 부군을 사별한 후 인생무상을 느끼고 있었을 때 대종사와 만남이 이뤄진 것이다. 소태산은 그녀를 보자 共珠라는 법명을 즉석에서 내렸다. 그리고 일주일 만에 대종사의 하서를 받은 구타원은 이후 몇 차례 서신을 주고받았다. 월말통신 1호에서부터 월보, 회보 등에 실린 구타원의 대종사 수필 법설은 45편이나 된다. 이미 소태산은 구타원에게 "이공주에게 나의 법을 가장 많이 설해 주었다. 공주는 나의 법낭이다" 라고 했을 정도이다. 구타원은 묵산 박창기와 더불어 부군으로부터 물려받은 일천여 마지기의 재산을 교단 경제 운영에 사용하였다. 초기교서 인쇄비용, 회보발행, 총부 대각전 신축, 1대성업봉찬 사업에 그녀의 정재를 바친 것이다. 그 후 개교반백년기념사업 추진, 서울수도원과 서울보화당 설립, 서울회관 건립, 영산성지 개발사업, 교단 인재양성, 해외교화 후원, 제2대말 및 대종사 탄백기념사업 등 교단사의 중추적인 일에 헌신하였다(송인걸, 『대종경속의 사람들』, 월간원광사, 1996, '이공주' 참조).

주석 주해

「천지의 덕을 곰곰이 생각하면 한량없다. 그러나 무슨 相을 내는가? 이와 같이 상을 내지 않으면 곧 大德이 된다. 인간은 덕을 베풀었다 하나 자칫하면 죄고로 화하게 되니 덕을 덕이라 하기도 어렵다. 온천지를 내 가정, 내 권속으로 알고 행해야 덕이 나온다」(박길진, 『대종경강의』, 원광대출판국, 1980, p.197)

「소태산이 대각 후 『도덕경』을 참고로 열람했다는 언급은 보이지 않는데 『대종경』 인도품 17장에 "노자께서도 上德은 德이라는 相이 없다고 하셨다" 는 언급이 보인다. 『도덕경』의 원문은 '上德不德' 인데 이것을 無相과 연결지워 해석한 부분이 눈에 띄는데 그 근거의 일단으로 『수심정경』 제7장의 「常淸靜經」에 "상덕은 무상에 처하기 때문에 덕스럽지 않으며 하덕은 유상에 집착하므로 덕에 매달린다. 집착하는 것을 도덕이라고 부를 수 없다" 는 내용을 꼽을 수 있을 것이다」(박병수, 「송정산의 수심정경 연구」, 『원불교사상』 21집, 원불교사상연구원, 1997, p.447).

문제 제기

1) 복을 지을 때는 복을 짓는다는 관념마저 벗어나기란 쉬운 일이 아닌데, 어떻게 그 관념을 벗어날 수 있을까?

2) 보시에 있어 은생어해와 해생어은의 의미를 말하시오.

3) 복이 죄로 화하는 이유는?

[인도품 18장] 증애에 끌리지 않는 방법

핵심 주제

증애에 끌리지 않는 방법

「미움과 사랑에 끌리지 않는 마음」(원불교 대종경 해의 上, 한종만).

「증애에 끌리지 않는 원만한 마음」(교전공부, 신도형).

「원만한 마음을 잘 가지려면」(원광 251호, 박남주).

대의 강령

대종사, 이정원에게 증애에 끌리지 않는 방법에 대해 말하였다.

1) 미움을 받거든 같이 미워하지 말고 그 원인을 알아본 후에 잘못이 있으면 고치기에 노력할 것이다.

2) 잘못이 없으면 전생의 밀린 業으로 알고 안심하고 받을 것이다.

3) 상대방의 고통을 직시하여 나는 누구에게든지 미움을 주지 않으리라 결심할 것이다.

4) 정당한 사랑은 집착 말고, 부정당한 사랑은 끊어라.

어구 해석

증애 : 애증이라고도 하며, 사랑하는 것과 미워하는 것으로부터 오는 고통의 감정이 憎愛이다. 불교의 八苦 중에서 사랑하는 사람과 이별해야 하는 고통의 애별이고와 원망하고 증오하는 사람과 만나야 하는 고통의 원증회고가 이 증애에 관련된다.

용단심 : 용기를 내어 결단하는 마음을 勇斷心이라 한다. 다시 말해서 무언가 계획을 세웠다면 용단심으로 이를 전개하자는 것이다.

관련 법문

「우리도 대인이 되려면 그 마음이 허공 같이 되어야 하나니라. 자신을 다스리되 빈 마음으로써 하고, 가정을 다스리되 빈 마음으로써 하고, 나라를 다스리되 빈 마음으로써 하며, 모든 동지와 모든 동포를 대할 때에도 또한 빈 마음으로써 화하여 매사에 상이 없고 원근이 없으며 증애가 끊어지면 불보살이니라」(정산종사법어, 원리편 23장).

「대중을 상대하여 恩誼를 서로 맺은 이상에는 그 교제의 정신이 항상 원만하고 순일함이 평상심이니, 그 정신이 능히 파당에 초연하고 증애에 안 끌려서 일을 당하여는 오직 공정을 주장하고 은혜를 베풀 때에는 오직 무념을 주장하여, 여기에는 利 주고 저기는 害 주며 어느 때는 좋아하고 어느 때는 싫어하는 마음이 없으며 … 마음을 조금도 변하지 아니하는 것은 교제에 나타난 평상심이요」(정산종사법어, 권도편 46장).

보충 해설

감정 작용에 있어 『중용』에서 자주 거론되는 바, 「희로애락의 미발을 中이라 하고, 발하면 모두 절도에 맞는 것을 和라고 한다」라는 조항을 자세히 새겨볼 일이다. 八苦 중 다음 두 가지를 보면, 愛別離苦(사랑하는 자와 이별의 고통) · 怨憎會苦(원망스러운 사람과 만나는 고통)이다. 원망할 일을 받거나 짓거나 할 때 그 업장을 녹이는 일이 필요하다. 업장은 용해시키지 않으면 없어지지 않는다. 그리고 평화를 깨뜨리는 것은 증오심이라는 것을 환기하여야 한다. 증오는 증오를 낳고, 결국 고통스런 전쟁으로 이어지기 때문이다. 미국의 9·11테러가 좋은 교훈이다. 따라서 수도인은 희로애락을 발할 때 '和'로 이어지도록 애증의 착심을 벗어나 자비심의 동남풍을 불리자는 것이다.

인물 탐구

이정원(1871-1933) : 李正圓은 경남 고성에서 부친 이씨와 모친 오씨의 무남독녀로 출생하였다. 어려서 근실하고 정직한 가운데 편안한 감성을 지녔다. 일찍이 부모와 사별하고 서울에서 생활하다가 16세에 시집을 갔으나 37세에 남편을 사별하니 곤궁하여 고통의 나날이었다. 이정원은 이러한 심중에 도덕군자를 만나기가 소원이었는데, 원기 10년 이성각의 연원으로 교단에 귀의하여 심락을 찾을 수 있게 되었다. 대종사가 상경하면 이공주 집에 머무르며 법을 설하였는데 이때 이정원은 김낙원, 심오운과 내왕하며 법설을 듣곤 하였다. 소태산이 상경하여 이정원과 대화를 나누며 설한 법설이 본 품의 증애 법문이다. 이정원은 서울교당 창립주의 한 사람으로 매월 유지비를 납부하였고 어려운 상황 속에서 대종사를 받드는 심경이 충천하였다(송인걸, 『대종경속의 사람들』, 월간원광사, 1996, '이정원' 참조).

주석 주해

「알고 보면 憎愛할 것이 없다. 공연히 생각을 잘못해서 미워하기도 하고 사랑하기도 한다. … 부정당한 것은 아니라 해도 앞뒤도 돌아보지 않고 한 사람만 친하게 하고 보면 다른 사람으로부터 미움을 받는다. 또한 부모를 봉양하고 자식을 생각하는 것이 정당한 일이지만 거기에 집착되어 할 일을 못해도 안 된다」(박길진, 『대종경강의』, 원광대출판국, 1980, p.199).

「도인은 증애심을 없이 하는 것이 아니라 바른 증애심을 내어서 법과 덕으로 다스려야 한다. 살인강도를 꾸중하고 미워하지 않으면 사회는 혼란이 온다. 그러기 위하여 성리 단련을 아니 할 수 없다」(박남주, 「원만한 마음을 잘 가지려면」, 《원광》 251호, 월간원광사, 1995, p.141).

문제 제기

1) 미워하는 마음, 좋아하는 마음(憎愛)에 끌리지 않는 법?

2) 증애에 끌리지 않는 법에 대하여 언급하시오.

[인도품 19장] 훈계의 중도

핵심 주제

훈계의 중도

「증애에 끌림이 없는 훈계」(원불교 대종경 해의 上, 한종만).

「너무 극한 처사를 피하라」(교전공부, 신도형).

「극하면 변하는 이치」(원광 167호, 이성택).

대의 강령

한 제자가 부하 임원에게 엄책하자, 대종사 말하였다.

1) 그대가 증애에 끌림 없이 훈계하였다면 그 말이 법이 될 것이나, 끌린 바가 있었다면 법이 되지 못한다.

2) 더위나 추위가 극하면 변동이 생기는 것 같이 사람의 처사도 극하면 뒷날의 쇠함을 불러온다.

어구 해석

엄책 : 잘못한 것에 엄히 책임을 물어 꾸짖는 것을 嚴責이라 한다.

훈계 : 스승이 제자에게, 상사가 부하에게, 어른이 아동에게, 부모가 자녀에게, 동지가 동지에게 잘못된 행동이나 그럴 수 있는 여지가 있을 경우 상대방을 질책 및 훈도하는 것을 訓戒라 한다.

관련 법문

「대종사 석두암에 계실 때 한 여인이 와서 "저 같은 여자의 몸으로도 남자 제자와 같이 대성현을 모시고 자 볼 수 있나이까." 모시고 있던 제자들이 그 온당치 못함을 꾸짖으려 하니 대종사 시자들을 향하여 말씀하시었다. "저 여인의 원이 지극하니 너희들 자는 옆에 하룻밤 재우라"」(대종경 선외록, 자초지종장 5장).

「대종사 九인 단원의 근기가 점차 향상됨을 보시고 … 성계명시독이라는 양심 고백장을 두시어, 단원들이 자기 집에서 십일 동안 지낸 마음과 행동을 일일이 조사하여 그 신성의 진퇴와 행실의 시비를 대조하도록 하시었다. 그중에 만일 사실을 속이는 제자가 있으면 보신 듯이 그 사실을 지적하시며 엄하게 꾸짖으시었다. “그대가 나를 속이는 것이 곧 자신을 속이는 것이요 법계를 속이는 것이다. 그대가 계속하여 법계를 속인다면 그대는 영원히 재앙에 떨어질 것이니 각별히 조심하라”」(대종경 선외록, 초도이적장 4장).

보충 해설

활을 너무 당기면 끊어지고, 너무 늦추면 소리가 나지 않는다. 남을 훈계하더라도 지나치게 나무라면 오히려 역효과가 난다. 상대방이 그 훈계를 어느 정도 알아듣는다고 생각하면 그 정도로 그치는 것이 좋다. 스승으로서 제자 다스리는 道는 훈계보다 용서와 관용이 더 효과적인 경우가 많다. 묵산 문집의 「강연의 도」에서 훈시적 언사는 가능한 피하라(p.173)고 한 점을 참조해 보자. 그리고 상대방이 진심으로 받고 싶은 훈계가 된다면 이보다 더한 지도자는 없을 것이다.

주석 주해

「사람은 엄숙과 자비가 겸해야 한다. 자비가 지나쳐도 안 되고 엄숙이 지나쳐도 안 된다. 아랫사람을 나무랄 때 윗사람은 증애에 끌린 바 없는 공정한 마음으로 행해야 한다. 듣는 사람도 증애에 끌리는 마음으로 해주는지 자기를 가르치기 위해서 하는지 다 안다」(박길진, 『대종경강의』, 원광대출판국, 1980, p.200).

「인도품 19장은 부하직원을 지나치게 엄책하는 제자에게 내리신 법문이다. 즉 부하직원을 엄책하는 행위에 대한 법문이 아니라 엄책하는 감정에 대한 법문이라고 하겠다. 부하직원을 엄책하는 제자의 행위가 잘못된 것이 아니라 그 감정의 교류가 자연스럽지 못함을 보시고 내리신 법문이다」(이성택, 「극하면 변하는 이치」, 『원광 자료모음집』-대종경편 1, 월간원광사, 1990, p.373).

문제 제기

1) 증애에 끌림 없는 훈계란 무엇인가?
2) 칭찬과 훈계 정도의 표준은?

[인도품 20장] 상하 경애의 道

핵심 주제

상하 경애의 道

「어린이의 인격」(원불교 대종경 해의 上, 한종만).

「上敬下愛의 도」(교전공부, 신도형).

대의 강령

대종사, 한 제자가 어린 아이에게 경박한 말을 쓰자 훈계하였다.

1) 사람이 어른을 대할 때에는 어른 섬기는 도가 있다.

2) 어린이를 대할 때에는 어린이 사랑하는 도가 있다.

3) 경우를 따라 형식은 같지 않을지라도 저편을 중히 알고 위해 주는 정신은 다르지 아니하다.

어구 해석

경박 : 가볍고 천박한 것을 輕薄이라 하며, 윗사람이 범하기 쉽다.

섬기는 도 : 아랫사람이 어른을 경외심으로 모시는 道를 말한다. 섬긴다는 것은 경외심으로 상대방을 모시어 받든다는 뜻이다.

관련 법문

「남의 악평이나 훼담 등을 금해야 할 것이니 만일 그것을 금하지 아니하면 자연 경박한 습관이 커나서 口禍의 문이 열리게 되는 것이요」(대종경, 인도품 46장).

「옛 말씀에 "내 집안 어른을 받드는 마음으로 남의 어른을 받들고 내 집안 어린이를 사랑하는 마음으로 남의 어린이를 사랑하라" 고 하였나니, 어른을 공경하고 어린이를 사랑함은 그 사회의 아름다운 풍속이 될 것이니라」(정산종사법어, 세전, 제5장 사회, 3. 노소의 도).

보충 해설

대종사는 어린아이들을 맑고 깨끗한 하늘사람이라 하였다. 순진무구한 어린아이들을 사랑해줄지언정 함부로 대하지는 말자는 뜻이다. 이에 장유유서의 정신에 따라 적절한 언어를 사용하는 것이 바람직하다. 상하 동지간 언어의 도가 있어야 하며 잘못하면 상대방을 하시하여 상처를 준다. 예수는 "섬김을 받으러 온 것이 아니라 섬기러 왔다" 고 했다. 상하의 도에서 볼 때 서로가 섬길 수 있는 예절이 상대방에게 심려를 끼치지 않는다. 특히 언어의 도에서 더욱 그렇다.

주석 주해

「어린아이라 하여 함부로 언행을 가지면 그도 감정을 손상하게 해주는 것으로써 사랑의 도에 어긋난다. 한낱 짐승에게도 함부로 하면 노함을 볼 수 있다. 내가 잘 해주면 어린애들도 잘 따르고 배운다. … '해라' 잘하는 사람은 봉변당하기가 쉽다. 특별한 인연 외에는 경어를 쓰는 것이 교육상에나 교화상에나 효과적이다」(박길진, 『대종경강의』, 원광대출판국, 1980, p.201).

「가부장 제도와도 관련이 되어 아버지를 중심으로 하는 지도체제가 되어 어린이를 소홀히 생각하는 경향까지 있었다. … 대종사가 어린이 인권을 보호해야 한다는 것은 동양윤리 사상에 부족했던 면을 새롭게 재기시킨 것이다. 대종사는 인권 문제나 사회 문제에 있어서 평등사상에 주체를 두고 교법을 전개한 것이다」(한종만, 『원불교 대종경 해의』(上), 도서출판 동아시아, 2001, pp.349-350).

문제 제기

1) 교역자 상호 선후배 사이이라도 경어를 사용해야 하는 이유는?
2) 어린이에게 경박한 말을 하는 사람에 대한 대종사의 가르침은?

[인도품 21장] 말의 오묘한 조화

핵심 주제

말의 오묘한 조화

「복을 장만하는 말을 하라」(원불교 대종경 해의 上, 한종만).

「口是禍福之門」(교전공부, 신도형).

「말로 부는 나팔소리」(원광 168호, 이성택).

「복을 장만하는 악기」(원광 252호, 박남주).

대의 강령

우리 속담에 말하고 다니는 것을 나팔 불고 다닌다고 한다.

1) 어떤 나팔 곡조는 사람의 마음을 편안하게 하고 어떤 곡조는 사람의 마음을 불안하게 한다.

2) 어떤 곡조는 슬프게 하고, 어떤 곡조는 즐겁게 한다.

3) 어떤 곡조는 화합하게 하고 어떤 곡조는 다투게 하니, 항상 좋은 곡조로 천만 사람이 다 화하게 하라.

어구 해석

나팔 : 금속으로 만든 관악기가 喇叭이며, 여기에서는 우리가 입으로 내는 소리를 나팔 소리로 비유하여 언급한 말이다.

곡조 : 음악의 가락을 뜻하며, 또 언어의 다양한 색깔을 曲調라 한다. 화음을 자아내는 색깔의 언어는 좋은 음색, 좋은 곡조를 발한다.

관련 법문

「불의한 말로써 사람의 천륜을 끊는 것은 곧 인간의 강상을 파괴하는 큰 죄가 되며, 고의로나 또는 무의식중일지라도 사람과 사람 사이에 좋지 못한 말을 함부로 전하여 서로 원망과 원수가 나게 한다면 그 죄가 심히 큰 것이니, 방편이나 사실을 막론하고 사람과 사람 사이에 좋은 말을 잘 연락시켜서 종래에 있던 원망과 원수라도 풀리게 하며…」(정산종사법어, 예도편 17장).

「입으로 짓는 복 : 남에게 희망을 주는 말, 남의 선행을 드러내는 말, 여진이 있는 말, 서로 화하게 하는 말, 공부심이 나게 하는 말, 신심이 있게 하는 말, 바른 말, 모가 없는 말, 남에게 선을 하게 하는 말, 남을 공경하게 하는 말, 남의 잘못을 숨겨주는 말, 유순한 말, 참된 말, 정중한 말, 감사를 느끼는 말, 겸손한 말, 자비스런 말, 공심이 있는 말…」(대산종사, 「입으로 짓는 죄와 복」, 《원광》 16호, p.33).

보충 해설

우리가 내는 소리를 나팔 소리로 비유한 것과 유사하게 불교의 보조국사는 『진심직설』에서 하나의 화두로 沒絃琴(줄 없는 거문고)를 말하여 줄 없는 거문고에서 소리가 난다고 했다. 이 소리를 들으면 참 마음을 알게 된다는 것이다. 어떻든 우리에겐 입이 있으므로 각기 나름의 소리가 있다. 그래서 구시화문이라 했던 것이다. 「일원상 법어」에서 이 圓相은 입을 사용할 때 쓰는 것이니 원만구족하고 지공무사한 것이라 했다. 또 수도인의 언어 계율이 6항목이나 있듯이 항상 맑고 밝은 和音이 묻어나는 인품이 요구된다.

주석 주해

「말을 잘못하여 개인 가정 사회 국가 간에 시끄러운 일이 일어난다. … 말은 좋게 그대로 전해야 한다. 잘못 전하면 전혀 다른 의미로 전해지기 쉽다」(박길진, 『대종경강의』, 원광대출판국, 1980, pp.202-203).

「순기능적 측면의 나팔소리는 인간의 언어가 윤리적 선의 방향으로 나타난 것이며, 역기능적 측면의 나팔소리는 그 언어를 통해서 나타난 결과가 윤리적으로 볼 때 타당하지 못하다는 것이다. 여기에서 우리는 말로 부는 나팔소리의 당연함을 따라야 하는 이유를 발견한다.」(이성택, 「말로 부는 나팔소리」, 『원광 자료모음집』-대종경편 1, 월간 원광사, 1990, p.377).

문제 제기

1) 기분이 좋을 때는 좋은 음색의 말을 할 수 있으나, 기분이 언짢을 때 구업을 짓는 경우가 있는데?

2) 계문에 있어 언어생활과 관련한 항목들을 설명하시오.

3) 사람사람이 나팔이 있어 그 나팔을 어떻게 불 것인가?

[인도품 22장] 솔선의 지도법

핵심 주제

솔선의 지도법

「실행으로서 지도하라」(원불교 대종경 해의 上, 한종만).

「교화의 묘방은 以身先之요 솔선수범이다」(교전공부, 신도형).

「남을 가르치는 법」(원광 169호, 이성택).

대의 강령

남을 가르치는 법은 내가 먼저 실행하는데 있다.

1) 부모 자녀라도 실행 않고 지도하면 그 지도를 잘 받지 않는다.

2) 부부라도 실행하지 못하면 그 권면을 잘 받지 않는다.

어구 해석

무간한 사이 : 서로 허물이 없는 친한 사이로 가정의 부모와 부부 형제 사이가 보통 이에 해당된다. 법동지의 無間한 사이도 더욱 좋다.

권면 : 진급하도록 권하고 타일러 힘쓰게 하는 것을 勸勉이라 한다. 상대방에게 잘 하도록 용기를 불어넣어 주는 것도 일종의 권면이다.

관련 법문

「우리는 삼보를 신앙하면서 불법을 생활에 부합시켜 활용하나니, 이것이 곧 산 불법의 신앙생활이요, 인과보응 되는 이치를 알아서 매일매일 옳은 일을 하는가, 그른 일을 하는가 항상 자기가 자기를 대조하여 30계문을 엄숙하게 지키고 솔성요론을 실천궁행하여 삼대력 얻어 나가는 대중을 잡는 것이 곧 종교심이니라」(대종경 선외록, 선원수훈장 6장).

「내가 먼저 실행하고 말하라. 저 사람을 알게 하려면 내가 먼저 철저히 알아야 되고, 저 사람을 느끼게 하려면 내가 먼저 간절히 느껴야 되며, 저 사람을 실행하게 하려면 내가 먼저 돈독히 실행해야 할 것이다. 사람을 가르치는데 마음과 말과 행동의 세 가지가 있는데, 행동으로 시범을 보이는 것이 가장 중요한 것이며…」(한울안 한이치에, 제1장 마음공부 5장).

보충 해설

친한 사이일수록 무엇인가를 시키려면 먼저 실행을 하는 솔선수범이 있어야 한다. 윗사람이라, 부모라, 선배라 하여 자신은 행동으로 옮기지 않고 상대방에게만 하라 명령하면 별로 효력을 발휘하지 못한다. 경영자의 자세를 과거처럼 「나를 따르라」가 아닌 「네가 먼저 자율적으로 해보라」고 이건희는 그의 자서전(p.202)에서 밝힌 바 있다. 솔선하는 자세는 객이 아닌 주인의 모습이며, 진정한 지도자적 삶이다.

주석 주해

「슈바이처를 성자로 부르는 것은 그가 보통 사람들은 싫어하는 흑인 나병환자들을 위해 인술을 펴고 희생 봉사의 생활을 했기 때문이다. 말로 아무리 해도 이와 같이 실천궁행하는 사람보다는 감명과 산 교훈을 줄 수가 없는 것이다」(박길진, 『대종경강의』, 원광대출판국, 1980, p.204).

「동양의 윤리는 원리에 앞서 실천의 내용을 먼저 생각한다. 동양사상은 '육사외도'와 같이 유물론적인 사상이라 하더라도 고행을 통해서 심신을 단련해서 올바른 길을 행할 수 있는 실천 문제를 전개하고 있다. 인도, 중국, 한국 등의 동양사상은 실천을 중심한다. 설법도 듣지만 어떻게 실행하느냐에 감화를 받게 된다」(한종만, 『원불교 대종경 해의』(上), 도서출판 동아시아, 2001, p.353).

문제 제기

1) 항상 강제로 일을 시키는 상사를 교화하는 방법은 무엇인가?
2) 솔선수범의 교화법은?
3) 남을 가르치는 좋은 방법은?

[인도품 23장] 누구나 나름의 책임이 있다

핵심 주제

누구나 나름의 책임이 있다

「지도자의 책임」(원불교 대종경 해의 上, 한종만).
「천지만물은 다 그 책임이 있다」(교전공부, 신도형).
「맡은 바 책임 이행」(원광 253호, 박남주).

대의 강령

어느 날 밤, 조실문을 지키던 개가 인기척에 심히 짖으니, 한 제자 일어나서 개를 꾸짖자 대종사 말하였다.

1) 개의 책임은 짖는 것이다. 세상 사람들도 책임이 있고, 육근 자체에도 책임이 있다.

2) 상하 귀천 모두가 책임만 이행한다면 질서가 서니, 각자 책임 수행은 물론 남의 책임 이행을 방해하지도 말라.

3) 모든 책임의 중추는 마음 운용이다.

어구 해석

조실 : 祖室은 시창 13년에 낙성, 소태산 대종사가 6월 22일 입실한 곳으로 종법실이라고도 한다. 이는 그 종교의 가장 높은 분이나 그 집안의 가장 높은 조부모가 기거하는 방을 호칭하기도 한다.

책임 : 주어진 임무를 맡아서 완수해야 할 책무를 말한다. 그 責任을 완수하지 못하면 응당의 대가를 받는 것이 상식이다. 책임 중에서도 지도자의 책임이 중시된다. 의무와 책임을 함께 생각해 볼 일이다.

전도 : ☞수행품 49장 참조.

관련 법문

「나라를 건설하는 데에도 정치와 교화와 생산이 각각 책임이 있어서 그 맡은 바 직장에서 서로 힘을 합하지 아니하면 능히 나라를 건설하지 못하는 것이니, 정치가는 무슨 방법으로든지 그 정치를 잘 하는 데에 주력하고, 종교가는 무슨 방법으로든지 그 국민을 교화하는 데에 주력하고, 생산가는 무슨 방법으로든지 그 생산을 잘 하는 데에 주력하여…」(정산종사법어, 국운편 25장).

「머리가 어지러우면 끝이 따라서 어지럽고 머리가 바르면 끝이 따라서 바르나니, 그러므로 일체의 책임이 다 지도자에게 있나니라」(정산종사법어, 국운편 25장).

보충 해설

가정이나 사회 국가에 파탄이 생기는 것은 각자 책임 완수를 못하기 때문이다. 이에 본 법어는 무엇이든 나름의 책임이 있다는 것을 강조하고 있으며, 또 지도자의 책임도 중시되고 있다. 책임과 관련한 가르침의 하나는 유교의 '正名論'이다. 君君 臣臣 父父 子子로서, 임금은 임금으로서, 신하는 신하로서, 父子는 부자로서 각자 응당 책임을 다

하는 것이 정명론에 해당한다. 이에 책임을 강조하기 위해 비록 동물이지만 소태산은 조실 개가 책임을 다하는 것을 예로 들고 있다.

주석 주해

「문명국인일수록 자기의 직무에 대한 책임감이 강하다. 특히 민주주의는 국민 각자가 자기의 책임을 이행하지 않으면 발전될 수 없다. … 각자 책임이 있는데 남이 하는 일은 아무것도 아니라고 생각하는 사람도 있다. 우리의 눈썹도 눈에 비하면 아무것도 아니지만 없으면 나병 환자 같이 된다」(박길진, 『대종경강의』, 원광대 출판국, 1980, p.205).

「분별없고 끌린 바 없는 책임 이행과 현실성 있는 일처리에 절도 있는 사람은 법력 있는 사람이다. 법력은 책임 이행 능력에 표준을 두어야 기관과 사회가 발전하지, 심성 관리에만 관심을 두면 사회 발전이 어렵다」(박남주, 「맡은 바 책임 이행」, 《원광》 253호, 월간원광사, 1995, p.142).

문제 제기

1) 책임 추궁만 앞서고 책임지지 않으려는 풍토가 있다면?
2) 조실 문을 지키던 개와 관련한 법어의 교훈은?

[인도품 24장] 세상의 강약 구조

핵심 주제

세상의 강약 구조

「강자 약자 진화의 도」(원불교 대종경 해의 上, 한종만).
「강약의 도」(교전공부, 신도형).
「세상의 구성은 강과 약」(원광 170호, 이성택).

대의 강령

세상은 강과 약으로 되어 있다.

1) 강자와 약자가 화합하여 그 도를 다 하면 세상은 평화롭다.

2) 서로 화합하지 못하면 강자와 약자가 재화를 입을 것이다.
3) 윗사람이 아랫사람 보기를 적자같이 하면 아랫사람이 윗사람을 부모같이 본다.
4) 윗사람이 아랫사람 보기를 초개같이 하면 아랫사람이 윗사람을 원수같이 본다.

출전 근거

『월말통신』 1호(원기 13년)에 「강약 진화상의 요법」의 법문이 설해져 있다.

어구 해석

강자 · 약자 : 强者 弱者의 진화상 요법이 『정전』에 나와 있다. 최초법어의 제2절이 이와 관련된다. 여기에서 강자는 지속적으로 강자가 되고, 약자는 노력하여 강자가 되자는 것이다. 특히 강자는 약자를 상생의 도로 인도하고, 약자는 강자를 선도자로 삼으라는 법설이다. 『월말통신』 1호에서는 갑동리와 을동리를 강자 약자의 예로 들어 상생상화의 길을 제시하고 있다. 상생은 소태산이 본 역사 발전의 법칙이다.
적자 : 갓난아이 혹 어린아이를 赤子라 한다. 노자는 『도덕경』 55장에서 두터운 덕을 머금은 자를 赤子라고 하였다.
초개 : 지푸라기처럼 사소하고 하찮은 것을 草芥라 한다.

관련 법문

「강자가 더욱 강하여 영원한 강자가 되고 약자라도 점점 강하여 영원한 강자가 되는 법이 있건만, 이 세상 사람들은 그 좋은 자리이타법을 쓰지 못하고 약육강식을 하며 약자는 강자를 미워만 하다가 강자와 약자와는 원수가 되며, 혹은 생명을 희생하며 더욱 심하면 세세생생의 끊어짐이 없는 죄를 지어 고를 받나니라」(월말통신 1호 법설).
「강자는 약자에게 강을 베풀 때에 자리이타법을 써서 약자를 강자로 진화시키는 것이 영원한 강자가 되는 길이요, 약자는 강자를 선도자로 삼고 어떠한 천신만고가 있다 하여도 약자의 자리에서 강자의 자리에 이르기까지 진보하여 가는 것이 다시없는 강자가 되는 길이니라」(정전, 제3 수행편, 제13장 최초법어, 강자 약자 진화상의 요법 2조).

보충 해설

강약의 문제를 우리나라가 일제의 식민지로 있었을 때로 가정해 보자. 당시 일본은 강자로서 약자인 한국을 짓밟으려 했다. 강약이 서로 도와야 상생의 연으로 오래 지속된다. 그리고 윗사람 보기를 적자같이 하면 아랫사람이 윗사람 보기를 부모와 같이 하고, 윗사람이 아랫사람 보기를 초개같이 하면 아랫사람이 윗사람 보기를 원수같이 한다는 말은 『맹자』 제8권에 있는 말을 소태산이 인용하였다. 오늘날 세계의 강대국들이 특히 본 법어를 새겨볼만한 것이다.

주석 주해

「우주는 천태만상으로 구분되어 있으나 서로 조화를 이루며 구성되어 있듯이 강과 약도 조화를 이루며 세상을 발전시켜 나가야 한다. … 처처불상이니 사사불공하는 마음으로 대해야 한다. 그러나 시비와 본말 등을 가릴 때에는 가릴 줄도 알아야 한다」(박길진, 『대종경강의』, 원광대출판국, 1980, p.206).

「강자 약자 진화상의 요법의 법문을 한 것은 원기 13년(월말통신 1호)이다. … 강자와 약자가 서로 마음을 화합하여 각각 그 도를 다하면 세상은 영원한 평화를 이룬다. 강자의 도는 약자를 보호해서 발전시켜야 영원한 강자가 되는 것이다. 약자의 도는 강자를 선도자로 삼아 발전해야 영원한 강자가 된다」(한종만, 『원불교 대종경 해의』(上), 도서출판 동아시아, 2001, pp.355-356).

문제 제기

1) 강약 진화의 도를 『정전』 최초법어와 연계하여 설명하시오.

2) 갑동리와 을동리에 대한 법어를 아는 데로 기술한다면?

3)) 「강자약자 진화상 요법」을 개인 가정 사회 국가 세계적 차원에서 실천할 방법에 대하여 언급하시오.

[인도품 25장] 존대 받는 방법

핵심 주제

존대 받는 방법

「남을 공경하면 내가 서니라」(원불교 대종경 해의 上, 한종만).

「존대 받는 도」(교전공부, 신도형).

대의 강령

모두가 남에게 존대 받는 사람 되기를 원하지만 행동에서 홀대받을 일을 하니, 이에 존대 받는 방법은?

1) 내가 먼저 남을 존대하는 것이다.

2) 그러면 그도 나를 존대하게 된다.

출전 근거

송도성 수필 『월말통신』 10호(원기 13년)에 실린 법설을 25장과 26장으로 나누어 게재하였다.

어구 해석

홀대 : 상호 무시하여 소홀히 상대하는 것을 忽待라 한다.

존대 : 상호 경외심으로 존중히 대접하는 것을 尊待라 한다.

관련 법문

「다른 사람의 존경을 받고 싶거든 먼저 내가 남을 존경해야 한다. 이거돌이라는 사람은 그의 조카가 자기를 庶 三寸이라 업신여겨 방에 들어가도 그대로 누워 있는지라, 그 버릇을 고쳐 주기 위하여 조카가 방에 들어오면 자기는 언제나 단정히 앉아서 공경스럽게 맞이하였더니, 그 후부터 조카가 양심에 가책이 되었는지 삼촌이 들어오면 자세를 바르게 하고 맞이하였다」(한울안 한이치에, 제2장 심은대로 거둠 51장).

「내가 남으로부터 공경함과 생각해 줌을 받을 때에 만족함과 같이 남도 나로부터 공경함과 생각해 줌을 받으면 만족할 것이요, 내가 남으로부터 압박하고 만홀히 함을 당할 때에 불쾌함과 같이 남도 나로부터 압박하고 만홀히 함을 당하면 불쾌할 것이니…」(월말통신 10호 법설).

보충 해설

남은 존경하지 않고 나만 존경받으려 하면 인과에도 맞지 않는다. 남으로부터 존경받으려면 내가 먼저 그를 존경해야 한다. 나만 존경받으려는 것은 일종의 개인주의적 이기심의 발동이거나 상대방을 무시하는 처사이기 때문이다. 일선교무가 '현장 교무들께 드리는 부탁' 은 다음과 같다. 「교무와 부직자가 함께 일궈가는 교화현장에서 교화의 에너지가 증폭되지 못하고, 교역자 상호간의 의사가 소통되지 못하는 경우가 많다」(최정풍, 「새 생활을 개척하는 초보」, 《교화를 위한 열린 토론회》, 원불교 교정원, 2004년 11월 5-6일, p.20). 그의 지적처럼 교무와 부교무, 교무와 교도, 교도와 교도가 서로 존경받으려면 경외심으로 서로를 격려하고 존중해주어야 할 것이다. 교역생활을 많이 할수록 아상 및 수자상이 생겨나기 쉬움을 성찰해야 한다.

주석 주해

「먼저 아만심을 없애야 한다. 천상천하유아독존이라고 생각하면 천하에 제일인 것 같지만, 나만이 그러한 것이 아니고 누구나 마찬가지임을 알아야 한다. … 특히 교역자는 언행에 항상 유념해야 한다. 일반 교도들에게 함부로 말을 하여 불쾌감을 주지 않도록 해야 한다. 젊은 교역자는 나이든 교도들을 특히 잘 응접하면서 교화를 해나가야 한다」(박길진, 『대종경강의』, 원광대출판국, 1980, pp.206-207)

「나는 존대를 받고 싶은데 저 사람을 존대해 주느냐 하면 그렇게 하지 않는다. 내가 존대를 받고 싶다는 마음속에는 내가 중심이 된다는 생각이 들어 있다. 아만심이 들어있기 때문에 다른 사람을 존대하기 어려운 것이다. 원불교나 불교의 공부에 가장 중요한 것은 空이다」(한종만, 『원불교 대종경 해의』(上), 도서출판 동아시아, 2001, p.357).

문제 제기

1) 남에게서 존대 받는 방법은?

2) 행동에서 홀대받는 일을 하는 이유는 무엇인가.

[인도품 26장] 강약 진화의 도

핵심 주제

강약 진화의 도

「강자와 약자의 도」(원불교 대종경 해의 上, 한종만).

「어리석은 강자와 지혜 있는 강자」(교전공부, 신도형).

대의 강령

강자로서 강자 노릇을 할 줄 모르는 사람은 애석한 일이다.

1) 강자로서 약자를 도와주고 인도하여 같은 강자가 되도록 하면 그는 어느 때까지라도 선진자요 선각자로 받들 것이다.

2) 약자는 점점 그 정신이 열리고 원기를 회복하면 강자의 지위에 서게 될 것이다.

3) 강자가 약자를 억압하면 그 지위는 타락되니, 남이 궁할 때 도와주고 약할 때 보살펴야 그 강을 보전한다.

출전 근거

『월말통신』 10호(원기 13년)에 실린 법설을 25장과 26장으로 나눈 것이다. 『월말통신』 1호(원기 13년)의 「약자로 강자되는 법문」과 관련되는 법문이기도 하다.

어구 해석

강자 · 약자 : ☞인도품 24장 참조.

선진자 · 선각자 : 나보다 앞서 진급하였다거나, 나보다 먼저 깨달아 알았을 경우 先進者요 先覺者라고 할 수 있다. 이 선진자와 선각자는 그보다 못한 후배 후진들을 이끌고 인도하여 진급시키자는 뜻이다.

관련 법문

「강자로써 영원한 강위를 얻은 사람의 실례를 들면 3천 년 전 석가여래 같은 분이나 또 과거에 요임금 순임금 같은 분은 강으로써 얻는 법을 실현하신 분이요, 강자로써 약자위에 타락된 사람의 실례를 들면, 과거의 진시황, 항우, 현대에 독일 황제로 있는 카이젤 같은 사람이니라」(월말통신 제1호, 수필 이공주, 약자로 강자되는 법문).

「사회에는 또한 빈부귀천의 차와, 상하 선후의 차와, 유무식 지우의 차등이 각각 있나니, 이 모든 관계를 통칭하여 강약이라 하나니라. 만일 강약 사이에 도가 없이 압박과 대항으로만 나아간다면 강자와 약자가 다 같이 재화를 입을 것이요, 서로 도가 있어서 협조와 진화의 길로 나아간다면 그 사회는 평화와 번영을 이루게 되나니라」(정산종사법어, 세전, 제5장 사회, 4. 강약의 도).

보충 해설

오늘날 약육강식의 경쟁사회에서 보감이 되는 법설이 본장이다. 자리이타 정신으로 나아간다면 강자는 더욱 강자가 되고, 약자는 강자의 대열에 올라서는 것이 진리이다. 소태산은 『월말통신』 1호에서 강약의 상징적 용어로 을동리와 갑동리를 거론한 적이 있다. 강자인 을동리에 의해 약자인 갑동리가 점령당하여 수탈과 억압과 수모를 당하는 경우를 예시한 것은 당시 한국이 일제 식민지 상태였기 때문으로, 은유적 표현법을 동원한 것이다. 강대국에 대한 비판과 조국의 자주독립, 그리고 상생상화의 자리이타를 환기하는 측면에서 이를 음미해야 한다.

주석 주해

「강자는 약자 속에서 강자노릇을 하려고 하지 말고 약자를 강자로 만들게 되면 강자 가운데 강자가 된다. 무시하고 보면, 아무리 현재는 약자라 해도 언젠가는 강적으로 성장하게 된다. 그러므로 현재의 약자를 보호하여 강자로 성장시킴으로써 화평과 균형 있는 상호 발전을 꾀할 수 있다」(박길진, 『대종경강의』, 원광대출판국, 1980, p.208).

「일본이 일시적인 강으로 한국을 식민지로 삼아 학대하고 압제하면 한국이 자력을 키워 강자가 되어 도리어 일본을 약자로 만든다는 것이다. 나는 항상 강자로서 강자 노릇할 줄 모르는 사람들을 애석하게 생각한다. 약자를 도와주고 인도하여 그로 하여금 자기 같은 강자가 되도록 북돋아 주어야 그 강이 영원한 강이 된다」(한종만, 『원불교 대종경 해의』(上), 도서출판 동아시아, 2001, pp.359-360).

문제 제기

1) 서로 승자 되려는 경쟁사회에서 자리이타는 가능한 일인가?

2) 강대국의 약소국에 대한 횡포는? 또 약소국의 무기력함은?
3) 강자로서 강자 노릇하는 방법과 강자의 역할을 원불교 신앙과 연

[인도품 27장] 부귀영화의 초탈

핵심 주제

부귀영화의 초탈
「부귀와 권세를 초월하라」(원불교 대종경 해의 上, 한종만).
「안락과 권위와 명예를 영원히 누리는 도」(교전공부, 신도형).
「집착하지도 타락하지도 말라」(원광 254호, 박남주).

대의 강령

대종사, 습관의 口味를 고치지 못해 야윈 돼지를 보고 성현들은 부귀가 온다고 기뻐 않고 부귀가 간다고 근심 않는다 했다.
1) 순임금은 밭 갈고 질그릇 굽는 천역을 하고 천자의 위를 받았으나 넘침이 없었다.
2) 석가는 왕위도 버리고 유성 출가, 거기에 애착됨이 없었다.
3) 도에 뜻하고 성현을 배우려거든 편하고 즐겁게 하여 권세에 어둡지 말고 사양하며, 집착 않으면 영원한 안락과 명예, 권위를 누린다.

출전 근거

송도성 수필『월말통신』31호(원기 15년)에 실린 법설이다.

어구 해석

구미 : 입맛을 口味라 하며, 구미가 당김은 입맛이 좋다는 뜻이다.
심상 : 평상처럼 대하는 것을 尋常이라 한다.
순임금 : 上古시대 堯임금의 위를 선양받은 왕으로, 그가 밭 갈고 질그릇 굽는 천역은 歷山에서 있었던 일이다. 실제 歷山의 농부가 서로 상대방 밭의 경계선을 침범하면, 舜임금이 그곳에 가서 씨를 뿌린 다음 일 년이 지나자 경계선이 바르게 되었다. 또 강가의 어부는 나루터를 두고 다투자 순 임금이 그곳에 가서 물고기를 잡은 다음 일 년

이 지나자, 어부들은 연장자들에게 양보하였다. 東夷의 도공이 만든 그릇들은 거칠고 조야했으며, 순임금이 그곳에 가서 도자기를 만든 다음 일 년이 지나자 만들어 낸 도자기들이 모두 견고해졌다.

천역 : 천한 일을 하는 것을 賤役이라 한다.

유성출가 : 석가가 29세에 가족을 떠나 애마를 타고 카빌라국을 벗어나 출가한 것을 말한다. 踰城出家는 석가모니의 팔상 중 하나이다.

관련 법문

「부귀를 누릴 때 다만 부귀의 안락한 것만 알았을 뿐이요, 안락을 주던 부귀가 도리어 저에게 비애를 던질 줄은 몰랐을 것이다. 그런고로 그것을 받을 때에 자만하고 방종해져서 언제까지 그것이 계속될 듯이 생각하고 있지만, 그것을 계속하고 있는 권리가 저에게 있지 않고 매인 곳이 있는 것이다」(월말통신 31호 법설).

「樂을 당하매 거기에 집착하여 길이 苦를 벗어나지 못하며, 빈천을 당하매 거기에 구애되고 부귀를 당하매 거기에 집착하여 길이 빈천을 초래하나니, 유에 처하여 무의 심경을 놓지 아니하고 무에 처하여 유의 심경을 놓지 아니하여야 능히 유무를 초월하여 고락과 화복을 임의로 수용하는 큰 도인이 되나니라」(정산종사법어, 원리편 35장).

보충 해설

영원한 안락을 얻는 일은 권세에 양보하고 집착하지 말며, 타락하지 않고 안빈낙도 하는 삶을 살아야 가능하다. 여기에서 공자의 모습을 보자. 곧 공자는 다음과 같이 말하고 있다. 「의롭지 못하게 얻은 부귀는 나에게 있어서 부질없는 뜬구름과 같은 것이다」(논어 「述而」, 不義而富且貴 於我如浮雲). 따라서 나물 먹고 물마시고 팔 베고 누웠을지라도 낙이 그 가운데 있다는 불지품 15장의 법문을 연상시킨다. 곧 성현들은 부귀영화의 인간락에 초연, 조촐한 천상락을 누렸던 것이다.

인물 탐구

이동안(1892-1941) : 전남 영광군 묘량면 신천리에서 이장운 선생과 김남일화 여사의 5남 2녀 중 차남으로 태어났다. 어려서 천성이 인자하고 감화력이 풍부하였다. 원기 3년, 8촌 형인 일산 이재철 대봉도의 인도로 영산을 찾아 대종사를 뵙고 제자가 되었다. 원기 8년 만 31세에 출가하였다. 도산의 출가 이후 아우인 이완철 등 많은 가족들이 전무출신을 하였다. 출가 후 도산은 구간도실 공사에 전력을 하였고 스승의 명을 받들어 김제 서중안이 경영하는 한약방에서 실무를 보며 후에 공익 후원기관인 보화당을 세울 기반을 다졌다. 원기 9년 보광사에서 개최된 불법연구회창립총회에 영광 대표의 한 사람으로 참여한 도산은 익산총부 건설에도 앞장선다. 또 초기교단의 힘든 시절 엿곱는 일과 엿 행상도 하였다. 도산은 상조부장과 육영부장, 공익부장을 역임하였다. 원기 19년 5월 20일, 총부 공익부에서 자본금 1만여 원을 투자하여 합자회사인 보화당을 이리 인화동에 창설하였다. 이동안의 지극 정성에 의해 보화당은 매상이 늘어 시설도 확충되는 발전일로였다. 원기 24년엔 공익부장 및 육영부장에 복직하였고, 원기 25년에는 산업부장으로 전임되었다. 당시 양돈 양계를 장려하여 삼례에 7만여 평의 기지를 확보하고 삼례과원(수계농원)을 만들었다. 도산은 전무출신의 가정이 잘 되어야 공사에 지장이 없다며 사가를 보살펴 주기도 하였다. 또한 고향에 신흥교당을 창립, 마을 교화에 정성이었다. 도산은 대종사의 두터운 사랑과 신임을 받았던 바, 나이 49세에 열반에 들자 "우리 교단의 전 힘을 들여서라도 가는 동안의 생명을 구할 수 없느냐" 며 애통해 하였다. 그의 자녀 이정만, 이성신, 이철행 등 3남매가 전무출신을 하였다(송인걸, 『대종경속의 사람들』, 월간 원광사, 1996, '이동안' 참조).

주석 주해

「지위를 얻고 귀하게 되었을 때, 덕을 베풀기 위해서 할 말도 안하고 할 일도 바르게 처리하지 않아서는 안 된다. 할 일은 정당히 하되, 끌리지 말고 잡착하지 말아야 한다」(박길진, 『대종경강의』, 원광대출판국, 1980, p.210)

「보리를 사료로 먹던 돼지가 겨를 사료로 먹게 되니, 입맛을 바꿀 수 없던 돼지는 몸이 야위어 고통을 받게 되었다. 이를 대종사께서 보시고 잘 살던 사람이 졸지에 가난해져서 받는 고통이나 다를 것이 없으니 몇 가지 조심하여야 할 법문을 내리신 것이다. 돼지가 당한 고락이나 인간이 당하는 고락 성쇠가 같다는 것이다」(박남주, 「집착하지도 타락하지도 말라」, 《원광》 254호, 월간원광사, 1995, p.139).

문제 제기

1) 부귀영화를 누리면서 이에 초연히 할 수 있는 방법은?

2) 영원한 안락과 명예, 권위를 어떻게 얻는다는 것인가?

[인도품 28장] 안빈낙도의 생활

핵심 주제

안빈낙도의 생활

「안분하고 미래를 개척하는 생활」(원불교 대종경 해의 上, 한종만).

「안빈낙도에 대하여」(교전공부, 신도형).

대의 강령

얼굴 부족은 얼굴 가난, 학식 부족은 학식 가난, 재산 부족은 재산 가난이니 안분은 분수에 편안하라는 말이다.

1) 가난에 안심하지 못하면 초조하여 괴로우니. 면할 수 없는 가난이면 태연히 감수하고, 미래 혜복을 준비하는 것으로 樂 삼으라.

2) 안빈낙도의 생활은 지금의 가난과 고통이 장래 복락으로 변함을 아는 까닭이다.

3) 예로부터 성현은 마음 작용이 진리에 맞고 수양의 힘이 고락을 초월, 낙도생활을 한다.

어구 해석

안빈낙도 : 구차하여 가난해도 아첨하지 않고 안분하여 도를 즐기는 생활을 말한다. 선비들의 경우 청빈을 높은 가치로 삼고 도락을 즐기며 安貧樂道를 삶의 표준으로 삼았다. 특히 공자가 나물 먹고 물마시고 팔을 베고 누웠어도 낙이 그 가운데 있다는 것이 안빈낙도이다.

관련 법문

「학인이 묻기를 "안분을 하면 세상에 전진이 없지 않겠나이까." 말씀하시기를 "의욕이 없고 게으른 것이 안분이 아니요, 순서를 잡아 태연히 행하는 것이 안분이니, 자기의 정도에 맞추어 전진할지니라"」(정산종사법어, 응기편 33장).

「학식이 적고 인물이 출중하지 못하여 비록 하급의 직을 가지고 평생을 지내더라도 대중을 위하고 도를 위하여 낙도하는 마음이 쉬지 않는다면 그는 곧 큰 도인이요 참 전무출신이며, 그 마음이 항상 처지에 안분하지 못하고 자기의 인격은 생각하지 않고 과분한 대우나 바란다면 그는 참다운 전무출신이 아니니라」(정산종사법어, 공도편 12장).

보충 해설

이는 과분한 생활을 하는 것에 대한 환기성 법어로서, 우리의 삶에서 안빈낙도의 생활을 하지 못하면 원망심과 그로인한 고통이 따른다는 것이다. 수도인의 본래 면목은 안빈낙도에서 모색된다. 정산종사가 번역한 『팔대인각경』에 다음의 글이 있다. 「보살은 항상 만족함을 생각하여 가난을 편히 하고 도를 지키며 오직 지혜 밝히는 것이 본래의 직분인 줄을 깨쳐야 할 것이요」(『회보』 23호). 천진 보살과도 같은 수도인의 생활에 대한 담박함과 안분생활을 시사하고 있다.

주석 주해

「 "나물먹고 물마시고 팔을 베고 누웠어라" 노래한 것은 이런 생활 가운데에서도 심락이 있다는 것을 말함이다. … 원불교의 가르침 가운데 과거와 다른 점 하나는, 과거에는 안빈낙도라 하여 거기에 안분하라, 만족하라, 또는 심락을 가져라 등으로 가르쳤으나 자기가 노력하여 복락을 장만하라 한 점이다」(박길진, 『대종경강의』, 원광대출판국, 1980, pp.210-211).

「주산 선진의 '안분과 분발' 이라는 논설은 안분에 그치면 안 되고 안분에 바탕해서 분발이 있어야 한다는 것이다. 불교의 인과설을 이해하는 경향은 안분하는 면으로 밝혔다. 불교의 문학적인 내용도 현생에 불행해진 것은 전생에 잘못했다는 내용으로 되어 있다」(한종만,

『원불교 대종경 해의』(上), 도서출판 동아시아, 2001, p.365).

문제 제기

1) 안빈낙도와 수도인 생활의 관계는?

2) 자기 불만, 자기 부족 등 열등감을 극복하는 방법은?

[인도품 29장] 만족 표준의 정도

핵심 주제

만족 표준의 정도

「십분의 육이면 만족하라」(원불교 대종경 해의 上, 한종만).

「만사 경영의 마음 표준」(교전공부, 신도형).

대의 강령

세상만사 뜻대로 만족하기를 구하는 사람은 모래위에 집을 짓고 천만년의 영화를 누리려는 사람이다.

1) 지혜 있는 사람은 세상을 살아가는데 10분의 6만 뜻에 맞으면 그에 만족하고 감사한다.

2) 또 십 분이 다 뜻에 맞을지라도 그 일을 혼자 차지하지 않고 세상과 같이 나누므로 재앙이 없고 복이 무궁하다.

어구 해석

영화 : 권력과 부귀 등을 榮華라고 한다. 부귀영화를 다 누린다는 것이 이와 관련된다. 부귀영화가 좋은 것이나 남용해서는 안 된다.

재앙 : 천재지변과 같이 큰 액운이 災殃이며, 재액이라고도 한다.

관련 법문

「모든 수용에 대하여는 언제나 스스로 만족하며 부족한 이웃에게 보시하기를 좋아함이니라」(정산종사법어, 원리편 38장).

「잘 사는 것은 부귀영화를 누리고 평생에 호의호식하고 사는 사람을 일컬으겠으나, 몸과 마음과 물질로써 대중을 유익 주고 사는 사람이라야 참으로 잘 사는 사람이라고 할 것이요」(대산종사법문 2집, 제

8부 열반법문, 은산 김현관 교정 영전에).

보충 해설

세상만사는 내가 원하는 데로 다 되는 것이 아니다. 어느 정도 성취를 했다고 생각하면 다 채우지 못하더라도 감사생활을 하라는 뜻이다. 모두 이뤄야 한다는 사고를 하지 말고 절반 이상만 이루면 자족할 줄 알 때 감사생활이 가능하다. 그리고 자신이 만든 복을 세상과 나누는 心法도 주의할 일이다. 희로애락에 있어 무과불급을 표준으로 삼은 『중용』의 가르침이 이와 직결된다고 본다. 즉 子思는 중도란 치우침도 없고 지나침도 없는 것(中者 不偏不倚無過不及之名)이라 했다. 처세의 중요성을 생각해 보자는 것이다.

주석 주해

「자기만 만족해버리고 만다면, 세상에 하등 끼친 바가 없을 것이며, 또 이러한 생활을 하는 사람을 그가 궁하게 되었을 때나 사후에 좋게 말할 사람은 아무도 없을 것이다. … 도덕이 있는 사람은 대중과 더불어 즐거워하고 근심한다. 이와 같이 대중과 같이 함을 義라고 하고 혼자서 함을 邪라고 한다」(박길진, 『대종경강의』, 원광대출판국, 1980, p.213).

「대종사는 십 분의 육이면 만족하라고 하였다. … 사람의 욕망은 끝이 없다. 재물, 애욕, 명예, 권리를 취하려다가 뜻대로 되지 않으면 신경쇠약자도 되며 자살하는 사람까지 있게 된다. 재물에 대한 욕망은 한이 없다. 땅의 주인이 어느 사람에게 하루에 달려서 차지한 만큼 땅을 준다고 하였다. 보다 많은 땅을 차지하려고 죽을 힘을 다하여 달렸다. 못 견딜 정도로 달렸기 때문에 지쳐서 죽고 말았다(톨스토이, 사람은 얼마만큼의 땅이 필요한가)」(한종만, 『원불교 대종경 해의』(上), 도서출판 동아시아, 2001, p.366).

문제 제기

1) 소태산은 10분의 6만 뜻에 맞으면 만족하라고 했는데, 나의 만족 표준은?

2) 21세기에는 안분의 청빈가치보다는 상호 경쟁가치와 풍요를 크게

여기는 것은 혹 시대불공이 아님은 아닌지?

[인도품 30장] 작은 허물을 주의하라

핵심 주제

작은 허물을 주의하라

「작은 허물을 고치라」(원불교 대종경 해의 上, 한종만).

「작은 허물을 가볍게 여기지 말라」(교전공부, 신도형).

대의 강령

사람의 큰 죄악은 작은 허물로부터 시작되는 수가 많다.

1) 자기의 행동을 살펴 작은 허물을 보거든 미루지 말고 고쳐라.

2) 남방의 성성이가 생명을 잃는 것은 술을 좋아하는 습관 때문으로, 술 취해 나중에 생명을 상실한다.

3) 사람도 정신 차리지 않으면 성성이와 크게 다를 바 없다. 작은 허물을 못 고쳐 결국 큰 죄업을 짓는다.

출전 근거

송도성 수필 법설집에 실린 법어이다.

어구 해석

성성이 : 일명 오랑우탕이라고도 한다. 유인원으로 앞다리가 훨씬 길고 얼굴은 황흑색이다. 털은 붉은 갈색이며, 기후가 습한 밀림 지대에서 樹上 생활을 한다. 대뇌가 유인원 중에서 가장 발달하고 힘이 강하며 보르네오와 스마트라 등지에서 주로 발견된다.

허물 : 자신이 실수로 지은 과실을 말하며, 흠집이라고도 한다.

관련 법문

「성인들은 현재의 작은 이익을 취하지 않고 오히려 해를 입어 가면서 영원무궁한 참 이익을 얻으시나, 범부들은 작은 이익을 구하다가 죄를 범하여 도리어 해를 얻나니, 참된 이익은 오직 정의에 입각하고 대의에 맞아야 얻어지나니라」(정산종사법어, 무본편 39장).

「습관이란 것은 참으로 무서운 것으로 생각하였습니다. … 과히 습관은 들지 아니 하였었으나 제가 여기와 두어 달 동안은 그 알량한 것이 간혹 생각이 나더니 지금은 몇 달이라는 세월을 지낸 결과에 어두운 뇌수를 씻고 씻어서 酒草 먹을 생각은 영원히 빠졌습니다. 그리고 지금은 술 먹고 게걸거리는 사람이나 담배 푹푹 피우는 사람을 보면 심지어 그 사람까지 서툴게 보입니다」(대산종사법문 2집, 제12부 법문수편, 습관개혁에 대하여).

보충 해설

허물을 고치는 일은 마음공부 하는 것과 같다. 죄업이 깊어지기 전에 사소한 불씨를 극복해야 죄업이 청정해진다. 성성이의 술 습관이 신세 망치는 본보기이다. 알고 보면 그리스도교의 동방교회와 서방교회의 분열도 레오 3세와 교황 그레고리 2세의 畵像에 대한 사소한 논쟁이 불씨가 되었다. 과실이나 불행의 싹이 돋아날 때 그 싹을 없애는 것이 고통 극복에 도움을 준다. 주지하듯이 화제로 불길이 솟기 전 불씨를 없애야지, 불길이 이미 솟으면 재앙을 면하기 어려워진다.

주석 주해

「바늘도둑이 황소도둑이 된다. 어렸을 때 연필 한 자루, 지우개 한 개를 훔치다 보면 자라면서 큰 도둑이 될 수가 있다. 조그마한 종기도 커지면 큰 수술거리가 되고 감기도 오래가면 큰 병을 몰고 온다. 그 큰 일은 초기에 다스려야 근절된다. … 조금씩 또는 조금만이 결국 일생을 망치게도 한다. 술, 도박 등등 기타 얼마든지 실례를 찾아볼 수가 있다」(박길진, 『대종경강의』, 원광대출판국, 1980, p.214).

「작은 허물이라도 고치려는 피나는 노력을 해야 한다. 공자 문하에 안연이 있었는데 공자는 안연의 위대한 점을 두 가지로 말하였다. 노여움을 옮기지 아니하는 것과 허물을 두 번 다시 하지 않는 것이다. 안연은 허물을 두 번 다시 하지 않았다. 두 번 다시 하지 않는다는 것이 어려운 공부다. 작은 허물이 쌓이면 큰 죄악이 된다」(한종만, 『원불교 대종경 해의』(上), 도서출판 동아시아, 2001, p.368).

문제 제기

1) 우리 각자가 고쳐야 할 습관들은?
2) 큰 허물이 작은 습관에서 비롯되는 이유는?
3) 남방의 성성이라는 짐승은?

[인도품 31장] 인생 30의 의의

핵심 주제

인생 30의 의의
「30세 안에 큰 공부를 하라」(원불교 대종경 해의 上, 한종만).
「30세 안에 바른 공부길을 잡도록 하라」(교전공부, 신도형).
「인생 삼십의 의미」(원광 171호, 이성택).
「인품이 틀 잡히는 때」(원광 255호, 박남주).

대의 강령

대종사, 젊은 남녀 가운데 공부길을 잡지 못하는 사람을 걱정하였다.
1) 그대들 중 처음에는 잘 하다가 나중에는 잘못 하는 사람이 있다.
2) 처음에는 잘못 하다가 나중에는 잘 하는 사람도 있다.
3) 나이가 30이 넘으면 그 사람의 일생 인품이 대개 틀 잡히는 때라, 만일 그때까지 철들지 못하면 큰 걱정이 된다.

관련 법문

「나이만 먹고 백발만 난다고 어른이 아니라 남을 잘 용납하고 덕을 입히는 것이 어른이니, 남을 용납하고 덕을 입히는 이는 곧 연령이 적어도 성년이요, 남의 용납만 받고 덕을 입히기만 하는 이는 언제나 미성년이라. 그대들은 이미 성년이 되었으니 남을 용납하는 사람이 되고 용납 받는 사람이 되지 말며, 남을 위하는 사람이 되고 위함만 받으려는 사람이 되지 말며…」(정산종사법어, 응기편 8장).

「옛날 두메에 나이 서른이 넘은 노총각이 하루는 산마루에 앉아 신세타령을 하고 있는데 마침 한 스님이 지나다가 이 모양을 보고 "아무리 못난 사람이라도 이생에 복을 지으면 내생에 잘 살 수 있다" 는 말을 일러 주었다. 이를 계기로 노총각은 험하고 높은 고갯마루에 움막을 짓고 샘을 파서 그 고개를 넘어가는 나그네들에게 여름에는 시원한 샘물을 제공하고 겨울에는 따뜻한 온돌방에서 추위를 피할 수 있게 해주며 또한 짚신을 삼아 보시하였다. … 공심이 있으면 언젠가는 큰 복을 수용하게 되는 것이다」(한울안 한이치에, 제2장 심은데로 거둠 54장).

보충 해설

나이 30대에 인품을 형성하고, 40에 죽어갈 보따리를 챙기라는 소태산의 말씀은 항상 나이를 생각하며 살라는 것이다. 젊은 나이에 용장한 전진심이 더 나오며, 나이 들면 수양에 퇴굴심이 나오기 쉬우니, 젊었을 때 인품을 길러야 한다. 『논어』「위정편」에 표준을 15세(志于學), 30세(自立), 40세(不惑), 50세(知天命), 60세(耳順), 70세(從心所欲不踰矩)라 하였다. 『禮記』「곡례편」에도 10을 幼年, 20을 弱冠, 30을 壯年, 40을 强仕, 50을 머리가 쑥색이 된다하여 艾年, 60을 앉아서 이것 해라 저것해라 손가락만 놀린다 해서 指使라 했다(人生十年曰幼, 學. 二十曰弱, 冠. 三十曰壯, 有室. 四十曰强, 而仕. 五十曰艾, 服官政. 六十曰耆, 指使. 七十曰老, 而傳. 八十九十曰耄…). 소태산도 30에 철이 들고, 40이 넘으면 죽어갈 보따리를 챙기라 했다.

주석 주해

「논어에는 三十而立이라 했고 일본인 直本은 35세에 立이라 했다. 30까지도 아무 가늠 없이 살고 보면 불안하다. 인체의 발육도 30까지 하고 퇴보단계에 들기 시작하는데, 대기만성이라고 하나 三十而立은 해야 안정된다」(박길진, 『대종경강의』, 원광대출판국, 1980, p.215).

「30세 안에는 되돌릴 수 있는 힘이 강하기 때문에 바른 방향을 잡을 수 있는 큰 틀이 잡혀야 한다. 자기를 극복할 수 있는 힘이 이때가 강한 때인 것이다. 60이 되고 70이 넘으면 그것을 바로 세울 수 있는 힘은 약하다. 젊었을 때 큰 분발심을 일으켜야 한다. 공자도 30에 뜻이 바로 섰으며 서가모니도 29세에 출가 수행하여 35세에 대각하였으며 대종사도 26세에 대각하였다. 30대는 변화가 많이 일어날 수 있는 시기이다」(한종만, 『원불교 대종경 해의』(上), 도서출판 동아시아, 2001, p.370).

문제 제기

1) 출가자의 나이 30세면 갓 출가한 부교무급인데, 젊은 교무들의 정진 적공의 정도는?

2) 인생에 있어 왜 30이 넘으면 인품이 형성된다는 것인가?

[인도품 32장] 앞 못 보는 수지대조

핵심 주제

앞 못 보는 수지대조

「미래를 보고 살아야 한다」(원불교 대종경 해의 上, 한종만).

「수지를 대조하고 강을 남용만 말라」(교전공부, 신도형).

대의 강령

장마로 마른 못에 물이 있어 올챙이가 생기더니, 날이 뜨거워져 물이 줄었건만 올챙이들의 단촉함에 대한 안타까운 법문이다.

1) 올챙이가 생명이 줄어가고 있는 줄도 모르고 즐기니 안타깝다.

2) 수입 없이 지출만 하는 사람의 경우도 안타깝다.

3) 현재의 强을 남용만 하는 사람들은 마르는 물속의 저 올챙이들과 다름없다.

출전 근거

『월보』 37호(원기 17년)에 「무지한 올챙이의 놀음」이라는 제목으로 실려 있다.

어구 해석

올챙이 : 양서류인 개구리의 새끼를 올챙이라 한다. 봄날 비가 와서 웅덩이에 물이 고이면 올챙이가 그곳에서 살다가 햇볕이 쬐여 마르면 죽어버리는 예는 과거 농경사회에서 흔히 볼 수 있는 정경이다.

수입 · 지출 : 물질적으로 들어오는 것을 收入 나가는 것을 支出이라 한다. 일기법의 수지대조를 보면 단촉한 인생을 살지 말라는 뜻이다.

관련 법문

「당일의 수입 · 지출을 기재시키는 뜻은 수입이 없으면 수입의 방도를 준비하여 부지런히 수입을 장만하도록 하며, 지출이 많을 때에는 될 수 있는 대로 지출을 줄여서 빈곤을 방지하고 안락을 얻게 함이며, 설사 유족한 사람이라도 놀고먹는 폐풍을 없게 함이요」(정전, 제6장 일기법, 3. 정기일기법 2조).

「을축 5월 1일에 선생이 익산으로부터 봉래정사에 오시니 때에 마침 큰 장마가 져서 한 달 동안이나 그치지 아니하다. … 사람이 수입 없이 지출만 하면서 최후에 저의 곤란 받을 일을 생각지 않고 현재의 가진 것을 믿고 스스로 활발하며 교태하는 것이 저 올챙이의 격이니라. 저 올챙이가 저는 그와 같이 즐겨하나 소견 있는 사람이 보면 며칠 후에 죽을 것을 알 것이요」(월보 37호, 송도성 수필 법문).

보충 해설

가장 어리석은 일은 자기의 생명이 단촉한 줄 모르고 무지한 생활을 하는 것이다. 생명이 단촉한 행동이란, 수입보다는 지출이 많고, 强을 남용하는 행위로서 이는 무지 무명의 강급으로 이어지는 것이다. 올챙이와 흡사하게 말라죽기 전 물고기에 대해 장자는 말한다. 「샘물이 말라 물고기가 메마른 땅위에 모여 서로 물기를 끼얹고 서로 물거품으로 적셔줌은 드넓은 강이나 호수에서 서로를 잊고 있는 것만 못하다」(莊子, 대종사편). 성현들의 가르침에는 서로 통하는 바가 있다.

주석 주해

「법화경에 보면 집에 불이 났는데도 유아들은 이를 모르고 철없이 놀고만 있으므로 여러 방편을 써서 구원하려고 하는 이야기가 있다. 三界가 猶如火宅이라 했다. 그러나 범부들은 이러한 상황을 모르고 현실의 이욕에만 급급하고 있으니 답답한 일이다. … 항해를 하는 배에 불이 붙었는데 선상에서 서로 이권다툼만 하고 있는 상황과 같다. 또한 돼지를 잡으려고 왔는데, 돼지는 그것도 모르고 정신없이 먹고만 있음과도 같다」(박길진, 『대종경강의』, 원광대출판국, 1980, p.217).

「중생들은 생로병사에 끌리는 불과 탐진치라는 삼독심의 불과 5욕 재물 명리의 불에 타고 있다. 중생의 어버이인 나는 이들을 구출해야 한다(법화경 비유품). 수입 없이 지출만 하는 사람은 삼대력을 키우는 수행 없이 삼독 오욕에 끌려 다니는 사람이다」(한종만, 『원불교 대종경 해의』(上), 도서출판 동아시아, 2001, pp.371-372).

문제 제기

1) 나의 수지대조 상황은?

2) 우리는 혹 올챙이처럼 단촉한 생명을 살고 있지는 않는지?

[인도품 33장] 마음 지키고 몸 두호하는 법

핵심 주제

마음 지키고 몸 두호하는 법

「공경하고 두려워하는 마음」(원불교 대종경 해의 上, 한종만).

「마음 지키고 몸 두호하는 요법과 그 표어」(교전공부, 신도형).

「경외심을 놓지 말라」(원광 256호, 박남주).

대의 강령

마음 지키고 몸 두호하는 데에 필요한 방법은?

1) 모든 경계에 항상 공부하는 표어 '경외심' 을 놓지 말라.

2) 공경하고 두려워하는 마음을 놓고 보면 부자 형제 부부 사이에도 불평과 원망이 생기며, 하찮은 물건에도 피해를 당한다.

3) 공경하고 두려워하는 마음을 가지고 義로써 살아가면 모든 물건은 나의 이용물이요, 세상의 모든 법은 나의 보호기관이다.

출전 근거

송도성 수필 『월말통신』 32호(원기 15년)와 『회보』 32호(원기 22년)에 「경외지심을 놓지 말라」는 제목으로 실려 있다. 또 『선원일지』(병자하선, 원기 21)에는 「공경심을 놓지 말라」로 실려 있다.

어구 해석

경외심 : 대인접물에 있어 공경하고 두려워하는 것이 敬畏心이다.

두호 : 보살피고 돌보아 준다는 뜻에서 斗護라고 한다.

표어 : 불조심, 티끌모아 태산 등 주의 주장을 간결하게 실천으로 유도하는 문구를 標語라 한다. 원불교에는 개교표어와 교리표어가 있다. 물질이 개벽되니 정신을 개벽하자라는 것이 개교표어이며, 처처불상 사사불공, 무시선 무처선, 동정일여 영육쌍전 등이 교리표어이다.

포승 : 죄수나 포로를 묶는 단단한 노끈이나 줄을 捕繩이라 한다.

관련 법문

「진급하는 사람은 인자하고 겸손하고 근실하며 공한 마음으로 굴기하심하고 경외지심으로 남을 공경하며 덕화로써 상하를 두루 포용하고 공부와 사업을 쉬지 않는 사람이며, 강급하는 사람은 성질이 거칠고 공경심이 없으며 시기하고 질투하며 자기의 욕심만 채우려 하고, 학식 재산 권세 기술 등 한 가지 능함이라도 있으면 상을 내고 자만자족하는 사람이니라」(정산종사법어, 원리편 39장).

「경계하여 두려워함은 천리를 보존하여 지키는 것이니 조화의 미묘한 힘이 아직 움직이지 않은 공경이고, 홀로 있음에도 불구하고 삼가함은 사람의 마음을 점검하여 고찰한 것이니 이것은 조화의 미묘한 힘이 이미 움직인 뒤의 공경이다. 그러므로 군자의 마음은 항상 공경하고 두려워하는 생각을 갖는다」(대산종사법문 5집, 3. 참고경서, 1) 유가귀감).

보충 해설

유교에서 '敬' 사상이 매우 강조된다. 유교의 敬은 '一心을 주재하는 것' 으로서 원불교의 불공과 같은 것이다. 경외심이란 삼가는 심법으로서 삶의 처세훈으로 작용한다. 정산종사는 「원각가」에서 「사업守成 바라거든 경외심을 잃지 말라」고 하였다. 또 송대의 주자는 敬의 의미를 畏라고 설명하는데(어류 권12), 곧 敬이란 삼가 두려워한다는 의미이다. 어떻든 세상에서 심신을 두호하며 살아나갈 주요 처세법 두 가지로는 공경심과 두려움, 즉 敬畏하는 마음 작용이다.

주석 주해

「부처님에게 죄와 복을 구하나 부처에게 그 권능이 있는 것이 아니다. 그러나 일부 만물에게는 그 권능이 있다. 등상불 보다도 권능이 크고 많다. 비료를 함부로 하면 농사를 망친다. 똥을 함부로 하면 옷을 버리고 냄새를 풍긴다. 바늘을 잘못 쓰면 찔린다. 그러므로 이러한 진리를 알아 사사물물에 경외심을 놓지 말고 불공하는 마음으로 선용해야 한다」(박길진, 『대종경강의』, 원광대출판국, 1980, pp.218-219).

「마음을 지키고 몸 두호하는 표준으로의 경외심, 어느 때 어디서 어떠한 사람과 물건을 대하더라도 공경하고 두려워하는 마음으로 대하는 표준을 잃지 말라는 것이 본문의 요지이다. 공경심을 놓아버리면 우주 안의 모든 물건과 법은 자신을 구속하게 된다」(박남주, 「경외심을 놓지 말라」, 《원광》 256호, 월간원광사, 1995, p.139).

문제 제기

1) 우리가 매사를 함부로 하거나 방심한 결과는?
2) 두호한다는 것은 무슨 뜻인가?
3) 마음 지키고 몸 두호하는 방법을 밝혀라.

[인도품 34장] 신정법문, 난세의 비결

핵심 주제

신정법문, 난세의 비결
「난세의 비결」(원불교 대종경 해의 上, 한종만).
「처세의 요결」(교전공부, 신도형).

대의 강령

대종사, 신년에 난세 비법으로 선현의 시 한편을 써주고 보설하였다.
1) 선현의 시를 보면,

(1) 처세에는 유한 것이 제일 귀하고(處世柔爲貴) 강강함은 재앙의 근본이니라(剛强是禍基).

(2) 말하기는 어눌한 듯 조심히 하고(發言常欲訥) 일당하면 바보

인 듯 삼가 행하라(臨事當如痴).

(3) 급할수록 그 마음을 더욱 늦추고(急地尙思緩) 편안할 때 위태할 것을 잊지 말라(安時不忘危).

일생을 이 글대로 살아간다면(一生從此計) 그 사람이 참으로 대장부니라(眞個好男兒).

2) 소태산 대종사의 보설을 보면,

"이대로 행하는 이는 늘 안락하리라"(右知而行之者常安樂).

출전근거

『선원일지』(병자동선, 원기 21)에는 「처세요결의 急地尙思緩」으로 실려 있다.

어구 해석

보감 : ☞수행품 49장 참조.

비결 : 혼자만이 간직한 비법이라고도 하며 전해 내려오는 신비한 처방 내지 신선들이 갖고 있는 묘방을 秘訣이라 한다.

선현 : 과거의 현인이란 뜻에서 先賢이라 하며, 여기에서는 月坡 柳彭老(?-1592)라 사료된다.

관련 법문

「세상을 살아가는데 좋은 비결 세 가지가 있다. 하나는 내 생명이 오래 살고 싶거든 무슨 방면으로든지 남의 생명을 잘 보호해 줄 것이요, 둘째는 내 물건을 오래 잘 가지고 싶거든 무슨 방면으로든지 남의 물건을 잘 가지게 해 줄 것이요, 셋째는 내 마음을 편안하게 가지고 싶거든 무슨 방면으로든지 남의 마음을 편안하게 하여 줄 것이다」(대종경 선외록, 제생의세장 8장).

「사람이 처세할 때에 세 가지 도가 있으니, 하나는 承上의 도요, 둘은 接下의 도요, 셋은 교제의 도니라」(정산종사법어, 예도편 19장).

보충 해설

이 법어는 난세의 처세술을 밝힌 내용이다. 이에 한문의 뜻을 해석할 줄 알아서 이를 실천에 옮기는 일이 중요하다. 그런데 처세의 하나로 老子는 말했다. 「유한 것은 억센 것을 이기고, 약한 것은 강한 것을 이긴다. 그런 까닭으로 유한 혀는 오래도록 보존되지만 이(齒)는 억세므로 부러진다」(명심보감, 계선편). '柔能制剛' 곧 유약한 것이 강강한 것을 제어한다는 뜻이기도 하다. 어떻든 본 장에서 선현 유팽로는 처세 결과로 '好男兒' 를 말했다면, 소태산은 '常安樂' 을 말하여 처세의 본령에서 다소 차이가 나타난다. 남아 대장부적 처세가 전자라면, 안락 해탈을 누리는 불보살이 후자이기 때문이다.

주석 주해

「先賢이란 月坡 柳彭老(?-1592)인 것 같다. 그는 문과에 급제하였으나 벼슬에 뜻을 두지 않고 고향에서 살았다. 임진왜란 때 종군하여 적진에 뛰어들어 동지를 구하고 전사하였다. 그의 「月坡集」에 "處世柔爲貴, 强疆是禍基, 發言常若訥, 臨事每如痴, 急處當思緩, 安時不忘危, 一生從此戒, 眞箇好男兒" 라고 하였다. 흔히 인용문의 원전으로 알고 있는 奇正鎭의 『蘆沙集』에는 대종경 인도품 34장의 인용 글이 없다. 유팽로의 시를 대종사가 인용한 것이다」(한종만, 『원불교 대종경 해의』(上), 도서출판 동아시아, 2001, pp.374-375).

「인도품 34장에서는 "대종사 신년을 당하여 말씀하시기를 '내가 오늘 여러 사람에게 세배를 받았으니 세속 사람들 같으면 음식이나 물건으로 답례를 하겠으나, 나는 돌아오는 난세를 무사히 살아갈 비결 하나를 일러 줄 터인즉 보감을 삼으라' 하시고 선현의 시 한 편을 써 주시니 곧 '처세에는 유한 것이 제일 귀하고(處世柔爲貴) 강강함은 재앙의 근본이니라(剛强是禍基). 말하기는 어눌한 듯 조심히 하고(發言常欲訥), 일 당하면 바보인 듯 삼가 행하라(臨事當如痴). 급할수록 그 마음을 더욱 늦추고(急地尙思緩), 편안할 때 위태할 것 잊지 말아라(安時不忘危). 일생을 이 글대로 살아간다면(一生從此計) 그 사람이 참으로 대장부니라(眞個好男兒)' 한 글이요, 그 글 끝에 한 귀를 더 쓰시니 '이대로 행하는 이는 늘 안락하리라(右知而行之者常安樂)' 하시니라" 하여 선현의 글귀를 인용하고 있다. 이 선현을 교단에서는 근세 호남의 名儒 奇正鎭(蘆沙, 1798-1876)으로 알아왔다. 그런데 근년에 이르러 그보다 200년 이상 앞선 柳彭老(月坡, 1567-1592)의 문집인 「월파집』에 自警이란 제목으로 이 글이 나타나 있음이 확인되었다. 이 원전을 옮겨보면 다음과 같다. "處世柔爲貴(세상살이에는 부드러움이 귀중하고), 强疆是禍機(굳세고 강직하면 재앙의 기틀이 된다). 發言常若訥(말할 경우 항상 어눌한 듯이 하고), 臨事每如癡(일에 다달아 매양 어리석은 듯하라). 急處當思緩(급한데 처할수록 마땅히 늦추어 생각하고), 安時不忘危(편안할 때에 위태로움을 잊지 말아라). 一生從此戒(한평생 삶을 이를 좇아 이루어가면), 眞個好男兒(참으로 아름다운 사나이라 하리라)." 분명히 같은 글인데 『대종경』의 인용구와 원전을 대조해보면, 적지 않은 글자의 출입이 있음을 알 수 있다. 재미있는 것은 이 글자의 출입을 거슬러가면 수용과정이 밝혀진다는 점이다. 즉 최근세의 증산교 교조 강일순의 언행록인 『증산천사공사기』(이상호 찬, 『甑山天師公事記』, 상생사, 1926, 131쪽)에 "天師께서 亨烈(김형렬)에게 가라사대 … 기정진의 시를 들려주시며 가라사대 잘 기억하라 하시니 그 시는 곳" 이라 이 글을 인용하고 있다. 즉 대종사는 『증산천사공사기』를 통해 이 글을 수용하였고, 그 과정에서 원전을 기정진의 시로 알게 되었음이 분명해진다. 말할 나위 없이 『대종경』의 인용문은 『증산천사공사기』의 그것과 꼭 같다. 본문의 출입을 중심으로 원문인 『월파집』과 인용한 『대종경』을 대비하면 다음과 같다. 첫째 구는 동일하다. 둘째 구는 强疆이 剛强으로, 機가 基로 나타난다. 셋째 구는 若이 欲으로 나타난다. 넷째 구는 每가 當으로 나타난다. 다섯째 구는 處가 地로, 當이 尙으로 나타난다. 여섯째 구는 같다. 일곱째 구는 戒가 計로 나타난다. 여덟째 구는 동일하다. 이들 내용을 음미해 보면, 크게 다르지 않다. 예컨대 疆은 强과 통하여(疆與强通) 굳세다, 강하다, 힘이 있다, 세차다는 의미를 가졌다」(오광익, 「정전 대종경 한문 인용구의 원전검토」, 제30회 원불교사상연구 학술대회《인류정신문명의 새로운 희망》, 원광대 원불교사상연구원·한국원불교학회, 2011.1.25, pp.138-140).

문제 제기

1) 소태산이 추가한 내용과 그 의의는 무엇인가?

2) 인도품 34장의 한시 「急地尙思緩」를 해석하여, 자신의 처세훈과 비교하시오.

[인도품 35장] 시사평론의 주의

핵심 주제

시사평론의 주의

「비판을 신중히 하라」(원불교 대종경 해의 上, 한종만).

「지인과 우인의 시비 평론」(교전공부, 신도형).

대의 강령

여러 제자들이 신문을 보다가 시사를 평론함이 분분하거늘, 대종사 듣고 말하였다.

1) 남의 시비를 가벼이 말하지 말라.

2) 신문을 보더라도 선악의 원인과 결과를 살펴 앞길에 거울삼아라.

3) 이 정신으로 신문을 보는 사람은 신문이 산 경전이나, 혹 날카로운 소견과 가벼운 입을 놀려 죄에 빠진다.

출전 근거

전음광 수필 『월말통신』 7호(원기 13년)에 실린 법설이다.

어구 해석

시사 : 당시의 국가 정세와 사회의 시대 상황을 時事라 하는 것으로, 이를 평론할 경우 조급함으로 인해 잘못 판단할 수 있다.

소견 : 대인접물을 하면서 보고 느낀 바의 생각이나 감상을 所見이라 한다. 소견을 달리 말해서 견해라고도 한다.

관련 법문

「송도성이 신문을 애독하여 신문을 받으면 보던 사무라도 그치고 읽으며, 급한 일이 있을 때에는 기사의 제목이라도 본 후에야 안심하고 사무에 착수하더니, 대종사 하루는 경계하시기를 “네가 소소한 신문 하나 보는 데에 그와 같이 정신을 빼앗기니 다른 일에도 혹 그러할까 근심되노라” 」(대종경, 수행품 20장).

「건국 정신의 둘째는 자력 확립이니, 우리에게 자유를 선물한 연합 제국에 대하여 우리는 깊이 감사하여야 할 것이나, 공평한 태도와 자주의 정신으로 우방 여러 나라를 친하지 못하고 자기의 주의나 세력 배경을 삼기 위하여 어느 한 나라에 편착하여 다른 세력을 대항하지 말아야 할 것이니, 우리의 정세를 살필진대 중도가 아니고는 서지 못할 것이며…」(정산종사법어, 국운편 4장).

보충 해설

시국에 민감할 경우 혼란한 국가 정황에 맞물려 좌우 이념 대립의 논쟁에 말려들 우려가 있다. 또 위정자의 시비 문제를 민감히 판단할 경우 종교인으로서 정치 논리에 휘말릴 수 있으니, 관조하는 시간을 가지는 것이 좋다. ‘통만법명일심’ 이 있지 않은가. 시국에 대한 종교적 관점은 특히 정치를 간섭하거나 묘한 시국 사안에 대해 너무 민감해서는 안 된다. 그렇다고 시국을 멀리할 수만은 없다. 그래서 원불교 최초 교단사인 「불법연구회창건사」(1937-1938)를 쓴 정산종사는 ‘최초법어’ 라는 표현 대신 ‘시국에 대한 감상’ 이라 표현하고 있다.

주석 주해

「이 세상이 시끄러운 원인 가운데 하나는 내가 상대방을 모르고 존경하지 않으며, 또 다른 사람이 나를 모르는 데에서 반목과 시기와 마음과 투쟁이 오기 때문이다. 나를 살리고 또 상대방을 살리는 생성 발전의 길 하나는 서로 이해하고 협조하는데 있다. … 각자가 자기를 알고 남의 시비를 않는 것이 인류 평화의 최상 요책이다」(박길진, 『대종경강의』, 원광대출판국, 1980, p.222).

「어떠한 일이라도 선악의 원인과 결과를 잘 판단해서 내 앞길에 교훈을 삼으며 선악의 결과를 보아서 자신의 앞길에 표준을 삼아야 한다. 내 정신이 어디에 쏠리고 있는가를 살펴야 한다. 모든 법을 통해다가 한 마음을 밝혀야 한다」(한종만, 『원불교 대종경 해의』(上), 도서출판 동아시아, 2001, p.376).

문제 제기

1) 사회 지도자는 시사에도 밝고 평론도 해야 하는 것은 아닌가?

2) 과거 예비교무 시절, 서원관에서 신문 보는 것을 금한 적이 있는데, 오늘의 경우 이를 어떻게 새겨야 하는가?

[인도품 36장] 남의 허물을 보고 자기를 살펴라

핵심 주제

남의 허물을 보고 자기를 살펴라

「남의 꾸중에 나를 살피라」(원불교 대종경 해의 上, 한종만).

「남의 허물이 보이거든 자기 허물을 찾으라」(교전공부, 신도형).

대의 강령

대종사 무슨 일로 김남천을 꾸짖고, 문정규에게 말하였다.

1) 남천을 꾸짖음이 남천에게 한정된 것이 아니니, 정규도 자신 행실을 반조해 보아 그를 비웃지 말라.

2) 어리석은 사람은 남의 허물만 밝히므로 제 앞이 늘 어둡고, 지혜 있는 사람은 자기의 허물을 살피므로 남의 시비를 볼 여가가 없다.

출전 근거

『월보』 37호(원기 17년)에 실린 법설이다.

어구 해석

행실 : 나의 일상적인 행동의 여러 모습을 行實이라 한다.

책망 : 상대방의 허물을 보고 꾸짖는 것을 責望이라 한다.

관련 법문

「잘된 일 잘못된 일을 살피어 보며 정신 노력으로나 물질 희사로나 사회 국가를 위하여 얼마나 노력한 일이 있는가 대조하여 보아서 세상에 유익 줄 일은 할지언정 법률에 위반되는 행동은 아니 하기 위하여 새로운 각성으로 매일 매일일기를 계속하여 보라」(대종경 선외록,

선원수훈장 4장).

「시자가 일에 민첩하지 못할 때에는 그때그때 꾸중을 하시더니 어느 날에는 크게 꾸중을 하시면서 "내가 이렇게 하니 싫으냐?" 하시고 무섭게 내려 보셨을 때 시자가 떨리는 목소리로 "아닙니다. 저는 꾸중을 들을 대마다 혹 마음에 싫은 생각이 있는가 하고 저의 신심을 대조해 봅니다" 하고 사뢰었더니 "암 그래야지" 하시며 미소를 지으셨다」(한울안 한이치에, 제10장 자비행 28장).

보충 해설

남을 꾸짖는 것을 보고 기분 좋아하는 경우도 있을 것이나, 나도 언젠가는 꾸짖음을 당할 것이라는 것을 생각해야 한다. 그리고 상대방의 과실을 참고하여 나는 그러한 과오를 범하지 않겠다는 반면교사의 공부심을 갖는 것도 중요하다. 꾸짖음에 대한 속담을 보자. 프랑스어로 사랑을 속삭이고 독일어로 신을 이야기하며 영어로 연설하고 러시아어로 꾸짖는다는 말이 있다. 이를 유추해보면 꾸짖음이란 때론 사랑이 되고, 부처의 법어가 되며, 중생을 위한 연설이 된다.

인물 탐구

김남천 : ☞수행품 26장 참조.

문정규 : ☞수행픔 33장 참조.

주석 주해

「법은 사람이 미워서 실시되는 것이 아니라 질서를 위하고 또한 다른 사람에게 경계가 되기 위해서 실시되는 것이다. … 남의 잘한 일을 볼 때는 나는 저런 선행을 한 적이 있는가 반성해 보아야 하고 악행을 볼 때는 그런 일을 범행치 않도록 명심해야 한다」(박길진, 『대종경강의』, 원광대출판국, 1980, p.223).

「어떤 한 사람에게 꾸중을 하면 저 사람은 잘못해서 꾸중을 듣지만 나는 관계가 없다는 생각을 한다. 지혜 있는 사람은 자신의 허물을 살피므로 남의 시비를 볼 시간이 없다. … 다른 사람의 잘못을 보고 들어 자기의 잘못을 각성하여 자기는 그러한 과오를 범하지 않기로 노력해야 한다」(한종만, 『원불교 대종경 해의』(上), 도서출판 동아시아, 2001, pp.378-379).

문제 제기

1) 남의 허물 말하기를 좋아하는 동지가 있다면?

2) 대종사, 김남천을 꾸짖고 문정규에게 설한 법어는?

[인도품 37장] 찬성과 비난의 함수

핵심 주제

찬성과 비난의 함수

「주체적으로 모든 일을 진행」(원불교 대종경 해의 上, 한종만).

「남의 훼예에 끌리지 말고 그 실지를 반성하라」(교전공부, 신도형).

「자력 있는 공부인」(원광 172호, 이성택).

대의 강령

세상에 무슨 일을 할 때에는 남의 찬성도 받고 비난도 받는다.

1) 떳떳한 일에는 좌우 비방에도 백절불굴의 용력으로 진행하라.

2) 떳떳하지 못하는 일에는 주변의 찬성이라도 버리기를 주저하지 않아야 자력 있는 공부인이다.

출전 근거

『월말통신』 7호(원기 13년)의 「남의 시비를 보아 나의 시비는 깨칠지언정 그 그름은 드러내지 말라」는 제목의 법설이다.

어구 해석

조소 : 상대방이 자신을 조롱하고 비웃는 것을 嘲笑라 한다.

용력 : 용단력 또는 굴하지 않는 용기를 勇力이라고 한다.

관련 법문

「과거 부처님께서도 因行 때에 동네 방 문고리에 의지하여 가지고 여러 사람이 흔드는 바가 되어도 마음이 흔들리지 아니하는 공부를 하셨다 하며, 또는 인욕 선인이 되어 가지고 가리왕에게 사지를 찢기면서도 마음에 성냄이 없는 공부를 단련하셨다 하나니, 도를 얻기 전에만 그렇게 공부를 하신 것이 아니라 각을 하신 뒤에도 참으로 자신의 능력을 갖추는 공부와 중생 제도하는 공부가 더 깊어지므로…」(대종경 선외록, 주세불지장 5장).

「이보원에게 신자의 일상 수지법 열 가지를 말씀하셨다. "첫째, 타종교의 시비를 들어서 비방하거나 신자 사이에 대립하지 말 것이요, 둘째, 신자 중에서 혹 범과한 것을 보고 신심이 퇴전하거나 다른 사람에게 과실을 드러내지 말 것이요, 셋째, 정법 신앙에 뜻을 세운 이상에는 천신만고를 당하여도 절대로 신념을 변하지 말 것이요…." 」(한울안 한이치에, 제8장 화합교단 2장).

보충 해설

무슨 일이든 진행할 때에는 주변의 시비를 듣기 마련이다. 그러나 이를 무서워해서도 안 된다. 본 법문을 서품 9장과 연결하여 보자. 즉 방언할 때 부호 한명이 분쟁을 일으키자, 대종사는 공사 중에 이러한 분쟁이 생긴 것은 하늘이 우리의 정성을 시험하심인 듯하니 조금도 이에 끌리지 말고 또는 저 사람을 미워하고 원망하지도 말라 하였다. 그래서 소태산은 「나의 하는 일을 잘 한다고 찬성을 하든지, 잘못한다고 비평을 하든지 거기에 대하여 아무 예산 없이 좋아하거나 싫어하는 것은 허수아비 사람이라」(월말통신 7호, 법설)고 경계하였다.

주석 주해

「항상 책임 있는 말을 해야 한다. 근거도 없이 흘러 다니는 말이나 사실보다 과장하여 함부로 퍼뜨리는 말 등을 그대로 옮기거나 더욱 과장해서는 안 된다. … 財色 두 가지에 대과가 없으면 안심하고 소신껏 해야 한다. 그러나 방법이 나빠서 대중이 싫어하면, 이 점도 주의해야 한다. 주위 사람들의 평이 좋지 않을 때에는 자신에 비추어 보고 고쳐야 할 점은 과감히 고쳐야 발전이 있게 된다」(박길진, 『대종경강의』, 원광대출판국, 1980, p.224).

「대종사님께서는 시비이해의 큰 바다인 세상을 살아가는데 있어서 자력 있는 공부인의 조건으로 두 가지를 제시하고 있다. 그 하나는 다른 사람의 반대나 비난에 대한 자력이요, 그 둘은 다른 사람의 찬성이나 권면에 대한 자력이다. 전자의 자력은 바르고 정당한 일을 행하는 자력이요, 후자의 자력은 부정당한 일을 하지 아니하는 자력이다」(이성택, 「자력 있는 공부인」, 『원광 자료모음집』-대종경편 1, 월간 원광사, 1990, pp.394-395).

문제 제기

1) 남의 시비에 굴하지 말고 일을 추진하려면?

2) 떳떳하지 못한 일에는 단호히 버려야 자력 있는 공부인이란?

[인도품 38장] 작은 실수는 성공의 바탕

핵심 주제

작은 실수는 성공의 바탕

「작은 실수가 큰 성공의 바탕이 된다」(원불교 대종경 해의 上, 한종만).

「작은 실수는 큰 성공의 바탕이 될 수 있다」(교전공부, 신도형).

대의 강령

사람이 일을 시작하여 중간에 혹 한두 번 실수를 하고 보면 본래 마음을 풀어버리고 되는대로 하는 수가 많다.

1) 오직 철저한 생각과 큰 경륜을 가진 사람은 무슨 일을 하다가 혹 어떠한 실수를 할지라도 그것을 전감 삼아 미래를 더욱 개척하라.

2) 어떤 실수에 뜻이 좌절되어 당초의 대중을 놓아 버리지 아니하는 사람에게는 작은 실수가 도리어 큰 성공의 바탕이 된다.

출전 근거

송도성 수필 『월말통신』 2호(원기 13년)에 실린 법설이다.

어구 해석

경륜 : 교리와 제도 등으로 만생령을 제도하는 일을 經綸이라 한다.

전감 : 이전에 있었던 일을 미리 비추어 보는 것을 前鑑이라 한다.

관련 법문

「동지들 간에 혹 사업에 실패나 언행에 실수를 하였다 하더라도 증오심이나 원망심으로 대하지 말고 그 일을 직접 내가 당한 것으로 알고 같이 걱정하며, 그 일의 해결을 위하여 힘쓰는 시야 넓고 국이 큰 사람이 되라」(한울안 한이치에, 제8장 화합교단 34장).

「누구나 다 실패와 실수가 있는 것이다. 그러나 그 때에 도로써 취사하라. 열 번, 스무 번, 백 번을 실패하였다 하더라도 다시 본원에 반조하여 나아가면 된다. 아래에 있을 때에도 위에 계시는 賢人을 만나야 하지만 위에 있을 때에도 아래에 있는 현인을 만나야 한다」(대산종사법문 3집, 제5편 법외 200장).

보충 해설

실수의 반복은 곤란하지만 한두 번의 실수로 다음 일에 움츠려 들어서는 안 된다. 정성으로 하되 매사를 점검하고 조심스런 마음을 가질수록 실수는 적어진다. 태만한 경우 실수가 많아지기 때문이다. 문제는 실패나 실수를 겪어보지 않은 자가 일을 벌일 경우 실수에 낙담을 하는 경우가 많다는 사실이다. 박호진 교무는 말한다. 「실수를 해도 그것을 보감삼아 미래를 더욱 개척할지언정 거기에 뜻이 좌절되어 당초의 대중을 놓아 버리지 말라 하신 대종사님 법문처럼 작은 실수를 큰 성공의 바탕으로 삼는 공부인이 되어보자」(「치심이 일어나는 과정」, 『차는 다시 끓이면 되구요』, 출가교화단, 1998, p.96). 본 장의 법어를 거울삼아 감각감상을 쓴 적절한 예가 아닌가 본다.

주석 주해

「무슨 일이나 한 번 행하여 목표에 오르는 일이 없다. 어떤 사람이 관찰해 보니 어린 참새는 70여회를 하늘을 나는 연습을 한 뒤에야 활발히 창공을 날더라고 한다. … 한때 실수한 후 크게 각성을 하고 그것을 거울삼아 크게 성공한 선인들이 많다. 불교에서도 용수, 연월니지 비구승도 그러했고, 기독교의 성자 아우구스티누스는 좋은 예라 하겠다」(박길진, 『대종경강의』, 원광대출판국, 1980, pp.225-226).

「한층 분발하라는 것은 실패하기 전보다 더욱 노력하라는 것이며, 더 한층 주의하라는 것은 실패의 원인을 심각하게 생각해서 실패하지 않도록 주밀하게 챙기라는 것이다. 실패로써 전감을 삼아서 미래를 개척하라는 것은 실패의 원인을 생각해서 미래 개척의 방향을 새우며 좌절의 심각함을 미래 개척의 원동력으로 삼으라는 것이다. 용수와 어거스틴은 초기의 방탕하는 힘을 수도 정진에 되돌렸기에 큰 성공을 한 것이다」(한종만, 『원불교 대종경 해의』(上), 도서출판 동아시아, 2001, pp.381-382).

문제 제기

1) 왜 실수는 성공의 바탕이 되는가?
2) 실수로 좌절해 있는 사람을 교화하는 방법은?

[인도품 39장] 願과 행동의 표리부동

핵심 주제

願과 행동의 표리부동
「願과 行의 일치」(원불교 대종경 해의 上, 한종만).
「원하는 바를 이루는 방법」(교전공부, 신도형).
「고락의 근원」(원광 161호, 이성택).

대의 강령

사람들은 고락의 근원을 모르고 언행이 모순된 행동을 한다.
1) 누구나 이로운 일을 원하면서 해로운 일을 하고 있다.
2) 부귀를 원하나 빈천한 일을 하고 있다.
3) 찬성을 원하나 조소받을 일을 하고 있다.

출전 근거

송도성 수필 법설집에 실린 법설이다. 또한 묵산수필 『법설집』에 실린 법어로 1938년 3월 4일 선원에서 「고락의 원인」이라는 주제로 설한 내용이다.

관련 법문

「낙을 버리고 고로 들어가는 원인 1) 고락의 근원을 알지 못함이요,

2) 가령 안다 할지라도 실행이 없는 연고요, 3) 보는 대로 듣는 대로 생각나는 대로 자행자지로 육신과 정신을 아무 예산 없이 양성하여 철석 같이 굳은 연고요…」(정전, 제3 수행편 제14장 고락에 대한 법문, 2. 낙을 버리고 고로 들어가는 원인).

「성인들은 이 인과의 원리를 알아서 상생의 도로써 살아가시나 중생들은 이 원리를 알지 못하고 욕심과 명예와 권리에 끌려서 상극의 도로써 죄업을 짓게 되므로 그 죄고가 끊일 사이 없나니라」(정산종사법어, 원리편 40장).

보충 해설

출가할 때에 대 서원을 세웠다가 후에 다른 원이 생길 경우 원망심이 생기곤 하며, 이에 원래 세운 서원과 갈등을 겪는 수가 있다. 서원과 행동의 일치, 곧 서원반조를 통한 언행일치가 필요하다. 그렇지 않으면 본능적 행동을 하고자 하는 유혹을 받게 된다. 고락은 다음의 갈림길에 있다. 나쁜 습관은 죄고를, 좋은 습관은 복락을 가져다준다고 조전권 교무를 말한다(행복자는 누구인가, 원불교출판사, 1979, p.34). 이에 고락의 근원은 나쁜 습관의 극복 여부에 달려 있다.

주석 주해

「욕심 자체가 과한 것인데 이 과한 것은 끌리기가 쉽게 되어 있다. 이러한 욕심에 끌려서 하고 보면 害가 온다. 보통 사람들의 생각은 마치 칼끝에 묻은 꿀을 빨아먹고 있는 어린 아이와도 같다. 일시적인 단맛에 끌려서 위험을 불러온다. 그 결과 이로운 일을 원하나 해가 오게 된다」(박길진, 『대종경강의』, 원광대출판국, 1980, p.227).

「우리는 여기에서 고락의 근원과 원리를 확실히 체계화할 필요가 있다. 고락의 근원과 원리를 확실히 알고 나면 마음으로 생각하는 것과 몸으로 실천하는 것이 일치할 뿐만 아니라 고락의 현실을 능동적으로 수용하면서 활용할 수 있기 때문이다」(이성택, 「고락의 근원」, 『원광자료모음집』-대종경편 1, 월간원광사, 1990, p.398).

문제 제기

1) 利害, 富貴, 毁譽에 있어 고락과 관련하여 말하시오.

2) 고락의 근원을 모르고 언행이 모순된 행동을 한 결과는?

[인도품 40장] 복 짓는 직업의 선택

핵심 주제

복 짓는 직업의 선택

「복을 짓는 직업」(원불교 대종경 해의 上, 한종만).

「직업은 선택하라」(교전공부, 신도형).

대의 강령

사람의 직업 가운데 복을 짓는 직업도 있고 죄를 짓는 직업도 있다.

1) 복짓는 직업은 사회에 이익이 미치고 스스로 선해지는 직업이다.

2) 죄짓는 직업은 사회에 나쁜 영향을 주고 악해지는 직업이다.

3) 제일 좋은 직업은 중생을 낙원으로 인도하는 부처님 사업이다.

어구 해석

해독 : 우리에게 이로움이 아닌 고통을 안겨 주는 해로움(害)과 독소(毒) 등을 말한다. 탐진치의 삼독심이 이의 대표적인 예이다.

고해 : 자의상으로는 고통의 바다를 苦海라 하며, 고통으로 가득 찬 사바세계 즉 인간이 욕심으로 사는 세속세계를 말한다. 바다와 고통을 연결한 것은 드넓은 바다에 파도가 많이 치므로 世波라는 개념과 통하기 때문이다. 고통의 바다는 오욕 삼독심 칠정 등으로 번뇌가 끊일 날이 없으므로 해탈의 佛果를 얻도록 적공하는 일이 중요하다.

관련 법문

「신분의성을 마음공부에 들이대면 삼학 공부에 성공하고 사농공상에 들이대면 직업에 성공하나니라」(정산종사법어, 권도편 32장).

「김윤중이 여쭈었다. "전무출신의 직업을 대외적으로 말할 때 포교사라 하면 무방하겠습니까?" "교화 사업이라 하라" 」(한울안 한이치에, 제8장 화합교단 55장).

보충 해설

벤처산업의 종류가 다양화됨에 따라 오늘날 직업의 수는 2만종을 훨씬 넘어서고 있다. 이처럼 많은 직업 중에서 보람 있는 직업은 공익을 위한, 중생 구제를 위한 직업인 것이다. 중생 구제는 고통에서 낙으로 옮겨주는 일이다. 성직의 길도 하나의 직업이며, 대종사는 이 종교라는 직업을 최고 직업 중의 하나라고 보았다. 요즘 학생들이 오로지 개인적인 부의 축적이 유망직업의 기준이 되고 있다(생존의 W이론』, 랜덤하우스중앙, 2004, p.107)고 이면우 교도교수는 비판하였다.

주석 주해

「직업에 귀천이 없다고 한다. 그러나 이 세상에 꼭 필요한 직업은 적극 권면해야 하지만 없어도 무방한 분야는 삼가는 것이 수행인에게 좋을 것이다. … 오랫동안 뱀을 잡거나 죽이는 사람은 뱀눈을 닮는다고 한다. 또 고양이를 잡아 파는 사람은 죽을 때 고양이 소리를 낸다는 말도 있다. 술을 너무 마시는 사람은 얼굴에 술꾼다운 모습이 나타난다」(박길진, 『대종경강의』, 원광대출판국, 1980, p.228).

「복을 짓는 직업은 사회에 유익하며 마음도 선하여지는 직업이라 하였다. 예를 들면 자선사업을 하는 사회복지 활동과 모든 사람의 건강을 위하여 봉사정신으로 하는 의료직과 후진들을 올바른 길로 이끌겠다는 교사직과 의식주의 생산을 건전하게 하는 농업 등이라 할 수 있다」(한종만, 『원불교 대종경 해의』(上), 도서출판 동아시아, 2001, p.384).

문제 제기

1) 죄를 짓고 복을 짓는 직업이란 무엇인가?
2) 세상에서 제일 좋은 직업이란?

[인도품 41장] 제가의 요법 9조

핵심 주제

제가의 요법 9조

「제가의 요법 9조목」(원불교 대종경 해의 上, 한종만).
「治家의 요법 9조」(교전공부, 신도형).

대의 강령

한 가정의 흥망이 호주에도 달려 있나니, 가정이 흥하기로 하면?
1) 호주의 정신이 근실하여야 한다.
2) 가권이 서로 화합하여 모든 일에 힘을 모은다.
3) 무슨 실업이든지 먼저 지견과 경험을 얻은 뒤에 착수한다.
4) 이소성대의 준칙과 순서로 사업을 키워나간다.
5) 폐물 이용의 법을 잘 활용한다.
6) 원업과 부업을 적당히 하고 생업 부분에 연속 있게 한다.
7) 생산이 예정목표에 이르기 전에 예금을 유용하지 않는다.
8) 목표에 달한 뒤에도 폭리를 꾀하지 말고 근거 있고 믿음 있는 곳에 자본을 심는다.
9) 수지를 살펴 정당한 지출은 아끼지 말고 무용한 소비는 막는다.

어구 해석

가권 : 호주나 세대주에 딸린 식구를 家眷이라 한다.
유용 : 정한 용도 이외에 자금을 쓰는 것을 流用이라 한다.
수지 : 수입과 지출을 收支라 한다.
이소성대 : 저축조합과 방언공사 등 초기교단의 형성은 以小成大의 정신으로 이루어져왔으며, 이는 창립정신 중의 하나에 속한다. 사회에서 통용되는 以小積大라는 용어도 있다. 점진주의도 유사한 용어이다.

관련 법문

「齊家의 요법 1) 실업과 의식주를 완전히 하고 매일 수입 지출을 대조하여 근검저축하기를 주장할 것이요, 2) 호주는 견문과 학업을 잊어버리지 아니하며, 자녀의 교육을 잊어버리지 아니하며, 상봉하솔의 책임을 잊어버리지 아니할 것이요, 3) 家眷이 서로 화목하며, 의견 교환하기를 주의할 것이요」(정전, 제3 수행편, 제13장 최초법어, 제가의 요법).

「사람이 어릴 때에는 대개 그 부모의 하는 것을 보고 들어서 그 정신을 이어 받기가 쉽나니, 사람의 부모 된 처지에서는 그 자손을 위하여서라도 직업의 선택에 신중하며 바른 사업과 옳은 길을 밟기에 노력하여야 하나니라」(대종경, 인도품 47장).

보충 해설

호주제도란 혈통 중심으로 하여 가정의 家長 중심으로 가권이 형성되는 것을 말한다. 우리의 전통사회를 중심으로 지속되어 온 호주제도가 근래 폐기되는 상황에 처했다. 호주제 폐지를 주장하는 주 이유의 하나는 만약 남편과 부인이 이혼을 하게 되면 자식이 부인을 따를 시에 전 남편의 성이 그대로 자식들에게 남아 있다는 사실 때문이다. 호주에 관한 규정을 삭제하고 부모의 협의 등으로 어머니 성을 따를 수 있도록 한 민법 개정안이 2003년 10월 하순 국무회의를 통과했다. 소태산의 경우 호주제의 입장에서 본 법어를 설한 것이 아니라 부모의 역할이 중요함과 또 자녀교육 차원에서 언급한 것이다.

주석 주해

「사람도 정신이 확고하게 서며 양심이 발라야 부정당한 일은 아니하고 육신도 건전해서 경영하는 매사가 잘 될 것이다. 따라서 한 가정도, 사회도, 국가도 마찬가지라 하겠다. … 여기서는 치산을 잘하는 방법을 말해 주었다. 無恒產者는 無恒心이라고 맹자는 말했고, 치산을 잘 하는 것이 불교 공부도 잘하는 것이라고 선사들도 말했다」(박길진, 『대종경강의』, 원광대출판국, 1980, p.229).

「최초법어의 제가의 요법은 5조목으로 되어 있다. (인도품 41장에서) 9조목으로 밝힌 것은 5조목을 구체적으로 밝힌 것이다」(한종만, 『원불교 대종경 해의』(上), 도서출판 동아시아, 2001, p.385).

문제 제기

1) 제가의 요법 9조항을 설명하시오.

2) 한 가정의 흥망이 가장(호주)에 달려 있는 이유는?

[인도품 42장] 제가와 치국의 상관성

핵심 주제

제가와 치국의 상관성

「한 가정은 한 나라를 축소해 놓은 것」(원불교 대종경 해의 上, 한종만).

「제가는 치국의 근본이다」(교전공부, 신도형).

대의 강령

대종사, 가정과 나라의 밀접한 관계를 말하였다.

1) 한 가정은 작은 나라인 동시에 큰 나라의 근본이다.

2) 이에 한 가정을 잘 다스리는 사람은 사회 국가를 잘 다스린다.

3) 각자가 각 가정을 잘 다스리고 보면 국가는 따라서 잘 다스려질 것이니 호주의 책임이 중요하다.

관련 법문

「호주의 밑에서 살면 가권이 항상 자기의 할 바를 물어서 해야 하며, 지도받을 만한 자리가 있거든 잘된 일 잘못된 일을 일일이 감정을 얻으며 모든 일을 처리할 때에 미리 물어서 하며 모르는 일이 있으면 간절히 물어서 깨우쳐 알 것이다」(대종경 선외록, 선원수훈장 4장).

「가정은 인간생활의 기본이라, 사람이 있으면 가정이 이루어지고 가정에는 부부로 비롯하여 부모 자녀와 형제 친척의 관계가 자연히 있게 되는 바, 그 모든 관계가 각각 그에 당한 도를 잘 행하여야 그 가정이 행복한 가정, 안락한 가정, 진화하는 가정이 될 것이니라」(정산종사법어, 세전, 제3장 가정, 1. 가정에 대하여).

보충 해설

유교에서 수신을 잘 하면 제가가 잘 되고, 제가가 잘 되면 치국과 평천하가 잘 된다는 것이 經世의 단계적 원칙이다. 소태산도 최초법어에서 수제치평을 밝혔고, 또 인도품에서 이러한 근본 원리를 강조하고 있다. 호주의 역할과 가정 화목의 중요성이 여기에서 발견된다. '國家'라는 용어는 나라(國)와 가정(家)이 합해진 것으로, 자의

상으로 보아도 가정과 국가는 떼어놓을 수 없는 필연의 관계이다.

주석 주해

「가정에는 호주의 책임이 중하고 … 수신 하나도 제대로 못하는 사람이 국가 사회의 일을 한다고 나서는 경우를 흔히 볼 수가 있다. 그 사람이 중책을 맡는다면 과연 어떻게 되겠는가」(박길진, 『대종경강의』, 원광대출판국, 1980, pp.230-231).

「종교 도덕가에서 개인이 착하면 사회가 올바르게 된다고 주장해 왔으나 역사를 보면 그렇지 못한 면이 있다. 따라서 인간의 자각적인 면과 사회 제도적인 면이 아울러져야 한다는 것이 원불교 사상의 특징이다. 가정을 다스린다는 것은 정신적인 면만이 아니라 가정의 제도를 잘 세워야 한다」(한종만, 『원불교 대종경 해의』(上), 도서출판 동아시아, 2001, p.387).

문제 제기

1) 한 가정은 한 나라의 축소판이란 뜻은?

2) 가정을 잘 다스리면 국가도 잘 다스려지는 이유?

[인도품 43장] 모범 가정 이루는 10조목

핵심 주제

모범 가정 이루는 10조목

「모범적인 가정 10조」(원불교 대종경 해의 上, 한종만).

「모범적 가정을 이룩하는 법 10조」(교전공부, 신도형).

대의 강령

모범적인 가정을 이룩하는 10가지 조목?

1) 집안이 신앙할 종교를 가지고 새로운 정신으로 생활을 전개한다.

2) 호주가 집안 다스릴만한 위덕과 지혜와 실행을 갖춘다.

3) 호주가 식구들의 가르침을 위주로 하되 자신이 먼저 많이 배우고 경험하여 거울이 된다.

4) 온 식구가 놀고먹지 아니하며 매일 수지를 맞추고 저축한다.

5) 직업을 가리되 살생 마취 권리남용으로 남의 생명 재산 등 가슴 아프게 하는 일이 없게 한다.

6) 부부사이라도 물질적으로 자립을 세워 부유한 가정 사회 국가를 이룩하기에 노력한다.

7) 국가 사회에 대한 의무와 책임을 이행하여 무자력자 보호기관에 노력한다.

8) 자녀에게 과학과 도학을 아울러 가르친 뒤 공익기관에서 얼마동안 봉사하게 한다.

9) 자녀에게 재산상속은 생활 유지에 그치고 공익기관에 희사한다.

10) 매월 혹 매년 몇 차례씩 적당한 휴양으로 새 힘을 기른다.

어구 해석

덕위 : 덕을 베풀어 덕망의 위상을 갖는 것을 德威라 한다.

관련 법문

「가정은 반드시 가족의 단결에 의하여 융창할 것이며, 사회는 반드시 동지의 단결에 의하여 진보될 것이며, 공익기관은 각 인의 물질적 단결에 의하여 조성될 것이며, 세계는 반드시 인류의 단결에 의하여 발달될 것이니…」(한울안 한이치에, 단결의 위력 3장).

「마음으로 솔성을 해서 육신으로 실천을 해보고 육근으로 단련해 봐야 불이 켜지는 것이다. 한 가정도 이 불이 꺼지면 싸우고 켜지면 화합한다. 종교도 이 불이 켜지면 화락하고 꺼지면 분열되는 것이다. 한 가정에 불이 켜지면 한 나라에까지 비치고 한나라에 불이 켜지면 전 세계에 비치는 것이다」(대산종사법문 3집, 제3편 수행 6장).

보충 해설

『정전』「최초법어」 제가의 요법을 참조할 일이다. 그리고 가정 다스리는 일은 호주의 역할과 책임이 중요함이 여기에서 강조되고 있다. 원기 17년 『육대요령』을 발간한 후, 소태산은 대중들에게 사은사요와 제가의 요법을 자주 설하였으며, 특히 제가의 요법은 누가 결혼을 할 경우 설해준 법설이다. 그리고 齊家의 요점은 일원가족, 경제적 자립,

자녀에 대한 도학 과학의 병진교육 등이다. 어느 종교도 마찬가지겠지만 원불교를 독실하게 믿으면 반드시 모범적인 가정이 된다는 것도 소태산의 가르침이다.

주석 주해

「한 가정에 한 가지 신앙이 없고 보면 가족의 정신을 안정되고 희망있게 결속하기가 어렵다. 서로 이해하고 감사하며 복을 짓게 하려면 신앙을 가져야 한다. … 한 가정의 호주를 잘못 만나서 고생하는 사람들이 얼마나 많은가. 옛날이나 지금이나 개천에서 용 나는 격으로 그러한 가정에서도 뛰어난 인물이 나올 수도 있으나 그 가정환경의 영향은 매우 크다」(박길진, 『대종경강의』, 원광대출판국, 1980, pp.232-233).

「모든 가족들이 서로 敬愛하며 뜻이 어긋나지 않도록 하는 것이다」(한종만, 『원불교 대종경 해의』(上), 도서출판 동아시아, 2001, p.390).

문제 제기

1) 온 집안이 같이 신앙할만한 종교를 가지라 한 이유는?

2) 오늘날 결손가정이 많이 늘고 있는데, 종교로서의 역할은?

3) 모범적인 가정을 이루는 법에 대하여 인도품 43장에 밝힌 내용?

[인도품 44장] 태교의 중요성

핵심 주제

태교의 중요성

「태교」(원불교 대종경 해의 上, 한종만).

「태교에 대하여」(교전공부, 신도형).

대의 강령

태아가 모태 중 영식이 어리므로 태모의 근신이 중요하다. 이에 임신한 부인을 대하는 법은 다음과 같다.

1) 모진 마음을 내지 말라.

2) 모진 말을 하지 말라.
3) 모진 행동을 하지 말라.

어구 해석

영식 : 신령스러운 靈의 識 작용 현상을 靈識이라 한다. 태아가 모태중에 영식이 어리며, 탄생하면 우리의 현재 의식으로 직결된다.

근신 : 심신을 삼가는 것을 謹愼이라 한다. 태모가 임신했을 때 심신을 근신, 삼가 행동하는 것은 태교의 하나이다.

관련 법문

「사람의 영식이 모태에 들면서부터 이 세상에 나고 자라서 일생을 살다가 열반에 들기까지는 반드시 법 받아 행하는 길이 있어야 그 일생이 원만할 것이며 영원한 세상에 또한 원만한 삶을 누리게 되나니라. 그러므로 태중에 있어서는 태교의 도가 있어야 하고, 세상에 난 후 어린 때에는 幼教의 도가 있어야 하고…」(정산종사법어, 세전, 제1장 총서).

「임신 중에는 첫째 태모를 비롯해서 주위 인연이 간절하고 정성된 기원 일념으로 태교할 것을 잃지 말 것이요, 둘째 부모를 비롯한 주위 인연들이 마음과 말과 행동을 바르게 갖고 삼가 좋은 기운이 미치고 본받게 할 것이요, 셋째 특히 살생과 모질고 막된 말을 삼가야 할 것이다」(대산종사 법문, 《원광》 301호, 1999년 9월호, p.25).

보충 해설

각 종교들 중에서 원불교처럼 태교를 강조하는 종교는 흔치 않다. 소태산의 생명관 내지 교육관은 이처럼 태교에서 시작된다. 좌산 종법사는 位의 취임 이전에 『태아교육』에 대한 저술을 하였다. 아내가 수태하면 태교를 실행함이요 태교를 실행함은 선량한 자식을 얻고자 함이라는 것이다. 곧 우리나라 여성들이 태교를 실천하여 위인들이 배출되면 한 가정의 행복뿐 아니라 국가와 민족의 큰 경사(태아교육, 도서출판 동남풍, 1992, p.49)라고 하여 태교의 중요성을 강조하였다. 어떻든 태교는 모진 마음, 모진 말, 모진 행동 세 가지가 요체이다.

주석 주해

「육체는 물론 유전법칙에 따라 우열성에 의해 유전된다. 그런데 성질도 많이 닮을 수 있다. 문왕의 어머니 태임이 문왕을 임신하여 모든 것을 바르게 해서 문왕을 낳으니 태교라는 말이 생기게 되었다. … 유식 구사론에 종자를 훈습한다는 말이 있다. 이렇게 변화되어 가고 타로 이동한다. 우리의 識이 생각하고 경험하고 행하는데 따라 변화한다」(박길진, 『대종경강의』, 원광대출판국, 1980, p.233).

「80여 년 전의 그 당시에는 태교에 대해서 별로 인식이 없었다. 원불교 법은 사회에 앞서간다. 어린이가 세상에 태어나기 전에도 어머니와 어린이는 한 몸으로 연결되어 있는 한 기운이다. 자연과학도 고도로 발달하면 무형의 세계와 가까워진다. 모진 마음을 먹으면 어린이에게 영향이 미친다」(한종만, 『원불교 대종경 해의』(上), 도서출판 동아시아, 2001, p.390).

문제 제기

1) 임산부에 있어 태교가 중요한 만큼 낙태에 대한 관점은?

2) 각 교당에서 교화 방법으로 임산부를 위한 태교 관련 프로그램의 제공 및 실천 방안은?

[인도품 45장] 자녀교육의 네 가지 방법

핵심 주제

자녀교육의 네 가지 방법

「자녀 교육법」(원불교 대종경 해의 上, 한종만).

「자녀교육법 4조」(교전공부, 신도형).

대의 강령

자녀를 가르치는 데에 네 가지 법이 있다

1) 心敎란 신앙처를 두고 마음을 바르고 평탄하게 가져서 자녀로 하여금 그 마음을 체받게 한다.

2) 行敎란 자신이 먼저 법도 있게 해서 자녀가 행을 체받게 한다.

3) 言教란 선현의 행실을 많이 일러주어 체받게 하고 사리를 일러 가르친다.

4) 嚴教란 철없는 때에 부득이 쓰는 법이다.

어구 해석

평탄 : 매사를 순조롭게 접하여 마음이 편안하며, 일도 또한 순조롭게 잘 되는 것을 平坦이라 한다. 매사 굴곡이 없는 것이 평탄이다.

가언 : 본받을 만한 善言으로서 아름다운 말을 嘉言이라 한다.

엄교 : 자녀 교육을 위해 방편상 엄하게 가르치는 것을 嚴教라 한다.

관련 법문

「천지가 만물을 다스릴 때에 종종의 변고와 재앙을 내리기도 하고 풍우의 순조와 상서를 내리기도 하는 것은 비컨대 부모가 자녀를 다스릴 때에 혹은 엄하게도 혹은 화하게도 하여 상벌을 겸행하는 것과도 같은 것이다」(대종경 선외록, 인연과보장 3장).

「군자는 자식을 기르되 그 상당한 아비된 직책을 지키어 갈 따름이요, 표면으로 사랑하는 뜻을 나타내어 가르침을 뒤 지우고 사랑을 앞세우지 아니하며, 범상한 사람은 자식을 기르되 아비의 직책이 무엇인지 교육이 무엇인지 도무지 알지 못하며…」(송도성 수필법설 2).

보충 해설

소태산 대종사는 자녀교육에 대해 근기에 따른 교육법을 자상하게 언급하고 있다. 여기에 교육의 중요성과 미래 인재에 대한 훈육의 방법이 구체적으로 나타나 있다. 미국 전 대통령의 부인 힐러리는 부모가 자신의 교육을 강하고 엄하게 키웠다는 嚴教를 그녀의 저술 『살아있는 역사』(웅진 닷컴, 2003, p.30)에서 회고하고 있다. 부모가 나약하면 자녀도 나약해지고 만다. 아무튼 부모는 심교든, 엄교든 자녀를 근기에 맞게 교육하여 후에 큰 인재가 되도록 권면해야 할 것이다. 부모의 모범된 행동이 요구되며 이는 주지하듯이 자녀가 부모를 닮아가기 때문이다.

주석 주해

「心教 : 修道之謂教라고 하는데 먼저 자기의 마음을 바루어야 지도

도 받고 효행도 한다. … 行敎 : 도둑들도 자기 자식에게는 도둑질을 하지 말라고 한다. 그러나 이렇게 말한다하여 이 말이 무슨 힘이 있겠는가. 현대는 말의 시대가 아니라 행동의 시대라고 한다. … 言敎 : 소학, 대학으로 진학을 하여 교육을 받지마는 집안에서의 家訓이 필요하다. … 嚴敎 : 항상 엄하게 해서는 안 된다. 엄숙과 자비를 겸해야 한다」(박길진, 『대종경강의』, 원광대출판국, 1980, pp.234-235).

「자녀를 키우고 가르칠 때 희로애락의 감정에 휩쓸리면 안 된다. 사랑에 휩쓸리면 불행한 일을 당했을 때 정신을 잃는다. 감정에 휩쓸리지 말고 잘한 일은 칭찬해서 더욱 살리고 잘못한 일은 꾸짖어서 깨우치게 하여 바른 사람이 되게 한다」(한종만, 『원불교 대종경 해의』(上), 도서출판 동아시아, 2001, p.394).

문제 제기

1) 당신의 가정에서 주로 사용되는 자녀교육의 방법은?
2) 자녀를 가르침에 있어 엄교는 왜 필요한가?
3) 자녀 교육의 네 가지 법에 대하여 서술하시오.

[인도품 46장] 부모의 자녀교육법 9조

핵심 주제

부모의 자녀교육법 9조

「자녀교육 9조목」(원불교 대종경 해의 上, 한종만).

「자녀를 위하여 부모가 먼저 유의할 점 9조」(교전공부, 신도형).

대의 강령

자녀를 가르치는 방법은 다음과 같다.

1) 부모가 먼저 상봉하솔의 도에 어긋남이 없어야 한다.
2) 부모의 언동이 근엄하여야 한다.
3) 친애를 주어야 한다.
4) 모든 언약에 신용을 잃지 말아야 한다.

5) 상벌을 분명히 하여야 한다.
6) 어릴 때부터 신앙심을 넣어준다.
7) 어릴 때부터 공익심을 권장한다.
8) 어릴 때부터 남의 악평이나 험담을 금하게 한다.
9) 어릴 때부터 예아닌 물건은 비록 작은 것이라도 못 취하게 한다.

출전 근거

김형오 수필 『회보』 35호(원기22년) 『회보』 24호(원기21년)법설이다.

어구 해석

불경 : 공손하지 못한 것을 不敬이라 한다.

철저한 영 : 令이란 여기에서 命令과도 같은 것으로 명령할 것은 철저히 하는 것을 말한다. 어설피 명령하면 따르지 않기 때문이다.

훼담 : 남을 훼방하는 악담 및 악구를 毁談이라 한다.

구화 : 입으로 말을 잘못 하거나 남을 비방하고 이간질할 경우, 상대방으로 하여금 원망이나 보복의 재앙을 낳는 것을 口禍 혹 口是禍門이라 한다. 우리들의 입이 화근이라는 말이다.

관련 법문

「(자녀에게) 민자연화 말하였다. "남의 자녀로서 그 부모를 사모하는 정성이나 제자로서 그 스승을 사모하는 정성이 무엇이 다르랴. 내가 지금 올리는 음식은 대종사께서 안 잡수실 줄은 알지마는 제자 된 도리로써 정성을 표하는 것이다." 후일에 대종사 들으시고 말씀하시었다. "자연화는 자녀 교양하는 도가 있도다. 과연 부모는 자녀들이 보고 나가는 거울이 되나니 어찌 몸 한번 행동하고 말 한번 하는 것일지라도 심상히 할 수 있으랴"」(대종경 선외록, 원시반본장 10장).

「부모 자녀간의 불상사를 자녀 된 자에게만 불효한 놈이라고 하나 근본을 생각하면 부모 된 사람의 잘못이라고 생각한다. 부모가 자녀 교육시키는 방법이 철저하지 못하여 그의 습관이 나쁘게 들게 된 것이다. 부모의 자리에 있어서는 자녀의 잘못이 곧 부모의 잘못임을 잊어서는 아니 되리라」(회보 35호 법설).

보충 해설

소태산이 밝힌 자녀교육의 핵심 몇 가지는 부모의 솔선수범이고, 종교심과 예절 그리고 공익심을 길러주는 것이다. 오늘날 심각해지는 청소년 문제를 보면, 대종사의 자녀교육에 대한 자상함이 선견지명으로 나타나 있다. 이처럼 자녀교육을 9가지로 세목화하여 법을 설한 것은 그만큼 자녀교육의 방법이 구체적이라는 뜻이다. 어느 한 조목이라도 빠뜨릴 수 없으니 이 모두가 소중한 자녀교육의 방법이다.

주석 주해

「부모에게 자기 자식보다 앞에서 불효한 사람은 후에 자기 자식에게서 불효를 당하게 된다. 그러므로 자기 자식을 잘 가르치기 위해서라도 자기 부모에게 효도를 해야 한다. … 아무리 친한 자기 지식이라 해도 신용을 잃으면 令이 서지 않는다. 한 번 한다고 했으면 하고 않겠다고 했으면 하지 말아야 한다」(박길진, 『대종경강의』, 원광대출판국, 1980, p.236).

「자녀의 잘못은 부모가 자녀를 잘 교육하지 못한 부모의 책임인 것이다. 자녀교육의 중요성을 강조하였다」(한종만, 『원불교 대종경 해의』(上), 도서출판 동아시아, 2001, p.394).

문제 제기

1) 부모가 이혼했거나 이혼할 상황에서의 자녀교육 법은?
2) 불량청소년에 대한 자녀교육의 방법은?

[인도품 47장] 자녀교육에 있어 부모의 직업

핵심 주제

자녀교육에 있어 부모의 직업

「부모가 바른 일을 해야 한다」(원불교 대종경 해의 上, 한종만).

「자녀를 위해서라도 직업 선택을 신중히 하라」(교전공부, 신도형).

대의 강령

어릴 때에 그 부모의 하는 것을 보고 그 정신을 이어받기가 쉽다.

1) 부모 된 입장에서 자손을 위해 직업의 선택에 신중하라.
2) 바른 사업과 옳은 길을 밟기에 노력해야 한다.

관련 법문

「숯장수 아이들은 숯장수 하기가 쉽고 뱃사공 아이들은 뱃사공 하기가 쉽듯이, 가까운 데로부터 보고 들은 것이 습관이 되고 직업이 되나니, 부모 노릇하기가 가장 어렵고 호주 노릇하기가 가장 어려운 것이다」(대종경 선외록, 선원수훈장 9장).

「부모는 자녀들이 보고 나가는 거울이 되나니 어찌 몸 한번 행동하고 말 한번 하는 것일지라도 심상히 할 수 있으랴」(대종경 선외록, 원시반본장 10장).

보충 해설

직업 선택이란 중요한 것이다. 인도품 40장에서도 사람의 직업 가운데에 복을 짓는 직업이 있고 죄를 짓는 직업도 있다고 하였다. 특히 부모의 직업은 자녀의 교육에 상당한 영향을 미친다. 밀매업이라든가, 향락업이라든가, 마약업 등이 부모의 직업이라고 가정해 보자. 자녀교육이 어떻게 되겠는가. 직업도 그런데 하물며 가족환경도 그렇다. 맹자 어머니는 자녀교육을 위해 상여집과 시장, 학교 근처로 이사를 하였다. 혹시 자식이 상여 나가는 것만 배우고 장사하는 것만 배울까봐, 공부하는 직업을 위해 학교 근처로 이사한 것이다. 물론 직업에는 귀천이 없지만 해야 할 직업과 하지 말아야 할 직업이 있다.

주석 주해

「맹모삼천지교나 신사임당, 한석봉 모친의 일화 등은 주변 환경과 부모의 정신이 자녀교육에 얼마나 지대한 영향을 미치는가를 잘 교시해준다. … 가정교육이 가장 근본이다. 그러므로 태교부터 가훈의 중요성을 재삼 인식하고 부모의 바람직한 가르침을 잘 이어받도록 해야 한다」(박길진, 『대종경강의』, 원광대출판국, 1980, p.237).

「직업의 선택을 신중히 해서 바른 사업과 옳은 길 밟기에 노력해야 한다. 세상이 좋아지려면 모든 사람들이 올바른 직업을 가지고 올바르게 살아가야 한다. … 어릴 때 교육이 중요하다. 아직 때 묻지 않았기 때문에 좋은 방향으로 이끌 수가 있다. 가정교육은 사람의 일생을 좌우한다. 부모는 자녀의 일생을 결정한다」(한종만, 『원불교 대종경 해의』(上), 도서출판 동아시아, 2001, p.397).

문제 제기

1) 소태산의 직업관은? 특히 자녀교육과 연결하여 설명한다면?

2) 부모 된 입장에서 자손을 위해 직업의 선택에 신중하려면?

[인도품 48장] 희사위의 자비 공덕

핵심 주제

희사위의 자비 공덕

「희사위의 공덕」(원불교 대종경 해의 上, 한종만).

「희사위의 정신과 공덕」(교전공부, 신도형).

대의 강령

희사위 기념식에서의 법설이다.

1) 자녀를 생육 희사한 부모의 공덕을 위하여 그 분들에게 희사위의 존호를 올린다.

2) 세속 인심은 이기심으로 자녀가 훌륭한 자질이 있더라도 일생을 한 가정에 매어 있게 한다.

3) 희사위는 자녀들을 세계 사업에 희사하였으니 자비 보살행이다. 그 공덕의 뜻을 받들어 공중을 위하는 참 인물이 되라.

출전 근거

김형오 수필 『회보』 47호(원기 23년)에 실린 법설이다.

어구 해석

희사위 : 자녀를 교단의 공도사업에 희사하여 그 자녀가 법강항마위가 되었을 때 그 부모를 喜捨位라고 한다. 전무출신 자녀의 법위가 항마위일 경우 소희사위, 전무출신 자녀 법위가 출가위일 경우 중희사위, 전무출신 자녀 법위가 여래위일 경우 대희사위라 존호한다.

존호 : 이름이나 법호를 높여 부르는 것을 尊號라 한다.

관련 법문

「부모보은의 조목 : 1) 공부의 요도 삼학팔조와 인생의 요도 사은사요를 빠짐없이 밟을 것이요, 2) 부모가 무자력할 경우에는 힘 미치는 대로 심지의 안락과 육체의 봉양을 드릴 것이요, 3) 부모가 생존하시거나 열반하신 후나 힘 미치는 대로 무자력한 타인의 부모라도 내 부모와 같이 보호할 것이요, 4) 부모가 열반하신 후에는 역사와 영상을 봉안하여 길이 기념할 것이니라」(정전, 제2교의편, 제2장 사은, 제2절 부모은, 4. 부모보은의 조목).

「어릴 때에는 철이 없어서 능히 부모의 공덕을 알지 못하다가 거연히 아버님을 이별하고 어머님을 모시고 갖은 고생을 다하다가 조금 소견을 얻은 후는 회중사에 몰두하여 어머님을 한번 가까이 모시지도 못하였사오니 부모님이 제게 대한 모든 정성과 모든 고통과 모든 공덕은 하늘같아서 무엇으로 다 말할 수 없사오니, 소자가 부모님에 대한 행동은 한 가지도 도리를 차린 것이 없사오며 더욱이 육신 봉양에 대하여는 신 한 켤레, 옷 한 가지라도 변변히 받들어 본 적이 없는 듯합니다. … 부모님을 추모하여 대희사라는 존호를 올리고 회중에서 매년 열반 기념을 받들게 되었사오니… 시창 8년 12월 1일 소자 중빈 재배 복고」(대종사, 희사위 열반 공동기념문).

보충 해설

一者 출가에 九族이 生天한다고 한다. 출가 그 자체가 가족을 불법으로 귀의시키는 일이고, 부모님을 희사위에 올려드리는 계기가 되므로 이처럼 큰 효도는 없다고 본다. 시창 12년 1월에 대종사는 본회 유공인 대우법을 발표하였으니, 그중 네 번째 조항은 다음과 같다. 「법강항마부 이상에 승급한 자녀를 희사하여 희사위에 해당한 자」. 이처럼 자녀가 출가하여 항마위에 오르면 부모는 희사위가 되어 유공인의 대우를 받게 되므로 이보다 큰 효는 없을 것이다.

주석 주해

「아무리 조그마한 것이라 해도 자기의 것을 나에게 준다는 것은 쉽지 않다. 하물며 귀중한 자녀를 애지중지 길러 교단에 바치고 세계를 위한 일을 하는 대열에 서게 한다는 것은 결코 쉬운 일이 아닌 것이다」(박길진, 『대종경강의』, 원광대출판국, 1980, p.238).

「희사위 공도자는 자기의 영화와 안위를 불고하고 자녀들을 세계 사업에 희사를 한 것이다. 부모 보은의 조목에 부모의 이름을 천추에 빛나게 해야 한다고 하였다. 부모는 자녀에게 집착을 하지만 희사위는 자기의 영화와 안일을 불고하고 자녀들을 세계 사업에 희사한 공덕이 장하다」(한종만, 『원불교 대종경 해의』(上), 도서출판 동아시아, 2001, p.399).

문제 제기

1) 부모가 희사위에 오르는 방법은?

2) 희사위의 공덕이란?

[인도품 49장] 대종사의 모친 환후와 제도사업

핵심 주제

대종사의 모친 환후와 제도사업

「대종사의 모친 환후와 공사」(원불교 대종경 해의 上, 한종만).

「대종사, 모친 환후에 관하여 처사하신 심법」(교전공부, 신도형).

대의 강령

대종사 모친 환후의 소식을 듣고 급히 영광 본가에 가서 시탕하다가 아우 동국에게 일렀다.

1) 나의 현재 사정이 시탕을 마음껏 못하게 된 것은 도덕사업에 큰 지장이 많기 때문이다.

2) 나를 대신하여 모친을 시탕하라. 나의 불효도 극복되고, 너도 이 사업에 큰 창립주가 될 것이다.

3) 모친에게 "인간의 생사는 다 천명이 있는 것이오니 모친께서는 안심하시고 항상 일심청정의 진경에 주하시옵소서" 라 위로하고, 제

도 사업으로 귀환하였다.

어구 해석

환후 : 부모님이나 어르신의 병을 존칭으로 患候라고 한다.

급거히 : '급히' 라는 뜻은 急遽라는 것으로 급함을 의미한다.

시탕 : 부모나 스승을 자녀, 제자된 도리로서 정성껏 시봉하는 것을 侍湯이라 한다. 곧 효성과 공경으로 다하는 모습이 시탕이다.

천명 : 하늘의 명령을 天命이라 하여, 인간 수명의 정해진 것은 천명에 의함이며, 생사는 천명으로 알고 순응하라는 뜻이다. 천명에 순응한다는 것은 '진인사대천명' 이라는 용어를 사용할 때 자주 사용된다. 어떻든 天命은 天子가 하늘의 명령을 받아 통치하는 것으로, 유교의 경세 통치론으로 통용되고 있다.

관련 법문

「대종사께서 영광에 환가하신 후 원기 8년 7월경에 모친 상사를 당하시와 애통 중 장례를 필하시다. 이때에 각지 신도 등이 대종사를 뵈옵기 위하여 많이 영광으로 회집하니 영광 교실이 너무나 협착하여 모든 대중을 용납하기가 심히 불편하고 또는 그 기지가 비습하여 … 범현동 전록에다가 기지를 정하시고 8월에 건축 공사에 착수하였다」(불법연구회창건사 14장).

「정반왕이 갑자기 돌아가시사 모든 석가 가족의 추장들은 왕의 시신을 관에 넣어 사자좌위에 안치한 다음 꽃을 뿌리고 향을 살랐다. … 세존이 말씀하였다. "후세 사람들이 포악해서 부모의 길러주신 은혜에 보답치 못하면 이것이 불효자다. 이런 후세의 중생들을 가르치기 위하여 나 자신이 부왕의 관을 몸소 맬 것이다"」(정반왕반열반경).

보충 해설

교단의 공중사를 위해 활동하다가 부모의 환후가 생길 경우, 취사의 판단이 중요하다. 공중사업을 하고 있는 내가 아니면 부모를 시봉할 수 없다면 일정 기간 부모 시탕이 필요하며, 또 다른 형제에게 미루는 것도 바람직하지만은 않다. 부득이하게 공중사에 분주한 몸이 아니라면 전무출신이 부모를 시봉하는 것도 다른 형제에게 본보기가 된다. 양하운 대사모의 병환은 1972년 11월부터 있었다. 총부에서는 대사모의 간병 당번을 정하고 시봉 절차를 당하게 하였으며 원광대학 내 전무출신도 순번을 정하였다. 친자로서 큰 아들(광전)이 자유중국 문화대학의 초청으로 잠시 그곳에 갔었는데 댁으로 전화를 자주 하고, 공무로 교당으로 전화를 걸 때에도 어머니의 안부를 물었다.

인물 탐구

박동국 : ☞서품 6장 참조.

주석 주해

「자식은 자식의 도리를 다해야 하나 부모의 입장에서 볼 때에는 자기 자식이 뭇사람에게 利를 주고 있음을 알 때 흐뭇할 것이다. 이제 그 일을 그만 두고 슬하에 있으라고 요청하지 않을 것이다. 아주 시봉할 사람이 없어서 어찌할 수 없는 경우는 모르지마는 다른 자녀들이 있으면 가사를 맡기고 공중을 위해서 일해야 한다」(박길진, 『대종경강의』, 원광대출판국, 1980, p.239).

「모친 환후의 소식을 들으시고 영광 본가에 가셨다. 영광 본가는 영광읍 근처 연성리의 군도리 마을의 동국 아우의 집이다. 동국 선진은 당숙인 세규씨에게 출계하였으며 친모를 모시고 있었다. 대종사의 부친이 별세(대종사 20세)한 후 동국 선진의 결혼에 따라 모친은 연성리에 가서 원기 8년 열반할 때까지 살았던 것 같다」(한종만, 『원불교 대종경 해의』(上), 도서출판 동아시아, 2001, p.401).

문제 제기

1) "도덕을 밝힌다는 나로서 모친의 병환을 어찌 불고하리요" 라는 의미는?

2) 제중 사업에의 몰두와 부모 시탕 사이에서 취사선택은?

[인도품 50장] 혁신예법의 본의

핵심 주제

혁신예법의 본의
「새로 정한 예법」(원불교 대종경 해의 上, 한종만).
「신정예법의 대의」(교전공부, 신도형).

대의 강령

한 제자, 관혼상제의 모든 예식에 다 절약을 주로 함이 옳은가의 질문에 대종사 말하였다.

1) 모든 예식에 낭비는 삼갈 것이나, 공익사업의 헌공에 인색하게 절약만 하는 것은 혁신예법의 본의가 아니다.
2) 혼례는 새 생활의 비롯이니 절약하여 생활의 근거를 세워주라.
3) 장례는 일생 마침이니 열반인의 공덕에 소홀함이 없게 하라.

어구 해석

관혼상제 : 성년은 冠禮, 결혼은 婚禮, 장례는 喪禮, 제사는 祭禮다.

혁신예법 : 혁신예법이란 '신정예법' 을 말하는 것으로, 1926년 2월에 소태산은 신정의례를 제정, 발표하였다. 이 革新禮法은 출생의 예, 성년의 예, 혼인의 예, 상장의 예, 제사의 예 등인데, 바로 이 제사의 예의 첫 시행은 혜산의 부친제사 때 행하게 되었다(원불교 교사, 1975, p.76). 조선유교의 예법, 불교의 예법 혁신이 이와 관련된다.

관련 법문

「모든 예식에 과도한 낭비는 삼갈 것이나, 공익사업에 헌공하는 바도 없이 한갓 인색한 마음으로 절약만 하는 것은 혁신예법의 본의가 아니며, 또한 같은 절약 가운데도 혼례는 새 생활의 비롯이니 절약을 주로 하여 생활의 근거를 세워 줌이 더욱 옳을 것이요, 장례는 일생의 마침이니 열반인의 공덕에 비추어 후인의 도리에 소홀함이 없게 하는 것이 또한 옳으니라」(대종경 선외록, 원시반본장 14장).

「모든 의식에 장엄과 음식을 성대히 차리는 것이 현장에서는 대단히 광채 나는 일이나 그것은 한 때의 소비에 지나지 못하는 것이며 … 그러므로 정도에 맞게 간소 절약하여 교화 교육 자선 등 공익사업에 이용한다면 이것은 참으로 영원한 기념이 되는 동시에 당인에게도 명복이 쌓이게 되고 사회에도 그만한 이익이 되지 않겠는가」(정산종사법어, 예도편 5장).

보충 해설

본 법어는 과거의 허례허식을 비판하여 원불교의 혁신 예법을 강조한 내용이다. 특히 신정의례는 유가 성리학의 禮를 비판 검토하여 제정한 것으로, 실학적 성격과 일치한다. 시창 11년, 소태산은 조선의 근대 예법이 너무 번거하여 생활에 많은 구속을 주고 소모생활이 과하여 사회 발전상 장애를 느끼게 되어 동년 2월에 신정의례를 발표하였다. 간소하게 치룬 주산종사의 결혼식이라든가, 서중안 선진의 신정의례 솔선 등이 여기에 거론될 수 있다. 다시 말해 그의 친형 서동풍이 열반했을 때 신정의례에 준하여 치상을 하여 신정예법의 葬禮에 법을 세우고 최초로 예법 실행자가 되었다.

주석 주해

「과거에는 관혼상제에 낭비하는 돈이 너무 많았다. 이러한 점을 고쳐서 도리에 알맞게 행하고 절약하여 공중사업을 행하고 생활 근거를 마련하는 데에 선용하자는 것이다」(박길진, 『대종경강의』, 원광대출판국, 1980, p.240).

「불필요한 낭비를 줄이고 절약해서 공익사업을 하자는 것이다. 초창기에 장례식이나 49재에 헌공을 올리면 열반인의 이름으로 공익사업을 하였다. 지방에서의 의식수입은 총부로 보내 공익사업을 하도록 하였다. 열반인을 위해서 공익사업을 하도록 한 것이다. 혼례의 비용을 절약해서 생활의 근거를 잡게 한다. … 그래서 신정예법을 정한 것이다」(한종만, 『원불교 대종경 해의』(上), 도서출판 동아시아, 2001, p.403).

문제 제기

1) 원불교 신정예법에 대하여 논하시오.
2) 원불교의 관혼상제 의례는 어떻게 하는가?

[인도품 51장] 공도자 숭배의 가치

핵심 주제

공도자 숭배의 가치

「공도헌신의 가치」(원불교 대종경 해의 上, 한종만).

「공도자가 귀한 이유와 그 숭배의 가치」(교전공부, 신도형).

대의 강령

대종사, 아이들이 노는 것을 보던 중 두 아이가 물건 하나를 서로 제 것이라며 대종사께 해결해 주기를 청하자, 이에 언급하였다.

1) 다른 한 아이를 증인으로 내세웠으나 그 아이는 자기에게 이해가 없는 일이라 잘 모른다고 했다.

2) 저 어린 것들도 저에게 직접 이해가 있는 일에는 다투고 힘을 쓰나 이해가 없는 일에는 힘을 쓰지 않는다.

3) 자기의 이욕을 떠나 대중을 위해 일하는 사람과 마음이 열린 사람은 대중이 숭배해야 할 가치가 있는 것이다.

어구 해석

근동 : 가까운 이웃 마을을 近洞이라 한다.

관련 법문

「여아 복균이 고하되 "저 막대기는 원래 제 것이온데 저 애가 주워 가지고 자기 것이라고 합니다" 하고, 남아 두은은 "이것이 원래 제 것이온데 저애가 자기 것이라고 달라고 합니다" 하며, 옆에 있던 환두를 증인으로 내세우니 환두는 한참 생각하다가 제게 아무 이해관계가 없는 일이라 "저는 잘 모릅니다" 고 회피해버리는지라, 대종사 그 일을 해결하여 주신 뒤에 인하여 제자들에게 말씀하시기를 "저 어린 것들도 저에게 직접 이해가 있는 일에는 서로 다투고 힘을 쓰나 저에게 이해가 없는 일에는 별로 힘을 쓰지 아니하나니…" 」(대종경 선외록, 원시반본장 6장).

「어리석은 사람은 그 생활을 육신의 힘으로만 사는 줄 알고 정신의 힘으로 사는 이치를 알지 못하며, 그 이해를 목전의 이해만 알고 장래의 이해를 알지 못하는 것이다」(대종경 선외록, 요언법훈장 1장).

보충 해설

대종사는 어린이들의 예화를 실마리로 하여 대중을 위한 공도사업을 하는 일이 얼마나 소중한 가치가 있는가라는 것을 밝히고 있다. 즉 아동들은 자신과 아무런 관련이 없으면 힘쓰지 않는 것을 비유하여, 공인으로서 직접 관련이 없는 일이라도 공중을 위한 사업에 헌신토록 하라는 것이다. 방언공사 때 부호 한사람이 토지권 분쟁을 일으키자, 대종사는 "우리의 노력한 바가 저 사람의 소유로 된다 할지라도" 자타 관념을 초월하고 공중을 위하는 본의로 힘쓰라(서품9장)고 하였다. 반드시 나의 이해관계로만 생각 말고 공도사업으로 임하라는 뜻이다.

주석 주해

「세상 사람들은 대체로 이해관계에 의해 활동하고 이해충돌로 인해 시끄럽게 된다. 또 이해관계가 없는 일에는 무관심하게 된다. … 利害를 불구하고 무상으로 하는, 무소득의 도덕으로 하라는 것이다. 이렇게 하고보면 무루 복을 받는다」(박길진, 『대종경강의』, 원광대출판국, 1980, p.241).

「아이들이 자기에게 이해관계가 있으면 싸우다가 이해관계가 없으면 관여를 하지 않는다. … 아파트의 옆집에 강도가 들어 생명이 위험해도 자기에게 직접 해가 되지 않으면 모른 체 한다. 오늘날 대다수 사람들의 경향이다. 이러한 때 자기의 이욕이나 권세를 떠나 대중을 위하여 일하는 사람은 숭배해야 한다」(한종만, 『원불교 대종경 해의』(上), 도서출판 동아시아, 2001, pp.404-405).

문제 제기

1) 대중이 숭배해야 할 가치가 있는 사람이란?
2) 본 장에서 어린 아이를 예로 든 소태산의 의도는?

[인도품 52장] 이충무공의 심법

핵심 주제

이충무공의 심법

「이순신 장군의 심법」(원불교 대종경 해의 上, 한종만).

「성장 충무공의 심법에 대하여」(교전공부, 신도형).

대의 강령

이충무공은 그 마음 쓰는 것에 도가 있었다.

1) 높은 위에 있으나 마음에 넘치는 바가 없었고, 모든 군졸과 생사고락을 같이 하였다.

2) 권세를 잃어 일개 마졸이 되었으나 마음에 원망과 타락이 없이 말 먹이는 데에 전력하였다.

3) 편안과 명예는 다른 장군에게 돌리고 어렵고 명색 없는 일은 자신이 하여 충성과 사랑뿐이니, 그는 지와 덕을 겸비한 성장이었다.

어구 해석

이충무공 : 이순신 장군(1545-1598)을 말하며, 조선조 선조 때의 명장이었다. 忠武公은 시호이다. 어린 시절부터 용맹하였으며, 1576년에 무과에 급제하였다. 당시 국방강화를 국가에 건의하였으며, 47세 때 전라좌도 수군절도사가 되었다. 그는 전쟁을 예견하고 거북선을 만들어 임전무퇴의 정신력을 발휘하였다. 「난중일기」를 보면 당시 자주국방에 대한 간절함이 나타난다. 임진왜란 때 적과의 전투에서 많은 승전보를 울렸으며, 안타깝게 노량진에서 적을 맞서 싸우다가 유탄에 맞아 장렬히 전사를 하였다. '聖雄' 이순신이라고도 한다.

국록 : 국가에서 주는 봉록을 國祿이라 한다.

명색 : 어떤 명목으로 불리는 형상세계의 이름을 名色이라고 한다.

성장 : 성자의 심법을 지닌 성자 성웅 같은 장군을 聖將이라 한다.

관련 법문

「충무공은 참으로 聖將이다. 그 강직한 점이나 그 위공망사하는 심경, 임금이 몰라주되 불만이 없고 무슨 직에 처하나 충성을 다했다. 낱이 없는 외에 더 큰 것이 없고 사사가 끊어진 외에 더 선함이 없다」(한울안 한이치에, 제1장 마음공부 4장).

「억울한 경계에도 안분하고 위에서 몰라주어도 원망이 없으며, 공이야 어디로 가든지 나라 일만 생각하던 이순신 장군의 정신과, 세상 사람이 비겁하게 여길지라도 나라를 위하여는 정적을 피해 가던 조나라 인정승과, 지조 없다는 누명을 무릅쓸지라도 민중을 위하여는 벼슬을 맡았던 황정승의 정신은 공사를 하는 이들의 본받을 만한 정신이니라」(정산종사법어, 공도편 5장).

보충 해설

이순신 장군의 심법이란 공도자의 심법으로 심신을 다 바친 성웅이다. 우리가 어렸을 때 커서 뭐가 되겠느냐고 하면 이순신 장군이 된다고 하는 경우가 많다. 원불교 교도이자 서울대 이면우 교수에 의하면, 1904년 러일 전쟁에서 러시아의 무적함대인 극동 함대를 물리쳐 뜻밖의 승리를 거둔 도고 헤이하치로 제독은 평소에 이순신 제독을 무척 존경했다고 한다. 그는 승전 기념식장에서 이순신 제독에 버금가는 위대한 해군제독이라는 칭찬을 듣고 무척 당황스러워하며, 자신을 이순신 제독과 비교하는 것은 받아들일 수 없다(생존의 W이론, 랜덤하우스중앙, 2004, p.99)고 하였다. 사실 이순신 장군은 그가 감히 따라갈 수 없는 훌륭한 제독이었기 때문이다.

주석 주해

「이충무공은 이해를 떠나 국가의 일을 본위로 하여 일생을 살고 가신 분이다. … 공직자는 상부의 통제를 잘 받아야 질서가 문란하지 않으며 일의 순서가 생기게도 되고 윗사람이 아랫사람의 사정을 잘 알아줄 때 생명을 바칠 생각이 나게 된다」(박길진, 『대종경강의』, 원광대출판국, 1980, p.242).

「대개 무장들은 큰 무술은 있지만 심법이 훌륭하지 못할 수 있다. 이순신 장군은 어려운 국난을 타개하는데 큰 공을 세웠다. 지와 덕을 겸비한 성장이다. 지혜가 솟으면 덕이 부족할 수 있다. 이순신 장군은 무장이기 때문에 용기와 지혜를 갖추고 있으면서도 덕까지 갖추고 있다」(한종만, 『원불교 대종경 해의』(上), 도서출판 동아시아, 2001, p.406).

문제 제기

1) 이순신 장군은 그 마음 쓰는 것이 도가 있었다는 뜻은?
2) 영웅이란 난세에 탄생한다는 뜻은?

[인도품 53장] 부귀 권세에의 초연

핵심 주제

부귀 권세에의 초연
「서전 서문」(원불교 대종경 해의 上, 한종만).
「存此心 忘此心에 대하여」(교전공부, 신도형).

대의 강령

유허일에게 서전 서문을 읽으라 하고 "이제와 삼왕은 이 마음을 보존한 이요, 하걸과 상수는 이 마음을 잃은 이라" 는 구절을 보고 이는 새 시대에 큰 비결이라 하였다.
1) 부귀와 권세를 탐하여 마음을 잊는 사람은 패가망신한다.
2) 국가나 세계의 영도자가 부귀 권세를 탐하여도 장차 국가와 세계에 미치게 되니, 이에 끌리지 말고 의식주의 분수를 지켜야 난세에 위험이 없다.

어구 해석

서전 : 『서경』에 주해를 달아 편찬한 책으로 송나라 때 주희 제자 채침을 시켜 주해한 글을 書傳이라 한다.
이제 : 중국 고대의 聖帝인 요임금과 순임금을 二帝라 한다.
삼왕 : 중국 고대의 성군인 하나라 우왕, 은나라 탕왕, 주나라 문왕과 무왕을 三王이라 한다.
하걸 : 夏나라 마지막 폭군으로서 桀왕을 말한다. 그는 유시씨의 딸 말희에게 유혹돼 포악 정치를 하다가 은나라 탕왕에게 패망하였다.
상수 : 商나라 곧 은나라 마지막 폭군으로서 紂王을 말한다. 주왕은 달기라는 여자에 빠져 주색을 일삼았고 극악무도한 정치를 하다가 결국 주나라 무왕에게 패망하였다.

관련 법문

「순임금은 남풍가를 지어 부르기를 "南風之薰兮可以解吾民之慍兮로다. 南風之時兮可以富吾民之財兮로다" 하였다. 번역하면 "남풍의 훈훈함이여, 가히 우리 백성의 한을 풀어 주도다. 남풍의 때맞춤이여, 가히 우리 백성의 살림을 넉넉하게 하도다"」(한울안 한이치에, 제1장 마음공부 20장).

「대왕에게는 일곱 가지 잘못이 있어서 대왕의 몸을 위태롭게 하고 있다. 1) 여색에 빠져들어 진실하고 바른 것을 공경치 않음이요, 2) 술을 즐겨 백성을 가엾이 여기지 않음이요, 3) 바둑 장기를 탐하여 예경을 닦지 않음이요, 4) 사냥에 나가 살생하여 자애의 마음이 없음이요, 5) 악한 말하기를 좋아하고 착한 말을 하지 않음이요, 6) 부역을 무겁게 하고 벌이 과도함이요, 7) 도리에 어긋나게 백성의 재물을 강탈함이다」(잡보장경).

보충 해설

소태산 당시 유학에 능한 유허일, 불학에 능한 서대원, 도학에 능한 이춘풍 선진이 있었다. 곧 소태산은 유학에 능한 유허일에게 질문을 던짐으로써 교판적으로 유교 사상을 수용하여 폭군과 성왕을 대비, 교훈으로 삼게 하였다. 그리하여 온갖 부귀영화에 심신의 유혹을 극복하고 안분하라 했다. 석가모니가 왕위와 사랑하는 처자와 부귀영화를 헌신 같이 버리고 성을 넘어 유성출가한 것은 성불제중의 보다 높은 뜻이 있었다. 모든 부귀영화는 풀끝의 이슬 같고 허공의 구름 같기 때문이다. 결국 생로병사를 해탈, 인과의 이치를 천하에 선포했다.

인물 탐구

유허일(1882-1958) : 전남 영광군 불갑면에서 태어났다. 4세에 한문사숙을 하였으며 5세부터 한시를 지을 정도로 신동이었다. 13세경에는 사서삼경 등 유학에 능통하였으며, 특히 주역에도 능하여 별명을 '유주역' 이라 하였다. 15세에는 영광군 주최 백일장에서 장원을 하였으며 23세에는 8개군 합동 유림강회에서 주역을 강론하였다. 30세 전후에는 민족 독립에 뜻을 두어 독립지사를 방문하고, 또 상해에서 독립운동을 하던 친구로부터 온 서신이 발각되어 일정에 요주의 인물로 지목되었다. 33세 때에는 영광보통학교 선생으로 13년간 인재육성에 힘을 썼다. 49세에는 국사 강의를 하다가 일경에 체포되기도 하였다. 유산은 원기 17년 51세에 친구인 이재철 선진의 인도로 대종사를 친견하여 제자가 되었으며 당시 虛一이라는 법명을 받았다. 원기 18년 52세의 나이에 전무출신을 서원하여 총부 학원교무로 근무하였으며, 총부 학인들에게 장자, 소학, 사서삼경 등을 강의하였다. 원기 19년에는 총부 교무로 임명되었으며, 원기 20년에는 柳山이란 법호를 받았다. 원기 21년에는 공익부장에 임명되어 정수위단에 피선되었으며 원기 23년에는 총부 교감이 되었다. 이어서 『불교정전』 간행에 기여를 하였다. 그는 수위단원으로서 교정원장을 역임하였으며 해방이 되자 전재동포구호사업의 발기인의 한 사람이 되어 구호사업 사무장으로서 진력하였다. 원기 31년에는 총무부장을 하였고 원기 33년에는 다시 교정원장의 중책을 맡았으며, 원기 34년에는 순교감이 되었다. 아울러 원불교 재단이 설립되자 초대 이사장에 취임하였고, 원광대 설립위원장을 맡았으며, 원기 36년 원광초급대학에 설립되자 『조선역사』와 『국사통람』을 강의하였다. 그리고 정산종사의 명에 의해 호산 이군일과 더불어 대종사비명 병서를 썼으며, 정산종사는 이를 참조하여 정식 비명병서를 쓰게 되었다(송인걸, 『대종경속의 사람들』, 월간 원광사, 1996, '유허일' 참조).

주석 주해

「과거의 역사적 사실은 우리의 보감이 된다. 성군은 성군대로, 폭군은 폭군대로 남겨주는 교훈이 있다. … 돈과 권리가 주어졌을 때에 마음을 놓고 함부로 하고보면 결국 실패와 망신이 온다. 우리가 공부할 때에 外緣을 쉬라는 것은 돈과 권리를 버리라는 말이 아니라 거기에 끌려 다니지 말라는 말이다」(박길진, 『대종경강의』, 원광대출판국, 1980, p.243).

「한국에도 정치를 크게 잘못하는 사람이 있었고 서양의 역사에도 정치를 크게 잘못하는 사람이 있었다. 부귀와 권세를 잘못 사용하면 결과 주와 같이 나라를 망치며 순임금과 같이 부귀와 권세에 넘치지 아니하면 나라를 잘 보존하는 것이다. 마음을 잃지 않고 마음을 보존하는 것이 국가와 세계를 올바르게 하는 길이다」(한종만, 『원불교 대종경 해의』(上), 도서출판 동아시아, 2001, p.409).

문제 제기

2) 하걸과 상수란 누구인가?

3) 소태산은 유허일에게 왜 서전을 읽으라 하였는가?

[인도품 54장] 억지 명예의 비난

핵심 주제

억지 명예의 비난

「억지로 명예를 구하지 말라」(원불교 대종경 해의 上, 한종만).

대의 강령

부호가 흉년에 빈민구제 후 송덕하여 주기를 바라자 동민들이 비 하나를 세워주었다. 그가 만족 못해 다시 비를 세우자 조소를 받으므로 대종사는 "이것이 산 경전이라" 며 말하였다.

1) 그 사람은 제 명예를 위하여 그 일을 하였는데 명예가 나타나지 않고 前 명예까지 떨어졌다.

2) 어리석은 사람이 명예 구함이 도리어 명예를 손상한다.

3) 지혜 있는 사람들은 따로 명예를 구하지 않으나 당연한 일만 하니 명예가 돌아온다.

출전 근거

송도성 수필 『월말통신』 12호(원기 14년)에 실린 법설이다.

어구 해석

부호 : 부자를 일컬어 富豪라고 하는 바, 여기에서는 영광 백수읍에서 영산성지 가는 길 주변에 있는 농촌 마을의 한 부자를 일컫는다.

송덕 : 좌우상하에 끼친 덕망을 찬양하는 것을 頌德이라 한다.

비각 : 풍우 방지를 위해 비석을 덮어 지은 집을 碑閣이라 한다.

회화 : 정기훈련 과목의 하나가 會話로, 일상생활에서 겪은 바를 대중 앞에 자유롭게 발표하여 혜두를 단련, 의견 교환함이 목적이다.

관련 법문

「수도하는 사람이 명예에 팔려 남이 잘한다고 하면 기분이 좋아지고 기운이 나서 수도에 힘쓸 생각이 나고, 남이 몰라주거나 잘못한다 하면 원망이 나오고 기운이 까라져서 수도에 힘쓸 생각이 들어가 버려서는 안 될 것이다. 또는 수도하는 사람이 이곳저곳으로 제 이름과 아는 것을 자랑하고 알리러 다니는 것은 명예를 팔고 다니는 장사꾼은 될지언정 큰 도를 지닌 참 도인은 아닌 것이다」(대종경 선외록, 일심적공장 3장).

「사람이 선악간 업을 지을 때에 중생은 명예와 권리와 이욕으로써 하고, 불보살은 신념과 의무와 자비로써 하나니, 그러므로 불보살에게는 참된 명예와 권리와 이익이 돌아오게 되며, 중생은 실상 없는 명예와 권리와 이욕에 방황하나니라」(정산종사법어, 응기편 57장).

보충 해설

일생을 재색명리에 초연하면서 산다면, 이는 초탈자재한 수도인의 모습이다. 자신 PR도 물론 필요하다. 그러나 그것이 지나칠 경우가 문제이다. 달라이 라마에 의하면 어떤 지위에 오르기 위해서 많은 돈을 쏟아 붓고 심지어 친구들을 속이는 사람도 있다는 것이다. 이는 바보짓으로 '그들이 성취한 지위와 명성은 그들의 인생에 그다지 도움이 되지 못하며, 장래의 삶을 위해서도 아무런 구실을 하지 못한다' (달라이 라마 著, 공경희 譯, 『마음을 비우면 세상이 보인다』, 문이당, 2000, p.54)고 하였다. 재색과 같이 허황된 명예의 한계를 밝히고 있다. 그러나 정당하게 따라오는 명예는 또 굳이 피하려 해서도 안 될 것이다.

주석 주해

「보시바라밀이란 보시를 널리 하되 거기에 집착상이 없는 것을 말한다. 선행을 하고난 후 마음이 번거롭다면 차라리 행하지 않음만 못하다. … 상을 내면 그 뒤에는 滅이 온다. 누구나 자기가 자기 자랑하는 것은 듣기 싫어한다. 겸손한 사람에게는 양보와 찬사를 보내고 싶은 것은 누구나 갖게 되는 마음이다」(박길진, 『대종경강의』, 원광대출판국, 1980, p.244).

「영광의 부호 한 사람이 자기가 큰 공덕을 베풀었다는 송덕비를 세우려고 하므로 그전의 명예까지 떨어졌다는 것이다. 일생을 살아갈 때 空의 심경을 가지고 살아야 한다. 그러나 나도 모르게 有의 심경으로 산다. 마음을 살피고 살아야지 살피지 않으면 잘못된 곳으로 흐를 수가 있다」(한종만, 『원불교 대종경 해의』(上), 도서출판 동아시아, 2001, p.413).

문제 제기

1) 수도인에 있어 명예욕은 어느 때 주로 발생하는가?

2) 당연한 일만 하는 중에 자연히 위대한 명예가 돌아온다는 뜻은?

[인도품 55장] 사건 처리와 실정법

핵심 주제

사건 처리와 실정법

「법은 관청에서 처리한다」(원불교 대종경 해의 上, 한종만).

대의 강령

자식이 포수가 쏜 탄환에 불행한 일을 당하면 어떻게 처리하는 것이 좋을지 제자들과 대종사의 문답이다.

1) 이춘풍, 법률이 이러한 일을 다스리기 위하여 있는 것이니 법에 사실을 알리어 부자된 심정을 표하겠다.

2) 송적벽, 모든 일이 인과의 관계로 되는 것이니 인과보응으로 알고 아무 일 없이 하겠다.

3) 오창건, 공부하는 처지가 아니하면 법에 호소하겠으나 天命으로 돌리고 그만 두겠다.

4) 대종사, 세 사람의 말이 중도를 잡지 못하였으며, 지금의 법령 제도가 사람이 출생 혹 사망하면 반드시 관청에 보고하여 법에 맡긴다.

출전 근거

송도성 수필 법설집 2에 실린 법설이다.

어구 해석

취사 : 옳은 것은 취하고 그른 것을 버리는 取捨 선택을 말하며, 원불교에서는 삼학 중 작업취사의 방법이 있다.

법령 : 국가의 법률 조항 및 명령을 法令이라 한다.

횡액 : 뜻밖에 당한 모질고 사나운 일 혹 액운을 橫厄이라 한다.

급사 : 무슨 일로 갑자기 죽는 것을 急死라 한다.

관련 법문

「춘풍이 대왈 법에 알려서 포수를 다스려서 부자 된 심정을 표하겠나이다. 적벽이 고왈 그도 天定이거늘 어찌 자식의 원수로 나의 원수를 만들겠습니까. 저는 아무 일이 없이 하겠습니다. 창건이 왈 포수는 짐승을 향하여 놓았거늘 불행히 사람이 맞았으니 歸之於天命(천명으로 돌린다)하고 그만두는 것이 좋겠습니다. 선생이 가라사대 "나의 자식이 그와 같이 죽었기에 그 사실대로 신고한 것이니 뒤의 처결은 법에서 할 것이요, 나는 관계하지 않겠다고 하겠노라"」(송도성 수필 법설).

「국민은 곧 그 나라의 주인이니 모든 국민이 각각 그 도를 다하면 나라가 흥성하고 민중이 행복을 얻으려니와, 만일 그 도를 다하지 못한다면 그 나라는 쇠망할 것이요 그 민중은 불행을 면치 못하나니라. 국민의 도는 첫째 국법을 존중함이니, 다스리는 이나 다스림을 받는 이를 막론하고 나라의 법을 엄정하게 지키며 정당하게 복종할 것이요」(정산종사법어, 제6장 국가, 3. 국민의 도).

보충 해설

송적벽과 오창건의 견해는 인과로 알고 안분하는 것과 천명으로 돌리는 것에 통하는 바가 있는데, 이는 사회의 법률 적용과 정서상의 차이가 있다. 이는 '과실치사' 의 경우인데 개인의 정서에 국한하지 말고 법 적용에 있어 정의롭게 해야 한다는 것으로, 종교법과 실정법에 대한 언급이다. 국가법은 개인의 감정이나 종교인의 온정적 정서에 꼭 일치할 수만은 없다. 실정법으로서 형법에 관련되는 일은 엄정하게 처리하는 것이 무시선의 강령에 말한바 대로 '正義' 인 것이다.

인물 탐구

이춘풍 : ☞서품 10장 참조.

오창건 : ☞서품 6장 참조.

송적벽(1874-1939) : 본래명은 찬오며 법명은 夏山으로, 충청도에서 태어났다. 인정이 많고 흥분을 잘 하지만 건장한 체격이었다. 김제 원평으로 옮겨 엿방의 물주를 하며 생계를 이어갔다. 한때 그는 증산교 창시자 강일순 선생의 제자였으나 증산 사후 정산종사의 연원으로 원기 4년 입교하였으며 봉래정사 주석시의 소태산을 시봉하였다. 김남천도 송적벽의 지도로 같은 날 입교하였다. 법인성사 후 대종사는 휴양지 물색 차 김제 금산사를 찾던 날, 금산사 초행길에 전일 정산종사로부터 들은 원평의 송적벽을 먼저 찾았고, 그의 주선으로 금산사 송대에 임시 거처를 정하였다. 이 인연으로 송적벽은 김남천과 부안 실상사 옆 초당을 매입해 임시거처로 정하였으며, 원기 6년 7월에는 김남천, 송적벽의 발의로 실상초당 윗편에 몇 칸 초당의 건축을 착공하였다. 이때 송적벽은 석벽을 쌓고 김남천은 목수 역할을 담당, 9월에 석두암을 완공하였다. 송적벽은 증산계열의 많은 여신도들을 대종사 문하로 끌어들였다. 구남수 등은 송적벽을 지도인으로 하여 입문하였다. 또 김정각을 인도하였으며 송적벽이 인도한 구남수가 이만갑을 인도하고, 이만갑은 장적조를 인도하였다. 대종사가 잠시 금산사에 머무를 때 갑자기 실신한 어떤 사람을 회생시켰다는 신통력을 전해 듣고 발심했으나 변산 입산 후 성리를 주로 설하매 실망하던 중 친구 김남천과 더불어 심한 의견 충돌이 있어 대종사의 문하에서 떠난다. 대종사 문하를 떠났지만 원기 9년 봄, 이웃에 사는 독실한 기독교 장로인 조송광을 대종사와 만나도록 주선하였던 바, 송적벽은 익산본관 건설에도 참여하여 총부유지 대책의 한 방법인 엿 곱는 일에 도움을 주었다. 하지만 불법연구회의 앞날을 비관하고 차츰 발길을 끊자, 송적벽은 원기 13년 제6회 평의회 의결에 의해 제명처분 되었다(송인걸, 『대종경속의 사람들』, 월간원광사, 1996, '송적벽' 참조).

주석 주해

「법은 後事와 他人을 경계하기 위해서 있는 것이다. 그러한 경우에 그 사람을 그대로 두면 또 그런 부주의를 하게 되고 또한 타인도 부주의하게 된다. … 부모를 죽이고 자식을 죽여도 괜찮다고만 한다면 도리가 아니다. 물론 마음 가운데서는 용서해야 하지마는 법을 살려 써야 한다」(박길진, 『대종경강의』, 원광대출판국, 1980, p.245).

「(인도품 55장) 세 사람의 처리하는 의견을 듣고 대종사가 결론을 내린 것이다. 첫째, 이춘풍 선진은 법에 알려서 가혹하게 처벌하기를 바라는 뜻이 들어있고, 대종사는 관청에 보고하여 관청의 처리에 맡긴다는 데에 차이가 있다. 둘째, 송적벽 선진은 인과로 알고 안분한다는 것이다. 그렇게 되면 사회가 옳고 그름을 가리지 못하여 올바른 방향으로 가지 못한다. 셋째, 오창건 선진이 천명으로 돌린다는 것도 사회 정의를 세우는데 약하다」(한종만, 『원불교 대종경 해의』(上), 도서출판 동아시아, 2001, p.415).

문제 제기

1) 국가법과 종교법의 차이는?

2) 종교인들이 사회 및 국가법을 소홀히 하는 경우가 있다면?

3) 포수가 쏜 탄환에 불행한 일을 당하였을 때 인과업보를 끝내려면 어떻게 할 것인가?

[인도품 56장] 과장하지 말라

핵심 주제

과장하지 말라

「실지보다 과장하지 말라」(원불교 대종경 해의 上, 한종만).

대의 강령

대종사 하루는 역사소설을 듣다가 말하였다.

1) 문인들이 소설을 쓸 때 흥미를 위해 악당의 행동을 과장, 악인을 만드니 좋지 못한 인연의 씨이다.

2) 옛 사람의 역사를 말할 때에나 지금 사람의 시비를 말할 때 실지보다 과장하지 말라.

어구 해석

문인 : 소설 및 시 등 문학을 전문으로 하는 사람을 文人이라 한다.

소인 · 악당 : 대인에 반대되는 사람으로, 간사하고 국량이 좁은 사람을 小人이라 하고, 선량한 사람들과 다르게 탐진치에 의한 신구의 삼업으로써 악업을 짓는 사람들을 惡黨이라 한다.

관련 법문

「과거 세상에는 불보살들이나 회상을 연 도인들의 역사와 경전을 꾸밀 때에 태몽을 비롯하여 특별한 이적 특별한 예언 등을 많이 넣어서 장엄이 심하였다. 그것이 그 분들을 신봉하게 하는 데에나 권선을 하는 데에는 다소 효과가 있었을 것이다. 그러나 그로 말미암아 일반 대중 가운데에서는 큰 도인이 나지 못하게 하였던 것이다」(대종경 선외록, 유시계후장 16장).

「부처님들의 역사를 알아야 한다. 우리가 부처님을 할아버지로 모셨으니 부처님의 역사를 알아야 하겠다고 생각이 되어 부처님 팔상을 본 일이 있다. 너무 수식이 과장되어 부처님을 찾으려다 부처님을 잊겠다는 생각이 되어 누구나 알기 쉽고 간단히 표준 잡을 수 있도록 하기 위해 '우리의 수행과 팔상' 이라는 법문을 연구한 적이 있다」(대산종사법문 3집, 제1편 신성 66장).

보충 해설

소설이 민중에게 큰 영향을 미친다. 소태산 역시 구도과정에서 영향을 받은 소설로는 『조웅전』과 『박태부전』으로 일종의 픽션인 바, 도사 만남에 대한 스토리이다. 그런데 소설 작가들은 흥미본위로 글을 쓰다보면 현실을 과장하여 픽션화하는 성향이 있다. 과장이 되면 감정을 자극하게 된다. 그리고 장엄이란 이러한 픽션에 의한 과장으로 흐를 수 있다. 장엄도 물론 필요하지만, 그것이 심하면 본질을 벗어나게 된다. 100년, 200년 후 소태산 대종사에 대한 장엄이 지나치게 된다면 그것은 교단적으로 바람직하지 않다. 인도정의의 교법과는 거리가 있게 되어 과장되고 기복화, 신비화될 우려가 커지기 때문이다.

주석 주해

「소설의 주인공을 너무 악인을 만들어 놓으면 인연도 좋지 않으려니와 독자들에게 악한 마음을 기르게도 된다. 예를 들어 탐정소설을 보고 나쁜 행동을 하는 소년이 많음을 볼 수 있다. … 자꾸 과장하여 말하는 사람은 그 사람 자신도 가치 없어 보인다. 말로 대포를 잘 터뜨리는 사람은 미친 사람으로 돌리고, 너무 추켜올리기만 하는 사람의 말은 접어들어야 한다」(박길진, 『대종경강의』, 원광대출판국, 1980, pp.246-247).

「소설, 영화, 신문 등은 많은 사람에게 큰 영향을 미친다. 좋은 것보다는 안 좋은 것에 관심이 쏠린다. 안 좋은 것을 과장하면 사람을 매장시키며 사회를 혼란하게 한다. 오늘의 세계는 감각문화이다. 문학, 예술 등이 사실보다는 사람들의 감각을 자극하는데 집중되고 있다. 정상적인 것보다 비정상적인 사건을 만들어 사람의 감정을 흥분시킨다」(한종만, 『원불교 대종경 해의』(上), 도서출판 동아시아, 2001, p.419).

문제 제기

1) 작가들로 하여금 소설의 과장을 금하도록 한 뜻은?
2) 대종사, 역사소설을 듣다가 설한 법어의 본의는?

[인도품 57장] 제도방편은 시대를 따라 다르다.

핵심 주제

제도방편은 시대를 따라 다르다

「실천으로 남을 가르쳐라」(원불교 대종경 해의 上, 한종만).

대의 강령

대종사, 『남화경』에 공자가 도척을 제도하러 갔다가 욕을 당하고 돌아왔다는 구절을 보고 말하였다.

1) 공자는 위험을 무릅쓰고 그를 깨우치려 했으나 허사였으니, 제도의 방편은 시대를 따라 다르다.

2) 중생 제도는 말로만 권면하기보다 실지 위덕 갖추어 그들에게 스스로 돌아오게 해야 한다.

3) 지금 사람들은 실지의 갖춤 없이 권면하면 허위에 떨어지므로 인심이 권면만으로는 불신한다.

4) 공자가 직접 권면하는 것으로 도척을 제도하거나, 실지를 먼저 보이는 것으로 세상을 제도하거나, 그 본의는 다 같은 것이요, 오직 그 방편이 시기를 따라 다를 뿐이다.

어구 해석

남화경 : 당나라 현종이 장자(BC 369-BC 286)를 높이어 '남화진인'으로 호칭하였으며 그가 지은 책을 『南華經』 혹 『장자』라 한다. 『장자』를 저술한 장자(혹 장주)는 노자와 더불어 道家의 시조 격이다.

도척 : 장자 도척편에 등장하는 인물이다. 천하의 큰 도둑을 盜跖이라 한다. 중국 춘추시대의 인물로서 공자와 동시대인이다. 또 유하혜의 동생으로서, 당시 악인으로서 9천여 도둑들의 두목이었다.

관련 법문

「옛날 초나라 사람이 실물을 하매, "초왕은 초인이 잃으매 초인이 얻으리라" 하였는데, 그 후 공자께서는 "사람이 잃으매 사람이 얻으리라" 하셨고, 우리 대종사께서는 "만물이 잃으매 만물을 얻으리라" 하시었나니, 이는 그 주의의 발전됨을 보이심이라. 초왕은 나라를, 공자는 인류를, 대종사는 우주 만물을 한 집안 삼으셨나니, 이가 곧 세계주의요 일원주의니라」(정산종사법어, 도운편 24장).

「한 제자가 여쭈었다. "노자는 원수를 덕으로써 갚는다 하시고, 공자는 원수를 곧음으로써 갚는다 하셨는데 무슨 뜻입니까?" "노자는 원수지만 한 단계 넘어서서 덕으로 갚으라 하신 것이요, 공자는 원수를 지으면 받는다는 진리를 그대로 밝히신 것 같다"」(한울안 한이치에, 제3장 일원의 진리 12장).

보충 해설

말로 설득시키려 하기보다는 실천으로 설득시켜야 한다. 보조국사는 「정혜결사문」에서 실천하기 어려워 닦지 않는다면 수행은 더욱 어려워진다고 했다. 본 법어의 핵심은 교화에 실천이 뒤따라야 하며, 또 시대에 맞는 새 제도가 있어야 한다는 것이다. 소태산의 전법교화도 개벽의 시대에 맞게 교법을 제정하였고, 몸소 실천으로 보여주었기 때문에 제자들이 따르게 되어 오늘의 원불교가 발전하게 되었다.

주석 주해

「장자에 의하면 왕태라는 사람은 볼 것이 없는 사람이지만 수만 명이 그의 방에 앉았다만 가도 공자의 설법보다 감화력이 더 있었다고 한다. 공자가 도척을 감화시키려고 하는 것은 어리석은 일이라고 비난했다. … 현대의 교육은 실제 실험을 해야 하고 실천 있는 사람이 말해야 하고, 실적이 있어야지 입만 가지고는 힘이 없다」(박길진, 『대종경강의』, 원광대출판국, 1980, p.248).

「남화경에 공자가 도척을 제도하려다가 큰 욕을 당한다. 공자가 도척을 말로 권면한 것이다. 말보다는 실천으로 권면을 하라는 것이다. 법회에서 설교를 하는 것은 말로서 권면하는 것이다. 실행하고 부합이 되어야 감화를 받는다」(한종만, 『원불교 대종경 해의』(上), 도서출판 동아시아, 2001, p.420-421).

문제 제기

1) 공자의 도척 제도에 대한 대종사의 교훈은?
2) 제도와 방편은 시대를 따라 다르다는 것은?

[인도품 58장] 공은 세우되, 상은 사양

핵심 주제

공은 세우되, 상은 사양

「일은 하고 공은 사양한다」(원불교 대종경 해의 上, 한종만).

대의 강령

대종사 하루는 주나라 무왕이 紂를 치고 천하를 평정한 후 스스로 천자가 된 것에 대하여 말하였다.

1) 나는 무왕의 경우를 당하면 백성의 원을 좇아 紂를 치는 일은 부득하지만 그 위는 어진이에게 사양하겠다.

2) 어진이가 없거나 그 위를 사양하여도 천하 사람들이 듣지 아니할 때에 또한 어찌할 수 없다.

어구 해석

무왕(BC.1169-BC.1116) : 중국 주나라 문왕의 아들이 武王이다. 탕왕과 무왕의 공로로서 전차는 멈추어 서서 더 이상 타지 않아도 되었고, 군마는 양지바른 華山에서 마음껏 뛰놀게 되었으며, 소들도 農澤에서 유유자적하게 되었고, 아무 거리낌 없이 늙어갈 수 있었다. 이에 다시는 전쟁을 위해 우마를 거두어갈 필요는 없었다는 상앙의 말이 있다. 실제 은나라의 탕왕이나 주나라의 무왕은 폭군인 걸왕과 주왕을 정벌하여 모두 혁명에 의해서 왕권을 차지한 인물들이다.

평정 : 평천하처럼 전쟁을 평화롭게 진정시키는 것을 平定이라 한다.

관련 법문

「법은 일반 동지의 앞에 서서 세우고, 功은 일반 동지의 뒤에 서서 양보하는 알뜰한 일꾼들이 많이 나오게 하라」(대종경 선외록, 유시계후장 25장).

「양보한 후에는 여지가 있어도 남을 이긴 후에는 여지가 없다. 공자님은 도덕 사업을 많이 하고도 그 당대에 대우를 다 받지 아니하고 아꼈기 때문에 그 여덕이 오늘까지 미쳐서 후인이 사당에 제사 지내지마는, 요순은 성군으로서 그 당대에 온갖 부귀와 영화를 누렸기 때문에 오늘날 후의로서만 받들지 아니한가」(한울안 한이치에, 제2장 심은데로 거둠).

보충 해설

몸은 천하의 뒤에 서서 일하고 마음은 천하의 앞에 서서 일하라는 전무출신의 도가 있다. 공은 세우되 상은 사양하는 마음이 진정한 성자인 것이다. 아무튼 주 무왕은 「하늘은 백성이 바라는 바를 따른다」(左傳에 인용된 泰誓)고 하였고, 「하늘은 백성의 눈을 통하여 보고, 백성의 귀를 통하여 듣는다」(맹자에 인용된 泰誓)고 하였다. 더욱 명성을 알리는 무왕이 紂를 치고 왕위까지 사양하는 심법을 지녔다면 이는 다름 아닌 聖王 중의 성왕이 되기에 충분했을 것이다.

주석 주해

「제후로서 천자를 친다면 반역 행위가 되지만 중국은 당시에 혁명을 인정하였다. 천자가 天意를 잃으면 그 자격을 상실한다. 천의는 곧 民意이다. … 단종의 경우는 首陽이 좀 하다가 단종이 성장하여 잘 할 수 있게 되면 양보했으면 좋았을 텐데 살육이 있었다. … 島山은 일은 해놓고 그 위는 이박사에게 양보하였으므로 조용했다. 서로 하려고 하면 피가 흐르게 된다」(박길진, 『대종경강의』, 원광대출판국, 1980, pp.248-249).

「무왕이 주를 치고 왕이 되었다. 대종사는 왕위는 어진이에게 사양하겠다는 것이다. 그래도 권하면 어쩔 수 없다는 것이다. 무왕이 주를 친 것은 잘한 일이나 왕위를 양보했으면 더 큰 덕이 될 것이다. 앞으로 정치가들이 해야 할 방향을 밝힌 것이다. 사회에는 정의가 살아 있어야 한다」(한종만, 『원불교 대종경 해의』(上), 도서출판 동아시아, 2001, pp.422-423).

문제 제기

1) 소태산이 주의 무왕을 통해 어떠한 교훈을 던졌는가?
2) 무왕이 주를 치고 왕위가 되었는데, 그 왕위를 사양할 심법은?

[인도품 59장] 도인이 아니면 참 도인 모른다

핵심 주제

도인이 아니면 참 도인 모른다

「도인이라야 도인을 알아본다」(원불교 대종경 해의 上, 한종만).

대의 강령

도인에 대하여 혹자와 대종사의 문답이다.

1) 어떤 사람이 금강산 유람 후, 가마귀나 뱀을 임의로 부르고 보내는 사람을 보고 왔으니 그가 참 도인이라 했다. 이에 대종사 "가마귀는 가마귀와 떼를 짓고 뱀은 뱀과 유를 같이 하나니 도인이 어찌 가마귀와 뱀의 총중에 섞여 있으리요."

2) 어떠한 사람이 참 도인이냐고 여쭈자, 대종사 "참 도인은 사람의 총중에서 사람의 도를 행할 따름이니라."

3) 도인은 별다른 표적이 없느냐고 사뢰자, 대종사 "없나니라."

4) 그러면 어떻게 도인을 알아보느냐고 여쭈자, 대종사 "자기가 도인이 아니면 도인을 보아도 도인인 줄을 잘 알지 못한다."

출전 근거

송도성 수필 『월말통신』 5호(원기 13년), 『회보』 23호(원기 21년)에 실린 법설이다.

어구 해석

금강산 : 우리나라의 가장 아름다운 산 중의 하나를 金剛山이라 한다. 금강산은 북한과 남한의 강원도에 걸쳐 있으며, 널리 알려진 명산이다. 기암괴석이 많아 일만 이천 봉 곳곳에 아름답기로 유명하다. 금강산의 비로봉은 최고봉으로 1,638m나 된다. 소태산은 금강산을 다녀온 후 금강산이 천하의 명산이니 금강산 같은 인품을 양성하라 했다.

유람 : 명승지나 유적지를 여행하며 돌아다니는 것을 遊覽이라 한다.

총중 : 한 무리나, 한 떼의 가운데를 叢中이라 한다.

관련 법문

「신통 묘술은 수양만 주로 하던 선천 음시대의 한 장난에 불과한 것이요, 후천 양시대에 영육을 쌍전하고 동정을 겸전하는 정법 회상에서는 결단코 중히 여기지 않는 한 마장이 되는 것이다. 그러므로 대종사께서 정식 회상을 여신 후에는 이를 일체 보이지 아니하셨을 뿐더러, 혹 이적을 바라는 제자가 있으면 이를 엄중히 경계하시고…」(대종경 선외록, 초도이적장 1장).

「대종사 하루는 재풍에게 배코를 쳐 달라고 명령하신 후, 상투 머리를 풀어 그의 앞에 보이시었다. 재풍이 배코를 치려고 대종사의 두상을 들여다보니 곧 대종사의 泥丸 玄宮이 샘같이 뚫어지며 재풍의 몸이 그 속에 빠져드는 것 같았다. 재풍이 어찌할 바를 알지 못하고 서 있었다. 대종사 웃으시며 말씀하시었다. "성현을 마음의 법으로 찾으려 하지 아니하고 몸의 표적으로 찾으려 하는 것은 곧 하열한 근기인 것이다" 」(대종경 선외록, 초도이적장 6장).

보충 해설

소태산 대종사가 강조한 인도상의 요법이란 신기한 도술보다는 앞으로 인도를 주체로 한 정법이라는 것이다. 이에 도인이란 인도의 요법을 실행하는 수도인을 말한다. 호풍환우와 이산도수를 자유로이 하는 사람은 이러한 도인과는 다른 행위이다. 『수심결』에 신통은 말변의 일이라 하였다. 신비와 기적 등이 강조되는 시대는 선천시대의 말변과 같은 것으로 이해할 수 있다. 또 "자기가 도인이 아니면 도인을 보아도 도인인 줄을 잘 알지 못한다" 는 것은 의미심장하다. 그 경지에 이르지 않고서 도인의 참 모습은 알 수 없으며, 또 스스로 도인이라 단정하게 되면 혹세무민하는 결과가 되기 때문이다. 유사종교 및 사이비 종교가 세상에 물의를 일으키는 원인도 여기에 있다.

주석 주해

「도인이란 도를 행하는 사람이다. 천도를 알아서 인도를 세우고 실천하는 사람이다. 그런데 세상 사람들은 흔히 기행을 하는 사람을 도인이라 하는 수가 있다. … 사람은 사람 사회에서 사람을 가까이 하고 살아야 한다. 주변에 감화를 주고 또 잘 지도하며, 친구가 되어 지내야 한다」(박길진, 『대종경강의』, 원광대출판국, 1980, pp.249-250).

「신통묘술을 부리는 사람이 참 도인이 아니고 정법을 깨쳐서 정법을 실행하는 사람이 참 도인이다. … 대소유무의 근본이치를 아는 사람이 도인이며 시비이해의 분명한 취사를 하는 사람이 덕인이다」(한종만, 『원불교 대종경 해의』(上), 도서출판 동아시아, 2001, p.424-425).

문제 제기

1) 도인은 때로 신비와 이적을 보일 줄 알아야 하지 않는가?
2) 도인이라야 도인을 알아본다는 뜻은?

제 5 인 과 품

핵심 주제

원불교 신앙으로서의 인과 법설

대의 강령

1) 대종경의 다섯째 품으로 모두 33장으로 구성되어 있다.

2) 인과 업연에 대한 소태산의 교설이다.

3) 우주의 음양 상승하는 도를 따라 인간의 선악 인과가 있게 되므로 상생상화의 선연을 강조하였다.

4) 원불교 신앙의 세계를 강조하는 내용들이 주로 언급되어 있다.

5) 인과품에 나타난 인과의 원리와 신앙방법을 논하시오.

[인과품 1장] 불생불멸과 인과보응

핵심 주제

불생불멸과 인과보응

「불생불멸과 인과보응의 일치」(원불교 대종경 해의 上, 한종만).

대의 강령

우주의 진리는 원래 생멸이 없이 길이길이 돌고 돈다.

1) 가는 것이 오는 것이 되고,

2) 오는 것이 가는 것이 된다.

3) 주는 사람이 받는 사람이 되고,

4) 받는 사람이 주는 사람이 된다.

어구 해석

우주 : 동양철학에서 宇는 시간적인 의미이며, 宙는 공간적인 의미이다. 따라서 우주란 시공간계의 전체를 말한다.

상도 : 시간이 흐르든, 공간이 변하든 변함없는 진리이자 떳떳한 도를 常道라 한다. 이와 유사하게 천체와 그 밖의 만물을 통섭하여 포용하는 공간으로서 질서 있는 통일체의 원리라고도 한다.

관련 법문

「"불가에서 말하는 불생불멸의 진리를 일러 주소서." 대종사 답하시었다. "저 일월을 보라. 동에서 나와 서로 갔다가 다시 동으로 오기를 순환 불궁하지 않는가. 그러나 일출과 일몰에 따라 동에서는 날이 밝았는데 서에서는 어두워지는 곳이 있고, 서에서는 밝았는데 동에서는 어두워지는 곳이 있지마는 일월 그 자체에는 어둡고 밝은 것이 없이 여여한 것이다. 이와 같이 우리의 영혼도 육신의 변태는 있으나 아주 죽는 것은 아니다"」(대종경 선외록, 변별대체장1장).

「돌아오는 세상에는 인과응보가 빠르므로 죄를 지은 때로부터 30년을 一대로 두고 보면 그 안에 다 주고받게 되므로 그 동안 죽지 않고 살아 있다면 남이라도 복 짓고 복 받는 것과 죄 짓고 죄 받는 것을 환히 알게 될 것이다」(대종경 선외록, 생사인과장 14장).

보충 해설

소태산의 대각일성을 보면 '생멸 없는 도와 인과 보응되는 이치가 바탕하여' (서품 1장) 한 두렷한 기틀을 지었다고 되어 있다. 만유가 한 체성이라는 말은 '일원상' 을 상징한 것으로 일원상의 진리는 이러한 불멸과 인과의 두 이치를 포함하고 있다. 그리하여 거래 및 여수가 모두 두 이치에 호리도 틀림없이 적용된다. 우리는 가는 것은 가는 것이며, 오는 것은 오는 것으로 다르게 생각할 수 있다. 송혜환 선진은 '우리가 가도 이길, 와도 이길' (원광17호, p.98)이라 했다. 주고받는 것도 마찬가지다. 주게 되면 받는 것이 인과이기 때문이다.

주석 주해

「우주의 진리는 돌고 도는지라, 이를 표현한다면 일원상으로밖에 바르게 표현할 수 없다. … 일원의 線을 타고 도는 것인데 일원상에서 보면 가고 오는 것이요, 오고 가는 것이다. 주야도 돌고 돈다. 춘하추동도 돌고 돈다. 식물도 나고 죽고 또 난다」(박길진, 『대종경강의』,

원광대출판국, 1980, p.253).

「생사가 돌고 도는 것을 사시순환, 주야변천, 눈의 뜨고 감음, 숨의 들이쉼과 내쉼 등으로 밝혔다. 돌고 돈다는 것은 가는 것이 곧 오는 것으로 불생불멸이며, 돌고 돈다는 것은 주는 것이 곧 받는 것이므로 인과보응이다. 불생불멸과 인과보응은 일원상의 돌고 도는 진리에서 일치하는 것이다」(한종만, 『원불교 대종경 해의』(上), 도서출판 동아시아, 2001, p.428).

문제 제기

1) 불생불멸의 이치를 부정하는 사람을 어떻게 교화해야 하는가?
2) 인과를 부정하는 종교인을 어떻게 교화해야 하는가?
3) 영생 인과를 증명하고 이에 입각한 각자의 인생관을 써라.

[인과품 2장] 음양상승과 인과보응의 상관성

핵심 주제

음양상승과 인과보응의 상관성

「음양상승과 인과보응의 관계」(원불교 대종경 해의 上, 한종만).

대의 강령

대종사, 음양상승과 인과보응에 대하여 설하였다.

1) 천지의 사시순환 하는 이치를 따라 만물의 생로병사가 나타난다.
2) 우주의 음양상승 하는 도를 따라 인간에 인과의 보응이 있다.
3) 천지에는 음양이 상승하여 춘하추동 순환이 있듯이, 인간의 일도 강과 약, 선과 악이 서로 관계하여 상생상극의 과보를 짓는다.

어구 해석

음양상승 : 『음부경』에 陰陽相勝과 陰陽相推라는 용어가 있다. 음양상승이란 유교에서 불교의 인과를 비판하면서 출발했으며, 우주의 생성 작용은 음양의 상호 조화에 기인한다는 것이다. 소태산은 유교와 불교 사상을 활용, 선악 인과보응의 이치가 음양상승과 같이 되는 것

으로 보았다. 인과보응과 음양상승의 원리는 선악 인과의 전개가 음양 두 氣의 상승적 전개와 유사하게 작용한다는 것이다. 어떻든 여기에는 음양, 인과, 선악, 강약 등의 개념이 상호 조화를 이루고 있다.

진급 · 강급 : 육도 사생이 부단한 적공을 함으로써 불보살의 세계로 나아갈 경우 進級이라 하며, 중생의 자리에서 맴돌거나 그 이하로 타락할 경우 降級이라 한다. 따라서 수행자라면 수행 적공을 통해, 선연 선업을 지을 때 결국 불보살 세계로 나아가게 된다.

관련 법문

「원기 26년 서울교당에서 대종사 말씀하시었다. "과거 불타는 육통을 하시어 인과의 원리를 말씀하셨으나 나는 하나를 더 일러 줄 것이니 인과의 진리가 받아지는 이치는 음양상승의 도다"」(서문성, 대종사님의 그때 그말씀 2, 원불교출판사, 1999, p.47).

「음양상승의 도가 곧 인과의 원리인 바, 그 도를 순행하면 상생의 인과가 되고 역행하면 상극의 인과가 되나니, 성인들은 이 인과의 원리를 알아서 상생의 도로써 살아가시나 중생들은 이 원리를 알지 못하고 욕심과 명예와 권리에 끌려서 상극의 도로써 죄업을 짓게 되므로 그 죄고가 끊일 사이 없나니라」(정산종사법어, 원리편 40장).

보충 해설

유교와 도교에서 언급되는 음양상승의 원리가 불교에서 말하는 인과보응의 원리와 통하는 바가 있으며, 원불교에서는 이 유교 불교 도교라는 삼교 사상을 통합 활용하고 있다. 정산종사가 지은 원불교 성가 4장 「법신불 찬송가」의 2절을 보면, 둥그신 그 묘용이란 자연의 조화이요 인과의 법칙이니, 음양이 상승하여 죄복을 보응한다는 내용이 그 대체를 이루고 있다. 우주의 음양 상승의 원리에 따라 인간의 인과보응의 진리가 전개됨은 법신불 일원상의 속성 그대로이다.

주석 주해

「사시순환에 따라 만물이 변화한다. 이 변화에 의하여 인과보응도 있게 된다. … 음양상승의 도가 있으니 인간계에도 짓는데 따라 변화가 있게 된다. 하지와 동지를 기점으로 음양이 始生해서 극지에 까지 이르러 다시 반복하여 운행된다」(박길진, 『대종경강의』, 원광대출판국, 1980, p. 254).

「음이 지나면 양이 나타난다. '음이 지나면' 은 '인을 지으면' 이라는 것이며, '양이 나타난다' 는 것은 '과를 받는다' 는 원리이다. 우주의 기운은 음기운과 양기운이 있다. 일원상의 진리에서 보면 한 기운이다. 인간의 일도 강과 약이 서로 관계하고 선과 악의 짓는 바에 따라 진급과 강급, 상생과 상극의 과보가 있게 되는 것이다」(한종만, 『원불교 대종경 해의』(上), 도서출판 동아시아, 2001, p.428).

문제 제기

1) 음양상승이란 무엇인가?

2) 음양상승하는 도를 따라 인간의 선악인과의 보응이 있는 이치?

[인과품 3장] 허공법계에 심어지는 업인

핵심 주제

허공법계에 심어지는 업인

「업인은 허공에 심어진다」(원불교 대종경 해의 上, 한종만).

대의 강령

각기 과보가 있나니, 어찌 人天을 속이리요.

1) 식물들은 뿌리를 땅에 박고 살므로 그 씨나 뿌리가 땅 속에 심어지면 시절의 인연을 따라 싹이 트고 자란다.

2) 동물들은 하늘에 뿌리를 박고 살므로 심신의 행동과 언어생활에 그 업인이 허공법계에 심어져서, 각기 선악의 緣을 따른 과보가 나타나니 어찌 속이리요.

출전 근거

『선원일지』(무인하선, 원기 23)에는 「죄복간의 지은대로 받는 것」으로 실려 있다.

어구 해석

과보 · 업인 : 果報란 인과응보를 줄인 말이다. 業因이란 인과가 되는 원인인 바, 업의 종자가 연기를 통해 새로운 모습으로 변한다.
허공법계 : ☞교의품 4장, 14장 참조.

관련 법문

「저 초목의 종자가 땅을 만나야 뿌리를 단단히 박고 생장하듯이 복혜양족한 선각자이신 부처님에게 마음의 뿌리를 단단히 박고 순역 경계에 흔들리지 아니할 굳은 신앙에 살며, 안으로 자심불에 의지하여 공부해 가자는 것이요」(정산종사법어, 경의편 49장).
「사람의 뿌리는 靈이기 때문에 靈光이요, 중심은 심장이므로 裡里다. 심장에서 지배한다」(한울안 한이치에, 제6장 돌아오는 세상 59장).

보충 해설

인간의 업종자가 허공법계에 심어지므로 인과를 믿는 종교인은 특히 그 業因을 잘 살펴 알아야 선연선과를 짓게 된다. 그리고 인과를 잘 모르는 사람들에게도 정법으로 인도하여 이러한 원리를 알려줄 필요가 있다. 당나라 공영달이 『주역정의』에서 「동물들은 하늘에 뿌리를 박고 산다」고 하였다. 이에 우리 인간들은 하늘 곧 허공을 향해 기도를 하며 법계의 인증을 받는다. 이 허공법계, 법계와 관련한 용어는 『정전』에서 1회, 『대종경』에서 9회, 『선외록』에서 5회 보이며, 정산종사의 법어 중에서 법계, 허공법계라는 표현이 17회나 발견되고 있다.

주석 주해

「동물이나 식물이나 기운은 물론 한 기운이지만 그것들은 생의 근원을 땅에다 의지하고 있으며, 사람은 우주의 기운 즉 무형한 진리에 근원을 두고 살고 있다. 마음과 우주의 기운이 하나이니 거기에 뿌리 박고 있는 것이다」(박길진, 『대종경강의』, 원광대출판국, 1980, p.255).
「유식학에서는 업인이 마음속에 심어진다고 했지 허공에 심어진다고 하지 않았다. 그 이유는 철저히 마음만 가지고 따지기 때문이다. 마음을 가지고 따지는 것은 유식학과 선종이다. … 유식학에서는 업인이 칠식, 팔식으로 들어간다. 인과품 3장의 원리에서는 허공법계에 심어진다. 이것이 원불교 인과설의 특징이다」(한종만, 『원불교 대종경 해의』(上), 도서출판 동아시아, 2001, p.431).

문제 제기

1) 업인이 허공에 심어지므로, 우리 인간은 어떻게 살아가야 하는가?

2) 동물은 하늘에 뿌리박고 살므로, 하늘을 속일 때 받는 인과는?

[인과품 4장] 유심 상벌과 무심 상벌

핵심 주제

유심 상벌과 무심 상벌

「천지가 무심으로 주는 상벌」(원불교 대종경 해의 上, 한종만).

대의 강령

진리가 주는 상벌은 크고 중하다.

1) 사람이 주는 상벌은 유심으로 주므로 아무리 밝다 하여도 틀림이 있다.

2) 천지에서 주는 상벌은 무심으로 주므로 진리를 따라 틀림없다.

3) 지각 있는 사람은 사람이 주는 상벌보다 진리가 주는 상벌을 더 크고 중하게 여긴다.

어구 해석

역연 : 또렷하고 분명한 모습을 歷然이라 한다.

상벌 : 선한 행을 하면 상을 받고, 악한 행을 하면 벌을 받는 것이 인과의 진리이다. 이러한 賞罰을 주고받는 것은 불교의 진리에서 볼 경우 '자업자득' 의 원리에 기인한다. 『대종경』 실시품 38장에 상벌을 주는 준칙 5가지가 있으니 참조할 일이다.

능소능대 : 우리의 심량이 능히 클 수 있고 능히 작을 수 있는 것을 말한다. 이를테면 한 마음이 열리면 천하를 꿰뚫고, 한 마음이 닫히면 바늘구멍처럼 작아진다. 곧 우리의 마음이 밝을 때 태양보다 더 밝고, 어두울 때 칠흑보다 더 어두운 경우가 能小能大의 모습이다.

관련 법문

「 "이러한 단체생활에는 상벌이 분명하여야 할 듯하나이다." 말씀하시기를 "상 없는 가운데 큰 상이 있고 벌 없는 가운데 큰 벌이 있나니, 그대들은 나타나는 상벌에만 끌리지 말고 참과 거짓에 대한 마음 대중을 놓지 말라" 」(정산종사법어, 응기편 11장).

「대성웅의 자비는 만민에게 기회를 잃지 않고 상벌을 내리고 혹은 세상을 혁신 개조하여 주심이요, 대성현의 자비는 모든 중생에게 죄복의 원리를 알게 해서 스스로 죄를 짓지 않게 하심이니라」(대산종사법문 1집, 수신강요2. 1. 자비의 도).

보충 해설

천지가 주는 상벌과 진리가 주는 상벌에 있어 천지와 진리가 하나의 개념으로 쓰이고 있다. 이는 법신불 일원상의 인과를 상징한다. 유심으로 주는 인간의 상벌보다는 법신불이 주는 상벌은 호리도 틀림없으니 자업자득의 원리를 깨쳐 선악 인과의 이치를 잘 지켜가야 한다. 상벌에 있어 도스토예프스키가 쓴 『죄와 벌』이 회고된다. 그는 페트라셰프스키 사건에 연루되어 1849년 봄, 사형선고를 받고 총살 직전 황제의 특사로 감면되었다. 그의 교훈은 소태산이 밝힌 바, 사람이 주는 상벌에 속하며, 수도인은 진리가 주는 상벌에 주의해야 한다.

주석 주해

「자기의 성격을 지어가는 業이 있는데 이 업의 상대가 있을 때에는 직접 받는다. 그밖에 진리가 주는 상벌이 있다. 진리의 상벌은 호리도 틀림이 없다. … 사람이 주는 상벌은 부정확할 수가 있으니 전부를 하늘에 맡기고 살아야 한다. 사람이 몰라준다고 불평함은 어리석은 일이다. 진리만은 바르게 알고 있다」(박길진, 『대종경강의』, 원광대출판국, 1980, p.256).

「불교는 자업자득으로 짓는 것을 강조하고 그리스도교에서는 행복과 불행으로 나타나게 해주는 절대자를 중심으로 설명한 것이다. … 어느 면만을 강조한 것에 문제가 있다. 원불교는 불교의 짓는 주체도 중요시하고 그리스도교의 과보를 나타나게 하는 절대자도 중요시 한 것이다. … 천지가 주는 상벌이란 일원상 진리를 말한 것이다」(한종만, 『원불교 대종경 해의』(上), 도서출판 동아시아, 2001, pp.432-433).

문제 제기

1) 천지가 주는 상벌은 무심으로 준다고 했는데 그 의미는?

2) 사람이 주는 상벌과 진리가 주는 상벌의 차이는?

[인과품 5장] 상생 기운과 상극 기운

핵심 주제

상생 기운과 상극 기운

「서로 기운이 통한다」(원불교 대종경 해의 上, 한종만).

대의 강령

사람이 보지 않고 듣지 않는 곳에서라도 미워하고 욕하지 말라.

1) 천지는 기운이 서로 통하므로 그 사람 모르게 미워하고 욕을 하면 기운은 먼저 통하여 상극의 씨가 묻힌다.

2) 칭찬을 하면 기운은 먼저 통하여 상생의 씨가 맺혀 결국 그 연을 만나면 상생의 씨는 좋은 果를 맺는다.

3) 상극 기운은 상극 기운 그대로, 상생의 기운은 상생의 기운 그대로 상응된다.

어구 해석

상생·상극 : 우주와 인간에 있어 살리는 기운과 극하는 기운을 말한다. 인간은 相生의 기운보다 갈등과 투쟁의 相剋 기운을 조장하는 경우가 있다. 미래의 개벽시대에는 상생기운이 자리할 것이다.

뻗지르다 : 이 끝에서 저 끝까지 뻗쳐서 내지르는 것을 말한다.

관련 법문

「마음 착한 자는 새 기운을 받아서 좋은 세상에 살게 될 것이요, 마음 악한 자는 새 기운을 잘 받지 못하여 좋은 세상을 살지 못하게 될 것이다」(대종경 선외록, 도운개벽장 2장).

「성인들은 이 인과의 원리를 알아서 상생의 도로써 살아가시나 중생들은 이 원리를 알지 못하고 욕심과 명예와 권리에 끌려서 상극의 도로써 죄업을 짓게 되므로 그 죄고가 끊일 사이 없나니라」(정산종사법어, 원리편 40장).

보충 해설

교의품 37장에서도 마땅히 동남풍 불리는 법을 배워서 천지의 상생상화하는 도를 널리 실행하여야 한다고 하였다. 이에 우리는 상생의 기운을 만들도록 상호 열린 마음으로 접근할 필요가 있다. 상대방에게 격려하고 칭찬하는 자세가 필요하다. 한때 인기를 모았던 「칭찬합시다」의 TV 프로는 상생 기운의 전개에 좋은 귀감이 된다. 칭찬을 하면 고래도 춤을 춘다는 말이 있다. 기왕에 하는 말이라면 칭찬을 통해 선연을 맺어갈 것이며, 인과를 아는 종교인일수록 더욱 그렇다.

주석 주해

「내 마음에 상대방에게 욕하고 미워하는 마음이 생기면 곧 내 마음이 또한 그렇게 되어서 그 마음이 잠재하게 하고, 인연 따라 그렇게 나타남으로서 더욱 상극의 악연이 된다. 서로 통하고 막히는 것이 전기의 기능과 같다」(박길진, 『대종경강의』, 원광대출판국, 1980, p.257).

「상생의 기운은 상생의 기운으로, 상극의 기운은 상극의 기운으로 통하는 것이다. 천지는 기운으로 충만해 있다. 그러므로 상대방이 보지 않고 듣지 않는 데에서 내가 착한 말을 하거나 좋지 않는 말을 하여도 그 기운은 통한다」(한종만, 『원불교 대종경 해의』(上), 도서출판 동아시아, 2001, pp.434-435).

문제 제기

1) 상생과 상극의 기운이 상응된다고 했는데, 무엇을 말하는가?
2) 천지는 기운이 서로 통한다는 뜻은?

[인과품 6장] 인과 이치에 따른 자연의 변화

핵심 주제

인과 이치에 따른 자연의 변화
「인과 이치의 자연변화」(원불교 대종경 해의 上, 한종만).

대의 강령

천지의 日氣처럼 사람도 어느 때에는 상쾌하고 어느 때에는 침울하며, 주위의 경계도 어느 때에는 순하고 어느 때에는 거슬리니, 인과의 이치에 따른 자연의 변화이다.

1) 이 이치를 아는 자는 변화를 겪을 때 수양의 마음이 여여하다.
2) 이치를 모르는 자는 희로애락에 중도를 잃으니 고해가 한없다.

어구 해석

일기 : 맑고 흐리며, 비오고 눈이 오는 것과 같이 천지의 날씨를 日氣라 한다. 매스컴의 일기예보도 날씨 상황을 알리기 위함이다.

음울 : 기분이 음산하고 우울해지는 것을 陰鬱이라 한다. 또한 마음이 가라앉고 울적해지는 상태를 음울하다고도 한다.

관련 법문

「공변된 규율을 함부로 어기거나, 한 두 사람의 감정으로 교중의 발전에 지장을 주거나, 인과와 불생불멸의 도에 의혹을 품게 하여 여러 사람의 복혜 兩田을 파괴하거나, 대중에게 신심과 공심을 장려하지 못하고 은근히 형식과 외화로 흐르게 하면 공가와 법계에 중죄가 되나니, 중죄를 짓지 말지니라」(정산종사법어, 공도편 21장).

「모든 대중을 상대하여 恩義를 서로 맺은 이상에는 그 교제의 정신이 항상 원만하고 순일함을 평상심이라 하나니, 만일 삿된 감정에 의하여 사랑하고 미워하는 변태성이 있다면 이것은 평상심이 되지 못하는 것이다」(한울안 한이치에, 일원상에 대하여, 7. 통론, 평상심).

보충 해설

인간은 감정의 동물이라고 한다. 이따금 감정이 격해지거나 선해지는 경우는 우주의 두 기운과 관련된다. 즉 상생 상극의 기운이 그것이다. 이에 자연의 변화와 인과의 이치를 깨달아, 내외에 변함없는 심신을 유지하는 수양력이 필요하다. 어쨌든 천지의 日氣에 따라 날씨의 자연스런 변화가 있듯이 인간의 감정도 기폭이 있는 것이니 이에 좌우되지 말라는 것이다. 본 법어는 우주는 대우주요 인간은 소우주라는 면에서 天人相感의 이론을 제시한 동중서의 견해를 연상시킨다.

주석 주해

「日氣와 기운이 관계는 있지마는, 거기에 좌우되는 사람은 얼마나 약한 사람인가. 일기에 크게 좌우되어서는 안 된다. 이러한 자연현상의 변화에 따라 내 마음에는 어떤 변화도 가져옴이 없이 꿋꿋이 나가야 한다. 항상 正心을 살려 나가야 한다」(박길진, 『대종경강의』, 원광대출판국, 1980, p.258-259).

「인과 이치의 조화를 모르는 사람은 자신이 받는 인과의 이치에 침울한 때도 있다. 이것이 인과 이치의 조화라는 것을 알아서 수양의 힘으로 마음이 여여해야 한다. 나에게 받아지는 것이 인과 이치의 조화에 의해서 되는 것을 알아야 한다」(한종만, 『원불교 대종경 해의』(上), 도서출판 동아시아, 2001, p.436).

문제 제기

1) 천지의 일기처럼 인간의 감정이 급변할 때는 어느 때인가?

2) 인과이치와 자연 변화의 관계는?

[인과품 7장] 인과와 자업자득

핵심 주제

인과와 자업자득

「자업자득」(원불교 대종경 해의 上, 한종만).

대의 강령

남이 지은 죄복을 제가 대신 받을 수 없고, 제가 지은 죄복을 남이 대신 받을 수도 없다.

1) 남에게 恩義로 준 것은 은의로 받게 되고, 악의로 빼앗은 것은 악의로 빼앗긴다.

2) 상대편의 진 · 강급 여하를 따라 보응이 몇 만 배 더하고 줄어질

수 있으나, 아주 없애지는 못한다.

3) 혹 상대자가 직접 보복은 안 해도 자연히 돌아오는 죄복이 있다.

어구 해석

죄복 : 그릇된 죄와 행운의 복을 罪福이라 한다. 서로 상대적인 개념으로서 복을 짓는 행위와 악을 조장하는 행위가 이와 관련되며, 우리는 수도자로서 죄업은 청산하고 복전을 마련해야 할 것이다.

은의 · 악의 : 은혜로운 뜻을 恩義라 하고 악한 마음을 惡意라 한다.

관련 법문

「약한 나라를 덕과 의리로써 북돋아 주면 이 편이 약해질 때에 결국 덕과 의리로써 돕는 나라가 생겨날 것이요, 이 편이 무력과 권세로써 침략을 받게 될 것이니 천하의 진리가 곧 주는 이가 받는 이가 되기 때문이다」(대종경 선외록, 도운개벽장 11장).

「어두운 마음을 밝게 하자. 전 인류의 어둔 마음을 밝히려면 心天에 黑雲이 걷히고 慧月이 솟아야 한다. 혜월이 솟으려면 생사는 거래니 해탈하고 준비하며, 인과는 주고받는 것이니 달게 받고 은혜의 씨앗을 심어야 한다」(대산종사법문 3집, 제3편 수행 43장).

보충 해설

깨달은 자의 입장에서 인과는 틀림이 없다. 과보를 대신 해결해주는 것은 없다. 자신이 지은 인과, 타인이 지은 인과는 당사자가 그대로 받는다. 인과를 모를 경우 그러한 자업자득에 이해를 할 수 없으며 그로 인해 자행자지의 삶을 살아간다. 이에 「자행자지 낭유세월로 무료도일하지 말라」(불법연구회 창립총회 취지)고 했다. 우리는 상대방에게 잘못해 놓고 이내 사과한다. 잘못한 것을 상대방에게 사과하는 것도 좋으나 자신에게 사과해야 할 것이다. 자업자득이기 때문이다.

주석 주해

「자기가 밥을 먹으면 자기 배가 불러 오르고, 안 먹으면 자기 배가 고프다. 달마대사가 공부하면 곧 달마의 공부이지 양무제의 공부가 아니다. 자기가 행한 만큼 거두는 것이 인과법칙이다. … 그러므로 지금 이 순간부터라도 부지런히 공부해서 진급하고 승급해야 한다」(박길진, 『대종경강의』, 원광대출판국, 1980, p.259).

「恩義로 준 것은 상생의 인과로서 서로 돕고 의지하여 원만히 성취되는 좋은 인과이며 惡意로 빼앗은 것은 상극의 인과로서 서로 대립되어 미워하고 방해하는 좋지 못한 인과이다. 그러므로 상극의 인과가 되지 않고 상생의 인과가 되게 해야 한다」(한종만, 『원불교 대종경 해의』(上), 도서출판 동아시아, 2001, p.438).

문제 제기

1) 상대편의 진 · 강급 여하를 따라 보응이 몇 만 배 더하고 줄어질 수 있으나, 아주 없애지는 못한다는 뜻은?

2) 자업자득의 실제 예화를 들어 설명한다면?

[인과품 8장] 정업 난면

핵심 주제

정업 난면

「정업은 면하기 어렵다」(원불교 대종경 해의 上, 한종만).

대의 강령

부처님들은 과보 받을 일이 없어야 하는데 고난이 없지 않고, 대종사님도 이 회상을 연 후로 관변의 감시와 대중 인심에 고통이 적지 않은 이유를 조전권이 여쭈자, 소태산 대종사 말하였다.

1) 부처님이 당대에 고통을 받는 것은 다생 교화할 때에 중생들의 사기 · 악기가 부지중 억압되었던 연고이다.

2) 부처님도 정업은 상쇄하지 못하며, 중생도 죄로 악을 상쇄하지는 못한다.

3) 하지만 불보살들은 다생 죄업을 단생에 줄여 받을 수 있다.

어구 해석

정업 : 이미 정해진 업을 定業이라 한다. 곧 업력이 강하여 선악의 과보를 결정적으로 받을 때 정업이고, 업력이 정업처럼 강하지 못하

여 어떤 과보를 받을지, 어디서 받을지, 언제 받을지가 확실하지 않는 것이 부정업이다. 부정업은 自因보다 他因에 지배를 받는다.

상쇄 : 업보를 서로 덜어가는 것을 相殺라고 한다. 두 사람이 같은 채무를 졌을 때 현실 변재로 채무를 덜어주는 것도 상쇄이다.

관련 법문

「정업을 면치 못한다 함은, 이미 정해진 업에 대하여는 죄복을 주는 권능이 상대방에게 있기 때문에 한 번 결정된 업은 면할 도리가 없이 받게 된다는 말씀이요, 천업을 돌파한다 함은, 그렇게 주어지는 업이라도 받는 이는 곧 자신이기 때문에 마음의 자유를 얻은 이는 그 죄복에 마음이 구애되지 아니하고 항상 그 마음이 편안하므로 곧 그 업을 자유로 함이니 이것이 천업을 돌파함이니라」(정산종사법어, 생사편 3장).

「정업과 천업이 한 번에 몰려올 때에는 보통사람으로서는 그 업력을 풀거나 물리칠 수 없는 것이다. 이때는 법력과 도력이 필요하다. 그러니 이 대도정법 만났을 때 서원을 더욱 뭉치고 수도에 정진하여 업력을 넘기고 풀어야 한다」(대산종사법문 3집, 제3편 수행 130장).

보충 해설

정업의 세 가지로는 첫째 결정된 업을 면할 수 없는 것이요, 둘째 인연 없는 중생을 제도하지 못하는 것이요, 셋째 중생계를 다 제도하지 못하는 것이다(당나라 숭악의 원규가 세운 설). 이에 정업은 못 면한다는 것을 알고 생사해탈을 해야 하며, 현재 받는 고락을 달게 받도록 하자. 업의 종류를 보면 1) 심신 상의 업으로 신구의 삼업이 있다. 2) 받는 시간에 따라 정업과 부정업이 있다. 3) 개인이 지었느냐에 따라 개업과 공업이 있다. 4) 선악 구별에 따라 선업과 악업, 無記業(또는 捨業)이 있다. 5) 복에 따라 福業과 非福業, 不動業이 있다. 6) 삼세를 통해 구업과 신업이 있다.

인물 탐구

조전권(1909-1976) : 원불교 정녀의 첫 주인공이었던 공타원은 전북 김제군 금산면 원평리에서 조송광 선생과 최형엽 여사의 5남6녀 중

넷째 딸로 태어났다. 천성이 유덕하고 근실하였으나 7세시에 모친을 잃었다. 공타원은 1921년 3월 원평 공립보통학교를 졸업, 17세에 전주 기전여학교에 입학하였다. 19세엔 가정 형편으로 부득이 중퇴를 한 뒤 부친의 뒤를 따라 기독교 신앙에 열중하였다. 공타원이 대종사를 뵌 것은 기전여학교 입학 전이었다. 「제가 대종사님을 처음 뵈온 것은 나이 겨우 열일곱 살 때였습니다. 혜산 전음광 선생이 대종사님을 배종하고 당시 원평에 있는 저의 집에 오시어 하룻밤을 지내고 가신 일이 계셨는데 그때 저는 大聖 종사님을 처음 뵈었습니다」(원광 55호). 그후 공타원은 19살 되던 해 9월 25일 익산총부에 부친을 따라 왔다가 대종사를 뵙고 '專權' 이라는 법명을 받는다. 그해 총부 동선을 난 공타원은 출가를 결심하여 공양원으로 출발하였다. 원기 14년 서울교당 공양원으로 수고하였으며, 원기 16년에는 다시 총부로 내려와서 순교로 지방교화에 힘쓰기도 하였다. 이어서 원기 21년 부산 남부민 교당 교무로서 활동하다가 원기 23년부터는 13년 동안 초량교당 교무를 역임하였다. 공타원은 '좋다 보살' 로 덕담을 잘하였으며, 또 남녀의 국한을 뛰어넘은 상없는 도인이기도 하였다. 원기 30년엔 수위단에 피선되고 공타원이란 법호를 받았으며, 원기 35년 42세에 여자로서 처음으로 중앙총부 교정원 교무부장으로 부임하였다. 설교를 잘하여 설통으로 알려진 『행복자는 누구인가』의 설교집은 교역자들에게 감동을 주고 있다. 중앙선원 부원장으로 1년간 봉직한 공타원은 이듬해 동산선원장으로 부임, 8년간 헌신하였다. 이어서 원기 56년 중앙훈련원 초대원장으로 부임하였다(송인걸, 『대종경속의 사람들』, 월간원광사, 1996, '조전권' 참조).

주석 주해

「정업은 난면이라 했는데 그것은 업을 갚을 권리가 상대편에 있기 때문이다. 짓기는 내가 지었어도 피해는 상대편이 보았으므로, 그 상대편에서 나에게 줄 차례이므로 나로서는 면하기 어렵다는 것이다」(박길진, 『대종경강의』, 원광대출판국, 1980, p.260-261).

「정업은 부처님도 면할 수 없다. 대종사가 어려운 일을 당하는 것은 완강한 중생 제도를 할 때 사기 악기를 억압한 연유이다. 잘못된 중생은 바로 잡아주어야 하므로 사기 악기를 억압한 것이다. 그 기운이 맺히면 과보는 안 받을 수가 없다」(한종만, 『원불교 대종경 해의』(上), 도서출판 동아시아, 2001, p.439).

문제 제기

1) 천업과 정업, 정업과 부정업이란 무엇인가?

2) 정업은 못 면한다 하면서 천업을 돌파한다는 것은?

3) 부처님도 정업은 상쇄치 못하지만 이미 정한 업은 점진적으로 면해가는 길은?

[인과품 9장] 정업 소멸의 방법

핵심 주제

정업 소멸의 방법

「정업을 면해가는 방법」(원불교 대종경 해의 上, 한종만).

대의 강령

지은 정업은 면하기 어렵지만 면할 수 있는 방법은?

1) 육도 사생의 변화하는 이치를 알아간다.

2) 악업은 짓지 않고 선업만 짓는다.

3) 악연 악과에도 끝까지 도심으로 대하고 옛 빚 갚는 것으로 안다.

4) 자성 반조로 죄업의 돈공한 자리를 관한다.

5) 수도를 하고 공익에 이익을 많이 끼치면, 업을 면하게 된다.

출전 근거

서대원 수필 법설집(우당수기)에 게재되어 있고, 또 주산종사 수필의 소태산대종사 법문집 『법해적적』에 실린 법어이다.

어구 해석

도심 : 도를 구하려는 마음으로, 진리를 깨닫고 삼독에 물들지 않도록 적공하는 마음을 道心이라 한다. 공부심도 도심에 속한다.

돈공 : 텅 비어서 분별 망상이나 사량심이 없는 상태로서 진공의 체성에 합일하는 것을 頓空이라 한다. 공적이나 진공과 같은 언어 명상으로 표현할 수 없는 것이 돈공이다.

업연 : 업보 인연이 業緣이며, 선인선과 악인악과의 연을 말한다.

관련 법문

「과거의 업이 두터워서 당장에는 성공이 되지 않을지라도 심고의 정성이 지극하면 부처님의 가피를 입어 정업이라도 엷어지나니라」(『정산종사법설』, 월간원광사, 2000, p.360).

「정업을 녹이는 법이 있으니 그것은 저편에서 오는 극단의 과보를 받을 때 참고 또 참고 열 번만 참아 너그럽게 용서하여 무심해 버리면 그 업력이 저절로 녹아버린다」(대산종사법문 3집, 7편 법훈 63장).

보충 해설

부처는 물론 중생 모두가 수많은 생을 통해 자신도 모르게 지은 定業을 녹이도록 공을 쌓아야 한다. 정업을 상쇄함에 있어 도심으로 매사에 임하면서 부단한 적공을 하면 어렵지만은 않다. 그리고 정업난면이라 해도 아예 이 정업을 달게 받는 것이 업을 상쇄하는 방편이 될 수 있다. 어느 교무의 수행담을 소개하여 본다. 「정한 업은 부처님도 면하지 못한다고 하지 않았던가. 마치 죽음을 피한다고 피해지는 것이 아니듯, 내가 받을 업든 달게 받아야지 피하면 더 큰 업이 기다리고 있다」(윤순명, 「정한 업」, 『나는 조각사』, 출가교화단, 2000, p.75). 정업을 면하기는 힘들지만 선업만 지으며 자성반조하고 보은하며, 덧붙여 정업을 흔연히 수용하는 것도 업보를 용해하는 길이다.

주석 주해

「정업은 난면이다. 三不能의 하나이지만 나의 마음자세 여하에 따라 그 양상을 달리 할 수는 있다. … 자꾸 빌면 용서도 하고 웃으며 가볍게 보복을 하기도 한다. 그러므로 수행을 하고 참회하는 생활을 해야 한다. 옛말에도 비는 장수 목 못 벤다는 말이 있지 않은가」(박길진, 『대종경강의』, 원광대출판국, 1980, pp.262-263).

「6·25 전쟁 당시 나는 총부에 살았다. 총부는 인민군이 점령해 있고 나는 산업부에서 살았다. 당시 정산 종법사는 유일 정미소에 있다가 나중에는 송대에 있었다. 그 어른을 모시고 살았는데 그 어른은 새벽이면 반야심경을 독송하였다. 그때 "왜 서로가 죽이는 일이 일어납니까?" 라고 물으니 "서로가 과거에 죽였던 업의 기운이 이러한 것 같다" 라고 하였다」(한종만, 『원불교 대종경 해의』(上), 도서출판 동아시아, 2001, p.444).

문제 제기

1) 자성 반조로 죄업이 돈공함을 어떻게 아는가?
2) 정업 난면이란 무엇인가?
3) 정업을 소멸해 가는 길을 밝혀라.
4) 지극한 마음으로 수도하면 정업이라도 가히 면할 수 있는가?

[인과품 10장] 업의 소멸과 불보감수

핵심 주제

업의 소멸과 불보감수
「달게 받고 보복하지 말라」(원불교 대종경 해의 上, 한종만).

대의 강령

한 제자가 봉변을 당하고 분을 이기지 못함에 대종사 말하였다.
1) 업을 갚을 차례에 참으면 그 업이 소멸되나 지금 갚고 보면 저 사람이 다시 갚을 것이다.
2) 이와 같이 서로 갚기를 쉬지 아니하면 그 상극의 업이 지속된다.

출전 근거

서대원 수필 법설집(우당수기)에 실린 법설이다.

어구 해석

봉변 : 뜻밖에 남에게 모욕을 당하여 화를 입는 것을 逢變이라 한다.
분 : 화 혹 성냄을 忿이라 한다. 분노, 삼독의 진심도 같은 뜻이다.

관련 법문

「동란 중 애석하게 참변 당한 몇몇 교우를 생각하면 섭섭하기 이를 데 없으나, 옛날 육조대사 같은 대도인도 묵은 업으로 인하여 생명을 앗으러 온 자까지 있었다 하거든, 여러 영가가 과거 무수겁을 드나들 때에 어찌 상극의 업이 없었으리요. 그러므로 이번 참변은 다 묵은 큰 빚을 크게 갚아버린 기연이 되었나니, 오히려 통쾌히 생각하고 앞으로 다시는 상극의 빚을 지지 아니하기로 작정하면 영로가 길이 광명하려니와…」(정산종사법어, 생사편 19장).

「원인이 결과가 되니 / 주는 자가 곧 받는 자로다 / 달게 받아 다시 갚지 말고 / 선업으로 인연을 맺으라 / 금생에 업력에 끌려 다니면 / 내생에 그 과보가 다시 돌아오고 / 금생에 업력을 굴리고 다니면 / 내생에 그 과보가 생기지 않도다」(대산종사법문 4집, 제1부 열반천도 법문, 인과송).

보충 해설

기원전 18세기 바빌론 왕조의 함무라비 법전에 '눈에는 눈, 이에는 이' 라는 말이 있는데, 보복은 금할 일이다. 『중용』 10장에서도 너그럽고 유순히 하여 가르쳐 주고(敎), 無道에 보복하지 않는 것이 남방의 강함이니 군자가 이에 처한다고 하였다. 묵은 업은 내가 쉴 때 극복되는 것이다. 상대방의 악행을 보복하지 않는다는 것은 쉽지 않지만 그 업연을 쉬는 길은 不報甘受라는 것을 알아야 한다. 중생들은 보복을 하고야 말겠다는 심기가 충천한다면, 불보살들은 선악 업보를 쉬도록 육바라밀을 실천에 옮기는 사람이라고 할 수 있다. 은생어해 해생어은의 원리를 알아서, 선연만을 지어나가자는 뜻이다.

주석 주해

「세계 역사는 상극 인과의 수레바퀴로 돌고 있다. 저 사람이 해를 주면 또 이 사람이 해를 주고, 저 사람이 죽이면 또 이 사람이 죽이고 있다. 이렇게 되면 인류의 앞날은 멸망이다」(한종만, 『원불교 대종경 해의』(上), 도서출판 동아시아, 2001, p.446).

「일상생활 가운데의 낱낱 行業마다 願을 일으킴으로써 일상생활이 구체적으로 淨化된다. 그러므로 업에 물든 범부로서가 아니라, 이상에 찬 보살로서 새로운 세계로 나아갈 수 있다」(권탄준, 「화엄경의 서원사상 소고」, 『한국불교학』 제11집, 한국불교학회, 1986, p.432).

문제 제기

1) 不報甘受란 무엇인가?

2) 상극을 쉬는 방법은?

[인과품 11장] 무심의 업연 소멸

핵심 주제

무심의 업연 소멸

「무심으로 상극을 초월」(원불교 대종경 해의 上, 한종만).

대의 강령

대종사, 부부 인연에 대한 교도와의 대화이다.

1) 한 교도가 부부간 불화하여 내생에 인연이 안 되겠다고 하였다.

2) 대종사, 남편과 다시 인연을 맺지 아니하려면 미워하는 마음도 사랑하는 마음도 다 두지 말고 오직 무심으로 대하라.

어구 해석

불화 : 화목하지 못하는 상태를 不和라 한다. 불화가 생긴다는 것는 친구간, 형제간, 자녀간, 부부간 원만한 사이가 되지 못하는 경우를 말한다. 갈등과 반목으로 이어지는 것이 불화 때문이다. 상생상화를 이룰 때 이 불화가 극복된다.

무심 : 상대방에 대한 간섭 등 사적인 감정을 두지 않고 순진무구함을 유지하는 것이 無心이다. 아울러 자신의 번뇌라든가 잡념 망상 삼독 오욕을 벗어난 본래의 마음을 무심의 상태라고 한다.

관련 법문

「이희춘이 부부간에 불화하여, 내생에는 또 다시 인연 있는 사이가 되지 아니하리라 하며 늘 그 남편을 미워하거늘, 대종사 말씀하시기를 "그 남편과 다시 인연을 맺지 아니하려면 미워하는 마음도 사랑하는 마음도 다 두지 말고 오직 무심으로 대하라"」(대종경 선외록, 원시반본장 21장).

「부부의 도는 첫째 화합이니, 부부가 서로 경애하고 허물을 서로 용서하며 사업을 서로 도와서 끝까지 알뜰한 벗이 되고 동지가 될 것이요, 둘째는 신의니, 부부가 서로 그 정조를 존중히 하고 방탕하는 등의 폐단을 없이 하며 세상에 드러난 대악이 아니고는 어떠한 과실이라도 관용하고 끝까지 고락을 한 가지 할 것이요」(정산종사법어, 세전, 부부의 도).

보충 해설

근래 우리나라의 이혼이 늘어나고 있어 급격히 가정해체 현상이 일어나고 있다. 내생에 인연이 안 되든, 현생에 인연을 끊든 당사자의 자유겠으나, 부부의 화합이 절실히 요구된다. 자녀를 생각해서라도 상호 인내로 증오를 극복하고 齊家의 정신으로 살아가는 사이가 되어야 한다. 대산종사의 「부부의 도」가 일반인들에게도 보급되어 가정에 화목함을 심어주는 법문이 되고 있다. 제주도 등 우리나라 관광지에서 대산종사 법어인 이 「부부의 도」가 액자 속에 넣어져 판매되는 등 간접교화로 활용되고 있다.

주석 주해

「미워하는 마음도 사랑하는 마음도 없이 무심으로 대하라는 것이다. 혜능이 홍인에게 가사를 받아서 도망을 가는데 도명이 그 가사와 발우를 빼앗으려고 찾아왔다. 혜능이 힘이 지쳐서 더 도망을 못가고 땅위에 발우를 내려놓았는데 떨어지지 않으므로 도명이 내가 큰 잘못을 했다 생각하여 지은 죄를 용서해 달라고 하니 혜능이 "선도 악도 생각하지 말아라" 하였다」(한종만, 『원불교 대종경 해의』(上), 도서출판 동아시아, 2001, pp.446-447).

「원불교에서의 부부 관계는 화합, 신의, 근실, 공익을 그 바탕으로 한다」(박법일, 「가족상담 이론을 도입한 가족교화 활성화방안」, 제19회 원불교사상연구 학술대회《정산종사의 신앙과 수행》, 원광대 원불교사상연구원, 2000년 1월 28일, p.191).

문제 제기

1) 부부가 내생엔 부부의 인연을 맺지 않으려 한다면?

2) 이혼은 원불교 교리적으로 어떻게 규명할 수 있는가?

[인과품 12장] 산돼지와 포수의 인과

핵심 주제

산돼지와 포수의 인과

「산돼지 죽음의 인과」(원불교 대종경 해의 上, 한종만).

대의 강령

봉래정사에서 마침 포수가 산돼지를 잡는데 처량한 비명소리에 대해 대종사는 말하였다.

1) 한 물건이 이로움을 보매 한 물건이 해로움을 당한다.

2) 산돼지의 죽음을 보니 전생의 업보를 알겠고, 오늘 포수가 산돼지 잡음을 보니 포수의 후생 업보를 알겠다.

출전 근거

『월보』 37호(원기 17년)에 「산돼지의 죽음을 보시고 삼세의 인과를 말하심」이라는 제목으로 실린 법설이다.

관련 법문

「일생의 과보가 대개 현생업과 전생업이 서로 조화해서 금생 과보가 되는 것이나 전생 업 그 전부가 차지하기도 한다」(한울안 한이치에, 제2장 심은데로 거둠 34장).

「한 제자가 여쭈었다. "다른 사람을 시켜 악을 범하게 하면, 과보는 그 시킨 사람이 받습니까, 직접 범한 사람이 받습니까?" "악을 범할 때와 같이 받게 되는 것이니 시킨 사람은 간접으로 받고 범한 사람은 직접으로 받게 된다" 」(한울안 한이치에, 제2장 심은데로 거둠 10장).

보충 해설

사냥과 관련한 법어인데, 계문에 '연고 없이 살생을 말며' 라는 본 뜻을 새겨보면 사냥도 금할 일이다. 참고로 고대 서양의 그리스에서는 수렵의 여신 디아나(그리스에서는 아르테미스)가 있었다. 또 동양의 중국에서는 『孟子』 「만장」 하편에 나오는 바, 공자는 노나라에서 벼슬할 때 노나라 사람들이 제사지낼 때 쓰기 위해 사냥 경쟁을 하였다. 공자도 사냥 경쟁을 했는데 그 이유로는 당시의 풍습이었으며, 이를 바로 개혁하지 않고 부득이 따랐기 때문이다. 생명을 존중하고 살생을 금하는 종교가에는 낚시나 사냥을 금하는 것이 바람직하다.

주석 주해

「대종사께서 제법성지에 계실 때 돼지의 비명 소리를 듣고 돼지의 전생을 알 수 있다고 말씀해 주었는데 이런 이야기도 자주 해주셨다. "옛날 월명암에 멧돼지 한 마리가 뛰어오더니 구석진 헛간으로 들어갔다. 이 광경을 본 스님은 짚더미로 멧돼지가 들어간 곳을 덮어 주었다. 조금 후에 포수가 땀을 뻘뻘 흘리며 헐레벌떡 뛰어와 '스님, 멧돼지를 몰고 왔는데 보지 않았어요?' 스님은 포수에게 '물이나 한 잔 마시고 가라' 고 앉게 하고 말하였다. '당신 과거생은 지관이었소. 지관이었던 당신이 변산 일대를 종일 돌아다니다 보니 몹시 허기가 졌소. 그래서 허기진 배를 채우려고 나가는데 한 사람이 묘에 벌초를 하고 마침 도시락을 먹고 있었소. 배가 고파서 기진맥진한 당신은 그 사람에게 밥 좀 남겨 달라고 사정했소. 그러나 그 사람은 아랑곳하지 않고 꼴딱 다 먹어버렸소. 당신은 에이 죽일 놈하고 그 자리에서 아사하여 버렸소. 그리고 그 원한으로 몸을 받으니 바로 독사였소. 독사는 묘에 벌초했던 사람이 자주 다니면서 마시는 옹달샘에 살다가 여름날 물을 마시러 온 그 사람을 물어서 죽여 버렸소. 독사에게 물리니 죽어가면서 네 이놈의 독사 죽인다라는 최후 일념으로 죽었고, 그가 죽어서 독사를 죽일 수 있는 멧돼지로 태어났소. 멧돼지는 결국 또 독사를 죽였소. 독사는 그런 생각은 안 했지만 독사가 죽어서 포수가 되었으니 독사를 죽인 멧돼지를 죽이려고 하고 있소. 그러니 당신이 몰고 온 멧돼지를 잡지 않으면 인과는 여기에서 끝나요. 인과란 엎치락뒤치락 하오.' 포수는 스님의 말씀을 듣고 인과를 깨달아 절에 귀의하여 큰 도인이 되었다." 대종사께서 "산돼지의 죽음을 보니 전날의 산돼지가 지은 바를 가히 알겠고, 오늘 포수가 산돼지 잡음을 보니 뒷날 포수가 당할 일을 도한 가히 알겠도다" 한 말씀과 일맥상통한다」(김정용, 『생불님의 함박웃음』, 원불교출판사, 2010, pp.30-31).

「(이동진화) 대구교당에 있을 때였다. 새 한 마리가 포수에 쫓겨 날아 들어왔다. 육타원이 이걸 보고 급하게 다락방으로 새를 몰아넣고 나니, 잠시 뒤 한 청년이 헐레벌떡 쫓아와 새를 보지 못하였느냐고 물었다. "아니요, 우리는 못 봤는데." 청년이 가고 난 뒤 "아이구, 어머니, 도인 선생도 거짓말 하세요?" "아냐, 정의를 위해 방편을 쓸 수도 있지." 한 시간이 지난 뒤에야 육타원은 다락을 활짝 열어주며 "자, 이제 맘껏 날아가거라"」(박혜훈, 「육타원 이동진화의 생애와 사상」, 원불교사상연구원 編, 『원불교 인물과 사상』(Ⅰ), 원불교사상연구원, 2000, p.248).

문제 제기

1) 천주교 신부들은 사냥이 허용되어 있는데, 성직자로서의 인과는?
2) 사육을 먹는 일은 간접 살생은 아닌가?

[인과품 13장] 신구의 삼업의 과보

핵심 주제

신구의 삼업의 과보
「상극의 과보」(원불교 대종경 해의 上, 한종만).

대의 강령

신구의 삼업을 짓는 과보 받는 몇 가지 예에 대한 언급이다.
1) 남에게 애매한 말로 속을 상하게 한즉 내세에 가슴앓이가 된다.

2) 남의 비밀을 엿보거나 엿듣기를 좋아한 즉 사생아 등으로 태어나, 천대와 창피를 받는다.

3) 남의 비밀을 잘 폭로하고 대중 앞에 무안을 주어 얼굴을 뜨겁게 한즉 얼굴에 흉한 점이나 흉터로 성격이 활발하지 못하다.

출전 근거

『회보』 62호(원기 25년)에 실려 있는 「부처님의 대자와 대비」라는 제목의 법설이다.

어구 해석

사생아 : 법률상 부부가 아닌 사이에 태어난 사람을 私生兒라 한다.

천대 : 함부로 업신여기며 상대방을 무시하는 것을 賤待라 한다.

관련 법문

「중생들이 탐진치에 끌려서 어떤 자는 장님이나 벙어리 될 일을 하며, 광인이 될 일을 하며, 개나 돼지가 될 일을 하는 등 형형색색의 죄악을 지어놓고 후일 자기가 지은 그대로 받게 되면 부형과 동포, 법률을 원망한다」(회보 62호 법설).

「영명한 허공법계는 무형한 마음 가운데 나타나는 모든 것까지도 밝히 보응하는 지라, 우리는 몸과 입을 삼갈 것은 물론이요 마음으로 짓는 죄업을 더 무섭게 생각하여 언제나 그 나타나기 전을 먼저 조심하여야 하나니라」(정산종사법어, 원리편 47장).

보충 해설

여기에서 신구의 三業의 이야기가 나오는데, 밀교에서의 三密을 생각해볼 필요가 있다. 밀교에서는 身密을 말하여 몸을 사용할 때 법신불처럼, 口密을 말하여 말을 할 때도 법신불처럼, 意密을 말하여 마음을 사용할 때도 법신불처럼 하라는 말이 있다. 좋은 업보를 짓도록 해야 한다. 삼업이나 삼밀이나 같은 것으로 볼 수 있으며, 이를테면 身業과 身密을 잘못 지을 경우 특히 악연이 됨을 알아야 할 것이다.

주석 주해

「상극의 업인은 죄고의 과보를 받는다. 우주의 기운은 유동하고 있다. 동물들의 기운은 큰 힘이 있다. 상극으로 뻗치는 기운은 그대로 응한다. 몸을 움직이고 말을 하고 마음으로 생각하는 것은 기운이다. 기운이 상극으로 맺히지 않도록 해야 한다」(한종만, 『원불교 대종경 해의』(上), 도서출판 동아시아, 2001, p.450).

「성직의 옷만 걸치고 속스러움을 놓지 못하는 삶의 사후는 금사망보(금색망 무늬를 띤 구렁이 과보)를 받는다 했다」(나상호, 『마음아 마음아 뭐하니?』, 도서출판 동남풍, 1998, p.29).

문제 제기

1) 장애인들에게 과거의 업보에 의한 것이라고 할 수 있는가?

2) 신구의 삼업으로 짓는 과보의 종류를 밝히시오.

[인과품 14장] 벼락은 부지불식의 과보

핵심 주제

벼락은 부지불식의 과보

「부지 불각간의 과보」(원불교 대종경 해의 上, 한종만).

대의 강령

벼락을 맞아 죽는 죄업이 무어냐는 제자의 질문에 대종사 말하였다.

1) 부지불식, 중인에게 권력이나 무기로 벼락을 준 연고이다.

2) 예컨대 자기의 권력이나 무력을 남용, 대중을 살생한 경우이다.

3) 또 악법을 강행하여 여러 사람에게 많은 해를 입혔던 경우이다.

어구 해석

부지불식 : 미처 알지 못하는 것이 不知不識이며, 부지불각과 같다.

중인 : 많은 사람들을 가리켜 衆人이라 한다.

관련 법문

「어떤 사람이 절대 무신을 주장하며 자칭 천황이라 하고 天神을 짐짓 만들어 놓더니 어느 날 그 천신과 더불어 장기를 두며 이겼다고 좋아하다가 벼락을 맞아 죽었다고 한다. 그러니 어찌 하늘이 무심하다 하며 신령이 없다고 할 수 있겠는가」(한울안 한이치에, 제2장 심은데로 거둠 13장).

「도량에서도 조금만 방심하고 챙기지 아니하면 부지불식간에 본분을 매각할 염려가 없지 않나니, 그대들은 이에 크게 주의하여 시간을 지낼 때마다 경계를 당할 때마다 한결같이 우리의 본래 목적에 반조하기를 잊지 말라」(정산종사법어, 무본편 24장).

보충 해설

벼락 맞아 죽을 사람이라고 욕을 하는 경우가 있다. 벼락이란 부정적 용어로 저주할 때 사용된다. 이를 업보로 생각할 경우도 마찬가지이다. 인과를 믿는 사람은 부지불각 간에 받는 죄업과 함께 받는 共業을 생각해 볼 일이다. 그리스의 아리스토텔레스는 벼락이 大氣의 호흡으로 인하여 달과 해 사이의 열 지대에서 발생한다고 했다. 벼락에 대한 주술적 해석은 중세까지 이어졌다. 중세 유럽에서는 천둥과 벼락을 악마의 침입이라고 보아 천둥이 칠 때 교회 첨탑의 종을 크게 울려 악령을 쫓으려 했다. 또 재미난 것은 벼락을 맞고 살아난 사람들만 모여 사는 행성의 이름은 '아다드' 라 하며, 고대 그리스에서는 번개를 신이 죄인에게 던지는 불의 창이라고 했다. 모든 신의 아버지 제우스가 인간을 벌할 때 쓰는 주 무기도 벼락이었다고 한다.

주석 주해

「나도 모르는 그 시간과 그 장소에서 지은 업인은 나도 모르는 그 시간과 그 장소에서 받게 되는 것이다. … 어떠한 죄업의 조목을 지으면 벼락을 맞아 죽는 과보를 받는다는 것이 아니다. 벼락이 치는 것은 음전류와 양전류의 부딪침이다. 다만 벼락이 치는 그 시간과 그 장소에 이끌려 가는 것이 업력이다」(한종만, 『원불교 대종경 해의』(上), 도서출판 동아시아, 2001, pp.450-451).

「대종사도 천권을 잡았기 때문에 벼락을 주기 위해 능력을 부릴 수도 있으나 그렇게 하면 오히려 중생이 크게 상하기 때문에 하지 않았다」(심익순, 『이 밖에서 구하지 말게』, 원불교출판사, 2003, pp.87-88).

문제 제기

1) 우리가 부지불각 간에 짓는 죄업들로는 어떠한 것들인가?

2) 벼락을 맞아 죽는 것은 어떠한 죄업으로 인함인가?

[인과품 15장] 음조와 음해

핵심 주제

음조와 음해

「음조와 음해의 원인」(원불교 대종경 해의 上, 한종만).

대의 강령

서울교당 건축 때 일꾼들이 "사람이 아무리 애를 써도 억지로는 잘 살 수 없는 것이요, 반드시 무슨 우연한 음조가 있어야 되는 것이라" 함에 대한 대종사의 법설이다.

1) 세상에 살아가자면 우연한 음조와 음해가 있는 바, 음조와 음해는 각자의 심신간 작용 결과이다.

2) 지혜 있는 사람이란 지은 죄복은 편안이 받고 미래 복락을 위하여 꾸준히 노력한다.

3) 국한 없는 공덕을 공중에 지어 복록의 원천이 마르지 않게 하라.

출전 근거

이공주 수필 『회보』 60호(원기 24년)에 실린 법설이다.

어구 해석

감역 : 작업하는 일꾼들을 감독하는 것을 監役이라 한다.

음조 : 자신도 모르게 진리와 상대방이 도움을 주는 것을 陰助라 한다. 드러내지 않고 도와주었다는 상 없이 베푸는 자세가 음조이다.

음해 : 음조의 반대말로 숨어서 은밀히 입히는 해를 陰害라 한다. 음해는 계교와 계략에서 나오는 경우가 많다.

복록 : 福과 祿(녹봉)을 말한다. 좋은 인과를 맺으면 행복이라는 복이 돌아오고, 노동을 하였으면 그에 상응한 녹봉을 받는다.

관련 법문

「언어 동작이 다 진실하여 어느 시간을 당하든지 항상 진리를 어기지 않는 동시에 또한 진리의 음조와 은덕을 입게 하옵시며, 동지 교우가 화합 단결하여 이 회상의 위신이 두루 시방 세계에 드러나고 이 교법의 공덕이 널리 일체 중생을 제도하게 하여 주시옵소서」(정산종사법어, 권도편 18장).

「천지로부터 받는 죄복 가운데에는 외적으로 받는 것과 내적으로 받는 것이 있으니, 외적으로 받는 죄복은 하늘의 절후를 맞추면 利가 오고 거슬리면 害가 오며, 땅에 거름을 많이 주면 수확이 많고 거름을 주지 않으면 수확이 없는 것이며, 내적으로 받는 죄복은 음해하면 죄가 오고 음덕을 쌓으면 복이 오는 것이다」(한울안 한이치에, 제3장 일원의 진리 9장).

보충 해설

우리 주변에 음조와 음해가 있음을 알아서 음덕을 쌓는데 노력해야 한다. 보시를 하더라도 음덕의 보시를 해야 한다. 이것이 바로 '보시바라밀' 인 것이다. 정산종사가 이경순 교무에게 쓴 편지에서 어려운 경계를 이겨낸 것을 '종사주의 음조' (한울안 한이치에, 제7편 감응도교, p.333)라고 하였다. 곧 중생들 상당수는 음해를 하는 경향이 있다면 불보살들은 중생들의 평안을 위하여 음조의 덕을 쌓는다.

주석 주해

「음덕을 쌓아야 한다. 타인의 몸을 내 몸같이 생각하고 타인의 입장에서 그 사람을 생각해주며 어떻게 하는 것이 저 사람에게 좋게 될 것인가를 생각하고 행동하게 되면 음덕은 쌓여지게 될 것이다」(박길진, 『대종경강의』, 원광대출판국, 1980, p.208).

「음조와 음해는 현재 모르고 있지만 과거의 짓는 바를 오늘에 받는 것이다. 불교나 원불교의 입장에서는 우연이라는 것은 있을 수 없다. 인과의 철칙이다. 우연히 돌아오는 고락은 과거에 지어서 받는 고락이다. 음조와 음해는 과거에 지어서 받는 고락이다」(한종만, 『원불교 대종경 해의』(上), 도서출판 동아시아, 2001, p.452).

문제 제기

1) 음조와 음덕은 무엇이며, 인과품 15장과 관련하여 언급한다면?

2) 우연한 음조와 음해란?

[인과품 16장] 신앙인의 급선무

핵심 주제

신앙인의 급선무

「근원적인 진리를 믿고 깨닫게 해야 한다」(원불교 대종경 해의 上, 한종만).

대의 강령

모든 사람에게 천만가지 경전을 다 가르쳐 주고 천만가지 善을 다 장려하는 것이 급한 일이 아니다.

1) 생멸 없는 진리를 깨치게 하는 일이 급하다.

2) 인과 보응되는 이치를 깨치게 하는 일이 급하다.

어구 해석

급한 일 : 여기서는 급선무로서 우선순위를 말한다. 원불교인의 급선무는 불생불멸과 인과보응의 이치를 깨닫는 일이다.

생멸 · 보응 : 태어남과 멸함이 生滅이고, (인과)응보가 곧 報應이다.

관련 법문

「 "불가에서 말하는 불생불멸의 진리를 일러 주소서" 대종사 답하시었다. "저 일월을 보라. 동에서 나와 서로 갔다가 다시 동으로 오기를 순환 불궁하지 않는가. 그러나 일출과 일몰에 따라 동에서는 날이 밝았는데 서에서는 어두워지는 곳이 있고, 서에서는 밝았는데 동에서는 어두워지는 곳이 있지마는 일월 그 자체에는 어둡고 밝은 것이 없이 여여한 것이다" 」(대종경 선외록, 변별대체장 1장).

「과거의 제갈공명 같은 분도 전쟁 중에 적군이 돌격하여 들어오는 데도 한가히 연못가에서 고기 노는 것을 보고 서 있기도 하면서 싸움을 계속하여 승전한 일도 있었다 하니 보기에 급한 일이 실은 급하지 않은 일도 있고, 보기에 한가한 일이 실은 급한 일도 있으니 우리의 이 安居 생활은 실로 급한 일이라고 생각한다」(한울안 한이치에, 제4장 사자좌에서 10장).

보충 해설

소태산 대종사는 대각의 일성으로 생멸 없는 도와 인과보응의 이치를 말하였다. 불법의 호대한 점의 하나는 바로 이러한 불멸과 인과의 법을 설한 것에 있다. 본 장에서 언급했던 바, 급한 일이란 무엇일까? 물론 수도인들에게는 일원상 진리의 깨달음이다. 참고로 테레사 수녀가 노벨 평화상을 받던 날 기자가 물었다. "세계 평화를 위하여 가장 긴급한 일이 무엇이라고 생각합니까?" 테레사 수녀는 웃으며 질문자에게 말했다. "기자 선생께서 빨리 집에 돌아가셔서 가족을 사랑하는 것이 가장 긴급한 일이다" 」(월간 목회, 1999년 5월호). 수도인의 급선무, 신앙인의 급선무, 우리의 급선무에 대한 의식전환이 중요하다.

주석 주해

「사람들의 종교적 욕구는 영원하게 살고 싶고 영원하게 행복하고 싶다. 영원하게 사는 길이 생멸 없는 진리이며 영원하게 행복해지는 길이 인과보응의 진리이다. 두 가지 진리를 믿는다는 것은 두 가지 진리와 생명을 함께 하는 것이다」(한종만, 『원불교 대종경 해의』(上), 도서출판 동아시아, 2001, p.453).

「오늘날 종교인들에게 무엇보다도 시급한 것이 있다면 그것은 자기 종교에로의 선도가 아니라 종교 일반을 통하여 성현의 정신, 또는 聖의 절대가치를 속인들에게 인식시키는 일일 것이다」(류병덕, 『원불교와 한국사회』, 원광대 종교문제연구소, 1978, p.15).

문제 제기

1) 현장에서 교화활동을 하면서 가장 급한 일이란 무엇인가?

2) 우리가 진리를 깨달았다고 하는 내역은 무엇인가?

[인과품 17장] 인과 원칙의 실제

핵심 주제

인과 원칙의 실제

「인과의 원칙」(원불교 대종경 해의 上, 한종만).

대의 강령

농사짓기와 인과의 원칙에 대한 법어이다.

1) 어리석은 자는 남이 복 받는 것을 부러워하면서 제가 스스로 복 짓기를 게을리 한다.

2) 이는 짓지 아니한 농사에 수확하기를 바라는 것과 같다. 농부가 봄에 파종을 안 하면 가을에 수확이 없으니 이것이 인과의 원칙이다.

어구 해석

어리석은 사람 : 어리석은 사람은 소태산에 의하면 '智愚差別' 조항에서 우자를 말한다. 교강 2조에 「심지는 원래 어리석음이 없건마는 경계를 따라 있어지나니, 그 어리석음을 없게 하는 것으로서 자성의 慧를 세우자」라고 하였다. 곧 어리석음이란 인과를 모르고 무명에 어두워 진리를 거스르는 미혹된 망념과도 같은 것이다.

파종 : 농촌의 농부가 논밭에 씨앗을 뿌리는 것을 播種이라 한다.

관련 법문

「어리석은 사람은 그 생활을 육신의 힘으로만 사는 줄 알고 정신의 힘으로 사는 이치를 알지 못하며 그 이해를 목전의 이해만 알고 장래의 이해를 알지 못하는 것이다」(대종경 선외록, 요언법훈장 1장).

「큰 도운이 돌아오고 있건마는 그 도운을 받고 못 받는 것은 오직 각자의 마음 가지기에 달려 있는 것이 마치 방송시간이 되어 방송을 하고 있건마는 듣는 사람이 수신 조절을 하지 않으면 그 방송을 들을 수 없는 것 같고, 농사 시기가 돌아와 대풍의 전조가 보이지마는 농부가 때에 맞추어 씨 뿌리고 가꾸지 아니하면 수확을 얻을 것이 없는 것 같나니라」(정산종사법어, 도운편 4장).

보충 해설

이 세상에는 어리석은 일이 많을 것이다. 그런데 인과를 모르는 일보다 어리석은 일은 없을 것이다. 자행자지의 악업을 짓기 때문이다.

어리석은 사람을 농부의 파종과 연결하여 매우 사실적 비유의 법설로 등장시키고 있다. 내가 베풀지 않고 내가 파종을 하지 않았는데, 어떻게 복락이 나에게 돌아올 것인가. 또 박창기 교무는 수도인의 어리석음을 소박한 뜻으로 '대우가 좋은 곳에 가고 싶다' (묵산정사문집, 원불교출판사, 1985, p.25)로 규명하였다. 어리석음이 멀리 있지 않다.

주석 주해

「어리석은 사람은 남이 복 받는 것을 보면 부러워하나 자신이 짓지는 않는다. 농부가 봄에 씨를 뿌리지 않으면 가을에 거두어들일 것이 없다. 새배를 할 때에 "복을 받으세요" 라고 하는데 사실은 "복을 지으면서 받으세요" 라고 해야 할 것 같다. "복받으세요" 하면 짓는 것을 소홀히 할 수 있다」(한종만, 『원불교 대종경 해의』(上), 도서출판 동아시아, 2001, p.454).

「하늘에서 감이 떨어지기를 바라는가? 그러려면 봄에 감나무를 심어야 한다. 그리고 여름 내내 물을 주고 퇴비도 주며 잘 보살펴야 한다. 그런 공을 들여 가을에 감이 탐스럽게 열리면, 그때 그 나무 밑에 앉아 있어야 비로소 감이 떨어지는 것이다」(한비야, 『중국견문록』, 푸른숲, 2001, p.226).

문제 제기

1) 어리석은 사람이 복 짓기에 게으른 이유는?

2) 어리석음을 교리적으로 풀어본다면?

[인과품 18장] 공칠이의 자업자득

핵심 주제

공칠이의 자업자득

「공칠이의 인과」(원불교 대종경 해의 上, 한종만).

대의 강령

지어 놓은 것이 없으면 내생에 아무리 잘 되기를 원하여도 안 된다.

1) 현생에서도 아무리 좋은 집에 들어가 살고 싶으나 자기의 집이 아니면 들어가 살 수 없는 경우가 그것이다.

2) 공칠이는 이리역에 내리면 양옥집에는 들어가지 못하고, 찌그러진 자기 집만 찾는다. 이는 자기가 지어 놓은 그대로 받는 실 예이다.

출전 근거

서대원 수필 법설집(우당수기)에 실려 있는 법설이다.

어구 해석

공칠이 : 公七이는 소태산 생존 당시 총부 부근에 살았던 사람으로 가난하였고, 배움이 없던 인물로 비유되고 있다.

즐비 : 빗살모양으로 가지런히 늘어서 있는 것을 櫛比라 한다.

관련 법문

「그대들은 내가 먼저 경험해 보고 나서 눈먼 봉사라도 안심하고 가도록 큰 길을 닦아 놓았고, 이렇게 편안히 의지할 집을 지어서 아무 거리낌 없이 공부할 수 있도록 해 놓았으니 얼마나 다행한가」(대종경 선외록, 구도고행장 6장).

「이 생에 선업을 많이 지은 사람은 소가 되어도 부잣집 소로 태어나고 쥐가 되더라도 있는 집 창고에서 먹고 사는 것이다」(한울안 한이치에,제2장 심은데로 거둠 28장).

보충 해설

대종사의 말씀은 인과의 설법으로 공칠이 예를 들었으나, 인과의 반증이 무엇인가를 매우 실감나게 언급하고 있다. 우리는 모두가 좋은 집에 살기를 원하지만, 원한다고 다 그렇게 되는 것이 아니다. 지어놓은 業이 있어야 가능하다. 그럴만한 업을 짓지 않고 그런 마음을 낸다면 인과를 모르는 우둔한 소치이다. 「정기일기법」 1조에서 당일의 수입 지출을 기재케 하는 뜻은 허송세월의 무위도식을 없게 하자는 소태산의 가르침이다. 곧 공칠이 같은 삶은 허송세월의 결과라 본다.

주석 주해

「계정혜 삼학을 잘하면 그 삼대력의 의식주 삼건도 잘 구하게 된다. 전생의 인과 관계도 있지만 잘 살기 위해서는 이 계정혜 삼학을 일일마다 들여대야 한다」(박길진, 『대종경강의』, 원광대학교 출판국, 1980, pp.48-49).

「공칠이는 고생을 하는 사람이다. 짓는 데로 받는 것을 예화를 들어서 강조한 것이다. 지어놓은 그대로 받는 것이다. 실감나게 설명하려고 공칠이의 예화를 든 것이다. 사람이 생각하고 말하고 행동하면 업의 기운으로 뭉친다」(한종만, 『원불교 대종경 해의』(上), 도서출판 동아시아, 2001, p.455).

문제 제기

1) 공칠이는 어떠한 인물로 묘사되는가?

2) 아무리 좋은 집에 들어가 살고 싶으나 살 수 없는 이유는?

[인과품 19장] 지혜인의 作福

핵심 주제

지혜인의 作福

「복을 영원하게 하는 길」(원불교 대종경 해의 上, 한종만).

대의 강령

복이 클수록 지닐 사람이 지녀야 재앙 없이 오래 간다.

1) 복을 지을 줄 안다

2) 복을 지킬 줄 안다.

3) 복을 쓸 줄 안다. 그리하여 지혜인은 그 복을 영원히 지닌다.

어구 해석

복 : 지은 바 선업으로서 행운이자 행복, 축복을 福이라 한다.

재앙 : 천재지변, 사고 등으로 인한 고통스런 재액을 災殃이라 한다.

관련 법문

「이 세상에 행복스런 사람 둘이 있나니, 하나는 제 힘으로 제가 살아가는 사람이요, 둘은 제 힘으로 남들까지 살려주며 살아가는 사람이다」(대종경 선외록, 영보도국장 20장).

「새로운 복을 짓는 사람이 되고 복을 받기만 하려는 사람은 되지 말라. 또는 남을 이기는 법이 강으로만 이기기로 하면 최후의 승리는 얻기가 어려우나, 부드러운 것으로써 지혜로이 이기면 최후에 승리하는 법이 있나니, 물이 지극히 부드러운 것이로되 능히 산을 뚫는 것 같나니라」(정산종사법어 응기편 8장).

보충 해설

복이란 그저 굴러 들어오는 것이 아니다. 내가 지어야 복을 받는 것이다. 종교인일수록 복 짓는데 관심을 가질 것이고, 세속화된 이기주의적 사유로 사는 사람일수록 복을 받는데 관심을 가질 것이다. 福에 대해 소태산은 삼학 공부에 비유하듯 설명하고 있다. 복을 지을 줄 알고, 지킬 줄 알아서 잘 활용하는 것이야 말로 영원히 복을 보전하는 길이기 때문이다. 「마음이 청결한 자는 복이 있나니 저희가 하나님을 볼 것임이요」(마태복음 5장 8절)라 했다. 삼학공부에 관련되든, 마음을 청결히 하든 복을 많이 짓는 불보살이 되어야 할 것이다.

주석 주해

「복을 늘 생산하여 영생에 복족족이 되게 하는 것은 복을 지을 줄 아는 것이다. 복을 늘 아껴 쓰고 나누어 쓰고 쓸 자리에 크게 쓰는 것은 복을 지킬 줄을 알며 쓸 줄을 아는 것이다」(한종만, 『원불교 대종경 해의』(上), 도서출판 동아시아, 2001, p.458).

「개인들의 복락은 개인들의 행위 결과이므로 현재의 과보는 달게 받고, 미래의 복락을 위해서는 현재의 행동에 조심해야 한다」(한창민, 「원불교 사회관」, 『원불교사상시론』 제Ⅲ집, 원불교 수위단회, 1998년, p.216).

문제 제기

1) 인사말에 "복 받으세요" 라 하듯이 복을 받을 줄만 알고 지을 줄을 모르는 이유는?

2) 복이 클수록 지닐 사람이 지녀야 재앙 없이 오래 간다는 뜻은?

[인과품 20장] 참된 명예와 헛된 명예

핵심 주제

참된 명예와 헛된 명예

「참된 명예」(원불교 대종경 해의 上, 한종만).

대의 강령

어리석은 자는 명예가 좋은 줄 알고 헛된 명예라도 드러내려 한다.

1) 세상에 실상된, 참된 명예는 숨기려 해도 자연스럽게 드러난다.

2) 권모술수로 얻은 헛된 명예를 구하면 있던 명예까지도 타락하고 생명까지도 빼앗길 수 있다.

출전 근거

『월말통신』 12호(원기 14년)에 「명예욕으로서 명예를 타락케 하는 실증」이라는 제목으로 실려 있는 법어이다.

어구 해석

화근 : 인생에 있어 몰아닥치는 재앙의 근원을 禍根이라 한다.

실상된 : 실제에 그대로 나타난 상태를 實狀이라 한다.

권모술수 : 그릇된 방책을 權謀라 하며, 거짓 술책을 術數라 한다. 따라서 권모술수란 권세와 모략중상 등 온갖 술책을 통해서 상대방을 곤혹스럽게 하는 것을 말한다. 정법보다 사술에 의함이 권모술수이다.

관련 법문

「수도하는 사람이 이곳저곳으로 제 이름과 아는 것을 자랑하고 알리러 다니는 것은 명예를 팔고 다니는 장사꾼은 될지언정 큰 도를 지닌 참 도인은 아닌 것이다」(대종경 선외록, 일심적공장 3장).

「우치한 사람은 명예를 구하는 것이 도리어 명예를 손상하게 하며, 부처와 성인은 따로이 구하지 아니하고 당연한 책임만 행하건마는 위대한 명예가 스스로 돌아오는 것이다」(대종경 선외록, 요언법훈장 26장).

보충 해설

명예는 스스로 드러내려 하기보다는 남이 자연스럽게 알아주는 것이 좋다. 소태산은 교의품 34장에서 일시적 명예에 끌려서 공중사를 표방하고 무엇을 하다가도 다시 사심의 발동으로 그 일을 실패 중지하며, 이로 말미암아 모든 공익기관이 거의 피폐하는데 이것이 곧 큰 병이라고 하였다. 또 인도품 54장에서 영광 부호가 자신의 기념비를 自費로 더 크게 세우려 했던 것도 이와 관련된다. 중요한 것은 40, 50대부터는 명예욕이 치성하는 시기임을 알아서 수도인은 이에 만반의 대비를 해야 하리라 본다. 아상, 수자상, 명예욕은 모두 사촌간이다.

주석 주해

「오래 수양하면 물욕은 떨어지나, 명예심 아만심은 늘어날 수가 있으니 법강항마위도 조심할 점이 있으므로 심계를 두고 적공해야 한다」(박길진, 『대종경강의』, 원광대출판국, 1980, pp.171-172).

「일원상 진리의 은현자재는 생생 약동하는 것으로 숨은 것은 반드시 나타난다. 『중용』에 가장 작은 것이 가장 잘 나타난다는 원리가 있다. 숨은 것은 틀림없이 나타난다는 것을 믿고 살면 실상된 명예는 숨기려 해도 드러난다. 권모술수로 얻은 명예는 있던 명예도 타락한다」(한종만, 『원불교 대종경 해의』(上), 도서출판 동아시아, 2001, p.458).

문제 제기

1) 나이가 들수록 명예욕이 더 치성한 이유는?
2) 실상된 명예와 권모술수의 명예란?

[인과품 21장] 福의 자작자수

핵심 주제

福의 자작자수

「복은 지어야 받는다」(원불교 대종경 해의 上, 한종만).

대의 강령

한 걸인이 김기천에게 복을 지으라 하매, 기천 曰 어리석은 사람들은 저 개인이 살기 위해 남에게 복을 지으라 하니 도리어 죄를 짓는다고 하자, 이에 대종사 말하였다.

1) 세상 사람들이 복을 받기는 좋아하나 복을 짓는 사람은 드물다.
2) 죄를 받기를 싫어하나 죄를 짓는 사람은 많으니, 세상에 苦 받는 자는 많고 樂 받는 자는 적다.

어구 해석

걸인 : 빌어먹는 사람을 乞人이라고 한다. 대종사는 구도과정 중에 걸인을 도사로 착각하여 집에 모시고 대접한 적이 있다. 『금강경』에서는 아상을 떼고 보시의 기회를 제공하라는 뜻에서 탁발을 권했다.

죄복고락 : 罪福苦樂은 범죄, 행복, 고통, 기쁨으로 인생의 단면이다.

관련 법문

「이 세상 모든 사람들의 생활해 가는 것을 보면 각양각색인 동시에 천층만층이다. 부귀한 사람, 빈천한 사람, 품팔아먹는 사람, 걸식하는 사람 등 그 종류와 층수가 실로 많이 있다. 어째서 그런가? 그것은 다름이 아니다. 과거나 현재에 각자의 지은 바를 따라서 선근 종자를 많이 심은 사람은 그대로 복락을 받게 되고 악근 종자를 많이 심은 사람은 그대로 후일에 죄고를 받게 되기 때문이다」(서문성, 대종사님의 그때 그말씀1, 원불교출판사, 2002, p.22).

「걸인이 밥을 얻으러 오니 옆에 있는 제자들에게 말씀하셨다. "어째서 밥 얻으러 다니는 줄 아느냐? 밥을 함부로 해서 그런다" 」(한울안 한이치에, 제2장 심은 대로 거둠 37장).

보충 해설

소태산 대종사는 '기천의 말이 법설' 이라고 하며, 복 받기를 좋아하려면 복을 지어야 한다는 인과 설법을 하였다. 대종사는 교의품 14장에서 죄복에 대한 이해가 있고 보면 그 죄복의 근본처를 찾아야 할 것이라고 하였다. 이처럼 복을 짓는 자는 낙을, 죄를 짓는 자는 고를 받는 것이 인과의 정칙이다. 죄 짓기를 좋아하는 것은 인과를 깨닫지 못한 탓이다. 여기에 걸인이 나오는데, 부처님 탄생지인 인도에 걸인이 많다. 필자는 2003년 여름에 인도를 다녀왔는데, 가는 곳마다 걸인이 복을 지으라 했으니, 외국인에게 복 지을 기회를 주자는 뜻인가?

인물 탐구

김기천 : ☞서품 6장 참조.

주석 주해

「선한 행을 하는 사람은 인과의 법칙에 따라 한량없는 복을 받는 것이다. 세상 사람들의 복 짓는 사람이 많으면 사회가 평화롭고 발전되며, 죄짓는 사람이 많으면 사회가 혼란스럽고 정체되는 것이다」(한종만, 『원불교 대종경 해의』(上), 도서출판 동아시아, 2001, p.460).

「어느 날 걸인이 본관에 찾아와 구걸하였다. 사무실에서 사무원이 돈을 주었는데도 물러가지를 않았다. 이제 그만 다른 데로 가보라는데도 생강밭에서 인부 감역을 하고 있는 삼산에게 와 "선생님, 복 좀 지어시기라우" 억지를 쓴다. 삼산이 진중한 어조로 물었다. "내가 복을 지으면 그대가 나에게 복을 줄 능력이 있오?" 걸인은 대답을 하지 못하고 물러갔다」(박용덕, 선진열전 1-『오, 사은이시여 나에게 힘을 주소서』, 원불교출판사, 1993, p.190).

문제 제기

1) 거지가 김기천 선진에게 복을 지으라 했을 때 언급한 교훈은?

2) 세상에 苦 받는 자는 많고 樂 받는 자가 적은 이유는?

[인과품 22장] 결국 진리가 제재한다

핵심 주제

결국 진리가 제재한다

「스스로 제재해야 한다」(원불교 대종경 해의 上, 한종만).

대의 강령

사람이 악행을 스스로 제재 못하면 반드시 진리가 제재한다.

1) 악행을 스스로 제재해야 한다.

2) 스스로 제재 못하면 사람이 제재한다.

3) 사람도 제재 못하면 진리가 제재한다.

어구 해석

제재 : 하지 못하도록 제어 및 어거하는 것을 制裁라 한다. 여기서는 악행에 대한 유혹에서 벗어나기 위해 언급된 말이다.

진리 : 眞理란 참된 이치이며, 종교에서는 절대자로서 하늘 혹은 하느님, 부처님을 말한다. 원불교에서는 법신불 일원상의 진리를 말한다. 진리는 구체적으로 불생불멸과 인과보응의 진리를 담고 있다.

관련 법문

「개인이나 나라나 간에 義 아닌 짓을 정도 밖에 함부로 하면 사람은 비록 제재하지 못하더라도 하늘이 반드시 제재하고 마나니, 그러므로 지각이 있는 사람이나 나라는 남의 제재가 오기 전에 제 스스로 제재하므로 천지의 위엄에 두려울 것도 없고, 귀신의 희롱에 속 탈 것도 없는 것이다」(대종경 선외록, 도운개벽장 12장).

「세간의 재판에도 삼심이 있듯이 법계의 재판에도 삼심이 있나니, 초심은 양심의 판정이요, 이심은 대중의 판정이요, 삼심은 진리의 판정이라, 이 세 가지 판정을 통하여 저 지은대로 호리도 틀림없이 받게 되나니, 이것이 세간의 재판만으로는 다 하기 어려운 절대 공정한 인과 재판이니라」(정산종사법어, 원리편 43장).

보충 해설

「진리를 모르는 사람은 단순 바보이지만, 진리를 알면서도 이를 부정하는 사람은 범죄인이다.」 갈릴레이의 생애를 저술한 브레히트의 언급에 설득력이 있다. 진리가 제재한다는 것은 법신불의 진리가 제재한다는 것이며, 그것은 일원상의 진리로서 지극히 공정한 인과보응의 진리 작용이다. 이에 잘못을 범하였으면 인과에 의해 상벌이 가해진다. 원불교에서 말하는 진리란 허공, 허공법계, 부처님, 법신불, 법신불사은, 일원상, 일원불, 원불님 등 다양한 호칭으로 전개된다.

주석 주해

「수행은 스스로를 제재하는 법이다. 양심에 바탕해서 악을 행하지 아니하며 대중의 충고를 달게 받아 악행을 선행으로 바꾸며 지극히 공변되고 지극히 밝은 인과의 현묘한 진리에 따라 지공무사한 인과 법칙에 일치해야 한다」(한종만, 『원불교 대종경 해의』(上), 도서출판 동아시아, 2001, p.462).
「원불교의 진리성이란 방편불교에 대한 개념으로 이해된다. 즉 일원상 법신불에 대한 신앙과 그에 대한 불공법 등이 그와 같은 것이라 하겠다」(홍윤식, 「진리적 종교로서의 원불교의 역사적 위치」, 『한국철학종교사상사』, 원광대 종교문제연구소, 1990, p.1073).

문제 제기

1) 사람이 제재를 못하면 진리가 제재한다는 것은?
2) 진리가 제재한다고 했는데, 여기에서 진리란?

[인과품 23장] 대중을 경외하라

핵심 주제

대중을 경외하라
「대중은 하늘이다」(원불교 대종경 해의 上, 한종만).
「인심은 천심」(원광 153호, 이성택).

대의 강령

작은 재주로 작은 권리를 남용하는 자들이여, 대중을 해하지 말라.
1) 대중의 마음을 모으면 하늘마음이 되며,
2) 대중의 눈을 모으면 하늘눈이 되고,
3) 대중의 귀를 모으면 하늘귀가 되며,
4) 대중의 입을 모으면 하늘입이 되나니, 대중을 어찌 어리석다 하겠는가.

어구 해석

남용 : 과하게 사용하는 것, 지나친 행동을 濫用이라 한다. 이를테면 약을 남용한다든가, 권력을 남용한다는 말이 이와 관련된다.
대중 : 중생들, 일체생령을 大衆이라고 볼 수 있으며, 또 일반적으로 군중, 민중, 백성들을 포괄하는 통칭이라 본다. 불교에서는 사부대중을 말하여 비구, 비구니, 우바새(남자신도), 우바리(여신도)를 말한다.

관련 법문

「인심이 곧 천심이다. 그런고로 마음이 화평하고 순탄하면 천지의 화평화고 순탄한 기운이 모여들고, 마음이 불평하고 악독하면 천지의 불평하고 악독한 기운이 모여드는 것이다」(대종경 선외록, 생사인과장 16장).

「대중의 마음은 마침내 덕 있는 이를 따르고, 하늘 뜻은 마침내 사 없는 이에게 돌아가나니라 하시고 "群心竟順有德者, 天命終歸無私人" 이라 써 주시니라」(정산종사법어, 공도편 64장).

보충 해설

말없는 대중이라 해서, 침묵하는 대중이라 해서 얕봐서는 안 된다는 뜻이다. 일원상 법어를 보면 안이비설신의 육근 사용과 관련된 법어가 나온다. 이를 대중과 연결시킨 것으로도 볼 수 있다. 대중에게 경외심으로 육근을 작용해보자는 것이다. 정산종사는 심고문에서 「어느 곳에 가든지 매양 대중을 이익 주는 동시에 또한 대중의 환영과 보호를 받게 하옵시며…」(권도편 18장)라고 하였다. 민심은 천심이라는 사실에서, 교화의 대상이 대중이라는 점에서 경외의 대상이다.

주석 주해

「대종사는 민주주의의 선구자라 할 수 있다. 일제의 침략주의를 경계한 것이라고도 할 수 있다. 인과보응의 진리를 중심으로 말한 것이다. 민족의식으로 보면 독립운동 의식이기도 하다. 『서경』「태서」에 하늘의 봄이 우리 백성의 봄으로부터 하며, 하늘의 들음이 우리 백성의 들음으로부터 한다(맹자, 만장)라 하였다」(한종만, 『원불교 대종경 해의』(上), 도서출판 동아시아, 2001, p.462).

「대중들의 마음을 잃는다면 그 무엇도 무의미하다. 다양한 방법으로 대중들의 마음을 읽어주기 바란다」(최정풍, 「새 생활을 개척하는 초보」,《교화를 위한 열린 토론회》, 원불교 교정원, 2004년 11월 5-6일, p.18).

문제 제기

1) 작은 권리와 재주로 대중을 해하지 말라는 뜻은?

2) 소태산이 밝힌 대중이란 어떠한 사람인가?

[인과품 24장] 진급자와 강급자

핵심 주제

진급자와 강급자

「진급기와 강급기의 사람」(원불교 대종경 해의 上, 한종만).

대의 강령

총부 부근의 사나운 개가 물리어 죽게 되자 그 업보를 보고 대종사 말하였다.

1) 진급기에 있는 사람이란?
   (1) 심성이 온유 선량하다.
   (2) 다른 사람에게 해를 끼치지 않는다.
   (3) 대하는 사람마다 잘 화한다.
   (4) 늘 하심하기를 주장하고 남을 높인다.
   (5) 배우기를 좋아한다.
   (6) 특히 진리를 믿고 수행에 전력한다.
   (7) 남 잘되는 것을 좋아한다.
   (8) 무슨 방면으로든지 약한 이를 북돋아 준다.
2) 강급기에 있는 사람의 用心은?
   (1) 심성이 사나워 대하는 사람마다 충돌한다.
   (2) 여러 사람에게 利를 주지 못한다.
   (3) 자만심이 강하여 남 멸시하기를 좋아한다.
   (4) 배우기를 싫어한다.
   (5) 특히 인과의 진리를 믿지 않고 수행을 않는다.
   (6) 남 잘되는 것을 못 보아 깎아내리려 한다.

어구 해석

진급 · 강급 : 진급은 상향 발전하는 것이라면, 강급은 하향 퇴전하는 것이다. 회사의 승급도 일종의 進級이다. 성적이 하락하는 것도 일종의 降級이다. 육도로 말하면 수라 축생 아귀 지옥이 강급이라면, 인도와 천상계에서 고통의 윤회 악도를 벗어나는 것이 진급이다.

온유 : 온화하면서도 부드러운 마음을 溫柔라 한다. 종교인의 포용력으로 교화 대상자에게 다가설 때 온유함이 필요하며, 이는 신앙인의 처세 심법이라고도 할 수 있다. 처세에는 유한 것이 제일 귀하다(處世柔爲貴)는 선현의 시를 소태산이 인용한 바 있다.

하심 : 굴기하심의 준말로 下心이라 한다. 마음을 항상 공손히 하고 겸손하게 하며 屈己하는 마음을 간직하자는 뜻이다.

관련 법문

「진급과 강급에는 자연히 되는 것과 인력으로 되는 것이 있으니, 자연으로 되는 것은 천지의 운행하는 도수에 따라서 저절로 진급 혹은 강급이 되는 것이요, 인력으로 되는 것은 수도와 행동 여하에 따라서 각자 업인으로 진급 혹은 강급이 되는 것이니라」(정산종사법어, 원리편 37장).

「진급하는 길 여섯 가지가 있나니, 하나는 스스로 타락심을 내지 아니하고 꾸준히 향상함이요, 둘은 견실한 신성을 가져 천만 역순 경계에 부동할 신근을 확립함이요, 셋은 나 이상의 도덕 가진 이를 친근 공경하고 수배 신봉하며 정진함이요, 넷은 나만 못한 근기를 항상 포용 보호하여 나 이상이 되도록 인도함이요…」(정산종사법어, 원리편 38장).

보충 해설

「일원상서원문」을 보자. 육도로 변화를 시켜 혹은 진급으로 혹은 강급으로, 혹은 은생어해로 혹은 해생어은으로 무량세계를 전개한다고 하였다. 이에 신앙인과 수도인은 진급으로 변화하도록 노력해야 한다. 「강자 약자 진화상 요법」도 강약 모두가 상생의 진급을 하도록 하는 요법이다. 공부심이 있는 사람과 공부심이 없는 사람의 차이는 진급과 강급이다. 공부심이란 항상 진급을 향하는 마음 대조이기 때문이다. 그리고 강급이란 멀리 있지 않다. 공부심 없이 자행자지하는 것이다. 본 장은 진급과 강급을 개에 비유, 인과의 실제를 설한 법어이다.

주석 주해

「내가 승급이 되어서 사람이 되었는데 저편은 모기가 되었다면 그 복수는 아주 미약하지 않을 수 없다. 그러므로 지금 이 순간부터라도 부지런히 공부해서 진급하고 승급해야 한다」(박길진, 『대종경강의』, 원광대출판국, 1980, p.259).

「대종사는 진급기에 있는 사람에 대해 진리를 믿고 수행에 노력하며 대하는 사람마다 잘 화하고 약한 이를 북돋아 주는 사람이라 하였으며, 정산종사는 진급기에 있는 사람에 대해 인자하고 근실하여 공한 마음을 가지며 경외의 마음으로 남을 공경하여 상하를 포용하는 사람이라 하였다」(한종만, 『원불교 대종경 해의』(上), 도서출판 동아시아, 2001, p.464).

문제 제기

1) 총부 부근의 사나운 개가 물려죽자 대종사가 설한 법어는?

2) 진급기의 사람과 강급기의 사람을 밝혀라.

[인과품 25장] 대중 기운은 무섭다

핵심 주제

대중 기운은 무섭다

「여러 사람의 기운은 무서운 것」(원불교 대종경 해의 上, 한종만).

대의 강령

악행을 하여 입에 오르내리면 그 사람의 앞길은 암담하게 된다.

1) 어떤 사람이 郡도사령이 되어 혹독히 권리를 남용하니, 사람들이 모여 그 사람을 욕했다.

2) 사람들의 말(욕)이 씨가 되어 그 사람 생전에 처참한 신세가 되었으니, 과연 여러 사람의 입은 참으로 무서운 것이다.

어구 해석

대중의 입 : 대중의 입에서 나오는 것은 일종의 평판 내지 소문이다. 자신의 행실에 대해 평판하는 것으로 구설수 등이 이에 포함된다.

도사령 : 사령의 두목을 都使令이라 한다.

관련 법문

「그대들은 없던 돈과 없던 권리가 생겨나고 무슨 일이든지 마음대로 잘 되어질 때를 더욱 조심하라. 그때가 하늘이 그 사람에게 큰 복이나 큰 재앙을 주려는 시험기인 것이며, 나라나 단체도 항상 그 전성기에 더욱 조심하여야 하는 것이다」(대종경 선외록, 도운개벽장 13장).

「대범, 관청 사회에서 악평을 받거나 제 집안 부모 사우에게 좋지 못한 평을 받는 자는 갈 곳이 없는 자이다」(대종경 선외록, 교단수난장 9장).

보충 해설

빈총도 맞으면 재수 없다고 한다. 소문이란 무서운 것이다. 말 없는 소문 천리까지 간다는 속담이 있다. 자신의 잘못이 대중에 오르내리면 이는 큰 죄업과도 같다. 「자기가 속한 사회에 의해 나쁜 사람으로 간주되는 것은 처벌의 일종이다」라고 러셀은 『나는 왜 기독교인이 아닌가』(사회평론, 1999, p.86)라는 저술에서 솔직하게 밝혔으니 귀감이다. 주변 사람들의 말이 씨가 된다는 것은 권력 남용 등으로 대중을 억압한 결과, 무수한 욕을 들으며 나타나는 대중의 원한이자 과보인 셈이다.

주석 주해

「대중의 원한 맺힌 말은 그 기운이 크다. … 여자의 기운은 5, 6월에도 서리가 온다는 말이 있듯이 원한에 맺힌 기운이 무서운 기운이다. … 사회나 가정에서 악평을 받고 여러 사람에게 악평을 받으면 현생에 처참한 과보를 받게 된다」(한종만, 『원불교 대종경 해의』(上), 도서출판 동아시아, 2001, p.465).

「장차 우리 사회를 맑고 밝고 훈훈하게 하리라는 원대한 꿈을 세워보라. 그리고 그 꿈은 지금 이 순간 내가 하는 말 한마디를 챙기는 데서 시작된다는 사실을 기억하라」(이원조, 『마음소 길들이기』, 한국방송출판, 2002, p.174).

문제 제기

1) 여러 사람들의 입은 왜 무서운가?

2) 구시화문이란?

[인과품 26장] 중생의 무서운 죄업 5가지

핵심 주제

중생의 무서운 죄업 5가지

「무서운 죄업 5가지」(원불교 대종경 해의 上, 한종만).

「무서운 죄업 5가지」(원광 160호, 이성택).

대의 강령

중생들의 무서운 죄업에는 다섯 가지가 있다.

1) 바른 이치를 모르고 대중 정신을 그릇 인도함이다.

2) 사람들에게 인과를 믿지 않게 하여 선업 짓는 것을 방해함이다.

3) 바르고 어진 이를 헐고 시기함이다.

4) 삿된 무리와 당을 짓고 힘을 도와줌이다.

5) 대도 정법의 신앙을 방해하며 정법 회상의 발전을 저해함이다.

어구 해석

죄업 : 선한 업이 아닌, 악한 업보를 지어 받는 것을 罪業이라 한다.

삼악도 : 윤회의 육도 중에서 아귀 축생 지옥의 세 가지를 三惡途라 한다. 악업을 지으면 고통의 윤회 속에서 살게 되는 것이다.

관련 법문

「부처님 세계는 모든 언동이 바른 생각의 지배를 받고, 인도 세계는 생각과 정욕의 세력이 반이 되고, 삼악도 중생의 세계는 정욕의 세력이 모두를 지배하나니, 인도에서 바른 생각의 세력이 점점 더해가는 것은 악도의 세계가 점점 멀어지는 것이요」(정산종사법어, 경의편 53

장).

「옛말에 또한 이르기를 "삼악도의 고통이 고통이 아니라, 가사를 입었다가 사람의 몸을 잃는 것이 참말 고통이다" 라고 하였다」(대산종사법문 5집, 2. 선가귀감 67장).

보충 해설

죄업의 다섯 가지 모두가 경계해야 할 가르침이다. 중생이란 이러한 가르침에 어긋나는 행동을 하는 사람들이요, 보살이란 이 죄업을 극복하는 사람들이다. 따라서 무서운 죄업을 소멸하도록 노력해야 한다. 과거 영산회상 석가모니불도 조달이 부처님을 훼방하고 비평하였다. 예수도 형륙을 당하였다. 소태산 대종사도 일제의 압박을 받았다. 이 모두가 죄업을 지은 당사자들로서 그만한 대가를 받는 것이 인과이다. 대도정법을 방해한 죄는 더욱 무서운 삼악도의 죄업에 속한다.

주석 주해

「교법 원리에 대한 위반이나 역행은 그것이 바로 시대 역행, 진리 역행, 삶의 원리에 역행, 구원의 원리에 역행, 경세 원리에 역행이 되어 엄청난 재앙과 죄악의 와중에 말려들고야 말 것이다」(이광정, 『주세불의 자비경륜』, 원불교출판사, 1994, pp.33-34).

「정법 회상의 발전을 방해하면 올바른 종교의 신앙이 무너진다. 종교가 많지만 정법 회상의 종교는 흔치 않다. 바른 종교의 신앙은 그 사람의 영원한 생명을 이끌어 주는 것이다. 이를 방해하면 종교의 바른 길이 무너진다」(한종만, 『원불교 대종경 해의』(上), 도서출판 동아시아, 2001, p.467).

문제 제기

1) 대도 정법의 신앙을 방해하는 과보는?
2) 중생들이 철없이 짓는 무서운 죄업 5가지?

[인과품 27장] 세상의 무서운 죄업 3가지

핵심 주제

세상의 무서운 죄업 3가지

「무서운 죄업 3가지」(원불교 대종경 해의 上, 한종만).

대의 강령

세상에 무서운 죄업 세 가지로는 눈 못보고, 말 못하며, 정신 잃는 과보로 이어진다.

1) 저 사람이 죄악을 범하였다고 단정하여 모함함이다.
2) 남의 친절한 사이를 시기하여 이간함이다.
3) 삿된 지혜를 이용하여 순진한 사람을 그릇 인도함이다.

어구 해석

곁눈치 : 남의 마음을 곁으로 알아채는 기미를 말한다.

이간 : 두 사람 사이를 서로 멀리 떨어지도록 모략하는 행위를 離間이라 하며 일상적으로 상호 관계를 이간질한다고 한다.

관련 법문

「죄 가운데는 남의 친절한 사이를 이간하는 것이 무서운 죄업이며 그 중에서도 이러한 회상과 정의를 서끌게 하여 그 사람의 영생사를 어긋나게 하는 것이 더욱 무서운 죄업이 되는 것이다」(대종경 선외록, 원시반본장 12장).

「인연에는 좋은 인연과 낮은 인연이 있나니, 좋은 인연은 나의 전로를 열어주고 향상심과 각성을 주는 인연이요, 낮은 인연은 나의 전로를 막고 나태심과 타락심을 조장하며 선연을 이간하는 인연이니라」(정산종사법어, 원리편 55장).

보충 해설

우리에게 무서운 죄업은 타인을 뒤집어씌우고, 시기하고, 잘못 인도함이다. 모두가 공동체의 대인관계에서 이 세 가지를 주의해야 할 것이다. 이것들은 인과적 관계에 있어 악연으로 나아가기 쉬운 것들이다. 플라톤은 인간을 '동굴 속에 갇혀있는 죄인' 으로 비유했다. 그가 인간을 죄인이라 자책했는데, 궁극적으로 우리가 죄인으로 취급받는 것은 탐심과 진심, 치심이 있기 때문이라 본다. 삼악도의 무명으로 인해 서로를 이간하여 좁디좁은 굴레의 동굴 속에 얽매이게 한다.

주석 주해

「자행자지하는 생활을 하거나 자기 혼자만 알고 있는 사람도 역시 사회의 죄인이다」(박길진, 『대종경강의』, 원광대출판국, 1980, p.182).

「중생들은 시기와 질투심으로 가득 찼기 때문에 남의 친절한 사이를 이간하는 죄를 지으며 남을 원망하여 해치려는 마음을 불꽃 같이 일으키므로 삿된 지혜를 이용하여 순진한 사람을 그릇 인도하는 죄를 짓는 것이다」(한종만, 『원불교 대종경 해의』(上), 도서출판 동아시아, 2001, p.469).

문제 제기

1) 세상의 무서운 죄업 세 가지를 쓰시오.

2) 삿된 지혜를 이용하여 순진한 사람을 그릇 인도하는 예화는?

[인과품 28장] 대중에게 빚지지 말라

핵심 주제

대중에게 빚지지 말라

「대중의 큰 빚」(원불교 대종경 해의 上, 한종만).

대의 강령

대중에게 빚지지 말라.

1) 육신과 물질로 남을 위하여 일하는 바가 있다면 衆人의 보시를 받아도 무방하다.

2) 자기밖에 모르는 사람으로서 중인의 보시를 받는다면 빚을 지는 사람이다.

3) 남을 위하는 사람은 오히려 보시받기를 싫어하고, 자기 밖에 모르는 사람이 보시 받기를 좋아하니, 빚지는 사람이 되지 않도록 하라.

출전 근거

이공주 수필 『회보』 56호(원기 24년)에 실린 법설이다.

어구 해석

시주 : 불교의 용어로서 삼보 즉 불교의 스님이나 사찰 등에 불공하는 뜻에서 보시하는 행위를 施主라 한다.

유족 : 모자람이 없이 풍요롭다는 뜻에서 有足이라 한다.

전곡 : 우리의 생활에 필요한 돈과 곡식을 錢穀이라 한다.

우마 : 소와 말을 牛馬라 하며 우마는 수레를 끌고 밭을 가는 등 농촌에서 온갖 일을 해주는 희생적 가축으로 알려져 있다. 보시를 하지 않고 얻어먹기만 하면 축생계의 고통을 겪는다고 소태산은 말하였다.

관련 법문

「자산이 있다든지 그 인물됨이 얌전하고 똑똑하다면 그런 사람은 혹 남의 빚을 졌다하더라도 갚기가 쉽지만, 만약 근본적으로 무산하다든지 그 인물됨이 불량하고 못났다면 그런 사람은 남의 빚을 갚기는 고사하고 당장 저도 살기가 곤란이요, 그 빚으로 인하여 일생을 두고 고생하는 것…」(회보 56호 법설).

「어리석은 사람은 수지의 참 뜻을 알지 못하고, 어떠한 술책으로든지 다른 사람을 속여서라도 우선 당면한 수입만 취하므로 이는 마치 빚진 사람이 더욱 채무의 구렁으로 들어가는 격이라, 어느 세월에 그의 앞에 복록이 돌아오리요. 그러므로 여러분은 수지의 바른 길을 알아서 자리이타의 정신 아래 현실적 수지도 잘 맞추려니와 … 한량없는 복전을 개척하라」(정산종사법어, 무본편 49장).

보충 해설

인과의 입장에서 빚지는 삶은 곤란하다. 특히 타성에 빠진 안일주의자들, 자기밖에 모르는 이기주의자들이 인과를 모르는 빚지기 쉬운 부류들이다. 보조국사도 「정혜결사문」에서 부질없이 신도의 보시나 받고 남의 공양을 받으며 부끄러움을 모르니 슬픈 일이라고 했다. 따라서 본 법어는 더욱 새길 일이다. 『정전』 「정기일기법」 2조를 보면, 수입이 없으면 부지런히 수입을 장만하도록 하며, 지출이 많을 때에는 지출을 줄여서 빈곤을 방지하고 안락을 얻게 하라고 했다.

주석 주해

「조동선의 원리에 사문타가 있다. 사문이라는 위치에 집착하지 않고 소가 되어 중생을 위해서 고된 일을 하는 것이다. 어떤 사람이 남전선사에게 묻기를 "화상은 백년 후에 어디로 갈 것이냐" 함에 남전이 말하기를 "나는 산 밑의 신도 집에 한 마리의 소가 되겠다" 라 하였다. … 이는 사문과 성인의 위에 집착하지 않고 자기를 희생해서 보살행을 하는 것이다」(한종만, 『원불교 대종경 해의』(上), 도서출판 동아시아, 2001, p.470).

「(이경순은) 각종 음식은 물론 김칫국물조차도 버리지 못하게 하였고, 모든 물건들을 절약하는 것을 체질화하였다. … 빚지지 않는 삶, 낭비하거나 사치스럽지 않는 삶, 공인으로써 모범되는 삶 그 자체를 그러한 행동으로 보여준 것이다」(한창민, 「항타원 이경순의 생애와 사상」, 원불교사상연구원 編, 『원불교 인물과 사상』(Ⅱ), 원불교사상연구원, 2001, p.259).

문제 제기

1) 대중에게 빚지지 않는 법, 그리고 빚지는 생활이란 무엇인가?

2) 자기밖에 모르는 사람으로서 중인의 보시를 받는다면?

[인과품 29장] 복과 과보의 차등

핵심 주제

복과 과보의 차등

「과보의 차등」(원불교 대종경 해의 上, 한종만).

대의 강령

최내선이 대중공양을 올리자 대종사 말하기를, 사람이 같은 분량의 복을 짓고도 그 과를 받는 데에 각각 차등이 없지 않다.

1) 차등은 물질의 분량에만 있는 것이 아니라 마음의 심천에도 있으며, 또 상대처의 능력 여하에도 있다.

2) 농부가 장마에 관리 세 사람을 越川해 주었다. 그 농부는 한날한

시에 같은 수고로 세 사람을 건네주었지만 세 사람이 그 농부의 공을 갚음에 자기의 권리와 능력의 정도에 따라 차등이 있었다.

3) 그 이치는 과거 현재 미래를 통하여 복 짓고 복 받는 내역이 대개 그러하다.

어구 해석

대중 공양 : 大衆에게 공양하는 것을 말한다. 불교 供養이란 불법승 삼보 전에 공경심으로 음식 재물을 바치는 등 불공 행위를 말한다.

월천 : 물이 흐르는 시냇물을 건네주는 것을 越川이라 한다.

관련 법문

「진공과 묘유 그 가운데 또한 만법이 운행하여 생멸 거래와 선악 과보가 달라져서 드디어 육도 사생으로 승급 강급하나니 이는 곧 일원의 인과인 바…」(정산종사법어, 원리편 2장)

「아들을 서당에 보내 공부를 시키는데, 아들이 공부를 하지 않고 게으름을 부리면 그 때 마다 어린 아들을 아랫목에 앉혀 놓고 큰 절을 나붓이 하면서, "도령님 덕분에 양반 한번 되어 봅시다" 하고 말하였다. 어린 아들이 아버지한테 큰 절 받는 것이 매보다 더 무섭고 황송하므로 부지런히 공부하여 큰 인물이 되었고 따라서 아버지는 양반 대우를 받았다 한다. 이와 같이 수도인이 공부를 할 때 새벽 일찍 일어나서 단전을 붙잡고 단전주를 하면서 "도령님 덕분에 양반 한번 되어 봅시다" 하는 신념으로 부지런히 정진을 계속하면 누구나 부처의 인격을 이룰 것이다」(한울안 한이치에, 제1장 마음공부 87장).

보충 해설

이 역시 인과법문으로 보시에는 물질보시와 더불어 그에 따르는 마음 자세도 중요함을 언급한 것이다. 어떠한 선업을 몇 사람에게 지으면 후일에 은혜 갚는 자들의 능력에 따라 차등으로 받을 수 있다. 다시 말해 보시를 한 결과 그 과보가 다르게 나타나는 것은 보시 받은 사람의 역량, 마음 정성, 물질 활용 등의 차이에서 나타나는 인과 때문이다. 이와 유사하게도 「될 집안에게 베풀라」는 속담이 있다. 망해가는 집안에 투자를 하지 말라는 뜻이다. 이는 잘 될 사람에게 보시를 하면 기분도 좋게 후일에 은덕의 공이 클 수 있기 때문이다.

인물 탐구

최내선(1895-1964) : 장타원 최내선은 전북 완주군 상관면에서 출생, 천성이 강직하고 근실하였다. 원기 9년 익산총부 건설 직전, 대종사가 12명의 제자와 더불어 한 달간 교단 최초의 禪을 가졌던 만덕암 김정진의 후처가 바로 최내선이다. 최도화의 주선으로 만덕산의 인연들이 소태산의 제자로 귀의하게 되었는데, 최내선 역시 만덕산 인연으로 제자가 되었다. 장타원이 전주로 이사한 뒤 전주교당에 다니며 교당 유지에 합력하여 신성을 돈독히 하기도 하였다. 장타원은 전 가족을 입교시켰으며, 총부 근처에 집을 지어 이사까지 하며 공부에 정진하였고 좌포 중길리에 교당이 설치될 때 가옥 1동을 희사하여 창업에 이바지했으며 음으로 양으로 새 회상 건설에 기여하였다. 장타원은 오롯한 신성으로 친녀 김조현, 김대현 교무 자매를 전무출신으로 인도하였다. 장타원은 오롯한 신앙심으로 일관, 덕성이 풍부하여 대종사와 대중들에게 공양을 많이 올리기도 하였다(송인걸, 『대종경속의 사람들』, 월간원광사, 1996, '최내선' 참조).

주석 주해

「어느 단체도 지금은 미약하지마는 장차 큰 공을 세울 단체와 지금은 당당하지마는 장차 망할 단체에 같은 복을 짓는다 해도 그 결과의 차이는 판이하게 달라지는 것이다. 그러기 때문에 물심양면으로 한가지의 보시를 하여도 장차 잘 될 사람과 잘 될 단체에 하는 것이 같은 재물과 같은 노력으로도 그 결과는 현저하게 달라지게 되는 것이다」(김중묵, 인과의 세계, 동남풍, 1994, p.149).

「최내선씨는 만덕산 초선터의 김씨들 제각에 관련된 분이다. 물질의 분량과 마음의 심천에 따라 과보가 달라진다. 물질적인 분량을 생각할 수 있지만 마음의 정성스러움이 중요하며 상대처의 능력 여하에도 관계된다」(한종만, 『원불교 대종경 해의』(上), 도서출판 동아시아, 2001, pp.470-471).

문제 제기

1) 최내선이 대중공양을 올릴 때 대종사가 설한 법설은?
2) 권리와 능력의 정도에 따라 과보의 차등이 난다는 것은?

[인과품 30장] 과보의 자업자득

핵심 주제

과보의 자업자득
「과보는 너의 짓는 데로 받는다」(원불교 대종경 해의 上, 한종만).

대의 강령

한 청년이 과거의 잘못을 참회하고 제자가 되기로 맹세하였으나, 다시 방탕하고 가산을 탕패한 후 만났을 때 죄송하다고 하자, 대종사 이에 말하였다.

1) 그 동안 그대가 방심하여 가산을 탕진하고 모든 일에 곤란을 당하나니, 나에게 따로 용서를 구할 것이 없다.

2) 내가 그대를 대신하여 그대의 지은 죄를 받게 된다면 나에게 죄송하다고 할 것이요, 나를 피하려고도 할 것이다.

3) 화복 간에 그대가 지은 일은 그대가 받는 것이라, 그대는 나를 속였다고 생각하나 실상은 그대를 속인 것이다.

출전 근거

송도성 수필 법설집 2집에 실린 법설이다.

어구 해석

탕패 : 가정 살림을 다 없애서 결단이 난 상태를 蕩敗라 한다.
노상 : 우리가 거니는 길 위라는 뜻이며, 한문으로는 路上이다.
화복 : 악연과 선연의 결과, 재앙과 행복을 합하여 禍福이라고 한다.

관련 법문

「하늘이 벌을 내리는 것이 아니라 제가 스스로 벌을 장만한 것이며, 하늘이 복을 내리는 것이 아니라 제가 스스로 복을 장만한 것이다. 그러므로 하늘도 죄 짓지 아니한 사람에게 벌 내릴 권능이 없고 복 짓지 아니한 사람에게 상 내릴 권능이 없는 것이다」(한울안 한이치에, 11. 제생의세장 12장).

「신문기자의 고발기사 때문에 모 종단이 몰락하게 되었다는 말을 들으시고 말씀하시기를 "아니다. 기자가 망하게 한 것이 아니다. 하늘이 무너뜨리려 해도 안 되는 것을 기자 한 사람이 글을 썼다고 어찌 망하겠느냐. 제 스스로 망할 짓을 했기 때문에 망한 것이다"」(대산종사법문 3집, 제7편 법훈 261장).

보충 해설

우리는 무엇인가를 잘못 했으면 부모나 어른이나 스승에게 잘못을 빌곤 한다. 물론 예의상 잘못을 사과해야 하지만, 그 잘못한 죄는 자신에게 되돌아간다는 것을 알아야 한다. 따라서 스승에게 잘못했다고 하는 것도 좋으나, 자업자득인 이상 자신에게 잘못했다고 사과해야 할 것이다. 기독교의 경우 「하나님의 뜻대로 모든 것이 이루어진다」고 하지만, 불교를 포함한 원불교의 경우 「모든 일은 내가 짓는다」고 한다. 합리적 인과율인 원불교 교법의 설득력이 여기에서 돋보인다.

주석 주해

「자기가 밥을 먹으면 자기 배가 불러 오르고, 안 먹으면 자기 배가 고프다. 달마대사가 공부하면 곧 달마의 공부이지 양무제의 공부가 아니다. 자기가 행한 만큼 거두는 것이 인과법칙이다」(박길진, 『대종경강의』, 원광대출판국, 1980, p.259).

「영광의 어떤 방탕한 청년이 있었는데 대종사에게 잘하겠다고 약속을 하고 또 다시 방탕을 하게 되므로 죄송하다고 하였다. 대종사는 말한다. "지금 네가 방심하여 너의 가산을 탕진하였으니 모든 일에 곤란 당하기를 뉘가 당하느냐 혹 내가 너를 대신하여 당할 수도 있을까" 라 하였다」(한종만, 『원불교 대종경 해의』(上), 도서출판 동아시아, 2001, p.473).

문제 제기

1) 한 청년이 과거의 잘못으로 가산 탕패 후 대종사를 만났을 때 죄송하다고 하자, 대종사가 그에게 설해준 법설은?

2) 그대는 나를 속였다고 생각하나 실상은 그대를 속인 것이란?

[인과품 31장] 현생의 과보, 후생의 과보

핵심 주제

현생의 과보, 후생의 과보
「현생과 후생의 과보」(원불교 대종경 해의 上, 한종만).

대의 강령

분항에 거름 물이 가득하여 뭇 벌레가 화생하였는데, 쥐 한 마리가 그것을 주워 먹으니, 제자들이 "저 쥐가 때로 와서 저렇게 주워 먹고 가나이다." 대종사 "지금은 저 쥐가 벌레들을 주워 먹으나 며칠 안에 저 쥐가 벌레들에게 먹히는 바 되리라."

1) 분항 속에 거름이 가득하므로 쥐가 그 위를 횡행하며 벌레를 주워 먹었으나, 채소밭을 매고 응당 그 거름을 퍼서 쓸 것이요, 그러면 항아리가 깊어져 저 쥐가 빠져죽을 것을 미리 예측한 것이다.

2) 인과는 일의 성질에 따라 후생에 받을 것은 후생에 받으며,

3) 현생에 받을 것은 현생에 받는다.

출전 근거

송도성 수필 법설집 2집에 실린 법설이다. 『선원일지』(경진동선, 원기 25)에는 「분항쥐의 과보」로 실려 있다.

어구 해석

채포 : 규모가 큰 남새밭을 菜圃라 하며, 채원이라고도 한다.
분항 : 인분 등을 담는 크고 작은 항아리를 糞缸이라 한다.

관련 법문

「돌아오는 세상에는 인과응보가 빠르므로 죄를 지은 때로부터 三十년을 一대로 두고 보면 그 안에 다 주고받게 되므로 그 동안 죽지 않고 살아 있다면 남이라도 복 짓고 복 받는 것과 죄 짓고 죄 받는 것을 환히 알게 될 것이다」(대종경 선외록, 생사인과장 14장).

「인과를 전생, 이생, 내생의 삼세로만 볼 것이 아니라 과거, 현재, 미래로 보아야 한다. 찰나 전은 과거요, 찰나는 현재요, 찰나 후는 미래다. 벽에다 공을 던지면 바로 자기에게 돌아오고 하늘에 침을 뱉으면 즉시 제 얼굴에 떨어지는데 인과도 이와 같은 것이다」(한울안 한이치에, 제2장 심은 대로 거둠 3장).

보충 해설

불타의 핵심사상은 윤회, 업, 인과이다. 이 핵심교리는 인도 기존의 아트만과 연계되는 우파니샤드에 기반하고 있다. 여기에서 인과가 강조된다. 대종사도 인연과보를 설하여 현세 인과를 말하고 있다. 인과는 죄업을 지으면 곧 받는다는 이치이다. 물론 받는 시기는 현생, 내생, 그 후생, 또는 시기가 정해지지 않는 경우도 있다. 그러나 본 법어는 현세 인과, 그것도 빨리 나타나는 인과의 실 예를 제시하였다.

주석 주해

「업감연기설에서는 4가지로 과보의 시기를 밝혔다. 현생에 지어서 현생에 받는 것, 현생에 지어서 내생에 받는 것, 현생에 지어서 내 후생에 받는 것, 시기가 정해지지 않는 부정업 등이다」(한종만, 『원불교 대종경 해의』(上), 도서출판 동아시아, 2001, p.475).

「불교 교리에 있어서도 삼세를 통한 윤회 전생설을 중시하고 있으나 그것은 어디까지나 업보에 의한 윤회전생을 말한 것으로, 오히려 그 업보 윤회를 벗어나 無我 열반을 이루고자 함이 그 근본 취지다」(노권용, 「원불교 신앙론의 과제」, 『원불교학』 창간호, 1996, pp.36-37).

문제 제기

1) 현생에 받을 과보가 있고 후생에 받을 과보가 있는데, 예를 들어 설명해 보시오.

2) 분항에 있는 묫 벌레를 쥐가 주어먹자, 대종사가 설한 교훈은?

[인과품 32장] 도산지옥을 보았는가

핵심 주제

도산지옥을 보았는가

「도산지옥」(원불교 대종경 해의 上, 한종만).

대의 강령

대종사, 김삼매화가 육물 써는 것을 보고 '도산지옥' 을 보았느냐며 이에 말한다.

1) 도마 위의 고기가 다름 아닌 도산지옥으로, 칼로 요리되고 있다.

2) 이처럼 지옥이 현실을 떠나있는 것만이 아니다.

어구 해석

육물 : 칼 등으로 요리되는 소재로서 고기나 생선을 肉物이라 한다.

도산지옥 : 한자로는 刀山地獄이라 쓰며, 고기가 도마에서 칼로 찢기는 고통의 지옥이다. 참고로 아비지옥을 살펴보자. 아비지옥이란 불교에서 말한 八大지옥 가운데 하나로 고통이 끊임없다 해서 無間지옥이라고도 한다. 높은 산에서 던져지면 온몸이 먼지처럼 부서졌다 살아나면 다시 던져지길 영원히 되풀이하는 지옥이 아비지옥이다.

관련 법문

「그대들은 지옥과 천당을 구경하고 싶지 아니한가. 첫 지옥은 곧 중생의 마음이 살고 있는 각자의 몸이요, 둘째 지옥은 중생의 몸이 살고 있는 각자의 집이요, 셋째 지옥은 그러한 뭇 중생이 모여 살고 있는 각자의 국토인 것이다. 또한 첫째 천당은 곧 불보살들의 마음이 살고 있는 불보살의 몸이요, 둘째 천당은 불보살들의 몸이 살고 있는 청정 도량이요, 셋째 천당은 불보살들이 살고 있는 천상락 세계인 것이다」(대종경 선외록, 9. 영보도국장 8장).

「일체 중생이 한 진리 한 천지 가운데 생을 받은 동포 형제들인 바, 이 속에서 지옥을 만드는 것도 천당을 건설하는 것도 다 우리에게 달린 것이니, 이왕이면 좋은 세상, 살기 좋은 극락을 만들어야 할 것이 아닌가」(정산종사법어, 생사편 19장).

보충 해설

말로만 들어도 도산지옥의 두려움을 가히 상상할 수 있을 것이다.

지옥의 과보를 받지 않도록 인과의 이치에 따라 보은하는 생활이 필요하다. 지옥을 그림으로 나타내면 어떨까? 불교 사찰에 있는 탱화를 보면 펄펄 끓는 솥에 떨어지기 전의 피투성이의 생명들, 밑에 뱀이 있고 꼬챙이가 있는 모습들을 연상할 수 있다. 서양의 미켈란젤로가 1512년 완성한 로마 시스티나 성당의 천장벽화 '천지창조' 를 보면 천국에 사는 사람들과 지옥에 사는 사람들이 구별되어져 보인다.

인물 탐구

김삼매화(1890-1944) : 호는 낙타원으로, 경성부 창인동에서 김성초 선생과 탁씨의 2남 1녀 중 장녀로 태어났다. 일찍 결혼을 했으나 25세시 부부간에 파탄이 생겨 친가로 돌아와 생활전선에 뛰어들었다. 당시 구왕궁 종친인 완순군의 차남 이규용씨의 소실로 있던 육타원 종사의 집에 딸려서 바느질품을 파는 침모가 되었다. 원기 9년 봄, 대종사 첫 상경 때 박사시화의 인도로 육타원은 대종사께 귀의하였고, 석 달 후 만덕산에 계신 대종사를 찾을 때 육타원은 침모인 낙타원을 대동하였다. 이때 육타원은 31세였고, 낙타원은 35세였다. 낙타원은 육타원과 동행하여 총부 하선을 났으며, 그후 익산총부를 내왕하면서 정기적으로 선에 참여한다. 원기 18년 육타원이 전무출신을 하자 낙타원 또한 뒤이어 원기 19년에 출가하였다. 원기 28년 54세에 총부식당 주무로 임명되어 총부 살림도 알뜰히 꾸려나가는 봉공인의 삶을 살았다. 또 낙타원은 恩母侍女의 결의법에 따라 이청춘, 이공주 종사와 더불어 박사시화의 노후 시봉을 위하여 결의를 행하고 늘 세자매가 다정히 지내며 박사시화를 어머니로 받들었다(송인걸, 『대종경속의 사람들』, 월간원광사, 1996, '김삼매화' 참조).

주석 주해

「지옥생활을 하게 되고 낙생활을 하게 되는 원인이 곧 자기의 마음쓰기에 달려 있으며, 또한 잘되고 못되는 것, 천대받고 대우받는 것이 다 자기 마음작용 여하에 달려 있다」(박길진, 『대종경강의』, 원광대출판국, 1980, pp.162-163).

「도마 위의 고기가 받는 과보가 도산지옥이라는 것이다. 도산지옥에 가면 칼로 찌르고 찢긴다고 한다. 대종사는 도산지옥을 현실에서 보여준 것이다. 지옥고를 실증적으로 보여준 것이다. 내세의 장엄적인 지옥이 아니라 현세의 실지 지옥을 보여주었다. 육도 윤회에서의 지옥은 암흑에서 괴롭게 사는 생명체들이다. 극단의 고통을 받는 것이 지옥이다」(한종만, 『원불교 대종경 해의』(上), 도서출판 동아시아, 2001, p.476).

문제 제기

1) 도산지옥이란 무엇을 말하는가?

2) 지옥이 현실을 떠나있는 것만이 아니라는 의미는?

[인과품 33장] 현생의 인연과보

핵심 주제

현생의 인연과보

「현생의 과보」(원불교 대종경 해의 上, 한종만).

대의 강령

과거에는 마음이 거짓되고 악한 사람도 잘 산 사람이 있었다.

1) 앞으로는 마음이 거짓되고 악한 사람은 당대를 살아가기 어렵다.

2) 일생을 통하여 지은 죄복을 당대 안에 거의 다 받을 것이요, 후생으로 미루지 못한다.

3) 세상이 밝아질수록 선한 사람은 일체가 참되고 광명하게 열리나, 그렇지 않으면 앞길은 막히고 어두워진다.

어구 해석

당대 : 우리가 살아있는 현재를 當代라 한다. 또 과거에 살았던 시대도 그때로 되돌아가 보면 당대라고 할 수 있다.

후생 : 내생의 다른 말이다. 불교에서는 전생, 현생, 후생이라는 삼세를 믿는 바, 後生은 돌아올 세상을 말한다.

관련 법문

「선천에는 악한 자도 잘 살았으나 후천에는 거짓되고 악한 자는 보증하고 잘못 사는 30년 안에 볼 것이니 이것이 정법 시대 출현의 증거이다」(대종경 선외록, 생사인과장 5장).

「과거 시대에는 영웅과 호걸들이 권모술수로 인심을 농락하여 자기의 욕망을 채워 왔었고, 지금도 사람들이 모략 수단으로 지위를 얻는 수가 더러 있으나, 앞으로는 인지가 고루 밝아짐을 따라 그 모략 그 수단을 서로 알게 되므로, 속이는 이와 속는 이가 따로 없고 오직 참되고 거짓 없는 사람을 환영할 것이며 … 앞으로는 천하일가의 도운이 열리게 되므로, 오직 큰 공심을 가진 사람이라야 대중의 환영을 받으며, 널리 세상에 드러나게 되는 까닭이니라」(정산종사법어, 도운편 8장).

보충 해설

금생에 지은 것은 금생에 받는다는 말은 매우 현실적인 교리이다. 현실 중심의 교리라는 뜻이다. 원불교는 내생의 극락이나 지옥만을 중시하지 않는다. 현생의 극락을 추구하는 새 시대의 종교이기 때문이다. 현생의 업보를 무시하고 내생만 강조하면 현생의 사람들은 충실한 삶을 벗어나 무기력한 생활로 이어질 수도 있다. 오늘의 죄업은 생전에 받는다는 인과의 실제적 믿음을 갖는 일이 중요하다. 성철스님의 임종게를 보자. 「한 평생 남녀를 속였으니 / 그 죄업은 하늘에 넘치네 / 산 채로 지옥에 떨어져 그 한이 만 갈래라」. 한 평생 남녀를 속였다는 것은 현실지옥에서 보낸 자들의 자아성찰을 말하며, 앞으로 이같은 죄업을 짓는 자들은 당대를 잘 살아가기가 어렵다는 것이다.

주석 주해

「사람이란 선악 간에 무엇이나 많이 행하고 보면 길이 들고, 길이 들면 습관이 되고, 습관은 성격이 되고, 성격은 인격이 되고, 인격은 결국 선악의 결과를 가져온다」(조전권, 선진문집1 『행복자는 누구인가』, 원불교출판사, 1979, p.34).

「천지의 기운이 빨라져서 현생에 짓는 것은 현생에서 받는다. 대종사는 현생을 중심으로 미래를 개척하는 것이다. 순간에서 영원을 찾는다. 불교의 정토종에서 내생에 왕생극락을 한다는 것은 내생에 초점을 둔 것이다. 그리스도교도 천국에 태어난다는 것은 내생의 천국이 중심이다. 이것은 미래를 바라보고 사는 것이다. 원불교는 미래를 바라보고 사는 것이 아니라 현생에서 극락이나 천국을 창조한다」(한종만, 『원불교 대종경 해의』(上), 도서출판 동아시아, 2001, p.479).

문제 제기

1) 사후 천도를 강조하는 종교의 단점이 있다면?

2) 원불교는 사후 극락과 현실 극락 중 어느 것을 중시하는가?

제 6 변 의 품

핵심 주제

원불교 우주론 및 교의 해석

대의 강령

1) 대종경의 여섯 번째 품으로 총 40장이다.

2) 우주의 원리, 인간의 대소사, 각종 경전에 실린 성현의 법문 뜻과 교훈, 수행에 걸친 의문에 대한 법문이다.

3) 심오한 教義에 대해 언급하고 있다.

4) 교의품과 변의품을 살펴보면 원불교의 '교리 구조'의 대체를 이해할 수 있다.

5) 변의품 법문에 근거하여 원불교 우주관에 대하여 논술하시오.

[변의품 1장] 천지의 識과 위력

핵심 주제

천지의 識과 위력

「천지의 식」(원불교 대종경 해의 上, 한종만).

「천지에 밝음이 있는가」(원광 365호, 박남주).

대의 강령

대종사 천지의 識에 대해 제자들이 변론함을 듣고 말하였다.

1) 땅은 무정물 같으나 소소영령한 증거(팥, 콩의 싹)가 있다.

2) 땅은 만물을 간섭하고, 생멸성쇠의 권능을 사용한다.

3) 천지의 일월성신과 풍운우로상설이 한 기운 한 이치어서 영험하지 않은 바가 없다.

4) 사람이 짓는 일체 선악도 속이지 못하고 보응을 항거 못한다.

5) 천지의 識은 무념 가운데 행하는 식이며, 상없는 가운데 나타나는 식이며, 공정 원만하다.

6) 천지의 識을 아는 사람은 청정한 식을 얻어 천지의 위력을 임의로 시행한다.

출전 근거

송규 수필『회보』11호(원기 19년)에 실린 법설이다.

어구 해석

천지의 식 : 識이란 영어로 Sense라 하며, 이는 분별력을 말한다. 천지보은의 조목에서 천지8도 중 지극히 밝은 도가 천지의 식과 관련된다. 천지는 무정물이 아니며 콩 심은데 콩 나는 것이 천지의 식이다.

현묘 : 노자는 玄之又玄을 밝혀 玄妙한 도의 세계를 언급하였다. 진리의 깊이가 묘하여 무어라 말할 수 없는 경지를 현묘라 한다. 소소영령한 작용이 바로 현묘함이며, 풍류도를 玄妙之道라고도 한다.

인공 : 사람이 자연물에 대해 가공하여 공을 들이는 것을 人工이라 한다. 인공 비료, 인공림 등이 이와 관련된다.

생멸성쇠 : 우주의 성주괴공, 사시의 춘하추동, 인간의 생로병사 등을 통틀어 生하고 滅하고 成하며 衰한다는 순환적 주기를 생멸성쇠라고 한다. 원불교는 생멸성쇠를 언급하면서도 불생불멸의 진리가 있다고 하여 '변 · 불변' 의 법칙을 아울러 말한다.

관련 법문

「1. 천지의 지극히 밝은 도를 체받아서 천만 사리를 연구하여 걸림없이 알 것이요, 2. 천지의 지극히 정성한 도를 체받아서 만사를 작용할 때에 간단없이 시종이 여일하게 그 목적을 달성할 것이요」(정전, 제2교의편, 제2장 사은, 제1절 천지은, 4. 천지보은의 조목 1-2조).

「천지로부터 받는 죄복 가운데에는 외적으로 받는 것과 내적으로 받는 것이 있으니, 외적으로 받는 죄복은 하늘의 절후를 맞추면 利가 오고 거슬리면 害가 오며, 땅에 거름을 많이 주면 수확이 많고 거름을 주지 않으면 수확이 없는 것이며, 내적으로 받는 죄복은 음해하면 죄가 오고 음덕을 쌓으면 복이 오는 것이다」(한울안 한이치에, 제3장 일원의 진리 9장).

보충 해설

천지의 識을 언급할 때 천지를 의인화하여 신비스러운 존재로 생각할 수도 있다. 영험한 것이 천지의 식이기 때문이다. 또 천지의 식을 두려워하고 양심을 속이지 않아야 한다는 면에서 진리의 상벌과 같은 것이다. 또 천지의 식은 지극히 사실적이기도 하다. 콩 심은데 콩 나는 것이 천지의 식이기 때문이다. 어떻든 천지의 識은 일원상 진리의 靈知와 *妙有*이기도 하다. 일원상이라는 신앙호칭 이전, 소태산은 어린 시절 삼밭재에서 '천지신명'을 불렀다. 천지의 神明이 곧 천지의 識으로, 어린 소년이 이미 천지를 영험한 것으로 파악한 셈이다.

주석 주해

「가이아설의 놀라운 점은 생태계와 대기의 조성, 해류의 역할 등을 과학적이고 수직적으로 계산하여 생물과 무생물인 대기, 토양, 해류가 분리할 수 없는 하나임을 설득력 있게 제시한 것이다. … 땅과 공기와 바다까지 다 가이아의 일부로 한 생명으로 보는 것이 『대종경』 변의품 1장의 말씀을 연상케 한다. "땅으로 말하면 오직 침묵하여 언어와 동작이 없으므로 세상 사람들이 다 무정지물로 인증하나 사실에 있어서는 참으로 소소영령한 증거가 있나니 … 땅뿐 아니라 하늘과 땅이 둘이 아니요, 일월성신과 풍운우로 상설이 모두 한 기운, 한 이치이어서 하나도 영험하지 않은 바가 없나니라"」(소광섭, 「일월성신론」, 『圓評』 창간호, 원불교교수협의회, 2011.1, p.50).

「우주의 識이야말로 우주 운행의 이면에서 우주를 조정 컨트롤하는 기본적인 원리로 보는 것이다. 무엇이 들어 천차만별의 차별세계의 변화무쌍한 변화의 세계와 형형색색의 모습을 만들어내는가, 바로 이 천지의 識이 들어서인 것이다」(김홍철, 「원불교의 우주관」, 『원불교사상논고』, 원광대학교출판국, 1980, p.141).

문제 제기

1) 천지 팔도를 천지의 식과 관련하여 언급하시오.

2) 천지의 식에 대해서 실지의 예를 들어서 써라.

[변의품 2장] 은밀한 죄과의 부끄러움

핵심 주제

은밀한 죄과의 부끄러움

「숨은 것과 나타나는 것이 둘이 아니다」(원불교 대종경 해의 上, 한종만).

대의 강령

은밀히 죄를 지어 놓고 만물을 대면하기가 부끄러운 이유는 뭔가? 이원화 사뢰기를, 천지와 한 기운으로 연하고 있어 천지 만물이 자연히 알기 때문이라고 하자, 이에 대종사 말하였다.

1) 악행을 하면 세상이 알게 되므로 은밀한 죄과라도 부끄럽다.

2) 사람이 모르게 한 일을 알고자 하거든 그 일의 나타남을 볼 것이지, 공연히 남의 비밀을 알려고 말라.

출전 근거

송도성 수필 『월말통신』 6호(원기 13년)에 실린 법설이다.

어구 해석

부끄러운 마음 : 맹자 사단설의 羞惡之心이 곧 부끄러운 마음이다. 잘못을 범하면 본래 양심이 발하여 부끄러움을 느끼게 된다. 그리하여 참으로 부끄러워할 줄을 알면 점차 악행을 범하지 않는다.

은밀한 죄과 : 隱密한 罪過란 것은 남모르게 범한 죄와 과실을 말한다. 이는 내 마음 속으로 죄를 범하여 남이 알아채지 못할 것이라는 판단이 앞서는 우치한 마음에서 발단된다. 떳떳이 살아가는 길이 은밀한 죄과를 벗어나는 방법이다. 당연한 인과 앞에서 남모르게 간교한 계교를 부리는 것이 더 큰 죄를 범하는 일일 수도 있다.

관련 법문

「부끄러움에 세 가지가 있나니, 알지 못하되 묻기를 부끄러워함은 愚

恥요, 나타난 부족과 나타난 과오만을 부끄러워함은 外恥요, 양심을 대조하여 스스로 부끄러워하고 의로운 마음을 길이 챙김은 內恥니라」(정산종사법어, 법훈편 69장).

「어떠한 권모나 술수로 한때 대중의 인기를 차지했다 할지라도 그것만으로는 천명을 받을 수 없을 뿐 아니라 마침내는 그로 인하여 큰 일을 그르치고 세상의 훼손을 당하게 될 것이니 대중의 인증을 받아 천명을 이루기로 하면 무엇보다도 隱 · 顯 두 가지에 스스로 법도 있는 생활을 하여 그 마음에 먼저 사가 떨어져야 할 것입니다」(대산종사법문 2집, 제4부 신년법문, 원기 54년 연두법문-법도 있는 생활).

보충 해설

이원화 선진이 대종사를 시봉한 것은 다음 세 가지 측면에서 이해할 수 있다. 첫째, 대종사님을 색신이 아닌 법신으로 시봉하였다. 둘째, 대종사로서 당시 불법연구회 창립을 통해 구세경륜을 펴기 위해 가난한 초기교단을 이끌어가려면 많은 제자들이 필요했다. 따라서 이원화 역시 불법연구회 창립에 동참하도록 '방편' 으로 그를 인도하였다. 셋째, 소태산 대종사도 언급하였듯이 '그와 숙세의 선연' 으로 인한 인연 작복이다. 본 법어의 핵심이 되는 바 '혼자 가만히 한 일이라도 천지 만물이 다 이를 아는 것' 의 법문은 『중용』 1장에 '莫見乎隱' 이라 하여 숨은 것보다 더 크게 드러난 것이 없다고 하는 것과 상통한다. 즉 남에게 보이지 않는 것이라 해서 방심하지 말라는 뜻이다.

인물 탐구

이원화(1884-1964) : 사타원은 전남 영산포에서 부친 이씨와 모친 김시심화의 무남독녀로 태어났다. 4살 때 흉년이 들었던 어느 날 문밖에서 놀다가 엿을 사준다는 어떤 사람의 등에 업혀 영광까지 오게 되었다. 그 사람은 부호인 김진사를 찾아가 이 아이는 어떤 미천한 집의 아이로 부모가 타계하여 의지할 곳이 없으니 불쌍히 여기어 약간의 보상을 주고 기르라고 하였다. 이에 김진사 부부는 친자식처럼 길렀고 아이는 김진사 부부를 친부모로 알고 자랐다. 사타원은 자신의 성이 이씨인 것을 안 것은 비록 어렸을지라도 부모가 일러준 것을 기억하여 안 것이며, 출생지가 영산포라는 것은 장년이 되어 어떤 인연으로 그 내력을 알았다고 한다. 사타원은 17세에 장성의 문씨 가문에 출가하여 23세까지 순박한 가정에서 안락한 생활을 하다가 부군이 병사하자 상례를 치른 후 영광 친가로 돌아왔다. 친가도 살림이 기울고 부모도 떠나자 슬하에 두 아들을 데리고 의지할 곳 없다가 날품팔이와 행상을 하며 살다가 백수면 길룡리로 들어와 구사고행 후 입정돈망에 들곤 했던 대종사를 뵙고 비범한 인물이 될 것으로 인식, 온갖 고생을 하며 일심정성을 다해 입정 전후(귀영바위집에서 노루목집 때까지) 대종사를 시봉했다. 사타원은 귀영바위 집에서 밥장사를 하였고 노루목으로 이사한 후 남의 밭을 매주고 양식을 얻어 끼니를 이어가며 대종사를 시봉했다. 사실 입정돈망으로 소태산이 집안일을 돌보지 못하자 가사는 어려워지게 되었으며 양하운 대사모는 어렵게 집안 살림을 꾸려가는 상황이 되었다. 이에 친지와 집안사람들의 주선으로 외지에서 온 두 아이를 거느린 '바랭이네' 라는 여인으로 대종사를 시봉하게 하였으니 그가 바로 사타원 이원화였던 것이다. 사타원은 대종사 대각 후 더욱 큰 믿음으로 방언공사와 구간도실 건축에 조력하였다. 또 원기 5년 이후부터는 진안 전주 원평 이리 등지에서 순교활동을 하였다. 원기 9년부터는 다시 영산교당에서 감원 순교 등을 맡아 원기 49년까지 무려 40여 년 동안 봉직하였다. 사타원은 "일찍부터 심중에 도사를 만나 도를 배우고 도사를 후원하고 싶은 남다른 서원이 있었는데 우연히도 주세불이던 대종사님을 만나 가까이서 구도를 돕고 회상 창립에 참여하는 행복을 누렸다" 고 회고하였다(송인걸, 『대종경속의 사람들』, 월간원광사, 1996, '이원화' 참조).

주석 주해

「아뢰아 연기설에서는 제8식에 들어있던 업종자가 연을 만나면 바로 나타난다. 아뢰아식 속에서도 인과 관계로 계속 유동한다. … 군자는 홀로 있을 때를 삼가라 하였다. 죄는 남이 안보는 데서 짓고 벌은 남이 보는 데서 받는다」(한종만, 『원불교 대종경 해의』(上), 도서출판 동아시아, 2001, pp.482-483).

「도둑질 등 義가 아닌 나쁜 짓을 하고나면 부끄러워서 얼굴을 못 든다. 도둑도 뭘 쓰고 들어온다. 그것도 본래가 성품이 선하기 때문에 부끄러운 줄 알고 있지 않은가」(심익순, 『이 밖에서 구하지 말게』, 원불교출판사, 2003, p.63).

문제 제기

1) 은밀히 죄를 지어 놓고 만물을 대면하기가 부끄러운 이유는?

2) 소태산은 이원화를 어떠한 인연으로 법을 설하고 있는가?

[변의품 3장] 천동설과 지동설

핵심 주제

천동설과 지동설

「길 하나 찾아드는 진리공부」(원광 374호, 이현도).

「하늘과 땅이 함께 동하고 정한다」(원불교 대종경 해의 上, 한종만).

대의 강령

한 사람이 묻기를, 동양학설에는 천동설을 말하고 서양학설에는 지동설을 말하니 어느 것이 올바른 판단이냐고 하자, 대종사 답하였다.

1) 하늘의 기운과 땅의 바탕이 서로 연하여 끊임없이 순환함으로써 조화를 이룬다.

2) 하늘과 땅의 동, 정이 둘이 아니다.

3) 주종을 논하면 주는 기운이요, 종은 바탕이니 기운이 행함에 바탕이 따르게 되나니 이것이 곧 만고에 바꾸지 못할 원리이다.

출전 근거

서대원 수필 법설집(우당수기)에 게재되어 있고, 또 주산종사 수필의 소태산대종사 법문집 『법해적적』에 실린 법어이다.

어구 해석

천동설 : 프톨레 마이오스(100-170)가 주장한 天動說은 지구를 중심으로 하늘(태양)이 돈다는 것으로 근대까지 서구 기독교적 사고였다.

그러나 최근 천주교를 중심으로 과거 천동설을 주장한 것에 사과를 하고 지동설을 받아들였다. 늦게나마 독단의 도그마를 인정한 셈이다.

지동설 : 태양을 중심으로 지구가 돈다는 것이다. 地動說을 주장한 사람은 코페르니쿠스, 갈릴레이 등이다.

관련 법문

「음부경에 "하늘이 殺氣를 발하면 별과 별이 자리를 옮기고, 땅이 살기를 발하면 용과 뱀이 먼저 육지에 일어나고, 사람이 살기를 발하면 천지를 뒤집는다" 는 구절을 들으시고 대종사 말씀하시었다. "천지 기운은 사람이 들지 아니하면 아무 변동과 조화가 나지 않는 것이다. 모든 사람의 마음이 악심으로 뭉쳐서 일심이 되면 천지기운이 악화되어 온갖 천재지변이 나타나…」(대종경 선외록, 도운개벽장 4장).

「하늘이 크고 땅이 큰데 하늘은 자꾸 땅이 되고 땅은 자꾸 하늘이 된다. 없는 것은 자꾸 있어지고 있는 것은 자꾸 없어져서 천지가 이 순간도 삼천대천세계로 변화를 일으키고 있다」(대산종사법문 4집, 제1부 열반천도법문, 성주에 대한 법문 2).

보충 해설

본 장은 잘 이해해야 한다. 소태산이 천동설과 지동설을 아울러 말하는 것으로 이해되기 때문이다. 그러나 대종사는 하늘과 땅을 한 기운으로 설정하여 動靜의 기운을 말한 것이지, 실제로 지구가 돈다느니 태양이 돈다느니 하는 식으로 말한 것은 아니다. 천동설을 주장한 것이 아니라는 뜻이다. 천동설은 프톨레마이오스가 주장했으며, 플라톤 역시 약 2400년 전 천체들은 지구를 싸고돈다고 하여 천동설의 주장하여 기록에 남긴 인물이다. 1540년경 지구와 다른 행성들이 不動인 태양 주위를 회전한다는 지동설을 내세운 사람이 폴란드의 코페르니쿠스였다. 그는 지동설의 확증을 잡는데 30년간의 노력이 필요하였다. 종교 재판소는 죽음으로 위협하며 지동설을 주장하는 부르노, 갈릴레이에게 지동설을 철회토록 요구하였다. 부르노는 많은 것을 취소하고 그의 신조는 취소하지 않고 순교의 길을 갔으며, 갈릴레이는 지동설을 취소했다. 그러나 후에 지구는 여전히 돈다고 하였다.

주석 주해

「천동설이나 지동설은 하늘과 땅을 나누어 놓고 생각한 것이다. 하늘과 땅을 나누어 놓고 생각하면 천동설과 지동설이 대립될 수밖에 없다. 대종사의 입장은 하늘과 땅이 둘이 아니라는 입장이다. 하늘과 땅은 둘이 아니기 때문에 동과 정이 둘이 아니다. 靜의 입장에서 보면 하늘과 땅이 모두 정한다. 動하는 입장에서 보면 하늘과 땅이 모두 동한다」(한종만, 『원불교 대종경 해의』(上), 도서출판 동아시아, 2001, pp.486-487).

「원래 진리의 정체로 보면 동과 정이 따로 없고 주와 종이 둘이 아니기에 하나 그대로만 행하고 보면 이것이 바로 동정일여가 되고 영육쌍전인 것이다. 우주의 진리와 우리 인간은 처음부터 이처럼 하나로 되어 있다」(이현도, 「길하나 찾아드는 진리공부」, 《원광》 374호, 월간원광사, 2005. p.92).

문제 제기

1) 근래에 태양도 더 큰 은하계를 돈다는 주장도 있는데, 천동설도 일면 타당하지 않는가?

2) 소태산은 천동설과 지동설에 대해 어떠한 입장을 표명하였는가?

[변의품 4장] 소천소지와 성주괴공

핵심 주제

소천소지와 성주괴공

「땅이 하늘이 되고 하늘이 땅이 된다」(원광 375호, 이현도).

「찰나 찰나의 성주괴공」(원불교 대종경 해의 上, 한종만).

대의 강령

서대원이 묻기를, 이 세계가 괴겁에는 소천소지로 없어진다 하오니 사실로 그러하느냐고 하자, 대종사 말하였다.

1) 이 세계가 괴겁에는 소천소지로 없어진다.

2) 소천소지로 인해 일시로 천지가 소멸되는 것은 아니다.

3) 비컨대 인간의 생로병사와 같아서, 천지에도 성주괴공의 이치로 운행하며, 현재 이 시간에도 성주괴공이 지속된다.

어구 해석

소천소지 : 천지가 '燒'(불타 없어짐)라는 것이다. 우주의 종말과도 같이 성주괴공에서 괴겁을 말한다. 이처럼 소천소지란 성주괴공에서 볼 때 우주가 무너지고 파괴되는 것이라는 뜻이다. 그러나 우주 천지는 영원불멸한 것임을 알아야 한다. 곧 燒天燒地가 되면 또 成天成地가 되며, 永天永地가 되는 것이다. 그런데 미국의 한 지질학자와 일본의 한 지질학자가 우주의 변화에 대해 연구를 하였는데, 우주의 소 변화는 500년 주기이며, 대 변화는 1500년 주기라고 했다. 그리고 점성술 학자들은 우주 개벽의 주기를 2천년으로 잡는다. 중국 송대의 소강절은 우주의 운도 변화를 12만 6천 9백년이라고 하였다.

괴겁 : '劫'은 찰라와 반대되는 개념으로 영겁의 오랜 세월을 말한다. 성주괴공에서 壞劫이란 우주가 멸하는 혹 무너지는 때를 말한다. 불교에서는 우주의 생성과정을 성주괴공이라는 4가지 범주로 나누어 설명하고 있다. 성주괴공(世上), 흥망성쇠(事上), 생로병사(身上), 생주이멸(心上)을 말하고 있는데 이 과정이 실제로 일어남은 물론 우리 마음의 생각이 쉴 사이 없이 일어났다 사라졌다 한다.

조판 : 새롭게 판을 짜는 일을 組版이라 한다.

관련 법문

「천지에도 부분적 성주괴공이 있어서 진급 강급이 있는 바, 이 나라는 지금 진급기에 있는 것이다」(대종경 선외록, 도운개벽장 7장).

「이 세상은 변하는 이치와 불변하는 이치로 이룩되어 있나니, 우주의 성주괴공과 사시의 순환이며 인간의 생로병사와 길흉화복은 변하는 이치에 속하는 것이요, 불변하는 이치는 여여자연하여 시종과 선후가 없는 지라, 이는 생멸 없는 성품의 본체를 이름이니라」(정산종사법어, 원리편 34장).

보충 해설

설사 이 세계가 소천소지로 변화한다고 해도 천지팔도 중에서 '영원불멸한 도'가 있음을 알아야 한다. 그런데 수많은 운석이 밤낮을 가리지 않고 지구로 떨어진다고 한다. 밤에는 빛을 내며 떨어지기 때문에 유성을 볼 수 있지만 낮에는 햇빛이 밝아 떨어지는 것이 보이지 않을 뿐이다. 한국해양연구원 부설 극지연구소 홍성만 박사는 프랑스, 이탈리아 과학자들과 함께한 국제 공동연구를 통해 지구로 떨어지는 운석이 지금도 연평균 7만8천톤이라는 사실을 밝혀냈다(박광주 과학 전문기자, 「운석 1년에 7만8천t 떨어져」, 중앙일보, 2004.12.23, 2면).

인물 탐구

서대원(1910-1945) : 원산 서대원은 전남 영광군 법성면 용덕리에서 서기채 선생과 박도선화 여사의 4남 1녀 가운데 차남으로 태어났다. 원산은 모친 박도선화가 소태산의 친누나인 만큼 교조의 생질로서 혈연이자 법연 사이이다. 어린 시절 지혜가 총명하여 한문사숙을 하였다. 당시 한학자였던 백부 서규석(서대인 선진의 부친) 선생 앞으로 입양되었다. 보통학교를 졸업한 후 독서에 열중하였는데 조갑종의 지도로 원기 14년 20세에 입교하였다. 원산은 외숙인 소태산을 총부에서 뵌 후 1개월간 동선을 마친 후 전무출신을 하였다. 원기 14년 출가한 원산은 총부 농업부원으로 1년, 서무부 서기로 2년, 상조부·공익부 서기로 1년, 현금출납원으로 1년을 근무한 후 원기 19년 25세에 연구부장이라는 중책을 맡았다. 원기 21년에는 순교무로서 지방교화에도 뛰어들었으며 22년에는 감사부장의 책임을 맡았다. 원기 25년에는 총부 교감에 임명되었으며, 원기 26년 32세에 남자 정수위단원으로 피선되었다. 원산은 계행이 청정하였으며 음성도 맑아 천도법문을 읊을 땐 청아한 음성이었다. 또 총명한 한문 실력으로 『불조요경』을 간행하는데 도움을 주었으며, 『회보』를 통해 대종사 수필법문을 많이 발표하였다. 원산은 계룡산 선방과 수덕사를 찾는 등 깊은 산사를 찾아 수양하곤 했다. 당시 원산이 入山하였다는 주위 비난의 소리가 높아지자 소태산은 이에 경책하였다. 원산은 이어 자신의 스승에 대한 불변의 신성 표시로 달마에게 왼팔을 끊어 바친 혜가처럼 손목을 자르는 결단을 실행하였다. 이에 총부 구내가 발칵 뒤집히는 소동이 벌어지기도 하였다(대종경, 신성품 17장). 심한 출혈에 결핵까지 앓은 원산은 서울에서 요양하던 중 대종사의 열반을 맞았다. 원산은 고향에서 송금한 돈으로 일어와 한문으로 된 불경을 사들여 모은 책들은 후일 원광대 도서관 도서의 모체가 되었고 시문에도 능하여 『우당수기』라는 저술도 남겼다. 그는 용화회상 미륵불 회상을 꿈꾸며 그의 역량을 충분히 발휘하려 했으나 1945년 5월 35세의 젊은 나이로 열반에 들었다(송인걸, 『대종경속의 사람들』, 월간원광사, 1996, '서대원' 참조).

주석 주해

「불교의 성주괴공설은 소겁 중겁 대겁으로 설명한다. 성겁 주겁 괴겁 공겁의 각각에 무한한 겁의 숫자가 있다. 무한에 가까운 수여서 계산하기 어렵다. 원불교의 성주괴공설은 찰나찰나의 성주괴공설이다. 시시각각으로 이루어지는 부분도 있고 없어지는 부분도 있는 것이다」(한종만, 『원불교 대종경 해의』(上), 도서출판 동아시아, 2001, p.488).

「불교에서는 우주의 생성과정을 성주괴공이라는 4가지 범주로 나누어 설명하고 있다. … 불교의 견해에 따르면 우주의 형태가 유지되는 것은 시간적·공간적으로 서로 因이 되고 果가 되는 인과관계에 의하여 유지된다고 본다」(김홍철, 「원불교의 우주관」, 『원불교사상론고』, 원광대학교출판국, 1980, p.117).

문제 제기

1) 우주 괴겁과 천지팔도의 영원불멸한 도를 연계하여 설명하시
2) 소천소지에 대하여 쓰시오?

[변의품 5장] 삼천대천세계의 사실 인식

핵심 주제

삼천대천세계의 사실 인식

「삼천대천세계에 진리광명이 가득합니다」(원광 376호, 이현도).
「삼천대천세계」(원불교 대종경 해의 上, 한종만).

대의 강령

대종사, 서대원과 문답하였다.

1) 서대원, 부처님 말씀에 삼천대천세계가 있다는데 사실인가요?

대종사, 삼천대천세계가 이 세계 밖에 따로 건립된 것이 아니라 세계 안에 분립된 가지가지의 세계를 이른 것이다.

2) 천문학계에서도 이 우주에는 우리가 살고 있는 세계 밖에 더 큰 세계가 많이 있다는 것에 대하여 대종사 답하기를, 부처님 말씀은 해석의 견지에 따라 다른 것이며, 현재의 학설도 분분하나 멀지 않은 장래에 견성한 큰 학자가 나의 말을 인증할 것이다.

어구 해석

삼천대천세계 : 三千大千世界를 '三界' 라고도 하며, 이 삼계는 욕계, 색계, 무색계로 구성되어 있다. 불교에서 말하는 장엄세계를 말한다(☞하단의 주석주해 참조).

천문학 : 천체의 운동, 크기 등을 연구하는 학문을 天文學이라 한다.

견성 : 진리의 불생불멸과 인과보응의 이치를 깨달아 아는 것을 見性이라 한다. 또 자신이 본래 부처라는 확신 속에 佛性을 보는 것도 견성에 해당한다. 견성 후에는 사심 잡념을 극복하고 매사를 正見하는 자세를 갖고 적공하는 것이 중요하다. 성불해야 하기 때문이다.

관련 법문

「불법으로써 영원한 세상에 영원한 낙원을 얻을 것이요, 조금도 세상 오욕에 탐착하거나, 삿된데 끌리거나 좁은 마음에 사로잡혀 네 자신에 구애를 받지 말고 삼천세계 너른 세상에 자유스러운 생을 받으며 정당한 생활을 하고 떳떳한 생활을 하도록 정신을 일관하라」(한울안 한이치에, 제2장 심은 대로 거둠 32장).

「부처님이나 대종사님이나 성현들의 진리 눈을 태양에다 비교하셨다. 그래서 성현이 탄생하시면 진리의 태양이 솟았다고 한다. 부처님들께서는 大圓鏡智를 얻으셨기 때문에 삼천대천세계에 비추고 그 빛은 인류뿐 아니라 허공법계와 지하지옥까지 다 비칠 수가 있는 것이다」(대산종사법문 3집, 제3편 수행 127장).

보충 해설

삼천대천세계란 부처님의 장엄세계에 관한 것이다. 소태산은 우리가 사는 공간을 우주의 안과 밖으로 따로 본 것이 아니다. 그는 매우 현실적 입장에서 삼천대천세계를 현재 우리가 사는 가지가지의 세계라 하였다. 이와 관련하여 대산종사도 말하기를, 대각도인이 탄생한 곳의 위치가 어디가 되었든지 그곳이 세계의 중앙이 되는 바, 대각도인이 나면 삼천대천세계의 진리광명이 다 그에게 모이고 뭇 神將들이 법 받으러 온다(대산종사법문 3집, 제1편 신성 9장)고 하였다. 어떻든 불교의 경우, 삼천세계를 장엄 세계로 설명하지만 대종사는 현실적으로 이 세계 안에 분립된 가지가지의 세계라 하였다.

주석 주해

「삼천대천세계는 고대 인도인의 세계관에 따른 전우주이다. 수미산을 중심으로 하여 4대주가 있고 그 주변에 9산 8해가 있는데, 이것이 우리들이 사는 세계이며 하나의 소세계라 한다. 위로는 색계의 초선천에서 아래로는 대지 아래의 풍륜에 이르기까지 이르는 범위를 말한다. 이 세계 중에는 일·월·수미산·사천하·4천왕·33천·야마천·도솔천·낙변화천·타화자재천·범세천을 포함한다. 이 하나의 세계를 천개 모은 것을 하나의 소천세계라 부른다. 이 소천세계를 천개 모은 것을 하나의 중천세계, 중천세계를 다시 천개 합한 것을 하나의 대천세계라 부른다. 이 대천세계는 천을 3번 모은 것이고 소중대의 3종류의 천세계로 이루어지므로 3천세계 또는 삼천대천세계라 한다」(한종만, 『원불교 대종경 해의』(上), 도서출판 동아시아, 2001, pp.492-493).

「三界가 구성된 내용을 보면 다음과 같다. 一大 수미산을 중심으로 하고, 下方은 지옥으로부터 上方은 三十三天에 이르기까지 철위산을 위곽으로 하며, 그 중간에 九山 八海 人四洲 日月 등으로서 구성되어 있다는 것이다. 이와 같이 구성된 세계를 총칭하여 一須彌世界라 하며 이 우주 공간에는 이와 같은 一須彌山을 중심으로 하여 성립된 세계가 무수히 존재한다고 본다. 이 수미세계는 1천개를 합한 것을 小千세계라 칭하고 이 소천세계 1千을 합한 것을 中千세계라 칭하며 이 소중대千세계를 합하여 三千大千세계라 한다」(김동화, 『불교학개론』, 白永社, 1962, pp.130-131).

문제 제기

1) 삼천대천세계란 무엇인가?

2) 멀지 않은 장래에 견성한 큰 학자가 나의 말을 인증할 것이란?

[변의품 6장] 진급기의 조선

핵심 주제

진급기의 조선

「진급기」(원불교 대종경 해의 上, 한종만).

대의 강령

대종사, 서대원과의 문답이다.

1) 서대원이 여쭙기를, 천지에 진강급이 있다 하오니 조선이 지금 어느 期에 있나이까? 대종사 "진급기에 있나니라."

2) 또 여쭙기를 "진강급의 기한은 얼마나 되나이까?" 대종사 "과거 부처님 말씀에 일대겁으로 천지의 한 진강급기를 잡으셨나니라."

어구 해석

진급·강급 : 進級이란 발전과 상승이며, 降級이란 지체와 하강을 말한다. 이러한 진급 강급의 변화는 일대겁의 기간이 지나야 한다. 일원상서원문에 '혹은 진급으로 혹은 강급으로' 라는 법문이 있듯이, 진리의 세계에서 보면 우주와 만유는 성주괴공과 생로병사 등으로 진강급 변화한다. 소태산은 강약진화상의 요법에서도 진급과 강급이 상생의 도로 나아가 영원한 강자로서 진급하기를 촉구하고 있다.

조선의 진급기 : 「金剛이 現世界하니 朝鮮이 更朝鮮이라」(전망품 5장)하였다. 그리하여 소태산에 의하면 조선은 開明이 되면서부터 생

활 제도가 많이 개량되었고 완고하던 지견도 많이 열리었으나, 미비한 점은 앞으로 발전할 것이고 정신적 방면으로는 세계에서 제일가는 지도국이 될 것(전망품 23장)이라 전망하였다.

일대겁 : 一增劫과 一減劫을 합한 것을 一中劫이라 하고, 80中劫을 一大劫이라 한다. 그리고 一增劫은 사람의 수명을 10세부터 100년마다 1세씩 증가하여 8만 4천세에 이르는 동안이다. 一減劫은 8만 4천세로부터 100년마다 1세씩 감하여 10세에 이르는 것이다. 『정전』 일원상 신앙에 '무시광겁에 은현자재' 라는 용어가 이와 관련된다.

관련 법문

「한 제자 여쭈었다. "사람이 진급기에 가면 팔만 사천세를 산다 하오니 사실로 그러하나이까." 대종사 말씀하시었다. "하루 사는 모기는 사람이 백세를 산다 하면 웃을 것이니, 팔만 사천세가 그리 많은 수한은 아닌 것이다. 영계에서는 영단이 잘 뭉쳐진 이가 한생 동안에 수백 억만년을 사는 수도 있는 것이다"」(대종경 선외록, 영보도국장 10장).

「천지에도 부분적 성주괴공이 있어서 진급 강급이 있는 바, 이 나라는 지금 진급기에 있는 것이다」(대종경 선외록, 도운개벽장 7장).

보충 해설

현재 '조선이 갱조선' (새로운 조선으로 발전)임을 알고 우리는 분발할 필요가 있으며, 진급의 주체국으로서 금강산 같은 실력 쌓기에 노력해야 한다. 정신개벽의 지도국으로 진급을 향한 개벽의 선봉에 서자는 것이다. 진급과 강급에도 특성과 구분이 있다. 곧 진급, 강급에는 자연 진강급과 인과 진강급이 있다(한울안 한이치에, 제2장 심은 대로 거둠 5장). 어떻든 소태산 대종사는 암울한 조선사회에서 태어나 우리에게 희망을 넣어주고 진급의 용화회상을 강조하였다.

주석 주해

「진, 강급기의 기한은 1대겁이다. 1대겁을 잘 이해를 해야 한다. 1대겁은 거의 무량수에 가까운 시간이다. … "대겁이란 매우 긴 시간이다. 성주괴공의 4기를 한번 지내는 기간이다. 3아승지겁의 시간을 말한다. 이것을 4중겁이라 한다. 가로 · 세로 · 높이가 120리 되는 성 가운데 겨자를 가득히 쌓고 장수천 사람이 3년마다 한 차례씩 와서 한 알씩 가져서 그 겨자가 다 없어지는 동안을 말한다" (구사론)」(한종만, 『원불교 대종경 해의』(上), 도서출판 동아시아, 2001, pp.494-495).
「후천에 있게 되는 이 회상의 운이, 5만년 운수는 진급기이고 5만년 후는 다시 강급기이다. 진급기의 이 도수에 처한 도인들은 은현 간에 모두 일한다. 최선생, 강선생은 이 회상을 나투기 위해서 선발하였다」(신축일기, 1961년 7월 23일, 동산문집편찬위원회, 동산문집 II 『진리는 하나 세계도 하나』, 원불교출판사, 1994, p.59).

문제 제기

1) 천지가 진급기란 무엇을 말하며, 일대겁이란 기간은?
2) 조선이 진급기라면 여타 나라의 경우는?

[변의품 7장] 성주괴공의 구성요소

핵심 주제

성주괴공의 구성요소
「성주괴공의 원동력」(원불교 대종경 해의 上, 한종만).

대의 강령

제자 서대원과의 문답이다.
1) 서대원 "이 천지가 성주괴공이 될 때에는 무엇으로 되나이까"
2) 대종사 말씀하시기를 "과거 부처님 말씀과 같이 水火風 三輪으로 되어지나니라."

어구 해석

삼륜 : 水火風이 삼륜이나, 삼륜은 또 身口意 3업을 말하기도 한다. 三輪은 사대로서 지수화풍 4가지 중 '地'가 없는 상태이다. 자이나교의 우주론을 보면 지바(영혼)와 아지바(비영혼)로 나누고, 이 영혼을 다시 둘로 나누어서 지수화풍의 4원소와 동물식물로 구분한다. 지수

화풍과 동·식물에도 영혼이 있다는 말이다.

성주괴공 : 우주의 진화 내지 변화하는 주기를 4단계로 언급하는 것으로 성겁, 주겁, 괴겁, 공겁이 이와 관련된다. 본래 우주 불변의 세계에서는 상주불멸의 세계이지만, 변화 세계에서 본다면 成住壞空이다. 일원상서원문에서 '유상으로 보면 상주불멸로 여여자연하여 무량세계를 전개하였고, 무상으로 보면 우주의 성주괴공과 만물의 생로병사와 사생의 심신작용을 따라 육도로 변화를 시켜' 라는 말이 있다.

관련 법문

「우주의 지수화풍이 곪아 있는 원료 大氣가 법신불이요 대아이며, 낱으로 있어 이 대기를 호흡하며 살고 있는 것은 색신이요 소아이다. 대아 · 대신은 법신불이요, 소아 · 소신은 색신이다. 범부는 주야로 소아를 위하여 노력하고 있으나 부처님은 대아에 입각하여 노력하시니 이것이 범부와 부처의 다른 점이다」(한울안 한이치에, 제3장 일원의 진리 5장).

「또 이 색신이라 하는 것은 지수화풍 이 네 가지 인연의 모인 바라, 그 바탕이 완특하여 정식이 없는 것이니 어찌 능히 보고 듣고 깨닫고 알리오. 능히 보고 듣고 깨닫고 아는 것은 반드시 너의 불성이라」(수심결 4장, 且色身, 是地水火風四緣所集, 其質頑而無情, 豈能見聞覺知, 能見聞覺知者, 必是汝佛性).

보충 해설

불교적 시각에서 우주가 성주괴공으로 변할 때 지수화풍으로 이루어지는 것은 사실이다. 그런데 서구적 시각에서 보면, 2천년 동안 서양의 우주관을 지배했던 아리스토텔레스 철학에서 지구는 물 불 공기 흙의 네 가지 원소로 이뤄진 불완전한 세상이라고 했다. 그리고 완전한 천상의 세계는 '에테르' 라고 하는 제5원소로 이뤄졌다고 믿었다. 오늘날 우주는 빅뱅이라는 대폭발로 인해 형성되었다는 자연과학 내지 천문학적 입장이 있다. 블랙홀이라는 빅뱅이론을 주장한 사람은 현대물리학의 대부였던 호킹 박사이다(☞어구 해석의 삼륜 참조).

주석 주해

「맨 처음의 다원론자를 보면 희랍의 자연철학자 엠페도클레스가 지수화풍 4대로 만물의 근본 요소로 삼은 것이 처음이다. 다음에는 아낙사고라스의 多種의 종자설이며, 레우키포스와 데모크리토스의 원자설이 있다. 그리고 플라톤은 이데아의 세계에 이 현상계에 무수한 사물의 원형이 있어서 모사된 것이라 한 것…」(원불교사상연구원 편, 『숭산논집』, 원광대출판국, 1996, p.234).

「성주괴공의 원동력이 과거 부처님 말씀과 같이 수화풍 삼륜으로 된다는 것이다. 첫째 成이 수화풍 삼륜으로 된다. 우주의 대폭발은 최고온 상태에서 팽창을 시작하는 것이다. … 둘째 空이 수화풍 삼륜으로 된다. 화재가 출현할 때 태양이 7개가 동시에 생겨 무서운 열로 우주를 없애버린다. 수재가 나타나 우주를 압몰시키고 일체의 물질을 녹여버린다. 풍재가 나타나서 일체의 모든 것을 분쇄해 버린다. 이렇게 보면 성주괴공의 원동력은 수화풍 삼륜이다」(한종만, 『원불교 대종경 해의』(上), 도서출판 동아시아, 2001, pp.495-496).

문제 제기

1) 이 천지가 성주괴공이 될 때 무엇으로 되는가?

2) 수화풍 삼륜에 대해 설명하시오.

[변의품 8장] 일월성신은 정령

핵심 주제

일월성신은 정령

「일월성신과 정령」(원불교 대종경 해의 上, 한종만).

대의 강령

서대원이 또 여쭙기를 "선성의 말씀에 일월과 성신은 천지만물의 정령이라 한 바가 있사오니 사실로 그러하나이까."

"그러하나니라."

출전 근거

묵산수필 『법설집』에 게재되어 있는 법어로서, 1933년 동선 중 선객과 대담한 내용이다.

어구 해석

일월성신 : 태양, 달, 별들을 합하여 日月星辰이라 한다. 우주 구성물의 총칭으로 일월성신이라고 하며, 이는 만유의 생명을 이루어주는 요소인 바, 원불교에서는 천지 피은의 항목이라고도 할 수 있다.

정령 : 물질이라고도 하며 기운이라고도 하는 精靈은 고정된 실체가 아니라 에너지 상태와 같은 것을 말한다. 소태산 대종사는 과거 선성들의 말씀에 암묵적으로 인지하고 있다. 정령을 신령스런 영혼이라고도 한다. 또 정령이란 만물의 근원인 불가사의의 기운인데, 동양에서는 일월성신이 천지만물의 정령으로 인지되어 왔다.

관련 법문

「우리 눈에 보이는 "일월성신은 수도인의 정령보다 밑에 있다" 고 하셨다. 수도인의 정령은 일월성신 보다 몇 천배 높이 솟는다. 그러므로 수양을 많이 한 사람은 얼굴이 맑고 정신기운이 구천 위에 솟는다. 그리고 연구를 많이 하게 되면 허령 지각 신명이 열리고, 취사를 많이 하게 되면 탐진치를 조복 받아 六善 즉 만덕이 나타나…」(대산종사법문 3집, 제3편 수행 120장).

「때 있으면 허공법계의 바른 기운을 머금어 기르고 산하대지의 정령을 삼켜서 늙어 감을 알지 못하니 나한의 신통한 눈으로도 엿보아 알지 못하나 그러나 나와 너만 서로 알고 사람들은 알지 못하더라」(대산종사법문 5집, 제1부 무한동력, 3. 채약송).

보충 해설

달이 고정된 고체가 아닌 기운 에너지와 같은 초자연적 세계나 물질 즉 '정령' 이라고 한다면 우리가 도달할 수 없는 곳이라 할 수 있다. 달이 정령이라고 하는 것은 소태산 대종사가 우주의 기운으로 언급한 것이며, 또 현대 과학적으로 이를 새롭게 음미해 보는 기회도 가져야 한다. 한국과 일본을 포함한 중국 고대 사람들은 일월성신, 산천초목 등 자연물에 공포감을 가져왔다. 여기에 靈力을 가진 어떤 존재, 즉 영혼이 숨어 있다는 생각 속에서 그 정령에 제사를 올린 것이다. 고대 그리스 철학에서 정령설과 물활론 등장하고 있기도 하다. 막스 베버는 천지, 산천, 풍우를 자연의 정령으로 보았는데 문명이 이를 무시하여 종교인의 욕구를 무시해 왔다(유교와 도교, 문예출판사, 1993, p.251)고 했으니, 정령을 무시하는 우를 범해서는 안 된다.

주석 주해

「현대과학은 기운이나 靈에 대해서는 전혀 아는 바가 없으며, 그러므로 이러한 제한된 과학에 근거하여 경전의 말씀을 함부로 재단해서는 안 된다고 본다. 오히려 자연과학이 발전해 나갈 방향의 길잡이로 삼아야 할 것이다. 해와 달을 단순한 물체로만 볼 것이 아니라 음양의 표상으로 본다면 전혀 새로운 자연관이 가능할 것이며, 이러한 자연관에서 볼 때 "일월성신이 천지만물의 정령이다"의 진의가 드러날 것으로 보인다」(소광섭, 「일월성신론」, 『圓評』 창간호, 원불교교수협의회, 2011.1, pp.57-58).

「인간의 靈의 세계를 중심으로 해서 일월성신까지 이해를 하는 입장이다. 달나라에서 접했던 물질이 우리들이 사용하고 있는 물질이냐가 문제이다. 우주는 한 기운이라는 입장에서 이해를 해야 한다. … 일월성신은 한 기운이다. 靈과 氣를 나누지 않는 것이다. 우주는 신령스러운 영의 기운이다. 일월성신은 천지만물의 정령이라는 것은 영의 세계를 중심으로 생각한 것이다」(한종만, 『원불교 대종경 해의』(上), 도서출판 동아시아, 2001, pp.497-498).

문제 제기

1) 일월성신은 정령이라는 뜻은?
2) 달은 정령이 아니라는 경우가 있는데?

[변의품 9장] 일체생령 각자가 조물주

핵심 주제

일체생령 각자가 조물주

「각자가 조물주」(원불교 대종경 해의 上, 한종만).

「내가 곧 나의 조물주」(원광 367호, 박남주).

대의 강령

천주교인이 묻기를 "귀하는 조물주를 아는가" 전주의 교도가 능히 대답 못하니, 그 사람이 "우리 천주께서는 전지전능하시니 이가 곧 조물주라." 이를 전해 듣고 대종사, 교도에게 말하였다.

1) 그대가 그 사람에게 가서, 천주를 조물주라 하니 귀하는 천주를 보았느냐고 물어보라.

2) 조물주는 다른 데 없고 귀하의 조물주는 곧 귀하요, 나의 조물주는 곧 나이다.

3) 일체 생령이 모두 자기가 자기의 조물주이다.

출전 근거

「全州에 有一會員이 與天主教信者로 爲友러니」로 시작되는 한문 법설이다.

어구 해석

조물주 : 절대자와도 같은 개념으로 쓰이며, 기독교의 경우 하나님 창조자를 造物主라고도 한다. 장자는 「응제왕」 편에서 '造物者' 라는 표현을 쓰고 있다. 인도의 베다사상을 총 집대성한 경전의 하나로 '브라흐마나' 라는 것이 있는데, 여기에 '프라자파티' 라는 신의 이름이 나오며, 이 신이 水中의 황금알에서 태어나는 것을 비롯해서 결국 프라자파티라는 '조물주' 가 조각조각 나누어져 오늘날의 삼라만상이 만들어졌다고 한다.

천주 : 하나님을 한자로 보면 天主라 한다. 천주란 전지전능하고 무소부재한 신을 말하며, 조선조 후반에 들어온 천주교에서는 초기에 '천주' 라 불러 신앙하였으므로 천주교라 하였으며 영어로는 '가톨릭(Catholic)' 이라고 한다. 기독교에서 신앙의 대상을 하나님으로 부른다. 한국의 경우 천주에서 하느님으로 바뀐 것은 1997년의 일이다.

유교에서는 하늘을 上帝(하느님)라 하며, 우리나라의 전통 신앙인들에게 '하느님' 이란 호칭이 지금도 사용되고 있다.

복음 : 법음이나 福音은 절대자의 말씀, 교조의 말씀 등 성현의 말씀으로, 인류를 구원하는 소중한 법어이다. 구체적으로 말해서 『성경』과 『팔만대장경』 및 『교전』 등의 말씀을 가리킨다. 대체로 불교계에서는 법음이라 부르고 기독교에서는 복음이라 부른다.

관련 법문

「원기 15년 5월 8일, 추산 서중안 발인식에서 추도문을 읽으셨다. "… 그 과감한 용력과 열렬한 신성은 吾生의 모범이오며 더욱이 온양 공겸하시어 모든 동지를 동기지친과 같이 애호하시니 친절하신 그 감화에 뉘 아니 감복하오리까. 오호 애재라! 그러나 조물주의 시기인가 운명의 불행인가 … 사오 백의 동지와 무한한 사업을 버리시고 그 어느 곳으로 가셨나이까"」(한울안 한이치에, 제8장 화합교단 80장).

「한 물건이 있어서 삼라만상의 주인공이 되고, 일체가 마음의 짓는 바로서, 우주 만유가 모두 마음의 화현이므로 마음이 곧 조물주인 까닭이니라」(대산종사법문 5집, 6. 무심결).

보충 해설

조물주란 전지전능하고 무소부재하다. 원불교적으로 보면 만지 만능 만덕하며, 능소능대 · 능선능악을 자유자재하는 부처를 말한다. 불성을 보고, 깨달아 실천하는 사람도 조물주에 해당한다. 대종사의 「나의 조물주는 곧 나며」라는 말은 불타의 천상천하유아독존과도 같이 이 세상에 태어난 우리는 자기 스스로를 책임지는 조물주와 같은 역할을 한다. 타력적 창조자의 조물주가 아니라, 내가 모든 것을 '일체유심조' 처럼 수행해 나가는 조물주인 셈이다. 대산종사도 말하기를, 참 나는 곧 부처요, 하늘이요, 여래요, 상제요, 조물주이다(대산종사법문 1집, 3. 자력양성의 도 6조)라고 하였다.

주석 주해

「"천주를 보았느냐고 물어보라" 는 것은 눈으로 보았느냐는 뜻이 아니라 천주의 경지를 네가 깨쳤느냐는 것이다. 네가 천주의 경지를 깨칠 수 없으면 어떻게 천주가 전지전능하다는 것을 알 수 있느냐는 것이다. 그러나 일원상의 경지는 깨칠 수 있다. 이것은 내가 일원상의 진리와 같이 될 수 있다는 것이다. 조물주는 조화의 만능이다. 일원상의 진리를 깨치면 일원상의 진리와 일치가 된다」(한종만, 『원불교 대종경 해의』(上), 도서출판 동아시아, 2001, p.498-499).

「花花草草까지도 각자 고유의 靈知와 기질을 가지고 있어서 자신 만의 조물주 역할을 하고 있는 것이다. 그리고 우주의 근본 진리는 우리의 인간에게도 각자 고유의 불성을 주어서 각자가 관리를 하게 되어 있다. 각자 불성을 우리는 다른 말로 조물주라고 한 것이다. 즉 천지만물 삼라만상은 각자가 조물주인 것이다」(박남주, 「내가 곧 나의 조물주」, 《원광》 367호, 월간원광사, 1995, p.88).

문제 제기

1) 나의 조물주란 무엇이며, 조물주의 의미는?

2) 전주 교도와 천주교인과의 대화에 조물주가 나오는데, 대종사의 조물주에 대한 가르침은?

[변의품 10장] 극락과 지옥의 소종래

핵심 주제

극락과 지옥의 소종래

「자성의 진공락이 극락」(원불교 대종경 해의 上, 한종만).

「극락과 지옥이 어디 있는가」(원광 368호, 박남주).

대의 강령

극락과 지옥에 대한 대화이다.

1) 극락과 지옥이 어디에 있느냐는 제자의 질문에 대종사 답하였다.

(1) 죄복과 고락을 초월한 자리에 있으면 그곳이 극락이다.

(2) 죄복과 고락에 사로잡혀 있으면 그것이 지옥이다.

2) 또 어찌하여야 극락생활만 하고 지옥에 떨어지지 않느냐는 질문

에 대종사 답하였다.

(1) 성품의 본래 이치를 오득한다.

(2) 마음이 항상 자성을 떠나지 않아야 한다.

어구 해석

극락 : 지극한 낙원 세상을 極樂이라 한다. 다시 말해서 고통이나 번뇌가 없는 마음 상태를 유지하는 광대한 낙원 세상을 말한다. 윤회의 고통도 없는 淨土의 세상으로서 아미타불이 설법하는 무량청정한 세상, 자심미타를 발견한 윤회 해탈의 세계가 극락이기도 하다. 인도불교에서 극락세계에는 궁전이 있고 아미타여래의 설법소리가 들려오는 그 궁전 앞에 칠보로 만든 못에 여덟 공덕수가 넘치는데 홍련화 청련화 백련화 황련화가 피어 있는 어느 한 연꽃 위에 다시 태어난다는 내세관이 있다. 또 극락은 서쪽을 향해 10만억 불국토를 지나면 저쪽 편에 있는 나라라고도 한다.

지옥 : 육도세계에서 마지막으로 나오는 것으로서 보은의 극락생활과 달리 배은 생활로 인해 고통이 심하고 윤회를 벗어나지 못한 세계를 地獄이라 한다. 염라대왕이 이곳을 주재한다고 한다. 곧 삼독오욕으로 물들어 번뇌가 들끓고 감옥과 같이 괴로운 악연의 과보를 겪는 세상을 말한다. 구원을 받지 못한 영혼도 지옥에서 고통 받는다.

관련 법문

「그대들은 지옥과 천당을 구경하고 싶지 아니한가. 첫째 지옥은 곧 중생의 마음이 살고 있는 각자의 몸이요, 둘째 지옥은 중생의 몸이 살고 있는 각자의 집이요, 셋째 지옥은 그러한 뭇 중생이 모여 살고 있는 각자의 국토인 것이다. 또한 첫 천당은 곧 불보살들의 마음이 살고 있는 불보살의 몸이요, 둘째 천당은 불보살들의 몸이 살고 있는 청정 도량이요, 셋째 천당은 불보살들이 살고 있는 천상락 세계인 것이다」(대종경 선외록, 영보도국장 8장).

「수도인이 신구의 삼업만 청정히 하면 그 몸이 곧 아미타불이 좌정하고 계시는 정토 극락이요 제불 제성이 장엄하고 계시는 불국 세계라, 제천 제신이 밤낮 없이 호위하여 줄 것이다」(대종경 선외록, 영보도국장 2장).

보충 해설

불교나 기독교에서는 죽으면 천당(극락), 아니면 지옥간다고 한다. 소태산은 주로 현실에서 심신작용에 따라 극락과 지옥이 있음을 강조한다. 곧 극락과 지옥을 곧 일체 유심조의 입장에서 밝힌 것이다. 일원상서원문에서 "사생의 심신작용을 따라 육도로 변화를 시켜" 가 바로 이와 관련된다. 현실을 살면서 극락을 수용하는 길은 원만구족하고 지공무사한 심신을 사용하는데 있다. 『수심결』에서도 지옥에 대해 말한다. 「과거의 윤회하던 업을 미루어 생각할진대, 그 몇 천 겁을 흑암지옥에 떨어지고 무간 지옥에 들어가 가지가지의 고통 받는지를 알지 못 하겠다」(37장). 윤회로 고통 받는 곳이 지옥이라는 것이다.

주석 주해

「내 마음에도 극락과 지옥이 병행해 있다. 옛날 한 장군이 있었는데 선사에게 극락과 지옥이 어디가 있으며 어떤 것인가 하고 물으니, 그 선사 달려들어 장군의 뺨을 치니 화를 냈다. 그때 선사는 지금이 지옥이라고 하였다. 그러자 장군이 이해하고 웃으니 지금이 극락이라 했다」(박길진, 『대종경강의』, 원광대학교 출판국, 1980, pp.56-57).

「장엄설에 입각해서 서방 정토의 극락과 지옥을 생각하고 있는 사람을 깨우쳐 준 것이다. 육도를 마음의 육도와 실제의 육도로 이해할 수 있다. 성인이나 부처님의 설법은 근기에 따른 설법이다. 서방 정토의 극락세계에 집착해 있기 때문에 마음에서 극락과 지옥의 세계를 밝히고 있다. 고락을 초월한 경지가 극락이다」(한종만, 『원불교 대종경 해의』(上), 도서출판 동아시아, 2001, p.500).

문제 제기

1) 극락과 지옥이란 무엇인가?

2) 극락과 지옥이 어느 곳에 있나이까?

[변의품 11장] 삼십삼천과 天人

핵심 주제

삼십삼천과 天人

「천상세계는 수행력」(원불교 대종경 해의 上, 한종만).

대의 강령

33천과 천인에 대한 문답이다.

1) 한 제자 여쭙기를 "과거 부처님 말씀에 천상에 삼십삼천이 있다 하오니 그 하늘이 저 허공계에 층층으로 나열되어 있나이까." 대종사 "천상세계는 곧 공부의 정도를 구분하여 놓은 것에 불과하나니 하늘이나 땅이나 실력 갖춘 공부인 있는 곳이 곧 천상이니라."

2) 또 여쭙기를 "그 가운데 차차 천상에 올라 갈수록 天人의 키가 커진다는 말씀과 의복 무게가 가벼워진다는 말씀이 있사온데 무슨 뜻이오니까." 대종사 말하였다.

(1) 키가 커지는 사람은 도력이 향상되고 정신기운이 계속 크는 사람이다.

(2) 의복 무게가 가벼워지는 사람은 탁한 기운이 가라앉고 정신기운이 가벼워지는 사람이다.

(3) 삼십삼천의 구경에 이른 천인이라도 대원정각을 하지 못한 사람은 복이 다하면 타락한다.

어구 해석

삼십삼천 : 33天은 불교의 장엄 세계관으로, 欲界 六天의 두 번째인 도리천을 말하며 수미산 정상에 있다(중앙의 제석천과 그 사방에 각각 8天이 있어 도합 33천이 됨). 불교에서 삼천대천세계를 '三界'라고도 하며, 이 삼계는 욕계, 색계, 무색계로 구성되어 있다.

천상 · 천인 : 육도 세계 중에서도 최상위 즉 극락과 같은 세상을 天上이라 하며, 천상계에 사는 사람들을 天人이라 한다. 천상계에 사는 사람들은 육도 윤회에서 해탈하여 심신의 자유를 얻으며, 삼독오욕 사량 번뇌가 없는 편안한 상태에서 사는 자들이다.

대원정각 : 법위등급의 究竟으로 대각여래위가 있다. 즉 大圓正覺은

대각을 한 '여래위' 에 대한 언급이다. 대원정각을 이룬 경우는 삼명육통을 얻고 삼계의 대도사로서 주세불의 경지에 오르게 된다. 세존이 『수심결』에서 말하기를 "널리 일체 중생을 보니 모두 여래의 지혜와 덕상을 갖추어 있다" 하고 또 "일체중생의 가지가지 환화가 다 여래의 圓覺 묘심을 생한다" 하였다. 이에 만지, 만능, 만덕이 분출된다.

관련 법문

「천상락이 좋다하여 착이 붙으면 중생이다」(한울안 한이치에, 제1장 마음공부 74장).

「인공위성이 발사되어서 지구 대기권을 벗어나야 인력을 받지 아니하고 자유로이 선회할 수 있는 것은 마치 사람이 착에서 벗어나야 삼계를 초탈할 수 있는 것과 같은 이치이나, 마음에 착이 없는 것만으로는 천상에 자유 자재할 능력이 부족하고 定力이 쌓여야 허공 법계를 임의로 다닐 수 있다」(한울안 한이치에, 제5장 지혜단련 15장).

보충 해설

33천은 장엄세계를 말한 것이며, 또 '천인이 키가 커진다' 는 뜻은 도력이 커진다는 것 외에 다른 뜻이 아니다. 법어의 실상을 보면 신비로운 것 같지만 소태산 대종사는 이를 매우 사실적으로 설명하고 있다. 또 법어에 '天上' 이라는 용어가 등장하는데 이는 육도세계에서 가장 높은 곳에 있으며, 천당 혹은 극락세계를 말한다. 어떻든 본 법어의 의의는 장엄의 신비세계를 진리적이고 사실적인 교리로 접근해 간다는 점에서 원불교의 특성이 나타난다.

주석 주해

「대종사는 불교를 중심으로 모든 종교의 진리 해석의 방향을 바로 잡아주는 것이다. 불교의 장엄설을 정신세계로 전환한 것이다. … 6욕천은 삼계 가운데 욕계에 속하는 여섯 종류의 천이다. 33천은 6욕천 중의 하나이다. 수미산의 정상에 있는 하늘이다. 중앙에 제석천이 있고 정상 4방으로 8명의 천인이 있으므로 합해서 33천이 된다. 도리천이라고도 한다. 베다신화에서 신들은 33인이 있다고 생각하였던 관념을 받아들인 것이다」(한종만, 『원불교 대종경 해의』(上), 도서출판 동아시아, 2001, p.502).

「화엄경의 법회는 보리수가 있는 지상의 적멸도량이나 보광법당을 떠나 천상으로 향한다. 이는 전통적으로 수미산의 정상에 있다는 도리천 즉 33천의 왕인 제석의 궁전으로, 여래는 그의 위신력으로 자리에서 일어나지 않은 채로 옮겨 간다」(정순일, 「화엄경의 성립과 구조적 특징」, 『범한철학』 제24집, 범한철학회, 2001년 가을, p.259).

문제 제기

1) 천상의 삼십삼천과 天人에 대해 언급하시오.

2) 키가 커지고 의복의 무게가 가벼워진다는 것은?

[변의품 12장] 무정물과 이매망량

핵심 주제

무정물과 이매망량

「이매망량의 잡귀」(원불교 대종경 해의 上, 한종만).

대의 강령

조전권이 동리의 오래된 나무를 베거나 함부로 하여 벌을 받는 것을 보았는데 무정물에도 인과관계가 있느냐고 여쭈자, 대종사 말하였다.

1) 인과 관계가 아니라 과거에 몸 받지 못한 이매망량이 나무나 성황, 명산대천에 의지하여 어리석은 대중의 정성을 받다가, 제 기운보다 약한 사람이 해롭게 하면 병도 주고 혹 벌도 내린 일이 있었다.

2) 지금은 양 시대이니 이 무리가 감히 인간계를 해치지 못한다.

어구 해석

이매망량 : 이매란 人面 獸身으로 사람을 잘 홀린다는 네발가진 도깨비로서, 魑魅魍魎은 온갖 도깨비를 말한다. 이매망량은 밝은 곳에서는 살지 못하고 어두운 곳에서 약한 자들에게 고통을 주면서 활동하는 부류로서 민속신앙에서 자주 거론된다.

성황 : 민속신앙에서 거론되는 말로, 서낭신이 붙어있는 나무를 말한

다. 마을의 수호신으로서 정월보름이나 명절에 城隍에 제사를 지내는 풍속으로서 성황에는 이매망량이 많이 붙어있다고 한다. 성황신이 모셔진 곳을 성황당 혹 서낭당이라고 한다.

명산대천 : 경치가 아름답고 물이 맑은 산하대지를 名山大川이라 한다. 등산객들이 호연지기를 기르기 위해 명산대천을 찾아다니며 삶의 여유를 갖고 풍류를 즐기며, 대체로 명산대천 주위에 사찰이 있다.

무정지물 : 돌멩이 등을 無情之物이라 하며, 무정물의 한자어 표기이다. 情(sense)이 없는 것으로 살아있는 유정물과 상반되는 것이다.

양시대 : 후천개벽의 시대, 밝은 시대, 정신개벽의 시대, 과학문명 발전의 시대를 말한다. 좀 더 실제적으로 말하면 진리적 종교에 바탕한 미래지향적 정법 시대를 말한다.

관련 법문

「한 제자 여쭈었다. "세상에 혹 악귀나 잡귀의 해를 보았다 하는 사람이 있사오니 무엇이 그러한 류가 되나이까." 대종사 말씀하시었다. "죽을 때에 맞아 죽는다든지 횡사 오사를 하는 사람이 혹 그러한 유가 되기 쉽나니, 그러한 류가 덤비면 사람이 병을 얻을 수도 있고 그 밖의 괴로움을 당할 수 있는 것이다"」(대종경 선외록, 최종선외장 3장).

「신통 묘술은 수양만 주로 하던 선천 음시대의 한 장난에 불과한 것이요, 후천 양시대에 영육을 쌍전하고 동정을 겸전하는 정법 회상에서는 결단코 중히 여기지 않는 한 마장이 되는 것이다」(대종경 선외록, 초도이적장 1장).

보충 해설

과거에는 시골 동네 앞길에 큰 정자나무가 있는 것이 보통이었다. 그 정자나무 가지가 부러지면 주변 사람들이 죽거나 다친다는 설도 있다. 또 풍수설에 의하면 어느 지역은 기운이 승하니 무덤을 쓰면 좋다고 하는데, 이는 오늘의 양 시대에서 합리적 관점으로 보면 신기한 것들이다. 과거 무속신앙의 풍수도참사상에 의하면 선천의 음 시대에는 이매망량 등 도깨비들의 장난이 있었다는 것이다. 소태산도 말하기를, 선천에는 음계에서 양계를 지배하게 되므로 귀신들이 일체를 주장하게 되어 장난도 심하였고 그들이 인간계를 누르고 살았으나, 후천에는 양계에서 음계를 지배하므로 인간들이 일체를 주장하여 살게 되는 까닭에 귀신들의 장난이나 세력이 없어진다(대종경 선외록, 도운개벽장 3장)고 하였다.

인물 탐구

조전권 : ☞인과품 8장.

주석 주해

「이매망량을 느끼는 것은 그 기운에 눌린 것이다. 앞으로 양의 시대에는 인간의 기운이 강하다. 종교의 역사를 보면 음 시대에는 샤머니즘적인 것이 강했다. 음 시대에는 잡귀의 기운이 강해서 인간이 눌린 것이다. 양 시대에서 정신의 기운을 키우면 그것은 문제가 되지 않는다. 이것은 샤머니즘적인 종교를 진리적 종교의 신앙으로 전환시킨 것이다」(한종만, 『원불교 대종경 해의』(上), 도서출판 동아시아, 2001, p.503).

「중국의 성황신은 단지 장소를 수호하는 정령일 뿐이었다」(막스 베버 저, 이상률 역, 『유교와 도교』, 문예출판사, 1993, p.22).

문제 제기

1) 이매망량이란 무엇인가?

2) 무정지물에도 인과 관계가 있느냐고 여쭈자, 대종사의 답은?

[변의품 13장] 주문에의 정성

핵심 주제

주문에의 정성

「주문과 정신의 통일」(원불교 대종경 해의 上, 한종만).

「큰 공부는 사람의 정성 여하에 있다」(원광 369호, 박남주).

대의 강령

어떠한 주문을 외고, 무슨 방법으로 하여야 심령이 열리어 도를 통할 수 있느냐고 한 제자 여쭈니, 대종사 답하였다.

1) 큰 공부는 주문 여하에 있지 않고, 사람의 정성 여하에 있다.

2) 짚신장수가 즉심시불을 오랜 동안 집신 세벌로 외웠는데 나중에 정신이 열려 깨달았다. 또 고기를 정한 데로 달라고 했는데 어디가 淨한 곳이냐의 질문에 깨달았다.

3) 우리는 이미 정한 바 주문이 있으니 그로써 정성을 들임이 공이 더욱 커진다.

어구 해석

즉심시불 : 마음 밖에 부처가 있는 것이 아니라 마음이 곧 부처라는 뜻으로 卽心是佛이라 한다. 이에 선종은 卽心成佛이라 하며 밀교는 卽身成佛이라고 한다. 원불교는 둘 다 부인하지는 않지만 그간 즉심성불의 선종 사상에 비중을 두어왔으며, 이에 즉심시불이 거론된다.

주문 : 신을 찬양하거나 신비와 이적의 呪力을 얻는 뜻에서 呪文을 외우는 성향이 있다. 리그, 야주르, 사마, 아타르바 베다의 네 가지로 나누어서 베다상히타(本集)라고 하는데, 이들 각각은 신들을 찬양하는 찬가로 구성되어 있어 신들을 노래하며, 주문이나 주술을 중심으로 구성되어 있다. 주문은 귀신의 명호가 있으므로 그 뜻을 해석하는 것보다는 불가사의한 힘을 얻어 지속적으로 암송하는데 초점이 있다. 원불교에서는 각종 의례에서 독송하는 성주 영주 청정주 등이 주문에 속하며, 신비한 마력을 불러오기 보다는 정법 신앙에 의해 일심청정을 불러일으키는 뜻에서 정성스럽게 呪誦한다.

관련 법문

「대종사 발심하신 후로부터 주야 없이 솟아오르는 呪文 두 절이 있다. 하나는 '宇宙神適氣適氣' 라는 주문인 바 그 후 어쩐 줄 모르게 '十方神 接氣接氣' 라고 고쳐 불렀다. 또 한 절은 '一陀同功一陀來 이타동공이타래 삼타동공삼타래 사타동공사타래 오타동공오타래 육타동공육타래 칠타동공칠타래 팔타동공팔타래 구타동공구타래 십타동공십타래' 라는 주문이었다. 이 두 가지 주문은 구도 당시 기도를 올리실 때마다 늘 부르셨다」(대종경 선외록, 구도고행장 1장).

「6 · 25때 총부 대각전 법신불 앞에서 주문을 많이 외우셨다. "天用雨露之薄則 必有萬方之怨이요, 地用水土之薄則 必有萬物之怨이요, 人用德和之薄則 必有萬事之怨이니 天用之用人用이 統在於心이라, 心也者는 鬼神之樞機也며 門戶也며 道路也니 開閉樞機 出入門戶往來道路神이 或有善 或有惡하니 善者는 師之하고 惡者는 改之하면 吾心之 樞機 門戶 道路가 大於天地니라」(한울안 한이치에, 제6장 돌아오는 세상 45장).

보충 해설

정성을 들이는 공이 크다고 했다. 팔조의 신분의성에서 誠(정성)이 있다. 정산종사는 정성을 쌓으면 누구나 참 진리 자리를 쉽게 터득한다(원리편 6장)고 했으며, 자신에게 갊아 있는 부처를 발견하여 정성들여 불공하라(권도편 13)고 했다. 또 정산종사는 대종사를 뵙기 전 대원사에 머무를 때 주문을 외우고 있었는데 신비함이 떠올랐다. 「어느 날 밤 앞산에서 무슨 빛이 뜨는 것을 보았다. 지금 와서 생각하니 그것이 금빛인가 싶구나」(한울안 한이치에, 제9장 오직 한길 2장). 주문은 신비의 추구보다는 정성의 일심 적공에서 깨달음을 찾아야 한다는 뜻이다. 정법 신앙에서는 신비함보다 평상의 정성이 중요하다.

주석 주해

「주문이나 간경만 공부한 사람은 마치 뱃사공 없이 어린아이가 나룻배를 타고 표류함과 같다. 이러한 배가 목적지에 도달할 수 없듯이 일방적 공부로는 도를 얻지 못한다」(박길진, 『대종경강의』, 원광대학교 출판국, 1980, p.155).

「선종은 정신 통일을 중심으로 한다. 주문 외우기를 적공하여 정신통일이 되면 심령이 열리어 도를 통할 수도 있다」(한종만, 『원불교 대종경 해의』(上), 도서출판 동아시아, 2001, pp.505-506).

문제 제기

1) 주문이란 무엇인가?

2) 즉심시불이라 했는데, 짚신세벌로 외우다 갑자기 깨달은 내역은?

[변의품 14장] 기도의 위력과 정성

핵심 주제

기도의 위력과 정성

「마음의 재계」(원불교 대종경 해의 上, 한종만).

대의 강령

여 교도가 여쭙기를, 전무출신들과 같이 깨끗이 재계하옵고 기도를 올리고 싶으나 가정에 매여 자유가 없으니 어찌하면 좋겠는가라고 하자, 대종사 답하였다.

1) 마음만 깨끗하게 재계하고 정성껏 기도를 올려라.

2) 기도의 위력은 정성 여하에 달린 것이지 출가 재가에 있지 않다.

어구 해석

전무출신 : 거진출진에 대비되는 말로서 1924년(원기9) 익산총부 건설 당시 선진들의 공동생활이 專務出身의 비롯이었다. 『교헌』 전무출신규정 제1장 제2조 전무출신의 정의를 보자. 「전무출신이란 출가교도로서 정신과 육신을 오로지 교단에 공헌하는 자를 말한다.」 불법연구회 최종 회규에 보면 「전무출신이 중도에 사가의 사정으로 인하여 공중의 인증을 受한 지장이 生할 시는 일정한 기한 사가사를 정리한 후 更히 전무출신을 계속함」(141조)이라 했다. 이 같은 전무출신 정신을 새겨보면서, 전무출신의 범주를 보면 교무, 도무, 덕무가 있다.

출가 · 재가 : 전무출신을 하기 위해 출가한 교도를 出家라 하며, 교도의 역할을 하며 교당내왕시주의사항 등을 통해 신앙 수행을 하는 일반 교도를 在家라 한다. 이는 원불교를 신앙, 봉사하는 형식상의 차이일 따름이며 실지에 있어서는 큰 차별을 두지 않는다.

재계 : 심신을 더럽히지 않는 것을 齋戒라 한다. 달리 말해 신구의 삼업을 청정히 하는 것이 곧 재계이다. 교의품 16장에서 몸과 마음을 재계하라고 하였다. 곧 심신을 재계함으로써 서원 일념의 기도 등 의

식에 청정히 임할 수 있다.

관련 법문

「성성원이 대종사께 여쭈었다. "저도 전무출신들과 같이 깨끗이 재계하옵고 기도를 올리고 싶사오나 가정에 매이어 제 자유가 없는 몸이므로 그 뜻을 이루지 못하오니 어찌하면 좋겠나이까." 대종사 말씀하시기를 "마음 재계하는 것은 출가 재가가 다를 것이 없나니, 그대의 마음만 깨끗이 재계하고 정성껏 기도를 올리라. 그러하면 그 정성에 따라 그만한 위력을 얻는 것이 아무 차별이 없으리라"」(대종경 선외록, 원시반본장 22장).

「출가교도는 시방세계 일체중생을 위하여 전무출신 하였다는 정신을 서로 챙기고, 재가교도는 재욕무욕하는 거진출진 정신을 서로 챙겨서 교도 한 사람 한 사람이 교중 전체 면을 지켜 나가기에 다 같이 노력하라"」(대종경 선외록, 유시계후장 28장).

보충 해설

과거 불교는 출세간이 主가 되는 세상이었다. 그러나 원불교는 제도나 교리에 있어 재가 · 출가, 남녀를 막론하고 평등한 원칙하에 구성되었다. 최고 의결기관인 수위단의 구성도 마찬가지이다. 출가 주체, 재가 주역이라는 말도 모두가 주체요 주역이 되도록 협조하자는 뜻이다. 『근행법』(원기28년) 4장의 「불교 대중화의 대요」는 불법의 생활화를 위한 내용으로 구성되어 있다. 여기에 '불제자의 계통에 있어서 재가 출가의 차별이 없이 그 知行의 고하에 따라 행함' 이라 하였다. 신앙의 형식보다는 적공의 실질이 중요함을 알 수가 있다. 생활불교의 장점이 이것이다.

주석 주해

「비록 환경에 의지하여 혹 재가 공부를 할지라도 세상 낙에 물들지 말고 修道 의복 입기를 생각하며 土器로써 바릿대를 삼고, 항상 출가하기를 지원하여 道 지키기를 청백하게 하고 행실 가지기를 고상하게 하며 일체 중생을 접응함에 오직 자비심으로써 대하는 법을 깨쳐야 할 것이요」(정산종사 번역, 『팔대인각경』(시창 21년 회보 23호).

「기도를 할 때 목욕의 재계는 하지만 마음의 재계는 소홀히 할 수가 있다. 아무리 목욕재계를 해도 마음 재계를 하지 않으면 안 된다. 불교에서는 계, 정, 혜의 순서가 있다. 좌선을 잘하기 위해서는 계율을 철저히 지켜 몸과 마음을 청정히 해야 한다. 좌선을 잘해야 선정에 들 수 있고 선정에 들어야 반야지가 솟아난다」(한종만, 『원불교 대종경 해의』(上), 도서출판 동아시아, 2001, p.506).

문제 제기

1) 전무출신이란 무엇인가?

2) 출가와 재가의 기도에 있어 재계의 구별이 있는가?

[변의품 15장] 사리 대체의 통달과 성인

핵심 주제

사리 대체의 통달과 성인

「성인은 사리의 대의를 통달」(원불교 대종경 해의 上, 한종만).

대의 강령

이재철이 어떤 사람과 문답함에 대종사가 재가한 내용이다.

1) 이방인 問, 그대의 스승은 성인이라 무엇이든지 다 아는가? 비행기와 기차 제조법을 다 아는가?

2) 이재철 答, 성인이란 사리의 대체를 아는 것이다. 대체라 함은 근본을 말하니 무엇이든 근본을 알면 가지와 잎은 그 가운데 있다.

3) 또 대소유무와 시비이해를 통달하므로 천만지식이 모두 그 강령과 범위 안에 있다. 대종사 "일산의 말이 대의에 옳다."

출전 근거

송도성 수필 법설집 2에 실린 법어이다.

어구 해석

성인 : 고준한 인품과 덕성을 지니고 있어 범부나 중생과 달리 주위로부터 존경받는 사람을 聖人이라 한다. 곧 종교의 교조로서 공자, 석

가, 예수, 노자, 소태산 등이 이에 해당한다. 불교에 있어 아라한 이상, 원불교에 있어서는 항마위 이상이면 초성위에 해당하며 출가 여래의 경지에 오르는 것을 성위에 오른다고 한다. 종교에서 뿐만이 아니라 사회적으로 지도자가 성인의 대열에 오를 수 있다. 살신성인, 남을 위한 공익 희생심과 자비심, 사랑이 충천한 분들이 성인이다.

대체 : 사물의 대강 또는 줄거리를 大體라 한다. 대체를 안다는 것은 사리의 원리와 줄거리를 파악하는 것을 말한다. 법률의 원리와 흐름을 아는 것이며, 법에 있어 근본 원리와 사리의 대체를 아는 것이다.

강령 : ☞수행품 9장의「조리강령」참조.

관련 법문

「적벽 "비행기 제조하는 법도 선생님께서 친히 가르쳐 주시고 부채도 선생님이 친히 주시옵소서." 선생이 적벽을 돌아보시며 가라사대 "적벽이 어찌 이렇게 무식한 말을 하느냐. 그대가 곧 군청에를 가서 보라. 군내에 모든 사무를 군수 단독히 보아 가는가, 각과에서 모든 직원이 있어서 다스려 가는가. 나는 보니 모든 직원이 있어서 각각 저의 맡은 책임을 찾아서 여러 가지 일을 다스려 가고, 군수라 하는 것은 그 모든 직원과 모든 사무를 통할하여 갈 따름이요. 세상일에 있어서는 친히 관계할 바도 있고, 또는 다른 직원에게 시키고 관계치 아니할 일도 있나니…"」(송도성 수필 법설).

「성인은 반드시 우주의 진리를 응하여 인간의 법도를 제정하시나니, 우리의 법으로 말씀하면 일원상의 종지는 대자리를 응하여 건설된 법이요, 사은의 내역들은 소자리를 응하여 건설된 법이요, 인과와 계율 등 모든 법은 유무자리를 응하여 건설된 법인 바 성인의 법은 어느 법이나 이치에 위반됨이 없이 시비이해가 분명하게 짜여지나니라」(정산종사법어, 경의편 36장).

보충 해설

성인 혹은 지도자는 일반인 및 전문가가 아는 것처럼 모든 것을 다 세목별로 알 수는 없다. 그것이 어떠한 원리로 되는가의 근본을 아는 것이 중요하다. 본말을 파악하여 근본으로 다스리는 사람이 성인이다.

노자는 「성인이란 백성의 마음으로 자기의 마음을 삼는다」(도덕경 49장)고 하였다. 이는 백성의 앎을 인지, 통어하는 성자의 역량이다. 대소유무와 시비이해, 불생불멸과 인과보응의 이치를 깨달으니 대체를 안다. 이러한 대체로 백성들의 앎을 활용, 선용하는 성자인 것이다. 여기에서 송도성 수필의 법설집에는 송적벽 선진으로 기술되어 있는데, 본 『대종경』에서는 일산 이재철 선진으로 예시되어 있어 앞으로 교사 자료의 검증이 요청된다는 지적이 있다.

인물 탐구

이재철 : ☞서품 6장 참조.

주석 주해

「성인은 대소유무와 시비이해를 통달한 것이지 소소한 것까지 다 아는 것은 아니다. 종교가 병을 고친다는 것은 잘못이다. 종교는 육신의 병을 고치는 것이 아니라 정신의 병을 고치는 것이다. 출가위의 조항에 대소유무의 이치를 보아다가 인간의 시비이해를 건설한다고 했다」(한종만, 『원불교 대종경 해의』(上), 도서출판 동아시아, 2001, p.507).

「물에 비유하면, 사람은 모두 그것이 물이라는 사실을 알지만, 성인은 그것이 흘러오는 근원지를 아는 것과 같다」(『朱子語類』 卷4, 「性理一」, 人皆知其爲水, 聖人則知其發源處).

문제 제기

1) 이방인이 그대의 스승은 성인이라 하며, 무엇이든지 다 아는가라고 질문했을 때 이재철 선진은 무어라 답했으며, 대종사의 가르침은?

2) 대소유무와 시비이해를 통달하면?

[변의품 16장] 부처공양과 성불

핵심 주제

부처공양과 성불

「부처님을 본받는 뜻」(원불교 대종경 해의 上, 한종만).

대의 강령

대종사의 공양 후 남은 음식을 먹으면 천도 받고 성불도 할 수 있다고 민자연화가 사뢰자, 이에 대종사 말하였다.

1) 그것은 나를 지극히 믿고 존경함에서 나온 생각임을 알겠으나 그대가 그 말을 사실로 알고 믿는가?

2) 사람이 부처가 공양하고 남은 밥을 먹을 때에는 부처님과 친근, 깨닫는 계기가 커진다. 이에 천도 받기도 쉽게 되고 성불도 쉽게 할 수 있을 것이 아닌가.

출전 근거

송도성 수필 『월말통신』 27호(원기 15)에 실린 법어이다.

어구 해석

공양 : 불법승 삼보에 소중한 음식, 향, 재물 등 供物을 바치는 것을 供養이라 한다. 이는 일종의 보시와 같은 것으로 신도들의 부처 불공, 경전 보시, 스님 시봉을 말한다. 신자들이 사찰에 공양하고 스님들에게 발우 공양을 해주는 것을 생각해 볼 수 있다.

연유 : 일이 벌어진 사유와 그렇게 된 이유, 까닭을 緣由라고 한다.

관련 법문

「민자연화는 매년 생일이 되면 좋은 음식을 차려 놓고 반드시 대종사 계신 곳을 향하여 심고를 올리었다. 그 자손들이 말하였다. "불법연구회는 일체 미신을 타파한 종교인데 조모님은 도로 옛 미신을 지키십니까." 자연화 말하였다. "남의 자녀로서 그 부모를 사모하는 정성이나 제자로서 그 스승을 사모하는 정성이 무엇이 다르랴. 내가 지금 올리는 음식은 대종사께서 안 잡수실 줄은 알지마는 제자된 도리로써 정성을 표하는 것이다." 후일에 대종사 들으시고 말씀하시었다. "자연화는 자녀 교양하는 도가 있도다. …" 」(대종경 선외록, 원시반본장 10장).

「대종사 변산 이춘풍의 집에 유련하실 때 춘풍의 아내 삼리화가 조석공양을 성심으로써 받들거늘 대종사 말씀하시었다. "나는 본래부터 여러 가지 반찬을 놓고 먹지 못하였을 뿐더러 도가에서는 본시 담박을 주장하나니 이후에는 이와 같이 여러 가지 반찬 놓는 것을 폐지하고 오직 한두 가지에 그침이 가하니라. … 음식에는 항상 담박 질소를 주장하라" 」(대종경 선외록, 원시반본장 8장).

보충 해설

공양과 같은 외적인 행위를 신봉함으로써 대종사를 신비롭게 다가서지 말라는 정법 신앙의 의미가 담겨 있다. 성불이란 대종사의 남은 공양을 먹음으로써 얻어지는 것이 아니라 정법으로 신앙 수행해야 가능한 일이다. 솔성요론의 「사람만 믿지 말고 그 법을 믿으라」는 말을 염두에 두자. 외적인 행위에 대하여 지나친 가치 부여는 부처를 장엄화할 유혹에 떨어뜨린다. 형식 중심의 불교를 깨달음 중심의 불교로, 불상장엄 중심의 불교를 진리신앙 중심의 불교로, 내세극락 현세기복 불교를 생활불교로 개혁하는 정법 교단이어야 한다는 의미이다.

인물 탐구

민자연화(1859-1932) : 낙타원 민자연화는 경성부 서린동에서 민덕현 선생과 함씨의 1남 2녀 중 차녀로 태어났다. 낙타원은 이공주 선진의 모친으로 18세에 경성 경주이씨 문중의 이유태씨와 결혼하였고, 상봉하솔의 도와 알뜰한 생활로 가족의 사랑을 받았다. 50세부터 시내 불교 포교당에 귀의하여 새벽에 반드시 목욕재계를 하고 염불 좌선 등을 하였고, 기쁜 마음으로 15년간 신앙 수행을 일관하였다. 낙타원은 장녀 이성각, 차녀 이공주와 더불어 대종사를 처음 뵌 것은 원기 9년(1924)으로, 대종사의 두 번째 상경 때이다. 이동진화가 마련한 동대문 밖 창신동 수양처를 박공명선의 인도로 방문, 대종사에게 귀의하였다. 대종사는 66세의 노인에게 질문해보라고 하였다. 낙타원은 "어려서부터 불도에 독실한 신심을 바치던 이모님을 통하여 불교를 알게 된 후로 오늘날까지 부처님을 신봉하며 살아왔습니다. … 과거에는 제가 무엇이었으며, 또 미래에는 어떻게 될는지 삼세사를 확실히 알고 싶습니다." 대종사는 "허허, 이거 정말 놀라운 일입니다. 한 곳에서 살림이나 한 부인네가 어찌 이처럼 크고 중대한 삼세 일을 알고 싶어한단 말입니까" 라며 환하게 웃었다. 낙타원과 그의 큰 딸 이성각은 당시 고승인 백용성 스님으로부터 佛名을 받았으므로 일차 사양하므로 법명은 작은 딸인 이공주에게만 내렸다. 당시 낙타원의 불명은 민대각화였다. 낙타원은 훌륭한 바느질 솜씨로 법복을 지어 대종사에게 올렸으며 서울에 행가하면 가까이 모시고 식사 공양을 하였다. 낙타원은 원기 11년 68세에 경성지부 창립 발기인 13인 중 중요 인물로 올랐다. 원기 15년 72세부터는 매일 염불 좌선 시간이 평균 6-7시간이요, 경전 연습이 또한 1시간씩이었으며, 정식으로 잠자는 시간 외에 잠자리에 누운 적이 없었다. 낙타원은 익산총부 건립에도 기여하였다(송인걸, 『대종경속의 사람들』, 월간원광사, 1996, '민자연화' 참조).

주석 주해

「민자연화 선진은 대종사에게 지극한 정성을 바친 분이다. 지극 정성을 바쳤기에 대종사의 남은 음식을 먹기도 하고 매년 생일이 되면 좋은 음식을 차려놓고 대종사 계신 곳을 향하여 심고를 올린 것이다. 그러나 받드는 정성을 진리에 맞게 해야 함을 대종사는 가르친 것이다」(한종만, 『원불교 대종경 해의』(上), 도서출판 동아시아, 2001, pp.508-509).

「음식 등의 많은 공양물을 올린다든가 또는 형식적인 의식절차를 복잡하게 한다든가 하는 것을 간소화함에 의하여 형식을 탈피한 진리불공이 되게 한다는 것이다. 그리하여 원불교의 불공법은 그 절차가 간소화되고 실질적인 의미를 지니게 하고 … 사실불공의 되게 하고 있다」(홍윤식, 「진리적 종교로서의 원불교의 역사적 위치」, 『한국철학종교사상사』, 원광대 종교문제연구소, 1990, p.1074).

문제 제기

1) 석가 장엄, 예수에 대한 장엄을 어떻게 생각하는가?

2) 소태산은 가까이에서 음식 공양을 한 민자연화에게 어떠한 교훈을 던지고 있는가?

[변의품 17장] 탑돌이의 의의

핵심 주제

탑돌이의 의의

「탑돌이의 의미」(원불교 대종경 해의 上, 한종만).

대의 강령

한 제자가 사원의 탑을 많이 돌면 죽은 후 왕생극락을 한다니 사실인가라고 여쭈자 대종사 답하였다.

1) 돌탑만 돌라는 것이 아니라, 지수화풍으로 모인 자기 육신의 탑을 자기 마음이 항상 돌아서 살피면 극락을 수용한다.

2) 돌로 만든 탑만 돌고 육신의 탑을 마음이 돌 줄 모른다면 참 뜻이 아니다.

어구 해석

탑 : 부처의 사리 등을 묻고 그 위에 만든 돌탑이나 흙무덤을 말한다. 불자들 사이에 이 탑을 돌면서 신앙행위가 베풀어졌는데 '부처님 오신날' 에 행사는 성대하게 거행된다. 원불교에서 탑돌이 문화가 성하지 않는 것은 진리적이고 사실적인 신앙 가풍에 기인한다.

지수화풍 : 리그베다에 나오는 자연물의 구성요소로서 天-디야우스, 地-프리티유, 태양-스랴, 雨-팔쟈니아, 風-바유, 火-아구니, 雷-인도라, 河-나디(사라스와티, 신도우) 등이 거론되기도 한다. 그리고 地水火風은 불교에서 존재론적으로 많이 인용되는 4대 요소이다. 지수화풍이란 인간이나 우주 만물을 구성하는 네 가지 요소를 말한다. 땅이 있어 만물을 실어주고, 물이 있어 성장의 생명수가 되며, 불이 있어 온도를 유지해 주고, 바람이 있어 호흡하며 살 수가 있다. 우리가 죽으면 空으로 돌아가 또 지수화풍 4대로 흩어진다. 상식적으로 지수화풍에 空이 더하면 5대가 되고, 識이 더하면 6대가 된다.

관련 법문

「옛 사람이 이르기를 "한 생각 청정한 마음이 이 도량이라, 항하사 칠보탑을 조성함보다 승하도다. 보배 탑은 필경에 부서져 티끌이 되거니와, 한 생각 조촐한 마음은 정각을 이룬다" 고 하였나니라」(정산종사법어, 세전, 제10장 통론).

「내가 40대에 건강이 약하여 원평에서 요양을 한 적이 있었다. … 하루는 경상도에서 왔다는 노인들이 나에게 부처가 계시는 곳을 같이 가자고 하여 가서 보니 노인들은 불상 앞에 절을 몇 번하고 탑을 돌고 있기에 무엇 때문에 다리 아프게 탑을 도느냐고 물었더니 모른다고 하였다. 그래서 내가 돌탑만 자꾸 돌지 말고 자신의 육신탑을 마음의 부처가 늘 살피고 돌아야 한다고 하였다」(대산종사법문 3집, 제3편 수행, 125장).

보충 해설

소태산 대종사는 사찰의 탑을 도는 신앙행위도 중요하지만, 육신의 탑 즉 나 자신의 심신을 살피는 실제적 종교 신앙을 강조하고 있다. 불교를 혁신한 의미도 이에 관련된다. 외형적이고 신비적 신앙행위를 진리적 · 사실적 신앙으로 인도하는 모습이다. 『수심결』 38장에서는 한 생각 청정한 마음이 이 도량이라 하며, 항하사의 칠보탑을 짓는 것보다 승하다고 했다. 칠보탑은 필경에 허무하게 부서져 티끌이 되거니와, 한 생각 청정한 마음은 정각을 이루라는 것이다.

주석 주해

「탑은 고대 인도에서 봉분을 한 무덤 형태에 쌓아 올린 묘이다. 석존의 사후는 단순히 분묘가 아니고 기념물의 성격을 띠도록 하였다. 마우리아 왕조 시대에는 다수의 탑이 건설되어 부처님 유골, 소지품, 유발 등을 묻은 뒤에 연화로 구축하였다. 이 탑을 중심으로 새로운 불교운동 일어나 대승불교로까지 발전하였다」(한종만, 『원불교 대종경 해의』(上), 도서출판 동아시아, 2001, p.511).

「근래에 원불교 신앙현상을 관찰한 바에 의하면 교조 소태산이 의도한 진리적 종교의 신앙과 사실적 도덕의 훈련이라는 교리적 본질과 다른 현상들이 나타나고 있다. … 대종사 성탑은 참배 장소라기보다는 기도하고 심고하고 4배를 올리는 신앙 행위의 공간이 되어가고 있다. 정산종사 성탑에서도 이러한 현상을 볼 수 있다」(김성장, 「원불교학 연구의 당면 과제」, 《원불교학 연구의 당면》, 한국원불교학회,

2002.12.6, pp.15-16).

문제 제기

1) 불교의 탑돌이 신앙에 대해 어떻게 생각하는가?

2) 원불교에 탑문화 및 탑돌이 신앙이 도입된다면?

[변의품 18장] 삼명 육통의 의미

핵심 주제

삼명 육통의 의미

「삼명 육통의 참 뜻」(원불교 대종경 해의 上, 한종만).

대의 강령

한 제자의 삼명 육통에 대한 질문에 대종사 답하였다.

1) 三明은 숙명명 천안명 누진명이요, 六通은 천안통, 천이통, 타심통, 숙명통, 신족통, 누진통이다.

2) 삼명 중 宿明明, 天眼明 2명과 天眼通, 天耳通 他心通, 宿命通 神足通 5통은 정식 법강항마위가 아니라도 부분적으로 얻을 수 있으나 정식 법강항마위 이상 도인도 얻지 못하는 수가 있다.

3) 누진명과 누진통은 대원정각을 한 사람만이 얻는다.

어구 해석

천안명 : 나와 다른 사람의 미래사를 훤히 밝혀내는 힘이다(영통).

숙명명 : 자타의 숙명을 알아 전생사에 훤히 밝혀내는 힘이다(영통).

누진명 : 번뇌가 사라지고 지혜가 밝아지는 힘을 漏盡明이라 한다(도통과 법통).

숙명통 : 자타 숙명을 아는 것으로 전생사에 훤한 신통력이다(영통).

천안통 : 육신의 눈이 아니고도 미래사를 잘 보는 신통력이다(영통).

천이통 : 말이나 소리를 모두 다 알아듣는 신통력이다(영통).

타심통 : 남의 마음을 내 맘처럼 다 알아내는 신통력이다(영통).

누진통 : 번뇌가 사라져 버리는 신통력이다(도통과 법통).

신족통 : 身如意通이라고도 하며, 크고 작은 몸을 나타내어 자기의 생각대로 날아다니는 신통력이다(영통).

관련 법문

「그 하나는 영통이라, 보고 듣고 생각하지 아니하여도 천지 만물의 변태와 인간 삼세의 인과보응을 여실히 알게 되는 것이요, 둘은 도통이라, 천조의 대소유무와 인간의 시비이해에 능통하는 것이요, 셋은 법통이라, 천조의 대소유무를 보아다가 인간의 시비이해를 밝혀서 만세 중생이 거울하고 본뜰 만한 법을 제정하는 것이니, 이 삼통 가운데 법통만은 대원정각을 하지 못하고는 얻을 수 없나니라」(대종경, 불지품 10장).

「대종사님 모신 성탑의 원석을 처음 가져올 때는 검고 모난 돌이었는데 그 돌을 천번 만번 십만 번 갈고 나니 그림자가 비칠 정도로 윤이 나더라. 석공이 더 오래 갈면 거울같이 된다고 하였다. 우리의 지혜도 그와 같다. 오래오래 연마하고 공부하면 三明六通도 얻고 四般若智도 얻는다」(대산종사법문 3집, 제3편 수행 119장).

보충 해설

범부들은 영통을 중요시하는데, 소태산은 법통을 중시, 누진명, 누진통을 강조했다. 신비함보다 정법 신앙을 강조하는 면에서 이해하자는 것이다. 어쨌든 삼명 육통이란 부처와 아라한이 깨닫게 될 때 얻는 세 가지 지혜와 여섯 가지 신통을 말한다. 대각여래위는 특히 영통보다는 도통 법통을 중요시한다. 도통과 법통이 누진명 누진통을 말하며, 그것은 진리적이고 사실적인 원불교의 교리를 대변하는 것이다.

주석 주해

「영통보다는 도통, 법통을 중요하게 밝힌 것이다. 숙명명은 전생사를 아는 것이며, 천안명은 자기나 다른 이의 미래사에 대한 일을 통달하는 것이며, 누진명은 번뇌를 끊고 생사의 속박을 여읜 밝음이며, 숙명명 천안명은 영통의 경지이고 누진명은 대원정각의 경지이다. 도통, 법통을 하는 사람도 영통을 못하는 사람이 있다. 천안통, 천이통, 타심통, 숙명통, 신족통은 영통이다」(한종만, 『원불교 대종경 해의』(上),

도서출판 동아시아, 2001, p.512).

「옛 스님은 이르기를 "그대들은 다만 자기 성품의 바다를 향하여 실답게 닦을 것이요, 삼명이나 육통을 바라지 말라. 왜냐하면 그것은 성인에게 있어서 하찮은 일이기 때문이다" 라고 하였다. 그러므로 마음을 알아 근본을 통달하여야 한다」(「普照禪師 勸修定慧結社文」, 『禪門撮要』 下卷, 민족사, 2005, p.313).

문제 제기

1) 삼명 육통에 대해서 설명하시오.

2) 삼명 육통 중 대원정각이 아니면 얻을 수 없는 것은?

[변의품 19장] 四相의 의미와 대치법

핵심 주제

四相의 의미와 대치법

「금강경의 四相」(원불교 대종경 해의 上, 한종만).

「사상에 대하여」(원광 370호, 박남주).

대의 강령

한 제자가, 금강경 가운데 四相의 뜻을 알고 싶다고 하자 대종사 답하였다.

1) 사상이란?

(1) 아상은 무엇이나 자기 본위로 하는 자존심이다.

(2) 인상은 사람이 최령하다 하여 인간 본위의 생각이다.

(3) 중생상은 중생 부처를 따로 구별하여 타락하는 마음이다.

(4) 수자상은 연령, 연조, 지위를 앞세우는 장로의 상이다.

2) 사상을 없애는 방법은?

(1) 아상은 무상의 이치를 알아야 한다.

(2) 인상은 몸 바뀌는 이치를 알아야 한다.

(3) 중생상은 중생과 부처가 둘 아닌 이치를 알아야 한다.

(4) 수자상은 성품에 노소 귀천이 없는 이치를 알아야 한다.

어구 해석

연조 : 어떤 일에 종사한 햇수를 年條라 한다.

유세 : 자랑하며 세도를 부리는 것을 有勢라 한다. 돈이나 명예나 재물 등에 있어 남보다 많음을 자랑하는 것을 유세부린다고 한다.

장로 : 나이가 많거나 덕이 많은 연장자를 長老라 한다.

관련 법문

「등잔불은 등대에 가려서 밑을 비치지 못하고 보통 중생은 아상에 가려서 자기의 잘못을 모르나니, 상이 없이 내외가 공한 마음으로써 법을 구하여 그 마음에 바탕하여 일체 지식을 갖춘다면 복혜 양족의 주인공이 되는 동시에 중생 제도하는 자비불이 될 것이다」(대종경 선외록 선원수훈장 7장).

「하근기는 식욕 색욕 재욕 등에 얽매어 솟아오르지 못하고, 중근기는 명예욕에 걸리어 솟아오르지 못하고, 좀 더 윗 근기는 상에 걸리어 크게 뛰어나지 못하나니, 오욕과 四相을 여의면 상근기니라」(정산종사법어, 권도편 22장).

보충 해설

『금강경』 사구게로 「凡所有相 皆是虛妄 若見諸相非相 即見如來」라는 문구가 있다. 나, 인간, 중생, 수자라는 상을 떼는 공부가 힘들지만, 4상을 극복하고 보면 불보살의 사다리에 쉽게 올라설 수 있다. 사상을 없애는 것은 법강항마위 때부터 본격적으로 적공을 통해 이루어진다고 하였다. 우리가 보다 오랜 적공을 함으로써 나라는 상, 사람이라는 상, 중생이라는 상, 수자라는 상을 없애고 보면 쉽게 성불 제중을 할 수가 있다. 문제는 연조가 쌓여 법위가 조금씩 오르고, 공적이 드러나면서 4상의 유혹을 쉽게 뿌리칠 수 없다는 것이다.

주석 주해

「아상은 자아라는 생각, 인상은 개아 곧 내 자신이 있다는 것, 중생상은 살아있는 생명이라는 생각, 수자상은 살아있는 영혼이라는 생각이라는 해석이 있다. 영혼이 살아있어 나라는 존재가 있다는 생각이 중심으로 밝혀져 있다. 제법무아에 일치시켜서 밝힌 것이다」(한종만, 『원불교 대종경 해의』(上), 도서출판 동아시아, 2001, p.513).

「벌써 출가교무는 프로이다. 아상 인상 중생상 수자상을 떠난 프로 교무의 시원한 모습을 우매한 우리 교도들의 마음에 느끼게 해 달라. 교도들은 노력하는 모습에서 감동을 받을 수 있다」(최상태, 「원불교 교무상의 시대적 모색」, 《원불교교무상의 다각적인 모색》, 원광대 원불교사상연구원, 2003.2.7, p.19).

문제 제기

1) 수도인이 四相만 떨어지면 부처라 한 이유는?

2) 四相의 내역과 그 대치 방법을 설명하시오.

3) 『금강경』 가운데 사상의 뜻과 사상을 없애는 방법을 제시하시오.

[변의품 20장] 각파는 다르나 진리는 하나

핵심 주제

각파는 다르나 진리는 하나

「도의 체와 용」(원불교 대종경 해의 上, 한종만).

대의 강령

이춘풍이 대종사를 뵈오니 황홀하여 삼천제자를 거느렸던 공자를 뵌 것 같으나, 불교는 허무적멸이니 무부무군이라 하여 유교 선성들이 수긍 안한다고 하자 대종사 답하였다.

1) 부처님의 본의가 그 뜻에 어그러진 바가 있었으나, 앞으로 법을 시대에 맞게 불교를 믿음으로써 가정, 사회, 국가의 일이 잘 되니 무부무군이 될까 염려 말라.

2) 주역의 무극 태극이 허무적멸, 공자의 仁이 사욕이 없는 허무적멸, 자사의 未發之中이 허무적멸이 아니면 적연부동한 中이 될 수 없고, 대학의 명명덕이 허무적멸이 아니면 명덕을 밝힐 수 없다.

3) 각파가 이름은 다르나 그 진리의 본원은 같다.

어구 해석

선성 : 선각자, 선지자 혹 선지식을 先聖이라고 한다.

허무적멸 : 유교 先賢들이 불교의 空사상을 비판할 때 허무하고 적멸한 空만을 추구하는 불교라는 식의 폄하 때 사용하는 말이다. 원래 虛無는 본래 도가의 老莊이 주장하는 교설이고 寂滅은 석가가 주장하는 교설이라는 점에서 유교인들이 현실성을 강조하며 도교와 불교를 비판할 때 사용했던 교판적 접근의 실제이다.

무부무군 : 유교에서 묵자와 양주를 비판할 때 사용했던 용어이다. 또 불교를 비판할 때 허무적멸이라는 용어와 같이, '無父' 라 하여 아버지도 없고 '無君' 이라 하여 임금도 없는 불교인들이라 비판할 때 사용하는 용어이다. 쉽게 말해서 불교 스님들은 출가함으로 인해 부모를 떠나고 자녀도 낳지 않기 때문에 無父라 하며, 그로 인해 국가의 임금도 모르기 때문에 無君이라 비판을 받는다.

무극 · 태극 : ☞교의품 3장 참조.

자사 : 공자의 손자로서 四書의 『중용』을 지은 인물로서 天命之謂性이라 하였다. 또 맹자는 공자의 손자인 子思의 문인에게 배워 공자를 사숙한 사람으로 알려져 있다.

미발지중 : 『중용』에 「喜怒哀樂未發謂之中, 發而皆中節謂之和」라 하였으니 희로애락의 감정이 발하지 않은 상태를 미발지중이라 한다.

적연부동 : 송대 유학에서 주자와 양명은 우리의 감정인 희로애락이 未發한 상태를 寂然不動이라 하고, 희로애락이 절도에 맞게 발한 경우 感而遂通이라 한다. 즉 未發之中이 道體로서 적연부동이라면, 發而中節이 道用으로서 감이수통으로 이해할 수 있다.

명명덕 : 『대학』의 삼강령 중의 하나이며, 그 외 親民과 至於至善이 있다. 인간들에게 품부되어 있는 명덕을 밝힌다(明明德)는 뜻이다.

인의예지 : 유교의 공자는 仁사상을 주장했다면, 공자를 계승한 맹자는 義를 강조하여 사단의 이론을 밝혀 인간의 성품이 선하다는 성선설을 주장했으며, 그 근거로 仁義禮智를 간직하고 있기 때문이라 하였다. 이처럼 인의예지는 유교 윤리의 핵심 이념이 되고 있다.

관련 법문

「불가에서는 우주만유의 형상 없는 것을 주체삼아서 생멸 없는 진리와 인과보응의 이치를 가르쳐 전미개오의 길을 주로 밝히셨고, 유가에서는 우주 만유의 형상 있는 것을 주체삼아서 삼강오륜과 인의예지를 가르쳐 수제치평의 길을 주로 밝히셨으며, 선가에서는 우주자연의 道를 주체삼아서 양성하는 방법을 가르쳐 청정무위의 길을 주로 밝히셨나니…」(대종경, 교의품 1장).

「불교의 진수는 空인 바 그릇 들어가면 空妄에 떨어지며, 유교의 진수는 규모인 바 그릇 들어가면 국집하며, 도교의 진수는 무위자연인 바 그릇 들어가면 자유 방종에 흐르며, 과학의 진수는 분석 정확인 바 그릇 들어가면 有에 사로 잡혀 물질에만 집착하나니…」(정산종사 법어, 도운편 31장).

보충 해설

대종사는 유불도 3교를 교판적으로 비판, 이를 통합 활용하였다. 유교인들이 불교의 空 사상과 허무적멸을 비판할지 몰라도, 그 궁극의 경지에 가서는 유교의 태극, 도가의 무극과 상통한다는 것이 소태산의 삼교 회통관이다. 또 불교인들은 유교를 현상세계, 곧 有에 구애된다고 비판하는 경우가 있지만 이는 각 종교의 특색이자 성향이다. 소태산은 이에 어느 한 종교를 편벽되게 바라본 것이 아니라 이를 활용, 불교를 그 주체로 삼았다. 각종 각파가 진리 접근, 구세 경륜에 있어 말과 표현이 다르더라도 근본 경지는 하나이기 때문이다. 본 변의품 20장의 성립 배경은 이춘풍이 정식으로 출가한 원기10년 11월이 아니라, 경상도에서 전라도로 이사하여 소태산 문하에 출입하던 원기6, 7년의 법문으로 보아야 할 것이다.

인물 탐구

이춘풍 : ☞서품 10장 참조.

주석 주해

「허무적멸의 참 뜻을 밝힌 것이다. 유교도 허무적멸의 원리로 되어 있다. 『주역』의 무극과 태극이 허무적멸의 진경이다. 주역에서는 무극이라는 말은 나오지 않는다. 무극은 『도덕경』이나 『장자』에서 나온다. 주렴계가 태극도설에서 우주의 근본을 무극이면서 태극이라 하였다. 」(한종만, 『원불교 대종경 해의』(上), 도서출판 동아시아, 2001, pp.516-517).

「'유가의 규모를 벗어나' 라는 표현은 이춘풍이 대종사를 만나 대대로 전승되어 오던 유가의 가풍을 벗어나 변산으로 이사온 후 대종사를 시봉하며 대종사의 명에 의해 庸學 등 경전초출과 解譯謄寫에 주력하면서 청법 낙도하던 47세시의 생활로 해석할 수 있으며 … 『대종경』 변의품 20장의 성립배경과 시기는 원기 7-8년경 봉래정사에서의 법문으로 추정한다」(차광신, 「훈산 이춘풍의 생애와 사상」, 원불교사상연구원 編, 『원불교 인물과 사상』(Ⅱ), 원불교사상연구원, 2001, pp.421-422).

문제 제기

1) 이춘풍이 유가의 규모를 벗어나 출가한 후, 그의 불교 이해에 대해서 소태산은 어떻게 훈도하고 있는가?

2) 대종사를 뵈오니 삼천제자를 거느린 공자를 뵌 것 같다는 것은?

[변의품 21장] 소태산과 本師

핵심 주제

소태산과 本師

「대종사의 스승과 본사」(원불교 대종경 해의 上, 한종만).

「우리의 스승은 누구인가」(원광 제371호, 남궁성).

대의 강령

어떠한 사람이 대종사의 스승을 묻자, 스스로 대각을 얻어 스승이 안 계신다고 했다는 한 제자의 보고를 듣고, 대종사 말하였다.

1) 나의 스승을 묻는 사람이 있으면 너희 스승은 내가 되고 나의 스승은 너희가 된다고 답하라.

2) 법통은 어느 부처님이 본사가 되느냐는 제자의 질문에 대종사 답하였다. “한 판이 바뀌는 때이나 서가세존이 본사가 된다.”

어구 해석

본사 : 연원불을 本師라 한다. 서품 2장에서 『금강경』을 본 후, 소태산은 부처는 聖中聖이라며 연원을 부처님으로 정한다고 하였다.

법통 : 회상의 전승으로 법을 이어 끊임없도록 하는 것이 法統이다.

관련 법문

「그대들은 온 세상을 더욱 큰 학교로 삼고 온 세상 모든 것을 다 큰 스승으로 여겨 끊임없이 실지의 힘을 쌓기에 노력하라」(정산종사법어, 경륜편 12장).

「대종사께서 대도를 깨신 후, 서가모니 부처님께 연원을 정하시어 새 회상의 대의를 세우셨으므로 이 회상이 길이 발전할 기틀이 확립되었나니, 우리도 연원 계통을 실하게 대어야 법통의 대의가 확립되어 이 회상이 무궁하게 융창하리라」(정산종사법어, 유촉편 10장).

보충 해설

스승은 따로 있는 것이 아니라 서로를 깨우쳐주는 자가 스승이다. 나의 스승은 그대이고 그대의 스승은 나라는 것은 어느 한 스승만을 스승으로 지칭한 것이 아니라는 뜻이다. 소태산은 스승 없이 도를 깨달았지만, 깨달은 바의 경로가 석가의 경우와 비슷했으므로 석가를 연원불로 하였다. 불가의 나옹대사께서도 어디를 가면 반드시 향을 두 개 피웠다고 한다. 그가 도를 얻기 전에 지공화상과 평산처림의 두 스승에게서 인증을 받았기 때문이다. 대산종사도 말하기를 「나는 대종사님을 생전에 모셨으나 열반하신 후 내 나이 40대 이후에야 대종사님의 법신을 뵙게 되었다」(대산종사법문 3집, 제1편 신성 48장) 고 하였다. 불불계세 성성성전의 모습이 드러난다.

주석 주해

「불타와 소태산 대종사와의 관계는 하느님이요 동시에 인간인 예수와 루터의 관계가 아니라 앞 부처님과 뒷 부처님의 관계 즉 불교식신 · 구교의 관계라고도 볼 수 있다. 따라서 크게 보면 하나의 불교 맥락에서 이해될 수 있고 혁신불교이기도 하다」(송천은, 「불교와 원불교의 관계」, 《원보》 제46호, 원불교사상연구원, 1999년 12월, p.37).
「대종사는 스승이 없이 혼자서 대각한 것이다. 본사라는 것은 연원불로 이해해야 한다. 서가모니불은 대종사의 연원불이 된다. 한 판이 바뀌는 때라는 것을 중요시해야 한다. 주세불이 바뀌게 된다는 것이다. 겸양한 뜻으로 서가모니불을 본사라 한 것이다」(한종만, 『원불교 대종경 해의』(上), 도서출판 동아시아, 2001, pp.517-518).

문제 제기

1) 대종사의 스승은 누구이며, 본사는 무엇을 말하는가?
2) 한 판이 바뀌는 때란 어느 때인가?

[변의품 22장] 기념상 조성과 신앙대상 여부

핵심 주제

기념상 조성과 신앙대상 여부
「기념상은 신앙의 대상이 아니다」(원불교 대종경 해의 上, 한종만).

대의 강령

한 제자 여쭙기를 대종사 이하 역대 법사의 기념상을 어느 때까지 조성할 수 없느냐고 하자, 대종사 이에 답하였다.
"기념상을 조성하여 유공인을 기념할 수는 있으나 신앙의 대상으로 삼지는 못한다."

어구 해석

기념상 : 유명인사 · 유공인의 기념을 위해, 돌이나 나무 등으로 그 모형을 본떠 만든 기념 조각상을 紀念像이라 한다.
유공인 : 교단과 사회에 공로가 있는 자로서 공도자가 有功人이다.

관련 법문

「재산이 넉넉한 종교 단체에서는 큰 산 위에 비행장을 설비하고 공원을 만들며, 화려하고 웅장한 영정각을 지어서 공도자들의 영정과 역사를 봉안하면 사방에서 관람인이 많이 와서 어떠한 귀인이라도 예배하고 보게 될 것이며…」(대종경, 전망품 25장).

「종사주께서는 더욱이 이 일원상 봉안 방법을 정하여 재래의 등상불 제도를 혁신하셨으니 이것은 곧 과거 세상에 숨어 있던 그 진리를 직접 형상으로 나토게 하시고 소수인이 이해하던 그 불성을 널리 대중에 보이어 모든 신자로 하여금 쉽게 가불을 떠나 진불을 깨치게 하심이라」(한울안 한이치에, 일원상에 대하여, 2. 일원상의 진리).

보충 해설

원불교가 불교를 혁신한 것으로는 '등상불 숭배를 법신불 일원상 숭배로' 라는 항목이 있다. 기념상 역시 등상불과 같은 맥락에서 이해할 필요가 있다. 불타 외 유공인을 위한 기념상은 더욱 우상 숭배의 시비에 떨어질 수 있다. 소태산 대종사를 기념상으로 조성하여 신앙의 대상처럼 경배하면 우상숭배에 휘말릴 수 있으며, 이는 대종사의 본의가 아니다. 법당 한 가운데 일원상을 모시고 우편에 대종사 영정을 모시는데, 영정은 교조를 기념하는 목적 이상이어서는 안 된다. 중앙총부의 성탑도 참배 차원이어야지 신앙 대상화하면 곤란한 일이다.

주석 주해

「대종사는 장엄적인 신앙을 절대적 진리의 신앙으로 돌려놓은 것이다. 소태산기념관의 안에 대종사의 석상을 모셨다. 신앙의 대상이 되어서는 안 된다. 추모하는 기념상이 되어야 한다. 사람만 믿지 말고 그 법을 믿으라(솔성요론 제1조)고 하였다. 장엄 신앙을 법신불 신앙으로 돌린 것이다. 대종사의 기념상을 신앙의 대상으로 하면 법신불 신앙의 원리에 어긋난다」(한종만, 『원불교 대종경 해의』(上), 도서출판 동아시아, 2001, p.519).

「진각종의 개혁정신으로 … 불상장엄 중심의 불교를 무상진리 중심의 불교로, … 사찰안의 불교를 時時佛供 處處佛供의 불교를 지향한다」(서경전, 「21세기 교당형태에 대한 연구」, 제21회 원불교사상연구학술대회 《21세기와 원불교》, 원불교사상연구원, 2002.1, p.58).

문제 제기

1) 대종사, 역대법사의 기념상 조성은 가능하나 신앙의 대상으로는?
2) 역대 법사의 기념상을 어느 때까지 조성할 수 없는가?

[변의품 23장] 사은의 경중과 항렬

핵심 주제

사은의 경중과 항렬

「사은의 항렬」(원불교 대종경 해의 上, 한종만).

대의 강령

한 제자, 사은에 경중이 있어 천지 부모는 하감지위, 동포 법률은 응감지위의 이유를 여쭈자, 대종사 "경중을 따로 논할 것은 없으나 항렬로써 말하면 천지 부모는 부모 항이요, 동포 법률은 형제 항이라."

출전 근거

『육대요령』(원기17년)의 내용을 23장, 24장, 25장, 26장으로 나눴다.

어구 해석

하감 : 위에서 아래로 내려다보는 것을 下鑑이라 하며, 천지와 부모가 우리를 내려다보며 보호해 준다는 뜻이다.

응감 : 좌우에서 응하여 보살펴주는 것을 應鑑이라 하며, 동포와 법률은 동등항렬이라 상하가 아닌 좌우에서 보살펴준다는 것이다.

항렬 : 같은 혈족 가운데 상하 좌우의 관계를 표시하는 일종의 계층을 말한다. 부모 行列(천지 부모)이란 부모와 나의 상하 관계, 형제 항렬(동포 법률)이란 형과 나의 상하관계를 나타내는 차등을 말한다.

관련 법문

「천지하감지위 부모하감지위는 나의 이상 항렬이요, 동포응감지위는 나와 동등 항렬이니라」(『정산종사법설』, 월간원광사, 2000, p.359).

「나는 늘 이렇게 기원한다. 천지하감지위, 부모하감지위, 동포응감지위, 법률응감지위, 피은자 모는 정심재계하옵고 삼가 법신불 사은전에 고백하옵나이다. 하늘은 만물을 다 덮어 주시고 땅은 만물을 다 실어 주시며 佛聖은 만물을 다 호념하여 化之育之케 하여 주시옵나니 불제자 모두 대종사님과 마음을 연하여 천지인 三才에 합일할 수 있도록 큰 광명과 위력을 밀어 주시와 도명덕화의 주인공이 되게 하여 주시옵소서」(대산종사법문 3집, 제1편 신성 46장).

보충 해설

친척들에 항렬이 있다. 貴자 돌림, 鍾자 돌림 등이 곧 일가친척의 항렬이다. 이와 유사하게 원불교 신앙의 대상에도 항렬이 있다. 천지와 부모는 나보다 높은 항렬이므로 하감이고, 동포와 법률은 동등 항렬이므로 응감이다. 따라서 천지와 부모를 부를 때는 우러르는 심정으로, 동포와 법률을 부를 때는 함께하는 심정으로 다가서는 것이 필요하다. 그러나 이는 단지 나누어 본 것에 불과하며, 모두가 통일체적인 신앙의 대상이다. 참고로 예회 시에 신앙대상을 향해 올리는 심고는 이미 시창 17년부터 실시하여 왔으며, 시창 19년 『회보』 발간 때는 「심고와 기도하는 법」을 수록하여 회원들에게 실시하도록 하였다.

주석 주해

「심고는 주인의 心에 대하여 客의 心이 주인의 心 당신같이 되겠습니다하고 비는 것이다. 그러면 주인을 닮아간다. 이것이 心力이다. 심력의 힘은 무서운 것이다. … 자기 이익될 것만 원하고 告하지 말고 세상과 공중을 위하는 일들을 먼저 고해야 한다」(박길진, 『대종경강의』, 원광대출판국, 1980, p.47).

「천지은과 부모은은 위에서 밑으로 조감해서 우리를 살게 해주는 은혜의 부처로서 종적인 관계라 할 수 있으며, 동포은과 법률은은 옆에서 조감하여 우리를 살게 해주는 은혜의 부처로서 횡적인 관계라 할 수 있다. 그래서 천지 부모는 하감이며 동포 법률은 응감인 것이다」(한종만, 『원불교 대종경 해의』(上), 도서출판 동아시아, 2001, p.520).

문제 제기

1) 하감과 응감의 차이는?

2) 사은의 경중이란, 사은에 차별이 있다는 뜻인가?

[변의품 24장] 천지 보은의 도

핵심 주제

천지 보은의 도

「참다운 천지 보은」(원불교 대종경 해의 上, 한종만).

대의 강령

천지는 큰 은혜를 입혔는데 우리는 한갓 천지의 도를 본받아 행하는 것만으로 어찌 보은이 되는가라고 여쭈자, 대종사 답하였다.

1) 과거 불보살 성현의 제자가 선생의 가르침의 은혜를 받은 후 물질의 보수는 없다 할지라도, 선생의 가르침을 실행하여 그 사업을 계승하면 선생의 보은자가 되는 것과 같다.

2) 이를 미뤄 볼 때 천지의 도를 본받아 행함이 천지 보은이 된다.

출전 근거

『육대요령』(원기 17년)에 실린 내용을 23장, 24장, 25장, 26장으로 나눈 것이다.

어구 해석

문정 : 문 안에 있는 뜰을 門庭이라 한다. 성현 군자 문정의 제자란 성현 군자의 문하에서 공부하는 제자들을 말한다.

천지의 도 : 구체적으로 말해서 天地八道를 가리킨다.

관련 법문

「1. 천지의 지극히 밝은 도를 체받아서 천만 사리를 연구하여 걸림없이 알 것이요, 2. 천지의 지극히 정성한 도를 체받아서 만사를 작용할 때에 간단없이 시종이 여일하게 그 목적을 달성할 것이요, 3. 천지의 지극히 공정한 도를 체받아서 만사를 작용할 때에 원근친소와 희로애락에 끌리지 아니하고 오직 중도를 잡을 것이요, 4. 천지의 순리자연한 도를 체받아서 만사를 작용할 때에 합리와 불합리를 분석하여 합리는 취하고 불합리는 버릴 것이요…」(정전, 제2 교의편, 제2장 사은, 제1절 천지은, 4. 천지보은의 조목).

「천지의 행하는 도를 보아도 어느 해에는 너무 가물어서 사람을 괴롭게 하고, 어느 해에는 너무 장마져서 또한 사람을 괴롭히는 수가 있는 것이다. 외면으로 보면 그 행하는 도가 고르지 못한 것 같으나 천지가 만물을 다스릴 때에 종종의 변고와 재앙을 내리기도 하고 풍우의 순조와 상서를 내리기도…」(대종경 선외록, 인연과보장 3장).

보충 해설

『정전』 천지보은의 강령에서 사람이 천지의 은혜를 갚기로 하면 먼저 마땅히 그 도를 체받아서 실행할 것이라고 하였다. 여기에서는 스승의 보은을 위해서 물질적 보은도 좋으나, 후에 훌륭한 일꾼이 되는 것도 장기적으로 보은행이라는 것이다. 천지 보은도 마찬가지로, 직접 천지에 불공하는 天祭만이 보은이 아니라 천지 8도를 실행하는 것이 천지은에 보은하는 행위이다. 다시 말해서 천지8도를 人道와 연결시켜 실천토록 한 것이다. 유교에서 말하는 천인합일의 경지와도 같다.

주석 주해

「천지 보은의 강령은 천지의 팔도를 체받아서 실행하라는 것이다. 천지의 도를 체받아 행하는 것은 천지의 도가 모든 사람에게 크게 활용되게 하는 것이다. 천지의 도가 모든 사람에게 활용되어 유익을 준다면 모든 사람들이 천지의 도를 우러러 보고 감사할 것이다. 온 천지에 천지의 덕화가 미칠 수 있도록 노력해야 한다」(한종만, 『원불교 대종경 해의』(上), 도서출판 동아시아, 2001, p.521).

「천지의 본질을 팔도와 팔덕으로 언급하고 있는데, 이 본질은 만유생성의 원리이다. 팔도가 운행됨으로써 나타나는 결과는 생성의 대덕이다. 우리는 이 천지 대도의 운행으로 나타나는 생성 대덕에 피은된 존재이다」(이현택, 석사학위청구논문 『원불교 은사상의 연구』, 원광대 대학원 원불교학과, 1974, 12. p.45).

문제 제기

1) 천지의 도를 실행하는 것이 천지 보은이 되는 이유는?
2) 천지팔도에 대해 언급하시오.

[변의품 25장] 부모 보은의 조목과 범위

핵심 주제

부모 보은의 조목과 범위

「참다운 부모 보은」(원불교 대종경 해의 上, 한종만).

대의 강령

부모 보은이 되는 두 가지 문답 내용이다.

1) 부모보은 조목에 '공부의 요도와 인생의 요도를 실천하는 것이 부모 보은이 되는 이유' 를 묻자 대종사 답하였다.

(1) 공부의 요도를 지내고 나면 부처님의 지견을 얻을 것이요, 인생의 요도를 밟으면 부처님의 실행을 얻을 것이다.

(2) 자녀로서 부처님의 지행을 얻어 부처님의 사업을 이룬다면 그 이름이 세상에 드러나 부모의 은혜까지 드러난다.

2) 자력 없는 타인의 부모를 내 부모와 같이 보호하는 것이 부모 보은이 되는 이유를 묻자 대종사 답하였다.

(1) 천만 겁을 통하여 정한 부모와 정할 부모가 실로 한이 없으니 이 많은 부모의 은혜를 어찌 현생 부모 한두 분에게만 보은하여 다하였다 하리요.

(2) 현생 부모, 혹 타인 부모의 보호법을 쓰면 이는 삼세 일체 부모의 보은이 된다.

출전 근거

『육대요령』(원기 17년)에 실린 내용을 23장, 24장, 25장, 26장으로 나눈 것이다.

어구 해석

공부의 요도 : 일원상의 수행문으로서 마음공부에 직접 관련되는 교리로서 삼학팔조가 工夫의 要道이다.

인생의 요도 : 일원상의 신앙문으로서 감사생활의 길인 사은사요가 人生의 要道이다. 신앙 수행의 양 대문인 인생, 공부요도가 정법이다.

관련 법문

「학인이 묻기를 "공부의 요도와 인생의 요도를 밟음이 부모 보은 되는 내역을 더 자상히 알고 싶나이다." 말씀하시기를 "그 부모의 영명이 천추에 영전됨이요, 그러한 불보살을 세상에 희사한 공덕으로 자연 하늘 복이 돌아감이요, 현생과 후생을 통하여 공덕 있는 자녀의 감화를 받기가 쉬움이니라"」(정산종사법어, 경의편 7장).

「원기 33년 4월, 원불교 교헌을 제정 반포하시니, 총강 제1조에 "원불교는 우주의 원리요 제불의 심인인 즉 일원의 대도에 근본하여 정신 정각 정행을 종지로 한다" 하시고, 제2조에 "본교는 인생의 요도 사은 사요와 공부의 요도 삼학 팔조로써 전 세계를 불은화하고 일체 대중을 선법화하여 제생의세하기로 목적한다" 하시고…」(정산종사법어, 경륜편 5장).

보충 해설

인생의 요도 사은사요와 공부의 요도 삼학팔조를 실천에 옮기는 것이 부모 보은이다. 「일자출가에 구족이 생천한다」라는 말이 있듯이, 출가하여 수도 정진하는 것이 가족에 보은이요, 그 수도 정진(성불제중)이 바로 사은사요 삼학팔조의 실천에 있다. 인생의 요도 사은사요와 공부의 요도 삼학팔조를 일일이 실행하여 큰 실력을 얻게 되면 佛果를 이룰 수 있다. 그리하여 내가 부처가 되면 나의 부모는 희사위에 오르니 이처럼 큰 보은이 없을 것이다.

주석 주해

「부모를 직접 봉양하는 것도 보은이지만 삼학팔조 사은사요를 실천해서 부모의 이름이 천추에 빛나게 하는 것이다. 타인의 부모에게도 내 부모와 같이 힘이 미치는 대로 보은하는 것은 삼세의 모든 부모에게 효를 하는 것이다」(한종만, 『원불교 대종경 해의』(上), 도서출판 동아시아, 2001, p.522).

「지난번 4단 단회를 부모은 중 보은조목으로 했다. 부모보은 조목을 보면 첫째가 "인생의 요도와 공부의 요도를 유루 없이 밟을 것이요." 둘째가 "늙고 병들고 어찌할 수 없을 경우에 심지의 안락과 육체의 봉양을 드리라" 하는 말씀이 있다. 그런데 이것으로 토론이 벌어졌다」(심익순, 『이 밖에서 구하지 말게』, 원불교출판사, 2003, p.22).

문제 제기

1) 공부의 요도와 인생의 요도 실천이 부모 보은이 된다는 것은?

2) 타인 부모도 내 부모처럼 보호하는 것이 부모 보은이 되는 이유?

[변의품 26장] 상시응용주의사항과 삼학의 관계

핵심 주제

상시응용주의사항과 삼학의 관계

「상시응용주의사항과 3학」(원불교 대종경 해의 上, 한종만).

대의 강령

상시응용주의사항 각 조목과 삼학과의 관계는 어떠한가의 질문에 대해 대종사 답하였다.

1) 삼학으로 보면 정신수양은 상시응용 5조, 사리연구는 상시응용 2, 3, 4조, 작업취사는 상시응용 6조이다.

2) 동정으로 보면 상시응용 3, 4, 5조는 정할 때 공부로 동할 때 공부를 준비하는 것이고, 상시응용 1, 2, 6조는 동할 때 공부로서 정할 때 공부 자료를 준비하는 것이다.

3) 상시응용 주의사항과 교당내왕시 주의사항과의 관계로서 전자는 남녀 유무식을 막론하고 상시로 공부할 수 있는 빠른 법이며, 후자는 상시의 길을 도와주고 알려 주는 법이다.

출전 근거

『육대요령』(원기17년)에 실린 내용을 23장, 24장, 25장, 26장으로 나눴다.

어구 해석

상시응용주의사항 6조 : 1) 응용하는데 온전한 생각으로 취사하기를 주의할 것이요, 2) 응용하기 전에 응용의 형세를 보아 미리 연마하기를 주의할 것이요, 3) 노는 시간이 있고 보면 경전 법규 연습하기를 주의할 것이요, 4) 경전 법규 연습하기를 대강 마친 사람은 의두 연마하기를 주의할 것이요, 5) 석반 후 살림에 대한 일이 있으면 다 마치고 잠자기 전 남은 시간이나 또는 새벽에 정신을 수양하기 위하여 염불과 좌선하기를 주의할 것이요, 6) 모든 일을 처리한 뒤에 그 처리건을 생각하여 보되, 하자는 조목과 말자는 조목에 실행이 되었는가 못 되었는가 대조하기를 주의할 것이니라.

교당내왕시주의사항 6조 : 1) 상시응용주의사항으로 공부하는 중 어느 때든지 교당에 오고 보면 그 지낸 일을 일일이 문답하는데 주의할 것이요, 2) 어떠한 사항에 감각된 일이 있고 보면 그 감각된 바를 보고하여 지도인의 감정 얻기를 주의할 것이요, 3) 어떠한 사항에 특별히 의심나는 일이 있고 보면 그 의심된 바를 제출하여 지도인에게 해오 얻기를 주의할 것이요, 4) 매년 선기에는 선비를 미리 준비하여 가지고 선원에 입선하여 전문 공부하기를 주의할 것이요, 5) 매 예회날에는 모든 일을 미리 처결하여 놓고 그 날은 교당에 와서 공부에만 전심하기를 주의할 것이요, 6) 교당에 다녀갈 때에는 어떠한 감각이 되었는지 어떠한 의심이 밝아졌는지 소득 유무를 반조하여 본 후에 반드시 실생활에 활용하기를 주의할 것이니라.

관련 법문

「상시훈련은 상시응용주의사항 6조로서 정하였으니 1. 응용하는데 온전한 생각으로 취사하기를 주의할 것, 2. 응용하기 전에 응용의 형세를 보아서 미리 연마하기를 주의할 것, 3. 空間時 경전 연습하기를 주의할 것, 4. 공간시 의두 연마하기를 주의할 것, 5. 공간시 좌선 혹 염불하기를 주의할 것, 6. 응용 후 대조하기를 주의할 것 등이니, 이는 곧 何時는 물론하고 일체 동정에 항상 이 삼강령 공부를 수기 응용하는 교법이 되며…」(불법연구회 창건사).

「정할 때 공부법으로는 매일 상시공부 6조로 마음을 닦아 나가다가 부족한 것을 보충하기 위하여 매주 마다 예회에 참예하여 스승과 동지 간에 혜두연마를 해 나가고 또는 매년 동하간 수개월씩 정기선 수련을 하여 … 정할 때 공부로서는 동할 때 공부의 자료를 삼고, 동할 때 공부로서는 정할 때 공부의 자료를 삼아서 동정 간에 간단없이 불지에 오르자는 것이니…」(대산종사법문 1집, 수신강요 2, 1. 대종사님께서 교문을 열어놓으신 의의와 강령).

보충 해설

상시응용주의사항 6조와 교당내왕시주의사항 6조는 「상시훈련법」에 속한다. 상시훈련법은 동할 때 공부법(작업취사 주체)이요, 정기훈련법은 정할 때의 공부법(수양, 연구 주체)이다. 원불교의 이러한 훈련법은 동정간 '물샐틈없는 공부법' 이 된다. 박장식 교무는 이에 말한다. 「대종사는 삼학병진을 이론적으로만 주장한 것이 아니다. 상시응용주의사항 6조로 연결시켜 일 속에서 공부하고 공부하면서 일할 수 있는 대도를 천명해준 것이다. 이것이 대종사의 주세불인 점이며 위대한 점이다(박장식, 원불교신문, 2001.4.27, 5면). 원불교의 상시 정기 훈련법은 물샐틈없이 추진하므로 인간 개조의 훈련과도 같다.

주석 주해

「상시응용주의사항 6조를 순서 있게 밟아나간다면 차차 공부가 깊어간다. 한 가지 분야에만 노력하면 그것에만 능하게 되어 원만한 사람은 못된다. 공부인은 항상 삼학을 겸수해서 원만한 인격자가 되어야 한다」(박길진, 『대종경강의』, 원광대출판국, 1980, pp.140-141).

「상시응용주의사항과 삼학과의 관계 5조는 수양이며, 2, 3, 4는 연구이며, 1조는 취사이며, 6조는 삼학의 대조이다. … 상시응용주의사항과 동과 정 3, 4, 5조는 정할 때 공부이며 1, 2, 6조는 동할 때 공부이다. … 상시응용주의사항 6조는 생활 속의 공부이고 교당내왕시주의사항 6조는 상시응용주의사항을 도와주고 알려주는 공부이다」(한종만, 『원불교 대종경 해의』(上), 도서출판 동아시아, 2001, pp.523-524).

문제 제기

1) 상시응용 주의사항과 삼학의 관계는?
2) 상시응용주의사항과 교당내왕시주의사항과의 관계는?
3) 상시응용주의사항을 동과 정 두 사이로 나누어 보십시오.

[변의품 27장] 보시의 국한 없는 공덕

핵심 주제

보시의 국한 없는 공덕

「국한 없는 공덕」(원불교 대종경 해의 上, 한종만).

대의 강령

한 선원은 밥 한 그릇을 한 사람에게만 주는 것보다 열사람에게 나누어 주는 공덕이 더 크다 하고, 또 한 선원은 열 사람이 만족 못하게 주는 것보다 한 사람이라도 만족하게 주는 공덕이 더 크다고 하자, 이에 대종사 답하였다.

1) 같은 한 물건이지만 한 사람에게만 주면 그 한 사람이 즐겨하고 갚을 것이다.

2) 또는 한 동리나 한 나라에 주면 그 동리나 나라에서 즐겨하고 갚을 것이다.

3) 국한 없는 세계 사업에 주고 보면 전 세계에서 즐겨하고 갚게 될 것이다.

어구 해석

국한 : 사물이나 현상의 범주를 한 부분에 한정하는 것을 局限이라 한다. 곧 일의 상황이나 접하는 곳의 한계를 설정하는 것이다.

공덕 : 보시 등을 통해 많은 덕을 쌓아 공을 이룬 것이 功德이다.

관련 법문

「우리는 현실적으로 국한된 소유물밖에 자기의 소유가 아니요, 현실적으로 국한된 집밖에 자기의 권속이 아닌데, 부처님께서는 우주 만유가 다 부처님의 소유요 시방세계가 다 부처님의 집이요 일체중생이 다 부처님의 권속이라 하였으니…」(대종경, 서품 17장).

「기도를 모실 때 개인이나 가족만을 위하여 기도를 하면 그 사상파가 개인이나 가족에게 국한이 되나 세계 전체를 위하여 기도를 모시면 세계 속의 나이므로 그 기운이 나에게도 미쳐지는 것이다. 부처님이나 예수님이나 공자님 등의 삼세 모든 부처님들은 세계를 위하여 일하시고 염원하시고 기도하셨으므로 그 기운이 당신뿐 아니라 세계에 미쳐졌다」(대산종사법문 3집, 제3편 수행 44장).

보충 해설

보시를 함에 있어 개인 위주보다 공동체 및 공익사업이 공유의 측면에서 더 가치가 있다는 의미이다. 한 가정만을 위한 삶도 있고, 인류 전체를 한 가족으로 알고 살아가는 삶도 있다. 그리고 국한 있는 개체불보다 국한 없는 전체불을 숭배하는 것도 그 같은 보시와 관련하여 이해할 수 있다. 『대종경』 서품 15장에서 부처를 숭배하는 것도 한갓 국한된 불상에만 귀의하지 않고, 우주만물 허공법계를 다 부처로 알게 된다고 하였다. 원불교 신앙의 특징 중 하나가 전체신앙이다.

주석 주해

「국한 없이 쓴 공덕이 한량없이 큰 것이다. 보시는 모든 사람에 대해서 자비심을 평등이 지녀서 마치 자식 같이 생각한다고 하였다. 비록 한 사람은 국한은 있지만 마치 자식같이 자비심으로 생각해야 한다」(한종만, 『원불교 대종경 해의』(上), 도서출판 동아시아, 2001, p.526).

「평등의 세계는 상통하는 세계며 상호 부조하는 세계로서, 모든 국한을 벗어나 서로 융통할 것이며, 편협한 개인의 이익이나 권리를 넘어서서 공중과 세계를 위하도록 계획하였던 것이다」(한기두, 「불교와 원불교」, 《원보》 제46호, 원광대 원불교사상연구원, 1999년 12월, p.28).

문제 제기

1) 국한 없는 공덕이란 무엇인가?

2) 국한 있는 공덕과 국한 없는 공덕은?

[변의품 28장] 무상보시와 유상보시의 공덕

핵심 주제

무상보시와 유상보시의 공덕

「무상 보시」(원불교 대종경 해의 上, 한종만).

「유상보시와 무상보시」(원광 제372호, 남궁성).

대의 강령

유상보시와 무상보시 공덕의 차이가 어떻게 다르냐는 질문에, 대종사는 보시란 과수에 거름하는 것과 같다며 이에 말한다.

1) 유상보시란 거름을 위에다 흩어주므로 기운이 흩어진다.

2) 무상보시란 거름을 한 후 묻어주므로 기운이 오래가고 든든하다.

어구 해석

유상보시 : 보시한다는 상으로 보시하는 경우를 有相布施라 한다. 이를테면 남에게 보시를 해놓고 그 보시를 했다는 관념을 가지는 것이다. 유상보시는 내가 보시를 했으니 저 사람이 이제 나에게 보시를 해주었으면 하는 기대감을 갖게 하므로 오히려 원망심이 생길 수 있다. 이에 보시했다는 상마저 벗어나는 것이 필요하다.

무상보시 : 보시한다는 상이나 관념마저 없이 보시하는 경우를 無相布施라 한다. 무상보시를 할 경우 무루의 복덕을 짓게 된다.

관련 법문

「"제가 저번에 이웃집 가난한 사람에게 약간의 보시를 하였삽더니 그가 후로는 저의 집일에 몸을 아끼지 아니하오니 복은 지을 것이옵고 지으면 받는 것이 그와 같이 역력함을 알았나이다." 대종사 말씀하시기를 "그대가 복을 지으면 받아지는 이치는 알았으나 잘못하면 그 복이 죄로 화하는 이치도 아는가. … 지어 놓은 그 복이 죄가 되는 것이 아니라 복을 지은 그 마음이 죄를 짓는 마음으로 변하기도 한다"」(대종경, 인도품 17장).

「무념 공부의 실례를 들어 본다면 ① 사람이 도덕을 공부하여 능히 佛聖의 지위를 얻는 것은 그 마음에 내가 불성의 위를 얻었거니 하는 생각이 없는 까닭이요, ② 공도에 헌신하여 영원한 공익자가 되는 것도 그 마음에 내가 공익을 하였거니 하는 생각이 없는 까닭이요, ③

세상에 처하여 영원한 안락을 누리는 것도 그 마음에 이것이 낙이거니 하여 집착하는 생각이 없는 까닭이요, ④ 누구에게 은혜를 베푼 후 그 은혜를 영원히 보전하는 것도 그 마음에 내가 은혜를 베풀었거니 하는 생각이 없는 까닭이요」(정산종사법어, 경의편 26장).

보충 해설

보시한다는 상에 집착하면 그 보시의 효과가 감소될 수 있다. 일선 교당 교무의 감각감상을 보자. 「내가 무엇을 했네, 도와주었네 하는 이런 마음이 싹트게 되면 내 스스로 어두움에 갇혀 바른 공부길을 찾지 못하고 불평불만만 하면서 살아갈 수 있겠구나」(김화인, 『나는 조각사』, 출가교화단, 2000, pp.207-208). 무슨 일을 하든지 상없는 마음으로 해야 무루의 복덕을 쌓는 길이다. 이에 소태산은 천지의 응용무념의 도를 생각하며 상없이 살아가도록 그 표준을 정하여 주었다.

주석 주해

「상이 있는 보시는 거름을 밭 위에 흩어주는 것과 같고 상이 없는 보시는 밭의 땅속에다 묻어준 것과 같다. 『금강경』에서는 삼천대천세계에 가득 찬 칠보로 보시를 하는 것보다 금강경 사구게를 수지 독송해서 다른 사람에게 설해주는 것이 공덕이 더 크다는 것이다. 그러므로 보시를 하되 상에 집착하지 않는 보시를 하라는 것이다」(한종만, 『원불교 대종경 해의』(上), 도서출판 동아시아, 2001, p.526).

「중생은 남에게 약간의 보시를 하고서 그 공덕이나 대우가 돌아오기를 기대하다가 상대방이 그런 기대에 미치지 못하면 그 사람을 원망하고 미운 마음까지 내기 쉽다. 그래서 그 미운 마음이 심해지면 오히려 보시가 상극의 인연을 맺는 원인이 될 수도 있기 때문에 유상보시를 경계한 것이다」(남궁성, 「유상보시와 무상보시」, 《원광》 제372호, 월간원광사, 2005.8, p.97).

문제 제기

1) 무상보시와 유상보시에 있어 공덕의 차이가 나는 이유는?
2) 무상보시란 무엇인가?

[변의품 29장] 弓弓乙乙의 뜻

핵심 주제

弓弓乙乙의 뜻
「동학의 가사」(원불교 대종경 해의 上, 한종만).

대의 강령

대종사 말하였다.
1) 동학 가사에 "이로운 것이 궁궁을을에 있다(利在弓弓乙乙)" 하였으니 무슨 뜻이냐고 조원선이 여쭈자, 대종사 답하였다.
(1) 弓弓은 무극 곧 일원이다.
(2) 乙乙은 태극이니 도덕의 본원을 밝혔다.
2) 또 '궁을가' 를 부르면 운이 열린다고 하니 무슨 뜻이냐고 하자 대종사 답하였다.
(1) 그러한 도덕을 신봉하고 염불 · 주송을 많이 하면 일심청정으로 원망심과 독심이 녹아 없어진다.
(2) 천지 허공법계가 청청하여 평화로우니, 노래를 많이 부르라.

어구 해석

궁을가 : 弓弓乙乙의 용어가 많이 들어간 가사로서 무극(弓弓) 태극(乙乙)이 중심이며, '궁을가' 는 작자 및 창작연대 미상의 동학가사이다. 4·4조의 장편가사로서 1행이 끝날 때마다 "弓弓乙乙 成道로다" 를 후렴구처럼 반복한다. 이 가사는 풍자적으로 시대상을 비판하고 있으며 당시 어린이를 상대로 '궁을가' 동요로 부르도록 권장하였다.
가사 : 시가의 한 형식이 歌辭로 시대 풍자 등 큰 뜻을 담고 있다.

관련 법문

「8·15광복 전에 영산에 계실 때 남자 선원들에게 말씀하셨다. "정감록 비결에 弓弓乙乙之間이라 하였는데 그것이 무슨 뜻인지 아느냐? 그것은 다름이 아니라 바로 一圓이다」(한울안 한이치에, 제6장 돌아오는 세상 35장).

「옛날 궂에 박첨지 놀음이라는 것이 있어 모든 초랑이패를 거둬들이는 놀음이 있었고, 부안 실상동 동요에 "석문을 열고 10리를 들어가면 새 시대 개법주가 피난도 하고 개법도 한다" 하였는데 석문동에서 10리쯤 들어오니 석두암이더라」(한울안 한이치에, 제6장 돌아오는 세상 26장).

보충 해설

궁을가를 소개해 보자. 「大明天地 日月之下에 億兆蒼生 생기실제 / 三皇五帝 恩德으로 너도나고 나도나고 / 父母恩德 입었나니 恩大德重 泰山이라 / 天地定位 一分後에 乾坤父母 一般이라 / 우리 我東童蒙들아 父母恩德 갚는 노래 / 너와나와 불러보자 九變九復 此時天地 / 一事於斯 九變修道 一千四百 四十萬年 / 甲子正月 初一日로 後天九復 十二會라 / 二十一年 甲申年에 主星回度 太陽이라 / 太陽太陰 未定하니 外各國이 紛紛이라 / 天時地理 尊重하나 不如人和 이때로다 / 此時甲子 九復下에 太古之時 更歸로다 / 四十四方 定天地에 十二會 翻覆이라 / 弓乙星辰 照臨하니 萬法主宗 造化로다 / 每句下誦 此六字로 弓弓乙乙 聖道로다 / 萬乘道師 御命으로 修心修道 道通이라 / 廣濟蒼生 治德下에 周遊四方 으뜸이라 / 萬修道人 僥倖나서 暮春三月 好時節에 / 遍降弓乙 神人等을 分野之內 十二國에 / 非山非野 何處向고 非天非地 星辰이라 / 十二會中 成道時에 左旋右旋 爲主로다 / 一天之下 大寶義는 遍降弓乙 노래로다 / 青春少年 游俠들아 每様風流 좋다말소 / 十二會 生道하여 다시 神明 十二會라 / 心通六藝 第一이라 四書三經 많이읽어 / 修道修身 正心하면 忠孝二名 얻을때라 / 남에게 積惡말고 正心한즉 免厄이라 / 天地運數 不幸하나 積善者는 無故로다 / 天地茫茫 저 弓乙을 어느蒼生 뉘알소냐 / 弓乙인들 다알소냐 惡苦網이 顚覆이라 / 人皆好之願誦하면 國泰民安 今時로다 / 堯舜之風 되렸마는 道人外에 뉘알소냐 / 悖道말고 修道하소 道下止가 이것이라 / 至誠으로 늘부르면 外國兵이 不犯이라 / 利在田田 가지말소 東西南北 四席이라 / 萬化道人 賢人君子 一邑之內 있을진댄 / 그곳에 疾病없고 五穀이 登豊이라 / 弓乙星辰 習道하면 魑魅魍魎 消滅이라 / 左旋右旋

習道하니 疾病虎患 근심할까 / 우리我東 童蒙들아 弓乙歌나 불러보세 / 너는左旋 나는右旋 弓乙대로 놀아보자 … 弓弓乙乙 聖道로다」(대산종사법문 1집, 11 궁을가).

인물 탐구

조원선(1896-1950) : 回山 조원선은 전남 영광군 묘량면 신천리에서 조경일 선생과 장기남화 여사의 1남 2녀 중 장남으로 태어났다. 본명은 경환으로 7살 때부터 한문 사숙을 하였다. 회산은 사업 방면에도 역량을 보여 가사를 번창시켰으며, 20세부터는 가사를 전담하였고 30세에는 병으로 3년간을 신음하였다. 그러던 중 이재철 선진의 인도로 대종사를 뵙고 입교를 하였다. 회산은 입교와 더불어 총부 선원에 입선하여 정법을 깨닫고 병고도 감소하여 입지가 확고해졌으니 원기 14년의 일이다. 회산은 그 뒤 영산성지에 위치한 영광지부와 신흥분회의 임원으로서 큰 역할을 한다. 회산은 원기 20년 출가, 전무출신을 하였으며, 동년 4월 28일 총부에서 열린 제7회 정기 총대회에서 신흥지부장에 보선되었다. 원기 21년에는 영광지부 서무부장으로 6년간 봉직하였으며, 원기 27년에 교화계에서 역할을 하며 원평교당의 교무로 부임하여 2년간 혈성을 다했다. 이어서 원기 31년부터 3년간 중앙총부 산업부장으로서 교단 경제에 공을 세운다. 이처럼 회산은 항상 근검절약의 정신으로 교단 산업현장에서 정성을 다하였다. 그의 장남 조희열 정사는 이완철 교무의 차녀인 이복원과 결혼하였다. 회산은 사업방면에서 주로 일하여 팔산 김광선 교무가 회산의 열반 시 "선생의 평소 공심을 무어라 말할 수 없나이다. 그러하온즉 우리 일반 후진자는 어떠한 사심이 동할 때 선생의 이 공심을 본받기로 합시다" 라고 한 추모 글에서 회산의 공심을 알 수 있다. 회산의 장자인 조희열 교무가 전무출신하고, 손자 조대성 교무, 손녀 조영진 · 조효경 교무가 전무출신했다(송인걸, 『대종경속의 사람들』, 월간원광사, 1996, '조원선' 참조).

주석 주해

「예언서나 또는 최근세 한국 개창의 신종교들이 주창한 弓弓 또는

弓乙이라는 비밀 언어에 대하여, 소태산 대종사는 그 암호를 법신불 일원상 중심으로 해독하고, 법신불 일원상 시대의 세계적 도래를 예시하는 것으로 보았다」(송천은, 「일원상 진리」, 창립10주년기념 추계 학술회의《원불교 교의 해석과 그 적용》, 한국원불교학회, 2005년 11월 25일, pp.A-B).

「활(D)을 두 개 합치면 무극 또는 일원상이 된다. 乙자를 두 개 합치면 태극이 되는 것이다. 척이 없이 원한을 풀면 은사상과 통하는 것이다. 주문을 많이 외우면 일심이 청정해져서 원한의 마음이 녹아진다」(한종만, 『원불교 대종경 해의』(上), 도서출판 동아시아, 2001, p.527).

문제 제기

1) 궁을가 노래를 많이 부르라 한 이유는?

2) 「利在弓弓乙乙」을 해석하라.

[변의품 30장] 전무후무한 도덕회상

핵심 주제

전무후무한 도덕회상

「도덕을 보고 믿으라」(원불교 대종경 해의 上, 한종만).

대의 강령

최수인화 "저는 동학을 신앙하올 때 늘 수운선생의 갱생을 믿고 기다렸는데, 대종사를 뵈오니 곧 그 어른을 뵈옵는 것 같아 정의가 두터워지고 기쁜 마음을 억제할 수 없나이다." 이에 대종사 답하였다.

1) 성현들은 심신 거래를 자재하니, 국토에 나기도 하고 동서양에 임의로 수생한다.

2) 과거에 이 나라에 도인이 많이 났지마는 이 후로도 도인이 모여 전무후무한 도덕회상을 마련할 것이다.

3) 그대는 나를 믿을 때에 나의 도덕을 보고 믿을지언정 어디에 의

지하는 마음으로 믿지 말라.

어구 해석

수운(1824-1864) : 최제우를 말하며 동학의 창시자로서 후천개벽을 주장하였다. 1855년 금강산 유점사에 있다는 중으로부터 받은 『을묘천서』로서 도를 깨닫고 1857년 천성산 적멸궁에서 49일간 기도를 끝내기도 하였다. 1859년에는 경주 용담정에서 수도, 청수를 떠놓고 「지극한 기운이 이제 이르러 원컨대 크게 내려주소서. 천주를 모시어 그 조화를 마음에 정하여 영세에 잊지 않아 만사를 알게 하여 주소서」라고 주문을 외우기도 하였다. 그는 侍天主 사상을 핵심으로 하여 人乃天의 교리를 완성하였다. 1863년에는 교인 3천여 명과 접소 14개소를 확보하였다. 또 보국안민을 제창하였고 성경신을 주장하기도 하였다. 1894년 동학혁명의 계기를 만들었고 1898년에 체포되어 안타깝게 처형되었다. 水雲의 유고를 받들어 2대 교주 최시형이 『동경대전』을 편찬하였다. 3대 교주로는 손병희로서 1905년 동학을 천도교로 개칭하여 오늘에 이르고 있다.

임의로 수생 : 任意란 '자기 뜻대로' 혹은 '내키는 대로' 라는 의미이다. 受生이란 육도 윤회에 의해 몸을 받아 태어나는 것이다. 임으로 수생한다는 것은 성자들이 자유로 몸을 받아 태어난다는 뜻이다.

무등 : 성자 혹 선지자들은 사람들과 비교하여 대등한 사람이 없다는 뜻으로 무등등이라 하거나 혹 無等이라고 한다.

관련 법문

「너희가 하나의 진리를 깨치고 보면 차차 수운선생과 대종사가 두 분이 아닌 것을 알게 될 것이요, 증산선생 일과 대종사의 일이 다른 일이 아님을 알게 되리라」(한울안 한이치에, 제6장 돌아오는 세상 29장).

「정산종사님은 은사형 · 심사형 · 법사형이시다. 깊이 생각해 보면 스승님이 참으로 많다. 대종사님께서 가르쳐 주신 스승이 계시므로 宿師로 한국에 부설거사, 수운대신사, 증산선생, 내소사의 더벅머리총각과 이진사, 나옹대사, 진묵대사 등을 접붙일 것은 접붙였고 또 사대성인(석가, 예수, 공자, 소크라테스)과 중국에 달마대사와 육조대사, 포대화상, 방거사 등과 인도에 유마거사 등 역대에 잊지 못할 스승들이 많이 계셨다」(대산종사법문 3집, 제1편 신성 80장).

보충 해설

聖聖相傳의 정신에 따라 수운과 증산을 선지자로 간주한 소태산 대종사의 호대한 인품을 볼 수 있다. 그리고 자신을 인격신앙으로 모시려는 제자에게 정법 신앙으로 인도한 성자로서 진리적 종교의 신앙을 강조하였다. 신앙심의 표출로 인해 교조의 인격불에 매달리면 신비화·장엄화할 우려가 있으며, 우상화될 우려가 크기 때문이다. 석가불 등 인격불상을 신앙의 대상으로 하지 않고, 법신불 그 자체를 직접 신앙의 대상으로 모신 것이 소태산의 불교 혁신이다. 사람만 믿지 말고 도덕, 법을 믿으라는 솔성요론의 정신이 여기에서도 발견된다.

인물 탐구

최수인화(1889-1980) : 전북 임실군 운암면 입석리에서 최정우 선생과 이씨 사이에서 출생하였다. 어린 시절 천도교를 신봉한 부친의 영향으로 천도교를 믿었다. 최수인화는 19세에 천도교 집안인 익산군 북일면 정씨 가문으로 출가를 하였다. 부군이 가산을 탕진하고 행방불명이 되는 불운을 겪었다. 따라서 최수인화는 심적 방황이 일어나 천도교에 마음을 붙이지 못하고 원기 19년 46세, 이웃에 살던 박지상화의 인도로 소태산을 뵙고 귀의하였다. 소태산이 평소 천도교의 수운선사와 증산교의 증산선사를 선지자라 하자, 최수인화는 이에 소태산을 뵙고 수운선생의 후신 같다고 사뢴 것이 변의품 30장이다. 대종사를 뵙고 귀의한 후 순교활동을 전개하던 최수인화는 남편이 세상을 떠났다는 비보를 접한 후로는 전무출신을 단행하였다. 이에 원기 21년 총부 순교로 임명되어 2년간 활동했고, 23년에는 이리교당 감원으로 책임을 다하였다. 원기 27년에는 다시 총부 순교로 부임하여 교화를 성실히 하였다. 창립 제1대 내에 입교연원이 238명에 달한 것을 보아도 그의 뛰어난 입교 실적이 교화역량으로 빛을 발한 것이다. 원기 29년에 이리교당 순교무로 임명된 후 동산선원을 설립하는데 이인의화 교무를 조력하였다. 이어서 삼례교당과 동산교당 교무를 역임하면서 초창 개척교화에 정성을 다했다. 최수인화는 평소 생활철학으로 「남녀 예절 바르고, 물질 청백하고, 거래처가 분명해야 한다」고 하였다(송인걸, 『대종경속의 사람들』, 월간원광사, 1996, '최수인화' 참조).

주석 주해

「최수인화 선진은 동학을 믿어서 최수운 선생을 숭배하는 사람이다. 대종사를 뵈옵고 최수운 선생을 뵈옵는 것 같다고 하니 … 대종사의 위덕을 뵈옵고 최수운 선생의 갱생으로 생각한 것이다. 그러나 대종사는 인격 신앙보다 도덕을 중심한 법신 신앙을 해야 한다고 하였다」(한종만, 『원불교 대종경 해의』(上), 도서출판 동아시아, 2001, p.531).

「불교뿐 아니라 힌두교 기독교 그리고 동서의 기타 모든 종교 신앙사의 오랜 역사 경험에 비춰볼 때, 인간이란 비인격적인 대상에 대해서보다는 인격적 신앙대상에 대해 보다 더 강한 친화력을 느끼기 쉬운 것이 인간심리의 기본 방향이 아닌가 한다」(노대훈, 「원불교의 불타관」, 『원불교사상시론』 제Ⅲ집, 원불교 수위단회, 1998년, p.91).

문제 제기

1) 대종사가 최수인화에게 신앙에 대해 가르친 교훈은 무엇인가?
2) 성현은 심신의 거래를 자유 자재한다는 뜻은?
3) 후천개벽과 관련해 수운, 증산에 대한 대종사의 견해를 요약?

[변의품 31장] 증산 논죄의 부당성

핵심 주제

증산 논죄의 부당성

「그 경지라야 그 경지를 안다」(원불교 대종경 해의 上, 한종만).

대의 강령

한 제자가 증산선생을 광인이라 비판하자 대종사 말하였다.

1) 어찌 先人들의 평을 함부로 하리요. 그 제자의 허물을 보고 그

스승까지 논죄함은 옳지 못하다.

2) 그 사람이 아니면 그 사람을 모른다. 저의 주견이 투철하게 열리지 못한 사람은 함부로 남의 평을 못한다.

3) 증산선생은 곧 드물게 있는 선지자요 신인이라, 앞으로 수운선생과 함께 길이 받든다.

어구 해석

논평 : 상대방이나 사안이 어떻다느니 하며 시비선악을 평가하는 것을 論評이라 한다. 신문에서 주로 논평이 소개된다.

증산(1871-1909) : 이름은 一淳으로 39세에 병사하였다. 24세에 동학교도가 되어 동학공부를 했으나 1894년 동학혁명이 일어나 참상을 목격하여 새 종교를 창시하고자 하였다. 그리하여 증산 자신이 神人으로서 降世하여 천지공사를 하고 민족종교를 지향하였다. 증산교란 1901년 증산 강일순이 전주 모악산 밑에서 창도한 흠치교와 나중에 그의 부인 고씨가 창도한 태을교를 통틀어 말한다. 강증산은 神化一心, 義仁相生, 去病解冤, 修天仙境의 네 가지 강령을 앞세우고 포교를 하였다. 실제 脫制度를 지향했던 증산은 '천지공사'를 하며 가르침을 펴기 시작한지 불과 9년만인 1909년에 사망했다. 그러자 그의 사망을 계기로 고수부, 강순임, 조철제, 차경석 등 다수의 제자들이 서로 증산의 법통을 계승했다며 증산의 가르침을 펴기 시작했다. 이후 정읍과 김제를 중심으로 한 전라도 일대에서는 증산 계열의 여러 교파들이 난립하여 경쟁적으로 교세를 확장하기에 이른다.

광인 : 狂人이란 천박한 비속어로서 정신 이상자란 뜻이다.

논죄 : 상대방의 죄를 물어 시비선악 등을 논하는 것을 論罪라 한다.

관련 법문

「수운 선생과 증산 선생이 이 회상의 선지자이시다. 대성의 출현에 앞서 반드시 선지자가 예시하는 것은 자고의 통례이다. 증산 선생은 천지 대운을 자로 재듯 하신 분이다」(한울안 한이치에, 제6장 돌아오는 세상 30장).

「정산종사님께서 求道 求師차 처음 오시어 머무르신 곳이 대원사이고, 진묵대사께서 대각을 이루시고 머무르신 곳이 여기며, 강증산 선생께서 삼십 세에 대각을 이루신 곳이 이곳이다. 성인들은 일맥상통하신다. 강증산 선생께서 수도하실 때 진묵대사의 모두를 가져오기 위하여 진묵대사의 호인 一玉을 따라 一淳이라는 이름과 士玉이라는 자를 지어가지고 흠모하며 정진하신 곳이다. 나도 삼십대에 건강이 극도로 악화되었을 때 원평에서 정양하여 회복하였다」(대산종사법문 3집, 제1편 신성 80장).

보충 해설

소태산 대종사가 증산을 이처럼 선지자요 신인이라 언급한 것은 성자의 회통적 정신에서 나온 것이다. 한 종교의 교조가 타종교의 교조를 인정하기란 쉽지 않다. 특히 서구종교의 배타성에 비추어볼 때 대종사의 회통정신은 높이 평가할만 하다. 성자들을 함부로 비평하는 일을 금하라 한 것은 그의 성자적 포용 정신의 노출이다. 증산교를 믿다가 원불교에 귀의한 선진도 있다. 장적조, 구남수 이만갑 선진은 증산교를 믿었는데 증산 선생이 사후 금산사 미륵불로 환생한다고 하여 증산선생을 참배하다가 그곳에서 대종사를 만났다. 그때가 원기 4년으로, 금산사 송대에서 휴양하고 있던 대종사를 뵌 것이다. 이들이 원불교 창립제자로서 큰 공을 세운 분들로 알려져 있다.

주석 주해

「한 제자가 강증산 선생을 안 좋게 말하니 대종사는 제자의 잘못으로 스승을 논죄해서는 안 된다고 하였다. 또한 그 사람이 아니면 그 사람을 모른다고 하였다. … 대종사는 우리 회상이 앞으로 발전을 하면 수운선생과 증산선생을 함께 길이 받들 것이라고 하였다」(한종만, 『원불교 대종경 해의』(上), 도서출판 동아시아, 2001, p.534).

「소태산은 현재의 인류 역사에 나타나는 모순들을 선천 시대의 잔재로서 이해한다. "지금은 후천의 새벽이라 선천의 환란겁운이 남아서 전쟁과 질병으로 나타난다" (선외록 도운개벽장10)고 하여 인간의 마음속에 있는 원망과 이기심도 선천의 '마음병' 이라 하였다. 이러한 상생조화의 인류 역사에 관한 발전 원리는 증산사상에서 천지공사라는 표현으로 제기된 바 있다」(신명국, 「소태산 역사의식」, 『원불교사상시론』 제Ⅱ집, 수위단회 사무처, 1993년, p.129).

문제 제기

1) 증산을 광인이라 했을 때 대종사는 뭐라고 제자를 타일렀는가?

2) 그 사람이 아니면 그 사람을 모른다는 뜻은?

[변의품 32장] 선지자, 후천개벽의 순서

핵심 주제

선지자, 후천개벽의 순서

「후천개벽의 순서」(원불교 대종경 해의 上, 한종만).

대의 강령

제자들이 선지자들의 후천개벽의 순서를 논하자 대종사의 이에 대한 문답이다.

1) 김기천이 대종사께 선인을 다음과 같이 평가했다.

(1) 수운선생은 세상이 깊이 잠들어 있을 때 새벽소식을 알렸다.

(2) 증산선생은 그 당일소식을 알렸다.

(3) 대종사는 날이 밝으매 그 일을 시작했다.

2) 이호춘이 선인들을 일 년 농사에 비유했다.

(1) 수운선생은 解凍이 되니 농사지을 준비를 하라 했다.

(2) 증산선생은 농력 절후를 일러 주었다.

(3) 대종사는 직접 농사법을 지도했다.

3) 송도성이 여쭙기를, 그 분들은 제자들로 인하여 세인의 논평이 한결같지 않다고 하자 대종사 답하였다.

(1) 사람의 일이 인증할 만한 이가 인증하면 그대로 되니, 우리의 이 말도 우리 법이 드러나면 그 분들이 드러난다.

(2) 그 분들은 미래 도인들을 많이 도왔으니 그 뒤 도인들은 먼저 도인들을 추존한다.

어구 해석

후천개벽 : 동학의 창시자 최수운이 1860년에 동학을 창시, 그 이전을 낡은 선천시대라 하고 그 이후를 새로운 후천시대라 하여, 후천시대에는 모든 것이 개벽된 사회가 된다는 것이다. 선천시대에는 억압과 갈등, 혼란의 시대였으나 후천시대에는 상생과 조화, 화합의 시대가 도래한다는 것으로, 당시 신흥종교들은 이러한 후천개벽을 주장하였다. 소태산은 물질문명의 발달에 따른 정신개벽의 시대가 된다는 뜻으로 후천개벽이의 주인이 되라고 하였다.

행적 : 평생 동안 쌓은 흔적이자 업적을 行蹟이라 한다.

해동 : 얼었던 산하대지가 녹아서 풀린 것으로 겨울이 지나 농사철 봄이 왔다는 뜻에서 解凍이라 한다.

농력의 절후 : 농촌에서 음력을 사용하여 농사짓기에 적합한 날짜를 農曆이라 하고, 한해를 24로 가른 것을 節候라 하며 節氣라고도 한다. 이를테면 매달 상순의 절기로서 입춘, 경칩, 청명 따위로 나눈 것들을 말한다.

관련 법문

「한 제자가 여쭈었다. "대종사께서는 어찌하여 부처님께 연원을 대셨습니까? 수운, 증산 선생은 연원이 없는데요." "수운 선생이나 증산 선생은 그냥 일어난 분이요, 대종사께서는 불법을 주체로 회상을 펴고 교화하시려니 그러신 것이다"」(한울안 한이치에, 제5장 지혜단련 7장).

「一의 一자리는 일원상 자리요, 무극 자리요, 법신불 자리며, 하나님 자리다. 一積十, 시방을 말하며, 열이라고 하는 그 열은 하나를 합한 열이요, 하나는 열을 합한 하나이다. 運三四成環, 최수운 대신사가 앞으로 지극한 도가 나오는데 12회라 하셨다. 하루도 12시간, 1년도 12달, 12會, 120만으로 나아간다」(대산종사법문 5집, 8. 천부경 2장).

보충 해설

불불이 계세하고 성성이 상전한다는 문구를 떠오르게 하는 것으로, 수운과 증산에 이어 미래 포부와 경륜을 전개할 성자로 소태산 대종사의 후천개벽이 암시되고 있다. 이 대화는 동트는 새벽 및 농업 전개와 관련해서 제자들의 대화를 소태산이 인정하는 형식을 띤다. 주지하듯이 일찍이 불교의 석가모니불을 비롯한 과거 7불과 공자, 예수 등 성자들이 한 시대 한 판도를 담당한 주세성자들이었다. 이들은 그 가르침을 통해 주세 성자로서 판도를 새롭게 혁신한 성자들이다 그들의 뒤를 이어 수운, 증산, 소태산이 등장하여 후천개벽을 선도하였다.

인물 탐구

이호춘(1902-1966) : 항산 이호춘은 영광군 묘량면 신천리 신흥에서 동학도인 이홍범 선생과 김태상옥 여사의 4남매 중 장자로 태어났다. 항산은 이공전 교무의 부친으로, 일산 이재철과는 6촌간이며 이동안의 사촌동생이다. 항산은 일찍이 부친을 잃어 한 가정을 꾸려가는 가장 노릇을 하였고 가세가 빈한하여 글을 배우지 못하였다. 20세에 군내 군서면 가사리 광산김씨 가문의 김장신갑 정사와 결혼했다. 21세에 이동안의 인도로 영산의 대종사를 뵙고 신성을 바쳤다. 항산은 26세 때 원기 12년 12월에 출가, 전무출신을 하여 농업부에 근무하였다. 삼산과 은부자를 맺은 항산은 은부 삼산에게 간청하였다. 「아버님, 이 은자를 위하여 학문을 좀 가르쳐 주십시오. 규약서 수양연구요론에 나오는 한자라도 볼 수 있도록 천자문 같은 책을 하나 만들어 주십시오.」 삼산은 은자의 부탁에 느낀 바 있어 『철자집』이라는 1,542자의 한자를 동원, 초학자들이 익히기 좋은 한문 독본을 만들었다. 그 후 항산은 은부 삼산종사의 견성에 격려되어 정진 적공을 하였으나 건강이 뒷받침되지 못하여 32세 되던 원기 18년에 종명을 받들어 환가하였다. 하지만 동생인 이재문을 전무출신하게 하였으며, 신흥지부 발전에 협력하였고, 또 원기 25년 장자인 이공전을 전무출신 하도록 하였다. 그 후 항산은 영광지방 總代, 신흥지부 재가 순교, 신흥지부 고문 등을 역임하였다. 원기 47년 대산종사 임석 하에 회갑식을 가졌던 항산은 건강 악화에도 불구하고 새벽 좌선을 빠지지 않았다. 원기 51년 「자손만대 신심불변, 전무출신 속출, 의인 도인 많이 나라」는 유훈을 친히 써서 전하기도 하였다. 장남 이공전 및 장녀 이현조 교무가 전무출신 하였다(송인걸, 『대종경속의 사람들』, 월간원광사, 1996, '이호춘' 참조).

송도성 : ☞교의품 24장 참조.

주석 주해

「최수운의 사람이 하늘이니 사람 섬기기를 하늘과 같이 하라는 데서 시작하여, 대종사의 처처불상 사사불공 사상으로 전개된 것이며, 강증산의 해원사상에서 시작하여 대종사의 은사상으로 전개된 것이다」(한종만, 『원불교 대종경 해의』(上), 도서출판 동아시아, 2001, pp.536-537).

「소태산의 시대인식은 선후천의 시대 구분을 전제로 한다는 점이다. … 과거에는 종교나 사상이 지역적 국한이 있던 시대였으나 미래에는 개방되는 시대라고 구분하기도 하였고, 불평등 · 불공정의 시대와 평등 공정의 시대, 상극의 시대와 상생의 시대 등으로 규정하기도 하였다. 이러한 구세계와 신세계 또는 선천과 후천의 시대 구분은 수운, 증산과 같은 맥락에 있다」(신명국, 「소태산 역사의식」, 『원불교사상시론』 제Ⅱ집, 수위단회 사무처, 1993년, p.112).

문제 제기

1) 제자들이 밝힌 선지자들의 후천개벽 순서를 논하시오.
2) 최수운, 강증산, 소태산이 주장한 후천개벽의 특징을 밝히시오.

[변의품 33장] 정도령의 등극

핵심 주제

정도령의 등극

「정감록 비결의 참 뜻」(원불교 대종경 해의 上, 한종만).

대의 강령

앞으로 정도령이 계룡산에 등극하여 천하를 평정한다고 하는 것에 대한 질문에 대종사 답하였다.

1) 계룡산이란 밝아오는 양 시대를 말한다.
2) 정도령이란 바른 지도자들의 세상을 말한다.
3) 밝은 세상이란 바른 사람들의 수제치평을 예시한 것이다.

어구 해석

정도령 · 계룡산 : 정감록에서 조선왕조를 계승하여 계룡산에 도읍을 정하고 정감이라는 정도령이 정씨 왕국을 세운다고 하였다. 또 이는 조선중기 이후 민간사이에 오르내린 국가 운명과 생사 존망에 대한 예언서이다. 본 내용은 당시 암울한 시대상황에서 백성들에게 희망과 용기를 불어넣어준 면에서 의의가 있다.

예시 : 미리 예언하여 보여주는 것을 豫示라고 한다.

관련 법문

「정감록에 왕씨는 나를 벗삼고(王氏友我) 이씨는 나를 노예삼고(李氏奴我) 정씨는 나를 스승 삼는다(鄭氏師我) 하였는데, 이는 불교를 두고 한 말이다」(한울안 한이치에, 제6장 돌아오는 세상 62장).

「계룡산에 정씨 왕이 난다는 것은 닭이 울면 날이 새고 바른 법이 나타난다는 뜻이다」(한울안 한이치에, 제6장 돌아오는 세상 63장).

보충 해설

소태산 대종사는 조선중기 이후 민간에 성행하던 국가 존망에 대한 예언서로서의 『정감록』과도 같은 비결의 내용을 장엄화하지 않고 사실적이고 진리적인 측면에서 설명을 덧붙이고 있다. 후천개벽을 알리는 신호라는 것이다. 조선후기 민중들의 깨어난 의식을 보면 『정감록』에 가탁한 眞人 출현설이나, 불교의 미륵신앙 등을 빌어 집단화되고 조직화되어 나타나게 되었던 점을 상기할 일이다. 정도령이 꼭 누구라고 언급할 필요는 없다. 상징화된 새 시대의 출중한 인물, 혹 밝은 양 시대를 따라 나오는 救世의 지도자로 이해할 수 있다는 뜻이다.

주석 주해

「정감록의 '감결' 에 "산천의 뭉친 정기가 계룡산에 들어가니 정씨 8백년의 땅이다" 라고 하여 한양에 도읍한 이조 5백년이 지나면, 계룡산에서 도읍한 정조 8백년의 시대가 온다는 것이다. … 원기 21년 서대원 선진이 주관하여 '신도안' 에서 단기 하선을 개최하였으며, '불법연구회 계룡수양원' 이라는 간판을 걸었다. 이것이 정산종사의 유훈으로 이어지고 대산종법사가 '삼동수양원' 을 세워 개척하였으며 그 후에 옮겨졌다」(한종만, 『원불교 대종경 해의』(上), 도서출판 동아시아, 2001, p.541).

「지금은 인지의 발달로 인하여 밝은 시대가 열리고 있다는 점과 그 밝은 시대는 서로서로를 부처님으로 알게 되고 부당한 억압과 착취가 없어진다고 하였다. 또한 민간신앙으로 선행되었던 '정감록' 의 예언과 미륵불 용화회상에의 대망에 관하여는 밝은 세상, 人尊의 시대, 바른 지도자 등으로 규정하였다」(신명국, 「소태산 역사의식」, 『원불교사상시론』 제Ⅱ집, 수위단회 사무처, 1993년, p.124).

문제 제기

1) 소태산은 정도령과 계룡산을 어떻게 설명하고 있는가?

2) 양 시대와 바른 지도자란?

[변의품 34장] 견성과 항마위의 승급

핵심 주제

견성과 항마위의 승급

「법강항마위와 견성」(원불교 대종경 해의 上, 한종만).

대의 강령

김기천이 "견성을 못한 사람으로서 정식 법강항마위에 승급할 수 있나이까" 라고 여쭈자, 대종사 답하였다.

"승급할 수 없나니라."

어구 해석

견성 : 생사변화와 인과의 깨달음과 불성의 발견이 見性이다.

법강항마위 : 법강항마위에게는 법호가 부여되며 정사(법사)라는 호칭이 따른다. 곧 중생에서 불보살 세계로 들어가는 경지로서 초성위

에 오르는 바, 삼독심을 녹이고 생사해탈을 추구하며 위법망구·위공망사의 정신으로 항상 법이 승하고 마가 패하는 심법의 역량을 지닌다. 또한 우리 경전의 뜻을 해석하고 대소유무의 이치에 걸림이 없다.

관련 법문

「법강항마위만 되더라도 육근 동작이 전부 법으로 화하므로 결정적 서원을 세울 수도 있고 또 삼계의 스승이 되는 첫 자격이 되므로 남의 시비를 평론할 수도 있고 결정적인 말을 할 수도 있으나, 항마를 못한 사람으로서는 항시 법 있는 이의 말을 인거하여 가르칠지언정 제가 감히 스승의 자격을 가지고 결정을 지어 가르치지는 못하는 것이다」(대종경 선외록, 제생의세장 5장).

「세상을 구제하는 구세 성자라도 공부의 실력이 다 같은 것은 아니다. 양계의 사람들만 제도하는 책임을 가지고 나온 성현도 있고, 삼계 중생들을 다 맡아 가지고 나온 성현도 있나니, 대개 공부가 출가위에만 올라도 구세의 책임을 가질 수 있으나 말세가 되면 항마위 도인이 그 책임을 행할 수도 있는 것이다」(대종경 선외록, 제생의세장 4장).

보충 해설

법강항마위 조항에 밝혀져 있듯이 경전 해석, 대소유무 이치, 생로병사 해탈은 바로 견성을 한 도인이어야 그 자격이 가능하다. 또 항마위는 '정사'를 말하며, 정사 이상이 수위단 피선자격이 주어지고 있다. 견성을 해야 법강항마위에 오를 수 있다고 했는데, 정산종사는 법어에서 견성 5단계를 말하고 있다. 첫째는 만법귀일의 실체를 증거하는 것이요, 둘째는 진공의 소식을 아는 것이요, 셋째는 묘유의 진리를 보는 것이요, 넷째는 보림하는 공부를 하는 것이요, 다섯째는 대기대용으로 이를 활용함이다(원리편 9장). 재가 출가로서 오롯한 신앙 수행을 통해 나이 50 전후에 항마 도인이 되도록 발분해야 한다.

인물 탐구

김기천 : ☞서품 6장 참조.

주석 주해

「견성은 본격적인 수행의 제1보이며, 입학시험에 합격한 것에 지나지 않는다. 바로 그대로 활용할 수 있는 능력이 생기는 것이 아니다. 그러나 그대로 연마하면 바르게 활용할 수 있는 권리가 회복되고 능력이 생겨나는데 이것이 곧 솔성이다」(박길진, 『대종경강의』, 원광대출판국, 1980, p.272).

「견성을 못한 사람은 정식 법강항마위의 위에 오를 수 없다. 법강항마위의 조항에 대소유무의 이치에 걸림이 없는 사람이라고 되어 있다. 따라서 법강항마위는 견성을 해야 한다. 원기 13년에 제1회 법위사정을 했다. 정산종사가 정식 특신급이다. 그러한 경우에 비추어 보면 현재의 법위사정은 올려주는 법위사정이 되고 있다」(한종만, 『원불교 대종경 해의』(上), 도서출판 동아시아, 2001, p.542).

문제 제기

1) 법강항마위에 대해서 설명하시오.
2) 견성이란 무엇인가?

[변의품 35장] 항마위와 여래위의 승급

핵심 주제

항마위와 여래위의 승급

「항마위에서의 승급」(원불교 대종경 해의 上, 한종만).

대의 강령

"보통급에서 항마위에 오르는 공력과 항마위에서 여래위에 오르는 공력이 어느 편이 어렵나이까" 김기천이 여쭈자, 대종사 답하였다.

1) 근기에 따라 최상 근기는 항마하면서 바로 여래위에 오르는 사람도 있다.
2) 항마위에 올라가서 오랜 시일을 지체하는 근기도 있다.

출전 근거

서대원 수필법설집(우당수기)에 실린 법설이다.

어구 해석

여래위 : 출가위 승급조항을 일일이 실행하고 예비대각여래위에 승급하여, 대자대비로 일체 생령을 제도하되 만능이 겸비하며, 천만방편으로 수기응변하여 교화하되 대의에 어긋남이 없는 법위가 如來位이다. 또 교화 받는 사람으로서 그 방편을 알지 못하게 하며, 동하여도 분별에 着이 없고 정하여도 분별이 절도에 맞는 사람의 위를 말한다.
공력 : 목적 성취를 위해 애써서 공들이는 힘을 功力이라 한다.

관련 법문

「학인이 묻기를 "우리의 여섯 가지 법위 가운데, 같은 법위에 오른 도인은 그 도력이 다 한결 같나이까?" 답하시기를 "명필에도 초서에 능한 사람, 해서에 능한 사람, 전서에 능한 사람이 있듯이 항마 이상의 도인들도 그 능한 방면이 각각 다를 수 있으며, 같은 위에 있다 할지라도 그 도력이 꼭 같지는 아니하나니라"」(정산종사법어, 경의편 37장).

「한 제자가 여쭈었다. "법강항마위 조항에 '육근을 응용하여 법마상전을 하되 법이 백전백승한다' 하였으니 마가 자꾸 생깁니까?" "여래위라도 아주 없을 수 없다. 그러나 마음만 챙기면 없어진다"」(한울안 한이치에, 제3장 일원의 진리 56장).

보충 해설

법위등급에의 진급은 사람의 근기에 따라 다르며, 또 정성의 적공여하에 따라 다르다. 예비교무 시절은 특신급의 표준을 세워야 하며, 부교무 시절은 상전급의 표준, 그 이상부터는 점차 항마위 내지 출가위가 될 수 있는 표준을 세워야 한다. 보통급에서 항마위에 오르는 것이나, 항마위와 여래위로의 승급은 근기가 영향을 주지만 쉽지 않다. 창립12년 제1회 때 법위승급을 보면, 정식법강항마부에 박세철, 서동풍이며 정식특신부로는 송벽조, 김기천, 송정산, 송도성, 이동진화, 이공주인 점을 보자. 근기 따라 여래위로의 승급은 또 달라진 것이다.

주석 주해

「오래 수양하면 물욕은 떨어지나, 명예심 아만심은 늘어날 수가 있으니 법강항마위도 조심할 점이 있으므로 심계를 두고 적공해야 한다. … 法降이 된 뒤에는 보림 공부를 계속해야 한다. 육조 혜능도 보림 공부를 8년이나 했다. 공자도 40까지 계속 노력하지 않았는가」(박길진, 『대종경강의』, 원광대출판국, 1980, pp.171-172).

「항마위에서 여래위에 승급하는 공력은 근기에 따라 다르다. 최상의 근기는 항마하면서 여래위에 오르는 사람도 있다. 최상근기는 돈오돈수한다. 최상의 근기는 드물게 있는 것이고 돈오점수의 근기는 항마위에서 오랜 적공을 쌓아서 대각여래위에 오르게 된다」(한종만, 『원불교 대종경 해의』(上), 도서출판 동아시아, 2001, p.543).

문제 제기

1) 보통급에서 항마위에 오르는 공력은?

2) 항마위에서 여래위에 오르는 공력은?

[변의품 36장] 시해법의 조각도인

핵심 주제

시해법의 조각도인

「시해법은 수양에 편중한 것」(원불교 대종경 해의 上, 한종만).

대의 강령

"수도인이 공부를 하면 시해법을 행하는 경지가 있으니 어느 위에나 승급하여야 되나이까" 라고 김기천이 여쭈자, 대종사 답하였다.

1) 여래위도 그리 안 되는 사람이 있고, 견성 못하고 항마위에 승급 못한 사람이라도 일방 수양으로 그리 되는 수가 있으나, 이는 원만한 도를 이루었다고는 못한다.

2) 인간 사리를 잘 알지 못하면 조각 도인이다. 위로 천문만 통하거나 아래로 지리만 통하고, 골육이 분형되며 영통만 하고서는 인간 사리를 모르는 사람이다.

3) 삼학을 병진하여 원만한 인격을 양성하라.

어구 해석

시해법 : 육신을 벗어나 혼이 시공에서 자재하는 것으로, 도교 및 불가에서 행했던 수행법의 하나이다. 신통묘술로서 빠져나온 혼이 다시 육신으로 돌아간다고 믿는다. 달마대사가 원래 미남이었으나 인도에서 중국에 오면서 尸解法으로 육신을 놓고 혼만 빠져나왔다가 육신은 찾지 못했다고 한다. 대신 못생긴 육신을 남겨두어 어쩔 수 없이 그 못생긴 육체 속으로 들어갔으니, 오늘날 못 생긴 달마 초상을 볼 수 있다. 또 최치원이 시해법으로 하늘로 올라가 신선이 되었다고 한다.

천문 지리 : 지구를 포함한 우주에 있어서의 위치 및 역법 방위 지도 등을 연구하는 지리학의 한 부문이 天文 地理이다. 이의 연구를 통해 우주론의 심화 및 풍수지리를 응용하는 경우가 많다.

골육 분형 : 육체와 영혼이 분리되는 것을 骨肉 分形이라 한다.

영통 : 불지품 10장을 참조하면 좋을 것이다. 보고 듣고 생각하지 아니하여도 천지 만물의 변태와 인간 삼세의 인과보응을 여실히 알게 되는 것이 바로 靈通이다.

관련 법문

「정법 시대가 멀어짐에 따라 세간에는 예의염치와 인륜 강기가 끊어지고 도가에서는 신통 묘술과 이적만 찾는 말법 시대에 대종사께서는 출현하셨던 것이다. … 신통 묘술은 수양만 주로 하던 선천 음시대의 한 장난에 불과한 것이요, 후천 양시대에 영육을 쌍전하고 동정을 겸전하는 정법 회상에서는 결단코 중히 여기지 않는 한 마장이 되는 것이다」(대종경 선외록, 초도이적장 1장).

「위력에 두 가지가 있으니 하나는 이적을 나타내는 위력이요, 둘은 인류의 마음을 움직이는 부처님의 위력이다. 대세의 움직임을 범부 중생은 모르나 기틀을 움직이고 세상을 안정시킬 수 있는 것은 오직 부처님의 위력이요, 삼대력을 갖춘 그 마음이 곧 우주를 움직이는 마음과 하나이다」(한울안 한이치에, 제1장 마음공부 28장).

보충 해설

이적이나 기행 추구의 편벽 수행을 하는 것에 대한 소태산의 지적이다. 원불교는 삼학 병진을 강조하는 인도상의 요법을 추구한다. 영통의 조각도인은 편벽 수행을 하는 것에 불과하다. 신통은 말변의 일이라고 『수심결』에서 언급하였으며, 『법의대전』도 신비한 측면이 있었기 때문에 소태산이 팔산에게 불사르라 하였다. 영통을 통해서 미래일을 알고서 호풍환우 이산도수를 일삼는다면 이는 인도정의의 요법에서 큰 힘을 발휘하지 못한다. 영통을 통해 신비적 행위를 한다고 해도 도통과 법통으로 이어지지 못하면 그것은 말변지사일 따름이다.

주석 주해

「이적이나 기적을 좋아하고 신통을 좋아하는 경향을 지닌 사람은 경전을 잘못 읽은 사람이다」(원불교사상연구원 편, 『숭산논집』, 원광대출판국, 1996, p.34).

「"시해법을 하려면 어느 위에서나 되느냐" 고 물으니 대종사는 여래위도 안 되는 경우가 있고, 항마위에 오르지 않고도 일방 수양에 전공하면 할 수 있다고 하였다. 이 말씀은 시해법이 그렇게 중요한 것이 아니라는 것이다. 천문을 통달하고 지리를 통달하는 것도 바람직하지 못한 것이다. 수양에 편중하기 때문이다」(한종만, 『원불교 대종경 해의』(上), 도서출판 동아시아, 2001, pp.544-545).

문제 제기

1) 시해법이란 무엇인가?
2) 조각 도인이란?

[변의품 37장] 생사 해탈의 경지

핵심 주제

생사 해탈의 경지

「생사의 해탈」(원불교 대종경 해의 上, 한종만).

「생로병사의 해탈」(원광 제373호, 남궁성).

대의 강령

대종사, 제자와 문답하였다.

1) "법강항마위 승급 조항에 생로병사에 해탈을 얻어야 한다고 하는데 고승들과 같이 좌탈입망의 경지인가요?" 라고 김기천이 여쭈었다.
2) 대종사 답하였다. "불생불멸의 진리를 요달하여 나고 죽는 데에 끌리지 않는다는 말이다."

어구 해석

좌탈입망 : 소태산은 강변입정상에서 좌탈입망과도 같은 정에 들었다. 과거 고승대덕들이 좌선을 통해 원적 무별한 진경에 드는 경지를 언급하는 내용이다. 과거 불가의 수행에 있어 생사해탈의 경지로서 앉아서 坐脫하고 서서 立亡을 하는 등 구도적 행위를 추구한다.
불생불멸 : 일원상의 진리로는 크게 두 가지가 있다. 그 하나는 불생불멸의 이치요, 둘은 인과보응의 이치이다. 불생불멸이란 생멸 거래에 영원히 변함이 없는 것을 말한다. 유상으로 보면 상주불멸로 여여자연하여 무량세계를 건설하는 것도 불생불멸의 입장에서 거론된다.
고승 : 덕망과 지혜가 충천한 스님을 高僧이요 大德이라 한다.

관련 법문

「불보살들은 먼저 생사의 도를 익히나니, 그는 마음을 들여놓고 내어 보내지 아니하는 입정 공부와 마음을 내어놓고 들이지 아니하는 출정 공부를 잘하고 보면 出生入死와 坐脫立亡을 마음대로 할 수 있는 것이다」(대종경 선외록, 생사인과장 1장).
「천은이 방한암의 坐脫한 일을 사뢰고 여쭈었다. "저희들은 그렇게 할 수 없습니까?" "그것은 斷想공부를 해야 한다. 우리 공부는 나타나게 단상 공부를 아니 하나 그 공부가 속으로 준비되어서 거의 그와 같이 떠나게 될 수 있다. 나타난 단상 공부는 그다지 필요 없는 것이다" 」(한울안 한이치에, 7. 기연따라 주신 말씀 29장).

보충 해설

소태산 대종사는 고승들이 즐겼던 '좌탈입망' 의 奇行보다는 매우 사실적 진리(불생불멸 곧 해탈)로 해석하고 있다. 설사 항마위가 되었다고 해서 그러한 기행을 추구할 필요가 없다는 것이다. 영통보다는 도통, 법통이 강조된다. 곧 생사해탈의 심경은 어느 때 얻어질까?

생멸 去來 및 인과 與受라는 진리를 확실히 깨달을 때 가능하다. 본래 생과 사는 없다는 신념이 뒷받침 되어야 한다. 그리고 평소 인과 및 생사 법문을 많이 듣고, 자신을 생전 천도하는 자세도 필요하다.

주석 주해

「은봉선사는 여러 스님들이 좌탈을 하므로 재미있게 죽으려고 거꾸로 서서 입망을 하였다고 한다. 좌탈이나 입망은 죽음에 임한 생사 해탈이다. … 불교가 2,500년 동안 내려오면서 생사 해탈의 문제가 죽을 때 尸解를 한다든지 좌탈입망을 하는 경향도 있었다. 원불교의 생사 해탈은 죽어갈 때 큰 정력을 쌓기도 하지만 세상에 살면서 시시각각으로 생사 해탈하는 것이 더 중요한 것이다」(한종만, 『원불교 대종경 해의』(上), 도서출판 동아시아, 2001, p.546).

「과거에는 권위시대였기 때문에 수도를 하더라도 그 결과가 보통사람이 하지 못하는 기이한 자태를 보여야 존경을 받을 수 있어 노인들이 교화차원에서 좌탈입망의 모습을 보이기도 하였을 것이다. 그러나 돌아오는 활불시대에는 기이한 자태가 귀한 것이 아니고 생활에 도움을 주고 대중에게 유익을 주는 도인의 모습을 갈구하게 되므로 원불교의 교법에서는 생사해탈의 경지를 과거와는 다른 모습으로 설명하고 있다」(남궁성, 「생로병사의 해탈」, 《원광》 제373호, 월간원광사, 2005.9, p.102).

문제 제기

1) 생사해탈과 좌탈입망의 경지란 무엇인가?

2) 법강항마위 조항에 생로병사에 해탈을 얻은 사람이라 했는데 해탈이란?

[변의품 38장] 종법사 추대와 법위

핵심 주제

종법사 추대와 법위

「종법사 자격의 범위」(원불교 대종경 해의 上, 한종만).

대의 강령

"앞으로 종법사 선거에 어느 위에 오른 분이라야 추대할 수 있사오리까" 라고 김기천이 여쭈자, 대종사 답하였다.

1) 종법사는 말세라도 항마위 이상이어야 한다.

2) 종법사보다 승한 도인의 법위 사정은 대중의 공의로 한다.

어구 해석

종법사 : 종법사는 교단 최고 통치자로서 교화를 주재하고 수위단회 의결을 거쳐 교서 편정과 교규를 제정하며 법의 정한 바에 따라 인사와 상벌을 시행한다. 그리하여 원불교 교단을 대표, 통치하는 최고의 지도자를 宗法師라 한다. 아울러 소태산 대종사의 법통을 이어 主法이 되는 것은 종법사이다. 예컨대 불교에서는 종정, 천주교에서는 교황이라 하는 것과 유사하다. 교단에서는 대종사, 정산종사, 대산종사, 좌산종사, 경산종법사 순위로 이어지고 있다. 종법사의 선거는 수위단에서 한다. 원기 19년에 개정된 「불법연구회 규약」에서는 초기교단의 불법연구회 '총재' 가 종법사로 개칭되었음을 알 수 있다.

추대 : 어떠한 위나 직책으로 모셔서 받드는 것을 推戴라고 한다.

말세 : 우리는 사회에 범죄 폭력 호화 사치 퇴폐 향락 투기 등이 들끓을 때 末世라고 한다. 사실 국가와 세계의 도덕성이 타락되거나 혼란스런 정치상황을 말세라고들 말한다. 불교에서는 정법 상법 말법이라는 세 시대를 언급하며 부처님의 법음이 땅에 떨어졌음을 말세라 한다. 그리하여 불교에서는 말세론을, 기독교에서는 종말론을 강조하고 있다. 그러나 소태산에 의하면 어떤 사람들은 이 세상은 말세가 되어 파멸뿐이라고 하지만 광대한 낙원세계가 도래한다고 했다.

관련 법문

「이 후대라에도 법강항마위 이상의 자격으로 법을 주장하는 종법사가 났을 때에 설사 그 이상의 대중 신망을 받는 자가 있을지라도 정식 당대 종법사의 계인이 없고는 적계를 잇지 못하리니 이 말을 잘 적어 두었다가 후인에게 법이 되게 하라」(대종경 선외록, 변별대체장

3장).

「한 제자 여쭈었다. "혹 당대 종법사보다 이상 법력이 있는 도인이 날 때에는 법위 승급을 어떻게 하오리까." 대종사 말씀하시었다. "자기 위보다 한 위 이상은 추대할 수 있나니, 예컨대 항마위로서 출가위를 추대할 수 있고, 출가위로서 여래위는 추대할 수 있으나, 항마위로서 여래위는 추대치 못하는 것이다"」(대종경 선외록, 변별대체장 4장).

보충 해설

원불교 교헌 29조, 35조, 36조에 종법사에 대한 언급이 있다. 종법사는 교단의 주법으로서 교단을 주재하고 본교를 대표한다(29조). 종법사는 교화를 주재하고 수위단회 의결을 거쳐 교서를 편정한다(35조). 종법사는 수위단회 의결을 거쳐 필요한 교규를 재정한다(36조). 대산종법사와 좌산종법사가 종법사위를 양위하고 上師로 주석했다. 그리고 종법사 자격에 있어 종법사보다 법이 승한 것은 대중의 공의로 한다는 것은 私傳이 아니라 公傳이라는 측면에서 생각할 필요가 있다.

주석 주해

「법통은 한 사람에게만 계승시키지 않고 공전이라 … 정산종사 말하기를 "주세불의 정통정맥은 공전으로 이어지는데 법위등급의 법위따라 대각여래위는 온통 받은 사람이요, 출가위는 그 다음이며, 이와 같이 각자 법위따라 나름대로 다 받게 되고, 종법사의 계통은 교단의 행정을 대표하는 주법으로 이어져 가는데 이를 宗統이라 한다"」(안이정, 「우리가 나가야 할 길」, 《원광》 통권 320호, 월간원광사, 2001년 4월호, pp.144-145).

「종법사의 법위가 출가위라면 종법사보다 이상 법력의 분은 대각여래위에 추대할 수 있는 것이다. 그리하지 못할 경우 앞에서 밝힌 바와 같이 법위가 높은 분들의 공의에 의해서 추대할 수도 있고 또한 후대에 추대할 수도 있을 것이다」(한종만, 『원불교 대종경 해의』(上), 도서출판 동아시아, 2001, p.547).

문제 제기

1) 종법사의 자격에 대해서 언급하시오.
2) 교헌에서 종법사를 어떻게 규정하고 있는가?

[변의품 39장] 출가위의 불퇴전

핵심 주제

출가위의 불퇴전
「불퇴전위의 참 뜻」(원불교 대종경 해의 上, 한종만).

대의 강령

"어느 위에나 오르면 불퇴전이 되나이까" 라 여쭈자 대종사 답했다.
1) 출가위 이상이라야 불퇴전이다.
2) 불퇴전의 위에 오르신 부처님이란, 순역경계와 천마외도가 방해해도 그 공부심을 놓지 않는 분이다.

어구 해석

천마외도 : 온갖 번뇌의 마귀와 국외의 사도를 天魔外道라 한다.
불퇴전 : 법위에 있어 진급 외에 강급은 없는 것을 不退轉이라 한다.
출가위 : 출가위는 법강항마위 승급조항을 일일이 실행하고 예비출가위에 승급하여, 대소유무의 이치를 따라 인간의 시비이해를 건설하며, 모든 종교의 교리를 정통하며, 원근친소와 자타의 국한을 벗어나서 일체생령을 위하여 천신만고와 함지사지에도 여한 없는 위이다.
공부심 : 경계를 당해서 법 아닌 곳에 심신을 흐르게 하지 않고, 항상 교법 정신을 살리려고 노력하며, 좌우 동지들에게도 법 있게 살도록 하는 적공의 마음을 工夫心이라 한다. 수행인으로서 신심, 공심, 공부심 이 세 가지를 챙기는 삶이 중요하다.

관련 법문

「한 제자가 여쭈었다. "출가위 이상에 오른 도인들도 마음에 욕심이 나나이까" 대종사 말씀하시었다. "저 땅에 풀이 나는 것과 같나니 농사 잘 짓는 농부는 매년 농사에 언제나 부지런히 좋은 곡식 싹은 남겨 놓고 못쓸 풀은 뽑아내는 것이다. 세세생생 마음공부도 이러하면 곧 불퇴전인 것이다”」(대종경 선외록, 영보도국장 9장).

「과거 부처님께서도 … 인욕 선인이 되어 가지고 가리왕에게 사지를 찢기면서도 마음에 성냄이 없는 공부를 단련하셨다 하나니, 도를 얻기 전에만 그렇게 공부를 하신 것이 아니라 각을 하신 뒤에도 참으로 자신의 능력을 갖추는 공부와 중생 제도하는 공부가 더 깊어지므로 설혹 천만 외도가 공부를 방해할지라도 그로 인하여 더욱 전진은 될지언정 퇴진은 아니되므로 그 지위에 이르면 불퇴전이라고 하는 것이다”」(대종경 선외록, 주세불지장 5장).

보충 해설

불퇴전위와 관련해 보면, 법위사정에 있어 대산종사는 불퇴전이 되는 길로서 하고 싶은 데에도, 하기 싫은 데에도, 끌리지 말고 수행 정진해야 한다(대산종사법문 3집, 제5편 법위 31장)고 하였다. 好惡의 감정에 끌리지 말라는 것이다. 불퇴전위란 그야말로 강급이 아닌 진급만을 지속하는 일이기 때문이다. 오늘날 불퇴전위가 바로 이 출가위 이상에 해당한다. 항마위는 초성위로서 정사라면 출가위부터는 성자 대열에 합류하게 된다.

주석 주해

「불교에서는 아라한이면 불퇴전이다. 원불교의 법위에서는 출가위이다. 출가위가 불퇴전의 위이지만 불퇴전의 위에서도 계속해서 적공을 쌓아야 한다. … 한번 도달한 수행의 계위로부터 뒤로 물러나지 않는 것은 공부심이 계속된다는 것이며, 수행을 퇴보하는 일이 없다는 것도 공부심이 계속된다는 것이다」(한종만, 『원불교 대종경 해의』(上), 도서출판 동아시아, 2001, pp.547-548).

「원불교 법위등급 ‘출가위’ 의 설명 내용에 있어서 “원근친소와 자타의 국한을 벗어나서 일체생령을 위하여 천신만고와 함지사지를 당하여도 여한이 없는 사람의 위” 란 사생일신 시방일가의 大我 경지를 말한다」(노권용, 「원불교 신앙론의 과제」, 『원불교학』 창간호, 1996, p.37).

문제 제기

1) 불퇴전위에 오른 부처도 공부심을 여전히 계속해야 하는 이유는?

2) 불퇴전의 위는 어느 위며 불퇴전에만 오르면 공부심을 놓아도?

[변의품 40장] 돈오돈수의 체득 단계

핵심 주제

돈오돈수의 체득 단계

「돈오돈수의 참 뜻」(원불교 대종경 해의 上, 한종만).

대의 강령

"최상의 근기는 일시에 돈오돈수를 한다 하였사오니 일시에 悟와 修를 끝마치나이까" 라고 제자가 여쭈자, 대종사 답하였다.

1) 과거 불조 가운데 돈오돈수를 하였다 하는 이가 더러 있으나,

2) 천층만층의 견성 경로나 여러 계단의 수행으로 돈오돈수를 한다.

어구 해석

돈오돈수 : 몰록 깨닫고 몰록 수도를 다 마치는 경지를 말한다. 돈오점수에 대응하는 말이다. 구체적으로 頓悟頓修란 최상근기로서 일원상 진리를 듣자마자 그 진리를 바로 깨닫고 수행을 마친다는 것이다. 이에 대해 돈오점수는 깨달음을 얻었지만 점차 수행을 통해 그 경지에 오르는 것을 말한다.

오 · 수 : 깨달음을 悟라 하고 닦음을 修라 하는 바, 돈오와 돈수 및 점오 점수에 관련되는 용어이다.

관련 법문

「돈오점수는 지혜의 힘으로써 이미 견성은 하였으나 아직도 다생 습관이 그대로 남아 있어서 그 법력에 의하여 점점 옛 습관을 고쳐가는 것이니 이는 과거 세상에 지혜의 단련은 이미 많으나 수행의 실력이 적은 이의 공부하는 길이요, 돈오돈수는 지혜의 힘으로써 견성함과 동시에 수행의 힘이 또한 한결같아 지행의 공부가 한 때에 다 성취되

나니, 이는 다생겁래로 삼학의 공부가 구비하여 조금도 부족함이 없는 불보살로서 人道에 잠간 매하였다가 일시에 그 광명이 발현된 것이라」(정산종사법어, 경의편 47장).

「수심결의 요지는 정혜로 체를 삼고 점수돈오, 돈오점수, 돈오돈수를 이용하는 것이다(97장). 우리 교법에서는 돈오와 돈수를 겸한다. 깨쳐서 닦으면 쉽다(98장). 대종사의 법은 隨相門과 自性門을 중간 잡아 놓으셨다」(99장)(한울안 한이치에, 제3장 일원의 진리 97장-99장).

보충 해설

그동안 불교계에서는 돈오와 점수 문제가 꾸준히 제기되어 왔다. 깨달음의 시각에 대한 차이인 것이다. 원불교에서는 이를 평상심과 연결하여 생각해 볼 수 있는 바, 정산종사는 평상의 진리를 깨쳐서 평상의 마음을 쓰는 것은 돈오점수라 하고 평상의 마음을 닦아서 점점 평상의 진리를 알게 되는 것은 점수돈오라 한다(한울안 한이치에, 평상심). 사실 돈점이 선후가 없으니 혹은 먼저 알고 뒤에 닦는 자도 있고, 혹은 먼저 닦고 뒤에 아는 자도 있다고 한다. 정산종사는 이 공부를 병진하여 평상의 진리를 연구, 평상의 마음을 운용하라 하였다. 보조국사 지눌은 돈오점수를 말하여 구습을 부단히 닦으라 했다.

주석 주해

「육조단경 최초본인 돈황본에는 '돈점 개립' 이라는 내용이 나온다. 이것은 돈과 점을 다 인정하는 것이다. 그 이후의 덕이본 등의 육조단경은 돈점 개립이라는 내용이 없다. 보조 지눌(1158-1210)은 수심결에서 돈오점수를 주장한다. 태고 보우(1301-1382)는 돈오돈수의 입장이다. 덕이본에 근거한 퇴옹 성철은 돈오돈수를 주장하므로 '돈점 개립' 구절 해석을 빼버렸다. 만약에 그 구절을 해석하면 돈오돈수의 주장이 약화된다. 남악회양 계통은 돈오돈수적인 입장이고 청원행사 계통은 점수적인 경향이라 할 수 있다. 대종사의 입장은 돈오돈수가 이루어진 최후의 결정점으로 보면 돈오돈수인 것이며, 많은 생을 거쳐 닦는 면으로 보면 돈오점수인 것이다」(한종만, 『원불교 대종경 해의』(上), 도서출판 동아시아, 2001, p.549).

「돈점 논쟁이란 화두를 타파하면 그것으로서 깨달음이 완성된다는 돈파와, 깨달은 이후에도 수행을 계속해야 한다는 점파의 대립이었다. 한국의 삼보사찰 가운데 하나인 해인사는 돈파의 입장이었고, 역시 삼보사찰 가운데 하나인 송광사는 점파의 입장에 있었다」(노권용, 「21세기 불교계 대학의 전망과 과제-현대 한국불교 두 가지 흐름과 관련하여-」, 제18회 국제불교문화학술회의 『불교와 대학-21세기에 있어서 전망과 과제』, 일본 불교대학, 2003.10.28-29, p.129).

문제 제기

1) 돈오돈수, 돈오점수란 무엇인가?

2) 최상근기와 하근기란?

대종경 풀이 上

초판 1쇄 / 2005년 8월 20일
재판 4쇄 / 2015년 4월 10일

지은이 / 류성태
발행처 / 원불교출판사
인　쇄 / 원광사
출판등록 / 1967. 7. 1(제7호)
570-754 전라북도 익산시 신용동 344-2
Tel : (063)850-3324

ISBN 89-807-6079-5

정가 18,000원